CLINICAL PSYCHOLOGIST

2023 최신판

쉽게 풀어 쓴
임상심리사
2급 필기 개념완성

김도연 편저

심리학 전문출판사 학지사의
▶◀ 저자직강 동영상 강의
https://www.counpia.com

학지사

머리말

　임상심리사의 수행 직무는 기초적인 심리평가, 심리치료상담, 심리재활 및 심리교육 등의 업무를 통한 국민의 심리적 안정과 적응을 담당하는 역할로서 규정되어 있습니다. 2003년도부터 임상심리사 자격제도가 시행되고 난 후 현재까지 시험 응시자는 매년 급증하고 있습니다. 그만큼 사회적 요구가 증가되고 시대에 따른 직업적 가치도 변화되고 있다고 볼 수 있습니다. 초기 임상심리사 자격을 획득하고자 하는 수많은 응시생의 다양한 요구에 맞춰 임상심리사 수련과정을 개설한 지도 어느새 10년 이상이 되어 갑니다. 매년 기초 이론과 실무를 위한 역량 강화 및 시험에 대비하기 위한 실제적인 교육과정을 마련하며 응시생들의 필요와 요구에 응답하기 위한 기틀을 마련해 왔고, 현재까지 실로 헤아릴 수 없이 많은 임상심리사가 배출되었습니다. 이제는 어느 곳에서든 반가운 인사를 나누며 멘토로서, 동료로서, 선배로서 교류하며 주어진 역할과 소명을 나누고 있습니다. 저자는 지금도 변함없이 임상심리사 수련교육을 통해 기출문제를 분석하고 예상문제를 파악하며 최종 시험에 합격할 수 있도록 전념하고 있습니다. 그 과정에서 늘 변치 않게 드는 생각은 '기초가 정답이다'라는 것입니다. 임상심리사 시험의 합격을 위해서는 기출문제 외에도 다양하고 새로운 유형의 문제에 대응할 수 있어야 합니다. 최근 들어 기출문제 비중이 점차 줄어들고 있지만, 기존 기출문제에서 다루었던 문제라고 하더라도 그 내용을 명확하게 파악하지 못하면 옳은 답을 놓치기가 쉽습니다. 그렇기에 이 교재는 임상심리사 시험을 대비하는 데 가장 기본이 되는 핵심적인 내용을 기반으로 구성하였고, 각 장의 교과목은 필수적으로 알아야 하는 주요개념을 중심으로 다루었습니다.

　이 교재는 필기시험 교과목에 해당하는 심리학개론, 이상심리학, 심리검사, 임상심리학, 심리상담의 과목별로 구성된 '핵심개념정리'를 통해 필요한 내용을 쉽게 이해할 수 있도록 집필하였습니다. 시험에 대비하기 위한 기초 공부를 사전에 충분히 준비한다면 기출문제 중심으로 공부하는 데에서 오는 어려움을 극복할 수 있으리라 봅니다. 또한 각 교과목의 말미에는 '실력 다지기: 요점정리' 편이 구성되어 있습니다. 과목별 핵심내용이 요약되어 있어 시험을 보기 직전까지 유용하고 편리하게 공부할 수 있는 자료가 되리라 봅니다. 이제 이 교재를 통해 임상심리사 필기시험 합격을 향한 여정의 첫걸음을 시작하시길 바랍니다. 모쪼록 임상심리사 필기시험에 응시하는 모든 도전자에게 아낌없는 격려와 응원을 보냅니다. 매년 임상심리사 자격시험을 준비하는 동안 얼마나 많은 노고가 있는지 현장에서 몸소 느끼고 경험하는지라 응시생들의 바람이 좋은 결실로 이루어지길 진심으로 기원합니다.

마지막으로, 임상심리사 교재를 준비하기까지 한결같은 지지를 보내 주신 학지사 김진환 대표님과 관계자 모두에게 깊은 감사를 드립니다. 또한 열정과 소신으로 편집에 최선을 다하신 편집부 김진영 차장님과 편집진에게 깊은 고마움을 전합니다.

2023년 3월
저자 김도연

임상심리사 2급 시험안내

I. 자격정보

1. 자격명: 임상심리사 2급(Clinical Psychology Practitioner)

2. 관련부처: 보건복지부

3. 시행기관: 한국산업인력공단(http://www.q-net.or.kr)

4. 수행직무
국민의 심리적 건강과 적응을 위해 기초적인 심리평가, 심리검사, 심리치료상담, 심리재활 및 심리교육 등의 업무를 주로 수행하며, 임상심리사 1급의 업무를 보조하는 직무

5. 응시자격
임상심리와 관련하여 1년 이상 실습수련을 받은 자 또는 2년 이상 실무에 종사한 자로서 대학 졸업자 및 졸업예정자 등

6. 진료 및 전망
임상심리사, 심리치료사

7. 검정현황

종목명	연도	필기			실기		
		응시	합격	합격률(%)	응시	합격	합격률(%)
임상심리사 2급	2021	6,469	5,465	84.5	6,461	2,614	40.5
임상심리사 2급	2020	5,032	3,948	78.5	6,081	1,220	20.1
임상심리사 2급	2019	6,016	3,947	65.6	5,858	1,375	23.5
임상심리사 2급	2018	5,621	3,885	69.1	6,189	1,141	18.4
임상심리사 2급	2017	5,294	4,360	82.4	6,196	1,063	17.2
임상심리사 2급	2016	5,424	4,412	81.3	5,810	1,327	22.8
임상심리사 2급	2015	4,442	3,100	69.8	5,330	826	15.5
임상심리사 2급	2014	3,455	3,068	88.8	3,367	476	14.1

II. 시험정보

1. 시험과목

구분	시험과목	문항 수	시험시간	시험방법
필기	1. 심리학개론 2. 이상심리학 3. 심리검사 4. 임상심리학 5. 심리상담	100문항	2시간 30분	객관식
실기	임상 실무	18~20문항	3시간	서술형

2. 합격기준

- 필기(매 과목 100점): 매 과목 40점 이상, 전 과목 평균 60점 이상
- 실기(100점): 60점 이상

3. 출제경향

국민의 심리적 건강과 적응을 위해 기초적인 심리평가, 심리검사, 심리치료상담, 심리재활 및 심리교육 등의 업무를 수행하는 능력평가

4. 시험수수료

필기: 19,400원 / 실기: 20,800원

5. 시험일정

2022년 임상심리사 2급 시험일정

회별	필기시험 원서접수 (인터넷)	필기시험	필기시험 합격자 발표	실기시험 원서접수	실기시험	최종 합격자 발표
2023년 정기기사 1회	2023. 1. 10. ~ 2023. 1. 19.	2023. 2. 13. ~ 2023. 3. 15.	2023. 3. 21.	2023. 3. 28. ~ 2023. 3. 31.	2023. 4. 22. ~ 2023. 5. 7.	2023. 6. 9.
2023년 정기기사 2회	2023. 4. 17. ~ 2023. 4. 20.	2023. 5. 13. ~ 2023. 6. 4.	2023. 6. 14.	2023. 6. 27. ~ 2023. 6. 30.	2023. 7. 22. ~ 2023. 8. 6.	2023. 9. 1.
2023년 정기기사 3회	2023. 6. 19. ~ 2023. 6. 22.	2023. 7. 8. ~ 2023. 7. 23.	2023. 8. 2.	2023. 9. 4. ~ 2023. 9. 7.	2023. 10. 7. ~ 2023. 10. 20.	2023. 11. 15.

6. 출제기준

출제기준(필기)

직무 분야	보건·의료	중직무 분야	보건·의료	자격 종목	임상심리사 2급	적용 기간	2020. 1. 1. ~ 2024. 12. 31.

○ 직무내용: 국민의 심리적 건강과 적응을 위해 기초적인 심리평가, 심리검사, 심리치료상담, 심리재활 및 심리교육 등의 업무를 주로 수행하며, 임상심리사 1급의 업무를 보조하는 직무이다.

필기검정방법	객관식	문제 수	100	시험시간	2시간 30분

필기 과목명	문제 수	주요항목	세부항목	세세항목
심리학 개론	20	1. 발달 심리학	1. 발달의 개념과 설명	1. 발달의 개념 2. 발달연구의 접근방법
			2. 발달심리학의 연구주제	1. 인지발달 2. 사회 및 정서 발달
		2. 성격 심리학	1. 성격의 개념	1. 성격의 정의 2. 성격의 발달
			2. 성격의 이론	1. 정신역동이론 2. 현상학적 이론 3. 특성이론 4. 인지 및 행동적 이론 5. 심리사회적 이론

		3. 학습 및 인지 심리학	1. 학습심리학	1. 조건형성 2. 유관학습 3. 사회 인지학습
			2. 인지심리학	1. 뇌와 인지 2. 기억 과정 3. 망각
		4. 심리학의 연구 방법론	1. 연구방법	1. 측정 2. 자료수집방법 3. 표본조사 4. 연구설계 5. 관찰 6. 실험
		5. 사회 심리학	1. 사회지각	1. 인상형성 2. 귀인이론
			2. 사회적 추론	1. 사회인지 2. 태도 및 행동
이상 심리학	20	1. 이상 심리학의 기본개념	1. 이상심리학의 정의 및 역사	1. 이상심리학의 정의 2. 이상심리학의 역사
			2. 이상심리학의 이론	1. 정신역동 이론 2. 행동주의 이론 3. 인지적 이론 4. 통합이론
		2. 이상 행동의 유형	1. 신경발달장애	1. 유형 2. 임상적 특징
			2. 조현병 스펙트럼 및 기타 정신병적 장애	1. 유형 2. 임상적 특징
			3. 양극성 및 관련 장애	1. 유형 2. 임상적 특징
			4. 우울장애	1. 유형 2. 임상적 특징
			5. 불안장애	1. 유형 2. 임상적 특징
			6. 강박 및 관련 장애	1. 유형 2. 임상적 특징
			7. 외상 및 스트레스 관련 장애	1. 유형 2. 임상적 특징

			8. 해리장애	1. 유형 2. 임상적 특징
			9. 신체증상 및 관련 장애	1. 유형 2. 임상적 특징
			10. 급식 및 섭식장애	1. 유형 2. 임상적 특징
			11. 배설장애	1. 유형 2. 임상적 특징
			12. 수면-각성 장애	1. 유형 2. 임상적 특징
			13. 성기능부전	1. 유형 2. 임상적 특징
			14. 성별 불쾌감	1. 유형 2. 임상적 특징
			15. 파괴적, 충동조절 및 품행 장애	1. 유형 2. 임상적 특징
			16. 물질관련 및 중독 장애	1. 유형 2. 임상적 특징
			17. 신경인지장애	1. 유형 2. 임상적 특징
			18. 성격장애	1. 유형 2. 임상적 특징
			19. 변태성욕장애	1. 유형 2. 임상적 특징
심리검사	20	1. 심리검사의 기본개념	1. 자료수집방법과 내용	1. 평가 면담의 종류와 기법 2. 행동관찰과 행동평가 3. 심리검사의 유형과 특징
			2. 심리검사의 제작과 요건	1. 심리검사의 제작 과정 및 방법 2. 신뢰도 및 타당도
			3. 심리검사의 윤리문제	1. 심리검사자의 책임감 2. 심리검사에 관한 윤리강령
		2. 지능검사	1. 지능의 개념	1. 지능의 개념 2. 지능의 분류 3. 지능의 특성
			2. 지능검사의 실시	1. 지능검사의 지침과 주의사항 2. 지능검사의 절차 3. 지능검사의 기본적 해석

		3. 표준화된 성격검사	1. 성격검사의 개념	1. 개발 과정 2. 구성 및 특성 3. 척도의 특성과 내용
			2. 성격검사의 실시	1. 성격검사의 실시와 채점 2. 성격검사의 기본적 해석
		4. 신경 심리검사	1. 신경심리검사의 개념	1. 신경심리학의 기본 개념 2. 인지 기능의 유형 및 특성 3. 주요 신경심리검사의 종류
			2. 신경심리검사의 실시	1. 면담 및 행동 관찰 2. 주요 신경심리검사 실시
		5. 기타 심리검사	1. 아동 및 청소년용 심리검사	1. 아동 및 청소년용 심리검사의 종류 2. 아동 및 청소년용 심리검사의 실시
			2. 노인용 심리검사	1. 노인용 심리검사의 종류 2. 노인용 심리검사의 실시
			3. 기타 심리검사	1. 검사의 종류와 특징 2. 투사 검사의 종류와 특징 3. 기타 질문지형 검사의 종류와 특징
임상 심리학	20	1. 심리학의 역사와 개관	1. 심리학의 역사	1. 심리학의 현대적 발전 2. 임상심리학의 성장과 발전 3. 임상심리학의 최근 동향
			2. 심리학의 이론	1. 정신역동 관점 2. 행동주의 관점 3. 생물학적 관점 4. 현상학적 관점 5. 통합적 관점
		2. 심리평가 기초	1. 면접의 개념	1. 면접의 개념 2. 면접의 유형
			2. 행동평가 개념	1. 행동평가의 개념 2. 행동평가의 방법
			3. 성격평가 개념	1. 성격평가의 개념 2. 성격평가의 방법
			4. 심리평가의 실제	1. 계획 2. 실시 3. 해석

		3. 심리 치료의 기초	1. 행동 및 인지행동 치료의 개념	1. 행동 및 인지행동 치료의 특징 2. 행동 및 인지행동 치료의 종류
			2. 정신역동적 심리치료의 개념	1. 정신역동치료의 개념 2. 역동적 심리치료 시행 방안
			3. 심리치료의 기타 유형	1. 인본주의치료 2. 기타 치료
		4. 임상 심리학의 자문, 교육, 윤리	1. 자문	1. 자문의 정의 2. 자문의 유형 3. 자문의 역할 4. 지역사회심리학
			2. 교육	1. 교육의 정의 2. 교육의 유형 3. 교육의 역할
			3. 윤리	1. 심리학자의 윤리 2. 심리학자의 행동규약
		5. 임상 특수분야	1. 개념과 활동	1. 행동의학 및 건강심리학 2. 신경심리학 3. 법정 및 범죄심리학 4. 소아과심리학 5. 지역사회심리학
심리 상담	20	1. 상담의 기초	1. 상담의 기본적 이해	1. 상담의 개념 2. 상담의 필요성과 목표 3. 상담의 기본원리 4. 상담의 기능
			2. 상담의 역사적 배경	1. 국내외 상담의 발전 과정
			3. 상담관련 윤리	1. 윤리강령
		2. 심리 상담의 주요 이론	1. 정신역동적 상담	1. 기본개념 2. 주요 기법과 절차
			2. 인간중심 상담	1. 기본개념 2. 주요 기법과 절차
			3. 행동주의 상담	1. 기본개념 2. 주요 기법과 절차
			4. 인지적 상담	1. 기본개념 2. 주요 기법과 절차
			5. 기타 상담	1. 기본개념 2. 주요 기법과 절차

	3. 심리 상담의 실제	1. 상담의 방법	1. 면접의 기본방법 2. 문제별 접근방법
		2. 상담의 과정	1. 상담의 진행과정 2. 상담의 시작과 종결
		3. 집단상담	1. 집단상담의 정의 2. 집단상담의 과정 3. 집단상담의 방법
	4. 중독상담	1. 중독상담 기초	1. 중독모델 2. 변화단계이론 3. 정신약물학
		2. 개입방법	1. 선별 및 평가 2. 동기강화 상담 3. 재발방지
	5. 특수 문제별 상담유형	1. 학습문제 상담	1. 학습문제의 기본특징 2. 학습문제 상담의 실제 3. 학습문제 상담 시 고려사항
		2. 성문제 상담	1. 성문제 상담의 지침 2. 성피해자의 상담 3. 성 상담 시 고려사항
		3. 비행청소년 상담	1. 청소년비행과 상담 2. 비행청소년에 대한 접근방법 3. 상담자의 역할 4. 비행청소년 상담 시 고려사항
		4. 진로상담	1. 진로상담의 의미 및 이론 2. 진로상담의 기본지침 3. 진로상담 시 고려사항
		5. 위기 및 자살상담	1. 위기 및 자살상담의 의미 및 이론 2. 위기 및 자살상담의 기본지침 3. 위기 및 자살상담 시 고려사항

* 이 시험정보는 한국산업인력공단의 내용을 기준으로 하였으며 변동사항이 있을 수 있습니다.

둘러보기(이 책의 구성)

01 심리학개론 핵심개념정리

핵심 1 심리학의 연구방법

1 기술적 연구방법

1) 자연관찰(naturalistic observation)
   ① 관찰자가 전혀 조작하거나 통제를 하지 않는 자연 상태에서 일상적으로 발생하는 사건이나 행동을 관찰한다.
   ② 자연적인 상태의 현상이나 행동을 찾아낼 수 있는 장점이 있으나, 윤리적인 문제가 제기될 수 있고 관찰결과 해석 시 관찰자 편향(observer bias)이 나타날 수 있다.

2) 사례연구(case study method)
   ① 관찰이나 면접 등의 다양한 방법을 이용하여 특정한 사람이나 집단 또는 사건을 이해하는 심층적인 조사기법이다.
   ② 질적으로 상세한 정보와 추후 연구에 대한 통찰을 얻을 수 있으나, 연구결과의 일반화 문제, 동일한 연구방법을 반복적으로 설계하기 어렵고, 많은 시간이 소요된다.

3) 조사법(survey research)
   ① 특정한 연구 대상자의 생각, 태도, 행동에 관한 정보를 수집하는 방법이다. 면접이나 질문지를 이용하는 경우가 일반적이다.
   ② 자료 수집이 편리하며 직간접적인 방식으로 측정이 가능하다. 단, 많은 비용과 시간이 소모될 수 있다.

4) 문헌연구(archival research)
   ① 다른 연구자가 수행한 연구를 분석하거나 연구주제에 해당되는 내용이

핵심개념정리 ≫ 기초 튼튼

임상심리사 필기시험의 주요 교과목인 심리학개론, 이상심리학, 심리검사, 임상심리학, 심리상담 부분에서 반드시 알아야 할 핵심개념을 쉽게 이해할 수 있도록 정리하였습니다. 필기시험을 준비하는 데 있어 놓쳐서는 안 될 주요 내용인 만큼 수시로 살펴봅시다!

표를 통한 정리 ≫ 역량 강화

비교해서 살펴보아야 할 내용을 중심으로 표를 통해 간결하게 정리하였습니다. 정리된 표를 숙지하여 내용별로 확실한 개념정리를 하도록 합시다!

6) MMPI-2 재구성 임상척도

재구성 임상척도(Restructured Clinical Scales)		
RCd	의기소침	자존감이 낮고, 비관적이며, 우울감, 불안감, 신체적 불편감 호소
RC1	신체증상 호소	신체적 건강에 대한 집착, 만성통증, 심리적·대인관계 곤란 시 신체화
RC2	낮은 긍정 정서	불행감, 무력감, 절망감, 동기 저하, 수동적, 고립감, 자살 사고 고려
RC3	냉소적 태도	남을 배려하지 않고, 착취적이라고 생각하고, 자신만 생각하고, 거부적
RC4	반사회적 행동	논쟁적이고, 비관적이고, 화를 잘 내며, 반사회적 행동 및 약물남용 문제
RC6	피해의식	타인의 동기 의심, 타인 비난, 사회적 소외감, 망상 혹은 환각
RC7	역기능적 부정 정서	불안, 분노, 공포감과 같은 다양한 부정 정서 경험, 수동적, 복종적
RC8	기태적 경험	현실검증력 손상, 환각, 망상, 기태적 감각 경험, 분열성 성격 특성
RC9	경조증적 상태	성마름, 고양된 기분 및 활력 수준, 충동통제 곤란, 감각적, 자극추구

7) MMPI-2 성격병리 5요인 척도

성격병리 5요인 척도(Personality Psychopathology Five Scale)		
AGGR	공격성	공격적인 주장적 행동, 지배적 행동 경향, 낮은 죄책감, 위험 행동
PSYC	정신증	비현실적 사고, 지각적 혼란, 소외감, 관계 망상, 현실검증력 손상
DISC	통제 결여	충동적, 행동통제 결여, 위험추구 행동, 타인 조정, 행동문제 과거력
NEGE	부정적 정서성/신경증	불안, 우울, 불안정성, 걱정, 비관적, 스트레스에 대한 신체적 반응
INTR	내향성/낮은 긍정적 정서성	사회적 억제, 자신감 저하, 부정적 자기개념, 낮은 성취 욕구, 무망감

8) MMPI-2 내용척도

내용척도		
ANX	불안	불안, 걱정, 주의집중 곤란, 광범위한 양상의 불안증상, 다양한 신체증상
FRS	공포	다양한 유형의 공포증 혹은 두려움, 소심함, 자신감 부족
OBS	강박성	강박 사고 혹은 강박 행동, 우유부단함, 의사결정 곤란, 완고함, 반추적 사고

둘러보기(이 책의 구성)

학습 Plus ≫ 역량 강화

추가로 도움이 될 만한 내용을 학습 Plus로 구성하였습니다. 핵심개념 외 학습 Plus까지 학습을 마쳤다면 합격을 위한 시험 준비는 완성! 합격을 위해 놓치는 부분이 없도록 꼼꼼하게 정리합시다!

ⓖ 로르샤흐 검사를 마친 후 수검자의 반응을 기호로 바꾼 후에는 각 기호의 빈도, 백분율, 비율, 특수점수를 산출하여 이러한 자료들을 체계적으로 요약하고 해석을 시도하게 된다. 이를 구조적 요약이라고 한다.

구조적 요약의 하단에는 6개의 특수지표(special indeces)가 있는데, 이들은 지각 및 사고 지표, 우울증 지표, 대응손상 지표, 자살 지표, 과민성 지표, 강박성 지표이다.

학습 Plus ≫ 구조적 요약의 6개의 특수지표

- 지각 및 사고 지표(Perceptual-Thinking Index: PTI): PTI는 조현병 지표를 개정한 것으로, 점수의 범위는 0~5점이다. 점수가 높을수록 지각 및 사고의 혼란을 경험할 가능성이 높음을 의미한다.
- 우울증 지표(Depression Index: DEPI): DEPI는 우울증의 다양한 양상을 측정하는 지표로, 점수 범위는 0~7점이다. 점수가 4점 이상일 때 역간의 우울증상을 경험하고 있음을 시사하며, 점수가 높을수록 정서장애의 가능성이 높아진다.
- 대응손상 지표(Coping Deficit Index: CDI): CDI는 사회적 기술이 제한적이고 환경과 상호작용할 때, 특히 대인관계 영역에서 빈번하게 어려움을 겪을 가능성을 시사한다. 점수의 범위는 0~5점이며, 4점이나 5점일 때 유의하게 해석한다.
- 자살 지표(Suicide Constellation: S-CON): S-CON은 수검자가 자기파괴적인 사고와 행동에 몰두하고 있을 가능성을 나타내기에 이에 대한 추가 탐색이 필요하다. S-CON에 포함된 12개의 변인 중 8개 이상 해당된다면 자살 가능성을 고려하여 주의가 필요하다.
- 과민성 지표(Hypervigilance Index: HVI): HVI는 과경계 양상과 관련되며, 환경에 대한 불신 또는 부정적인 태도를 반영한다. 유의한 HVI는 불안전하고 취약한 느낌과 더불어 행동을 수행할 때 매우 신중해지는 경향이 과도한 에너지 사용을 의미한다.
- 강박성 지표(Obsessive Style Index: OBS): 유의한 OBS는 정확성을 추구하고 세부적인 사항에 집착하고 완벽주의 성향이 있으며 정서표현에 어려움이 있음을 의미한다.

ⓗ 로르샤흐 검사 실시
- 반응단계
  - 표준절차에 따라 로르샤흐를 간단히 소개한 뒤 카드 1을 손에 쥐어 주면서 다음과 같이 질문한다: "이것은 무엇으로 보입니까?"
  검사가 시작되면 검사자는 가능한 한 침묵을 지키고 수검자의 카드를 바꿔 주거나 어떤 설명이 필요할 때만 개입한다. 주의할 점은 수검자에게 상상력 혹은 창의력 검사를 하고 있다는 인상을 주어서는 안 된다.
- 질문단계
  - 질문단계는 가능한 한 정확하게 채점을 하기 위해서이며, 질문을 통해 내용, 위치, 결정인을 파악해야 한다. 직접적인 질문이나 유도질문은 지양해야 하며, "당신이 본 그대로 보기가 어려군요. 당신이 본 그대로 볼 수 있도록 도와주세요."라고 말해

요점정리 ≫ 최종 점검

과목별 핵심내용을 요약하여 정리하였습니다. 시험을 보기 직전까지 유용하게 공부할 수 있는 자료이니 반드시 검토하며 최종 점검합시다!

---

02 실력 다지기: 요점정리

○ 심리검사는 개인에 대한 객관적인 정보를 제공하고, 개인 간 비교를 가능하게 하며, 심리적 특성이나 상태를 파악하도록 한다.
○ 심리평가의 기능으로는 문제의 명료화, 수검자에 대한 이해, 치료계획 세우기, 치료결과에 대한 평가이다.
○ 평가면담은 수검자의 개인적 특성, 대처 양식, 장애의 특징, 사회적 지지, 역동 등에 대한 전반적인 측면을 집중적으로 탐색하는 과정을 말한다.
○ 평가면담의 형식적 분류에는 구조화된 면담, 비구조화된 면담, 반구조화된 면담이 있다.
○ 평가면담의 기능적 분류에는 초기면담(접수면담), 위기면담, 진단적 면담, 심리평가적 면담이 있다.
○ 심리검사의 유형으로는 객관적 검사(objective test)와 투사적 검사(projective test)가 있다.
○ 객관적 검사는 절차가 구조화되어 있고 채점 과정이 표준화되어 있으며, 해석의 규준이 제시되어 있는 검사를 말한다.
○ 투사적 검사는 개인의 다양한 욕구, 갈등, 성격 등의 개인 특유적인 특성을 파악하는 데 도움이 된다.
○ 심리평가의 3요소는 면담, 행동관찰, 심리검사이다.
○ 심리평가 실시 과정에서 고려해야 할 사항으로는 라포 형성, 수검자 변인, 검사자 변인, 검사 상황 변인이 영향을 줄 수 있다.
○ 심리검사를 실시하는 경우 표준화된 검사를 사용해야 하며, 신뢰도와 타당도가 충족되어야 한다. 그 외 검사도구의 실용성(시행과 채점의 간편성, 시행 시간, 검사도구의 경제성)을 고려하여 선정한다.
○ 지능은 임상적 입장과 이론적 입장에 따라 각기 다른 방향으로 정의되며, 학자마다 각기 지능을 다르게 분류하였다.
○ 스피어만(Spearman)은 지능이 일반요인과 특수요인으로 구성되어 있다는 2요인설을 주장하였다.
○ 손다이크(Thorndike)와 동료들은 지능을 특수능력으로 보았으며, 이는 추상적 지능, 언어적 지능, 실용적 지능, 사회적 지능으로 분류할 수 있다고 주장하였다.
○ 서스톤(Thurstone)은 지능을 기본적인 정신능력으로 이해하며, 언어의미, 단어 유창성, 수리능력, 기억, 시공간 능력, 지각속도 및 논리적 능력으로 구분되어 있다는 다요인설을 제시하였다.
○ 길포드(Guilford)는 지능을 다양한 방법으로 상이한 종류의 정보를 처리하는 능력들의 체계적인 집합

차례

- 머리말　2
- 임상심리사 2급 시험안내　4
- 둘러보기(이 책의 구성)　12

제1과목-심리학개론　19

01. 심리학개론 핵심개념정리　⋯⋯ 21
　핵심 1. 심리학의 연구방법　⋯⋯ 21
　핵심 2. 뇌와 신경계　⋯⋯ 27
　핵심 3. 동기와 정서　⋯⋯ 30
　핵심 4. 학습　⋯⋯ 32
　핵심 5. 기억　⋯⋯ 38
　핵심 6. 발달　⋯⋯ 43
　핵심 7. 성격　⋯⋯ 54
　핵심 8. 사회심리학　⋯⋯ 74

02. 실력 다지기: 요점정리　⋯⋯ 85

제2과목-이상심리학　93

01. 이상심리학 핵심개념정리 ····· 95
    핵심 1. 이상심리학의 기본개념 ····· 95
    핵심 2. 신경발달장애 ····· 99
    핵심 3. 조현병 스펙트럼 및 기타 정신병적 장애 ····· 106
    핵심 4. 양극성 및 관련 장애 ····· 113
    핵심 5. 우울장애 ····· 115
    핵심 6. 불안장애 ····· 121
    핵심 7. 강박 및 관련 장애 ····· 130
    핵심 8. 외상 및 스트레스 관련 장애 ····· 137
    핵심 9. 해리장애 ····· 142
    핵심 10. 신체증상 및 관련 장애 ····· 144
    핵심 11. 급식 및 섭식장애 ····· 148
    핵심 12. 성과 관련된 장애 ····· 152
    핵심 13. 파괴적, 충동조절 및 품행장애 ····· 155
    핵심 14. 물질 관련 및 중독장애 ····· 159
    핵심 15. 신경인지장애 ····· 163
    핵심 16. 성격장애 ····· 165

02. 실력 다지기: 요점정리 ····· 176

제3과목-심리검사　187

01. 심리검사 핵심개념정리 ····· 189
    핵심 1. 심리평가의 이해 ····· 189
    핵심 2. 한국 웩슬러 성인용 지능검사 ····· 195
    핵심 3. 한국 웩슬러 아동용 지능검사 ····· 205
    핵심 4. 객관적 성격검사 I: MMPI-2 ····· 212
    핵심 5. 객관적 성격검사 II: PAI, TCI, 16PF, NEO-PI-R ····· 229

핵심 6. 투사적 검사 ···· 239
핵심 7. 아동 및 청소년 검사 ···· 246
핵심 8. 신경심리검사 ···· 254

02. 실력 다지기: 요점정리 ···· 262

PART 04 제4과목-임상심리학 269

01. 임상심리학 핵심개념정리 ···· 271
    핵심 1. 임상심리학의 개관 ···· 271
    핵심 2. 임상심리학의 연구방법 ···· 280
    핵심 3. 임상진단과 면접 ···· 287
    핵심 4. 주요 이론적 모형들 ···· 295
    핵심 5. 현대의 심리평가 ···· 300
    핵심 6. 심리치료: 정신역동 심리치료 ···· 308
    핵심 7. 심리치료: 행동 및 인지행동 치료 ···· 315
    핵심 8. 심리치료: 주요 현상학적 심리치료 및 기타 치료 ···· 323

02. 실력 다지기: 요점정리 ···· 331

PART 05 제5과목-심리상담 341

01. 심리상담 핵심개념정리 ···· 343
    핵심 1. 심리상담의 기초 ···· 343
    핵심 2. 심리상담 방법과 과정 ···· 349
    핵심 3. 집단상담 ···· 354
    핵심 4. 가족상담의 이해 ···· 360
    핵심 5. 가족상담 이론 ···· 366
    핵심 6. 중독상담 ···· 373

핵심 7. 특수문제별 상담 I: 성 상담 및 자살위기 상담 ···· 383
핵심 8. 특수문제별 상담 II:
　　　　학습문제 상담, 진로상담, 비행청소년 상담 ···· 390

02. 실력 다지기: 요점정리 ···· 401

PART 06 기타 핵심개념정리　409

01. 심리치료 핵심개념정리 ···· 411
　　핵심 1. 정신분석치료 ···· 411
　　핵심 2. 행동치료 ···· 413
　　핵심 3. 인지치료 ···· 416
　　핵심 4. 인간중심치료 ···· 423
　　핵심 5. 실존치료, 게슈탈트 치료, 현실치료 ···· 426

02. 실력 다지기: 요점정리 ···· 433

☐ 참고문헌　437

PART 01

제1과목 – 심리학개론

01 심리학개론 핵심개념정리

핵심 1. 심리학의 연구방법
핵심 2. 뇌와 신경계
핵심 3. 동기와 정서
핵심 4. 학습
핵심 5. 기억
핵심 6. 발달
핵심 7. 성격
핵심 8. 사회심리학

02 실력 다지기: 요점정리

01 심리학개론 핵심개념정리

핵심 1 심리학의 연구방법

1 기술적 연구방법

1) 자연관찰(naturalistic observation)
   ① 관찰자가 전혀 조작하거나 통제를 하지 않는 자연 상태에서 일상적으로 발생하는 사건이나 행동을 관찰한다.
   ② 자연적인 상태의 현상이나 행동을 찾아낼 수 있는 장점이 있으나, 윤리적인 문제가 제기될 수 있고 관찰결과 해석 시 관찰자 편향(observer bias)이 나타날 수 있다.

2) 사례연구(case study method)
   ① 관찰이나 면접 등의 다양한 방법을 이용하여 특정한 사람이나 집단 또는 사건을 이해하는 심층적인 조사기법이다.
   ② 질적으로 상세한 정보와 추후 연구에 대한 통찰을 얻을 수 있으나, 연구결과의 일반화 문제, 동일한 연구방법을 반복적으로 설계하기 어렵고, 많은 시간이 소요된다.

3) 조사법(survey research)
   ① 특정한 연구 대상자의 생각, 태도, 행동에 관한 정보를 수집하는 방법이다. 면접이나 질문지를 이용하는 경우가 일반적이다.
   ② 자료 수집이 편리하며 직간접적인 방식으로 측정이 가능하다. 단, 많은 비용과 시간이 소모될 수 있다.

4) 문헌연구(archival research)
   ① 다른 연구자가 수행한 연구를 분석하거나 연구주제에 해당되는 내용을 심층적으로

살펴보는 방법이다. 다량의 자료를 통해 주제, 관계성 및 결과에 대해 더 잘 알 수 있고, 비용이 적게 든다는 장점이 있다.
② 단점으로는 필요한 자료를 용이하게 수집하기가 어렵고, 일정 시기의 자료가 누락되어 있는 경우가 있으며, 선행연구에 대한 신뢰도 확보에 대한 문제가 제기될 수 있다.

2 상관법

① 상관법(correlational methods)은 관심이 있는 변인들 사이의 관련성을 살펴볼 수 있는 연구방법이다.
② 상관분석에서는 변인 사이의 관련성이 어느 정도인가를 상관계수(correlation coefficient)라는 통계치로 나타낸다. 상관계수의 범위는 -1.00에서 +1.00까지이며, 절대치가 클수록 관련성이 높음을 의미한다.
③ 두 변인의 관련성은 정적상관(positive correlation)과 부적상관(negative correlation)으로 나타낸다.
④ 정적상관은 두 변인이 동시에 증가하거나 감소하는 관계에 있는 것을 말하며(예: 알코올 섭취 증가, 충동성 수준 증가), 부적상관은 한 변인이 증가할 때 다른 변인이 감소하는 관계에 있는 것을 말한다(예: 컴퓨터 사용 증가, 학업 성적 저하).
⑤ 상관분석은 두 변인 간의 관련성은 알 수 있으나, 인과관계는 알 수 없다는 제한점을 지닌다.

3 실험법

① 실험법(experimental methods)은 변인의 관계를 인과적으로 설명하는 연구방법이다.
② 실험법은 연구자가 원인이 되는 독립변인에 조작을 가해서 변화를 줄 때, 결과가 되는 종속변인에서 어떠한 변화가 나타나는가를 살펴보는 것이다[예: 음주(독립변인)가 기억(종속변인)에 미치는 효과].
   • 독립변인: 연구자가 관심을 가진 현상의 원인이 되는 연구 참여자의 특성이나 연구조건으로 연구자가 이를 조작하거나 처치한다.
   • 종속변인: 독립변인에 의해 영향을 받는 연구 참여자의 특성을 말한다. 측정되는 변수는 독립변수의 조건에 따라 변하므로 종속변수라고 한다.
③ 실험 연구를 할 때 지켜야 할 주요원칙은 실험 참가자를 서로 다른 실험 조건에 무선적

으로 배정하는 일이다. 무선 배정은 피험자의 특성이 특정 집단에 편중되어 실험에 미치는 영향을 통제하기 위해서이다.

④ 실험 설계를 정교하게 하여도 연구자의 기대가 실험 참가자의 반응에 영향을 미치는 실험자 기대 효과(experimenter expectancy effect)가 나타날 수 있기에 이중맹검 연구(double-blind study)를 설계하여 연구결과가 왜곡되지 않도록 해야 한다.

- 실험자 기대 효과: 연구자의 기대가 실험 참가자의 반응을 유도하는 경우를 말함.
- 이중맹검 연구: 실험자나 실험 참가자 모두 실험 목적을 알지 못하게 한 상태에서 실험을 시도하는 방법을 말함.

4 연구설계

1) 측정

① 연구자는 연구대상(독립변인, 종속변인)의 특성을 측정해야 한다. 측정은 대개 검사도구를 사용하거나 관찰을 통해 실시된다.

② 연구 측정을 위해서는 측정절차가 구체적이고 체계적이어야 하며, 측정도구는 신뢰도와 타당도가 검증된 도구를 사용해야 한다.

> **학습 Plus ➕ 신뢰도와 타당도**
>
> - **신뢰도의 종류**
>   - 검사-재검사 신뢰도(test-retest realibility): 시간 경과에 따른 검사의 안정성을 재는 것으로, 동일한 검사를 일정한 시간 간격을 두고 두 번 실시하여 결과가 유사한지 확인한다.
>   - 내적 일관성 신뢰도(internal consistency reliability): 검사 내 문항들이 어느 정도의 동질성을 가지고 있는가를 살펴보기 위해 문항들 간의 유사성 혹은 일치성을 추정한다.
>   - 동형 신뢰도(parallel-form reliability): 검사도구의 신뢰도를 검증하기 위해 두 개의 동형 검사를 제작한 뒤, 동일 피험자 집단에게 검사를 실시해 두 검사 간의 상관계수로 신뢰도를 추정한다.
>   - 반분 신뢰도(split-half reliability): 단일 척도를 두 부분으로 나누어 두 부분의 검사 점수의 상관계수를 계산한 후 신뢰도를 추정한다.
>   - 평정자간 신뢰도(inter-rater reliability): 한 검사의 측정결과를 평가하는 데 있어 다수의 평가자 사이에 그 해석이나 판단이 얼마나 유사한가를 나타내는 정도이다.
> - **타당도의 종류**
>   - 내용타당도(content validity): 검사 항목들이 실제로 재고자 하는 변인의 다양한 측면을 얼마나 제대로 포함하고 있는가에 대한 것이다.
>   - 구성타당도(construct validity): 어떤 검사가 그 기저에 존재하는 이론의 구성개념을 정확히 측정하고 있는가를 검증하는 방법이다.

- 예측타당도(predictive validity): 어떤 검사에서 얻은 점수와 준거를 토대로 미래의 어떤 행위를 추정하는 방법이다. 예언 타당도라고도 하며, 시간이 지남에 따라 그 예측한 바가 얼마나 현실에 부합하는지 확인하는 방법이다.
- 공인타당도(concurrent validity): 기존에 타당성을 입증 받은 검사를 토대로 새로 제작한 검사와의 유사성 혹은 연관성을 검증하는 방법이다.
- 수렴타당도(convergent validity): 서로 상이한 방법으로 동일한 개념을 측정했을 경우, 각 측정결과 간 상관관계의 높고 낮음을 분석해 타당도를 판단하는 방법이다.

2) 측정단위

연구에서 사용되는 측정단위를 척도(scale)라고 하며, 일반적으로 명명척도(nominal scale), 서열척도(ordinal scale), 등간척도(interval scale), 비율척도(ratio scale)로 구분된다.

① **명명척도(nominal scale)**: 사물을 구분하기 위하여 각 범주에 이름을 부여함으로써 만들어지는 척도를 말하며, 사건이나 반응의 크기를 측정하는 것과 같은 양적 측정이 아닌 질적 측정방법이다(예: 성별, 직업, 거주지역).

② **서열척도(ordinal scale)**: 사람이나 사물의 속성에 대하여 상대적 서열을 표기하는 척도로서 관찰결과를 서열 순서로 나열한다(예: 키 순서, 성적 등수). 단, 크기의 차이는 알 수 있으나 비율을 측정하지는 못한다.

③ **등간척도(interval scale)**: 측정단위 간에 등간성이 유지되어 등간의 크기를 알 수 있다. 단, 절대 영점이 아닌 가상적 영점과 가상적 측정단위를 기준으로 측정된다(예: 온도 0℃는 온도가 없는 것이 아닌 임의로 정한 가상적 영점이다).

④ **비율척도(ratio scale)**: 이 척도는 의미 있는 절대 영점을 가지고 있으며, 측정의 크기를 비교할 수 있다(예: 길이와 무게).

3) 표본

① 모집단을 연구의 대상으로 하는 것이 실제적으로 불가능하기 때문에 모집단을 대표할 수 있는 표본(sample)을 사용하여 연구를 하게 된다.

② 연구대상이 되는 부분적인 집단을 표본이라고 하고, 표본을 연구해서 얻은 자료는 전체집단 혹은 모집단(population)에 적용될 수 있도록 정확하고 객관적인 방식으로 측정되어야 한다.

③ 모집단을 대표하는 표본을 추출하여 표본의 특성을 나타내는 것을 표집분포(sampling distribution)라고 한다. 표집분포의 특성은 평균과 표준편차로 표기하며, 이를 추정치(estimate) 혹은 통계치(statistic)라고 한다.

④ 모집단에 대한 타당한 결론을 내리고 정확한 예측을 하기 위해서는 연령, 성별, 인

종, 또는 다른 관심의 대상이 되는 변인들이 모집단을 정확하게 대표할 수 있도록 표본 집단을 구성해야 한다.

⑤ 표본에서 얻은 결과를 모집단에 적용하기 위해서는 표집오차(sampling error)가 최소화되어야 하며, 이를 위해 표본에 포함될 대상자는 무선 표집(random sampling)되어야 한다.

⑥ 표집오차는 표본평균과 모집단 평균의 차이를 말한다. 만약 표본평균이 모집단의 평균과 같다면 이는 표집이 완벽하게 이루어졌다는 것을 의미하여, 표본평균이 모집단의 평균과 차이가 크면 이는 표집이 잘못되었음을 의미한다.

4) 표집

① 전집(모집단)을 대상으로 연구하는 것은 많은 시간과 비용이 들어가기에 전집에서 하위집단을 추출해서 연구를 수행한다. 연구자가 전집에서 표본을 추출하는 과정을 표집이라고 하고, 추출된 집단을 표본이라고 한다.

② 연구자가 전집에서 표본을 추출할 때 표집대상인 사건이나 사람이 선정되는 확률을 동일하게 하는 것을 '확률표집법'이라고 하며, 단순무선표집법, 체계적 표집법, 층화표집법, 군집표집법으로 나누어진다.

- 단순무선표집(simple random sampling): 모집단 내의 모든 사람이 동등하고 독립적인 선발 기회를 갖는다. 표본은 우연적으로, 즉 난수표나 컴퓨터를 통해 생성된 난수를 활용하여 추출한다(예: 1000명의 모집단 중 50명으로 된 표본을 구성하고자 할 때, 난수표를 이용해 무작위로 대상자를 추출하여 표본을 만듦).
- 체계적 표집(systematic sampling): 모집단의 표본 목록에서 한 번호를 선정한 후, 일정한 간격을 두고 연구대상을 추출한다(예: 100명의 수강생 중 10명에게 질문지를 배부 시, 출석부에서 2번 학생을 추출 후, 다음 10번 간격으로 추출. 2, 12, 22, 32, 42 … 92번으로 총 10명으로 구성된 표본을 만듦).
- 층화표집(stratified sampling): 모집단 안에 여러 동질성을 갖는 하위집단이 있다고 가정할 때, 각 층에서 무선적으로 대상자를 추출한다(예: 교사의 근무환경을 알고자 할 때, 국립·공립·사립 학교 교사로 계층을 나누어 추출 후 표본을 만듦).
- 군집표집(cluster sampling): 모집단을 군집으로 나눈 다음 무선표집에 의하여 군집을 추출한다(예: 서울시 고등학교 3학년 남학생들의 체형 변화에 관심이 있어서 체중을 추정하고자 할 때, 서울시에 소재한 각 학교를 군집으로 설정하고 무선표집으로 학교를 추출하면 고등학교 3학년 학생들을 대표하는 표본이 추출됨).

③ 연구자가 표집대상이 선정되는 확률을 다르게 하는 것을 '비확률표집법'이라고 하

며, 목적표집법, 편의표집법, 할당표집법, 연쇄표집법으로 나누어진다.

- **목적표집(purposive sampling)**: 연구의 목적을 위해 연구자가 의도적으로 대상자를 표집하는 것을 말한다. 연구자의 판단에 의해 표본을 추출하기에 의도적 표집이라고도 한다(예: 특정 항암제의 효과 연구를 하고자 할 때, 암환자를 연구대상자로 추출함).
- **편의표집(convenience sampling)**: 가용성과 편의성에 기초하여 표본을 선택하는 방법이다(예: 연구목적에 동의한 지원자만을 대상으로 하거나, 연구자 임의대로 쉽게 구할 수 있는 대상자들 중에서 표본을 추출함).
- **할당표집(quota sampling)**: 표본의 수를 연구자가 결정하고, 결정된 만큼 표본 수를 채우는 자유로운 방식으로 선택한다(예: 교사 200명을 표본으로 추출하고자 할 때, 남자 100명, 여자 100명으로 해당 비율을 미리 결정한 후, 모집단에서 대상을 추출함).
- **연쇄표집(chain sampling)**: 최초의 작은 표본을 선택한 후, 그 표본 내에서 대상자를 소개받아 원하는 표본 수를 얻을 때까지 계속적으로 대상을 확대해 나가는 방법이다. 누적표집(snowball sampling)이라고도 한다(예: 약물중독자, 가출 청소년, 희귀병 환자 등 목표 모집단에 속하는 연구대상을 찾기 어려울 때 실시함).

학습 Plus ✚ 연구방법론의 주요 측정 개념

- 중심위치(집중경향치)의 측정방법에는 평균, 중앙치, 최빈치가 있다.
  - 평균(mean): 중심위치의 측정과 양적 자료에 쓰인다. 표본평균(sample mean)은 표본에 대한 평균이며, 모평균(population mean)은 모집단에 대한 평균을 말한다.
  - 중앙치(median): 자료를 크기순으로 나열할 때 가운데에 놓이는 값, 즉 전체 사례 수에서 가운데에 해당되는 값이다.
  - 최빈치(mode): 자료 중 가장 많이 나오는 값, 즉 자료 중 가장 빈번하게 나타나는 값을 말한다.
- 산포도(measure of dispersion): 중심위치에서 얼마만큼 떨어져 있느냐를 측정하는 방법을 말한다.
- 편차(deviation): 각 자료 값과 평균과의 차이. 즉 한 점수가 평균으로부터 얼마나 떨어져 있는가를 알려 준다. 편차의 합은 0이므로 보통 제곱하여 표준편차를 구한다.
- 표준편차(standard deviation): 편차를 자승해서 합하는 방법이다(S).
- 평균편차(average deviation): 각각의 편차점수를 모두 합한 값을 전체 사례 수로 나눈 값이다(AD).
- 범위(range): 최댓값과 최솟값의 차이를 말한다(R=최고점수−최하점수+1).
- 백분위수(percentiles): 크기가 있는 값들로 이뤄진 자료를 순서대로 나열했을 때 백분율로 나타낸 특정 위치의 값을 말한다.
- Z점수(z-scores): 표준편차 단위에서 어떤 한 점수가 평균으로부터 얼마나 떨어져 있는가를 말하는 지수이다(z=측정값−평균/표준편차). 예를 들어, 측정값 115, 평균 78, 표준편차 14이면, z값은 2.64이다.
- T점수(t-scores): 평균이 50이고, 표준편차가 10인 분포를 갖는다(10Z+50). 예를 들면, z값이 2.64이면, t값은 76.4이다.
- 모수치(parameter): 모집단의 특성을 나타내는 값을 말한다.
- 추정치(estimate): 표본의 특성을 나타내는 값. 이를 통계치(statistics)라고 한다.

- 양적 변인(quantitative variable): 양의 크기를 나타내기 위하여 수량으로 표시되는 변인을 말한다(예: 지능지수, 키, 체중, 성적).
  - 연속변인(continuous variable): 주어진 범위 내에서는 어떤 값도 가질 수 있는 변인, 즉 소수점으로 표시될 수 있는 변인을 말한다(예: 길이, 무게, 시간).
  - 비연속 변인(uncontinuous variable): 개별 범주로 이루어진 변인을 말하며, 주어진 범주 간에는 어떠한 값을 가질 수 없는 변인을 말한다(예: 가족 수, 자동차 수, 지능 지수, 휴가 일수).
- 질적 변인(qualitative variable): 변인이 가지고 있는 속성을 몇 개의 유목으로 나눌 수는 있으나 서열화할 수 없는 변인을 말한다(예: 성별, 직업, 종교).

핵심 2 뇌와 신경계

1 신경계의 기본단위: 뉴런

1) 뉴런의 기본형태

① 뉴런은 일반적으로 수상돌기(dendrite), 세포체(soma), 축삭(axon)으로 구성되어 있다. 수상돌기는 다른 뉴런에서 신호를 전달받는 곳이고, 세포체는 유전 정보를 지니고 있는 세포핵을 가지고 있으며 세포로서의 대사 및 유지 기능을 수행한다.

② 축삭은 신경 신호를 다른 뉴런에 전달하는데, 축삭의 끝은 여러 갈래로 분기하며 그 끝을 종말단추(terminal button)라고 한다.

③ 뉴런에서의 정보는 수상돌기, 세포체, 축삭, 종말단추의 방향으로만 전달된다.

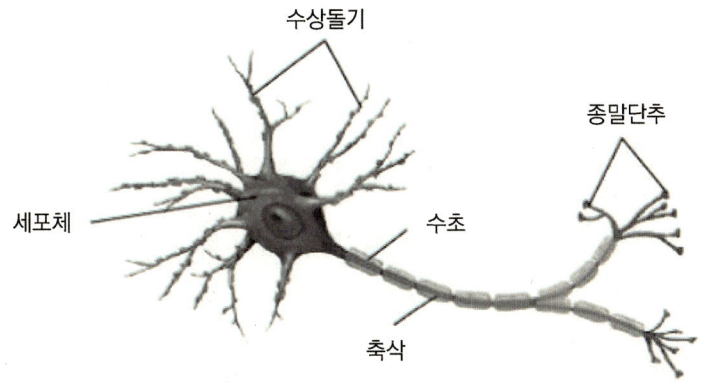

[그림 1] 뉴런의 구조

2) 뉴런의 정보 전달

① 뉴런의 내부와 외부에는 전기적 극성을 띠는 많은 이온이 존재하는데, 세포막을 사이에 두고 뉴런의 내부에는 칼륨 이온(K+)들이, 외부에는 나트륨 이온(Na+)들이 존재한다. 세포막에는 이 이온들이 지나다닐 수 있는 통로, 즉 이온 채널(ion channel)이 존재한다.

② 이온 채널이 평소에는 닫혀 있거나 극히 일부만 열려 있어서 이온들의 자유로운 흐름을 제한한다. 이러한 제한에 의해 세포막의 안쪽과 바깥쪽에는 농도 차이가 발생하는데, 이로 인해 세포막을 사이에 두고 전위차가 발생하게 된다.

③ 뉴런이 흥분하지 않을 경우 전위차는 약 −70mV에 이른다. 즉, 뉴런은 평상시 안쪽이 더 음극화되어 있는 상태이다. 이를 안정전위(resting potential)라고 한다.

④ 세포막의 전위차가 −70mV보다 작아져서 역치 수준(약 −55mV)보다 더 올라가게 되면 이온 채널들(특히 나트륨 채널)이 일제히 열리게 되면서, 열린 채널을 통해 나트륨이 세포막 안쪽으로 들어와 전위차는 급격히 변화하여 약 +40mV까지 도달하게 된다. 이를 탈분극화(depolarization)라고 한다.

⑤ 나트륨 이온이 충분히 들어오고 나면, 뉴런 내부에 있던 칼륨 이온들이 밖으로 빠져나가고 일시적으로 뉴런의 전위는 안정전위보다도 더 음극화된다. 이를 과분극화(hyperpolarization)라고 한다.

⑥ 과분극화된 전위는 다시 안정전위로 돌아옴으로써 뉴런은 또 다른 활동전위를 만들어 낼 준비를 갖추게 된다.

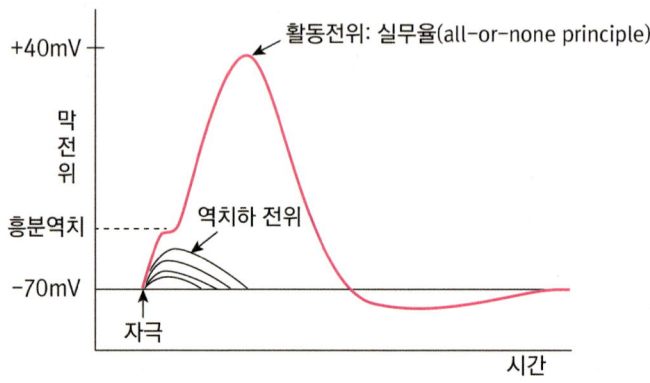

[그림 2] 활동전위

2 신경전달물질의 작용

① 아세틸콜린(acetylcholine: ACh): 가장 먼저 발견된 신경전달물질로서 중추신경계와 말초신경계 모두에 존재한다. 뇌에서 기억과 관련된 신경전달물질이다. 또한 말초신경계의 신경과 근육 접합부에서는 흥분성 역할을 하여 근육을 수축하게 만드는 기능도 한다.

② 아미노산(amino acid): 아미노산계 신경전달물질은 신경계 대부분의 영역에 존재하며 빠른 신호 전달에 관여한다. 흥분성인 글루타메이트(glutamate)와 억제성인 GABA(gamma-aminobutyric acid)가 있다. 흥분성 신경전달물질인 글루탐산은 기억 생성에 관련되며, GABA는 진정과 근육 이완 등에 작용한다.

③ 모노아민(monoamine): 모노아민계 신경전달물질은 아미노산에 의해 합성되며 정서와 보상, 다양한 정신질환과 관련이 있다. 대표적인 예로 세로토닌(serotonin), 도파민(dopamine), 노르에피네프린(norepinephrine)이 있다.

- 세로토닌: 심리적 안정과 엔도르핀의 생성을 촉진한다. 우울증에 걸린 사람들의 경우 세로토닌의 수준이 정상인보다 낮다.
- 도파민: 운동과 보상에 관련되며, 도파민 수준이 너무 낮으면 파킨슨병의 발병에 영향을 주며, 반대로 도파민의 양이 너무 많은 경우에는 조현병 증상을 호소하게 된다.
- 노르에피네프린: 중추신경계에서 각성과 주의에 영향을 주는 것으로 알려져 있다.

3 중추신경계와 말초신경계

① 신경계는 두 부분으로 나뉘는데 중추신경계(central nervous system)는 뇌와 척수로 이루어져 있고, 말초신경계(peripheral nervous system)는 중추신경계를 제외한 나머지 전체, 즉 주로 감각 및 운동 신호의 전달과 자율적인 반응을 담당하는 신경계 부분을 말한다.

② 말초신경계는 체성신경계(somatic nervous system)와 자율신경계(autonomic nervous system)로 구분할 수 있다.

- 체성신경계: 감각기관을 통해 정보를 받아들이는 감각신경과 근육을 움직이는 운동신경으로 구성된다.
- 자율신경계: 교감신경계(sympathetic nervous system)와 부교감신경계(parasympathetic nervous system)로 구분된다. 교감신경계는 주로 위기 상황에서 에너지를 사용(촉진, 확대)하는 반응을 만들어 내며, 부교감신경계는 에너지를 저장(수축, 억제)하는 방향으로 작용한다.

4 대뇌피질 영역

대뇌는 좌우 두 개의 반구로 나뉘며, 뇌량(corpus callosum)을 통해 연결되어 있다. 대뇌피질은 전두엽, 측두엽, 두정엽, 후두엽의 네 개 영역으로 나뉜다.

① 전두엽(frontal lobe)은 의사결정, 계획, 상황 판단, 정서조절 등 고차원적인 인지 기능을 담당한다.
② 측두엽(temporal lobe)은 반구의 양측에 자리하며 일차청각피질이 있어 청각정보를 분석한다. 좌측 측두엽에는 언어정보를 처리하는 영역이 있고, 측두엽 안쪽의 해마와 주변 피질은 기억을 처리한다.

> **학습 Plus** 브로카 실어증 & 베르니케 실어증
>
> - 브로카 실어증(Broca aphasia, 표현 실어증), 좌측 전두엽 관련
>   - 말을 유창하게 하지 못하지만 언어 이해와 발성 기제는 정상적이다.
>   - 언어 지시를 이해할 수 있음에도 불구하고 이 지시를 복창하는 능력은 손상되어 있다.
> - 베르니케 실어증(Wernicke aphasia, 구문 실어증), 좌측 측두엽 관련
>   - 유창하게 말을 하지만 의미 있는 내용은 아니며, 타인의 말을 이해하지 못한다.

③ 두정엽(parietal lobe)은 일차체감각피질이 있어서 촉각이나 통증 등 체감각 정보를 처리한다. 그 외 감각통합과 공간인식 등에 관여한다.
④ 후두엽(occipital lobe)은 일차시각피질이 있어 시각정보를 처리한다. 이 부분이 손상되면 눈에는 아무런 이상이 없어도 앞을 보지 못하게 되는 증세를 나타낸다.

핵심 3 동기와 정서

1 동기

① 동기의 정의
- 유기체의 행동을 촉발하는 생리적 에너지와 행동을 조절하는 힘을 말한다.
- 행동을 시작하도록 하고, 행동의 방향성을 결정하며, 행동의 지속성 및 강도와 관련된다.

② 추동과 동기와의 관계
- 욕구(need)와 추동(drive)은 개념적으로 동기와 밀접한 관련성을 지닌다.

- 헐(Hull)의 추동감소이론: 욕구는 인간이 목표를 추구하도록 만드는 내적 결핍 상태로서, 인간이 가지는 욕구는 유기체의 내적 불균형을 유발한다. 추동은 욕구로 인해 발생하는 결과이며, 모든 유기체는 무너진 생체항상성을 회복하려고 노력한다.

> **학습 Plus 🧰 주요 동기이론**
>
> - 프로이트의 추동이론
>   - 인간행동의 원인을 무의식적 추동(unconscious drive)으로 설명함.
>   - 무의식적 추동의 대부분은 성적 충동과 욕구 때문에 발생된다고 봄.
>   * 성충동 혹은 성욕으로 발생하는 힘 → '리비도(libido)'
>   - 인간은 리비도를 해소하기 위해 동기화되고, 성적 욕구를 해소하려는 행동에 의해 불유쾌한 추동이 감소됨.
> - 각성이론
>   - 인간은 긴장이나 각성을 추구하며, 각성 상태는 자극에 반응을 하거나 행동할 준비가 되어 있는 상태를 뜻함.
>   - 헵(Hebb)과 벌라인(Berlyne)의 역U형 함수관계
>   * 최적각성수준: 각성 상태가 중간 수준일 때 수행 수준이 가장 높게 나타남.
>   * 각성 상태가 너무 낮음: 감각 박탈 상태가 되어 집중력이 흐려지거나 졸음 유발
>   * 각성 상태가 너무 높음: 효율적인 정보처리가 불가능, 시험 불안 유발
> - 행동주의 이론
>   - 인간의 행동이 자극과 반응의 연쇄로 인해 발생된다고 봄.
>   - 조건화(conditioning): 자극을 주의 깊게 선택하여 인간행동을 통제함으로써 인간의 행동을 학습시키거나 유지, 변화시킬 수 있음.
>   - 보상은 인간이 행동하게 하는 외적 동기를 유발함.
>   - 외재적 동기로 작용하는 강화인자는 특정 상황에서 내재적 동기를 약화시키거나 소멸시킬 수 있음.
> - 인본주의 이론
>   - 인간을 동기화시키는 것은 개인의 내적 자원에 의함.
>   - 유능감, 자아존중감, 자율성, 자기실현 등을 향상할 수 있도록 격려하는 것을 중요시함.
>   - 매슬로(Maslow)의 욕구위계 이론
>   * 결핍욕구: 생리적 욕구, 안전의 욕구, 애정과 소속의 욕구, 자기존중의 욕구
>   * 존재욕구: 자아실현의 욕구

2 정서

① 정서의 정의

특정한 내적·외적 요인에 대한 경험적·생리적·행동적 반응으로, 유전적으로 결정되거나 습득된 동기적 경향을 말한다.

② 정서의 분류

- 비연속적 분류: 사람들이 가지고 있는 기본정서는 몇 가지의 유형으로 나뉘어진다고

본다(예: 에크만-행복, 놀람, 슬픔, 분노, 혐오, 경멸, 두려움의 여섯 가지 정서로 분류).
- 차원적 분류: 정서를 차원에 맞춰 배열하였다.
  - 분트의 3차원 이론: 쾌-불쾌(pleasant-unpleasant), 긴장-이완(tension-relaxation), 흥분-우울(excitement-depression) 차원으로 분류하였다.
  - 러셀의 원형모형(circumplex model): 분트의 쾌-불쾌 차원과 각성 수준을 정서의 핵심요인으로 보고 이를 토대로 정서에 대한 모형을 제시하였다.

> **학습 Plus 주요 정서 이론**
>
> - 제임스-랑게(James-Lange) 이론: 정서 경험은 외부 자극에 대한 신체 반응을 지각한 결과로 생긴다고 봄.
>   - 자극 자각(자동차가 달려옴) → 각성(심장이 고동침) → 정서(공포를 느낌)
> - 캐논-바드(Cannon-Bard) 이론: 정서유발 자극이 생리적 반응과 정서의 주관적 경험을 동시에 촉발시킨다고 봄.
>   - 자극 자각(자동차가 달려옴) → 각성과 정서(심장이 고동치면서 동시에 공포를 느낌)
> - 샤흐터-싱어(Schacter-Singer) 이론: 생리적 반응과 인지(지각과 기억, 해석)가 함께 정서를 만들어 냄.
>   - 자극 자각(자동차가 달려옴) → 각성과 인지(심장이 고동치며 '두렵다고 생각함') → 정서(공포를 느낌)

핵심 4 학습

1 조건형성

1) 고전적 조건형성

① 러시아 생리학자인 파블로프(Pavlov)가 발견한 것으로, 자극과 반응 간의 관계를 최초로 실험 연구하였다.
② 개에게 종소리를 들려준 후 곧바로 먹이를 제공하는 절차를 몇 번 반복한 뒤, 이후에는 먹이 없이 종소리만 들려주어도 침을 흘리게 된다.
③ 고전적 조건형성의 개념
  - 먹이는 타액을 분비하게 하는 무조건 자극(unconditioned stimulus: UCS)이다.
  - 먹이에 의한 타액분비를 무조건 반응(unconditioned response: UCR)이라고 한다.
  - 본래 중성 자극이었던 종소리가 타액을 분비하게 하는 역할을 했으므로 조건 자극(conditioned stimulus: CS)이 된다.
  - 무조건 자극 없이 조건 자극에 의해 일어난 반응을 조건 반응(conditioned response: CR)이라고 한다.

> **학습 Plus** 🔖 **고전적 조건형성 절차**
>
> - 훈련 전
>   먹이(UCS) ⟶ 타액분비(UCR)
> - 훈련
>   종소리(CS) + 먹이(UCS)
> - 훈련 후(조건형성)
>   종소리(CS) ⟶ 타액분비(CR)

2) 고차적 조건형성(higher-order conditioning)

① 조건 자극이었던 종소리를 무조건 자극으로 하고 새로운 자극인 불빛을 조건 자극으로 하여 실험절차를 반복하였다.
② 불빛이 제시된 후 곧바로 종소리를 들려주는 것을 반복하자, 불빛에 의해서도 타액분비가 나타났다. 이를 고차적 조건형성이라고 한다.

> **학습 Plus** 🔖 **고차적 조건형성의 절차**
>
> 종소리(CS1) ⟶ 타액분비(CR)
> 불빛(CS2) + 종소리(CS1) ⟶ 타액분비
> 불빛(CS2) ⟶ 타액분비(CR)

3) 조건화의 주요개념

① **소거**: 학습된 조건 반응은 무조건 자극(먹이)인 UCS가 따라오지 않으면 점차 감소되어 나중에는 CS(종소리)를 제시해도 CR(타액분비)이 사라진다. 이를 소거라고 한다.
② **자발적 회복**: 소거된 CR도 일정한 휴식기간 후 CS를 제시하면 다시 나타나는 것을 자발적 회복이라고 한다. 단, 회복된 반응은 강도가 약해 다시 소거시키면 이내 사라진다.
③ **자극 일반화**: 특정한 조건 자극에 대해 조건형성된 반응은 원래의 조건 자극과 유사한 자극에 대해서도 동일한 반응을 일으킨다.
④ **변별**: 제시된 자극 조건에 따라 다르게 반응할 수 있는 능력을 말한다. 어떤 자극에 대해 그 의미나 특징을 구분하여 인식하는 것을 의미한다.

4) 습득

① 새로운 조건 반응이 형성 또는 확립되는 과정으로, 두 자극 사이의 제시 간격이 짧을수록 조건 반응은 더 잘 습득된다.

② 고전적 조건화에서 CS와 US의 시간적 관계성
- 동시조건형성: 조건 자극(CS)과 무조건 자극(US)이 동시에 제시된다.
- 지연조건형성: 조건 자극(CS)이 먼저 제시되고 뒤이어 무조건 자극(US)이 제시된다. 가장 조건형성이 잘된다.
- 흔적조건형성: 제시한 조건 자극(CS)이 완전히 사라진 후 무조건 자극(US)을 제시한다.
- 역행조건형성: 무조건 자극(US)을 먼저 제시하고 조건 자극(CS)을 뒤에 제시하는 절차로, 학습하기가 어렵다.

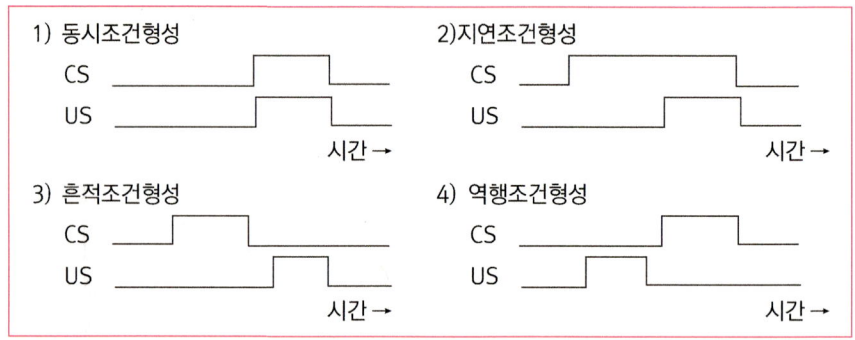

[그림 3] CS와 US의 시간적 관계성

5) 조작적 조건형성

① 손다이크(Thorndike)의 시행착오학습

새로운 문제를 해결하는 과정에서 여러 가지 방법을 시도해 보는 시행착오 중 어느 하나를 통해 문제를 해결하게 되면 그 반응이 여러 시행에 걸쳐 점진적으로 습득되는 것을 말한다.

② 손다이크의 학습의 기본법칙
- 효과의 법칙: 반응 후에 수반되는 결과가 바람직한 것이면 그 반응이 나타날 확률이 증가되고, 그 결과가 바람직하지 않으면 확률이 감소된다.
- 연습의 법칙: 학습은 지속적인 연습을 통해 행동의 변화로 이어지기에 연습을 되풀이하면 자극과 반응의 결합이 강해지고, 연습을 하지 않으면 결합이 약해진다.
- 준비성의 법칙: 학습의 준비를 갖추는 일은 학습이 잘 일어나게 하는 중요한 요소 중 하나이다.

> **학습 Plus** 　손다이크의 문제상자
>
> 손다이크(Thorndike, 1898)는 고양이를 우리 속에 넣은 뒤 빠져나오는 데 걸리는 시간을 재었다. 우리는 발판을 눌러 줄을 당겨야 빗장이 풀리도록 설계되어 있었다. 고양이는 우리를 탈출하기 위해 지렛대를 물어뜯기, 밀기, 할퀴기, 누르기 등 여러 가지 시행착오 행동을 하다가 우연히 탈출할 수 있었다.
> 이런 탈출 시행을 거듭할수록 고양이가 문제상자(puzzle box)를 벗어나는 평균 시간이 점점 더 짧아졌다. 이후 문제상자의 탈출에 성공적이었던 행동('발판 누르기')이 더 자주 출현하게 되었다. 이를 '효과의 법칙(law of effect)'이라고 한다.
>
>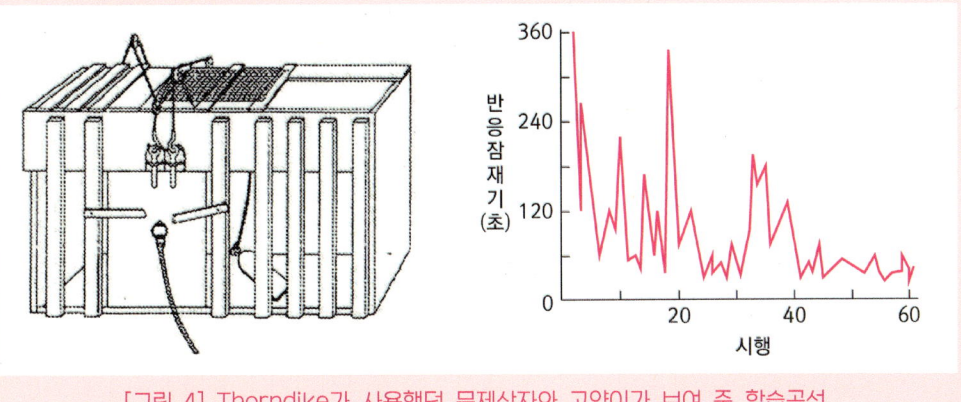
>
> [그림 4] Thorndike가 사용했던 문제상자와 고양이가 보여 준 학습곡선

6) 조작적 조건형성의 주요개념

① **조형(shaping)**: 점진적 접근법으로도 알려져 있으며, 적절한 반응을 학습시키기 위해 낮은 수준의 단계부터 정확한 반응까지의 단계를 학습의 원리로 이끄는 과정을 말한다.
  - **차별 강화(differential reinforcement)**: 어떤 반응은 강화를 받고, 어떤 반응은 강화를 받지 못하는 것이다.
  - **점진적 접근(successive approximation)**: 실험자가 원하는 것에 점점 가까워지는 반응을 할 때만 강화를 받는다.

② **일반화(generalization)**: 학습 시에 노출되지 않았던 자극에 대해 조건형성된 행동이 출현하는 것이다.

③ **변별(discrimination)**: 학습자가 두 자극 사이를 구분하여 상이한 반응을 보이는 것이다.

④ **소거(extinction)**: 학습자가 반응을 하였을 때 강화를 생략함으로써 소거를 일으키는 것을 말한다(지렛대를 눌러도 먹이가 제공되지 않으면 점차 지렛대를 누르는 반응이 감소됨).

⑤ **자발적 회복**: 지렛대를 누르는 반응이 소거된 쥐를 다른 곳에 두었다가 다시 스키너

상자에 넣으면 쥐는 다시 지렛대를 누르는 반응을 보인다.
⑥ 미신적 행동: 우연히 특정한 행동의 상태에 있을 때 보상이 주어지자 보상을 기대하며 계속해서 특정 행동을 보이는 것을 말한다.
⑦ 강화: 그에 선행하는 반응이 미래에 반복해서 나타날 가능성을 증가시키는 사건을 말한다.
  - 일차 강화물: 음식물이나 물과 같이 생물학적 욕구를 충족하는 것
  - 이차 강화물: 과거에 일차 강화물과 연합되었기 때문에 강화효과를 가지는 것(예: 칭찬, 돈, 인정)
⑧ 처벌: 그에 선행하는 반응이 반복되어 나타날 가능성을 감소시키는 사건을 말한다.

7) 강화와 처벌

① 강화
  - 정적 강화: 목표 행동의 발생빈도나 강도를 증가시키기 위해 학습자가 선호하는 자극을 제시하는 것이다(예: 과제 제출을 마감일 전에 하면 가산점을 줌).
  - 부적 강화: 목표 행동의 발생빈도와 강도를 증가시키기 위해 학습자가 혐오하는 자극을 제거하는 것이다(예: 기부를 하면 세금을 감면해 줌).

② 처벌
  - 정적 처벌: 목표 행동의 발생빈도와 강도를 감소시키기 위해 학습자가 혐오하는 자극을 제시하는 것이다(예: 지각하는 아이에게 화장실 청소를 시키는 것).
  - 부적 처벌: 목표 행동의 발생빈도와 강도를 감소시키기 위해 학습자가 선호하는 자극을 제거하는 것이다(예: 컴퓨터 게임하는 시간을 줄이기 위해 컴퓨터 게임을 하면 용돈을 뺏는 것).

〈강화와 처벌의 종류〉

	선호 자극	혐오 자극
제시	정적 강화(+)	정적 처벌(−)
제거	부적 처벌(−)	부적 강화(+)

8) 강화계획

① 고정간격 강화계획(fixed interval schedule: FI): 일정한 간격마다 학습자가 올바른 반응을 하면 강화하는 것이다(예: 월급 또는 정기시험).
② 고정비율 강화계획(fixed ratio schedule: FR): 정해진 횟수만큼 반응을 해야 강화가 주어

진다(예: 도장 10번을 모으면 커피 한 잔을 제공).
③ 변동간격 강화계획(variable interval schedule: VI): 임의로 정한 시간 범위 내에서 불규칙한 시간 간격마다 강화를 주는 것이다(예: 쪽지시험).
④ 변동비율 강화계획(variable ratio schedule: VR): 평균 n번 반응한 뒤 보상을 받지만, 두 번 반응한 뒤 보상을 받기도 하고 스무 번 반응해도 보상을 받지 못한다(예: 도박).
⑤ 학습이 잘되는 순서는 변동비율 → 고정비율 → 변동간격 → 고정간격 순이다.

9) 회피와 도피
① 회피학습: 혐오적 자극에 대한 신호를 학습하게 되면 신호를 알아차리자마자 회피하게 된다(예: 경고성 언어나 매를 드는 시늉에 피하는 것).
② 도피학습: 혐오적 자극을 받은 후 그 자극을 피하는 행동을 말한다(예: 매를 맞고 피하는 것).

〈학습된 무기력의 실험〉
- 셀리그먼(Seligman)은 움직일 수 없게 고정해 놓은 개에게 전기충격을 가하는 절차를 반복하자, 자유롭게 풀어 준 이후에도 전기충격을 피하지 않는 것을 관찰했다.
- 자신이 환경을 통제할 수 없다는 것을 반복해서 경험하면, 통제하거나 바꾸려는 시도 자체를 포기하는 것을 학습하게 된다는 것이다.
- 셀리그먼은 학습된 무기력이 우울증 발달의 원인이 된다고 설명하였다. 사람도 통제 불가능을 느끼게 되는 배우자의 사별, 막대한 경제적 손실, 심한 질병에 걸렸을 때 무기력하게 된다고 보았으며, 우울증을 조작적 학습의 결과로 설명하였다.

2 인지학습
① 통찰학습(insight learning): 문제해결 장면에 놓여 있는 요소들 간의 의미를 발견하는 것으로, 이때 학습자는 '아하 경험(aha-experience)'을 통해 갑자기 문제를 해결한다.
② 잠재학습(latent learning): 톨먼(Tolman)은 보상이 주어지지 않은 상황에서도 잠재적으로 학습이 진행된다고 주장하였다. 보상이나 강화는 학습한 내용을 행동으로 나타낼 것인지의 여부만을 결정한다고 보았다.
③ 관찰학습(observational learning)
- 밴듀라(Bandura)는 학습을 정신적 개념으로 보며, 타인의 행동을 관찰한 결과로 인해 학습이 이루어진다고 보았다. 즉, 사회적 상황에서 다른 사람의 행동을 관찰해 두었다가 유사한 행동을 보이는 학습 과정을 의미한다.

- 관찰학습은 모델링(modeling)할 행동에 주의를 집중하고 기억을 하며, 이를 어떤 동기에 의해 행동으로 전환하는 일련의 과정을 지닌다.

〈관찰학습의 인지적 과정〉
- 1단계: 주의 과정(관찰 대상인 모델의 행동에 관심을 갖고 주의를 기울인다)
- 2단계: 저장 과정(모델이 하는 행동을 유심히 관찰하여 관찰내용을 기억한다)
- 3단계: 운동재생 과정(보유한 기억을 시행착오를 거쳐 연습, 행동을 통해 획득한다)
- 4단계: 동기화 과정(실제 행동으로 실현하고자 하는 동기나 욕구의 과정을 말한다)

핵심 5 기억

1 기억 과정

기억 과정은 부호화(encoding), 저장(storage), 인출(retrieval)의 세 단계로 구별된다(예: 시험공부를 하는 것은 부호화이고, 그 내용이 기억에 머물러 있는 것은 저장이며, 시험문제를 보고 적당한 내용을 기억에서 찾아내는 것이 인출임).

① 부호화는 외부 환경에서 들어온 정보를 마음이 읽을 수 있는 부호로 전환시키는 과정을 말한다.
② 저장은 정보를 기억 속에 담고 있는 과정이다.
③ 인출은 저장된 정보를 필요할 때 기억 속에서 끄집어내는 과정이다. 기억에 저장된 정보는 회상(recall)과 재인(recognition)으로 인출될 수 있다.

2 기억의 구조

① 감각기억(sensory memory)
    매우 짧은 기간 동안 감각기관에 주어진 자극 그대로 저장해 두는 단계이다. 감각기관에 수용된 자극 중 감각저장의 지속시간 내에 주의를 기울인 자극만 감각저장에서 단기기억으로 넘어간다(선택적 주의).
② 단기기억(short term memory)
- 단기기억에 들어오는 정보는 감각기억보다는 오래 지속되지만 기억하고자 하는 의도적인 노력(되뇌기)을 하지 않으면 곧 사라지게 된다. 단기기억이 유지되는 시간은 20초 정도에 불과하다.

- 간섭이론: 단기기억에서의 망각은 다른 자료가 기억 속의 정보를 간섭하기 때문으로 본다.
- 소멸이론: 다른 자료의 간섭이 없는데도 정보가 저절로 상실된다는 이론이다. 다만, 소멸 때문에 생기는 망각은 간섭 때문에 생기는 망각보다는 훨씬 적은 것으로 나타났다(단기기억은 용량이 제한되어 있는 반면, 장기기억은 지속 시간과 용량의 제한이 없다).

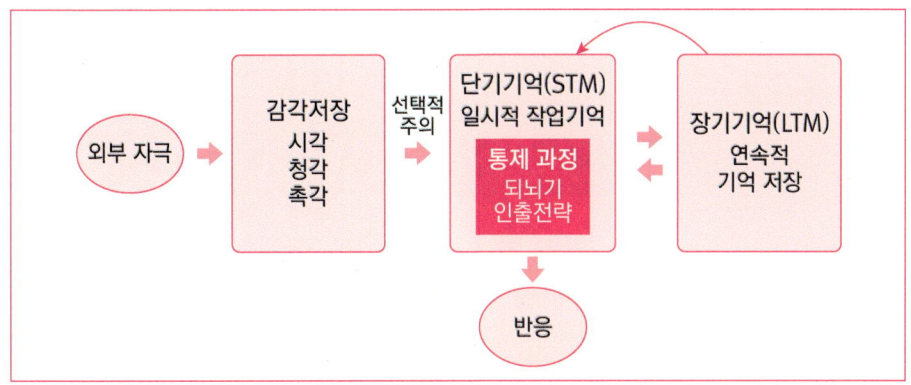

[그림 5] 앳킨슨과 쉬프린의 다단계 모형

- 단기기억에서의 기억용량은 7±2 항목으로 한정되어 있으나, 청킹(chunking)을 통해서 제한된 용량의 한계를 보완할 수 있다.
  - 청킹(chunking): 학습된 개별 자극들이 묶음으로 저장되는 것을 말한다. 개별 자극들의 군집은 단기기억에서 재생해 낼 수 있는 자극의 수를 증가시킨다.

> **학습 Plus 작업기억(working memory)**
>
> - 단기기억을 작업기억이라고도 하는데, 그 이유는 단기기억이 글 이해, 추리 및 문제해결 같은 수많은 정신 활동에 관여하기 때문이다.
> - 초기 이론들은 작업기억과 장기기억이 정보를 순차적인 방식으로 처리한다고 제안하였으나, 최근 연구를 통해 각각 병렬처리 방식으로 정보가 처리되고 있음을 제시한다.
> - Baddeley와 Hitch(1974)는 작업기억 모형을 제시하였는데, 세 가지 요소로 작업기억의 구성요소를 밝혔다.
>   - 음운고리(phonological loop): 음향 정보(소리말 관련 정보)를 유지하고 조작하는 일에 관여한다.
>   - 시공간 메모장(visuospatial sketchpad): 시각 혹은 공간적 정보를 유지하고 조직하는 일에 관여한다.
>   - 중앙관리자(central executive): 정보를 통합하고 전략을 선별하는 역할을 하며, 작업기억의 활용을 관리한다. 논리적 추리과제에서 결론을 도출할 때도 결정적인 역할을 수행한다.
> - Baddeley(2000)는 작업기억 모형을 새롭게 수정하여 일화적 완충기(episodic buffer)라고 하는 네 번째 구성요소를 첨가하였다.
>   - 일화적 완충기(episodic buffer): 제한된 용량의 기억 저장고로, 시공간 메모장의 정보와 음운고리로부터의 정보를 통합하는 역할을 한다.

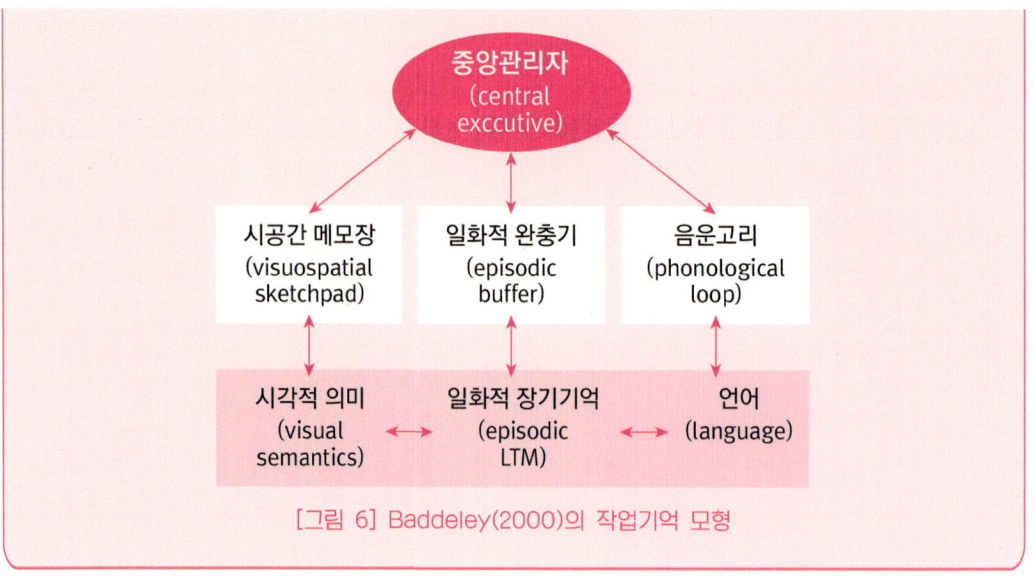

[그림 6] Baddeley(2000)의 작업기억 모형

3 장기기억

1) 부호화와 파지

장기기억의 정보처리는 부호화, 파지, 인출의 과정을 통해 학습이 이루어지며, 정보의 습득과 저장을 위해서는 효과적인 통제전략이 필요하다.

① 처리깊이이론(levels of processing): 의미적인 판단을 하는 경우 깊이 처리가 되기에 정보의 기억에 도움이 된다.

② 정교화(elaboration): 기억해야 할 정보를 다른 정보와 연결하는 것을 말한다. 부호화와 정보인출에 도움이 된다.

③ 조직화(organization): 기억해야 하는 정보를 뜻이나 범주 등을 기준으로 조직화하는 경우 기억에 도움이 된다. 기억해야 할 내용들이 서로 관련되어 있는 경우에는 보다 효과적이다.

2) 학습과 인출

① 활성화 확산 이론: 의미단위(node)들이 연결망으로 구성되어 있으며, 하나의 의미단위가 활성화되면 네트워크를 통해 확산되어 다른 의미단위들도 활성화된다. 점화효과가 장기기억의 인출에 중요한 기제임을 보여 준다.

• 점화효과: 사전 정보에 의해 자극의 탐지 및 확인이 촉진되는 현상을 말한다.

② 간섭이론: 회상이 안 되는 기억은 기억된 정보들끼리 간섭을 일으켜 인출을 방해하는 현상을 말한다.

- 순행간섭(proactive interference): 이전의 정보가 새로운 학습을 방해하는 현상을 말한다. 즉, 순서대로 먼저 배운 정보가 뒤에 있는 정보의 기억을 간섭한다(예: 오랫동안 사용했던 컴퓨터 비밀번호를 바꾼 후에도, 가끔씩 예전 비밀번호를 실수로 입력하는 경우).
- 역행간섭(retroactive intereference): 새로운 정보가 이전의 학습을 방해하는 현상을 말한다. 즉, 역방향으로 뒤에 있는 정보가 앞서 배운 정보의 기억을 간섭한다(예: 새 비밀번호를 숙지한 후, 이전에 자주 사용했던 비밀번호를 기억하지 못하는 경우).

③ 계열위치효과: 자극 목록의 중간에 위치한 단어들보다 첫 부분과 끝부분에 위치한 단어들을 더 잘 재생하는 현상을 말한다.
- 초두효과(primacy effect): 자극 목록의 첫 부분에 있는 단어들을 더 잘 재생하는 현상이다.
- 최신효과(recency effect): 자극 목록의 끝부분에 위치한 단어들을 더 잘 재생하는 현상이다.

3) 중다기억 체계

① 외현기억(explicit memory): 사실과 사건들에 대해 의식화할 수 있는 기억을 말한다. 세상에 대한 일반적인 지식을 포함하는 의미기억(semantic memory)과 일상생활에서 경험한 자신과 관련된 기억인 일화기억(episodic memory)이 있다.
- 의미기억(semantic memory): 세상에 대한 일반적인 사실과 지식을 포함한다. 과잉학습된 경우가 많으므로 비교적 망각이 적게 일어난다(예: 지구는 둥글다, 8월 15일은 광복절이다).
- 일화기억(episodic memory): 일상생활에서 경험한 자신과 관련된 기억이다. 유사한 경험에 의한 간섭 때문에 망각이 자주 일어난다(예: 지난 주말에 한 일에 대한 기억).

② 암묵기억(implicit memory): 경험되어 저장되어 있지만 그 사실이 잘 의식되지 않는 기억을 말한다. 절차기억(procedural memory)이 있다. 절차기억이란 숙련된 행위, 조작 및 운동 기술에 대한 기억이다.
- 절차기억(procedural memory): 반복을 통해 습득된 운동 기술, 악기 연주와 같이 몸으로 익혀 기억된 것을 말한다. 절차학습은 여러 정보를 통합적으로 처리하여 기억화한다(예: 자전거 타기, 피아노 연주).

> **학습 Plus** 　장기기억과 기억장애

- 기억상실증
  - 해마 영역이나 시상의 배내측핵과 시상하부의 유두체를 포함한 간뇌 구조들에 손상을 입은 후 발병한다.
  - 기억상실증은 새로운 장기기억의 형성 과정을 선택적으로 방해하는데, 특히 장면이나 사건을 구성하는 요소들 사이의 관계에 관한 기억의 형성을 방해하지만 단기기억의 형성에는 영향을 미치지 않는다.
  - 기억장애는 발병 원인에 따라 경과가 달라진다. 폐쇄 두부 손상이나 뇌졸중에 의한 기억상실증은 급성으로 발병하는 반면, 알츠하이머 치매 등에 의한 기억상실증은 점진적으로 발병한다.
    * 순행성 기억상실증: 새로운 학습의 장애를 의미하는데, 즉 기억상실증의 발병 이후에 습득한 정보에 관한 장애를 의미한다. 그러나 순행성 기억상실증은 어느 정도의 역행성 기억상실증과 동반되어 나타난다.
    * 역행성 기억상실증: 기억이 장애를 받는 시간 범위를 가지고 있으며, 먼 과거에 경험한 사건들에 비하여 비교적 최근에 경험한 사건들에 관한 기억이 더 영향을 받는다. 어떤 경우에는 몇 주 전의 경험을 기억하지 못하기도 하고, 몇십 년 전의 경험을 기억하지 못하기도 한다. 병변 부위가 해마 영역에 국한되어 있는 경우에는 아주 먼 과거(예: 성인에게서 아동기의 기억)의 기억은 상실되지 않는다.

- 알츠하이머병
  - 알츠하이머병은 세포가 점진적으로 소실되고 피질에서 이상이 발생하는 현상을 보인다. 초기에는 순행성 기억상실증을 보이고 나중에는 역행성 기억상실증까지 보인다.
  - 조직적 변화가 가장 먼저 나타나는 뇌 영역 중 하나는 내측 측두피질이지만, 질병이 진행될수록 다른 피질 영역도 영향을 받는다(순행성 기억상실증-내측 측두피질 손상, 역행성 기억상실증-다른 측두 및 전두 피질 부위 손상).
  - 알츠하이머병으로 인해 나타나는 기억상실증은 주로 외현기억에서 나타나지만, 결국에는 암묵기억 또한 영향을 받는다.

- 코르사코프 증후군
  - 장기간의 알코올 중독은 기억력을 저하시키는 것으로 알려져 왔다. 특히 가장 두드러진 증상은 심각한 기억상실이다. 코르사코프 증후군은 여섯 가지 주요 증상을 포함한다.
    * 순행성 기억상실증
    * 역행성 기억상실증
    * 작화증(과거 사건에 대해 그럴듯한 이야기를 만들어 내는 증상)
    * 대화에서 빈약한 내용의 발생
    * 병식 부족
    * 무관심(어떤 것에 관심을 금방 잃고 일반적으로 변화에 무관심한 것처럼 보임)
  - 코르사코프 증후군의 증상은 며칠 내에 갑자기 나타날 수 있다. 증후군의 원인은 다량의 알코올을 장기간 섭취함으로써 발생하는 티아민(비타민 B1) 결핍 때문이다.
  - 대개 점진적으로 발전하는 이 증후군은 상당한 양의 비타민 B1을 섭취함으로써 증상의 진행을 멈추게 할 수 있지만 원래의 상태로 되돌리기는 어렵다.
  - 비타민 B1의 결핍은 내측 시상과 시상하부의 유두체를 포함하는 간뇌 중앙 부분의 세포를 파괴한다. 환자들의 80% 정도는 전두엽 영역의 위축을 보인다.

4 정서기억(emotional memory)

① 정서기억은 고유의 해부학적 요소인 편도체와 관련된다. 편도체는 정서적 정보의 분석과 정서표현에 중요한 역할을 한다.
② 편도체는 공포 조건화에 중요한 역할을 하며 사건과 자극을 공포스러운 경험과 연결한다. 편도체 손상 시 정서기억은 약화되지만 외현기억이나 암묵기억에는 거의 영향을 미치지 않는다.
  - 섬광기억(flashbulb memory): 정서적으로 강한 경험과 연합된 일을 더 잘 기억하는 현상을 말한다. 비교적 구체적이면서 영속적인 특징을 보인다.
③ 정서적 자극에 대한 처리 과정에서 편도체는 스트레스 호르몬 분비, 자율신경계의 활성화, 공포 정서 유발, 각성 등을 일으킨다. 중립적 자극과 강한 생물학적 반응이 연합된 경우, 해당 자극에 대한 공포가 학습이 되어 이후에는 자극에 대한 회피가 나타난다.

핵심 6 발달

1 발달심리 연구방법

① 횡단적 연구설계(cross sectional design)
  - 여러 연령집단을 동시에 표집하여 이들 집단으로부터 얻은 자료의 연령집단 간 차이를 발달적 변화의 지표로 보는 연구방법이다(예: 아동의 자존감 발달을 연구하기 위해 3, 6, 9, 12세 집단의 아동을 각각 50명씩 표집하여 자기보고 자료를 수집한 후 이를 분석하여 연령집단 간 자존감의 발달과정을 유추해 봄).
  - 발달심리 분야에서 보편적으로 쓰이는 방법이지만, 연령 외에도 각 연령집단이 가지는 여러 다른 특성의 차이로 인해 발달의 경향만을 알아보는 데에는 한계가 있다.
② 종단적 연구설계(longitudinal design)
  - 한 연령집단을 표집하여 일정 기간 동안 그 집단 아동의 연령에 따른 발달적 변화 과정을 추적 연구하는 방법이다(예: 3~12세 사이 아동의 자아존중감의 발달을 연구하기 위해 3세 아동을 표집하여 이 아동들이 6, 9, 12세가 되었을 때 각 연령단계에서 자아존중감을 진단함으로써 연령의 변화에 따른 자아존중감의 발달과정에 대한 자료를 얻음).
  - 발달적 경향을 정확하게 이해하는 데 크게 도움이 되나, 시간과 경제적 부담이 크고 추적하는 과정에서 연구대상이 탈락할 가능성이 있다.

③ 횡단적-단기종단적 연구설계(cross-sectional/short-term longitudinal design)
- 횡단적 설계의 대상이 되는 소수의 집단을 단기간 동안 추적함으로써 종단적인 발달적 변화를 살펴보고자 하는 방법이다(예: 3, 6, 9세의 세 집단을 표집하여 3년 후에 이들 세 집단을 추적하여 진단함).
- 비교적 짧은 기간 동안에 관련되는 해당 연령 간의 종단적 변화를 관찰할 수 있는 장점이 있다.

④ 발생과정 분석설계(microgenetic design)
- 종단적 설계를 수정하여 극히 적은 수의 대상이 보이는 특정 행동의 형성 및 변화해 가는 과정을 면밀하게 추적하여 분석하는 연구방법이다.
- 관심의 대상이 되는 특정한 행동을 매번 측정해 두었다가 그 발생 과정을 철저하게 규명한다.

〈연구설계의 장단점〉

설계	장점	단점
횡단적 연구설계	• 적은 경비와 노력으로 짧은 시간에 필요한 정보 수집이 가능	• 발달적 변화 과정을 정확히 설명하지 못함 • 각 집단의 사회·역사적 배경 등의 차이에서 오는 동시대 집단효과로 인해 개인의 성장·발달에 있어서의 참모습을 알기 어려움
종단적 연구설계	• 개인이나 집단의 발달적 변화 과정을 정확하게 추적·진단	• 시간·노력·경비가 많이 듦 • 연구대상의 선정 및 관리가 어려움 • 중도탈락이 많아 표집의 특성을 상실할 우려가 있음 • 반복적인 검사도구 사용으로 인한 신뢰성의 문제가 제기됨
횡단적-단기 종단적 연구설계	• 비교적 짧은 기간 동안에 관련되는 모든 연령 간의 종단적 변화를 관찰	• 횡단적 연구설계와 종단적 연구설계의 단점이 약화되었으나 여전히 지님
발생과정 분석설계	• 관심이 되는 행동을 반복 관찰하므로 발생 과정의 철저한 규명한 가능	• 반복적인 검사의 연습효과로 인해 신뢰성이 문제될 수 있음

2 피아제(Piaget)의 인지발달이론

① 피아제는 생물체가 환경에 순응하기 위해 자신의 신체구조를 바꾸듯, 인간도 능동적으로 끊임없이 자신의 인지구조를 재구성해 나가는 것으로 생각하였다.

② 피아제 이론의 주요개념
- 도식(schema): 세상과 사물에 대한 체계화된 이해 방식으로서 도식은 감각운동기, 전조작기, 구체적 조작기, 형식적 조작기의 네 단계를 거쳐서 발달한다고 보았다.
- 평형화(equilibration): 인지발달이 이루어지는 데 영향을 주는 요인인 성숙과 환경적 요인, 사회적 요인을 적합한 방식으로 통합하고 조정하는 개인의 내재된 능력을 말한다. 평형화는 동화(assimilation)와 조절(accomodation)의 통합 과정이며, 인지발달의 핵심 기능이다.

③ 동화(assimilation): 자신이 이미 가지고 있는 도식 또는 인지구조에 따라 사물이나 사건에 반응하는 과정을 말한다(예: 물건을 잡는 도식을 가진 아이는 손에 닿는 무엇이든 잡는다).

④ 조절(accomodation): 이미 가지고 있는 도식 또는 인지구조가 새로운 대상을 동화하는 데 적합하지 않을 때, 새로운 대상에 맞게 기존의 도식이나 인지구조를 바꾸어 가는 인지적 과정을 말한다(예: 물건이 너무 커서 잡을 수 없을 때 잡는 방법을 바꾸어 물건을 잡게 되는 경우).

〈피아제(Piaget)의 인지발달단계〉

감각운동기	출생~2세	• 감각과 운동을 통한 인지구조 발달 • 반사행동에서 목적을 가진 의도적 행동으로 발전 • 대상영속성 개념 획득
전조작기	2~7세	• 언어, 상징과 같은 표상적 사고능력의 발달 • 중심화: 자기중심적 사고와 언어 • 직관적 사고와 전인과적 사고
구체적 조작기	7~11세	• 구체적 경험 중심의 논리적 사고 발달 • 보존개념의 획득 • 유목화와 서열화 가능
형식적 조작기	11세 이후	• 추상적 상황의 논리적 사고 가능 • 명제적·가설연역적 추리 가능 • 조합적 추리 가능

⑤ 감각운동기(sensorimotor period)
- 언어가 나타나기 이전의 단계로서 반복적인 신체활동을 통해 여러 감각, 지각 및 반사 기능을 통합하는 능력을 발달시켜 간다.
- 모든 사물은 자신과 별개의 존재이고, 직접 보거나 만질 수 없어도 어딘가에 존재한다는 것을 인지하는 '대상영속성' 개념을 획득한다.

⑥ 전조작기(preoperational period)
- 감각운동기와 달리 상징과 심상을 사용하는 표상적 사고능력은 증가하나 논리적 사고는 불가능하므로 전조작기라고 부른다.
- 상징적 사고: 눈앞에 없는 사물을 표상할 수 있으며, 자신이 경험한 바를 상징이나 언어로 표상할 수 있다.
- 자기중심성: 타인의 생각이나 관점, 감정을 이해하지 못하고 자신과 똑같을 것이라고 생각한다.
- 물활론적 사고: 생물뿐만이 아니라 무생물도 살아 있으며, 자신처럼 감정과 의도를 가지고 있고 사고를 할 수 있는 존재라고 믿는다.
- 실재론: 마음에 생각한 것이 실제로도 존재한다고 생각하는 것으로, 꿈이 실제 현상이라고 믿는 것도 실재론을 반영하는 것이다.

⑦ 구체적 조작기(concrete operational period)
- 보존개념 획득: 물질의 양, 수, 길이, 면적 등은 형태나 순서를 바꾸어도 변하지 않는다는 것을 알게 된다.
- 유목화: 사물을 속성이나 부류에 따라 분류하거나 통합하는 분류 조작이 가능하다.
- 서열화: 특정한 속성이나 특성에 따라 사물을 순서대로 배열하는 서열 조작이 가능하다.

⑧ 형식적 조작기(formal operational period)
- 현실적 세계를 넘어 가상적 추론이 가능하고, 문제해결을 위해 체계적으로 조작하거나 가설을 설정할 수 있게 된다.
- 도덕, 정치, 철학과 같은 가치 문제 등을 이해하기 시작한다.

3 피아제(Piaget)의 도덕성 발달이론

① 피아제는 도덕발달이 인지발달에 기초하여 이루어진다고 생각하였고, 도덕성에 대한 추론능력에 관심을 가졌다.
② 피아제는 아동들이 게임 규칙을 어떻게 이해하는지 살펴보거나 아이들에게 가상적인 딜레마를 제시한 후 질문하는 개방형 임상 면접법(clinical interviews)을 사용하여 수집한 자료를 바탕으로 도덕적 사고발달에 대한 단계 이론을 제안했다.

〈피아제의 도덕성 발달단계〉
- 전도덕적(premoral) 단계
  - 5세 이전의 아동들에 해당하며, 이 시기의 아동들은 규칙에 대해 관심이나 이해가 없다.

- 도덕성을 추론하는 데 있어서 일관적인 규칙을 따르지 않는다. 피아제는 이 시기의 아동들은 옳고 그름의 차이를 알지 못한다고 보았다.
- **타율적 도덕성**(heteronomous morality) 단계
  - 5~10세 아동에게 해당되는 시기로, 이 단계의 아이들은 규칙에 대한 강한 존중을 보인다. 이 시기의 아동들은 정의와 규칙은 변하지 않는 것으로, 사람들의 통제 밖인 것으로 생각한다.
  - 규칙을 위반했을 때는 어떤 방식으로든 처벌을 받는다는 내재적 정의(immanent justice)에 따라 행동한다.
- **자율적 도덕성**(autonomous morality) 단계
  - 10세 이상의 아동에게 해당한다. 인지가 점차 발달하고, 성인의 통제로부터 어느 정도 자유로워지고, 또래와의 상호작용을 경험하면서 규칙과 법은 사람들이 만든 것이며, 가변적인 것임을 이해하기 시작한다.
  - 규칙은 사회적인 합의이며, 상황이 요구할 때는 합의에 따라 규칙이 바뀔 수도 있음을 이해하기 시작한다. 행동의 도덕성을 결과보다는 의도에 근거하여 판단하기 시작한다.

4 콜버그(Kohlberg)의 도덕성 발달이론

① 피아제의 도덕발달에 대한 인지발달적 접근에 동의하면서 11세 이후의 도덕발달과정에 대한 좀 더 정교한 도덕발달 이론을 제안하였다.
② 도덕적 갈등 상황에 대한 반응 분석을 통해 아동과 성인의 도덕 추론능력의 발달과정에 대한 이론을 제시하였다.

〈콜버그의 도덕성 발달단계〉
- **전인습적 수준**: 행위의 결과가 가져다주는 보상이나 처벌에 의해 옳고 그름을 판단하거나 규칙을 정하는 사람들의 물리적 권위에 따라 판단을 한다.
- **인습적 수준**: 가족, 사회, 국가의 기대를 따르는 것이 결과와 상관없이 가치 있다고 판단하며, 적극적으로 질서를 유지하고 정당화한다.
- **후인습적 수준**: 판단의 근거로 생명, 자유, 행복 추구의 권리와 같은 가치를 반영하는 보편적인 윤리 원칙을 언급한다. 만일 법이 이러한 원리를 위반하여 행동하게끔 강요한다면 법은 수정되어야 한다고 주장한다.

〈콜버그의 도덕성 발달 6단계〉

전인습적 수준	단계 1. 처벌과 복종 지향	권위자의 벌을 피하고 권위에 복종하는지 여부에 따라 도덕성을 평가한다.
	단계 2. 개인적 보상 지향	자신의 욕구 충족이 도덕적 판단의 기준이며, 자신에게 돌아오는 이익을 생각하는 일종의 교환관계로 인간관계를 이해한다.
인습적 수준	단계 3. 대인관계 조화 지향	타인을 기쁘게 하고 도와주며, 이를 통한 타인의 인정을 중요시한다.
	단계 4. 법과 질서 지향	법과 질서를 준수하고, 사회 속에서 개인의 의무를 다하는 것을 중요시한다.
후인습적 수준	단계 5. 사회계약정신 지향	개인의 권리를 존중하고 사회 전체가 인정하는 기준을 준수하는 것이 도덕 기준이 된다. 사회적 약속은 다수의 사람들의 보다 나은 이익을 위해 바뀔 수도 있다고 믿는다.
	단계 6. 보편적 도덕원리 지향	자신이 선택한 도덕원리, 양심에 따르는 것이 도덕적 판단의 기준이 된다. 도덕원리는 인간의 존엄성, 정의, 사랑, 공정성 등에 근거를 둔다.

5 애착 형성과 발달

① 애착(attachment)
- 출생 후 인생 초기에 영아와 주양육자 사이의 밀접한 정서적 유대관계(emotional band)를 의미한다.
- 애착은 아동의 정서, 사회성 및 성격 발달에 매우 중요한 역할을 하는 것으로 알려져 있다.

〈애착과 관련된 연구-Harlow의 실험〉
- 어미와 떨어진 새끼 원숭이를 철사로 만든 인형과 천으로 감싼 인형이 있는 방에 두었을 때, 대부분의 시간을 천으로 감싼 인형 곁에서 보냈다.
- 철사로 만든 인형에게 젖병을 매달았을 때에도 먹이만 먹은 뒤 천으로 감싼 인형에게 매달려 있는 모습을 보였다.
- 할로우(Harlow)는 애착 형성에는 음식 이외에도 중요한 요소가 존재함을 밝혔다. 즉, 단순히 생존 유지를 위한 보살핌 이상의 것이 필요함을 보여 준다.

② 애착의 유형
- 에인즈 워스(Ainsworth)는 12~18개월 영아를 대상으로 한 '낯선 상황 절차'를 고안하

였다.
- 아동을 양육자와 떨어져 혼자 두거나, 낯선 사람과 함께 남겨 두었다가 이후에 양육자와 재결합시키는 상황을 포함한 짧은 에피소드를 구성하여 애착 반응을 측정한 후 네 가지 애착 유형을 제시하였다.

〈에인즈 워스-애착 유형〉
- 안정 애착: 이 유형의 영아들은 양육자와 분리되어 낯선 곳에 혼자 있거나, 낯선 사람과 함께 있을 때 불안해 하다가 양육자가 돌아오면 빠르게 진정된다.
- 불안정-저항 애착: 이 유형의 영아들은 양육자와 분리될 때 매우 괴로워하고, 양육자가 돌아와도 잘 진정되지 않으며, 양육자가 있는 상황에서도 잘 놀려고 하지 않는다.
- 불안정-회피 애착: 이 유형의 영아들은 양육자와의 분리에 불안해 하지 않고 별다른 반응을 보이지 않는다. 양육자가 돌아와도 무시하고 다가가지 않는다.
- 불안정-혼란 애착: 이 유형의 영아들은 불안정하며 저항과 회피 어느 애착 유형으로도 분류되기 어려운 비일관된 반응을 보인다. 때로는 양육자에 대해 얼어붙고 혼란스러운 듯한 공포감을 보이기도 한다.

6 성격발달이론

1) Freud의 심리성적 발달이론

① 구강기(oral stage), 출생 직후부터 1세까지의 시기
- 유아는 구강을 통해 외부 대상과 처음으로 상호작용 관계를 하게 된다. 구강을 통해 엄마와 상호작용하며 만족감과 좌절감을 경험하며, 외부 존재에 대한 기초적 인식을 형성한다.
- 구강기의 욕구가 과도하게 충족되면 의존적이고 자기중심적이며 요구가 많은 구강기 수용적 성격이 형성될 수 있고, 과도한 욕구의 좌절은 구강기 공격적 성격을 형성하여 빈정거림, 냉소, 논쟁적인 행동으로 나타날 수 있다.
- 이 시기에 욕구가 적절히 충족되면, 자신감 있고 관대하며 외부 세계에 대해 신뢰감을 지니는 안정된 성격을 형성하게 된다.

② 항문기(anal stage), 생후 1년에서 3세까지의 시기
- 이 시기는 부모가 배변훈련을 하는 시기로서 아동은 부모의 통제를 받게 되는 과정에서 갈등을 경험하게 된다. 아동은 배변훈련 과정에서 불안과 수치감을 경험하게 되며 자율성과 자기통제력을 발달시키게 된다.

- 항문기에 욕구가 지나치게 만족되거나 좌절되면, 완벽주의적이고 청결과 질서에 집착하며 인색한 성격이 형성될 수 있다.
- 이 시기에 욕구가 적절히 충족되면, 독립적이고 자기주장적이며 협동적인 성격을 형성하게 된다.

③ 남근기(phallic stage), 3세에서 6세 사이의 시기
- 남근기는 성격발달에 있어 중요한 의미를 지니며, 아동의 관심이 이성 부모에게로 확산되면서 애정을 독점하려는 노력과 동시에 동성 부모를 경쟁자로 인식하게 된다.
- 남자 아동은 어머니의 애정을 독점하려는 욕구에 의해 아버지에 대해 경쟁적인 감정 속에 갈등을 경험하면서 거세불안(castration anxiety)을 경험하게 된다. 이를 오이디푸스 콤플렉스(Oedipus complex)라고 하며, 초자아의 발달과 아버지에 대한 동일시를 통해 원만한 해결을 하게 된다.
- 여자 아동은 아버지에 대한 애정을 독점하려 하면서 어머니를 경쟁자로 인식하게 되는 유사한 현상이 나타나는데, 이를 엘렉트라 콤플렉스(Electra complex)라고 한다.
- 오이디푸스 콤플렉스의 원만한 해결은 건강한 성정체감의 형성, 초자아와 자아의 발달, 건강한 이성관계를 맺을 수 있는 능력의 발달을 형성하고, 미해결될 경우 이후의 적응과 성격 형성에 문제를 초래하여 권위상에 대한 두려움, 복종적 태도, 지나치게 경쟁적인 성격을 보인다.

④ 잠재기(latency stage), 6세부터 12세 사이의 시기
- 학업과 친구에 대한 관심이 증가하면서 성적인 욕구가 잠재되는 시기이며, 아동은 학교생활, 친구관계, 운동, 취미활동에 관심을 쏟게 된다.
- 이 시기는 자아가 성숙하고 초자아가 확립되는 시기로서 현실적 성취와 원만한 대인관계를 위한 적응능력이 발달하게 된다.
- 이 시기에 좌절을 경험하게 되면, 열등감이 형성되고 소극적이고 회피적인 성격 특성을 나타낼 수 있다.

⑤ 성기기(genital stage), 12세 이후의 시기
- 육체적인 성숙과 더불어 성적인 측면에서 성인으로 발전하는 시기이다. 이 시기의 성 에너지는 이성에게 집중되며, 성 욕구가 현저하게 증가하여 이성관계를 통해 성 욕구를 충족하고자 한다.
- 성기기는 급격한 신체적 변화와 더불어 부모로부터의 심리적 독립과 자기정체성의 확립이라는 발달과제를 안고 있는 시기이기도 하며, 프로이트는 성기기를 통해

성격이 완결된다고 보았다.

2) 에릭슨(Erikson)의 심리사회적 발달이론

① 신뢰감 대 불신감
- 이 시기에 부모로부터 적절한 보살핌을 받아 기본적인 욕구가 충족된 아동은 자신과 주변에 대해 신뢰감을 형성하지만, 욕구 좌절로 인한 부정적인 경험이 많은 아동은 근원적인 불신감을 갖게 된다.
- 이 시기에 형성된 기본적 신뢰성 또는 불신감은 일생을 통해 지속되며, 다음 단계의 성격발달에 직접적인 영향을 미치게 된다.

② 자율성 대 수치심
- 이 시기 아동의 자기통제 행동은 부모의 규제를 받게 되거나 또는 스스로 실행해 보는 과정에서 실패에 부딪히게 된다. 이러한 성공과 실패의 양극적 위기를 극복함으로써 아동은 자기통제에 자신감을 갖게 되어 자율성이 형성된다.
- 과도한 부모의 통제로 인해 위기의 극복에 실패할 때 아동은 통제능력을 상실함으로써 자신에 대한 수치와 회의에 빠져들게 된다. 이는 일생 동안 자기통제력의 기초가 된다.

③ 주도성 대 죄책감
- 이 시기의 아동은 자신의 활동을 계획하고, 목표를 세우며, 이를 달성하고자 노력한다. 또래와의 놀이 활동에 참여하면서 주도성에 의한 자기주장이 나타나고, 경쟁에 몰입하며, 이러한 과정 속에서 때로 좌절을 경험하기도 한다.
- 이 시기에 자기주도적 활동이 적절하게 성공하게 되면 아동은 주도성을 확립하게 되지만, 실패의 경험이 많을 경우 주도성은 위축되고 자기주장에 대해 죄의식을 갖게 된다.

④ 근면성 대 열등감
- 이 시기의 아동들은 학교에서 부과하는 여러 과제에 주의를 기울이고 성실히 과업에 임하는 과정에서 근면성을 획득하게 되며, 이러한 근면성에 의해 전 생애에 중요성을 갖는 과업성실성을 갖게 된다.
- 반면, 아동들이 학교에서나 가정에서 자신에게 주어진 일에 적절한 성취를 느끼지 못하면 열등감에 빠져들게 된다.

⑤ 자아 정체감 대 정체감 혼미
- 이 시기는 아동기에서 성인기로 이행하는 시기이다. 자신의 한계를 검토하고 의존적 관계로부터 벗어나 새로운 정체감을 확립하는 시기에 해당된다.

- 만일 정체감을 획득하는 데 실패하게 되면 정체감 혼미의 위기를 겪게 된다. 정체감을 탐색하는 과정에서 자신에 대해 절망하고 안정된 정체감을 형성하지 못할 경우 역할 혼란을 경험하게 된다.

⑥ 친밀감 대 고립감
- 이 시기의 발달 과제는 친밀한 관계를 형성하는 것이다. 타인과 의미 있는 관계를 형성하여 친밀감을 경험하는 것이 중요하다. 적절한 수준의 친밀감을 형성한다면 보다 성숙된 자아 역량, 즉 사랑을 발달시킬 수 있다고 보았다.
- 이 시기에 친밀성을 획득하지 못하는 사람들은 지나치게 자기의식적이며 자신의 사회적 행동과 적응에 대해서 걱정하고 불안을 느끼기 때문에 오히려 원만한 사회적 상호작용을 이루지 못하고 고립감에 빠져들게 된다.

⑦ 생산성 대 침체감
- 이 시기는 자기와 현재의 가족뿐만 아니라 다음 세대를 위한 일에 관심을 가진다. 자녀를 낳아 기르고 다음 세대에게 자신의 전문적 기술과 능력을 전수함으로써 생산성을 획득한다.
- 이 시기에 생산성을 이루지 못하면 심리적 침체감을 갖게 되며, 사회적 역할을 통해 만족을 느끼지 못하는 경우 인생을 단조롭고 무의미하게 여기게 된다.

⑧ 자아 통합 대 절망감
- 이 시기는 죽음을 앞두고 자신의 삶을 통합하고 점검해야 하는 시기이다. 과거의 자신의 실수와 한계를 수용하고 그 안에서 의미를 찾을 때 자아 통합감을 느끼게 된다.
- 이 시기에 자신의 삶에 대해서 좌절감, 회의, 자기부정 등을 보일 경우 절망감을 느끼게 되며, 나아가 죽음에 대한 두려움과 함께 부정적인 특성이 야기된다.

〈프로이트의 심리성적 발달과 에릭슨의 심리사회적 발달〉
- 프로이트는 리비도가 발달단계에 따라 신체의 특정 부위에 축적되어 갈등 상태를 만든다고 보았으며, 갈등을 경험하는 부위에 따른 심리성적인 단계를 제시하였다. 반면 에릭슨은 한 개인과 다른 사람 또는 외부 세계 간의 관계에서 유발되는 갈등과 이를 해결하는 경험이 성격 형성에 중요한 역할을 하는 것으로 보았다.
- 프로이트는 청소년기의 발달에 대해서만 설명하고 그 이후의 발달은 청소년기 발달단계의 연속이라고 보았다면, 에릭슨은 그 이후의 발달에 대해서도 언급하였는데, 전 생애적 발달단계를 제시하였다.

연령	Freud의 단계	Erikson의 단계
출생~1세	구강기	신뢰감 대 불신감
1~3세	항문기	자율성 대 수치심
3~6세	남근기	주도성 대 죄책감
6~12세	잠재기	근면성 대 열등감
청소년기	성기기	자아 정체감 대 정체감 혼미
성인 초기		친밀감 대 고립감
중년기		생산성 대 침체감
노년기		자아 통합 대 절망감

3) Marcia의 자아 정체감 발달

마르시아(Marcia)는 에릭슨의 정체감 형성 이론에서 '위기'와 '수행'의 두 가지 차원을 중요한 구성요소로 보고, 주 요소의 조합을 통해 정체감 성취, 정체감 유예, 정체감 상실, 정체감 혼란의 4가지로 구분하였다.

학습 Plus — Marcia의 자아 정체감 상태

구분(단계)	특징
정체감 성취	정체성 위기와 함께 정체감 성취에 도달하기 위해 자신의 역할에 대한 탐구와 전념을 한다. 그 결과 사회에서 안정된 참여를 할 수 있고 상황 변화에 따른 동요 없이 성숙된 정체감을 지니게 된다.
정체감 유예	정체성 위기로 격렬한 불안을 경험하지만, 아직 명확한 역할에 전념하지 못한다. 청소년은 자신의 능력과 사회적 요구 사이에서 고민하며, 아직 어떤 결정도 내리지 못한 상태이다.
정체감 상실	정체성 위기를 경험하지 않고, 사회나 부모의 요구와 결정에 따라 행동한다. 외현적으로는 정체감이 조기 형성된 듯 보이나, 실제 내면적으로는 이루지 못한 상태이다. 정체감 유실이라고도 한다.
정체감 혼란	정체성 위기를 경험하지 않았으며, 명확한 역할에 대해 탐구하려는 노력이 없다. 청소년으로서 어떠한 역할을 수행하지도, 책임을 지지도, 어떻게 삶을 살아갈 것인지에 대한 관심이 없는 상태이다.

핵심 7 성격

1 성격의 정의와 특성

1) 성격의 정의

성격이란 개인이 환경에 따라 반응하는 특징적인 양식으로서 타인과 구별되는, 독특하고 일관성이 있으며 안정적인 사고, 감정 및 행동의 총체를 의미한다.

2) 성격의 공통적인 속성

- 성격은 인간의 사고, 감정, 행위를 포함한 일련의 행동과 관련하여 이해될 수 있다.
- 성격은 인간의 적응적인 측면을 반영한다.
- 성격은 사람들이 보편적으로 공유하는 공통성을 내포한다.
- 성격은 사람들을 구별할 수 있는 개인의 독특성 혹은 개인차를 반영한다.
- 성격은 비교적 일관되고 안정적인 행동양식과 관련된다.
- 성격은 개인 내부의 역동적이며 조직화된 특성을 반영한다.

3) 성격의 특성

① 독특성: 사람들을 구별할 수 있는 개인의 독특한 측면 혹은 개인차를 말한다.
② 안정성과 일관성: 성격은 시간과 장소에 상관없이 비교적 일관되고 안정적인 행동양식으로 나타난다. 성격을 통해 사람들의 행동을 이해하고 예측하는 것은 성격의 일관성과 안정성을 반영한다.

2 성격 이론

1) Freud의 정신분석 이론

① 기본개념
- 심리성적결정론(psychic determinism)
  - 인간의 모든 생각이나 느낌, 행동은 우연인 것처럼 보인다고 하더라도 이는 의식하지 못하는 무의식 속의 어떤 원인 때문에 일어나는 것으로 본다.
  - 아무리 사소하고 이해하기 어려운 행동이라고 하더라도 우연하게 일어나지 않으며 심리적 원인에 의해 결정된다는 것이다.
- 무의식(unconsciousness)
  - 인간의 심리세계에는 개인에게 자각되지 않는 무의식적 정신현상이 존재하며,

인간의 행동은 의식적 요인보다 무의식적 요인에 의해서 더 많은 영향을 받는다고 본다.
- 정신분석은 인간행동에 영향을 미치는 무의식적 과정을 탐구하는 것이라고 할 수 있다.
- 성적 추동(sexual drive)
  - 인간의 가장 기본적 욕구이며 무의식의 주된 내용을 구성한다는 가정이다.
  - 성적 욕구는 사회적 · 도덕적 기준에 위배되기 때문에 억압되어 무의식 속에 자리 잡게 되지만 인간의 행동에 여러 영향을 미치게 된다.
- 아동기 경험(childhood experience)
  - 정신분석은 어린 시절의 경험을 중요시한다. 특히 부모와의 상호작용 경험이 성격 형성의 기초를 이룬다고 본다.
  - 성인의 행동은 어린 시절의 경험을 통해 형성된 무의식적 성격구조가 발현된 것으로 가정한다. 따라서 개인의 행동을 이해하기 위해서는 어린 시절의 경험과 기억을 탐색해야 한다고 본다.

② 지형학적 모델(topographical model)
인간의 심리적 경험은 의식적 접근의 가능성을 기준으로 세 가지 수준으로 구분할 수 있다고 본다. 이에 인간의 정신을 의식, 전의식, 무의식으로 구분하여 지형학적 모형을 제시하였다.
- 의식(conscious): 개인이 자각하고 있는 지각 · 사고 · 정서 경험을 포함한다. 이러한 의식적 경험은 인간의 정신세계에 있어서 극히 일부분에 해당된다고 본다.
- 전의식(preconscious): 평소에는 의식하지 못하지만 약간의 노력을 기울이면 쉽게 의식으로 떠올릴 수 있는 기억과 경험을 의미한다. 전의식은 무의식의 내용을 의식으로 연결하는 교량 역할을 한다.
- 무의식(unconscious): 자각하려는 노력에도 불구하고 쉽게 의식되지 않는 다양한 심리적 경험을 포함한다. 무의식은 수용되기 어려운 성적 욕구, 폭력적 동기, 부도덕한 충동, 비합리적 소망 등과 같이 의식에 떠오르면 위협적인 것으로 느껴지기 때문에 억압된 것으로 볼 수 있다.

③ 성격의 삼원구조(tripartite theory of personality)
- 원초아(id)
  - 무의식적 정신 에너지의 저장소이며, 쾌락의 지배를 받아 현실에 의해서 구속받지 않고 즉각적 만족을 추구한다(쾌락원리).
  - 자기중심적이고 비현실적이며 비논리적인 원시적 사고 과정을 나타내는데, 초

기의 기초적인 심리적 과정이라는 의미에서 '일차 과정(primary process)'이라고 한다.
- 자아(ego)
  - 환경에 대한 현실적인 적응을 담당하는 심리적 구조와 기능을 의미한다. 원초아와 초자아와의 균형을 유지하고 둘 간의 갈등을 중재하는 역할을 한다(현실원리).
  - 자아는 현실적이고 합리적이며 이성적인 사고 과정을 나타내는데, 이를 '이차 과정(secondary process)'이라고 한다.
- 초자아(superego)
  - 자아로 하여금 현실적인 것뿐만 아니라 이상적인 것도 고려하도록 이끌며, 행동의 선악을 판단하는 도덕적 규범이나 가치관을 말한다(도덕원리).
  - 초자아는 5~6세에 형성되기 시작하여 10~12세가 되어야 제대로 기능할 수 있다고 보며, 초자아가 강한 경우에는 지나치게 도덕적이거나 완고한 행동이 나타날 수 있다.

④ 불안(anxiety)

자아는 환경의 요구와 더불어 원초아와 초자아를 중재하는 성격의 중심구조로서 기능한다. 자아의 기능이 약해질 경우에는 불안이 형성되며, 이를 3가지 유형으로 구분하였다.

- 현실적 불안(reality anxiety): 자아가 외부의 실제적 위협에 대해 느끼는 불안으로서, 현실의 위험요소를 제거함으로써 해소될 수 있다.
- 신경증적 불안(neurotic anxiety): 원초아와 자아 간의 갈등에서 비롯된 불안이다. 자아가 원초아의 욕구가 커짐에 따라 강렬한 욕망과 감정을 통제할 수 없을 것 같은 두려움을 느끼게 되면서 유발되는 불안이다.
- 도덕적 불안(moral anxiety): 원초아와 초자아 간의 갈등에 의해 야기되는 불안이다. 자신의 양심과 도덕적 기준에 위배되는 생각이나 행동을 했을 때 수치심, 죄의식 등이 유발된다.

⑤ 방어기제(defense mechanism)

- Anna Freud에 의해 발전된 개념으로, 자아가 위협적이며 불안을 유발하는 사고나 감정 혹은 충동들로부터 자신을 보호하기 위한 방어 전략을 말한다.
- 모든 방어기제는 두 가지 특징을 지닌다. 하나는 무의식적으로 작동한다는 점이며, 다른 하나는 어떤 방식으로든 현실을 왜곡한다는 것이다.

〈방어기제의 유형〉

- **억압(repression)**: 현실에서 용납하기 힘든 원초아의 욕구나 불쾌한 경험들을 의식화하지 않기 위해 무의식 속에 가두어 기억하지 못하는 것이다(예: 어린 시절에 감당하기 힘든 충격적인 사건을 겪은 후, 사건과 관련된 외상경험을 기억하지 못하는 것).
- **부정(denial)**: 받아들이기 힘든 상황이나 고통스러운 경험을 인정하지 않는 것으로, 부인이라고도 한다(예: 갑작스러운 사고로 자녀가 사망하게 되었을 때, 자녀의 죽음을 인정하지 않고 여전히 어딘가에 살아 있다고 생각하는 것).
- **투사(projection)**: 자신의 것으로 용납하거나 인정할 수 없는 욕구나 충동을 다른 대상에게 전가시켜 다른 사람의 탓으로 돌리는 것이다(예: 실제 자신이 배우자에게 불만을 갖고 있는데, 배우자가 자신을 못마땅하게 여긴다고 생각하는 것).
- **반동형성(reaction formation)**: 받아들일 수 없는 고통스러운 경험과 반대되는 행동을 함으로써 불안으로부터 벗어나는 것이다(예: 직장 상사에게 불만과 적개심이 많은 사람이 반대로 칭찬과 우호적인 행동을 실제 함으로써 관계가 악화되는 것을 피하는 것).
- **퇴행(regression)**: 현재 감당하기 어려운 일이나 불안을 모면하기 위해 어린 시절에 용인될 수 있었던 원시적이고 미숙한 행위를 하는 것이다(예: 새로 태어난 동생에게 부모의 관심이 집중되자 7세 아동이 갑자기 대소변을 가리지 못하거나 아기 같은 말투로 이야기하는 것).
- **전치(displacement)**: 자신의 감정이나 충동을 덜 위험한 대상에게 표출함으로써 불안과 긴장을 해소하는 것이다(예: 부모님에게 꾸중을 들은 아이가 애완동물에게 화풀이하는 것).
- **승화(sublimation)**: 자신의 욕구나 충동을 사회적으로 용인될 수 있는 건설적인 형태로 표현함으로써 불안을 해소하는 것이다(예: 공격적인 욕구나 충동을 가진 사람이 과격한 스포츠 경기를 하는 것).
- **동일시(identification)**: 다른 사람의 특징을 따라하거나 그와 동일한 행동을 해 봄으로써 불안을 해소하는 것이다(예: 영향력이 있는 특정 대상의 모습과 행동의 일부를 따라하면서 마치 그 대상과 동일해진 것 같은 느낌을 갖는 것).
- **합리화(rationalization)**: 받아들이기 어려운 자신의 실패나 약점을 그럴듯한 이유로 정당화함으로써 부정적인 감정을 회피하는 것이다(예: 〈여우와 신 포도〉 우화에서 포도 따기에 실패한 여우가 "저건 신 포도라서 맛이 없을 거야"라고 변명하며 자신을 위로하는 것).
- **주지화/지성화(intellectualization)**: 받아들이기 힘든 고통스러운 감정을 문제해결에 전혀 도움이 안 되는 방식으로 분석하고 지적으로 토론하고 몰두함으로써 불안을 회피하는 것이다(예: 대학 입시에 실패한 자신의 괴로운 심정에 대하여 교육의 역사, 국가차원에

서의 교육정책, 입시전형 등에 대해서 말하는 것).

⑥ 성격의 발달
- Freud는 성적 에너지인 리비도(libido)가 집중적으로 표출되고 만족을 얻는 신체 부위의 변화에 따라 심리성적 발달단계를 구분하였다.
- 각 단계에서 리비도가 추구하는 욕구가 적절히 충족될 때 아동은 정상적인 성격발달을 이룰 수 있으나, 리비도가 심하게 억압되거나 좌절되면 그 신체 부위의 욕구에 '고착(fixation)'된다고 보았다.
- 특정 단계에 고착된 아동은 나이가 드는 것과 관계없이 그 단계에 충족되지 못한 욕구에 계속 집착하게 되므로 성격발달의 '퇴행(regression)'이 일어나게 된다.

〈심리성적 발달단계〉

시기	심리성적 발달단계	심리 및 성격 특성
0~1세	구강기 (oral stage)	리비도가 구강에 집중되어 있으며, 구강 만족을 통해 욕구를 충족함. • 구강기 수용적: 낙관론, 의존적, 과도한 신뢰 • 구강기 공격적: 비관론, 공격적, 논쟁적, 타인 이용
1~3세	항문기 (anal stage)	배변훈련 과정에서 부모와 갈등 및 자율성과 자기통제를 유지하고자 함. • 항문보유성격: 고집이 셈, 완고함, 지나친 청결, 시간 엄수 • 항문공격성격: 잔인, 파괴, 난폭, 적개심, 불결
3~6세	남근기 (phallic stage)	성기를 통한 만족, 근친상간적 소망(이성 부모에 대한 사랑)으로 심리적 갈등을 경험. 동일시를 통한 극복과 초자아 발달 • 남아: 오이디푸스 콤플렉스(Oedipus complex), 거세불안 경험 • 여아: 엘렉트라 콤플렉스(Electra complex), 남근선망 경험
6~12세	잠재기 (latency stage)	성적 충동 억압, 성적 본능의 승화단계. 친구들과 어울리며 사회화 과정 학습
12세 이후	성기기 (genital stage)	급격한 신체 성장에 따른 호르몬의 변화, 성적 욕구가 강해지고 성 행동 추구, 이성에 대한 관심 증가

2) Erikson의 심리사회적 이론

① 기본개념
- 심리사회적 성격발달이론의 특성
  - Freud의 성격 이론을 체계적으로 확장하였다. 특히 에릭슨은 성격발달의 본능

적 측면뿐 아니라 심리사회적 측면을 강조하여 성격발달의 8단계를 제시하였다.
- 자아의 측면을 강조하였으며, 자아는 인생의 과정에서 여러 위기를 거치면서 성장하며, 사회, 문화 및 역사의 영향을 받으며 평생을 통해 발달한다고 보았다.
- 점성설의 원리(epigenetic principle)
  - 인간의 발달은 유전적 요인에 의해 지배되며, 지금까지 이루어진 발달의 기초 위에서 다음 단계로 발달한다는 원리이다.
- 위기(crisis)
  - 발달단계마다 개인에게 부과된 생리적 성숙과 사회적 요구로 인해 발생되는 전환점이 있다.
  - 각 단계의 특유한 발달과제를 '발달과업'이라고 하며, 성공적으로 수행하지 못한 때를 '위기'라고 한다.

② 성격의 발달

심리사회적 발달의 각 단계는 개인에게 성격적 강점이 발달할 기회를 제공한다.

〈Erikson의 심리사회적 발달단계〉

연령	적응 대 부적응 방식	강점
출생~1세	신뢰감 대 불신감	희망
1~3세	자율성 대 수치심	의지
3~6세	주도성 대 죄책감	목적
6~12세(학령기)	근면성 대 열등감	유능성
12~18세(청소년기)	자아 정체감 대 정체감 혼미	충실성
18~35세(성인 초기)	친밀감 대 고립감	사랑
35~55세(중년기)	생산성 대 침체감	배려
55세 이상(노년기)	자아 통합 대 절망감	지혜

3) Jung의 분석심리학 이론

① 기본개념
- 성격의 정의
  - Jung은 자기를 실현하는 과정이 성격발달이라고 보았다. 타고난 인간의 잠재력인 자기(self)를 실현하기 위해 인생 전반기에는 자기의 방향이 외부로 지향되어 분화된 자아를 통해 현실 속에서 자기를 찾으려고 노력한다.
  - 그 후 중년기를 전환점으로 인생 후반기에는 자기(self)의 방향이 내부로 지향되

어 자아는 다시 자기에 통합되면서 성격발달이 이루어진다고 보았다. 분화와 통합을 통해 자기가 발달하는 과정을 '개성화(individuation)'라고 하였다.

- 의식(conscious): 인식하고 알아차리는 정신의 부분이다. 의식의 중심에는 자아(ego)가 존재하며, 개인의 정체성과 자기가치감을 추구하며 자신과 타인과의 경계를 수립하여 구분하는 기능을 한다.
- 개인 무의식(personal unconscious): 자아에 의해서 인정받지 못한 경험, 사고, 감정, 지각, 기억을 의미한다. 개인 무의식에 저장된 내용들은 상호 연합되어 심리적인 복합체를 이룰 수 있는데, 이를 콤플렉스(complex)라고 한다.
- 집단 무의식(collective unconscious): 개인적 경험이 아니라 사람들이 역사와 문화, 종교, 신화 등을 통해 공유해 온 인류 보편적인 심리적 성향과 구조를 말한다.
- 원형(archetypes): 집단 무의식을 구성하고 있는 인류 역사를 통해 물려받은 정신적 소인이자, 경험을 지각하고 구성하는 방식을 의미한다(대표적인 예: 페르소나, 아니마와 아니무스, 그림자, 자기).
  - 페르소나(persona): 환경의 요구에 조화를 이루려는 적응의 원형으로, 개인이 다른 사람들에게 자신을 드러내는 방식을 의미한다. 개인은 삶의 다양한 역할을 지니게 되는데, 역할 수행 방식에 있어 타인에게 보이고자 하는 측면에 따라 상이하게 나타날 수 있다. 다만 페르소나의 중요도가 커지면 자신으로부터 유리되어 형식적이고 피상적인 삶을 살 수 있다.
  - 아니마와 아니무스(anima, animus): 인간은 양성성을 지니게 되는데, 무의식 속에 지니고 있는 이성의 속성을 말한다. 아니마(anima)는 남성의 내부에 있는 여성성을 의미한다. 남성에게 있어서 다정함이나 감성적 정서와 같은 여성적인 부분을 나타낸다. 한편, 아니무스(animus)는 여성에게 있어서 논리나 합리성과 같은 특징을 지니는 남성적인 부분을 말한다.
  - 그림자(shadow): 개인이 자신의 성격이라고 의식적으로 인식하는 것과 반대되는 특성을 의미한다. 자아의 어두운 부분, 즉 의식되지 않는 자아의 분신을 의미한다. 그림자를 적절히 표현하는 것은 창조력, 활력, 영감의 원천이 될 수 있으나, 과도하게 억압하면 자신과 괴리되거나 불안과 긴장 상태에 빠질 수 있다.
  - 자기(self): 의식과 무의식을 포함한 성격 전체의 중심을 이룬다. 성격을 구성하고 통합하는 에너지를 제공하는 역할을 한다. 자아가 의식의 중심이라면, 자기는 성격 전체의 중심이면서 동시에 역설적으로 성격 전체를 포함한다.

② 성격의 유형
- 개인이 타고난 선호경향성을 기반으로 '심리유형 이론'을 제안하여 내향성과 외향

성을 구분하였다.
- 심리적 에너지의 방향성에 따라 내향성과 외향성을 분류한다.
  - 내향성(introversion): 심리적 에너지(주의의 초점)가 개인의 내부, 주관적 세계로 향한다.
  - 외향성(extroversion): 심리적 에너지(주의의 초점)가 외부, 타인에게 향한다.
- 주의의 초점뿐 아니라 외부로부터 정보를 수집하고(인식 기능), 자신이 수집한 정보에 근거해서 행동을 위한 결정을 내리는 데(판단 기능) 있어서 각 개인이 선호하는 경향성이 다르다.
- Jung의 심리유형론에 근거하여 개발된 성격검사가 MBTI이다.

4) Adler의 개인심리학 이론
① 기본개념
- 성격의 정의
  - 인간의 특성을 갈등의 관계로 보지 않고 자신만의 독특한 생활양식에 의해 삶의 목표를 설정하여 추구하는 존재로 보았다.
  - 인간은 목표지향적인 존재이며, 인간의 모든 행동은 목적성을 지니고 있다. 인간행동의 가장 기본적인 목적은 열등감을 극복하는 것이다. 열등감을 극복하고 완전성을 추구하는 동기는 선천적인 것으로 보았다.
- 열등감의 극복과 우월성의 추구(inferiority & superiority)
  - 인간은 누구나 어떤 측면에서 열등감을 느낀다. 이것은 보편적인 경험이며, 열등감은 우월성을 이루기 위한 필수요소가 된다. 성장을 위한 노력의 근원을 열등감이라고 보고, 열등감의 긍정적인 측면을 제시하였다.
  - 우월성은 자기완성 또는 자아실현을 의미한다. 인간을 현 단계에서 보다 넓은 다음 단계의 발달로 이끌어 주는 역할을 한다.
- 사회적 관심(social interest)
  - 개인이 얼마나 사회적 관심을 기울이고, 개인의 이익보다는 사회 발전을 위해 다른 사람과 협력하는지를 의미한다. 공동체 의식과 유사하다.
  - 개인은 사회와 동떨어진 존재로 살 수 없으며, 사회 속에서 가치를 실현하려는 욕구를 지닌다. 사회적 관심은 건강한 성격과 심리적 성숙의 주요지표가 된다.
- 생활양식(life style)
  - 개인이 지니는 독특한 삶의 방식을 의미한다. 자신과 타인, 세상에 대해서 지니는 나름대로의 신념체계이자 일상적인 생활을 이끌어 나가는 감정과 행동방식

을 의미한다.
- 생활양식은 어린 시절의 가족 경험에 의해서 발달한다. 부모를 비롯한 가족 구성원과의 상호작용뿐만 아니라 형제자매 관계가 생활양식의 발달에 중요한 영향을 미친다.
- 출생 순서와 가족 구조
  - 어린 시절의 가족 경험과 출생 순서가 성격형성에 영향을 미친다고 보았다. 가족 내에서의 서열적 위치는 자신과 세상에 대한 관점과 생활양식을 발달시키는 데 중요한 역할을 한다.
  - 출생 순서는 발달과 행동양식에 있어 전형적인 특징으로 나타나며, 성격형성에 영향을 준다고 보았다.
- 가상적인 최종목표(fictional finalism)
  - 인간은 누구나 자신의 인생에서 실현하고자 하는 궁극적인 목표를 지니고 있다. 인간의 삶을 목적론적인 관점에서 이해하고자 하였다.
  - 인간은 과거에 의해 끌려가는 존재가 아니라 미래의 목표를 향해 나아가는 창조적인 존재이며, 미래의 가상적인 최종목표를 향해 자신의 삶을 개척해 나간다고 보았다.

② 성격의 유형
- 지배형(ruling type) : 타인을 대할 때 지배적인 태도를 보이는 사람들이며, 대부분의 관계에서 이러한 태도를 지닌다.
- 의존형(getting type) : 타인으로부터 많은 것을 기대하고 의존하는 사람들이며, 가장 흔한 유형으로 본다.
- 회피형(avoiding type) : 타인과의 갈등이나 거부를 경험하지 않기 위해서 적극적인 대인관계를 회피하는 사람들이다.
- 사회적 유용형(socially useful type) : 타인에게 도움이 되는 방식으로 문제를 해결하기 위해 노력하는 사람들이다.

5) 현상학적 이론

① 인본주의 이론
- 로저스(Rogers)는 인간의 행동을 개인이 지각한 현상학적인 장(field)에서 유기체가 지각한 욕구를 만족시키기 위한 목표지향적인 시도로 보았다. 이러한 시도는 자신을 성장시키는 긍정적인 방향으로 이루어진다고 보고, 이러한 경향성을 '성장 가능성'이라고 제시하였다.

- 로저스는 모든 사람에게는 타인의 사랑과 수용, 인정받고자 하는 욕구가 있으며, 이런 욕구는 부모나 주위 가족에 의해 충족되지 못한 경우 개인의 성격형성뿐만 아니라 심리적 건강에 영향을 미친다고 보았다.

〈기본개념〉

- 온전히 기능하는 사람(the fully functioning person)
  - 최적의 심리적 적응과 성숙, 완전한 일치, 경험에 개방되어 있는 사람을 의미한다. 현재 진행되는 자신의 자아를 온전히 자각하는 사람을 말한다.
  - 개인의 경험이 긍정적인 존중을 받게 되면 자신의 경험을 충분히 수용하여 자기구조로 통합시킬 뿐만 아니라 내면적 자원을 발휘하는 온전히 기능하는 사람이 된다고 보았다.
- 유기체(organism)와 현상학적 장(phenomenal field)
  - 유기체가 주변 대상 혹은 사건을 어떻게 지각하고 이해하는가가 중요하다. 현상학적 장은 매 순간 개인의 의식에 지각되고 경험되는 모든 것을 의미한다.
  - 현상학적 장은 개인이 지각하고 경험하는 사적이고 주관적인 경험세계를 의미하며, 이는 내적 참조체계로서 모든 판단과 행동의 근거가 된다.
- 자기(self)
  - 성격의 핵심적인 구성개념으로서 자신에 대해 의미를 부여하고 평가하며 혹은 자신에 대한 외부의 평가를 내면화하면서 발달된다.
  - 자기개념(self concept)이란 '자기 자신에 대해 어떻게 생각하고 있는가?'에 대한 것으로, 자신에 대한 평가를 근거로 한 믿음(신념체계)이다.
- 실현화 경향성
  - 인간을 태어나면서부터 자기실현을 위해 끊임없이 노력하는 성장지향적인 존재로 보았다.
  - 자신을 창조하는 과정 중 삶의 의미를 찾고, 주관적인 자유를 실천함으로써 점진적으로 완성되어 간다. '자아실현 경향성'이라고도 한다.
- 가치의 조건화
  - 경험을 통해 가치를 형성하게 된다. 특히 의미 있는 타인의 태도에 영향을 받는다. 아동은 기본적 욕구인 '긍정적 자기 존중'을 얻기 위해 노력하는데, 이에 대해 부모가 조건적 관심(자신의 기대에 부응했을 때에만 인정, 수용, 애정 표현)을 주게 되는 것을 의미한다.
  - 가치의 조건화로 인해 인정받기 위해 자신의 경험을 회피, 왜곡, 부정하게 되고 갈

등, 불안, 두려움을 느끼게 된다. 인간은 무조건적인 긍정적 관심을 받을 때 충분히 기능하는 사람으로 발달하게 된다.
- 자기와 경험의 불일치
  - 개인이 자신의 유기체적 경험을 자기개념과 일치하는 것으로 받아들여 통합할 때 건강한 심리적 적응이 이루어진다.
  - 개인이 유기체로서 소망하며 경험하는 것들과 자기존중감을 느끼기 위해 추구하는 것들 간에 불일치가 생기면 심리적 부적응이 발생한다.

② 욕구위계 이론
- 매슬로(Maslow)는 인간은 누구나 더 나은 욕구 충족을 위해 행동하고 그 목표는 자신에게 내재되어 있는 잠재력을 발휘하는 것이라고 보았다.
- 건강한 성격을 자아실현한 사람들의 특성에서 발견하고자 하였다. 이들의 특성으로는 타인의 반응에 민감하고, 혼자 있어도 외로움을 느끼지 않고, 자기 확신을 가지며, 인생에 대해 즐거움을 느끼고, 합리적으로 사고하며, 변화에 대해 개방적인 태도를 지닌다.

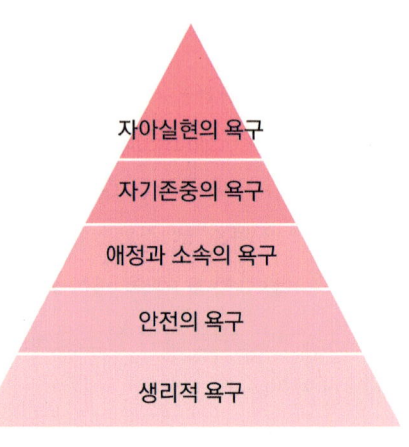

[그림 7] 매슬로의 욕구위계

〈기본개념〉
- 매슬로의 욕구의 위계: 매슬로는 다섯 가지의 타고난 욕구를 제안하였다. 하위 욕구가 충족되어야 그 위의 상위 욕구가 충족될 수 있다.
- 욕구위계에 따른 심리적 특성
  - 1단계(생리적 욕구): 가장 기본적이고 강력한 욕구로, 유기체의 생존에 필수적이다. 생존을 위해 필요한 음식, 물, 공기, 수면 등에 대한 욕구이다.
  - 2단계(안전의 욕구): 안정감을 느끼고 환경에 대한 통제와 예측에 대한 욕구이다. 위험으로부터 보호받고, 공포와 불안으로부터 자유로워지는 것이다.
  - 3단계(애정과 소속의 욕구): 다른 사람과 친밀한 관계를 맺고 특정 집단에 소속되기를 바라는 욕구이다. 사랑하고 사랑받으며 다른 사람에게 받아들여지고 함께 소속되고자 하는 특징을 지닌다.

- 4단계(자기존중의 욕구): 자신과 타인으로부터 자기존중감을 느끼고자 하는 욕구이다. 유능감, 자신감, 성취, 인정 등을 통해 충족된다.
- 5단계(자아실현의 욕구): 자신의 모든 잠재력과 능력을 인식하고 최대한 발휘할 수 있도록 성장 및 발전하도록 이끄는 욕구이다.

6) 특질 이론

(1) 올포트(Allport)의 특질론

① 특질의 정의
- 특질(trait)이란 성격의 핵심개념으로, '다양한 종류의 자극에 같거나 유사한 방식으로 반응하는 경향성'으로 정의된다.
- 특질은 개인에게 여러 가지 다른 자극이나 상황에 대해 유사한 방식으로 반응하도록 조작하는 실체로서 개인의 사고, 정서 및 행동을 결정하는 중요한 역할을 한다.

② 특질의 유형
- 주 특질(cardinal trait)
  - 영향력이 매우 커서 한 개인의 행동 전반에 영향을 미치며, 개인의 모든 사고와 행동을 특징지을 정도로 넓은 범위에 영향을 미친다.
  - 주 특질은 행동을 통해 명백히 드러날 만큼 분명하지만 사람마다 모두 갖고 있는 것은 아니며, 극소수의 사람에게서만 관찰된다(예: 나폴레옹, 잔다르크, 유관순).
- 중심 특질(central trait)
  - 주 특질보다 행동에 미치는 영향력은 적지만, 비교적 보편적이고 일관된 영향을 미치는 것으로 우리가 한 개인을 기술할 때 사용하는 특성이다.
  - 개인의 전형적인 특징을 잘 나타내어서 주위 사람들이 쉽사리 알아차릴 수 있는 특성에 해당된다(예: 성실한, 활발한, 외향적인 등으로 표현할 수 있는 특성).
- 이차적 특질(secondary trait)
  - 가장 덜 특징적이고, 덜 일반적이며, 일관성이 적은 경향성을 지닌다. 개인의 행동과 사고의 제한된 부분에만 영향을 미친다.
  - 이차적 특질은 그 사람에 대해 잘 알고 있는 사람이 아니면 파악하기 어려운 극히 개인적인 성향에 해당된다.

(2) 카텔(Cattell)의 특질론

① 특질의 정의
- 특질이란 개인이 갖는 상당히 지속적인 반응경향성이며, 성격구조의 기본단위를 형성한다고 보았다.

- 성격이란 '개인이 어떤 환경에 주어졌을 때, 그가 무엇을 할 것인가를 말해 주는 것'으로 정의된다.

② 특질의 유형
- 표면특질(surface trait): 일상생활에서 쉽게 관찰되는 특징을 말하며, 겉으로 드러나는 행동과 함께 나타난다. 다만 환경의 영향을 받아 쉽게 변할 수 있다(예: 목소리가 부드럽고 미소를 잘 지으며 상대방에게 말을 잘 건네는 특징을 통해 사교적인 성격이라고 이야기하는 경우).
- 근원특질(source trait): 성격의 핵심을 이루는 것으로 개인의 행동, 생각 및 정서에 영향을 주어 행동의 일관성을 결정짓는 역할을 한다. 근원특질은 표면특질에 해당하는 행동의 기저 원인이 무엇인지에 대한 설명을 제공해 준다(예: 친절성과 공격성의 특질에 속하는 일련의 행동들을 나타내는 사람의 기저에는 정서적 불안이라는 근원특질이 존재할 수 있다).

(3) 아이젱크(Eysenck)의 특질론

① 성격의 정의
- 성격이란 '환경에 대한 개인의 독특한 적응에 영향을 끼치는 인격, 기질, 지성 및 신체 요소들이 다소 안정되고 영속적으로 조직화된 것'으로 정의된다.
- 성격을 하나의 위계로 보고 일련의 특질을 확인하기 위해 요인분석을 사용하였다. 그 결과, 특질과 관련되는 행동을 설명할 수 있는 생물학적 이론을 구성하였다.

② 성격의 유형(세 가지 차원, PEN 모델)
- 정신병적 경향성(Psychoticism): 정신병적 경향성(psychoticism)이 높을수록 충동적이고 자기중심적이며 타인을 배려하지 못해 사회 규범을 어기고 공격적으로 행동할 가능성이 있다.
- 외향성-내향성 차원(Extraversion-Introversion): 생물학적으로 뇌의 각성 수준과 관련이 있다. 외향성인 사람들의 성격은 사교적, 충동적, 활기차고, 흥분을 잘하는 반면, 내향성인 사람들은 신중하고, 조용하고, 수줍어하며, 조심스러운 특성을 보인다.
- 신경증적 경향성-안정성 차원(Neuroticism-Stability): 정서적 안정성과 관련이 있어 신경증적 경향성이 높을수록 정서적으로 불안정하고, 예민하며, 변덕스럽고, 비관적일 수 있다.

(4) 성격 5요인 모델

① 성격 5요인(Big five) 모델은 성격을 가장 잘 대표하는 다섯 가지 요인을 사용하여 성격의 특질을 설명한 이론이다.

② 성격 차원의 적정한 수와 문화적으로 보편적인 특질을 개발하기 위한 노력을 기울인 결과, 성격의 다섯 요인이 밝혀졌다. 이를 5요인(Big Five) 모델이라고 한다.
③ 성격의 5요인 모델에서는 각 요인들이 생물학적 기반을 가지고 있다고 본다. 즉, 유전(생물학적 요인)에 의해 5요인을 지니게 되고, 특정 요인의 강함과 약함은 심리적 발달 과정에서 개인차가 생긴다고 보았다.

> **학습 Plus** 성격의 5요인 모델(OCEAN)
>
> - 경험에 대한 개방성(O: Openness to experience): 상상력이 풍부하고 창의적이며 호기심이 많고 생각이 깊은 경향을 의미한다.
> - 성실성(C: Conscientiousness): 목표지향적 행동을 조직하고 책임감이 있으며 근면하고 신중함을 의미한다.
> - 외향성(E: Extraversion): 따뜻하고 사교적이며 자기주장을 하며 활동적인 경향을 의미한다.
> - 우호성(A: Agreeableness): 타인에게 친절하며 이타적이고 솔직하고 협동성을 의미한다.
> - 신경증적 경향성(N: Neuroticism): 불안, 분노, 적대감과 충동성이 높으며 우울과 자의식으로 인해 상처받기 쉬운 경향을 의미한다.

7) 행동 및 사회학습 이론

(1) 행동주의
① 성격의 정의
- 개인의 행동을 결정하는 요인은 내부가 아닌 외부의 환경에 있다고 보았다. 즉, 개인이 외부 자극인 경험을 통해 학습한 방식대로 행동하며, 이러한 반응의 차이가 개인의 성격을 결정한다.
- 인간의 모든 행동은 환경과의 상호작용 속에서 학습된다. 개인의 성격은 다양한 상황에서 반복적으로 나타나는 독특한 행동 패턴으로서 대부분은 후천적으로 학습된 것이다.
- 유기체가 새로운 행동을 학습하게 되는 주요한 원리로 고전적 조건형성, 조작적 조건형성, 사회학습 과정을 통해 설명하였다.

② 고전적 조건형성
- 고전적 조건형성에서는 자극과 반응의 관계로 행동을 설명하였으며, 인간의 정서나 행동적 반응도 조건화를 통해 학습된다고 보았다.
- 고전적 조건화(classical conditioning)
  - 고전적 조건화는 생리학자인 파블로프(Pavlov)가 개의 소화 과정을 연구하던 중에 발견하였다.

- 어떤 자극(종소리: 중립자극)에 대해 처음에는 특정 반응을 일으키지 않던 개가 먹이(무조건 자극)를 반복해서 제시하면, 이후에는 먹이를 주지 않더라도 종소리(조건 자극)에 대해 무조건 자극을 보였을 때와 같은 반응을 보인다는 사실에서 발견하였다.
- 반복적인 연합학습을 통해 형성된 조건 반응은 원래의 자극과 유사한 다른 자극에 대해서도 반응을 보이는 자극의 일반화를 보이기도 한다.
- 자극의 일반화 과정을 지나다 보면 점차 무조건 자극과 함께 제시되었던 조건 자극에 대해서만 반응을 보이는 변별 과정이 나타난다.
- 조건 반응이 획득된 이후에는 처음에는 먹이(무조건 자극)가 없이 종소리(조건 자극)만 들어도 반응을 보이지만 이러한 행위를 반복하면 점차 반응을 보이는 빈도가 감소하는데, 이를 소거라고 한다.
- 왓슨(watson)은 파블로프의 이론을 성격형성에 적용하였다. 파블로프의 실험에서 증명된 결과를 아동에게 적용하여 실험하며 인간의 정서와 행동의 형성과 발달을 설명하였다.
- 아동에게 흰쥐를 보여 주면서 쇠막대 소리를 내자, 처음에는 흰쥐에 대해 공포를 느끼지 않던 아이는 이후에는 흰쥐만 보면 회피하면서 공포 반응을 보였다(쇠막대 소리-흰쥐 연합학습). 이를 통해 인간의 복잡한 행동이나 불안이 조건화 과정을 통해 형성되고 발달한다고 주장하였다.

- 조작적 조건화(operant conditioning)
  - 조작적 조건형성에서는 행동의 습득 과정을 강화와 처벌의 원리로 설명하였다. 즉, 보상이 뒤따르는 행동은 증가하고 처벌이 주어지는 행동은 감소된다고 보았다.
  - 고전적 조건화가 선행 자극에 대해서 나타나는 반응과의 관계를 중요시한다면, 조작적 조건화는 행동의 결과 뒤에 오는 반응의 관계에 초점을 둔다. 즉, 어떤 행동을 한 후의 반응결과는 개인의 이후 행동에 영향을 미친다는 것이다.

〈강화(reinforcement)와 처벌(punishment)〉

- 개인이 특정한 상황에서 어떤 행동을 할 것인가는 과거에 동일하거나 유사한 상황에서 선택했던 행동 중에 어떤 행동이 강화를 받았는가에 영향을 받는다. 즉, 과거에 강화받았던 행동은 반복되어 나타날 가능성이 많다.
- 강화는 긍정적인 보상을 통하여 그 행동을 강화해 주는 것을 '정적 강화(positive reinforcementment)', 불쾌한 자극을 제거해 주어 행동을 강화하는 것을 '부적 강화

(negative reinforcement)'라고 한다(예: 과제를 잘해 온 학생에게 칭찬을 해 주었다면 정적 강화이고, 똑같이 과제를 잘해 온 학생을 청소 당번에서 빼 주었다면 부적 강화임).
- 조작적 조건화 이론에서는 점진적 접근법(계기적 근사법)을 통해 복잡한 행동도 강화를 통해서 형성할 수 있다고 보았다. 점진적 접근법은 처음에는 매우 쉬운 행동을 강화하여 반복하다가 조금씩 복잡하고 어려운 행동으로 강화를 해 줌으로써 학습이 이루어진다.
- 조작적 조건화에서는 성격도 이와 같이 형성된다고 보았다. 여러 경험 중에 강화를 받은 행동은 지속되면서 성격에 영향을 주지만 자칫 부적응적인 특징으로 발전하기도 한다(예: 실수로 꽃병을 깬 아이가 귀여운 애교로 어머니의 화를 풀었다면, 이후 자신의 실수마다 같은 방식을 적용하면서 자신의 대처 행동이 된다 — 어머니의 미소와 용서가 강화로 작용).
- 행동을 증가시키는 개념이 강화라면, 반대의 개념으로 행동을 감소시키는 처벌(punishment)을 들 수 있다. '처벌'은 원치 않는 자극을 주어서 그 행동을 하지 못하게 하는 것이다. 단, 강화물이나 처벌이 뒤따르지 않으면 가지고 있던 행동은 소거된다.
- 조작적 조건화에서는 성격의 형성은 강화와 처벌에 의해 이루어지므로 환경 내에 있는 강화요인이 무엇인지 찾아야 한다고 보았다. 이처럼 성격에서 개인차보다는 강화물에 반응하는 인간의 보편적인 원리를 찾는 데 관심을 가졌다.

(2) 사회학습 이론(social learning theory)
① 사회학습 이론의 창시자인 밴듀라(Bandura)는 인간의 행동이 단순한 자극과 반응의 관계에서만 일어나는 기계적인 관계가 아니며, 고전적 조건화나 조작적 조건화에서는 인간의 독특한 특성인 인지 과정이 간과되었다고 보았다.
② 사회학습 이론에서는 환경, 사람, 행동의 세 요인이 상호작용하여 인간의 행동방식을 결정한다는 상호결정론적 관점을 취한다.
③ 인간의 행동은 다른 사람의 행동을 관찰하는 것을 통해서도 행동의 변화가 가능하다고 보았다. 타인의 행동을 통하여 새로운 행동을 습득하는 것을 관찰학습 또는 모델링이라고 한다(예: 타인이 욕구를 충족하거나 문제를 해결하는 방식을 보고 자신의 행동에 적용함). 또한 직접 관찰이 아니더라도 TV나 책, 다른 사람의 이야기를 통해서도 새로운 행동이 학습될 수 있다고 보았다(예: 교육용 비디오를 통해 대처 행동을 습득).
④ 밴듀라는 개인이 처한 환경에서 스스로 그 환경을 극복할 수 있고, 자신이 원하는 결과를 얻을 수 있다는 기대를 '자기효능감(self-efficacy)'이라고 하였으며, 이는 어떤

행동을 시작하거나 지속하는 일에 영향을 준다고 보았다.
⑤ 성격 이론의 측면에서 사회학습 이론은 개인의 행동뿐만 아니라 성격까지도 관찰학습과 모방을 통해 형성된다고 보았으나, 개인 내적인 특징(정서, 특질, 성향 등)을 배제하고 성격을 설명한다는 제한점을 지니기도 한다.

8) 인지 이론

(1) Kelly의 개인 구성개념 이론
  ① 성격의 정의
  - 개인이 자신의 환경을 관찰하고, 지각하고, 평가하고, 해석하는 인지 과정에 초점을 둔다. 사람들은 각자 자신의 구성개념에 근거하여 사건을 해석하고 예언하고 통제한다고 보았다.
  ② 주요개념
  - 개인 구성개념(personal construct): 개인이 사건을 해석하고 예언하는 데 사용하는 인지적 구조를 의미한다. 주변 현상을 정확하게 잘 예언하는 구성개념을 갖고 살아가며, 필요에 따라 검증 및 수정을 하는 것이 적응적인 성격이라고 본다.
  - 구성개념적 대안주의(constructive alternativism): 객관적 진실이나 절대적인 진리가 존재하지 않으며, 개인이 갖고 있는 구성개념을 상황에 맞게 대안적 구성개념으로 수정하거나 대체하는 노력이 필요하고, 개인은 이를 유연성 있게 현실에 적응해 가야 한다고 보았다.

(2) Ellis와 Beck의 인지적 성격 이론
  ① 성격의 정의
  - 인간의 사고-감정-행동은 상호 밀접하게 관련되어 순환론적인 관계를 이루고 있으며, 이 중에서 인지가 중요한 역할을 한다고 보았다.
  - 인간의 비합리성은 개인을 정서적 고통과 혼란에 빠지게 하는 취약성의 바탕이 된다. 이에 비합리적인 신념을 변화시킴으로써 역기능적인 감정과 행동을 효과적으로 변화시킬 수 있다고 보았다.
  ② Ellis의 주요개념
  - 합리적 신념(rational belief): 명확하고 유연하게 과학적으로 생각하는 것으로, 사건에 대해 합리적으로 해석하는 것을 의미한다.
  - 비합리적 신념(irrational belief): 심리적 문제의 원인이 되고, 문제 상태를 계속해서 유지시키는 생각을 말하며, 당위성(당위적 진술)이 포함된다.

⟨당위성의 유형⟩
- 자신에 대한 당위성: 자기 자신에게 현실적으로 충족되기 어려운 과도한 기대와 요구를 부과하는 것이다.
  - '나는 실수해서는 안 된다.' '나는 항상 올바르게 행동해야 한다.' '늘 다른 사람들로부터 인정과 칭찬을 받아야 한다.' '나는 반드시 탁월하게 일을 수행해 내야 한다.'
- 타인에 대한 당위성: 개인이 타인에게 지니는 과도한 기대와 요구로서 타인이 그러한 기대에 따르도록 일방적으로 요구하는 신념을 의미한다.
  - '가족이니까 나에게 관심을 가져야 한다.' '사람들은 항상 나에게 친절하고 공평하게 대해야 한다.' '진정한 친구라면 항상 내 편을 들어줘야 한다.' '자식이니까 내 말을 들어야 한다.'
- 세상에 대한 당위성: 우리가 살아가는 사회·정치 체제뿐만 아니라 자연세계에 대한 비현실적인 과도한 기대를 지니는 것을 의미한다.
  - '우리가 사는 세상은 항상 안전해야 한다.' '세상은 항상 내가 원하는 대로 돌아가야 한다.' '자연 세계는 결코 우리에게 부당한 피해를 주어서는 안 된다.' '우리 사회는 항상 정의로워야 한다.'
- ABCDE 모델은 비합리적인 신념을 합리적인 신념으로 수정하는 인지적 과정을 설명해 준다. 한 개인의 심리적 고통이나 문제는 비합리적인 신념체계에서 비롯된 것이므로 비합리적인 신념을 합리적인 신념으로 바꾸게 함으로써 문제를 해결할 수 있다.
  - A: 선행사건(Activating event)
  - B: 신념체계(Belief system)
  - C: 정서 및 행동적 결과(Consequence)
  - D: 자신의 비합리적인 신념을 논박하기(Dispute)
  - E: 논박한 인지적·정서적·행동적 효과(Effect)

③ Beck의 주요개념
- 인지의 수준
  - 자동적 사고(automatic thought): 어떤 사건(상황)에 대해 자기도 모르는 사이에 매우 빠르게 떠오르는 생각이나 심상, 자신의 과거 경험으로부터 축적된 신념이 반영된다.
  - 중간 신념(intermediate belief): 사람들의 자동적 사고를 형성하는 극단적이며 절대적인 규칙과 태도를 의미한다.
  - 핵심 신념(core belief): 자신에 대한 중심적 생각으로, 보통 중재적 신념에 반영된

다. 핵심 신념은 보편적이며 과일반화된 절대적인 것으로 표현된다.
- 도식(schema): 세상을 살아오는 과정 속에서 형성된 자신, 타인, 세상을 이해하는 기본적인 인지적 틀이다.
- ABC 모델: 인간의 정서적·행동적 결과에 영향을 미치는 원인으로, 사건보다는 신념체계의 중요성을 강조하는 이론적 모델이다.
    - A: 선행사건(Activating event)
    - B: 신념체계(Belief system)
    - C: 정서 및 행동적 결과(Consequence)
- 인지적 오류(cognitive error): 개인이 지닌 자동적 사고는 현실을 부정적인 방향으로 과장하거나 타당하지 않은 형태로 왜곡될 수 있다. 이러한 인지적 오류로 인해 부정적인 감정과 행동을 유발하게 된다.

〈인지적 오류의 유형〉

- 이분법적 사고(흑백논리적 사고): 어떤 상황을 연속선상에서 보지 않고 양극단으로만 보는 것을 말한다. 세상은 검은색이거나 흰색이며, 회색 같은 중간색은 없다고 보는 것이다(예: '성공 아니면 실패, 칭찬 아니면 비난').
- 과잉일반화: 한 가지 사건에 기초한 결론을 광범위한 상황에 적용시키는 것이다. 현재의 상황을 여러 상황 중의 하나로 보지 않고 전체 삶의 특징으로 보는 것을 말한다(예: '이번 시험을 잘 보지 못했으니, 나는 졸업도 못하고 대학에도 가지 못할 거야.').
- 정신적 여과(선택적 추상): 전체를 보지 않고 부정적인 하나의 세부 사항에만 지나치게 집중하고 선택적으로 받아들여 결론을 내리는 것이다(예: 발표를 한 상황에서 대다수가 긍정적인 반응을 보였음에도 일부 부정적 반응을 보인 소수의 청중에만 선택적으로 주의를 기울여 자신의 발표를 실패로 보는 경우).
- 의미확대, 의미축소: 어떤 사건의 의미나 중요성을 실제보다 지나치게 확대하거나 축소하는 것을 말한다(예: 친구가 자신에게 한 칭찬은 듣기 좋으라고 한 말로 여기는 반면, 비판에 대해서는 친구가 속마음을 드러낸 것이라고 확대하여 받아들이는 경우).
- 감정적 추론: 현실적인 근거 없이 막연하게 느껴지는 자신의 감정에 근거하여 결론을 내리는 것을 말한다(예: '아무도 나를 좋아하지 않는 것처럼 느껴져. 분명 모두가 날 좋아하지 않을 거야.').
- 개인화: 자신과 무관한 사건을 자신과 관련된 것으로 잘못 해석하는 것이다(예: 거리를 걷다가 벤치에 앉아 있는 사람이 웃는 소리를 듣고 자신의 외모를 비웃는 것이라고 받아들이는 경우).

- **잘못된 명명(명명하기)**: 사람의 특성이나 행위를 기술할 때 과장되거나 부적절한 명칭을 사용하는 것이다(예: '어젯밤 게임에서 졌어'라고 말하지 않고, '나는 실패자다'라고 부정적인 명칭을 자신에게 부과하는 경우).
- **독심술**: 충분한 근거 없이 상대방의 생각이나 마음을 알고 있다고 믿는 것이다. 상대방이 생각하고 있는 것이 다를 수 있음에도 불구하고 그런 가능성은 무시하고 본인 마음대로 추측하고 단정하는 것을 말한다(예: "내 눈을 피하는 걸 보니 나에게 숨기는 것이 있다"고 판단하는 경우).
- **예언자적 오류**: 미래에 일어날 일을 단정하고 확신하는 것이다. 마치 미래의 일들을 미리 볼 수 있는 예언자인 것처럼, 앞으로 일어날 결과를 부정적으로 추론하고 이를 굳게 믿는다(예: 시험이나 면접을 보고 낙방할 것이 분명하다고 믿는 경우).
- **파국화**: 어떤 사건에 대해 과도하게 염려하거나 두려워하는 것을 말한다(예: '이것도 못하다니, 다 끝장이야.').

9) 스트레스와 성격

(1) 투쟁-도피 반응(fight-flight response)
  ① 유기체가 긴박한 위협에 놓이게 될 때 자동적으로 나타나는 생리적 각성 상태를 투쟁-도피 반응이라고 한다.
  ② 투쟁-도피 반응은 신체적·심리적 위협을 당할 때 교감신경계가 활성화되어 외부의 위협에 대응하여 싸우거나 도망갈 수 있는 행동을 취할 수 있도록 준비시킨다.
  ③ 스트레스를 지각하면 뇌의 시상하부가 각성하게 되고, 시상하부는 뇌하수체와 자율신경계의 교감신경을 자극하게 된다. 뇌하수체는 부신피질자극호르몬(ACTH)을 방출하게 되고, 교감신경은 자동적으로 심장박동과 혈압을 상승시켜 신체적 각성을 가져오게 한다. 이때 부신피질자극호르몬은 부신피질로 하여금 노르에피네프린(norepinephrine)과 에피네프린(epinephrine)을 분비시켜 신체생리적 각성(호흡이 빨라지고 심박수 증가, 근육 긴장, 동공 확대 등)을 유도하여 스트레스 상황에 맞서 문제를 해결하도록 한다.

(2) 심리신체 증상(psychosomatic symptom)
  ① 심리신체 증상은 심리적 스트레스로 인하여 나타나는 신체적으로 고통스러운 증상을 말한다. 즉, 심리적 스트레스로 인해 신체증상을 보이게 되며 다양한 신체 질환의 원인으로 추정된다.
  ② 스트레스와 관련된 신체증상은 기저하는 심리적 요인이나 성격특성에 대한 이해가 필요하며, 정서 억압이나 심리적 문제에 대한 통찰이 부족하여 발생된다고 본다(주

증상으로는 위장장애, 소화장애, 피로와 소진되는 느낌, 불면증, 피부문제, 두통 등).

(3) 일반적응 증후군(general adaptation syndrome)

유기체는 스트레스에 직면하게 되면 일련의 단계를 거쳐 반응하게 된다. 셀리에(Selye)는 이를 일반적응 증후군이라고 설명하며, 세 단계의 과정을 제시하였다.

① 경고단계: 스트레스에 대한 초기 적응 반응으로, 어떤 상황을 위협으로 지각하여 투쟁-도피 반응이 유발되고, 그에 따른 생리적 각성이 생기게 되는 것을 말한다.

② 저항단계: 개인이 가진 자원과 에너지가 총동원되고, 스트레스에 대한 적응 반응이 최고점에 이르게 된다. 신체적으로는 특별한 증상을 보이지 않으며, 신체는 스트레스에 대항하기 위해 많은 에너지를 소비하는 단계이다.

③ 소진단계: 저항단계에서도 스트레스가 해소되지 못하고 지속되는 경우에는 소진단계에 이르게 된다. 개인이 보유하고 있는 자원은 고갈되고, 신체의 면역체계가 약화되며, 다양한 심리적 증상이 나타나게 된다.

(4) A 유형 행동

① 프리드먼(Friedman)과 로젠만(Rosenman)은 A 유형 행동의 특징을 설명하며, 스트레스와 성격 및 질병 간의 관계를 설명하였다.

② A 유형의 행동 특성은 일을 할 때 지나치게 경쟁적이고 공격적이며, 일이 뜻대로 안 되면 쉽게 짜증과 화를 내고, 항시 서두르며, 늘 시간에 쫓기듯 살고, 말이 빠르고 격정적이며, 휴식도 없이 일을 하는 일 중독의 특성을 보인다.

③ A 유형과 반대로 B 유형은 여유 있고 느긋하고 편안하며, 차분하고 인내심이 많은 특성을 보인다. A 유형은 심장병 발병과 관련이 있다고 보았고, 화를 잘 내고 공격적인 특징으로 인해 스트레스에 취약하며, 사회적 지지가 낮은 유형으로 설명하였다.

핵심 8 사회심리학

1 인상형성

1) 인상형성의 정의

① 인상형성(대인지각)이란 타인의 성격, 태도, 배경 등의 정보를 파악하여 사회생활 및 대인관계에서 상대방을 이해하고 예측하고자 하는 심리적 현상이다.

② 일단 형성된 인상은 상대방과의 교류 시 많은 영향을 주며, 추후 상대방의 행동을 해

석하는 데 영향을 미치므로 어떠한 인상을 형성하는가 하는 것은 중요한 의미를 지닌다.

③ 사람들은 일반적으로 매우 짧은 시간과 한정된 정보만을 가지고 상대방에 대한 전반적인 인상을 형성한다. 한 번 형성된 인상은 상당히 오랜 시간 지속되는 경향이 있다.

④ 인상형성은 정서 차원(예: 좋다, 싫다), 지적 차원(예: 영리하다, 어리석다), 사회적 차원(예: 다정하다, 무뚝뚝하다)의 평가로 구분된다.

2) 인상형성의 원리

① 초두효과(primacy effect): 인상형성에 있어서 중요한 원리의 하나로, 먼저 제시된 정보가 나중에 제시된 정보보다 인상형성에 더 큰 영향력을 행사하는 것으로 밝혀졌다. 초두효과에는 맥락효과와 주의감소가설이 있다.
- 맥락효과: 처음에 제시된 정보가 맥락을 형성하고, 이 맥락 속에서 나중에 제시된 정보를 해석한다.
- 주의감소가설: 일단 정보가 입력되면 그 후에 제공되는 정보들에는 주의집중력이 감소된다.

② 최신효과(recency effect)
- 초두효과와는 정반대로 시간적으로 나중에 제시된 정보가 잘 기억되고 인상형성에 더 큰 영향을 미친다. 신근성 효과라고도 한다.
- 최신효과의 조건으로는 처음 정보를 접한 후 오랜 시간이 경과하거나, 처음 들은 정보를 망각한 후에 마지막 정보를 들어야 효과적이다.

③ 후광효과(halo effect)
- 호감을 느끼는 상대방에 대해서 상대방이 보여 주지 않은 측면도 긍정적으로 평가하게 되는 경향성이다. 싫어하는 상대방에 대해서는 모든 것을 부정적으로 평가하는 경향성도 의미하므로 일관성 효과라고도 한다.
- 외모가 지닌 매력이 클수록(인상 전반에 과잉일반화가 되면서) 그 사람을 사교적이고 자신감이 있는 것으로 여기게 된다.

④ 긍정성 편향(positive bias): 일반적으로 아는 사람이면서 공개적인 평가가 요구될 때, 긍정적인 평가를 하려는 경향성이 있다.

3) 내현적 성격 이론(implicit personality theory)

① 성격을 판단하는 데 사용하는 개인적인 틀로서 사람이라면 누구나 갖고 있는 것으로, 상대방의 성격을 추론하여 인상을 형성하는 데 사용한다.

② 나름대로 상대방을 평가하는 관점으로, 사람들은 성장하면서 여러 경험을 통해 터득한 각자의 고정관념을 적용하여 타인을 판단한다(예: 마른 사람은 예민하다, 말을 잘하면 사교적이다).

4) 호감을 증가시키는 요인

① 외모: 외모가 매력적이라고 여겨지는 사람에 대하여 호감이 증가한다. 이런 현상은 매력적인 용모가 지닌 후광효과로 설명된다(예: 매력적인 외모를 지닌 사람은 친절하고, 사교적이며, 실력 있고, 이타적인 성격을 지니고 있는 것으로 판단하는 경우).

② 친숙성(familiarity): 자주 접하게 되는 사람은 낯이 익게 되므로 대인관계에서 반복되는 노출은 상대방에 대한 호감을 증가시키는 효과가 있다. 노출효과(simple exposure effect)라고도 한다. 노출에 의한 친숙성 증가는 항상 나타나는 것이 아니며, 그 대상에 대하여 부정적인 경우에는 노출을 해도 호감이 증가되지 않는다.

③ 근접성(proximity): 물리적, 기능적으로 가까이 있을 때 만나는 횟수가 많아지고 친숙해진다. 근접성은 상당 부분 친숙성의 원리에 기인한다(예: 거주지가 비슷하거나 이웃에 살면 자주 보게 되고 친숙해질 가능성이 높다).

④ 유사성(similarity): 사람들에게 성격, 태도, 취미, 관심사, 생활환경 등의 유사성은 상호 간의 호감을 느끼게 한다. 상호 유사한 사람들은 서로에게 사회적 지원과 보상을 해 주면서 유사성이 강화되는 효과를 낳으며, 이는 심리적 안정감을 제공한다.

⑤ 상보성(complementarity): 유사성과 대조되는 것으로, 서로 대조되는 성격과 태도의 사람들이 잘 어울리는 현상을 의미한다. 자신이 갖고 있지 않은 면을 상대를 통해 보완하거나, 새로운 경험을 선호하기 때문이다(예: 지배적인 성격의 남성과 순종적인 여성이 서로 잘 어울리는 경우).

2 귀인이론

1) 귀인의 정의

① 귀인(attribution)이란 상대방의 행위나 어떤 사건이 왜 발생했는가를 파악하는 심리적 과정이다.

② 사람들은 한 사람의 행위가 행위자의 내면적 속성(능력, 노력, 의도, 태도) 탓인지 아니면 행위자가 처한 상황적 속성(여건, 운수, 과제의 난이도) 탓인지를 판단하려고 한다.

2) 귀인이론(Weiner)

① 성공이나 실패와 같이 인간의 행동에 대한 원인을 파악하는 과정에 대한 이론이다.

② 사람들이 자신의 성공이나 실패의 원인으로 가장 많이 귀인하는 것은 4가지 요소(능력, 노력, 과제 난이도, 운)이다.
③ 귀인의 주요 차원(3가지)
- 원인 소재(내부적-외부적): 어떤 행위나 결과의 원인을 행위자의 내적인 것에 의한 것인가 혹은 외적인 것에 의한 것인가를 파악한다.
  - 내부적: 능력, 성격, 정서, 의도
  - 외부적: 주변 상황, 여건, 운, 날씨, 타인의 영향, 과제의 난이도
- 안정성 차원(안정적-불안정적): 시간의 경과나 특정한 요인에 따라 변화하는가의 여부에 따라 안정과 불안정을 파악한다.
  - 안정: 능력, 재능, 지능, 성격(비교적 안정적이어서 잘 변하지 않음)
  - 불안정: 노력, 기분, 건강, 운
- 통제성 차원(통제가능-통제불가능): 개인이 원인을 통제 및 조절할 수 있는가를 파악한다.
  - 통제가능: 노력, 습관, 동기, 주변인의 도움
  - 통제불가능: 능력, 과제 난이도, 운
④ 귀인의 요소와 각 차원 간의 관계

〈귀인의 요소와 각 차원〉

귀인 요소	원인 소재	안정성	통제가능성
능력	내부적	안정적	통제불가능
노력	내부적	불안정적	통제가능
과제 난이도	외부적	안정적	통제불가능
운	외부적	불안정적	통제불가능

학습 Plus 우울증의 귀인이론

- Abramson(1978)과 그의 동료들이 사회심리학의 귀인이론을 적용하여 발전시킨 이론이다.
- 피험자에게 소음이나 풀 수 없는 문제를 주어 실패 경험을 하게 하는 실험을 하였을 때 그 원인에 대해 탐색하는 과정이 있음을 발견하였다. 즉, 통제불가능한 상황에 놓였을 때 이러한 상태가 무엇에 기인한 것인지를 자문한다는 것이다.
- 통제불가능한 상태가 자신 때문인지 아니면 외부적 상황 때문인지를 판단하는 귀인 방향에 따라서 무기력 양상이 달라짐을 발견하게 되었다.
- 이후, 우울장애에 취약한 사람들은 실패 경험에 대해서 내부적·안정적·전반적 귀인을 하는 경향이 있음을 제시하였다(예: 내부적-소극적 성격 탓, 안정적-능력의 부족, 전반적-성격 전체의 결함).
  - 내부적-외부적 귀인: 자존감 손상과 우울장애의 발생과 관련됨

- 안정적-불안정적 귀인: 우울장애의 만성화 정도와 관련됨
- 전반적-특수적 귀인: 우울장애의 일반화 정도와 관련됨

3) 공변이론(Kelly)

① 공변원리란 인간은 다양한 상황에 걸쳐서 발생하는 특정 결과와 원인이 공존하는지를 살펴서 귀인을 하게 된다는 원리이다.
② 어떤 행위나 결과의 원인을 보다 더 논리적이고 합리적인 방식으로 찾으려는 것을 의미한다. 특히 귀인을 함에 있어서 세 가지의 정보를 사용하므로 입방체 이론(cube theory)이라고도 한다.

〈공변원리의 3가지 귀인의 차원〉

- 독특성 또는 특이성(distinctiveness): 어떤 행위가 특정한 자극에 대한 것인가 아니면 보편적인 반응인지를 판단한다(예: 특이성이 높으면 외부귀인을 하고, 낮으면 내부귀인을 한다).
- 일치성 또는 합의성(consensus): 행위자와 관련하여 같은 상황 하에 있는 다른 사람들의 반응은 어떠할지를 판단한다(예: 합의성이 높으면 외부귀인을 하고, 낮으면 내부귀인을 한다).
- 일관성(consistency): 유사한 상황에서 행위자가 같은 행위를 지속적으로 보일 것인지 아니면 이번에만 보이는 행위인지를 판단한다.

4) 귀인의 편향성

① 기본적 귀인오류(fundamental attribution error): 행동의 원인으로 작용할 수 있는 요인을 두고 상황 요인의 영향력은 과소평가하면서 사람의 내적 기질 요인의 영향력은 과대평가하는 경향성을 말한다.
② 행위자-관찰자 편향(actor-observer bias): 다른 사람의 행위를 판단할 때 내적 요인에 귀인을 하는 반면, 자신의 행위는 외적 요인에 귀인을 하는 경향성이 있다. 즉, 타인의 행위를 관찰할 때는 주로 상황이 아닌 행위자의 특성에 관심을 기울이는 반면, 스스로의 행동에 대해서는 환경에 있는 타인이나 대상에 초점을 둔다.
③ 자기고양 편향(self-serving bias): 자신이 한 일에 대하여 잘된 경우에는 내적 귀인을 하고, 잘못된 경우에는 외적 귀인(남이나 상황 탓으로 돌림)을 하는 경향성을 의미한다(예: 성공은 내 탓, 실패는 남 탓). '자기본위적 편향'이라고도 불린다. 자신의 행위에 대해서만이 아니라 자신이 속한 집단의 성패에 대해서도 나타나게 되는데, 이를 '집단본위적 편향'이라고 한다.

3 사회인지

1) 사회인지의 특성

① 사회인지(social cognition)란 사람들이 어떤 정보에 귀를 기울이고, 어떻게 정보를 취합하고 정리하여 판단을 내리는가 하는 과정이다.

② 공식적인 의사결정 또는 비공식적인 일상의 판단에 있어서 사람들은 복잡한 형식논리에 의존하지 않고 문제를 단순화시켜 처리하는 추론방략(해결방략)을 사용한다. 이러한 추론방략을 휴리스틱(heuristic)이라고 한다.

③ 추론방략은 문제를 쉽게 처리해 주는 장점이 있지만, 때론 비논리적이며 오류가 나타날 수 있다.

학습 Plus 추론방략의 유형

- 대표성 휴리스틱(representativeness heuristic): 불확실한 사건의 확률을 판단할 때, 그 확률이 도출되는 모집단을 얼마나 잘 대표하는지 또는 얼마나 비슷한지 정도에 따라 확률을 추정한다. 대표성 자체가 매우 강력한 의사결정의 발견법이어서 사람들은 표집의 다른 중요한 특성을 무시하는 경향이 있다(예: '영희는 내성적이고 온순하다. 평소 정리정돈을 잘하고 자세한 것에 열중한다'라는 정보가 주어질 때, 영희의 직업에 대한 선택지(봉급생활자, 농부, 도서관 사서, 의사 중 선택) 중에서 대개의 경우 도서관 사서일 것이라고 판단함).
- 가용성 휴리스틱(availability heuristic): 그 사례들이 얼마나 쉽게 머리에 떠오르는지에 의해 확률을 추정하는 방법이다. 이때 머리에 쉽게 떠오르는 기억이 그 대상의 빈도나 확률을 올바르게 나타내지 못할 경우에 오류가 발생할 수 있다(예: 어떤 사람은 이웃 사람이 일반 다른 사람보다 더 위험하다고 판단할 수 있다. 이웃 사람의 폭력에 더 노출되어 있을 경우 해당 사례가 많아 이웃 사람이 보다 위험하다고 판단한다).
- 인과성 휴리스틱(causality heuristic): 어떤 확률적 판단을 할 경우 객관적인 통계적 정보는 고려하지 않고 상황의 인과성의 정도에 따라 발생 확률을 평가하는 경향성을 말한다. 즉, 사건 간 인과성의 정도가 강할수록 그 상황의 발생 확률을 높게 평가한다.

---

2) 태도 및 행동

(1) 태도의 정의와 특성

① 태도(attitude)란 특정 대상과 상황에 대한 인지·정서·행동 요소로 구성된 심리적 경향성을 의미한다.

② 태도와 행동 간의 괴리에 관여하는 요인은 태도의 강도, 태도와 행동의 부합성, 태도의 현저성이다.

(2) 태도와 행위 이론

① 합리적 행위 이론(Ajzen & Fishbein): 태도-행위의 부합성을 설명하려고 제시된 이론

이다. 합리적 행위 이론(theory of reasoned action)이란 사람들이 합리적으로 행동한다는 가정 하에 특정 대상에 대한 태도와 주위 사람들의 기대가 함께 작용하여 행동 의도가 결정되고, 이것이 행동으로 이어진다는 이론이다.

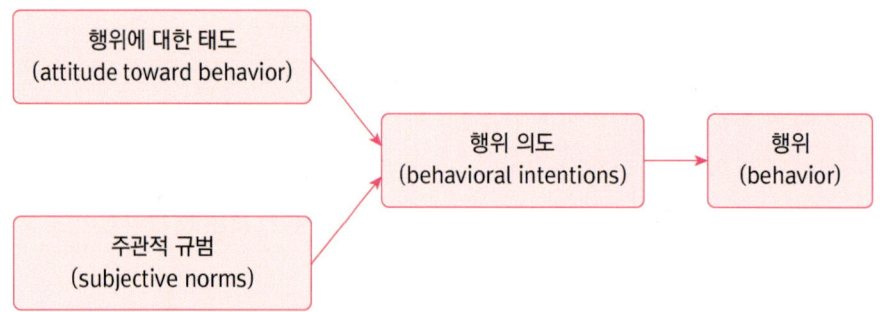

[그림 8] 합리적 행위 이론의 모형

② 계획된 행위 이론(Ajzen & Madden): 계획된 행위 이론(theory of planned action)이란 행동 의도가 행동으로 연결되기 위해서는 행위에 대한 통제감의 지각이 중요하다는 것을 의미한다. 합리적 행위 이론의 모형에서 '지각된 행위 통제'를 추가하여 태도와 행동의 관련성을 설명하였다.

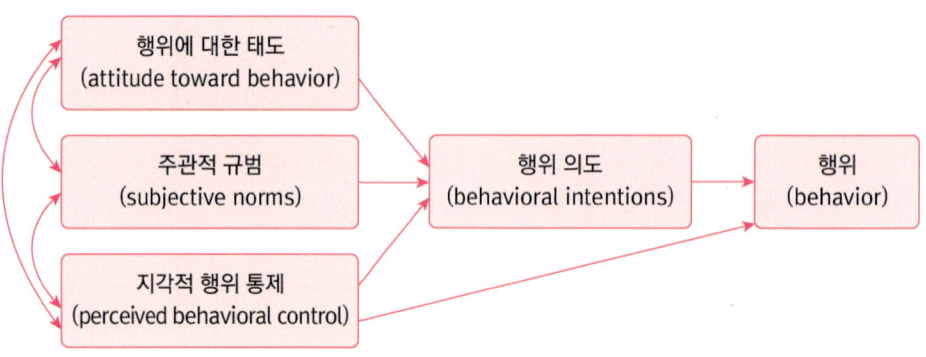

[그림 9] 계획된 행위 이론의 모형

③ 인지부조화 이론(Festinger)
- 사람들이 자신의 태도와 불일치하는 행동을 하였을 때 심리적으로 불편함을 경험하는데, 이러한 부조화를 줄이기 위한 흔한 방법으로 태도를 변화시킨다.
- 인지부조화라는 불쾌한 상태를 느끼면 이를 없애려고 노력하게 되는데, 자신이 지닌 생각들을 변경하여 태도와의 일관성을 회복하고자 한다(예: 맛이 없는 빵을 10개나 먹은 사람이 자신의 먹은 행동을 지지하기 위해 빵이 맛이 있었다고 태도를 바꿔 인지부

조화를 극복함/지루한 일을 하고 천 원을 받은 사람이 만 원을 받은 사람보다 그 일이 더 재미있다고 생각).
- 불일치의 내용이 개인에게 중요할수록 부조화의 감정은 더 강렬해지며 그 불편함을 제거하기 위한 동기도 강해진다. 부조화를 줄이기 위한 방법으로 다음을 제시하고 있다.

> **학습 Plus** 부조화를 줄이기 위한 세 가지 방법
> - 인지 중 하나를 바꾸기
> - 두 인지 간의 불일치를 적게 만들어 주는 제3의 인지를 추가하기
> - 불일치하는 인지를 가볍게 여기기

④ 태도 변화를 위한 설득
- 문간에 발 들여놓기 기법(foot-in-the-door technique): 사람들에게 처음에는 작은 요구나 부탁을 하고, 일단 작은 요구에 응하면 이후 더 큰 요구를 하는 방법이다. 처음에 작고 사소한 요구에 동의한 사람들은 이후 더 큰 요구를 들어줄 가능성이 높다는 심리를 반영한다.
- 면전의 문 기법(door-the-face technique): 문간에 발 들여놓기 기법과 정반대의 방법으로 어떤 사람에게 처음에는 매우 큰 요구를 해서 거절당한 다음, 좀 더 작은 요구를 하면 그 사람이 작은 요구를 들어줄 가능성이 높다. 이는 큰 요구를 거절한 것에 대한 보상을 해 주고자 하는 마음과 관련이 있다.

⑤ 사회비교 이론(Festinger)
- 사람들은 스스로와 비슷한 타인을 비교함으로써 부분적으로 자기에 대해 알게 된다는 이론이다. 자신에 대한 객관적인 지표가 부족하거나 자신의 상대적 위치가 불확실할 때 사회비교를 특히 더 많이 한다고 보았다.
- 사회비교 현상 중 상향 비교는 자신보다 더 나은 사람과 자신을 비교하는 것이며, 하향 비교는 자신보다 더 못한 사람과 자신을 비교하는 것을 말한다. 이러한 사회비교는 자존감 형성과 유지에 영향을 준다.

⑥ 자기지각 이론(Bem)
- 사람들은 흔히 자신의 행동과 그 행동을 유발한 상황을 관찰함으로써 자신의 태도와 특성을 추론한다. 자기지각은 자신의 성격이나 행동의 특성을 이해하는 것뿐만 아니라 감정을 이해하기 위해서도 적용된다.
- 자신의 행동에 대한 상황적 요인이 없다면 우리는 자신의 행동을 내적 태도나 특

성에 귀인하게 되며, 이러한 과정을 통해 자기이해를 넓혀 가게 된다(예: 한 번도 해보지 않은 동굴 탐사에서 흥미와 즐거움이 커지는 것을 보면서 모험이나 탐험을 좋아하는 자신에 대해 이해하게 됨).

4 사회적 영향

① 동조(conformity): 자신의 행동이나 생각을 집단의 기준과 일치하도록 바꾸는 것을 말한다. 즉, 집단의 의견에 따라가는 경향성을 의미한다.

> **학습 Plus 동조를 강화시키는 요인**
> - 집단의 크기가 클수록
> - 집단이 전문가로 이루어져 있을수록
> - 집단의 응집력이 클수록
> - 자신에 대한 확신이 적을수록
> - 판단자를 능력이 없거나 불확실하다고 느끼도록 만들었을 경우
> - 집단이 만장일치할 경우(단, 한 사람이라도 반대하면 사회적 소신이 생겨 동조경향성은 감소한다)

② 복종(obedience): 합법적인 권위를 가진 사람의 지시에 맹목적으로 따르는 것을 의미한다. 비록 그 지시가 사회적 규범에 어긋날지라도 따르게 되는 현상을 말한다.

> **학습 Plus 복종에 영향을 미치는 요인**
> - 명령을 내리는 권위자와 거리적으로 가까이 있을 때 복종이 증가한다.
> - 권위자와 권위를 행하는 기관이 명성이 있거나 저명할 때 복종이 증가한다.
> - 복종에 따른 피해자(희생자)가 보이지 않는 경우에 복종이 증가한다.
> - 복종하지 않는 사람(이탈자)이 존재하면 복종은 감소한다.

③ 방관자 효과
- 방관자 효과(bystander effect)란 주변에 다른 사람들이 있을 경우 개인이 나서서 돕는 행동을 할 가능성이 줄어드는 것을 의미한다. 실제 더 많은 사람이 있을수록 실제로 도움을 제공할 가능성은 적고, 도움을 제공하기까지의 지연 시간도 더 길어진다.
- 방관자 효과에 대한 설명으로 책임감의 분산, 상황 해석의 애매모호함, 평가에 대한 염려가 있다.

5 집단 역학

① 사회적 촉진(social facilitation)
- 사회적 촉진이란 타인이 존재할 때 과제를 더 잘 수행하는 현상을 의미한다(예: 마라톤이나 대부분의 구기 종목의 선수들이 청중 앞에서 시합을 하는 경우).
- 혼자 무엇을 수행하는 경우보다 집단 속에서 타인이 존재하거나 자신을 관찰한다고 느낄 때, 각성(흥분)이 되어 수행이 촉진될 수 있다. 이 현상은 단순한 성질의 과제에서 특히 잘 나타난다.

② 사회적 태만(social loafing)
- 사회적 태만이란 집단에 속해 있는 사람들이 공동의 목표를 달성하기 위해서 노력을 합해야 할 때 개인이 적은 노력을 들이는 현상을 의미한다. 링겔만 효과라고도 한다.
- 집단의 일원으로 책임감을 덜 느끼고 자신의 기여도가 집단 수행에 묻혀 드러나지 않는 과제들에서 잘 나타난다.

③ 몰개성화(deindividuation)
- 몰개성화는 집단 속의 한 개인이 자신에 대한 정체성을 상실하고 집단에 통합되어 있다고 느껴 개인의 행위에 대한 통제력이 약해지고 사회규범에 대한 관심이 약화되는 상태를 의미한다.
- 높은 수준의 흥분과 익명성이 존재할 때 사람들은 몰개성화되어 공격행동을 포함해 반사회적인 행동을 보이는 경향성이 증가한다. 단, 익명성이 오히려 친사회적 행동을 유발하는 데에도 영향을 준다(예: 특정 제복을 모두 입게 하였을 때 그 제복의 상징성으로 인해 집단 친화 행동을 보임).

6 집단 의사결정

① 집단 극화(group polarization)
- 집단 토의를 하고 난 후에 원래 자신이 갖고 있던 태도가 긍정적이었던 경우에는 더 긍정적으로, 부정적 태도를 지닌 경우에는 더 부정적인 경향을 보이는 것을 말한다.
- 이런 현상은 집단 내 개인의 태도나 의견이 집단 토론을 하고 난 후에 원래의 입장 쪽으로 더 극단화되는 식의 변화를 보인다고 하여 집단 극화 현상이라고 한다. 집단 토의가 오히려 견해 차를 좁히기보다는 자신의 신념을 보다 확고하게 만드는 정반대 현상을 설명한다.

② 극단 이행(extremity shift)
- 집단의 의사결정은 개인의 의사결정보다 더 모험적이거나 더 보수적인 극단적인 방안의 선택으로 귀결된다는 것을 말한다.
- 집단 토론 시 토론자들의 태도나 가치가 극단적으로 변한 상태에서 토론자의 다수 의견이 모험 지향적이면 모험 이행이, 보수 지향적이면 보수 지향적인 이행이 일어난다.

③ 집단 사고(group think)
- 집단 사고를 보이는 집단에서는 구성원들이 자기 집단은 잘못된 결정을 내릴 수 없는 완벽한 집단이라는 신념을 갖게 된다. 자신들의 결정과 상반되는 내용의 견해나 정보를 무시해 버리거나 가치를 평가 절하하는 행동을 보일 수 있다.
- 집단 사고의 조건으로는 집단에 강력한 권한을 가진 지도자가 존재하는 경우, 해결해야 할 과제가 집단의 성패에 중대한 영향을 미치는 경우, 시간적 여유가 매우 촉박한 긴급 상황에서 문제를 해결해야 할 때 하는 경우이다. 이런 상황에서는 문제에 대한 최선의 해결책을 찾으려고 하기보다는 만장일치적 합의를 이끌어 내는 데 주된 노력을 기울이기에 집단 사고가 일어나기 쉽다.

02 실력 다지기: 요점정리

- 심리학의 연구방법 중 기술적 방법으로는 자연관찰, 사례연구, 조사법, 문헌연구가 있다.
- 자연관찰(naturalistic observation)은 관찰자가 전혀 조작하거나 통제를 하지 않는 자연 상태에서 일상적으로 발생하는 사건이나 행동을 관찰한다.
- 사례연구(case study method)는 관찰이나 면접 등의 다양한 방법을 이용하여 특정한 사람이나 집단 또는 사건을 이해하는 심층적인 조사기법이다.
- 조사법(survey research)은 특정한 연구 대상자의 생각, 태도, 행동에 관한 정보를 수집하는 방법이다 (면접법, 질문지법 등).
- 문헌연구(archival research)는 다른 연구자가 수행한 연구를 분석하거나 연구주제에 해당되는 내용을 심층적으로 살펴보는 방법이다.
- 상관법(correlational methods)은 관심이 있는 변인들 사이의 관련성을 살펴볼 수 있는 연구방법이다.
- 상관분석에서는 변인 사이의 관련성이 어느 정도인가를 상관계수(correlation coefficient)라는 통계치로 나타낸다.
- 두 변인의 관련성은 정적상관(두 변인의 방향성이 동일함)과 부적상관(두 변인의 방향성이 상이함)으로 나타낸다.
- 실험법(experimental methods)은 변인의 관계를 인과적으로 설명하는 연구방법이다.
- 실험법은 독립변인에 조작을 가해서 변화를 줄 때, 결과가 되는 종속변인에서 어떠한 변화가 나타나는가를 살펴보는 것이다.
- 실험법에서 무선 배정은 피험자의 특성이 특정 집단에 편중되어 실험에 미치는 영향을 통제하기 위해서이다.
- 실험자 기대 효과(experimenter expectancy effect)가 나타날 수 있기에 이중맹검 연구(double-blind study)를 설계하는 것이 필요하다.
- 연구 측정을 위해서는 측정절차가 구체적이고 체계적이어야 하며, 측정도구는 신뢰도와 타당도가 검증된 도구를 사용해야 한다.
- 검사-재검사 신뢰도(test-retest realibility)는 동일한 검사를 일정한 시간 간격을 두고 두 번 실시하여 결과가 유사한지 확인하는 방법이다.

- 내적 일관성 신뢰도(internal consistency reliability)는 문항들 간의 유사성 혹은 일치성을 추정하는 방법이다.
- 동형 신뢰도(parallel-form reliability)는 두 개의 동형 검사를 제작한 뒤, 동일 피험자 집단에게 검사를 실시해 두 검사 간의 신뢰도를 추정한다.
- 반분 신뢰도(split-half reliability)는 단일 척도를 두 부분으로 나누어 두 부분의 검사 점수의 상관계수를 계산한 후 신뢰도를 추정한다.
- 평정자간 신뢰도(inter-rater reliability)는 다수의 평가자 사이에 그 해석이나 판단이 얼마나 유사한가를 나타내는 정도이다.
- 내용타당도(content validity)는 검사 항목들이 실제로 재고자 하는 변인의 다양한 측면을 포함하고 있는지를 검증한다.
- 구성타당도(construct validity)는 검사에서 이론의 구성개념을 정확히 측정하고 있는가를 검증하는 방법이다.
- 예측타당도(predictive validity)는 어떤 검사에서 얻은 점수와 준거를 토대로 미래의 어떤 행위를 추정하는 방법이다.
- 공인타당도(concurrent validity)는 기존에 타당성을 입증받은 검사를 토대로 새로 제작한 검사와의 유사성 혹은 연관성을 검증하는 방법이다.
- 수렴타당도(convergent validity)는 서로 상이한 방법으로 동일한 개념을 측정한 결과 간의 상관관계 정도를 통해 타당도를 검증하는 방법이다.
- 연구에서 사용되는 측정단위를 척도(scale)라고 하며, 일반적으로 명명척도(nominal scale), 서열척도(ordinal scale), 등간척도(interval scale), 비율척도(ratio scale)로 구분된다.
- 연구대상이 되는 부분적인 집단을 표본이라고 하며, 모집단을 대표하는 표본을 추출하여 표본의 특성을 나타내는 것을 표집분포(sampling distribution)라고 한다.
- 표집오차(sampling error)를 최소화하기 위해서는 표본에 포함될 대상자가 무선 표집(random sampling)되어야 한다.
- 확률표집법은 단순무선표집법, 체계적 표집법, 층화표집법, 군집표집법으로 나누어진다.
- 비확률표집법은 목적표집법, 편의표집법, 할당표집법, 연쇄표집법으로 나누어진다.
- 집중경향치의 측정방법에는 평균, 중앙치, 최빈치가 있다.
- 뉴런은 일반적으로 수상돌기(dendrite), 세포체(soma), 축삭(axon)으로 구성되어 있다.
- 뉴런은 세포막을 사이에 두고 뉴런의 내부에는 칼륨 이온(K^+)들이, 외부에는 나트륨 이온(Na^+)들이 존재한다.
- 세포막의 전위차가 -70mV보다 작아져서 역치 수준보다 올라가게 되면 이온 채널들이 열리게 되면서 전위차가 생기는데, 이를 탈분극화(depolarization)라고 한다.
- 뉴런의 전위가 안정전위보다도 더 음극화되는 현상을 과분극화(hyperpolarization)라고 한다.
- 아세틸콜린(acetylcholine)은 기억과 관련된 신경전달물질이며, 흥분성 역할을 하여 근육을 수축하게 만드는 기능도 한다.

- 아미노산(amino acid)계 신경전달물질은 흥분성인 글루타메이트(glutamate)와 억제성인 GABA(gamma-aminobutyric acid)가 있다.
- 모노아민(monoamine)계 신경전달물질은 세로토닌(serotonin), 도파민(dopamine), 노르에피네프린(norepinephrine)이 있다.
- 세로토닌은 심리적 안정과 엔도르핀 생성을 촉진하며, 우울증과 관련된다(세로토닌의 낮은 수준).
- 도파민 수준이 낮으면 파킨슨병이 발병되며, 도파민의 양이 너무 많은 경우 조현병 증상을 보인다.
- 노르에피네프린은 중추신경계에서 각성과 주의에 영향을 준다.
- 중추신경계(central nervous system)는 뇌와 척수로 이루어져 있다.
- 말초신경계는 체성신경계(somatic nervous system)와 자율신경계(autonomic nervous system)로 나뉘어진다.
- 자율신경계는 교감신경계(sympathetic nervous system)와 부교감신경계(parasympathetic nervous system)로 구분된다.
- 교감신경계는 위기 상황에서 에너지를 사용하는 작용을 하며, 부교감신경계는 에너지를 저장하는 방향으로 작용한다.
- 대뇌피질은 전두엽, 측두엽, 두정엽, 후두엽의 네 개 영역으로 나뉜다.
- 브로카 실어증(Broca aphasia, 표현 실어증)은 좌측 전두엽의 손상과 관련된다.
- 베르니케 실어증(Wernicke aphasia, 구문 실어증)은 좌측 측두엽의 손상과 관련된다.
- 헐(Hull)의 추동감소이론에서는 유기체의 욕구는 내적 불균형을 유발하며, 이 경우 생체항상성을 회복하려고 노력한다고 보았다.
- 프로이트의 추동이론에서는 인간행동의 원인을 무의식적 추동(unconscious drive)으로 설명하였다.
- 각성이론에서는 유기체의 긴장과 각성 수준에 따라 행동의 효율성을 제시하고 있다.
- 행동주의 이론에서는 인간의 행동을 자극과 반응 간의 학습된 조건화로 설명하며, 보상은 인간이 행동하게 하는 외적 동기를 유발하는 데 작용한다고 본다.
- 인본주의 이론에서는 인간을 동기화시키는 것은 개인의 내적 자원을 중요시하며, 자기실현화를 위한 결핍과 성장동기를 제시하였다.
- 제임스-랑게(James-Lange) 이론에서는 정서 경험은 외부 자극에 대한 신체 반응을 지각한 결과로 생긴다고 보았다.
- 캐넌-바드(Cannon-Bard) 이론에서는 정서유발 자극이 생리적 반응과 정서의 주관적 경험을 동시에 촉발시킨다고 보았다.
- 샤흐터-싱어(Schacter-Singer) 이론에서는 생리적 반응과 인지(지각과 기억, 해석)가 함께 정서를 만들어 낸다고 보았다.
- 고전적 조건형성은 파블로프(Pavlov)가 발견한 것으로, 자극과 반응 간의 관계를 연합학습의 원리로 설명하였다.
- 먹이는 무조건 자극(UCS)이며, 먹이에 의한 타액분비를 무조건 반응(UCR)이라고 한다. 중립자극이었던 종소리가 타액을 분비하게 하는 역할을 했으므로 조건 자극(CS)이 되며, 무조건 자극 없이 조건

자극에 의해 일어난 반응을 조건 반응(CR)이라고 한다.
- 고차적 조건형성(higher-order conditioning)에서는 불빛과 종소리의 연합학습을 통한 조건화 형성을 설명한다.
- 고전적 조건화에서 CS와 US의 시간적 관계성에 따라 동시조건형성, 지연조건형성, 흔적조건형성, 역행조건형성을 제시하고 있다. 지연조건형성이 가장 조건형성이 잘된다.
- 손다이크(Thorndike)의 시행착오학습은 새로운 문제를 해결하는 과정에서 어느 하나를 통해 문제를 해결하게 되면 그 반응이 여러 시행에 걸쳐 점진적으로 습득되는 것을 말한다.
- 조작적 조건형성은 강화와 처벌의 개념을 통해 행동의 학습을 설명하고 있다. 정적 강화, 부적 강화, 정적 처벌, 부적 처벌의 원리를 통해 행동 변화를 설명한다.
- 강화계획으로는 고정간격 강화계획, 고정비율 강화계획, 변동간격 강화계획, 변동비율 강화계획이 있다.
- 셀리그먼은 학습된 무기력이 우울증 발달의 원인이 된다고 설명하였다.
- 통찰학습(insight learning)은 아하 경험(aha-experience)을 통해 갑자기 문제를 해결하는 과정을 말한다.
- 톨먼(Tolman)은 보상이 주어지지 않은 상황에서도 잠재적으로 학습이 진행된다고 보았다.
- 관찰학습(observational learning)은 타인의 행동을 관찰한 결과로 인해 학습이 이루어는 과정을 말한다. 관찰학습의 과정은 주의-저장-운동재생-동기화 순으로 이루어진다.
- 기억과정은 부호화(encoding), 저장(storage), 인출(retrieval)의 세 단계로 구별된다.
- 감각기억(sensory memory)은 매우 짧은 기간 동안 감각기관에 주어진 자극 그대로 저장해 두는 단계이다.
- 단기기억(short term memory)에 들어오는 정보는 기억하고자 하는 의도적인 노력(되뇌기)을 하지 않으면 곧 사라지게 된다.
- 단기기억에서의 기억용량은 7±2 항목으로 한정되어 있으나, 청킹(chunking)을 통해서 제한된 용량의 한계를 보완할 수 있다.
- Baddeley와 Hitch(1974)는 작업기억 모형을 제시하며 음운고리, 시공간 메모장, 중앙관리자의 기능을 설명하였고, 이후 일화적 완충기를 통한 정보의 통합과정을 강조하였다.
- 장기기억은 용량의 제한이 없으며, 부호화와 파지, 인출의 과정에서 학습과 재생에 영향을 미치는 다양한 조건을 효율적으로 다루는 것이 중요하다.
- 순행간섭은 이전의 정보가 새로운 학습을 방해하는 현상이며, 역행간섭은 새로운 정보가 이전의 학습을 방해하는 현상이다.
- 초두효과는 자극 목록의 첫 부분에 있는 단어들을 더 잘 재생하는 현상이며, 최신효과는 자극 목록의 끝부분에 위치한 단어들을 더 잘 재생하는 현상이다.
- 외현기억은 의미기억(일반적인 사실과 지식)과 일화기억(경험과 관련된 자서전적 기억)으로 구분된다.
- 암묵기억에 해당되는 절차기억은 반복을 통해 습득된 기억을 말한다(예: 운동 기술, 악기 연주).
- 순행성 기억상실증은 발병 이후에 새로운 학습을 습득하는 데 장애를 보인다.

- 역행성 기억상실증은 발병 이전의 기억을 회상하는 데 장애를 보인다.
- 알츠하이머병은 세포가 점진적으로 소실되고 피질에서 이상이 발생하는 현상으로서, 초기에는 순행성 기억상실증을 보이고 나중에는 역행성 기억상실증까지 보인다.
- 코르사코프 증후군은 장기간의 알코올 중독으로 인해 기억력 장애를 보이는 것을 말하며, 티아민(비타민 B1) 결핍이 초래된다.
- 섬광기억(flashbulb memory)은 정서적으로 강한 경험과 연합된 일을 더 잘 기억하는 현상을 말한다.
- 발달심리 연구방법으로는 횡단적 연구설계, 종단적 연구설계, 횡단적-단기종단적 연구설계, 발생과정 분석설계 방법이 있다.
- 피아제(Piaget)의 인지발달단계는 감각운동기, 전조작기, 구체적 조작기, 형식적 조작기 순으로 발달된다.
- 피아제(Piaget)의 도덕성 발달단계는 전도덕적 단계, 타율적 도덕성 단계, 자율적 도덕성 단계로 나뉘어진다.
- 콜버그(Kohlberg)의 도덕성 발달단계는 전인습적 수준, 인습적 수준, 후인습적 수준으로 구분된다.
- 에인즈워스(Ainsworth)는 애착 유형을 안정 애착, 불안정-저항 애착, 불안정-회피 애착, 불안정-혼란 애착으로 구분하였다.
- 프로이트(Freud)의 심리성적 발달이론은 구강기, 항문기, 남근기, 잠재기, 성기기로 구분된다.
- 에릭슨(Erikson)의 심리사회적 발달이론을 통해 각 단계의 과업과 위기를 해결하는 경험이 성격형성에 중요한 역할을 하는 것으로 보고 있다.
- 마르시아(Marcia)의 자아 정체감 발달이론은 정체감 성취, 정체감 유예, 정체감 상실, 정체감 혼란의 4가지로 정체감의 발달을 구분하였다.
- 성격은 독특성, 일관성, 안정성의 주된 특징을 지닌다.
- 프로이트(Freud)의 지형학적 모델(topographical model)은 인간의 정신을 의식, 전의식, 무의식으로 구분하였다.
- 정신분석 이론에서 제시한 성격의 삼원구조는 원초아, 자아, 초자아이다.
- 정신분석 이론에서는 자아의 기능이 약해질 경우에는 불안이 형성되며, 이를 3가지 유형(현실적 불안, 신경증적 불안, 도덕적 불안)으로 구분하였다.
- 방어기제(defense mechanism)는 자아가 불안을 유발하는 사고나 감정 혹은 충동들로부터 자신을 보호하기 위한 전략이다.
- 융(Jung)의 분석심리학에서 성격은 분화된 자아를 통합하는 과정에서 성격발달이 이루어진다고 보았으며, 분화와 통합을 통해 자기가 발달하는 과정을 '개성화'라고 하였다.
- 아들러(Adler)의 개인심리학 이론에서는 열등감 극복과 우월성 추구, 생활양식의 이해와 사회적 관심을 성격 발달의 중요한 요소로 보았다.
- 로저스(Rogers)의 인본주의 이론에서는 유기체의 자기실현화와 성장 가능성을 강조하며, 자기와 경험의 불일치, 가치의 조건화 과정이 성격형성에 영향을 준다고 보았다.
- 매슬로(Maslow)는 욕구위계 이론(생리적 욕구, 안전의 욕구, 애정과 소속의 욕구, 자기존중의 욕구, 자아실

현의 욕구)을 통해 인간은 욕구 충족을 위해 행동하고 그 목표는 자신에게 내재되어 있는 잠재력을 발휘하는 것이라고 보았다.
- 올포트(Allport)의 특질론은 성격의 핵심 개념으로 주 특질, 중심 특질, 이차적 특질을 제시하였다.
- 카텔(Cattell)의 특질론은 성격 구조를 근원특질과 표면특질로 구분하였다.
- 아이젱크(Eysenck)의 특질론은 성격의 세 가지 차원을 정신병적 경향성, 외향성-내향성 차원, 신경증적 경향성-안정성 차원으로 구분하였다.
- 성격의 5요인(Big five) 모델은 성격을 가장 잘 대표하는 다섯 가지 요인(경험에 대한 개방성, 성실성, 외향성, 우호성, 신경증적 경향성)을 사용하여 성격의 특질을 설명한 이론이다.
- 켈리(Kelly)의 개인 구성개념 이론에서는 성격의 형성과정에서 개인이 자신의 환경을 관찰하고, 지각하고, 평가하고, 해석하는 인지 과정에 초점을 두었다.
- 엘리스(Ellis)와 벡(Beck)의 인지적 성격 이론은 인간의 사고-감정-행동은 상호 밀접하게 관련되어 순환론적인 관계를 이루고 있으며, 이 중에서 인지가 중요한 역할을 한다고 보았다.
- 유기체가 긴박한 위협에 놓이게 될 때 자동적으로 나타나는 생리적 각성 상태를 투쟁-도피 반응이라고 한다.
- 셀리에(Selye)는 이를 일반적응 증후군을 제시하며, 경고-저항-소진 단계를 거쳐 스트레스 반응이 진행된다고 보았다.
- 프리드먼(Friedman)과 로젠만(Rosenman)은 A 유형 행동의 특징을 설명하며 스트레스와 성격 및 질병 간의 관계를 설명하였다.
- 인상형성에 있어 초두효과는 먼저 제시된 정보가 나중에 제시된 정보보다 인상형성에 더 큰 영향을 미치는 것을 말한다. 반면, 나중에 제시된 정보가 잘 기억되고 인상형성에 더 큰 영향을 미치는 것을 최신효과라고 한다.
- 후광효과는 호감을 느끼는 상대방에 대해서 상대방이 보여 주지 않은 측면도 긍정적으로 평가하게 되는 경향성이다.
- 긍정성 편향은 일반적으로 아는 사람이면서 공개적인 평가가 요구될 때 긍정적인 평가를 하려는 경향성이다.
- 내현적 성격 이론(implicit personality theory)은 성격을 판단하는 데 사용하는 개인적인 틀이 인상형성과 고정관념에 영향을 미친다고 보았다.
- 호감을 증가시키는 요인으로는 외모, 친숙성, 근접성, 유사성, 상보성이 영향을 준다.
- 와이너(Weiner)의 귀인이론은 성공이나 실패의 원인에 대한 귀인을 4가지 요소(능력, 노력, 과제 난이도, 운)로 설명하였다.
- 켈리(Kelly)의 공변이론은 어떤 행위나 결과의 원인을 수립하는 과정에서 귀인의 세 가지 차원(독특성, 일치성, 일관성)이 영향을 준다고 보았다.
- 귀인이론에서는 행동의 원인에 대한 귀인 과정에서 편향이 나타날 수 있으며, 이를 기본적 귀인오류, 행위자-관찰자 편향, 자기고양 편향으로 설명하였다.
- 유기체는 공식적인 의사결정 또는 비공식적인 일상의 판단에 있어서 추론방략을 사용하며, 이를 휴

- 리스틱(heuristic)이라고 한다. 추론방략에는 대표성 휴리스틱, 가용성 휴리스틱, 인과성 휴리스틱 등이 있다.
- 태도란 특정 대상과 상황에 대한 인지·정서·행동 요소로 구성된 심리적 경향성을 의미하며, 태도와 행동 간의 괴리에 관여하는 요인은 태도의 강도, 태도와 행동의 부합성, 태도의 현저성이다.
- 인지부조화 이론(Festinger)에서는 사람들이 자신의 태도와 불일치하는 행동을 하였을 때 부조화를 줄이기 위한 흔한 방법으로 태도를 변화시킨다고 보았다.
- 사회비교 현상 중 상향 비교는 자신보다 더 나은 사람과 자신을 비교하는 것이며, 하향 비교는 자신보다 더 못한 사람과 자신을 비교하는 것을 말한다. 이는 자존감 형성과 유지에 영향을 준다.
- 자기지각 이론(Bem)에서는 자신의 행동과 그 행동을 유발한 상황을 관찰함으로써 자신의 태도와 특성을 추론한다고 보았다.
- 동조란 자신의 행동이나 생각을 집단의 기준과 일치하도록 바꾸는 것을 말하며, 복종이란 합법적인 권위를 가진 사람의 지시에 맹목적으로 따르는 것을 의미한다.
- 방관자 효과란 주변에 다른 사람들이 있을 경우 개인이 나서서 돕는 행동을 할 가능성이 줄어드는 것을 의미한다.
- 타인의 존재는 개인의 행동에 있어 사회적 촉진, 사회적 태만, 몰개성화에 영향을 준다.
- 집단 의사결정 과정에는 집단 극화, 극단 이행, 집단 사고 현상이 발생되며, 이는 집단 의사결정의 편향과 오류에 영향을 준다.

PART 02

제2과목 - 이상심리학

01 이상심리학 핵심개념정리

핵심 1. 이상심리학의 기본개념
핵심 2. 신경발달장애
핵심 3. 조현병 스펙트럼 및 기타 정신병적 장애
핵심 4. 양극성 및 관련 장애
핵심 5. 우울장애
핵심 6. 불안장애
핵심 7. 강박 및 관련 장애
핵심 8. 외상 및 스트레스 관련 장애
핵심 9. 해리장애
핵심 10. 신체증상 및 관련 장애
핵심 11. 급식 및 섭식장애
핵심 12. 성과 관련된 장애
핵심 13. 파괴적, 충동조절 및 품행장애
핵심 14. 물질 관련 및 중독장애
핵심 15. 신경인지장애
핵심 16. 성격장애

02 실력 다지기: 요점정리

01 이상심리학 핵심개념정리

핵심 1 이상심리학의 기본개념

1 이상심리학이란

① 이상행동(abnormal behavior)과 정신장애(mental disorder)를 과학적으로 연구하는 심리학의 한 분야이다.
② 이상심리학은 인간이 나타내는 다양한 이상행동과 심리장애를 현상적으로 기술, 분류하며, 그 원인을 규명하여 치료방법 및 예방방법을 개발하고 검증하는 데 중점을 둔다.

〈이상행동 및 정신장애의 판별 기준〉
- 적응적 기능의 저하 및 손상: 개인의 인지적·정서적·행동적·신체생리적 기능이 저하되거나 손상되어 원활한 적응에 지장을 초래할 때 부적응적인 이상행동으로 간주할 수 있다.
- 주관적 불편함과 개인적 고통: 개인으로 하여금 현저한 고통과 불편함을 느끼게 하는 행동을 이상행동이라고 본다.
- 문화적 규범의 일탈: 개인이 속한 문화적 규범에 어긋나거나 일탈된 행동을 나타낼 경우에 이상행동으로 규정할 수 있다.
- 통계적 규준의 일탈: 한 사람의 행동이 다른 많은 사람의 평균적인 행동과 비교하여 매우 일탈되어 있을 때 이상행동이라고 간주할 수 있다.

2 이상심리학의 역사

① 고대: 정신장애를 초자연적 현상으로 보고, 미신적이고 비과학적인 행위가 성행하였다.
② 그리스 시대: 종교, 미신과 분리시켜 의학적 문제로 생각하고, 신체적 원인을 탐색하였

다. 기원전 4세기경 Hippocrates는 정신장애를 세 가지 유형(조증, 우울증, 광증)으로 분류하고, 그 원인을 신체적 요인의 불균형에 있다고 보았다.
③ 중세: 고대의 귀신론적 정신장애관으로 회귀하여 종교재판, 마녀사냥 등의 비인간적 행위가 만연하였다. 이상심리학의 암흑기에 해당된다.
④ 근대: 정신장애에 대한 인도주의적 치료에 대한 주장이 제기되면서 도덕적 치료가 확산되었고, 근대적 수용시설과 치료형태를 갖춘 병원이 세워지게 되었다.
⑤ 현대: 정신장애에 대한 심리적 원인론이 대두하고 신체적 원인론과 실험 정신병리학이 발전하였으며, 다양한 심리검사의 개발이 이루어지면서 이상심리학의 발전에 영향을 미쳤다.
⑥ 행동주의 심리학에 근거한 이상행동에 대한 학습 이론과 행동치료의 발달, 인본주의 심리학, 인지치료, 항정신병 약물의 개발, 질병분류체계(ICD)와 정신장애 분류체계(DSM) 발표, 그 외 다양한 치료 이론이 발표되었다.

> **학습 Plus** 현대 이상심리학 발전에 기여한 주요한 사건들
>
> - 1879. Wundt가 독일의 Leipzig 대학에 심리학 실험실 개설, 과학적 심리학의 시작
> - 1883. Krapelin이 최초의 정신의학 교과서 발간
> - 1990. Freud가 『꿈의 해석』 발간
> - 1905. Binet와 Simon이 최초로 아동용 지능검사 개발
> - 1906. Pavlov가 고전적 조건형성 발견
> - 1915. 제1차 세계대전 동안 참전군인 선발을 위한 최초의 집단용 지능검사 개발
> - 1920. Watson과 Raynor가 고전적 조건형성을 통한 공포반응의 학습을 제시
> - 1921. Rorschach가 최초의 투사적 검사인 로르샤흐 검사 개발
> - 1939. 최초의 개인용 성인지능 검사인 Wechsler-Bellevue 검사 개발
> - 1940. Hathaway와 Mckinley가 다면적 인성검사(MMPI) 개발
> - 1942. Rogers가 인간중심치료(person-centered therapy)를 제안
> - 1948. WHO가 정신장애를 포함한 최초의 질병분류체계(ICD)를 발표
> - 1951. Perls가 게슈탈트 치료(Gestalt therapy)를 제안
> - 1952. 미국정신의학회가 정신장애 분류체계인 DSM-I 발표
> - 1953. Skinner가 조작적 조건형성의 원리를 발표
>   Frankl이 의미치료(logotherapy)를 제안
> - 1958. Wolpe가 행동치료 기법인 체계적 둔감법(systematic desensitization)을 제안
>   Ellis가 합리적 정서치료(rational emotive therapy)를 제안
> - 1964. Beck이 인지치료(cognitive therapy)를 제안
>   Berne이 교류분석(transactional analysis)을 제안
> - 1965. Glasser가 현실치료(reality therapy)를 제안
> - 1977. Meichenbaum이 『인지행동치료』 발간
> - 1982. Kabat-Zinn이 마음챙김에 기반한 스트레스 감소(MBSR) 프로그램 개발

- 1993. 세계보건기구(WHO)가 ICD-10을 발표
  Linehan이 변증법적 행동치료(DBT)를 제안
- 1994. 미국정신의학회가 DSM-Ⅳ를 발표
- 1999. Hayes가 수용전념치료(ACT)를 제안
- 2002. Teasdale이 동료들과 함께 마음챙김에 기반한 인지치료(MBCT)를 제안
- 2013. 미국정신의학회가 DSM-5를 발표

3 이상심리학의 이론

① 정신분석적 입장
- 이상행동의 근원적 원인을 어린 시절의 경험에 뿌리를 둔 무의식적 갈등에서 찾는다.
- 인간의 성격은 원초적 욕구로 구성된 원초아(id), 환경에 대한 현실적 적응을 담당하는 자아(ego), 내면화된 도덕적 가치나 윤리의식인 초자아(superego)로 구성되어 있다.
- 자아가 원초아를 통제하기 어려울 때 신경증적 불안(neurotic anxiety)을 경험하게 된다. 이러한 불안을 감소시키기 위해 다양한 방어기제(defense mechanism)를 사용한다. 미숙한 유형의 방어기제를 과도하게 사용하게 되면 이상행동이나 정신장애가 나타날 수 있다.
- 정신분석치료는 자유연상, 꿈의 분석, 전이분석, 저항분석 등의 방법을 통해 무의식적 갈등을 통찰하고, 현실생활에서 통찰내용을 실천하게 하는 훈습의 과정으로 구성되어 있다.

② 행동주의적 입장
- 인간의 행동은 환경으로부터 학습된 것으로 보며, 행동이 학습되는 원리와 과정에 초점을 둔다. 고전적 조건형성, 조작적 조건형성, 사회적 학습 등을 통해 이상행동이 형성되고 유지된다.
- 행동치료는 학습원리를 적용해서 이상행동을 수정하는 치료기법이다. 부적응적인 이상행동을 제거시키는 방법으로 소거, 처벌, 혐오적 조건형성, 체계적 둔감법 등이 있으며, 적응행동을 학습시키는 방법으로는 행동조성법, 모방학습법, 사회적 기술훈련 등이 있다.

③ 인지적 입장
- 인간을 자신과 세상에 대해 의미를 부여하는 능동적인 존재로 본다. 이상행동과 정신장애는 자신과 세상에 대해서 부정적이고 왜곡된 의미를 부여하는 부적응적인 인지활동에서 기인한다고 주장한다.

- 인지적 심리치료에서는 부적응적 사고내용을 탐색하여 그 사고의 타당성, 현실성, 유용성을 내담자와 함께 평가함으로써 보다 더 현실적이고 적응적인 사고로 전환시킨다.

④ 통합적 입장
- 이상행동을 유발하는 다양한 원인적 요인을 통합적으로 설명한다. 대표적으로 취약성-스트레스 모델과 생물심리사회적 모델이 있다.
  - 취약성-스트레스 모델: 특정한 장애에 걸리기 쉬운 개인적 특성인 취약성과 환경으로부터 주어지는 심리사회적 스트레스가 상호작용하여 정신장애를 유발한다.
  - 생물심리사회적 모델: 생물학적·심리적·사회적 요인을 종합적으로 고려하며, 이상행동의 이해와 치료를 위해 다요인적·다차원적·상호작용적 접근을 한다.

4 정신장애의 진단 및 통계 편람(DSM)

① 정신장애 분류체계
- 연구 및 임상 장면에서 가장 널리 사용되고 있는 이상행동 및 정신장애 분류체계는 DSM-5(미국정신의학회 발간: Diagnostic and Statistical Manual of Mental Disorders)와 ICD-10(세계보건기구 발간: International Classification of Diseases)이 있다.
- DSM은 심리적 증상과 증후군을 위주로 한 진단기준을 제시하였다.
- 1952년에 처음 발간된 이후 여러 번의 개정을 거쳐 1994년에 개정 4판인 DSM-IV가 발간되었다. 이후 2013년 5월에 개정 5판인 DSM-5가 출간되었다.

② DSM-IV와 DSM-5의 차이점(개정사항)
- 숫자가 로마자에서 아라비아 숫자로 변경되었다. 이는 급속하게 이루어지는 임상연구에 따라 개정이 빈번하게 계속될 것임을 전제한 변화이다.
- 임상적 유용성·타당성이 부족하다는 비판에 따라 다축진단체계를 폐기하였다.
- DSM-IV는 정신병리를 '범주적 분류(categorical evaluation)'로 적용하였다. 그러나 정도의 차이를 가진 연속적 실체인 정신병리를 '정상'과 '이상'으로 분류하는 것은 현실에 맞지 않기에 이를 보완하기 위해 DSM-5에서는 차원적 평가(dimensional evaluation)를 도입한 '혼합모델(hybrid model)'을 제시하였다.
  - 범주적 분류: 이상행동이 정상행동과는 질적으로 구분되며, 흔히 특정 원인에 의한 것이기 때문에 정상행동과는 명백한 차이점을 보인다는 가정에 근거한다(예: A군은 우울증인가? 아닌가?).
  - 차원적 분류: 정상행동과 이상행동의 구분이 부적응성의 정도 차이일 뿐 질적인 차이는 없다는 가정에 근거한다(예: 일반인도 경미한 우울증 증세를 보일 수 있으며, 같

장애이더라도 증상의 정도가 다를 수 있다).
- DSM-5에서는 '차원적 평가(dimensional evaluation)'를 하기 위해 환자의 주된 증상과 다양한 공병 증상을 심각도 차원(mild/moderate/severe)에서 평가하도록 되어 있다.

> **학습 Plus** ➕ **DSM-5에 포함되어 있는 정신장애의 범주들**
>
> (1) 신경발달장애(Neurodevelopmental Disorders)
> (2) 조현병 스펙트럼 및 기타 정신병적 장애(Schizophrenia Spectrum and Other Psychotic Disorders)
> (3) 양극성 및 관련 장애(Bipolar and Related Disorders)
> (4) 우울장애(Depressive Disorder)
> (5) 불안장애(Anxiety Disorder)
> (6) 강박 및 관련 장애(Obsessive-Compulsive and Related Disorder)
> (7) 외상 및 스트레스 관련 장애(Traumatic-and Stressor Related Disorder)
> (8) 해리장애(Dissociative Disorder)
> (9) 신체증상 및 관련 장애(Somatic Symptom and Related Disorder)
> (10) 급식 및 섭식장애(Feeding and Eating Disorders)
> (11) 배설장애(Elimination Disorders)
> (12) 수면-각성 장애(Sleep-Wake Disorders)
> (13) 성기능 부전(Sexual Dysfunctions)
> (14) 성별 불쾌감(Gender Dysphoria)
> (15) 파괴적, 충동조절 및 품행장애(Disruptive, Impulsive Control, and Conduct Disorders)
> (16) 물질 관련 및 중독장애(Substance-Related and Addictive Disorders)
> (17) 신경인지장애(Neurocognitive Disorders)
> (18) 성격장애(Personality Disorder)
> (19) 변태성욕장애(Paraphilic Disorders)
> (20) 기타 정신질환(Other Mental Disorders)

핵심 2 　신경발달장애

- 신경발달장애(Neurodevelopmental Disorders)는 유아 및 아동의 발달 시기에 시작되는 장애들로, DSM-IV에서는 아동 및 청소년기에 시작되는 장애로 분류되다가 DSM-5에서 새로운 진단 범주로 묶인 장애들이다.
- 하위장애로는 지적장애, 의사소통장애, 자폐스펙트럼 장애, 주의력 결핍 과잉행동장애, 특정학습장애, 운동장애(예: 발달성 협응장애, 상동증적 운동장애, 뚜렛장애)가 포함된다.

<신경발달장애의 유형과 특징>

유형	특징
지적장애	지적장애로 인해 IQ 70 미만으로 학업을 비롯한 대부분의 적응 활동에서 부진을 보임.
의사소통장애	말이나 언어 사용에 결함이 있는 경우로 언어장애, 말소리장애, 아동기발병 유창성장애, 사회적(실용적) 의사소통장애로 구분됨.
자폐스펙트럼장애	DSM-IV의 자폐증, 아스퍼거장애, 소아붕괴성장애, 레트장애, 광범위성 발달장애를 아우르는 장애로, 사회적 의사소통이 부족하고, 제한되고, 반복적인 행동을 보임.
주의력 결핍 과잉행동장애	주의집중의 어려움과 산만함, 충동성, 과잉행동을 보임.
특정학습장애	지능은 정상적이지만 지능 수준에 비해 읽기, 쓰기, 산술 계산과 같은 영역에서 학습부진을 보임.
운동장애	연령이나 지능 수준에 비해 운동능력이 현저하게 미숙하고 부적응적인 움직임을 반복하는 것으로, 틱장애, 발달적 협응장애, 상동증적 운동장애가 있음. 틱장애에는 뚜렛장애, 지속성(운동 또는 음성) 틱장애, 잠정적 틱장애 등이 있음.

1 지적장애(Intellectual disability)

① 지적장애(Intellectual disability)는 지적 기능과 적응 기능에서의 결손으로, 표준화된 지능검사에서 70 미만의 지능지수(IQ)를 지닌 경우에 진단된다.
② 성별, 연령, 사회문화적 배경이 같은 또래에 비해 정신능력에서 전반적으로 결함이 나타나고 일상 적응 기능에 손상을 보이는 장애로 발달 시기에 시작된다.

IQ 수준	등급	특징	기능
IQ 50~55에서 70 미만	경도 (mild)	지적장애의 약 85%가 해당됨. 대략 초등학교 6학년 정도의 지적 수준을 지님.	단순반복적인 작업이 가능하지만 대부분 타인의 도움과 지도가 필요함.
IQ 35~40에서 50~55	중등도 (moderate)	지적장애의 약 10%가 해당됨. 의사소통 습득이 가능하고 지도감독하에 사회적 기술/직업적 기술을 익힐 수 있으나, 초등학교 2학년의 지적 수준을 넘기기 어려움.	보호기관에서 지도감독 아래 비숙련 또는 반숙련 작업 수행이 가능함.
IQ 20~25에서 35~40	고도 (severe)	지적장애의 약 3~4%가 해당됨. 매우 초보적인 언어만 습득하고, 기본적인 자기 보살핌은 가능함.	매우 집중적인 지도감독하에서 비숙련 단순작업 수행이 가능함.

IQ 20~25 이하	최고도 (profound)	지적장애의 약 1~2%로, 대부분 신경학적 결함을 지님. 지적 학습 및 사회적 적응이 거의 불가능하며, 흔히 걸음걸이나 운동 기능에 이상을 나타냄.	초기 아동기부터 지속적인 보살핌과 지도감독이 필요함.

③ 지적장애(Intellectual disability)의 적응 기능은 개념적 영역, 사회적 영역, 실행적 영역으로 구분하여 평가한다.
- 개념적 영역: 학습, 기억, 언어, 읽기, 쓰기, 수학적 추론, 실질적인 지식의 획득, 문제해결, 새로운 상황에서의 판단 등
- 사회적 영역: 타인의 생각이나 감정, 경험을 인지하는 능력, 공감능력, 의사소통 기술, 친선능력, 사회적 판단 등
- 실행적 영역: 학습과 개인적 관리, 직업적 책임의식, 금전관리, 오락, 자기행동 관리 등

④ 적응 기능의 심각도에 따라 경도, 중등도, 고도, 최고도 수준으로 구분하며, 경도 수준에서 지적장애의 가장 많은 비율을 보인다.

> **학습 Plus 지적장애의 진단준거**
>
> 지적장애는 발달 시기에 시작되며, 개념적·사회적·실행적 영역에서 지적 기능과 적응 기능 모두에 결함이 있는 상태를 말한다. 다음의 3가지 진단기준을 충족해야 한다.
> A. 임상적 평가와 개별적으로 실시된 표준화된 지능 검사로 확인된 지적 기능(추론, 문제해결, 계획, 추상적 사고, 판단, 학업, 경험 학습)의 결함이 있다.
> B. 적응 기능의 결함으로 인해 독립성과 사회적 책임의식에 필요한 다양한 환경(가정, 학교, 일터, 공동체)에서 한 가지 이상의 일상 활동(의사소통, 사회적 참여, 독립적 생활) 기능에 제한을 받는다.
> C. 지적 결함과 적응 기능의 결함은 발달 시기 동안에 시작된다.
>
> 현재의 심각도를 명시할 것: 경도, 중등도, 고도, 최고도

2 의사소통장애(Communication Disorder)

① 언어장애
- 어휘, 문장 구조, 언어 이해와 생성, 결함으로 인해 언어 습득과 사용에 어려움을 보인다. 말로 하는 의사소통, 글로 하는 의사소통이나 몸짓 언어에서 장애가 나타난다.
- 수용성 언어능력과 표현성 언어능력이 손상된다. 언어장애의 정도가 4세 정도까지는

잘 드러나지 않으나 그 이후에 나타나서 성인기까지 지속되는 특징이 있다.

② 말소리장애
- 언어의 명확성이 떨어지며 의사소통 전달이 잘 안 된다. 음성학적 장애와 조음장애가 있다.
- 말소리장애는 치료에 대한 반응이 좋고 시간이 흐를수록 개선되어 평생 지속되지 않는 경우가 많다. 그러나 언어장애가 함께 있으면 예후가 좋지 않고 학습장애가 동반된다.

③ 아동기발병 유창성장애(말더듬)
- 음이나 음절을 자주 반복하거나 길게 하는 특징이 있다. 스트레스나 불안에 의해 비유창성이 더 악화될 수 있고 사회적 기능의 손상이 동반된다.
- 대개 6세경에 나타나고, 발병 연령대는 2~7세 사이에 해당된다. 말더듬의 약 65~86%는 회복을 보이나, 약 8세경의 아동기발병 유창성장애의 심각도를 통해 청소년기 이후까지 지속될지를 예측할 수 있다.

④ 사회적(실용적) 의사소통장애
- 언어적·비언어적 의사소통을 할 때 사회적인 규칙을 이해하고 따르는 데 있어서 문제가 있고, 듣는 사람 혹은 상황적 요구에 따라 말을 바꾸며 대화를 나누거나 이야기 규칙을 따르지 못한다.
- 흔히 4세 이상이 되면 적절한 언어능력을 갖게 되기 때문에 이 연령이 되어야 사회적 의사소통의 특정한 결함을 인지하게 된다.

3 자폐스펙트럼 장애(Autism Spectrum Disorder)

① 자폐스펙트럼 장애의 경우, 사회적 의사소통, 사회적 상호작용의 결함이 지속적으로 나타나며 제한적이고 반복적인 행동이나 관심, 활동이 특징으로 나타난다.
② 생애 첫해 또는 두 번째 해 내에 나타나며, 자폐증의 약 80%가 남자아이에게서 발생한다.
③ DSM-5의 자폐스펙트럼 장애는 DSM-IV에서 전반적 발달장애에 포함되었던 자폐증, 소아기붕괴성장애, 아스퍼거장애, 기타 전반적 발달장애를 통합한 것이다.

> **학습 Plus** 자폐스펙트럼 장애의 진단기준
>
> A. 다양한 분야에 걸쳐 나타나는 사회적 의사소통 및 사회적 상호작용의 지속적인 결함으로 현재 또는 과거력상 다음과 같은 특징으로 나타난다.
>   1. 사회적-감정적 상호성의 결함(예: 비정상적인 사회적 접근과 정상적인 대화의 실패, 흥미나 감정 공유의 감소, 사회적 상호작용의 시작 및 반응의 실패)
>   2. 사회적 상호작용을 위한 비언어적인 의사소통 행동의 결함(예: 언어적·비언어적 의사소통의 불완전한 통합, 비정상적인 눈 맞춤과 몸짓 언어, 몸짓의 이해와 사용의 결함, 얼굴 표정과 비언어적 의사소통의 전반적 결핍)
>   3. 관계 발전, 유지 및 관계에 대한 이해의 결함(예: 다양한 사회적 상황에 적합한 적응적 행동의 어려움, 상상 놀이를 공유하거나 친구 사귀기가 어려움, 동료들에 대한 관심 결여)
> B. 제한적이고 반복적인 행동이나 흥미, 활동이 현재 또는 과거력상 다음 항목들 가운데 적어도 2가지 이상 나타난다.
>   1. 상동증적이거나 반복적인 운동성 동작, 물건 사용 또는 말하기(예: 단순 운동 상동증, 장난감 정렬하기 또는 물체 튕기기, 반향어, 특이한 문구 사용)
>   2. 동일성에 대한 고집, 일상적인 것에 대한 융통성 없는 집착 또는 의례적인 언어나 비언어적 행동 양상(예: 작은 변화에 대한 극심한 고통, 변화의 어려움, 완고한 사고방식, 의례적인 인사, 같은 길로만 다니기, 매일 같은 음식 먹기)
>   3. 강도나 초점에 있어서 비정상적으로 극도로 제한되고 고정된 흥미(예: 특이한 물체에 대한 강한 애착 또는 집착, 과도하게 국한되거나 고집스러운 흥미)
>   4. 감각 정보에 대한 과잉 또는 과소 반응 또는 환경의 감각영역에 대한 특이한 관심(예: 통증/온도에 대한 명백한 무관심, 특정 소리나 감촉에 대한 부정적 반응, 과도한 냄새 맡기 또는 물체 만지기, 빛이나 움직임에 대한 시각적 매료)
> C. 증상은 반드시 초기 발달 시기부터 나타나야 한다.
> D. 이러한 증상은 사회적, 직업적 또는 다른 중요한 현재의 기능영역에서 임상적으로 뚜렷한 손상을 초래한다.
> E. 이러한 장애는 지적장애(지적발달장애) 또는 전반적 발달지연으로 더 잘 설명되지 않는다.

4 주의력 결핍 과잉행동장애(Attention-Deficit Hyperactivity Disorder: ADHD)

① ADHD 아동은 욕구 좌절에 대한 인내력이 낮고, 과민성, 불안정을 보이며, 필수 증상은 부주의 또는 과잉행동-충동성이다.

② 4세 이전에는 주의력 결핍 과잉행동과 정상적인 행동을 구별하기가 어렵기 때문에 유치원이나 초등학교에 입학을 했을 때 이런 증상이 잘 드러나며, 여성보다 남성에게서 약 2:1로 더 많이 나타난다.

③ ADHD를 지닌 아동의 40~50%가 나중에 품행장애로 발전하는 경향이 있다.

④ 기질적인 원인으로는 행동 억제능력의 부족, 조절력과 통제감 부족, 부정적 정서성과

연관되며, 도파민과 같은 신경전달물질의 비정상적 활동 및 뇌의 전두-선조체 영역의 비정상과 관련된다.

> **학습 Plus** 주의력 결핍 과잉행동장애의 진단준거
>
> A. 부주의 및 과잉행동-충동성의 지속적 패턴이 나타나며, 아래 1항과 2항 중 한 가지 이상에 해당되어야 한다.
>   1. 부주의: 다음 중 6개 이상의 증상이 6개월 이상 지속적으로 나타난다.
>   (1) 흔히 세부적인 면에 대해 면밀한 주의를 기울이지 못하거나 학업, 직업 또는 다른 활동에서 부주의한 실수
>   (2) 흔히 일을 하거나 놀이를 할 때 지속적으로 주의를 집중하기 어려움
>   (3) 흔히 다른 사람이 직접 말을 할 때 경청하지 않는 것으로 보임
>   (4) 흔히 지시를 완수하지 못하고, 학업, 작업장에서의 임무를 수행하지 못함
>   (5) 흔히 과업과 활동을 체계화하지 못함
>   (6) 흔히 지속적인 정신적 노력을 요구하는 과업에 참여하기를 피하고 싫어하며 저항함
>   (7) 흔히 활동하거나 숙제하는 데 필요한 물건들을 잃어버림
>   (8) 흔히 외부의 자극에 의해 쉽게 산만해짐
>   (9) 흔히 일상적인 활동을 잊어버림
>   2. 과잉행동과 충동성: 다음 중 6개 이상의 증상이 6개월 이상 지속적으로 나타난다.
>   (1) 흔히 손발을 가만히 두지 못하거나 의자에 앉아서도 몸을 옴지락거림
>   (2) 흔히 앉아 있도록 요구되는 교실이나 다른 상황에서 자리를 떠남
>   (3) 흔히 부적절한 상황에서 지나치게 뛰어다니거나 기어오름
>   (4) 흔히 조용히 여가활동에 참여하거나 놀지 못함
>   (5) 흔히 '끊임없이 활동하거나' 마치 '자동차에 쫓기는 것'처럼 행동함
>   (6) 흔히 지나치게 수다스럽게 말을 함
>   (7) 흔히 질문이 채 끝나기도 전에 성급하게 대답함
>   (8) 흔히 차례를 기다리지 못함
>   (9) 흔히 다른 사람의 활동을 방해하고 간섭함
> B. 심각한 부주의나 과잉행동-충동성의 증상이 12세 이전에 나타나야 한다.
> C. 이러한 증상이 사회적, 학업적 또는 직업적 기능을 방해한다.
> D. 이러한 증상이 정신분열증이나 다른 정신증적 장애 경과 중에 나타나는 것이 아니며 다른 정신장애에 의해 설명되지 않는다.

5 특정학습장애(Specific Learning Disorder)

① 보유한 학습 기술에 대한 개인의 수행이 연령 평균보다 낮고, 핵심 학업 기술(단어를 정확하고 유창하게 읽고 쓰고 이해하는 능력과 철자, 산술 계산, 수학적 추론 등의 영역)에서 어려움을 보인다.

② 정규 학습 과정이 시작된 후에 진단되는 경우가 많고, 여자아이보다 남자아이에게서

2:1 정도로 더 흔하다. ADHD와 공병률이 높은 편이다.
③ 특정학습장애의 감별진단으로는 학업적 성취의 정상 변이, 지적장애(지적발달장애), 신경학적 또는 감각 장애로 인한 학습문제, 신경인지장애, 주의력 결핍 과잉행동장애, 정신병적 장애와 구별되어야 한다.

> **학습 Plus   특정학습장애의 감별진단**
>
> - **학업적 성취의 정상 변이**
>   특정학습장애는 외부적 요인(예: 교육 기회의 부족, 서투른 가르침의 지속, 제2 언어로 학습 등)에 의한 학업적 성취에서의 정상 변이와 구별된다.
> - **지적장애(지적발달장애)**
>   특정학습장애에서 나타나는 학습문제는 정상 수준의 지적 기능을 가진 경우에 나타나기에 지적 손상과 관련 있는 전반적인 학습의 어려움과는 다르다.
> - **신경학적 또는 감각 장애로 인한 학습문제**
>   신경학적 또는 감각 장애(예: 외상성 뇌손상, 청각 손상, 시각 손상)로 인한 학습문제가 있는 경우에는 신경학적 검사 상 이상 소견이 있다는 점에서 특정학습장애와 구별된다.
> - **신경인지장애**
>   특정학습장애에서 나타나는 학습문제의 임상적 양상은 발달 주기 동안에 나타나며, 이전과 비교하여 학습문제의 뚜렷한 저하가 나타나지 않는다는 점이 다르다.
> - **주의력 결핍 과잉행동장애**
>   특정학습장애는 ADHD와 연관된 저조한 학업적 수행과 구별되는데, ADHD는 특정 학업 기술을 학습하는 데 있어서 특정적 어려움이 있다기보다는 이러한 기술을 수행하는 데 어려움이 있다.
> - **정신병적 장애**
>   특정학습장애는 조현병이나 정신병과 연관된 학업적 어려움 및 인지 과정의 어려움과 구별되어야 한다. 정신병적 장애의 경우 이러한 기능적 영역에서 대개 빠른 저하를 보인다.

6 운동장애(Motor Disorders)

① 틱장애(Tic Disorder)
- 갑작스럽게 나타나고, 반복적이고, 비율동적인 운동 또는 음성 형태로 나타난다. 틱은 대개 불수의적으로 나타나지만 다양한 시간 동안 자발적으로 억제되기도 한다.
    - 운동 틱(motor tic): 눈, 머리, 어깨, 입, 손 부위를 갑자기 움직이는 특이한 동작이 반복되는 것을 말한다(예: 눈 깜빡거리기, 얼굴 찡그리기, 어깨 움츠리기, 발 구르기).
    - 음성 틱(vocal tic): 갑자기 소리를 내는 행동으로, 헛기침하기, 쿵쿵거리기, 컥컥거리기, 엉뚱한 단어나 구절을 반복하기, 욕이나 외설스러운 단어를 반복하기 등이 있다.
- 도파민 억제제(할로페리돌, 피모지드)가 틱 증상을 억제하고, 도파민 활동을 증가시키

는 약물(암페타민, 코카인)이 틱 증상을 악화시킨다는 데 근거하여 도파민의 과잉 활동에서 기인한다는 주장이 제기되고 있다.

② 뚜렛장애(Tourette' Disorder)
- 다양한 운동 틱과 한 개 이상의 음성 틱이 1년 이상 지속적으로 나타나는 경우로, 틱장애 중 가장 심한 유형이다.
- 일과성 운동 틱과 같은 단순 틱으로 시작해서 점차 얼굴의 다른 영역까지 퍼지고 머리, 목, 팔 등으로 더 낮은 말단으로 내려간다.
- 인구 1만 명 당 약 4~5명에게서 발생하는 매우 드문 장애이며, 유전적 요인이 크다.

③ 발달적 협응장애(Developmental Coordination Disorder)
- 협응된 운동의 습득과 수행이 개인의 생활연령과 기술 습득 및 사용의 기회에 기대되는 수준보다 현저하게 낮다.
- 앉기, 기어다니기, 걷기, 계단 오르내리기, 페달 밟기, 단추 잠그기, 퍼즐 맞추기 등이 지연되고 습득이 되더라도 또래에 비해 움직임이 서투르고 느리고 정확성이 부족하다.

④ 상동증적 운동장애(Stereotypic Movement Disorder)
- 상동증적 운동장애의 필수 증상은 반복적이고, 억제할 수 없는 것처럼 보이며, 목적이 없어 보이는 운동 행동이다.
- 상동증적 운동은 하루에도 여러 차례 나타날 수 있고, 몇 초에서 수 분 혹은 그 이상 지속될 수도 있다. 비자해적 상동증적 행동(몸 흔들기, 고개 끄덕이기 등)과 자해적 상동증적 행동(머리를 벽에 박기, 신체 부위를 물어뜯기 등)으로 나타난다.

핵심 3 | 조현병 스펙트럼 및 기타 정신병적 장애 (Schizophrenia Spectrum and Other Psychotic Disorders)

조현병 스펙트럼 및 기타 정신병적 장애에는 조현병, 조현양상장애, 조현정동장애, 망상장애, 단기 정신병적 장애, 긴장증, 물질/치료약물로 유발된 정신병적 장애, 달리 명시된 조현병 스펙트럼 및 기타 정신병적 장애가 있다.

⟨조현병 스펙트럼 및 기타 정신병적 장애의 유형과 특징⟩

유형	특징
조현병	• 활성국면 증상(망상, 환각, 와해된 언어, 와해된 행동, 긴장증적 행동, 음성증상)이 적어도 1개월 동안 지속됨. • 증상 지속 기간: 6개월 이상 • 한 가지 이상의 주요 생활영역에서 기능 수준이 발병 이전에 성취된 수준보다 현저하게 미달됨.
조현양상장애	• 활성국면 증상(망상, 환각, 와해된 언어, 와해된 또는 긴장성 행동, 음성증상)이 적어도 1개월 동안 지속됨. • 증상 지속 기간: 6개월 미만
조현정동장애	• 주요 우울 또는 조증 삽화 기간이 조현병의 활성국면 증상과 겹침. • 적어도 2주 동안 주요 우울 또는 조증 삽화 없이 망상 또는 환각이 있음.
망상장애	• 다른 정신병적 증상 없이 지속적인 망상이 적어도 1개월 동안 지속됨.
단기 정신병적 장애	• 망상, 환각 또는 와해된 언어가 1개월 미만 동안 지속됨.
긴장증	• 운동 활동 감소, 면담 또는 신체검진 동안 참여 감소 또는 과도하고 특이한 운동 활동이 포함된 광범위한 증상이 특징인 정신운동장애
물질/치료약물로 유발된 정신병적 장애	• 중추신경계에 대한 물질 또는 치료약물의 직접적인 효과로 인한 망상 또는 환각
달리 명시된 조현병 스펙트럼 및 기타 정신병적 장애	• 임상적으로 현저한 고통 또는 기능 손상을 초래하지만 조현병 스펙트럼 및 기타 정신병적 장애 진단분류에 속한 장애들 중 어떤 장애의 진단기준에 완전히 부합되지 않는 조현병 스펙트럼 및 기타 정신병적 장애 특유의 증상

1 조현병(Schizophrenia)

1) 조현병의 임상적 특징

① 현실 접촉을 상실하고 현실 판단력이 저하되는 것으로 흔히 정신증(psychosis)이라고 불린다. 같은 정신증을 가진 사람이라고 하더라도 증상의 심각성, 지속 기간, 기능 저하 등에 따라 다양한 스펙트럼상에 분류된다.

② 에밀 크레펠린(Emil Kraepelin)은 조발성 치매(dementia praecox)로 보았고, 의사 오이겐 블로일러(Eugen Bleuler)는 사고 과정의 이상 및 혼란을 보이고, 생각과 감정의 불일치를 보이며, 현실감각이 없어지는 것에 대해 '균열'을 의미하는 그리스어 schizo와 '마음'을 뜻하는 그리스어 phren을 합성하여 'schizophrenia'라는 명칭을 사용하였다.

③ 조현병에서 나타나는 증상은 양성증상(positive symptom)과 음성증상(negative symptom)으로 구분된다.

> **학습 Plus** 조현병의 양성증상과 음성증상
>
> ① 양성증상(positive symptom): 정상인들에게는 나타나지 않지만 조현병 환자에게서는 나타나는 증상을 말한다. 망상, 환각, 와해된 언어, 와해된 행동이나 긴장성 행동이 있다.
>   - 망상(delusion): 외부 세계에 대한 잘못된 추론에 근거한 그릇된 신념으로서 분명한 반증에도 불구하고 지니고 견고하게 유지된다.
>   - 환각(hallucination): 현저하게 왜곡된 비현실적 지각을 말한다. 환청, 환시, 환후, 환촉, 환미로 구분된다.
>   - 와해된 언어(disorganized speech): 비논리적이고 지리멸렬한 혼란스러운 언어를 뜻하며, 말을 할 때 목표나 논리적 연결 없이 횡설수설하거나 상대방이 이해하기 어려운 말을 한다.
>   - 와해된 행동(disorganized behavior): 나이에 걸맞은 목표지향적 행동을 하지 못하고 상황에 부적절하게 나타내는 엉뚱하거나 부적응적인 행동을 말한다.
>   - 긴장증적 행동(catatonic behavior): 마치 근육이 굳은 것처럼 어떤 특정한 자세를 유지하는 것을 말한다.
> ② 음성증상(negative symptom): 정상인들이 나타내는 적응적 기능이 결여된 상태를 말한다. 정서적 둔마, 무의욕증, 무언어증, 무쾌락증, 비사회성이 있다.
>   - 정서적 둔마(affective flattening): 외부 자극에 대한 정서적 반응이 둔화되어 무표정하거나 무감각한 상태이다.
>   - 무의욕증(avolition): 마치 아무런 욕망이 없는 듯 어떠한 목표지향적 행동도 하지 않고 사회적 활동에도 무관심한 상태이다.
>   - 무언어증(alogia): 말이 없어지거나 짧고 간단하며 공허한 말만을 하는 등 언어반응이 빈곤해지는 상태이다.
>   - 무쾌락증(anhedonia): 긍정적인 자극으로부터 쾌락을 경험하는 능력이 감소된 상태이다.
>   - 비사회성(asociability): 다른 사람과의 사회적 상호작용에 대한 관심이 없는 상태이다.

④ 조현병의 발병은 10대 후반과 30대 중반 사이에 나타나며, 청소년기 이전과 40대 이후에 처음으로 발병하는 경우는 드물다.
⑤ 인지 손상은 정신병 삽화 발생 중에 나타날 수도 있고 정신병 출현 전에 선행해서 나타나기도 하며, 발병 후 성인기를 거치면서 인지 손상이 지속적으로 나타날 수 있다.

> **학습 Plus** 조현병의 진단기준
>
> A. 다음 중 2가지 이상의 증상(1, 2, 3 중 하나는 반드시 포함)이 1개월 동안(성공적으로 치료되었을 경우에는 그 이하도 해당됨) 상당 부분의 시간에 나타나야 한다.
>   (1) 망상
>   (2) 환각

(3) 혼란스러운 언어(예: 자주 주제에서 벗어나거나 뒤죽박죽된 언어표현)
(4) 심하게 혼란스러운 행동이나 긴장증적 행동
(5) 음성증상, 즉 감소된 정서표현이나 무언어증 또는 무의욕증
B. 발병 이후 상당 기간 동안 직업, 대인관계 또는 자기관리 등의 주요한 생활영역에서 기능 수준이 발병 이전과 비교하여 현저하게 저하되어 있다.
C. 장애의 징후가 적어도 6개월 이상 지속되어야 한다. 기간 중 진단기준 A를 충족시키는 증상이 1개월 이상(즉, 활성기) 나타나야 하고 전구기 또는 관해 기간을 포함한다. 전구기와 관해기에는 음성증상만 있거나 진단기준 A에 속하는 증상 가운데 2개 이상의 증상이 약화된 형태(예: 기이한 신념, 이상한 지각적 경험)로 나타난다.

2) 조현병의 원인

① 생물학적 입장
- 조현병을 뇌의 장애로 간주하며, 유전적 요인이 강력한 영향을 미치는 것으로 알려져 있다.
- 전두엽과 기저핵을 비롯한 뇌의 구조적 이상과 더불어 전두엽 피질의 신진대사 저하와 관련된 것으로 알려져 있다. 조현병과 가장 밀접한 관련을 지닌 신경전달물질은 도파민(dopamine)이다.

② 인지적 입장
- 조현병은 사고장애(thought disorder)이며, 주의 기능(attention)의 손상으로 설명한다. 주의 기능의 손상으로 인해 부적절한 정보까지 받아들이며 많은 정보에 압도되어 심리적 혼란을 경험하게 된다고 보았다.
- 심리적 혼란을 감소시키기 위해 망상을 발달시키거나 무감각한 태도를 보이며, 사회적 관계를 회피하게 된다.

③ 정신분석적 입장
- 조현병의 근원을 자아가 발달하기 이전의 초기 발달과정에서 탐색한다.
- 갈등 모델: 조현병은 강한 심리적 갈등으로 인해 초기단계의 미숙한 자아 상태로 퇴행한 것이다.
- 결손 모델: 심리적 에너지가 내부로 철회(withdrawal)되어 외부 세계와 단절된 자폐적 상태에서 적응 기능이 손상된 것이다.

④ 가족 및 사회환경적 요인
- 가족요인
  - 이중구속이론(double-bind theory): 부모의 상반된 의사전달로 인한 혼란감이 가중되는 경우(부모 가운데 한 사람이 동일한 사안에 대해서 서로 다른 시기에 상반된 의

사를 전달하거나 동일한 사안에 대해 부모가 서로 상반된 지시나 설명을 하는 경우)
    - 조현병을 유발하기 쉬운 어머니의 양육태도(schizophrenogenic mother): 어머니의 양육태도가 차갑고 지배적이며 자녀에게 갈등을 조장하는 경우(자녀의 감정에 무감각하거나 거부적이고 친밀감에 대한 두려움을 지님) 또는 과도하게 과잉 보호적이며 자기희생적인 경우
    - 표현된 정서(expressed emotion): 가족 간의 갈등이 많고 비판적이며, 분노 감정을 과도하게 표현할 뿐 아니라 환자에 대해 과도한 간섭을 보이는 경우
    - 분열적 부부관계: 편향적 부부관계(수동적인 배우자가 정신적으로 건강하지 못한 배우자에게 가족에 대한 통제권을 양보한 채 자녀에게 집착하는 경우), 분열적 부부관계(부부가 만성적인 갈등 상태에서 서로의 요구를 무시하고 자녀를 자기편으로 만들기 위해 치열하게 경쟁하는 경우)인 경우
  • 사회환경적 요인
    - 사회적 유발설: 낮은 사회계층에 속하는 사람은 타인으로부터의 부당한 대우, 낮은 교육수준, 낮은 취업기회 및 취업조건 등으로 많은 스트레스와 좌절 경험을 겪게 된 결과 조현병으로 발전할 수 있다고 본다.
    - 사회적 선택설: 조현병 환자들이 부적응적인 증상으로 인해 사회의 하류계층으로 흘러가게 되어 발생한다.
    - 취약성-스트레스 모델: 조현병에 대한 취약성의 정도는 생물학적(유전적 요인, 뇌의 구조적 결함이나 기능 이상) 요인과 출생 전후의 신체적·심리적 요인에 의해 결정되며, 조현병에 취약한 사람이 환경적 스트레스 사건을 겪게 되면서 그 적응 부담이 일정 수준을 넘게 되면 조현병이 발병하게 된다고 본다.

3) 조현병의 치료

① 현실검증력(reality-testing) 손상이 현저하고 자신과 타인을 해칠 가능성이 있기 때문에 입원치료가 필요하다.
② 약물치료: 양성증상의 완화를 위해 항정신병 약물이 처방된다. 최근에는 음성증상 개선에도 도움이 되는 약물이 개발되어 사용되고 있다. 대부분이 도파민 억제제로서 추체외로 부작용(extrapyramidal side-effect)이 나타날 수 있다.
  • 추체외로 증상(extrapyramidal symptoms): 기저핵의 손상으로 일어나는 운동장애를 의미하며, 수의운동장애, 근경직 등을 포함한다.
③ 전기충격치료: 짧은 시간 동안 뇌에 전기 자극을 가하는 것으로, 극적인 치료효과가 나타나기도 한다. 최근에는 잘 쓰이지 않는다.

④ 심리치료: 근본적 치료와 사회적 재적응을 위해 심리치료를 병행해야 한다.
  - 정신역동적 치료: 자아 기능 강화와 의미 있는 관계 형성에 초점을 둔다.
  - 인지행동치료: 적응적 행동과 사고를 증가시키기 위해 인지치료적 기법, 건강한 자기대화를 위한 자기지시훈련, 사회적 기술훈련, 문제해결훈련 등 다양한 방법이 활용된다.

2 조현양상장애(Schizophreniform Disorder)

① 조현양상장애의 특징적 증상은 조현병과 동일하다(망상, 환각, 와해된 언어, 와해된 행동, 긴장증적 행동).
② 증상의 지속 기간은 전조기, 활성기, 잔류기를 포함해 병의 전체 지속 기간은 최소 1개월, 최대 6개월이다.
③ 조현병 진단에 요구되는 6개월의 지속 기간이 되지 않은 채 증상이 있으면서 아직 회복되지 않은 경우에 해당된다. 만일 장애가 6개월을 넘어서 지속되면, 진단은 조현병으로 변경된다.

3 조현정동장애(Schizoaffective Disorder)

① 사고장애와 기분장애를 동시에 보이는 장애이다. 조현정동장애 진단을 내리려면 우선 조현병 진단기준 A가 충족되어야 하며, 그 기간 동안 우울, 조증 삽화가 있어야 한다. 핵심적인 증상으로 기분 증상이 전 유병 기간 동안 충분히 있어야 한다.
② 전체 과정을 보면 정신병적 증상은 가변적이다. 우울 또는 조증 증상이 정신병 발병 이전, 급성 정신병적 삽화 동안, 잔류기, 그리고 정신병 종결 이후에 일어날 수 있다. 진단에 중요한 것은 정신병적 증상과 기분 증상이 동시에 발생하는 것이다.
③ 조현정동장애 양극형은 초기 성인에게서 더 많이 나타나고, 조현정동장애 우울형은 나이 든 성인들에게서 더 흔하다.

4 망상장애(Delusional disorder)

① 한 가지 이상의 망상이 최소한 1개월 이상 지속적으로 나타나지만 조현병의 진단기준에는 해당되지 않는 경우이다. 망상과 관련된 생활영역 외에는 기능적 손상이 없으며, 뚜렷하게 이상하거나 기괴한 행동을 보이지 않는다.
② 전반적인 기능은 조현병보다 양호하지만 일부 망상장애는 조현병으로 발전한다. 망상

장애는 조현병 활성기 증상이 없다는 점에서 조현병과 구분이 된다.

〈망상의 내용에 따른 하위유형〉

유형	설명
애정형 (erotomanic type)	유명인(예: 연예인, 운동선수)이나 직장상사와 같은 신분이 높은 사람과 사랑에 빠졌다고 믿는 망상. 여성에게서 흔하며 유명인과 약혼, 비밀결혼, 임신을 했다고 주장하여 법적 문제가 제기되기도 한다.
과대형 (grandiose type)	자신이 위대한 재능이나 통찰력을 지녔거나, 중요한 발견을 했다는 과대망상을 지닌다(예: 신으로부터 계시를 받았다는 종교적 내용의 망상).
질투형 (jealous type)	배우자나 연인이 부정을 저질렀다는 망상. 적절한 근거가 없음에도 불구하고 배우자를 의심하고 공격하며, 의처증과 의부증이 대표적이다.
피해형 (persecutory type)	자신 또는 자신과 가까운 사람이 피해를 받고 있다는 망상. 자신이 모함을 당해 감시나 미행을 당하고 있다거나 음식에 독이 들어 있다고 생각한다. 박해자라고 믿는 대상에게 공격적 행동을 보이거나, 법정이나 정부기관에 반복적으로 호소하는 경우가 흔하다.
신체형 (somatic type)	자신에게 어떤 신체적 결함이 있거나 질병에 걸렸다는 망상. 피부, 입, 성기, 항문 등에서 악취가 난다거나 자신의 신체 부위가 기형적이라거나 해로운 기생충이 존재한다고 믿는다.

5 단기 정신병적 장애(Brief Psychotic disorder)

① 별다른 전조증상 없이 갑작스럽게 비정신병적 상태에서 정신병적 상태로의 변화가 2주 이내에 발생하며, 최소 1일 이상 최대 1개월간 지속되다가 병전의 기능을 회복한다.
② 정서적 고통이나 혼란을 경험하며 강렬한 정동 상태를 교차한다. 장애 지속 기간이 짧기는 하지만 정신병적 상태에서는 심각한 기능 손상이 동반된다.
③ 남성보다는 여성에게서 2배 이상 더 흔하게 나타난다. 기존에 조현형(schizotypal) 성격장애, 경계성(borderline) 성격장애나 지각조절 곤란 같은 정신병적 경향성(psychotic proneness), 부정적 정서성(negative affectivity)과 같은 특질이 있을 경우에 잘 나타날 수 있다.

핵심 4 양극성 및 관련 장애(Bipolar and Related Disorders)

양극성 및 관련 장애는 조현병 스펙트럼 및 기타 정신병적 장애와 우울장애 간의 증상, 가족력 및 유전적인 측면을 재평가하여 DSM-5에서 우울장애로부터 분리되어 별도로 구성되었다. 제1형 양극성장애, 제2형 양극성장애, 순환성장애, 물질/약물치료로 유발된 양극성 및 관련 장애가 있다.

1 양극성장애(Bipolar Disorder)

우울한 기분 상태와 고양된 기분 상태가 교차되어 나타나는 장애로, 제1형 양극성장애, 제2형 양극성장애로 구분된다.

① 제1형 양극성장애
- 기분이 비정상적으로 고양되어 나타나는 조증 증상 중 3가지 이상(기분이 과민한 상태일 경우 4가지)이 심각한 정도로 나타나야 한다. 한 번 이상의 조증 상태가 나타나는 경우에 해당된다.
- 비정상적으로 의기양양하거나 지나치게 기분이 고양된 조증 삽화(manic episode)가 적어도 1주일간 지속되어야 한다.
- 물질이나 신체적 질병(갑상선 기능항진증 등)의 생리적 효과로 인한 것이 아니며, 일상생활에 현저한 곤란이 있거나 자신 및 타인을 해칠 가능성이 있어 입원이 필요하다.
- 재발성 장애로서 한 번 조증 상태를 나타낸 사람들의 90% 이상이 추후 기분장애를 경험하게 된다.

② 제2형 양극성장애
- 조증 삽화가 상대적으로 미약하게 나타나는 경조증 삽화(hypomanic episode)를 보인다. 평상시 기분과는 분명히 다른 의기양양하거나 고양된 기분이 적어도 4일간 지속된다.
- 입원이 필요할 정도로 심각하지 않으며, 정신증적 양상이 동반되지 않는다.

학습 Plus 조증 삽화 & 경조증 삽화의 진단적 특징

A. 비정상적으로 들뜨거나, 의기양양하거나, 과민한 기분, 목표지향적 활동과 에너지의 증가가 거의 매일, 하루 중 대부분 지속되는 기간이 있다.
- 조증의 경우: 일주일간
- 경조증의 경우: 4일 연속으로

B. 기분장애 및 증가된 에너지와 활동을 보이는 기간 중 다음 증상 가운데 3가지(또는 그 이상)를 보이며(기분이 단지 과민하기만 한다면 4가지) 평소 모습에 비해 변화가 뚜렷하고 심각한 정도로 나타난다.
  1. 자존감의 증가 또는 과대감
  2. 수면에 대한 욕구 감소(예: 단 3시간의 수면만으로도 충분하다고 느낌)
  3. 평소보다 말이 많아지거나 끊기 어려울 정도로 계속 말을 함.
  4. 사고의 비약 또는 사고가 질주하듯 빠른 속도로 꼬리를 무는 듯한 주관적인 경험
  5. 주관적으로 보고하거나 객관적으로 관찰되는 주의산만(예: 중요하지 않거나 관계없는 외적 자극에 너무 쉽게 주의가 분산됨)
  6. 목표지향적 활동의 증가(직장이나 학교에서의 사회적 활동 또는 성적 활동) 또는 정신운동 초조(예: 목적이나 목표 없이 부산하게 움직임)
  7. 고통스러운 결과를 초래할 가능성이 높은 활동에의 지나친 몰두(예: 과도한 쇼핑 등 과소비, 무분별한 성행위, 어리석은 사업투자)
C. 기분장애가 사회적·직업적 기능의 현저한 손상을 초래할 정도로 충분히 심각하거나 자해나 타해를 예방하기 위해 입원이 필요 또는 정신병적 양상이 동반된다.
D. 삽화가 물질(예: 남용약물, 치료약물, 기타 치료)의 생리적 효과나 다른 의학적 상태로 인한 것이 아니다.

학습 Plus 주요 우울 삽화의 진단적 특징

A. 다음의 증상 가운데 5가지(또는 그 이상)의 증상이 2주 연속으로 지속되며 이전의 기능 상태와 비교할 때 변화를 보이는 경우, 증상 가운데 적어도 하나는 (1) 우울 기분이거나 (2) 흥미나 즐거움의 상실이어야 한다.
  1. 하루 중 대부분, 그리고 거의 매일 지속되는 우울 기분이 주관적인 보고(예: 슬픔, 공허감 또는 절망감)나 객관적인 관찰(예: 울 것 같은 표정)에서 드러남(주의점: 아동 및 청소년의 경우에는 과민한 기분으로 나타나기도 함).
  2. 거의 매일, 하루 중 대부분, 거의 또는 모든 일상 활동에 대해 흥미나 즐거움이 뚜렷하게 저하됨.
  3. 체중 조절을 하고 있지 않은 상태에서 의미 있는 체중의 감소(예: 1개월 동안 5% 이상의 체중 변화)나 체중의 증가, 거의 매일 나타나는 식욕의 감소나 증가가 있음(주의점: 아동에서는 체중 증가가 기대치에 미달되는 경우).
  4. 거의 매일 나타나는 불면이나 과다수면
  5. 거의 매일 나타나는 정신운동 초조나 지연(객관적으로 관찰이 가능함)
  6. 거의 매일 나타나는 피로나 활력의 상실
  7. 거의 매일 무가치감 또는 과도하거나 부적절한 죄책감을 느낌.
  8. 거의 매일 나타나는 사고력이나 집중력의 감소 또는 우유부단함.
  9. 반복적인 죽음에 대한 생각(단지 죽음에 대한 두려움이 아닌), 구체적인 계획 없이 반복되는 자살 사고 또는 자살 시도나 자살 수행에 대한 구체적인 계획
B. 증상이 사회적, 직업적 또는 다른 중요한 기능 영역에서 임상적으로 현저한 고통이나 손상을 초래한다.
C. 삽화가 물질의 생리적 효과나 다른 의학적 상태로 인한 것이 아니다.

③ 원인
- 생물학적 입장: 유전을 비롯한 생물학적 요인에 의해 많은 영향을 받는 장애이다. 신경

전달물질(노르에피네프린), 신경내분비적 요인, 수면생리적 요인이 주목받고 있다.
- 정신분석적 입장: 조증을 무의식적 상실이나 자존감 손상에 대한 방어나 보상 반응으로 바라본다.
- 인지적 입장: 인지적 오류 및 왜곡으로 인해 현실적 제약을 무시하고 자신의 능력과 현실적 상황을 지나치게 자기중심적이고 낙관적으로 해석함으로써 비현실적인 긍정적 사고를 과다하게 지니게 될 경우에 조증 상태가 나타난다고 본다.

④ 치료
- 리튬(lithium)과 같은 항조증 약물이 처방된다. 특히 제1형 양극성장애는 입원치료와 약물치료가 우선적으로 고려되어야 한다.
- 지속적인 투약과 더불어 증상을 지속적으로 관찰하고, 생활 스트레스를 관리하는 인지행동적 치료가 함께 병행되어야 한다.

2 순환성장애(Cyclothymic Disorder)

① 적어도 2년 동안(아동 및 청소년에서는 1년) 다수의 경조증 기간(경조증 삽화의 진단기준을 완전히 충족하지 않는)과 우울증 기간(주요 우울 삽화의 진단기준을 완전히 충족하지 않는)이 있어야 한다.
② 2년 이상의 기간 동안(아동 및 청소년에서는 1년) 경조증 기간과 우울증 기간이 절반 이상 차지해야 하고, 증상이 없는 기간이 2개월 이상 지속되어서는 안 된다. 또한 주요 우울 삽화, 조증 삽화, 혼재성 삽화가 없어야 한다.
③ 순환성장애는 보통 청소년기나 성인기 초기에 시작하여 만성적인 경과를 보이는 특징이 있다. 제1형 또는 제2형 양극성장애로 발전되는 비율은 15~20%로 매우 높다.

핵심 5 우울장애(Depressive Disorder)

우울장애는 주요 우울장애, 지속성 우울장애, 파괴적 기분조절 부전장애, 월경전 불쾌감장애, 물질/치료약물로 유발된 우울장애, 다른 의학적 상태로 인한 우울장애, 달리 명시된/명시되지 않는 우울장애를 포함한다.

〈우울장애의 유형과 특징〉

유형	특징
주요 우울장애	2주 정도 거의 매일 우울한 기분을 느끼고, 거의 모든 활동에 있어 흥미나 즐거움의 상실을 보이는 것이 특징적임.
지속성 우울장애 (기분저하증)	2년 동안(아동 및 청소년의 경우 1년) 우울한 기분이 없는 날보다 있는 날이 더 많으며 우울감이 지속됨.
파괴적 기분조절 부전장애	만성적이면서 지속적으로 과민성을 특징적으로 보임.
월경전 불쾌감장애	불안정한 기분, 과민함, 불쾌감, 불안 증상을 특징적으로 보이며, 월경 주기 전에 시작되어 월경 시작 시 혹은 직후에 사라짐.

1 주요 우울장애(Major Depressive Disorder)

1) 주요 우울장애의 특징

① 우울증은 자살 행동 가능성이 높은데, 가장 위험한 요인은 과거의 자살 시도력과 관련된다. 남성, 미혼인 경우, 절망감(hopelessness)이 심한 경우에 자살 시도 위험성이 높다.

② 주요 우울장애는 양극성장애로 발전할 수 있으며, 특히 사춘기에 발병하거나 정신병적 양상이나 양극성장애 가족력이 있을 경우에 해당된다.

③ 여성이 남성보다 1.5~3배 정도 높다고 알려져 있으며, 우울증상은 회복이 되면 기능 수준이 병전으로 완전히 되돌아가기도 한다.

④ 아동 및 청소년의 경우 분노 감정이나 불안정하고 짜증스러운 감정으로 표출되기도 한다.

학습 Plus 주요 우울장애의 진단기준

A. 다음의 증상 가운데 5가지(또는 그 이상)의 증상이 2주 연속으로 지속되며 이전의 기능 상태와 비교할 때 변화를 보이는 경우, 증상 가운데 적어도 하나는 (1) 우울 기분이거나 (2) 흥미나 즐거움의 상실이어야 한다.
  1. 하루 중 대부분, 그리고 거의 매일 지속되는 우울 기분이 주관적인 보고(예: 슬픔, 공허감 또는 절망감)나 객관적인 관찰(예: 울 것 같은 표정)에서 드러남(주의점: 아동 및 청소년의 경우에는 과민한 기분으로 나타나기도 함).
  2. 거의 매일, 하루 중 대부분, 거의 또는 모든 일상 활동에 대해 흥미나 즐거움이 뚜렷하게 저하됨.
  3. 체중 조절을 하고 있지 않은 상태에서 의미 있는 체중의 감소(예: 1개월 동안 5% 이상의 체중 변화)나 체중의 증가, 거의 매일 나타나는 식욕의 감소나 증가가 있음(주의점: 아동에서는 체중 증가가 기대치에 미달되는 경우).

4. 거의 매일 나타나는 불면이나 과다수면
  5. 거의 매일 나타나는 정신운동 초조나 지연(객관적으로 관찰이 가능함)
  6. 거의 매일 나타나는 피로나 활력의 상실
  7. 거의 매일 무가치감 또는 과도하거나 부적절한 죄책감을 느낌.
  8. 거의 매일 나타나는 사고력이나 집중력의 감소 또는 우유부단함.
  9. 반복적인 죽음에 대한 생각(단지 죽음에 대한 두려움이 아닌), 구체적인 계획 없이 반복되는 자살 사고 또는 자살 시도나 자살 수행에 대한 구체적인 계획
B. 증상이 사회적, 직업적 또는 다른 중요한 기능 영역에서 임상적으로 현저한 고통이나 손상을 초래한다.
C. 삽화가 물질의 생리적 효과나 다른 의학적 상태로 인한 것이 아니다.
D. 주요 우울 삽화가 조현정동장애, 조현병, 조현양상장애, 망상장애, 달리 명시된 또는 명시되지 않는 조현병 스펙트럼 및 기타 정신병적 장애로 더 잘 설명되지 않는다.
E. 조증 삽화 또는 경조증 삽화가 존재한 적이 없다.

⑤ 우울증은 임상 양상의 원인에 따라 세 가지 차원(심각성 요인, 외부 촉발사건, 정신운동 양상에 의한 요인)으로 구분된다.
  • 우울증의 '심각성'에 따른 분류
    – 정신병적 우울: 매우 심각한 우울증상을 나타냄과 동시에 현실판단력이 손상되어 망상 수준의 부정적 생각이나 죄의식을 지니게 되는 경우를 말한다.
    – 신경증적 우울: 현실판단력에 현저한 손상이 없는 상태에서 우울한 기분과 의욕 상실을 나타내며, 자신에 대한 부정적인 생각에 몰두하지만 이러한 생각이 망상 수준에 도달하지 않는 경우를 말한다.
  • 우울증의 '외부적 촉발사건'에 따른 분류
    – 내인성 우울: 환경적 사건이 확인되지 않으며 흔히 유전적 요인, 호르몬 분비나 생리적 리듬 등과 같은 내부적인 생리적 요인에 의해 우울증상이 나타나는 것을 말한다.
    – 외인성(반응성) 우울: 가족과의 사별, 실연, 실직, 중요한 시험에서 실패, 가족불화 등과 같이 비교적 분명한 환경적 스트레스가 선행이 되어 우울증상이 나타나는 것을 말한다.
  • 우울증의 '정신운동양상'에 따른 분류
    – 지체성 우울: 정신운동의 지체가 심하게 나타나는 경우로, 말과 행동이 느려지고 생각도 둔해지며 단순해지는 경우에 해당된다.
    – 초조성 우울: 정신운동이 매우 증가되어 초조해 하며 안절부절못해 계속 서성이거나 꼼지락거리며 긴장감과 불안한 마음을 호소하는 경우에 해당된다.

2) 원인

① **정신분석적 이론**: 사랑하던 대상의 상실로 인한 분노가 무의식적으로 자기에게 향하는 현상으로 본다.

② **행동주의적 이론**: 사회 환경으로부터의 긍정적 강화의 약화 또는 사회적 기술의 부족이 우울증을 유발하는 것으로 본다.

③ **학습된 무기력 이론**: 환경을 통제할 수 없다는 무력감이 학습되어 우울증으로 발전한다고 본다.

④ **절망감 이론**: 부정적 생활사건에 대한 우울유발적 귀인양식에 의해 우울증을 발생시키는 절망감이 생겨난다고 본다.

〈우울증의 우울유발적 귀인양식〉

- 내부적 귀인: 실패 경험을 내부적 요인으로 귀인한다(예: 능력 부족).
- 안정적 귀인: 실패 경험을 쉽게 변화될 수 없는 지속적 요인으로 귀인한다(예: 성격 결함).
- 전반적 귀인: 실패 경험을 일부의 요소가 아닌 전반적 요인으로 귀인한다(예: 성격 전체의 문제).

⑤ **인지적 이론**: 부정적인 자동적 사고, 인지적 오류와 왜곡, 역기능적인 인지도식과 신념에 의해 우울증이 발생한다고 본다.

학습 Plus | Beck의 인지 삼제(cognitive triad)

우울한 사람들은 자기 자신, 자신의 미래, 세상을 부정적으로 평가하는 사고방식을 지니고 있다.
- 인지 삼제(cognitive triad)
  - 자신에 대한 부정적 생각("나는 무가치한 사람이다.")
  - 미래에 대한 부정적 생각("나의 앞날은 희망이 없다.")
  - 세상에 대한 부정적 생각("세상은 매우 살기 힘든 곳이다.")

---

⑥ **생물학적 이론**: 유전적 요인, 카테콜아민(Catecholamine) 가설, 시상하부의 기능 이상, 내분비호르몬의 이상(코르티솔) 등이 있다.

- 카테콜아민 가설
  - 우울장애를 뇌의 신경화학적 요인으로 설명하는 대표적인 이론은 카테콜아민(catecholamine) 가설이다. 카테콜아민은 신경전달물질인 노르에피네프린(norepinephrine), 에피네프린(epinephrine), 도파민(dopamine)을 포함하는 호르몬을 말한다.

– 카테콜아민이 결핍되면 우울장애가 생기고, 반대로 과다하면 조증이 생긴다. 특히 노르에피네프린은 기분장애에 중요한 역할을 하며 일정 수준보다 낮을 경우 심리적 위축, 무반응적 행동에 영향을 준다.

3) 치료
① 인지치료: 인지적 왜곡을 찾아 교정함으로써 보다 더 현실적이고 긍정적인 사고와 신념을 지니도록 유도한다.
② 약물치료: 삼환계 항우울제, MAO 억제제, 세로토닌 재흡수 억제제 등이 있다.

2 지속성 우울장애(Persistent Depressive Disorder)

① DSM-IV의 만성 주요 우울장애와 기분부전장애를 통합한 장애이다. 필수 증상은 2년 동안(아동 및 청소년의 경우 1년) 우울한 기분이 없는 날보다 있는 날이 더 많으며, 하루 대부분 지속되는 우울 기분이 있는 것이다.
② 주요 우울장애는 지속성 우울장애에 선행할 수 있고, 주요 우울 삽화는 지속성 우울장애 기간 중에 일어날 수 있다.
③ 2년간 주요 우울장애 진단을 만족시키는 증상을 가진 경우 주요 우울장애뿐만 아니라 지속성 우울장애의 진단도 추가해야 한다.
④ 지속성 우울장애는 대부분 생애 초기(아동기, 청소년기, 성인기 초기)에 서서히 발병하며, 만성적인 경과를 보이며, 조기 발병(21세 이전)의 경우 성격장애 및 물질사용 장애가 동반될 가능성이 높다.
⑤ 지속성 우울장애는 주요 우울장애에 비해 예후가 나쁘고 치료효과도 좋지 않으며, 자살 사고를 더 많이 하는 경향이 있다.

> **학습 Plus** ➕ **지속성 우울장애(기분저하증)의 진단기준**
>
> A. 적어도 2년 동안, 하루의 대부분 우울 기분이 있고, 우울 기분이 없는 날보다 있는 날이 더 많으며, 이는 주관적으로 보고하거나 객관적으로 관찰된다.
>   주의점: 아동 및 청소년에서는 기분이 과민한 상태로 나타나기도 하며, 기간은 적어도 1년이 되어야 한다.
> B. 우울 기간 동안 다음 2가지(또는 그 이상)의 증상이 나타난다.
>   1. 식욕부진 또는 과식
>   2. 불면 또는 과다수면
>   3. 기력의 저하 또는 피로감
>   4. 자존감 저하
>   5. 집중력 감소 또는 우유부단

     6. 절망감
- C. 장애가 있는 2년 동안(아동 및 청소년에서는 1년) 연속적으로 2개월 이상, 진단기준 A와 B의 증상이 존재하지 않았던 경우가 없다.
- D. 주요 우울장애의 진단기준을 만족하는 증상이 2년간 지속적으로 나타날 수 있다.
- E. 조증 삽화, 경조증 삽화가 없어야 하고, 순환성장애의 진단기준을 충족하지 않아야 한다.
- F. 장애가 지속인인 조현정동장애, 조현병, 망상장애, 달리 명시된, 또는 명시되지 않는 조현병 스펙트럼 및 기타 정신병적 장애와 겹쳐져서 나타나는 것이 아니다.
- G. 증상이 물질(예: 남용약물, 치료약물)의 생리적 효과나 다른 의학적 상태(예: 갑상선 기능저하증)로 인한 것이 아니다.
- H. 증상이 사회적, 직업적 또는 다른 중요한 기능영역에서 임상적으로 현저한 고통이나 손상을 초래한다.

3 파괴적 기분조절 부전장애(Disruptive Mood Dysregulation Disorder)

① 전형적인 삽화성 양극성장애와 비삽화성 과민한 기분 양상을 구분해야 하는 필요성에 의해 파괴적 기분조절 부전장애가 DSM-5에 추가되었다.
② 소아들에게서 흔히 나타나며, 남자 아동과 학령기 아동에게서 더 높은 비율로 나타난다. 10세 이전에 시작되지만 6세 미만인 경우에는 진단을 내릴 수 없다.
③ 고도의 재발성 분노 발작이 언어적(예: 폭언) 또는 행동적(예: 사람이나 사물에 대한 물리적 공격성)으로 나타나며, 상황이나 도발 자극에 비해 그 강도나 지속 시간이 매우 비정상적이다.
④ 분노 발작이 발달 수준에 부합되지 않으며, 평균 주 3회 이상 발생한다.
⑤ 좌절에 대한 내성이 낮아 사소한 스트레스 상황에서도 잘 적응하지 못하며 또래들과 즐거운 활동에 참여하지 못하고 친한 관계를 맺는 것이 어렵다.

4 월경전 불쾌감장애(Premenstrual Dysphoric Disorder)

① 월경전 불쾌감장애의 필수 증상은 불안정한 기분, 과민성, 불쾌감, 불안 증상이며, 이러한 증상들은 반복적으로 월경 주기 전에 시작되고 월경 시작 또는 직후에 사라진다.
② 행동 및 신체 증상이 동반되고, 이와 같은 증상들은 대부분의 월경 주기에 존재하며 직업이나 사회생활에 현저한 지장을 초래한다.
③ 잠정적인 진단을 확진하기 위해서는 적어도 연속되는 2개월 이상의 일일 증상 기록이 필요하다.

〈월경전 불쾌감장애의 주된 증상〉
- 일상활동에서의 흥미의 저하
- 집중하기 곤란하다는 주관적 느낌
- 기면, 쉽게 피곤함 혹은 현저한 무기력
- 식욕의 현저한 변화, 즉 과식 또는 특정 음식의 탐닉
- 과다수면 또는 불면
- 압도되거나 자제력을 잃을 것 같은 주관적 느낌
- 유방의 압통이나 부종, 두통, 관절통, 근육통, 부풀어 오르거나 체중이 증가된 느낌과 같은 다른 신체적 증상

핵심 6 불안장애(Anxiety Disorder)

① 불안장애의 범주에는 극도의 공포, 불안 및 관련된 행동장애의 특징을 지닌 질환들이 포함된다. 불안장애에 포함되는 질환들은 대상이나 상황 및 이와 관련된 인지적 관념에 따라 구분된다.
② 불안은 위험하고 위협적인 상황에서 자신을 보호하기 위해 경계태세를 취하게 되는 적응적 반응으로서 이를 '정상적 불안(normal anxiety)'이라고 한다.
③ 불안 반응이 부적응적인 양상으로 작동하는 경우를 '병적인 불안(pathological anxiety)'이라고 하며, 병적인 불안으로 인해 지나친 심리적 고통을 느끼거나 현실적 적응의 어려움이 있는 경우를 '불안장애(Anxiety disorder)'라고 한다.
④ '병적인 불안'은 현실적인 위험 상태가 아닌 상황이나 대상에 대해 불안을 느끼는 경우, 현실적인 위험의 정도에 비해 과도한 불안을 느끼는 경우, 불안을 느끼게 하는 위협적 요인이 사라졌음에도 불안이 과도하게 지속되는 경우이다.

〈불안장애의 유형과 특징〉

유형	특징
분리불안장애	집이나 애착대상과 분리되는 것에 대해 과도하게 공포와 불안을 느끼는 장애임.
선택적 함구증	대부분 정상적인 언어능력을 갖추고 있지만 먼저 말을 꺼내지 못하거나 사람들이 질문해도 답하지 않음.
특정 공포증	공포와 불안이 특정 상황과 대상에만 국한됨.
사회불안장애	한두 가지 특정한 사회적 상황을 두려워하는 것이 특징임.

공황장애	반복적으로 예기치 못한 공황 발작이 일어나는 것이 특징임.
광장공포증	다양한 상황에 실제로 노출되거나 노출이 예상되는 상황에서 현저한, 극도의 공포와 불안이 유발됨.
일반화된 불안장애	많은 사건이나 활동에 대해 과도하게 불안해 하고 걱정함.

1 분리불안장애(Separation Anxiety Disorder)

① 분리불안장애는 애착대상과의 분리에 대해 부적절하고 과도하게 불안과 공포를 나타내는 장애이다.
② 애착대상과 분리되면 사회적으로 위축되고 슬픈 기분을 느끼며 무감동하거나 과제나 놀이에 집중하기 어려워한다.
③ 유전적인 요인보다 심리적 요인이 더 크게 작용하며, 가족이나 애완동물의 죽음, 전학, 부모의 이혼, 이사, 이민, 애착대상으로부터의 분리 경험이 영향을 준다.
④ 아동의 경우, 부모를 치료에 포함시켜 아동이 느끼는 불안에 대한 부모의 반응 양식을 다루어 주어야 한다.
⑤ 성인의 경우, 이사나 결혼과 같은 변화를 두려워하거나 가족들에 대한 과도한 걱정 또는 가족들과 헤어지는 것에 대한 과도한 불안을 보인다.

학습 Plus 분리불안장애의 진단기준

A. 애착대상과의 분리에 대한 공포나 불안이 발달 수준에 비해 부적절하고 지나칠 정도로 발생한다. 다음 중 3가지 이상이 나타나야 한다.
1. 집 또는 애착대상과 떨어져야 할 때 과도한 고통을 반복적으로 겪음.
2. 주 애착대상을 잃거나 질병이나 부상, 재앙 혹은 죽음 같은 해로운 일들이 그에게 일어날 것이라고 지속적으로 과도하게 걱정함.
3. 곤란한 일(예: 길을 잃거나, 납치를 당하거나, 사고를 당하거나, 아프게 되는 것)이 발생하여 주 애착대상과 떨어지게 될 것이라고 지속적으로 과도하게 걱정함.
4. 분리에 대한 공포 때문에 집을 떠나 학교, 직장 혹은 다른 장소로 외출하는 것을 지속적으로 거부하거나 거절함.
5. 집이나 다른 장소에서 주 애착대상 없이 있거나 혼자 있는 것에 대해 지속적으로 과도하게 두려워하거나 거부함.
6. 집에서 떠나 잠을 자는 것이나 주 애착대상 곁이 아닌 곳에서 자는 것을 지속적으로 과도하게 거부하거나 거절함.
7. 분리 주제와 연관된 반복적인 악몽을 꿈.
8. 주 애착대상과 떨어져야 할 때 신체증상을 반복적으로 호소함(예: 두통, 복통, 오심, 구토).

B. 공포·불안·회피 반응이 아동 및 청소년에서는 최소한 4주 이상, 성인에서는 전형적으로 6개월 이상 지속되어야 한다.
C. 장애가 사회적, 직업적 또는 다른 중요한 기능영역에서 임상적으로 현저한 고통이나 손상을 초래한다.
D. 장애가 다른 정신질환으로 더 잘 설명되지 않는다.

2 선택적 함구증(Selective Mutism)

① 선택적 함구증 아동들은 먼저 말을 꺼내지 못하거나 혹은 사람들에게 대답하지 못한다. 말을 할 수 있음에도 특정한 상황에서 말을 하지 않는 장애로서 주로 아동에게서 나타난다.

② 선택적 함구증은 종종 학교에서 말하기를 거부하여 사회적 소통뿐만 아니라 학업 및 학습 영역에 지장을 초래한다.

③ 신경증적 경향성인 부정적 정서성이나 행동 억제, 부모의 수줍음, 사회적 고립 양상이 원인으로 작용한다.

④ 사회적 상황에서 필요한 말에 대한 지식이 부족하거나, 언어가 익숙하지 않은 것으로 인해 말을 하지 않는 것이 아니며, 증상은 최소 1개월 이상 지속되어야 한다.

3 특정 공포증(Specific Phobia)

① 특정 공포증의 특징
- 특정 공포증은 특정한 대상이나 상황에 대한 비합리적인 두려움과 회피행동을 지속적으로 나타내는 경우이다.
- 공포 대상이나 상황을 마주치거나 예상할 때 생리적 각성을 경험하며, 대상이나 상황에 대한 비합리적인 두려움과 회피행동이 특징이다.
  - 교감신경계 각성형(동물형, 상황형, 자연환경형): '교감신경계 각성'은 스트레스 상황에서 투쟁-도피 반응(fight or flight response)과 관련된다. 코르티솔과 에피네프린의 분비가 증가하고 호흡이 빨라지고 심박수 증가 및 식은땀, 동공 확대 등의 증상이 나타난다.
  - 미주신경성 실신형(혈액-주사-손상형): 미주신경성 실신은 적절한 뇌혈류와 정상적인 의식을 유지하는 데 필요한 혈압 또는 심장박동 수를 유지하는 자율신경계의 갑작스러운 기능부전으로 발생한다. 일시적으로 맥박수가 매우 느려지고, 혈압이 저하되면서 뇌로 가는 혈액이 부족해져 실신의 상태를 경험하게 된다.

- 특정 공포증은 주로 어린 시절에 발병하고, 평균 발병 연령은 10세이다. 대개 공포증의 특정 원인을 기억하지 못하는 경우가 많고, 성인기까지 증상이 지속되는 경우에는 만성적인 경과를 보일 수 있다.

> **학습 Plus 특정 공포증의 진단기준**
>
> A. 특정 대상이나 상황에 대해서 극심한 공포나 불안이 유발된다(예: 비행기 타기, 고공, 동물, 주사 맞기, 피를 봄).
> B. 공포 대상이나 상황은 대부분의 경우 즉각적인 공포나 불안을 야기한다.
> C. 공포 대상이나 상황을 회피하거나 아주 극심한 공포나 불안을 지닌 채 살아간다.
> D. 공포나 불안이 특정 대상이나 상황이 줄 수 있는 실제 위험에 대한 것보다 극심하며, 사회문화적 맥락에서 통상적으로 받아들이는 것보다 심하다.
> E. 공포·불안·회피 반응은 전형적으로 6개월 이상 지속된다.
>
> 다음의 경우 명시할 것
> - 동물형(예: 거미, 곤충, 개)
> - 자연환경형(예: 고공, 폭풍, 물)
> - 혈액–주사–손상형(예: 바늘, 침투적인 의학적 시술)

② 원인과 치료
- 행동주의적 학습이론: 고전적 조건형성, 관찰학습, 정보전이에 의해 습득된다고 보았다.
- 무어(Mowrer)의 2요인 이론(two-factor theory): 고전적 조건형성의 원리에 의해 공포증이 형성되며, 일단 형성된 공포증은 조작적 조건형성의 원리에 의해 유지되고 강화된다(예: 사나운 개에게 물린 뒤 개에 대한 공포증이 형성된다. 그 후 개를 피하는 행동으로 인해 공포증이 유지된다).
- 불안장애의 주된 치료법: 체계적 둔감법, 노출치료, 참여적 모방학습이 있다.

치료법	설명
체계적 둔감법	긴장을 이완시킨 상태에서 약한 공포자극부터 점진적으로 강한 공포자극에 노출시킨다.
노출치료	실제상황 노출법(실제로 공포에 노출), 상상적 노출법(공포자극을 상상하게 하여 노출), 점진적 노출법(공포자극에 점진적으로 노출), 홍수법(단번에 강한 공포자극과 직면)이 있다.
참여적 모방학습	타인이 공포자극을 두려워하지 않고 대하는 것을 관찰하여 모방한다.

4 사회불안장애(Social Anxiety Disorder/Social phobia)

① 사회공포증의 특징
- 자신의 공포가 너무 지나치거나 비합리적임을 인식하고 있으나, 사회적 상황에 노출될 때 거의 항상 공포나 불안이 수반된다.
- 아동의 경우에는 성인보다는 또래 집단에서 이런 증상이 나타나며, 다른 사람들에게 불안하고 어리석게 보이거나 좋지 않게 평가받을까 봐 염려한다.
- 예기 불안(expectation anxiety)을 보이고 가급적 그 상황을 회피하려고 하거나 극심한 공포나 불안을 견디기도 한다.

> **학습 Plus 사회공포증의 진단기준**
>
> A. 타인에게 면밀하게 관찰될 수 있는 하나 이상의 사회적 상황에 노출되는 것을 극도로 두려워하거나 불안해한다. 그러한 상황의 예로는 사회적 관계(예: 대화를 하거나 낯선 사람을 만나는 것), 관찰되는 것(예: 음식을 먹거나 마시는 자리), 다른 사람들 앞에서 수행을 하는 것(예: 연설)을 들 수 있다.
> 주의점: 아이들에서는 성인과의 관계가 아니라 아이들 집단 내에서 불안해 할 때만 진단해야 한다.
> B. 다른 사람들에게 부정적으로 평가되는 방향(수치스럽거나 당황한 것으로 보임. 다른 사람을 거부하거나 공격하는 것으로 보임)으로 행동하거나 불안 증상을 보일까 봐 두려워한다.
> C. 이러한 상황이 거의 항상 공포나 불안을 일으킨다.
> 주의점: 아동의 경우, 공포와 불안은 울음, 분노 발작, 얼어붙음, 매달리기, 움츠려듦 혹은 사회적 상황에서 말을 못하는 것으로 표현될 수 있다.
> D. 이러한 사회적 상황을 회피하거나 극심한 공포와 불안 속에서 견딘다.
> E. 이러한 공포와 불안은 실제 사회적 상황이나 사회문화적 맥락에서 볼 때 실제 위험에 비해 비정상적으로 극심하다.
> F. 공포, 불안, 회피는 전형적으로 6개월 이상 지속되어야 한다.
> G. 공포, 불안, 회피는 사회적, 직업적 또는 다른 중요한 기능영역에서 임상적으로 현저한 고통이나 손상을 초래한다.
>
> 다음의 경우 명시할 것
> 수행형 단독: 만약 공포가 대중 앞에서 말하거나 수행하는 것에 국한될 때

② 원인
- 행동억제(behavioral inhibition): 신경증과 내향성의 특질과 관련된다.
- 뇌의 편도체(amygdala)가 쉽게 활성화되는 경향으로 인해 부정적 정서처리에 특히 민감해진다.
- 행동주의: 사회공포증은 학습된 행동이다. 사회적 상황에서 실패를 경험하거나 창피를 당할 때 직접 혹은 대리 학습을 통해 학습된다.

- 인지이론: 부정적인 자기개념, 대인관계에 대한 역기능적 신념, 자신의 사회적 행동에 대한 부정적 평가, 자기초점적 주의 등에 의해 사회적 불안이 유발된다.
  - 자기초점적 주의: 사회적 상황에서 불안해 하는 자신을 과도하게 관찰하며, 타인도 자신을 부정적으로 볼 것이라고 생각한다.

③ 치료
- 약물치료: 항우울제와 벤조디아제핀 계열의 항불안제가 효과적이다.
- 노출치료: 사회공포를 가진 내담자가 두려운 상황에 자신을 노출하고 공포감이 줄어들 때까지 그 상황을 견디도록 도와준다.
- 인지치료: 인지적 재구성, 반복적 노출, 역할 연습, 긴장 이완 훈련 등이 도움이 된다.
  - 인지적 재구성: 사회적 상황에 대한 부정적 사고와 신념을 수정하는 치료법이다. 기저의 부정적인 사고와 자동적 사고를 인식하고 이를 수정한다(예: "아무도 나에게 흥미가 없어." "나에게는 재미있게 말할 이야깃거리가 없어." → "나에게 재미있게 말할 이야깃거리가 없는 것이 맞는가?" "사람들 앞에서 초조해 하고 긴장한다고 해서 반드시 바보같이 보이는 것일까?").

5 공황장애(Panic Disorder)

① 공황장애의 특징
- 반복적으로 예기치 못한 공황 발작이 일어나는 것을 특징으로 한다. 극심한 공포와 고통이 갑작스럽게 발생하여 몇 분 이내에 최고조에 달한다.
- 공황 발작의 빈도와 심각도는 매우 다양하게 표현된다. 일주일에 1회씩 수개월간 나타나기도 하고, 매일 발작이 빈번하게 일어나다가 중간에 몇 주 혹은 몇 달씩 없어졌다가 다시 1개월에 2회 정도씩 나타나서 수년간 지속되기도 한다.
- 공황 발작으로 인해 다른 사람들에게 부정적으로 비쳐지거나 평가받는 것에 대해 두려워하고, 당황스러운 상황에 처하는 것에 대해 걱정을 하고 '미치거나' 통제감을 잃을까 봐 두려워한다.

학습 Plus 공황장애의 진단기준

A. 반복적으로 예상하지 못한 공황 발작이 있다. 공황 발작은 극심한 공포와 고통이 갑작스럽게 발생하여 수 분 이내에 최고조에 이르러야 하며, 그 시간 동안 다음 중 4가지 이상의 증상이 나타난다.
주의점: 갑작스러운 증상의 발생은 차분한 상태나 불안한 상태에서 모두 나타날 수 있다.
1. 심계항진, 가슴의 두근거림 또는 심장 박동 수의 증가
2. 발한

3. 몸이 떨리거나 후들거림
4. 숨이 가쁘거나 답답한 느낌
5. 질식할 것 같은 느낌
6. 흉통 또는 가슴의 불편감
7. 메스꺼움 또는 복부의 불편감
8. 어지럽거나 불안정하거나 멍한 느낌이 들거나 쓰러질 것 같음
9. 춥거나 화끈거리는 느낌
10. 감각 이상(감각이 둔해지거나 따끔거리는 느낌)
11. 비현실감(현실이 아닌 것 같은 느낌) 혹은 이인증(나에게서 분리된 느낌)
12. 스스로 통제할 수 없거나 미칠 것 같은 두려움
13. 죽을 것 같은 공포

B. 적어도 1회 이상의 발작 이후에 1개월 이상 다음 중 한 가지 이상의 조건을 만족해야 한다.
   1. 추가적인 공황 발작이나 그에 대한 결과(예: 통제를 잃음, 심장 발작을 일으킴, 미치는 것)에 대한 지속적인 걱정
   2. 발작과 관련된 행동으로 현저하게 부적응적인 변화가 일어난다(예: 공황 발작을 회피하기 위한 행동으로 운동이나 익숙하지 않은 환경을 피하는 것).

② 원인
- 기질적 요인: 행동 억제, 부정적 정서성, 특히 신경증적 경향성 및 불안 민감성이 영향을 준다.
  - 불안 민감성(anxiety sensitivity)이 높아서 많은 시간 동안 신체 감각에 주의를 기울이고, 이 신체 감각을 객관적으로 평가하지 못하고 잠재적으로 재앙적인 수준으로 평가한다.
- 생물학적 이론: 신경전달물질인 노르에피네프린 활동의 불규칙성, 혈액 속의 CO_2 수준에 예민한 생물학적 취약성, 과잉 호흡, CO_2 수준 변화에 대한 생리적 오해석에 의해 유발된다고 본다.
- 인지적 이론: 불안으로 인한 증폭된 신체 감각을 위험한 것으로 잘못 해석하는 파국적 오해석에 위해 유발된다고 본다.

③ 치료
- 복식호흡, 긴장이완, 파국적 오해석에 대한 인지적 수정과 점진적 노출로 구성된 인지행동치료가 대표적이다.
- 벤조디아제핀(benzodiazepine) 계열의 약물, 삼환계 항우울제, 세로토닌 재흡수 억제제와 같은 약물치료가 있다.
  - 벤조디아제핀(benzodiazepine): 신경안정제에 속하며, 진정 작용 및 불안 감소 효과를 가진 약물이다. 대표적으로 리브리움, 바륨, 옥사제팜, 로라제팜, 아티반 등이

있다.
- 삼환계 항우울제: 신경전달물질인 세로토닌과 노르에피네프린이 재흡수되는 과정을 억제하여 우울감을 감소시킨다.

6 광장공포증(Agoraphobia)

① 다양한 상황에 실제로 노출되거나 노출이 예상되는 상황에서 현저한 공포와 불안이 유발된다.
② 공포와 불안을 경험하게 되면 끔찍한 일이 발생할 것 같다는 생각이 들고, 공황과 유사한 증상 혹은 무력하게 만드는 다른 증상이나 당혹스런 증상을 경험하며 그 상황에서 벗어나기 힘들 것이라고 지각한다.
③ 즉각적으로 피하기 어렵거나 곤란한 장소(예: 엘리베이터, 다리 위, 비행기, 전철, 버스, 기차 안), 갑작스런 공황 발작 또는 공황과 유사한 증상이 나타날 때 도움을 받을 수 없는 장소나 상황(예: 집 밖에서 혼자 있는 것, 백화점, 영화관, 운동장)에 대한 불안을 보인다.
④ 공포나 불안을 유발하는 다양한 장소나 상황을 회피한다. 이러한 점에서 특정 상황에만 공포를 지니는 특정 공포증(상황형)이나 사회적 상황에만 공포를 나타내는 사회공포증과 구별된다.

> **학습 Plus 광장공포증의 진단기준**
>
> A. 다음 5가지 상황 중 2가지 이상의 경우에서 극심한 공포와 불안을 느낀다.
>   1. 대중교통을 이용하는 것(예: 자동차, 버스, 기차, 배, 비행기)
>   2. 열린 공간에 있는 것(예: 주차장, 시장, 다리)
>   3. 밀폐된 공간에 있는 것(예: 상점, 공연장, 영화관)
>   4. 줄을 서 있거나 군중 속에 있는 것
>   5. 집 밖에 혼자 있는 것
> B. 공황 유사 증상이나 무능력하거나 당혹스럽게 만드는 다른 증상(예: 노인에서는 낙상 공포, 실금에 대한 공포)이 발생했을 때 도움을 받기 어렵거나 그 상황에서 벗어나기 어려울 것이라는 생각 때문에 그런 상황을 두려워하고 피한다.
> C. 광장공포증 상황은 거의 대부분 공포와 불안을 야기한다.
> D. 광장공포증 상황을 피하거나, 동반자를 필요로 하거나, 극도의 불안과 공포 속에서 견딘다.
> E. 광장공포증 상황과 그것의 사회문화적 배경을 고려할 때 실제로 주어지는 위험에 비해 공포와 불안의 정도가 극심하다.
> F. 공포·불안·회피 반응은 전형적으로 6개월 이상 지속된다.

7 일반화된 불안장애(Generalized Anxiety Disorder)/범불안장애

① 일반화된 불안장애의 특징
- 매사에 걱정을 하고, 늘 불안하고 초조하며, 사소한 일에도 잘 놀라고 긴장되어 있다.
- 걱정의 주제는 생활 전반에 걸쳐 다양하게 나타난다(가족, 직업적·학업적 무능, 재정문제, 미래의 불확실성, 신체적 질병 등).
- 지속적 긴장으로 인한 근육통, 만성적 피로감, 두통, 수면장애, 소화불량, 과민성 대장 증후군과 같은 신체적 증상이 동반된다.
- 불필요한 걱정 때문에 우유부단하고 꾸물거리는 지연행동을 보인다. 이는 비관주의, 완벽주의, 문제해결 시 불확실성에 대한 인내력 부족, 자신감 부족 등에서 기인한다.

> **학습 Plus** 일반화된 불안장애의 진단기준
>
> A. (직장이나 학업과 같은) 수많은 일상 활동에 있어서 지나치게 불안해 하거나 걱정(우려하는 예측)을 하고, 그 기간이 최소한 6개월 이상으로 그렇지 않은 날보다 그런 날이 더 많아야 한다.
> B. 이런 걱정을 조절하기 어렵다고 느낀다.
> C. 불안과 걱정은 다음의 6가지 증상 중 적어도 3가지 이상의 증상과 관련이 있다(지난 6개월 동안 적어도 몇 가지 증상이 있는 날이 없는 날보다 많다).
>   주의점: 아동에서는 한 가지 증상만 만족해도 된다.
>   1. 안절부절못하거나 낭떠러지 끝에 서 있는 느낌
>   2. 쉽게 피곤해짐
>   3. 집중하기 힘들거나 머릿속이 하얗게 되는 것
>   4. 과민성
>   5. 근육의 긴장
>   6. 수면 교란(잠들기 어렵거나, 유지가 어렵거나, 밤새 뒤척이면서 불안스러운 수면 상태)
> D. 불안이나 걱정 혹은 신체증상이 사회적, 직업적 또는 다른 중요한 기능영역에서 임상적으로 현저한 고통이나 손상을 초래한다.
> E. 장애가 물질(예: 남용약물, 치료약물)의 생리적 효과나 다른 의학적 상태(예: 갑상선 기능항진증)로 인한 것이 아니다.

② 원인
- 생물학적 입장: 뇌의 일부 뉴런은 신경전달물질인 GABA를 방출하는데, GABA 수용기가 너무 작거나 아니면 수용기가 신경전달물질을 빨리 결합하지 못해 불안증상이 발생할 수 있다.
- 신경전달물질 외에도 전전두엽 피질, 전대상회 피질, 편도체를 연결하는 뇌 회로의 기능 저하가 원인이 된다.

- 정신분석적 입장: 해결되지 않은 무의식적 갈등으로 억압된 원초아의 충동을 통제하기 어려울 때 나타나는 심리적 현상으로 본다.
- 행동주의적 입장: 불안은 다양한 자극 상황에 대한 경미한 공포 반응이 조건형성된 학습의 결과이다.
- 인지적 입장: 역기능적인 사고방식이 불안과 같은 심리문제를 유발한다. 위험에 관한 인지도식이 발달되어 생활 속의 잠재적 위험요인에 과민하고, 최악의 결과를 예상한다(파국화, catastrophizing). 또한 자신의 대처능력을 과소평가한다.

③ 치료
- 약물치료: 흔히 벤조디아제핀계의 항불안제가 적용된다.
- 심리치료: 이완훈련(relaxation training), 인지치료, 바이오피드백(biofeedback) 등을 실시한다.
  - 바이오피드백(biofeedback): 몸에서 오는 전기 신호를 사용해서 심장박동, 근육긴장과 같은 생리 과정을 조절할 수 있게 하는 기법이다.
- 가상현실치료(Virtual Reality Exposure Therapy: VRET): 기존의 인지행동치료에서 실제 혹은 상상 노출과는 달리 자극의 질, 강도, 지속 기간, 빈도 등을 자유롭게 통제, 혹은 조작이 가능하다.

핵심 7 강박 및 관련 장애 (Obsessive-Compulsive and Related Disorder)

강박 및 관련 장애는 강박장애, 신체이형장애, 저장장애, 털뽑기장애(발모광), 피부뜯기장애, 물질/약물로 유발된 강박 및 관련 장애, 다른 의학적 상태로 인한 강박 및 관련 장애, 달리 명시된/명시되지 않는 강박 및 관련 장애를 포함한다.

〈강박 및 관련 장애의 유형과 특징〉

유형	특징
강박장애	강박사고와 강박행동이 특징적임. 강박적인 생각으로는 반복적이고 지속적으로 나타나는 오염에 대한 사고, 폭력적이거나 공포스러운 장면들과 같은 이미지, 누군가를 찌르는 것과 같은 충동들이 포함. 강박행동은 강박적인 생각에 대한 반응으로 일어남.
신체이형장애	하나 이상의 신체 결함에 과도하게 집착하는 것으로, 모든 신체 부위가 걱정의 대상이 됨.
저장장애	물건의 실제 가치와 상관없이 버리지 못하고, 버리는 것을 어려워하는 것을 말함.

털뽑기장애	반복적으로 몸에 난 털을 뽑는 행동이 특징임.
피부뜯기장애	반복적으로 신체 부위의 피부를 뜯는 행동이 특징임.

1 강박장애(Obsessive-Compulsive Disorder)

① 강박장애의 특징
- 강박장애는 강박사고 및 강박행동으로 특징짓는다.
  - 강박사고는 침투적이고 반복적으로 떠오르며 지속적인 사고, 충동 또는 심상이다.
  - 강박행동은 한 개인이 강박사고에 의해 또는 완고하게 따르는 규칙에 따라 일어나는 자동적인 반복적 행동이나 심리내적인 행위로 특징된다.
- 강박사고와 강박행동의 내용은 개인마다 다르지만 청소(오염 강박사고와 정리 강박행동), 균형(대칭성에 대한 강박사고와 반복하기, 정리정돈하기, 숫자 세기), 금기시된 생각들(공격적, 성적이거나 종교적인 강박사고와 관련된 강박행동), 위해(자해나 타해에 대한 공포와 확인하기 강박행동) 등의 특정한 증상이 흔하게 나타난다.
- 강박행동은 강박사고에 대한 반응(예: 오염에 대한 강박사고가 일어나면 의식적으로 씻는 행동)으로, 강박사고로 촉발되는 고통을 감소시키거나 병이 들 것 같은 공포스러운 사건을 막기 위해 나타난다(중화 행동).
- 강박장애는 자연적으로 치료되기도 하지만 치료받지 않는 경우 만성으로 이어지면서 증상의 악화와 완화를 반복하는 특징을 보인다.

학습 Plus 강박장애의 진단기준

A. 강박사고 또는 강박행동
  * 강박사고는 (1), (2)로 정의된다.
  1. 반복적이고 지속적인 사고, 충동 또는 심상으로서 이러한 증상은 장애가 진행되는 어느 시점에서 침투적이고 부적절한 것이라고 경험되며, 심한 불안과 고통을 초래한다.
  2. 개인은 이러한 사고, 충동, 심상을 무시하거나 억압하려고 하며, 다른 생각이나 행동에 의해 완화시키려고 한다.
  * 강박행동은 (1), (2)로 정의된다.
  1. 반복적인 행동(손씻기, 정돈하기, 확인하기) 또는 정신적 활동(기도, 숫자 세기)으로서 개인은 이러한 행동이 강박사고에 대한 반응으로서 또는 엄격하게 적용되어야 하는 원칙에 따라서 어쩔 수 없이 행해지는 것으로 느낀다.
  2. 이러한 행동이나 정신적 활동은 고통을 예방하거나 감소시키고, 두려운 사건이나 상황을 방지하기 위한 것이다. 그러나 이러한 행동, 정신적 활동이 완화하거나 방지하려고 하는 것과 실제적으로 연결되어 있지 않으며 명백하게 지나친 것이다.

> B. 강박사고, 강박행동은 현저한 고통을 초래하거나 많은 시간(하루에 1시간 이상)을 소모하게 하거나 일상적인 일, 직업적(또는 학업적) 기능 또는 사회적 활동이나 관계를 심각하게 방해한다.
> C. 강박증상은 물질(예: 남용하는 약물, 물질)이나 일반적인 의학적 상태의 생리적 효과로 인한 것이 아니다.
> D. 이 장애는 다른 정신장애의 증상(예: 섭식장애의 경우 음식에 대한 집착, 신체변형장애의 경우 외모 집착, 저장장애에서의 물건을 버리기가 어려움, 질병불안장애에서의 질병에 대한 집착)에 의한 것이 아니다.

- 강박장애는 순수한 강박사고형, 내현적 강박행동형, 외현적 강박행동형으로 구분된다.
  - 순수한 강박사고형: 외현적인 강박행동이 나타나지 않고 내면적인 강박사고만 지닌다.
  - 내현적 강박행동형: 겉으로 관찰되지 않는 내면적인 강박행동만을 지닌다(예: 숫자 세기, 기도, 특정 단어를 반복적으로 외우기).
  - 외현적 강박행동형: 강박사고와 더불어 겉으로 드러나는 강박행동을 보인다(예: 오염되었다는 생각에 이를 제거하기 위해 반복적으로 손씻기, 실수에 대한 의심과 이를 피하기 위한 확인행동, 반복행동, 정리정돈, 수집).

② 원인
- 생물학적 입장: 비정상적으로 낮은 세로토닌의 활동과 뇌의 중요한 영역의 기능 이상으로 본다. 안와전두피질(orbitofrontal cortex), 미상핵(caudate nucleus)이 너무 활동적이어서 반복되는 생각이나 행동이 끊임없이 발생하는 것으로 설명한다.
- 정신분석적 입장: 항문기 단계에서 부정적이고 강압적인 배변훈련 결과 분노와 수치심을 경험하고, 이런 초기의 분노 반응이 불안정감의 원인으로 작용하여 발생하는 것으로 본다. 그 외 격리, 대치, 반동형성, 취소와 같은 방어기제를 통해 무의식적 갈등과 불안에 대처할 경우에 강박증상이 나타난다.

〈강박장애의 방어기제〉

방어기제	설명
고립(isolation)	사고와 사고에 관련된 감정을 단절시켜 불안을 감소
대치(displacement)	본래의 욕구를 다른 것으로 대체하여 위장함으로써 불안을 감소
반동형성(reaction formation)	자신의 실제 욕구와 반대되는 방식으로 행동함
취소(undoing)	이미 벌어진 일을 어떤 행위로 무효화하려는 시도로서 죄의식이나 불안을 감소

- 인지적 입장: 누구나 경험하는 침투적 사고에 대해 사고-행위 융합(생각한 것이 곧 행위를 한 것과 다르지 않다는 믿음)이라는 인지적 특성이 개입되어 자신의 생각에 과도하게 중요성, 책임감, 통제필요성을 부여하며, 사고억제를 위한 부적절한 대처행동이 강박장애를 유발한다.
- 학습이론

〈모러(Mowrer)의 회피학습의 2요인 이론〉
- 중립자극이 고전적 조건형성을 통해 두려운 생각과 경험으로 연합되어 불안을 유발(악수를 하거나 문고리를 만지면 오염에 대한 두려운 생각과 연합되어 불안이 야기)한다.
- 손을 자주 씻으면 그런 불안을 없앨 수 있으니 강박증 환자에게는 보상이 되므로 계속 이런 행동이 강화된다고 보았다.

③ 치료
- 노출 및 반응방지법(Exposure and Response Prevention: ERP), 인지치료 및 약물치료가 있다.
- 노출 및 반응방지법(ERP): 학습 이론에 근거한 행동치료적 기법으로서 강박장애 환자를 그들이 두려워하는 자극이나 사고에 노출시키되 강박행동을 하지 못하게 하는 방법이다.

> **학습 Plus 노출 및 반응방지법(Exposure and Response Prevention: ERP)**
> - 환자로 하여금 힘들게 하는 자극의 위계를 정해 불안의 정도에 따라 평정하게 한다.
> - 환자를 상상이든 직접적이든 반복적으로 불안과 고통을 유발하는 자극 상황에 노출한 다음에는 의례적인 문제행동을 금지시킨다.
> - 반응을 금지한 상태에서 강박적인 사고가 유발한 고통이나 불안이 감소하고 사라질 때까지 지켜보게 한다.
> - 점차 불안이 완화되어 문제행동을 하지 않아도 불안을 느끼지 않는 상태가 되며, 강박행동을 하지 않아도 두려워하는 결과가 발생하지 않는다는 것을 학습하게 된다.

2 신체이형장애(Body Dysmorphic Disorder)

① 신체이형장애의 특징
- 하나 혹은 그 이상의 신체적 외모의 결함을 의식하고 이에 대해 지나치게 집착한다.
- 자신의 외모가 기형적이라고 생각하며, 주로 이러한 외형적 결함이 주변 사람에게는 경미하거나 인식되지 않는다.

- 반복적으로 거울을 보거나 지나치게 몸을 단장하고, 피부 벗기기, 안심 구하기, 다른 사람과 자신의 외모를 비교하는 등의 모습이 나타난다. 신체이형장애는 외모의 결함에만 집중한다는 점에서 강박장애와 다르다.
- 대부분 성형수술을 통해 결함을 없애려고 하지만, 성형수술 후에도 결과에 만족하지 못하거나 다른 외모적인 부분에 집착하는 경향이 있다.

② 원인
- 신체이형장애를 가진 사람들은 매력을 일차적인 가치로 생각하기 때문에 '내 외모에 결함이 있다면 나는 무가치한 사람이다'라는 핵심 신념이 크게 작용한다.
- 외모로 강화를 받은 사람들일 가능성이 높다. 이 경우 외모에 대한 칭찬이 강화가 되어 외모에 더 집착하게 된다. 반면, 정서적 학대와 무시 받은 경험, 신체 학대나 성적 학대, 신체 무시 경험과 관련된다.
- 얼굴에 대한 정보를 처리할 때 일반인에 비해 지엽적이고 보다 세부적인 특징을 잘 인식하고 몰두하는 특징을 보인다.

③ 치료
- 강박장애 환자의 치료와 비슷하게 항우울제가 효과적이다.
- 인지행동치료: 노출치료를 통해 혐오스럽다고 생각되는 부분을 감추기보다는 드러내는 옷을 입고(노출) 거울을 본다든지, 안심을 구하는 행동이나 반복적으로 가상의 결함을 확인하는 행동을 하지 못하게 한다. 그 외 불안을 유발하는 상황에서 몸에 대한 왜곡된 지각을 확인하여 객관적이고 합리적으로 볼 수 있도록 한다.

3 저장장애(Hoarding Disorder)

① 저장장애(수집광)의 특징
- 물건의 실제 가치와 상관없이 버리지 못하고 그것들과 분리되는 것을 지속적으로 어려워한다. 물건의 유용성과 미적 가치를 실제보다 크게 인식하고 물건에 대한 강한 감정적 애착을 보인다.
- 불필요한 물건임에도 언젠간 필요할지 모른다는 생각으로 버리지 못한다. 이로 인해 집, 직장, 개인적 공간을 수많은 물건으로 채워 정상적으로 사용하지 못하고, 건강이나 안전의 문제를 초래하게 된다.
- 불필요한 물건을 버리지 못하고 보관하는 강박적 저장(compulsive hoarding)과 불필요한 물건을 수집하여 집 안으로 가져오는 강박적 수집(compulsive collecting)으로 구분된다.

- 저장장애를 나타내는 아동의 경우, 물건에 대해서 극도로 심한 애착을 보인다. 이 경우 아동은 물건마다 사람과 같은 특징을 붙여 의인화하는 행동을 나타낸다.

② 원인
- 정신분석적 입장: 항문기에 고착된 성격특성으로 저장장애를 보인다고 보았으며, 대상관계이론에서는 아동이 어머니와 심리적으로 독립하는 과정에서 애정을 대체할 수 있는 물건(예: 인형, 담요)에 강한 애착을 보이는데, 이러한 전이대상으로서 물건에 대한 집착을 설명한다.
- 인지적 입장: 저장장애 환자의 정보처리 결함에 원인을 둔다.

〈정보처리 결함에 의한 주요 인지 기능〉
- 어떤 물건을 버려야 할지 말아야 할지에 대한 의사결정의 곤란
- 물건들을 지나치게 세세하게 분류하는 등 범주화/조직화의 결함
- 기억에 대한 확신이 부족하여 물건을 보관해 두어야 자신의 기억과 정보가 잊혀지지 않는다고 믿는 기억의 결함
- 손실에 대한 과장된 평가

③ 치료
- 저장장애의 치료에는 인지치료와 약물치료가 효과적이다.
- 강박적으로 수집하는 이유를 지각하게 하고 물건의 가치와 유용성에 따라 조직화하고 범주화하고 필요 없는 물건들을 버리도록 한다.
- 물건을 버리는 것에 대해 불안해 하기 때문에 어떤 역기능적 신념이 불안을 야기하는지 분석하고, 물건과 관련된 역기능적 생각을 다루어 주는 것이 필요하다.
- 행동적인 접근으로는 어떤 것을 버릴지를 명료하게 선택하고 결정할 수 있도록 돕는다.

4 모발뽑기장애(Hair-Pulling Disorder)/발모광(Trichotillomania)

① DSM-IV에서 충동통제장애에 분류되다가, DSM-5에서는 강박증 관련 장애에 포함되었다.
② 자신의 머리털을 반복적으로 뽑는 것을 말하며, 머리털이 많이 빠져 벗겨진 것이 눈에 띌 정도이다. 머리털이 아닌 신체의 다른 부위의 털도 뽑을 수 있다.
③ 하루에 잠깐씩 나타나기도 하고 몇 시간 지속되기도 하는데, 증상이 수개월 정도 지속된다.

④ 머리털을 뽑지 않으려고 할 때나 뽑기 직전에는 긴장감이 높아지고, 머리카락을 뽑을 때마다 쾌락, 만족감, 해방감을 느낀다.
⑤ 일반적으로 스트레스 상황에서 발모 행위가 증가하지만, 편안한 상태에서도 흔히 나타난다.
⑥ 치료방법으로 소거, 반응 방지와 같은 행동치료, 습관반전 훈련이 효과적인 것으로 알려져 있다.
  - 습관반전 훈련: 틱이나 손가락 빨기, 발모광 같은 습관장애를 치료하기 위한 행동 기법이다. 목표행동을 자각하기, 대안적인 대처 기술을 가르치기, 동기를 유지하기, 일반화시키기 등의 내용으로 구성된다.

5 피부벗기기장애(Excoriation Disorder/Skin-Picking Disorder)

① DSM-5에서 처음 포함된 장애로, 반복적으로 피부를 벗기거나 뜯어 손상시키는 행위를 말한다.
② 상기 행동으로 인해 피부가 손상되고 흉터가 생긴다. 피부 벗기는 행동을 감소시키거나 그만두기 위해 노력하지만 매번 실패하게 된다.
③ 불안, 긴장이 높아지거나 스트레스를 받으면 피부 벗기는 행동이 증가한다. 주된 신체 부위는 얼굴이며, 팔, 다리, 입술, 허벅지, 가슴, 손톱/발톱도 해당될 수 있다.
④ 하루에 수 시간 동안 이런 행동을 하며, 증상은 수개월 혹은 수 년 정도 지속된다. 피부 뜯기로 인해 피부 병변이 발생하는데, 이를 숨기려고 변장을 하거나 화장이나 옷가지로 숨기는 행동이 나타난다.
⑤ 질병이 아니라 나쁜 습관으로 생각하기 때문에 적극적으로 치료를 하지 않는 경향이 있다. 방치하면 만성적으로 진행되고 죄책감, 수치심 등의 부정적 정서로 인해 우울증이 함께 발병하는 경우가 많으며, 불안장애, 물질사용장애를 동반한다.
⑥ 치료방법으로 습관반전 훈련, 자극통제 기법, 경쟁반응 훈련, 인지치료 등이 적용된다.
  - 경쟁반응 훈련: 경고 신호(충동, 부정적 정서, 뜯을 부위에 손을 대는 전조 행동 등)가 일어났을 때 경쟁 반응(예: 피부뜯기와 양립할 수 없는 신체 반응으로 주먹을 쥐는 행동 같은 것, 면장갑을 끼게 하는 것, 텔레비전을 보거나 책을 읽으면서 만지작거릴 수 있는 인형이나 장난감을 갖고 놀게 하는 방법)을 하게 한다.

핵심 8 | 외상 및 스트레스 관련 장애
(Traumatic-and Stressor Related Disorder)

① 외상 및 스트레스 관련 장애는 진단적 기준으로 외상성 또는 스트레스성 사건에 대한 노출이 명백히 기재되어 있는 장애를 포함한다. 적응장애, 급성 스트레스 장애, 외상 후 스트레스 장애, 반응성 애착장애, 탈억제 사회관여장애를 포함한다.
② DSM-IV에서 불안장애의 하위유형에 속해 있었으나, DSM-5에서는 독립된 장애 범주로 제시되었다.

〈외상 및 스트레스 관련 장애의 유형과 특징〉

유형	특징
외상 후 스트레스 장애	외상성 사건에 노출된 후 첫 3개월 내에 시작하며, 진단기준을 충족하기 전 수 개월에서 수 년 정도의 지연이 있을 수 있음.
급성 스트레스 장애	외상성 사건에 노출된 뒤 3일에서 한 달 이내 증상이 지속됨.
적응장애	스트레스 사건 후 우울, 불안 등의 증상이 3개월 이내에 시작하고, 스트레스 요인 또는 결과가 종결된 후 6개월 이상은 지속되지 않음.
반응성 애착장애	애착 인물에 대해 회피 반응을 보임.
탈억제 사회관여장애	주변 인물에 대해 과도한 접근 행동을 보임.

1 외상 후 스트레스 장애(Post Traumatic Stress Disorder)

① 외상 후 스트레스 장애의 특징
- 외상 후 스트레스 장애의 DSM-5 진단기준은 다음과 같으며, 해당 증상이 1개월 이상 지속되어야 한다. 주요증상은 다음과 같다.
  - 외상 사건과 관련된 침습증상이 나타난다.
  - 외상 사건과 관련된 자극 회피가 지속적으로 나타난다.
  - 외상 사건에 대한 인지와 감정의 부정적 변화가 나타난다.
  - 외상 사건과 관련하여 각성과 반응성의 현저한 변화가 나타난다.
- 증상은 대개 사건 발생 후 3개월 이내에 일어나지만, 몇 개월 또는 수 년 후에 나타날 수도 있다.
- 다른 정신장애(주요 우울장애, 일반화된 불안장애)와의 공병(comorbidity)이 상당히 높다.

> **학습 Plus** 외상 후 스트레스 장애의 진단기준

A. 실제적인 것이든 위협을 당한 것이든 죽음, 심각한 상해 또는 성적인 폭력을 다음 중 한 가지 이상의 방식으로 경험한다.
  1. 외상 사건을 직접 경험하는 것
  2. 외상 사건이 다른 사람에게 일어나는 것을 직접 목격하는 것
  3. 외상 사건이 가까운 가족이나 친구에게 일어났음을 알게 되는 것
  4. 외상 사건의 혐오스러운 세부 내용에 반복적으로 또는 극단적으로 노출되는 것(전자매체, TV, 영화, 사진을 통한 것이 아님)
B. 외상 사건과 관련된 침습증상이 다음 중 한 가지 이상 나타난다.
  1. 외상 사건에 대한 고통스러운 기억의 반복적이고 침투적인 경험
  2. 외상 사건과 관련된 고통스러운 꿈의 반복적 경험
  3. 외상 사건이 실제로 일어난 것처럼 느끼고 행동하는 해리 반응(예: 플래시백)
  4. 외상 사건과 유사하거나 그러한 사건을 상징하는 내적 또는 외적 단서에 노출될 때마다 강렬한 심리적 고통의 경험
  5. 외상 사건을 상징하거나 그와 유사한 내적 또는 외적 단서에 대한 심각한 생리적 반응
C. 외상 사건과 관련된 자극 회피가 다음 중 한 가지 이상의 방식으로 지속적으로 나타난다. 이러한 변화는 외상 사건이 일어난 후에 시작된다.
  1. 외상 사건과 밀접히 관련된 고통스러운 기억, 생각, 감정을 회피하거나 회피하려는 노력
  2. 외상 사건과 밀접히 관련된 고통스러운 기억, 생각, 감정을 유발하는 외적인 단서들(사람, 장소, 대화, 활동, 대상, 상황)을 회피하거나 회피하려는 노력
D. 외상 사건에 대한 인지와 감정의 부정적 변화가 다음 중 두 가지 이상 나타난다. 이러한 변화는 외상 사건이 일어난 후에 시작되거나 악화될 수 있다.
  1. 외상 사건의 중요한 측면을 기억하지 못한다.
  2. 자신, 타인, 세상에 대한 과장된 부정적 신념이나 기대를 지속적으로 지닌다.
  3. 외상 사건의 원인이나 결과에 대한 왜곡된 인지를 지니며, 이러한 인지로 인해 자신이나 타인을 책망한다.
  4. 부정적인 정서 상태(예: 공포, 분노, 죄책감이나 수치심)를 지속적으로 나타낸다.
  5. 중요한 활동에 대한 관심이나 참여가 현저하게 감소한다.
  6. 다른 사람에 대해서 거리감이나 소외감을 느낀다.
  7. 긍정적 정서(예: 행복감, 만족, 사랑의 감정)를 지속적으로 느끼지 못한다.
E. 외상 사건과 관련하여 각성과 반응성의 현저한 변화가 다음 중 두 가지 이상 나타난다. 이러한 변화는 외상 사건이 일어난 후에 시작되거나 악화될 수 있다.
  1. (자극이 없는 상태이거나 사소한 자극에도) 짜증스러운 행동이나 분노 폭발
  2. 무모하거나 자기파괴적인 행동
  3. 과도한 경계
  4. 과도한 놀람 반응
  5. 집중의 곤란
  6. 수면장애
F. 위에 제시된(B, C, D, E의 기준을 모두 충족시키는) 장애가 1개월 이상 나타난다.

G. 이러한 장애로 인해서 심각한 고통이 유발되거나 사회적, 직업적 또는 다른 중요한 기능영역에서 임상적으로 현저한 고통이나 손상을 초래한다.
H. 이러한 장애는 약물이나 신체적 질병에 의한 것이 아니어야 한다.

② 원인
- PTSD 발병에 영향을 미치는 위험요인은 외상 전 요인, 외상 중 요인, 외상 후 요인으로 구분된다.
    - 외상 전 요인: 정신장애에 대한 가족력, 아동기의 외상 경험, 의존성이나 정서적 불안정과 같은 성격특성, 자신의 운명이 외부요인에 의해 결정된다는 통제소재의 외부성(locus of control)
    - 외상 중 요인: 외상 사건의 심각성, 외상 사건에 노출된 빈도, 타인의 악의에 의한 것일 때(특히 가까운 사이일 때)
    - 외상 후 요인: 사회적 지지체계의 부족, 추가적인 생활 스트레스, 결혼과 직장 생활의 불안정, 폭음과 도박

③ 치료
- 지속노출치료(PE: Prolonged Exposure), 인지처리치료(CPT: Cognitive Processing Therapy), 안구운동 민감 소실 및 재처리 치료(EMDR: Eye Movement Desensitization and Reprocessing) 등이 효과적이다.

치료법	설명
지속노출치료	외상 사건을 단계적으로 떠올리게 하여 불안한 기억에 반복적으로 노출시켜 결과적으로 외상 사건을 큰 불안 없이 직면할 수 있도록 하는 것
인지처리치료	인지행동치료의 형태를 지니고 있으며, 외상 사건을 상세하고 정교하게 재평가하여 외상 사건에 부여한 부정적 의미를 수정하고 외상 기억에 대한 회피를 감소시킴.
EMDR	외상 기억을 떠올리게 하는 동시에 치료자의 손가락 움직임을 따라 눈동자를 움직이는 과정을 통해 자극에 대한 안정화가 유도됨.

- 심리적 사후보고(psychological debriefing)
    - 재앙과 관련된 후유증에서 벗어날 수 있게 하는 치유 과정으로 구성된다. 결정적 사건 발생 며칠 내에 자신의 감정과 반응을 두루 이야기하게 하는 것에 초점을 둔다.
    - 회기에서 최근 경험한 외상의 구체적 부분을 묘사하게 하고, 당시의 감정을 끄집어내서 재경험하게 도와주며, 또한 현재 감정을 인식하고 표현하게 한다.

- 향후 외상 스트레스 관리를 위한 여러 가지 서비스를 제공해 주고, 경우에 따라 장기상담이나 치료가 필요한 사람들을 전문가에게 의뢰한다.

2 급성 스트레스 장애(Acute Stress Disorder)

① 급성 스트레스 장애의 주요 특징은 한 가지 또는 그 이상의 외상 사건의 노출에 따른 3일~1개월까지 지속되는 특징적인 증상이 나타난다. 특히 외상 사건에 대한 재경험 또는 반응성을 포함하는 불안 반응을 보인다.
② 급성 스트레스 장애의 주요 증상과 진단기준은 외상 후 스트레스 장애와 유사하며, 외상 후 스트레스 장애와 유사한 원인에 의해서 유발될 수 있다.
③ 특징적인 점은 해리증상으로, 이는 심각한 외상에 노출되었을 때 일시적으로 자신을 보호하기 위한 기능을 한다.
   - 해리증상: 자신의 주변 세계나 자신에 대한 변형된 인식, 외상 사건의 중요한 측면에 대한 기억 불능을 보인다.
④ 외상에 노출된 지 1개월 이내에 회복되는 일시적인 증상일 수도 있으나, 방치하면 증상이 더욱 악화되면서 외상 후 스트레스 장애로 발전할 수 있다.

3 적응장애(Adjustment Disorder)

① 주요한 생활사건에 대한 적응 실패로 나타나는 정서적 어려움 또는 행동적 증상을 말한다.
② 적응장애로 진단되기 위해서는 다음의 조건이 충족되어야 한다.
   - 심리사회적 스트레스 사건에 대한 반응으로, 스트레스 사건이 발생한 3개월 이내에 나타나야 한다.
   - 부적응 증상이 환경적 맥락과 문화적 요인을 고려할 때 스트레스 사건의 강도에 비해 현저하게 심한 것이어야 한다.
③ 적응장애는 주요 생활사건에 대한 적응 실패로 나타나며 우울장애로 발전할 수 있다.
④ 주요한 생활사건은 가족의 죽음이나 심각한 질병, 부부 갈등이나 이혼, 사업 실패 및 재정 악화, 갑작스러운 실연, 진학이나 전학 등이 있다.
⑤ 적응장애를 진단내릴 때 스트레스에 대한 개인의 반응이 적절한지, 아니면 예상되는 것보다 심한지 임상적 판단을 하려면 그 사람이 속한 문화적 환경의 맥락 등을 고려해야 한다.

4 반응성 애착장애(Reactive Attachment Disorder)

① 영아기 또는 아동기의 반응성 애착장애는 발달적으로 부적절한 애착 행동이 특징적이며, 안락, 지지, 보호, 돌봄을 위하여 애착대상에 의지하는 것이 거의 없거나 최소한이다.
② 심리적 고통이 있을 때 보호자가 안락을 주려는 노력에 최소의 반응 이상을 보이지 않는다. 또한 보호자와 일상적인 상호작용을 하는 동안 긍정적인 감정표현이 약하거나 아예 없다.
③ 반응성 애착장애의 진단을 받은 아동들은 생애 첫 몇 개월 동안 사회적 방임 상태가 자주 존재하며, 불충분한 양육의 극단적인 형태를 경험한다.
   - 성인 보호자로부터 위로와 자극, 애정 등 기본적인 감정적 요구에 대한 지속적 결핍이 사회적 방임이나 박탈의 형태로 나타남(애착 외상).
   - 주 보호자가 수시로 바뀌어 안정 애착을 형성할 기회가 제한됨(위탁 보육).
   - 선택적인 애착을 형성할 기회를 심각하게 제한하는 독특한 환경에서 양육됨(아동이 많고 보호자는 적은 보육원 같은 기관).
④ 정상적인 양육환경을 통한 개선과 회복이 없다면, 장애의 특징은 최소한 몇 년 이상 지속될 수 있다.
⑤ 인지·언어 발달이 늦어질 수 있으며, 사회적 관계 형성이 어렵다. 이로 인해 자폐스펙트럼 장애로 오인될 수 있으나, 자폐스펙트럼 장애는 정상적 양육을 받았다는 점에서 구별될 수 있다.

5 탈억제 사회관여장애(Disinhibited Social Engagement Disorder)

① 탈억제 사회관여장애의 주된 특징은 낯선 사람에 대해 문화적으로 부적절하고 과도하게 친숙한 행동을 보이는 것이다.
② 반응성 애착장애와 비슷한 생애 초기의 경험을 가지고 있으나, 위축된 반응 대신 무분별한 사회성과 과도한 친밀감을 나타낸다.
③ 반응성 애착장애는 내향성과 과민한 기질을 타고난 경우가 많아서 방임에 대한 반응으로 회피를 주로 보이지만, 탈억제 사회관여장애는 무분별한 사회성과 충동적 행동을 보인다.
④ 정서적 고통으로부터 자신을 보호하기 위해 외로움과 두려움을 억압하면서 낯선 성인에게서 거짓 위안(pseudo-comfort)을 구한다.
⑤ 피상적이고 진정성이 결여된 상호작용을 하여 주변 사람으로부터 거부와 배척을 받을

수 있다.
⑥ 치료 시 양육자와 안정적으로 친밀한 관계를 맺도록 해 주어야 한다.

핵심 9 해리장애(Dissociative Disorder)

해리장애는 의식, 기억, 정체성, 감정, 지각, 신체 표상, 운동 통제 및 행동의 정상적 통합의 붕괴 또는 비연속성을 특징으로 한다. 해리성 정체감 장애, 해리성 기억상실증, 이인증/비현실감 장애, 달리 명시된/명시되지 않는 해리장애를 포함한다.

〈해리 장애의 종류와 특징〉

종류	특징
해리성 정체감 장애	다중인격(multiple personality)이라고 알려져 있는 장애로, 2가지 이상의 각기 구별되는 정체감이나 성격 상태가 존재함.
해리성 기억상실증	통상적인 망각과는 다르며, 보통 외상 혹은 스트레스와 관련된 중요한 자서전적 정보를 회상하는 능력이 상실됨.
이인증/비현실감 장애	현실검증력은 유지되지만 비현실적이거나 자기 또는 신체로부터 분리되는 경험, 자신의 주변 환경과 분리되는 경험을 함.

1 해리성 정체감 장애(Dissociative Identity Disorder)

① 해리성 정체감 장애의 특징
- 한 사람 안에 둘 이상의 다른 정체감을 지닌 인격이 존재하는 경우를 말한다. 과거에는 다중인격장애(multiple personality disorder)라고 불리기도 했다.
- 인격의 변화는 대개 심리사회적 스트레스에 의해 유발되며, 각기 다른 이름, 과거 경험, 자아상과 정체감을 갖고 있는 것처럼 행동한다.
- 한 인격이 의식에 나타나 행동하고, 경험한 것을 다른 인격이 기억하지 못하는 경우가 많으므로 기억의 공백이 빈번하다.
- 보통 원래 이름을 그대로 갖고 있는 일차적 인격은 수동적이고 의존적이며, 우울하거나 죄책감을 갖고 있다. 교체되는 인격들은 일차적 인격과 대조적인 성격을 지니는 경우가 흔하다.
- 해리성 정체감 장애의 1년 유병률은 1.5%로 보고되고 있으며, 남성과 여성의 유병률

은 비슷하게 나타난다.
② 원인
- 외상 모델: 아동기의 외상 경험을 회피하기 위한 방어로 해리현상이 나타나는데, 아동이 발달하면서 해리가 점차 정교해져 해리성 정체감 장애로 발전하게 된다고 설명한다.
- 클러프트(Kluft)는 해리성 정체감 장애를 유발하는 4요인 모델을 제시하였다.
  - 외상에 직면했을 때 현실로부터 해리될 수 있는 내적 능력이 있어야 한다.
  - 신체적/성적 학대와 같은 압도적인 외상 경험이 있어야 한다.
  - 해리에 의한 대체 인격으로 인해 하나의 응집력 있는 자아를 형성할 수 없다.
  - 위로와 진정 기능을 해 줄 수 있는 타인이 없다.
③ 치료
- 여러 인격 간의 통합을 통한 적응 기능의 향상으로, 가장 적응적인 인격을 중심으로 이루어지는 것이 필요하다.
- 해리성 정체감 장애에 대한 치료로 현재 가장 신뢰도 있고 효과적인 것으로 알려져 있는 것은 최면치료이다.

2 해리성 기억상실증(Dissociative Amnesia)

① 중요한 과거 경험(자서전적 정보)을 기억하지 못하는 것을 특징으로 한다. 국소적(어떠한 사건이나 일정 기간) 기억상실증, 선택적(사건의 특별한 한 부분) 기억상실증, 전반적(정체성과 생활사 전반) 기억상실증으로 구분된다.
② 해리성 둔주(dissociative fugue)가 함께 나타나기도 하며, DSM-5에서는 해리성 둔주와 함께 나타나는 유형과 그렇지 않은 유형으로 구분한다.
- 해리성 둔주(dissociative fugue): 기억을 잃고 살던 곳을 떠나 떠돌거나 방황하는 행동을 말한다.
③ 일부 개인들은 기억의 공백을 알아차리지만, 대부분의 해리성 기억상실증을 겪는 개인들은 기억에 문제가 생겼다는 사실을 잘 인지하지 못한다.

3 이인증/비현실감 장애(Depersonalization/Derealization Disorder)

① 평소와 달리 자신과 주변 환경에 대해서 매우 낯설거나 이상한 느낌을 받게 되는 이인증이나 비현실감을 지속적으로 경험한다.

- 이인증: 비현실감, 분리감 또는 자신의 사고, 느낌, 감각, 신체나 행동에 관하여 외부의 관찰자가 되는 경험(예: 인지적 변화, 왜곡된 시간 감각, 비현실적이거나 결핍된 자기, 감정적 또는 신체적 마비)을 특징으로 한다.
- 비현실감: 비현실적이거나 자신의 주변 환경과 분리된 것 같은 경험(예: 개인 또는 사물이 비현실적이거나, 꿈속에 있는 것 같거나, 안개가 낀 것 같거나, 시각적으로 왜곡된 경험)을 특징으로 한다.

② 상기 증상을 경험하는 동안에 현실검증력(reality-testing)은 비교적 유지되며, 증상이 심리적 고통이나 기능의 장애를 초래할 정도로 심각해야 진단될 수 있다.

핵심 10 신체증상 및 관련 장애 (Somatic Symptom and Related Disorder)

신체증상장애와 현저한 신체증상들이 동반된 다른 장애들은 DSM-5에서 새로운 범주가 되어 신체증상 및 관련 장애가 되었다. 신체증상장애, 질병불안장애, 전환장애, 인위성장애, 달리 명시된/명시되지 않는 신체증상 및 관련 장애를 포함한다.

〈신체증상 및 관련 장애의 유형과 특징〉

유형	특징
신체증상장애	신체증상을 지나치게 걱정하고, 고통을 받고, 장애를 경험함.
전환장애	의학적으로 설명되지 않지만 수의적인 운동, 감각 기능에 영향을 미침.
질병불안장애	건강염려적인 현상으로 신체증상이 없음에도 불구하고 심한 병에 걸렸다고 집착함.
인위성장애	의도적으로 신체증상을 만들거나 꾸밈.

1 신체증상장애(Somatic Symptom Disorder)

① 한 개 이상의 신체적 증상을 고통스럽게 호소하거나 그로 인해 일상생활이 현저하게 방해받는 경우를 말한다.
② 신체증상 혹은 건강염려와 관련된 과도한 생각, 느낌, 행동을 특징으로 한다.
- 증상의 심각성에 대해 편중되고 지속적인 생각
- 건강이나 증상에 대한 지속적이고 높은 단계의 불안
- 이러한 증상들 또는 건강염려에 대해서 과도한 시간과 에너지 소비

③ 부정적 감정을 억압할 때 생겨날 수 있으며, 신체증상으로 인한 이차적 이득(예: 관심이나 돌봄, 책임감 면제)에 의해 강화된다.
④ 신체적 변화에 주의를 많이 기울이고 신체 감각을 증폭하여 지각하며 신체증상의 원인을 질병으로 잘못 해석하는 경향이 있다.
⑤ 질병에 대해 높은 수준의 걱정을 보이며, 흔히 건강에 대해 최악의 것을 생각한다.
⑥ 정신분석적 입장에서는 신체화 증상을 억압된 감정의 신체적 표현이라고 본다. 억압된 감정이 신체적 통로를 통해 표출된 것을 신체화(somatization) 증상이라고 설명하였다.
⑦ 부모가 지니는 건강과 질병에 대한 견해도 영향을 주게 된다. 또한 감정을 잘 느끼지 못하는 부모나 부정적 감정을 과도하게 억제하는 가정에서 성장한 아동은 감정표현불능증(alexithymia)을 나타낼 수 있다.
- 감정표현불능증: 감정을 기술하는 어휘력이 부족하고, 겉으로 표현하지 못하며, 자신의 감정 상태를 정확히 지각하지 못한다. 자신의 감정과 그러한 감정 상태에서 나타나는 신체적 변화의 차이를 잘 구분하지 못한다.

⑧ 만성적인 경과를 나타내며, 치료하기 어려운 장애로 알려져 있으며, 인지행동치료나 약물치료를 통해 증상이 완화될 수 있다.

2 전환장애(Conversion Disorder)

① 한두 가지의 비교적 분명한 신체증상을 나타내며, 운동 기능의 이상이나 신체 일부의 마비, 감각 이상 등과 같은 신경학적 손상을 시사하는 증상을 보인다.
② 초기 발병은 심리적 혹은 신체적 스트레스나 외상과 관련이 있다. 증상의 초기 발병이나 발작 중에 이인증, 비현실감, 해리성 기억상실증과 같은 해리증상이 동반된다.
③ 진단을 위해서는 증상이 신경학적 질병으로 설명되지 않고 반드시 신경학적 질병과 불일치한다는 임상적 소견이 있어야 한다.

> **학습 Plus ✚ 전환장애의 진단기준**
> A. 하나 또는 그 이상의 변화된 수의적 운동이나 감각 기능의 증상이 있다.
> B. 임상 소견이 증상과 인정된 신경학적 혹은 의학적 상태의 불일치에 대한 증거를 제공한다.
> C. 증상이나 결함이 다른 의학적 장애 또는 정신질환으로 더 잘 설명되지 않는다.
> D. 증상이나 결함이 사회적, 직업적 또는 다른 중요한 기능영역에서 임상적으로 현저한 고통이나 손상을 초래하거나 의학적 평가를 필요로 한다.

> 증상 유형을 명시할 것:
> - 쇠약감이나 마비 동반
> - 이상 운동 동반(예: 떨림, 근육긴장 이상, 간대성 근경련, 보행장애)
> - 삼키기 증상 동반
> - 언어증상 동반
> - 발작 동반
> - 무감각증이나 감각 손실 동반
> - 특정 감각증상 동반
> - 혼합증상 동반
>
> 다음의 경우 명시할 것:
> - 급성 삽화: 증상이 6개월 이하로 존재할 때
> - 지속성: 증상이 6개월이나 그 이상 존재할 때
>
> 다음의 경우 명시할 것:
> - 심리적 스트레스 요인을 동반하는 경우(심리적 스트레스 요인을 명시할 것)
> - 심리적 스트레스 요인을 동반하지 않는 경우

④ 정신분석적 입장에서는 무의식적인 갈등 또는 표출되지 못한 정서가 신체적으로 표현된 것이라고 본다.

⑤ 행동주의적 입장에서는 충격적 사건이나 불쾌한 정서적 상태 후에 생기는 신체적 변화 또는 신체적 이상이 외부적으로 강화된 것이라고 설명한다(예: 어릴 적 경미한 신체적 마비증상이 타인의 주의를 끌거나 불쾌한 과제나 책임을 회피하게 된 경우).

⑥ 외상 혹은 신체증상과 연결된 불안에 초점을 두고 통찰·노출·약물 치료를 적용한다. 생물학적으로는 항불안제나 항우울제를 사용한다.

3 질병불안장애(Illness Anxiety Disorder)

① 심각한 질병을 지녔다는 생각에 과도하게 집착한다. 질병을 앓고 있더라도 이러한 집착이 명백히 과도한 것이어야 한다.

② 건강에 대한 높은 수준의 불안이 있으며, 건강 상태에 대해 쉽게 경각심을 가진다.

③ 건강과 관련된 과도한 행동(예: 여러 병원을 다니거나 반복적인 검사)이나 순응도가 낮은 회피행동(예: 의사와의 면담 약속을 피함)을 나타낸다.

④ 질병에 대한 몰두는 적어도 6개월 이상 지속되지만, 그 기간 동안 두려움을 느끼는 구체적인 질병은 변화할 수 있다.

⑤ 질병불안장애는 누군가가 병에 걸렸다는 것을 전해 듣거나, 건강 관련 뉴스를 읽음으로써 쉽게 질병에 대해 걱정하게 된다.

⑥ 질병에 대한 염려는 어느 연령에서나 시작될 수 있으나 초기 청소년기에 가장 흔하다. 일반적인 경과는 만성적이고, 재발을 자주 하며, 증상의 호전과 악화가 반복되는 경향이 있다.

⑦ 인지치료를 통해 질병에 관련된 부적응적인 신념과 역기능적 도식을 찾아서 도전하게 하고 보다 적응적으로 변화시킨다. 그 외 노출과 반응 방지와 같은 행동주의 치료를 통해 증상이 호전된다.

4 인위성장애/허위성장애(Factitious Disorder)

① 환자 역을 하기 위해 신체적 또는 심리적 증상을 의도적으로 만들어 내거나 위장하는 경우이다.

② 분명한 속임수가 있고 자신이나 타인이 신체 혹은 심리적 증상이나 징후가 있다고 허위로 꾸민다. 뮌하우젠 증후군(Münchausen syndrome)이라고도 한다.

- 뮌하우젠 증후군: 미국의 정신건강의학과 의사인 리처드 애셔(Richard Asher)가 평소 거짓말하기를 좋아했던 독일 사람 뮌하우젠(1720~1797)의 이야기를 각색하여 쓴 소설에서 명칭을 가지고 왔다. 아동기의 학대적이고 비지지적인 부모 등이 원인이라고 알려져 있으나 정확한 원인과 치료에 대해서는 연구가 부족한 상태이다.

③ 분명한 외적 보상이 없는 상황에서도 질병 징후나 증상을 거짓으로 꾸며 내고, 모방하거나 유발하는 은밀한 시도를 한다[예: 배우자가 죽지 않았거나 없는데도 불구하고 배우자가 죽었다고 하면서 우울 기분이나 자살 경향을 보이고, 허위로 신경학적 증상(발작, 어지러움, 기절)을 보고함].

④ 인위성장애는 '스스로에게 부여된 인위성장애'와 '타인에게 부여된 인위성장애'로 구분된다.

- 스스로에게 부여된 인위성장애: 다른 사람에게 자신이 아프고, 장애가 있거나 부상당한 것처럼 표현한다.
- 타인에게 부여된 인위성장애: 제삼자(피해자)가 아프고, 장애가 있거나 부상당한 것처럼 다른 사람에게 내보인다.

⑤ 꾀병(malingering)과 구별되어야 하며, 꾀병은 현실적 이득이나 목적(예: 군대 회피, 보상금, 형벌 회피)이 있다는 점에서 인위성장애와 다르다.

핵심 11 급식 및 섭식장애(Feeding and Eating Disorder)

급식 및 섭식장애는 장기간 지속되는 섭식의 장애 또는 섭식과 관련된 행동들로 인해 음식 소비 혹은 섭취에 변화가 생겨 신체적 건강과 정신사회적 기능에 심각한 손상을 가져오는 것으로 특징짓는다. 신경성 식욕부진증, 신경성 폭식증, 폭식장애, 이식증, 되새김장애, 회피적/제한적 음식섭취장애가 포함된다.

〈급식 및 섭식장애의 유형과 특징〉

유형	특징
신경성 식욕부진증	체중 증가에 대한 두려움으로 음식 제한을 보여 심각한 저체중을 초래함.
신경성 폭식증	폭식 삽화가 반복되고, 체중 증가를 막기 위한 부적절한 보상행동이 특징임.
폭식장애	일정 기간 동안 많은 양의 음식을 섭취하고 조절능력의 상실을 보임.
이식증	영양분이 없는 물질이나 먹지 못하는 것을 섭취하는 행동이 특징임.
되새김장애	음식물을 반복적으로 토해 내거나 되씹는 행동을 보임.
회피적/제한적 음식섭취장애	지속적인 음식에 대한 거부로 인해 심각한 체중 감소가 나타나는 경우임.

1 신경성 식욕부진증(Anorexia Nervosa)

① 체중 증가와 비만에 대한 극심한 두려움을 지니고 있어서 음식 섭취를 현저하게 제한하거나 거부함으로써 체중이 비정상적으로 저하된다.
② 체중 증가에 대한 자가 인식의 장애가 나타나서 날씬한데도 불구하고 자신의 몸이 비만하다고 왜곡하여 생각하는 경향이 있다.
③ 음식, 체형, 혹은 체중과 상관이 없는 강박사고와 행동증상이 있다면 추가적으로 강박장애 진단이 내려진다.
④ 일반적으로 청소년기나 성인기 초기에 시작되며, 압박감을 주는 생활사건과 관련된다. 여성에게서 보다 우세하게 나타난다.
⑤ 합병증의 위험이 있어서 입원치료를 하는 경우가 많다. 치료 상황에서 체중을 증가시키려는 행동은 긍정적인 강화를 받고, 음식 섭취를 통해 체중을 늘려 나간다.
⑥ 건강한 식습관과 영양 관리, 신체상에 대한 왜곡 수정, 비합리적 신념의 변화, 가족치료를 병행하는 것이 바람직하다.

> **학습 Plus** 신경성 식욕부진증의 진단기준
>
> A. 필요한 양에 비해 지나친 음식물 섭취 제한으로 연령, 성별, 발달과정 및 신체적인 건강 수준에 비해 현저하게 저체중을 유발하게 된다. 현저한 저체중은 최소한의 정상 수준보다 체중이 덜 나가는 것으로 정의되며, 아동과 청소년의 경우 해당 발달단계에서 기대되는 최소한의 체중보다 체중이 적게 나가는 것을 의미한다.
> B. 체중이 증가하거나 비만이 되는 것에 대한 극심한 두려움 혹은 체중 증가를 막기 위한 지속적인 행동, 이러한 행동은 지나친 저체중일 때도 이어진다.
> C. 기대되는 개인의 체중이나 체형을 경험하는 방식에 장애, 자기평가에서 체중과 체형에 대한 지나친 압박 혹은 현재의 저체중에 대한 심각성 인식의 지속성 결여가 있다.
>
> 다음 중 하나를 명시:
> - 제한형: 지난 3개월 동안, 폭식 혹은 제거 행동(즉, 스스로 구토를 유도하거나 하제, 이뇨제, 관장제를 오용하는 것)이 반복적으로 나타나지 않는다. 해당 아형은 저체중이 주로 체중 관리, 단식 및 과도한 운동을 통해 유발된 경우를 말한다.
> - 폭식/제거형: 지난 3개월 동안, 폭식 혹은 제거 행동(즉, 스스로 구토를 유도하거나 하제, 이뇨제, 관장제를 오용하는 것)이 반복적으로 나타난다.

2 신경성 폭식증(Bulimia Nervosa)

① 폭식 삽화가 반복되고, 체중 증가를 막기 위해 구토 등의 보상행동이 일어나고, 체형과 체중이 자기 평가에 과도하게 영향을 미친다. 부적절한 보상행동이 있을 때 진단을 내릴 수 있다.

② 폭식은 일정 기간 대부분의 사람이 비슷한 상황에서 같은 시간 내에 먹는 것보다 훨씬 더 많은 양의 음식을 먹는 것을 말한다.

③ 폭식 삽화 동안에 조절능력의 상실감이 동반되며, 폭식 삽화 도중 혹은 삽화 후에 해리 상태를 보고하는 경우도 있다.

④ 신경성 폭식증은 정상체중을 유지한다는 점에서 신경성 식욕부진증과 구별된다. 신경성 폭식증이 훨씬 더 흔하며, 신경성 식욕부진증에서 신경성 폭식증으로 발전하기도 한다.

⑤ 폭식의 선행사건으로 부정적 정서가 압도적이며, 그 외에 대인관계 스트레스, 음식 제한, 체중과 체형에 대한 부정적인 느낌, 지루함 등에 의해 촉발된다. 우울증 등 기분장애를 동반하는 경우가 흔하다.

⑥ 인지치료를 통해 인지적 재구성을 돕고 음식과 체중에 대한 비합리적 신념과 태도를 확인하고 도전시켜 수정하도록 한다. 그 외 행동 실험을 통해 신념의 타당성에 대해 검증한다.

⑦ 신체상을 변화시키기 위해 심상화를 통한 신체적 둔감화나 몸에 대한 긍정적 평가, 노출 및 반응 방지 기법이 효과적이다.

> **학습 Plus 신경성 폭식증의 진단기준**
>
> A. 반복적인 폭식행동이 다음 2가지의 특징을 가진다.
>   (1) 일정한 시간 동안(예: 2시간 이내) 대부분의 사람이 비슷한 상황에서 동일한 시간 동안 먹는 것보다 많은 양의 음식을 먹는다.
>   (2) 폭식 행위 동안 먹는 것을 멈출 수 없고 조절하기 힘들다고 느낀다.
> B. 구토를 스스로 유도하거나 설사제, 이뇨제, 관장약, 기타 약물을 남용 또는 금식이나 과도한 운동과 같이 체중 증가를 막기 위한 반복적이고 부적절한 보상행동이 나타난다.
> C. 폭식행동과 부적절한 보상행동 모두 평균적으로 적어도 1주일에 1회 이상 3개월 동안 일어나야 한다.
> D. 체형과 체중이 자기 평가에 과도한 영향을 미쳐야 한다.
> E. 상기 문제행동이 신경성 식욕부진증에 의해서 나타나는 것이 아니어야 한다.

3 폭식장애(Binge Eating Disorder)

① 폭식장애의 핵심적 특징은 반복되는 폭식 삽화가 평균적으로 최소한 3개월 동안 일주일에 1회 이상 발생해야 한다.
② 폭식 삽화의 기간에는 음식 섭취에 대한 통제력 상실을 경험하며, 일정한 시간 동안(예: 2시간 이내) 대부분의 사람이 비슷한 상황에서 동일한 시간 동안 먹는 양보다 많은 양의 음식을 섭취한다.
③ 신경성 식욕부진증 폭식제거형이나 신경성 폭식증에서는 음식 섭취 후 부적절한 보상행동이 나타나나, 폭식장애에서는 보상행동이 나타나지 않는 것으로 감별할 수 있다.
④ 반복적인 폭식으로 인해 고통을 경험하지만 음식을 토하는 등의 보상행동은 나타내지 않는 경우를 말한다.
⑤ 부정적인 정서가 폭식행동을 촉진하는 것으로도 알려져 있으며, 전형적으로 청소년기 또는 성인기 초기에 시작되지만 성인기 후기에서 시작될 수도 있다.
⑥ 폭식장애는 인지행동치료, 대인관계 심리치료, 약물치료가 효과적인 것으로 알려져 있다.

> **학습 Plus** 🧰 **폭식장애의 진단기준**
>
> A. 반복되는 폭식 삽화를 보이며 다음과 같이 특징짓는다.
>   1. 일정 기간 동안(예: 2시간 이내)에 대부분의 사람이 유사한 상황에서 동일한 시간 동안 먹는 것보다 분명하게 많은 양의 음식을 먹음
>   2. 삽화 중에 먹는 것에 대한 조절능력의 상실을 느낌(예: 먹는 것을 멈출 수 없거나, 무엇을 혹은 얼마나 많이 먹어야 할 것인지를 조절할 수 없는 느낌)
> B. 폭식 삽화는 다음 중 3가지(혹은 그 이상)와 연관된다.
>   1. 평소보다 많은 양을 급하게 먹음
>   2. 불편하게 배가 부를 때까지 먹음
>   3. 신체적으로 배고프지 않은데도 많은 양의 음식을 먹음
>   4. 얼마나 많이 먹는지에 대한 부끄러운 느낌 때문에 혼자서 먹음
>   5. 폭식 후 스스로에 대한 역겨운 느낌, 우울감 혹은 큰 죄책감을 느낌
> C. 폭식으로 인해 현저한 고통이 있다고 여겨진다.
> D. 폭식은 평균적으로 최소 3개월 동안 일주일에 1회 이상 발생한다.
> E. 폭식은 신경성 폭식증에서 관찰되는 것과 같은 부적절한 보상행동과 연관되어 있지 않으며, 신경성 폭식증 혹은 신경성 식욕부진증의 기간 동안에만 발생하지 않는다.

4 이식증(Pica)

① 영양분이 없는 물질이나 먹지 못하는 것(예: 종이, 천, 흙, 머리카락)을 적어도 1개월 이상 지속적으로 먹는 경우를 말한다.
② 최소 2세 이상이 되어야 진단을 내릴 수 있다. 흔히 정신지체를 동반하며, 가정의 경제적 빈곤, 부모의 무지와 무관심, 아동의 발달지체와 관련되는 경우가 많다.
③ 비타민, 무기물의 결핍을 일으키며 장 폐색, 장 천공, 대변이나 먼지를 섭취하여 톡소플라즈마 등과 같은 감염, 납 중독 등의 의학적 문제를 야기할 수 있다.
④ 환경적 방임이나 지도감독의 부재, 발달지연이 이식증의 위험을 증가시킨다.

5 되새김장애(Rumination Disorder)

① 핵심 증상은 반복적인 음식 역류로, 음식물을 반복적으로 토해 내거나 되씹는 행동을 1개월 이상 나타내는 경우를 말한다.
② 되새김장애 아동은 평소 안절부절못하고 배고픔을 느낀다. 많은 양의 음식을 섭취하지만 먹은 후에 즉시 토하므로 체중 감소, 영양실조가 일어날 수 있고, 심하면 사망에 이를 수 있다.
③ 부모의 무관심, 정서적 자극의 결핍, 스트레스가 많은 생활환경, 부모-자녀 관계의 갈

등이 주요 유발 요인으로 알려져 있다.

6 회피적/제한적 음식 섭취장애(Avoidant/Restrictive Food Intake Disorder)

① DSM-IV의 유아기 또는 초기 소아기의 섭식장애 진단기준을 대체하고 확장한 것이다.
② 6세 이하의 아동이 지속적으로 먹지 않아 1개월 이상 심각한 체중 감소가 나타나는 경우를 말한다.
③ 정서적으로 무감각하거나 위축되어 있고 발달지연을 보이는 경우가 많으며, 정신적·사회적 기능의 장애가 초래된다.
④ 신체검진이나 검사실 검사, 식이 섭취 평가에서 심각한 영양 결핍 소견이 나타나고, 저체온증, 서맥, 빈혈과 같은 신체증상이 나타날 수 있다.
⑤ 음식에 대한 회피와 제한이 음식의 모양, 색, 냄새, 식감, 온도, 맛에 지나치게 예민한 특성과 음식의 질에 관한 감각적 특징에 의해 나타날 수 있다.

핵심 12 성과 관련된 장애

DSM-5에서는 성과 관련되어 나타나는 다양한 이상행동을 세 가지의 독립된 장애범주로 제시하고 있으며, 성기능 부전(Sexual Dysfunctions), 성도착장애(Paraphilic Disorder), 성별 불쾌감(Gender Dysphoria)이 이에 해당된다.

- 성기능 부전(Sexual Dysfunctions): 사정지연, 발기장애, 여성극치감장애, 여성 성적 관심/흥분장애, 성기-골반통증/삽입장애, 남성성욕감퇴장애, 조기사정, 물질/약물치료로 유발된 성기능 부전, 달리 명시된/명시되지 않는 성기능 부전이 포함된다.
- 성도착장애/변태성욕장애(Paraphilic Disorder): 관음장애, 노출장애, 마찰도착장애, 성적피학장애, 성적가학장애, 소아성애장애, 물품음란장애, 복장도착장애가 포함된다.
- 성별 불쾌감(Gender Dysphoria)

1 성도착장애/변태성욕장애(Paraphilic Disorder)

① 성도착장애/변태성욕장애(Paraphilic Disorder)는 강렬한 성충동이나 공상을 반복적으로 갖고, 사람이 아닌 물건, 아동, 동의하지 않은 성인에게 수치심이나 고통을 느끼게

하는 행동을 말한다.
② 하위유형으로는 관음장애, 노출장애, 마찰도착장애, 성적피학장애, 성적가학장애, 소아성애장애, 물품음란장애, 복장도착장애가 포함된다. 변태성욕의 진단은 강도와 그로 인한 심각성에 따라 적용될 수 있다.
③ 성적 욕구를 충족시키는 대상이나 방식에서 나타나는 이상행동이 특징이다. 부적절한 대상이나 목표에 대해 강렬한 성적 욕망을 느끼고 성적 상상이나 행위를 반복적으로 나타낸다.
④ 성욕이나 성적 호기심이 강한 20대 전후에 흔히 나타나며 남성에게 보다 흔하다.

> **학습 Plus 성도착장애의 하위유형**
>
> - 관음장애(Voyeuristic Disorder): 다른 사람이 옷을 벗고 있는 모습이나 성행위를 하는 모습을 관찰하는 행동을 통해 반복적이고 강렬한 성적 흥분이 성적 공상, 성적 충동, 성적 활동으로 발현되는 경우를 말한다.
> - 노출장애(Exhibitionistic Disorder): 눈치채지 못한 사람에게 성기를 노출하는 행위를 통한 반복적이고 강렬한 성적 흥분이 성적 공상, 성적 충동, 성적 행동으로 발현되는 경우를 말한다.
> - 마찰도착장애(Frotteuristic Disorder): 동의하지 않은 사람에게 자신의 성기나 신체 일부를 접촉하거나 문지르는 행위를 통한 반복적이고 강렬한 성적 흥분이 성적 공상, 성적 충동, 성적 행동으로 발현되는 경우를 말한다.
> - 성적피학장애(Sexual Masochism Disorder): 굴욕을 당하거나, 매질을 당하거나, 묶이거나, 기타 다른 방식으로 고통을 당하는 행위를 통한 반복적이고 강렬한 성적 흥분이 성적 공상, 성적 충동, 성적 행동으로 발현되는 경우를 말한다.
> - 성적가학장애(Sexual Sadism Disorder): 다른 사람의 신체적(예: 몸을 묶고 때리거나, 불로 지지기, 목을 조르기) 또는 심리적 고통을 통해 반복적이고 강렬한 성적 흥분이 성적 공상, 성적 충동, 성적 행동으로 발현되는 경우를 말한다.
> - 소아성애장애(Pedophilic Disorder): 사춘기 이전의 아동들(일반적으로 13세 이하)을 상대로 한 성적 활동을 통해 반복적이고 강렬한 성적 흥분이 성적 공상, 성적 충동, 성적 행동으로 발현되는 경우를 말한다.
> - 물품음란장애(Fetishistic Disorder): 무생물을 이용하거나, 성기가 아닌 신체 부위에 상당히 특정한 집착을 함으로써 반복적이고 강렬한 성적 흥분이 성적 공상, 성적 충동, 성적 행동으로 발현되는 경우를 말한다.
> - 복장도착장애(Transvestic Disorder): 이성의 옷으로 바꿔 입음으로써 반복적이고 강렬한 성적 흥분이 성적 공상, 성적 충동, 성적 행동으로 발현되는 경우를 말한다.

2 성별 불쾌감(Gender Dysphoria)

① 자신의 생물학적 성과 성역할에 대해서 지속적으로 불편함을 느끼는 경우를 말한다.
② 반대의 성에 강한 동일시를 나타내거나 반대의 성이 되기를 소망하여 대부분 성전환 수술을 원하게 된다.
③ 아동의 경우, 반대 성의 옷차림이나 반대 성이 선호하는 놀이에 관심이 많다. 성인의 경

우, 반대 성을 지닌 사람으로 행동하며 사회에서 그렇게 받아들이기를 강하게 소망한다. 반대 성의 외모와 옷차림으로 치장하고 다니곤 한다.

〈동성애와의 구별〉
- 성별 불쾌감은 동성애(homosexuality)와 구별되어야 하는데, 동성애는 동성인 사람에 대해 성적인 애정과 흥분을 느끼거나 성행위를 하는 경우를 말한다.
- 동성애자는 자신의 생물학적 성이나 성 역할에 대해 불편함을 겪지 않으며 성전환을 원하지 않는다는 점으로 인해 성별 불쾌감과 구별된다.

학습 Plus 성별 불쾌감의 진단기준

〈아동에서의 성별 불쾌감〉
A. 자신의 경험된/표현되는 성별과 주어진 성별 사이의 현저한 불일치가 최소 6개월의 기간으로 최소한 다음 6가지를 보인다(진단기준 A1을 반드시 포함).
1. 이성이 되고 싶은 강한 갈망 또는 자신이 이성이라고 주장함
2. 남자아이(주어진 성별)는 이성 옷을 입거나 여성 복장을 흉내 내기를 강하게 선호하고, 여자아이(주어진 성별)는 전형적인 남성 복장만 착용하기를 강하게 선호하고 전형적인 여성 복장을 착용하는 것에 강한 저항을 보임
3. 가상 놀이 또는 환상 놀이에서 이성의 역할을 강하게 선호함
4. 이성에 의해 사용되거나 참여하게 되는 인형, 게임, 활동을 강하게 선호함
5. 이성 놀이 친구에 대한 강한 선호
6. 남자아이(주어진 성별)는 전형적인 남성 인형, 게임, 활동에 대한 강한 거부감과 난투 놀이에 대한 강한 회피, 여자아이(주어진 성별)는 전형적인 여성 인형, 게임, 활동에 대한 강한 거부감을 보임
7. 자신의 해부학적 성별에 대한 강한 혐오
8. 자신이 경험한 성별과 일치하고자 하는 일차적 또는 이차적 성적 특징에 대한 강한 갈망

〈청소년과 성인에서의 성별 불쾌감〉
A. 자신의 경험된/표현되는 성별과 주어진 성별 사이의 현저한 불일치가 최소 6개월의 기간으로 최소한 다음 6가지를 보인다.
1. 자신의 경험된/표현되는 일차 또는 이차 성징 사이의 현저한 불일치
2. 자신의 경험된/표현되는 성별의 현저한 불일치로 인해 자신의 일차 또는 이차 성징을 제거하고자 하는 강한 갈망
3. 이성의 일차 또는 이차 성징에 대한 강한 갈망
4. 이성이 되고 싶은 강한 갈망
5. 이성으로 대우받고 싶은 강한 갈망
6. 자신이 이성의 전형적인 느낌과 반응을 가지고 있다는 강한 확신

핵심 13 | 파괴적, 충동조절 및 품행장애(Disruptive, Impulsive Control, and Conduct Disorders)

파괴적, 충동조절 및 품행장애는 정서 및 행동에 대한 자기조절 문제와 관련된다. 적대적 반항장애, 간헐적 폭발장애, 품행장애, 반사회성 성격장애, 병적 방화, 병적 도벽, 달리 명시된/명시되지 않는 파괴적, 충동조절 및 품행장애를 포함한다.

〈파괴적, 충동조절 및 품행장애의 유형과 특징〉

유형	특징
적대적 반항장애	어른에게 거부적이고 적대적이며 반항적인 행동 특성을 보임.
간헐적 폭발장애	공격적인 충동조절이 어려워 심각한 파괴적 행동을 보임.
품행장애	난폭하고 잔인한 행동, 기물 파괴, 도둑질, 거짓말, 가출 등 타인의 권리를 침해하거나 사회적 규범을 위반하는 행동을 함.
병적 방화	불을 지르고 싶은 충동이 통제되지 않아 반복적으로 방화행동을 함.
병적 도벽	남의 물건을 훔치고 싶은 충동을 조절하지 못해 반복적으로 도둑질을 함.

1 적대적 반항장애(Oppositional Defiant Disorder)

① 적대적 반항장애는 분노/과민한 기분, 논쟁적/반항적 행동 또는 보복적 특성이 빈번하고 지속적인 특징을 보인다.
② 어른의 요구나 규칙을 무시하며 어른에게 논쟁을 통해 도전하고, 고의적으로 타인의 기분을 상하게 한다.
③ 적대적 반항장애는 3세경부터 시작될 수 있으나 대개 8세 이전에 시작된다. 대부분 좌절되어 있고 우울하며 열등감이 있고 참을성이 적은 특징이 있다.
④ 청소년기에 알코올, 담배, 약물 남용, 품행장애, 기분장애로 발전하기도 한다.
⑤ 적대적 반항장애와 관련된 행동문제는 부모와 교사와의 관계를 악화시킬 뿐만 아니라 교우관계나 학업성취도를 저하시킨다.

> **학습 Plus** ➕ **적대적 반항장애의 진단기준**
>
> A. 분노/과민한 기분, 논쟁적/반항적 행동 또는 보복적인 양상이 적어도 6개월 이상 지속되고, 다음 중 적어도 4가지 이상의 증상이 존재한다. 이러한 증상은 형제나 자매가 아닌 적어도 한 명 이상의 다른 사람과의 상호 작용에서 나타나야 한다.

분노/과민한 기분
1. 자주 욱하고 화를 냄
2. 자주 과민하고 쉽게 짜증을 냄
3. 자주 화를 내고 크게 분개함

논쟁적/반항적 행동
4. 권위자와의 잦은 논쟁, 아동이나 청소년의 경우에는 성인과 논쟁함
5. 자주 적극적으로 권위자의 요구나 규칙을 무시하거나 거절
6. 자주 고의적으로 타인을 귀찮게 함
7. 자주 자신의 실수나 잘못된 행동을 남의 탓으로 돌림

보복적 특성
8. 지난 6개월 안에 적어도 두 차례 이상 악의에 차 있거나 앙심을 품음

* 현재의 심각도를 명시할 것: 경도/중등도/고도

2 간헐적 폭발장애(Intermittent Explosive Disorder)

① 공격적인 충동을 통제하지 못해서 반복적으로 행동 폭발을 보이며, 다음 중에서 한 가지를 특징적으로 보인다.
- 언어적 공격(분노 발작, 신랄한 비난, 언어적 논쟁이나 싸움)과 신체적 공격(재산, 동물, 사람에 대한)이 3개월 동안 평균 일주일에 2번 정도 발생한다. 신체적 공격성은 재산피해나 재산파괴를 초래하지 않고 동물이나 사람에게 해를 입히지는 않는다.
- 재산파괴, 동물이나 사람에 대한 상해를 입히는 신체 폭행이 12개월 동안 3회 정도를 보인다.

② 간헐적 폭발장애에서 보이는 충동적인 공격적 폭발행동은 급성으로 발병하며, 대개 사소한 촉발자극에 대한 반응으로 발생한다.

③ 간헐적 폭발장애는 6세 이하이거나 이에 준하는 발달단계에 있는 개인에게는 진단을 내릴 수 없으며, 공격적 폭발행동은 충동적이고 분노에 의한 것으로서 특징된다.

3 품행장애(Conduct Disorder)

① 품행장애는 다른 사람의 기본 권리를 침해하고 나이에 맞는 사회적 규범 및 규칙을 위반하는 지속적이고 반복적인 행동 양상을 특징으로 한다.

② 품행장애는 갑자기 발병되지 않으며 시간을 두고 서서히 여러 가지 증상이 발생하다가 심각한 수준으로 발전한다(반사회성 성격장애로 발전되는 경우가 많고 법적인 문제가 발생).

③ 부모의 양육태도와 가정환경, 폭력적이고 강압적인 부모의 양육태도 또는 무관심하고 방임적인 양육태도, 부모불화, 가정폭력, 아동 학대, 결손 가정, 부모의 정신장애나 알코올 사용 장애와 관련된다.
④ 좌절감에 대한 내성(tolerance)이 낮기에 새로운 적응 기술과 좌절에 대한 인내력을 키우고 궁극적으로 긍정적인 자아상을 회복하도록 하는 것이 중요하다.
⑤ 그 외 효과적인 분노 표출방법이나 욕구 충족방법을 습득하도록 한다. 또한 부모-자녀 간의 의사소통 악순환 개선 및 부모의 태도를 변화시키는 것이 필요하다.

학습 Plus 품행장애의 진단기준

- 사람과 동물에 대한 공격성
  - 자주 다른 사람을 괴롭히거나 위협하거나 협박함
  - 자주 신체적인 싸움을 걺
  - 다른 사람에게 심각한 신체적 손상을 입힐 수 있는 무기 사용
  - 다른 사람에게 신체적으로 잔인하게 대함
  - 동물에게 신체적으로 잔인하게 대함
  - 피해자가 보는 앞에서 도둑질을 함
  - 다른 사람에게 성적 활동을 강요함
- 재산파괴
  - 심각한 손상을 입히려는 의도로 고의적으로 불을 지름
  - 다른 사람의 재산을 고의적으로 파괴함
- 사기 또는 절도
  - 다른 사람의 집, 건물 또는 자동차를 망가뜨림
  - 어떤 물건을 얻거나 환심을 사기 위해 또는 의무를 피하기 위해 거짓말을 자주 함
  - 피해자와 대면하지 않은 상황에서 귀중품을 훔침
- 심각한 규칙 위반
  - 부모의 제지에도 불구하고 13세 이전부터 자주 밤늦게까지 집에 들어오지 않음
  - 친부모 또는 양부모와 같이 사는 동안 밤에 적어도 2회 이상 가출, 또는 장기간 귀가하지 않은 가출이 1회 있음
  - 13세 이전에 무단결석을 자주 함

4 병적 방화(Pyromania)

① 병적 방화의 필수 증상은 고의적이고, 목적이 있는 수차례의 방화 삽화가 존재하는 것이다.
② 흔히 방화 행동 전에 긴장감이나 정서적인 흥분을 경험하며, 불이나 불과 연관된 상황에 대한 매혹, 흥미, 호기심을 보인다.

③ 불을 지르거나 불이 난 것을 목격하거나 참여할 때의 기쁨, 만족, 안도감이 나타난다.
④ 방화는 금전적 이득, 사회·정치적 이념의 표현, 범죄 행위 은폐, 분노나 복수심 표현, 생활 환경 개선, 망상이나 환각에 대한 반응, 손상된 판단력의 결과 및 물질 중독에 기인한 것이 아니다.
⑤ 병적 방화가 있는 사람들은 방화로 인해 생명을 잃거나 재산 손실에는 관심이 없고, 재산을 파괴함으로써 만족감을 얻는다.
⑥ 병적 방화는 남성에게 보다 흔하며, 특히 사회기술이 부족하고 학습에 어려움이 있는 경우가 흔하다.

5 병적 도벽(Kleptomania)

① 병적 도벽은 쓸모가 없고 금전적으로 가치가 없는 물건인데도 반복적으로 훔치려는 충동을 통제하지 못하는 데에서 비롯된다.
② 주로 청소년기에 시작되며 성인기 후기에 발생되는 경우는 드물며, 남성에 비해 여성의 유병률이 더 높다.
③ 병적 도벽이 있는 사람들은 훔치고 싶은 충동을 억제하고자 하며, 이런 행동이 잘못되고 비상식적이라는 점을 인식하고 있다. 체포될 것을 염려하거나 우울 및 죄책감을 느낀다.
④ 세로토닌, 도파민과 관련한 신경전달물질의 경로가 병적 도벽과 관련된다. 그 외 뇌의 특정 부분의 손상, 전두엽의 대뇌피질 퇴화, 뇌측실의 증대가 보고되고 있다.

> **학습 Plus 병적 도벽의 진단기준**
>
> A. 개인적인 용도로 쓸모가 없거나 금전적으로 가치가 없는 물건을 훔치려는 충동을 저지하는 데 반복적으로 실패한다.
> B. 훔치기 직전에 고조되는 긴장감이 나타난다.
> C. 훔쳤을 때의 기쁨, 만족감 또는 안도감이 있다.
> D. 훔치는 행위를 분노나 복수를 표현하거나 망상이나 환각에 대한 반응으로 하는 것이 아니다.
> E. 훔치는 행위가 품행장애, 조증 삽화 또는 반사회성 성격장애로 더 잘 설명되지 않는다.

핵심 14 물질 관련 및 중독장애 (Substance-Related and Addictive Disorders)

물질 관련 및 중독장애는 물질장애와 비물질 관련 장애로 구분된다.

〈물질 관련 및 중독장애의 유형과 특징〉

유형	특징
물질장애	10가지 서로 다른 종류의 약물을 포함: 알코올, 카페인, 대마, 환각제, 흡입제, 아편계, 진정제, 수면제 또는 항불안제, 자극제, 담배 등의 기타 물질
비물질 관련 장애	도박중독이 대표적임: 개인, 가족 그리고 직업적 장애를 유발하는 지속적이고 반복적인 부적응적 도박 행동을 보임.

1 알코올 사용 장애(Alcohol Use Disorder)

① 알코올 사용 장애는 금단, 내성, 갈망이 포함된 행동과 신체증상을 특징으로 한다.
② 알코올 금단은 과도하게 장기간 사용하던 음주를 중단하거나 양을 줄인지 4~12시간 정도 후 금단증상들이 나타나는 것이 특징이다.
③ 알코올로 인한 금단증상은 불쾌하고 강렬하기 때문에 부작용에도 불구하고 금단증상들을 피하거나 경감시키기 위해 음주를 지속하게 된다.

학습 Plus 알코올 사용 장애의 진단기준

임상적으로 현저한 손상이나 고통을 일으키는 문제적 알코올 사용 양상이 지난 12개월 사이에 다음의 항목 중 최소한 2개 이상으로 나타난다.

A. 알코올을 흔히 예상했던 것보다 더 많은 양 또는 더 오랜 기간 마신다.
B. 알코올 사용을 줄이거나 통제하려는 노력을 지속적으로 기울이지만 매번 실패한다.
C. 알코올을 섭취하고 그 효과로부터 회복하는 데 많은 시간을 허비한다.
D. 알코올을 마시고 싶은 갈망이나 강렬한 욕구를 지닌다.
E. 반복적인 알코올 사용으로 인해서 직장, 학교나 가정에서의 주된 역할 의무를 수행하지 못한다.
F. 알코올의 효과에 의해서 사회적 또는 대인관계적 문제가 초래되거나 악화되는 문제가 반복됨에도 불구하고 지속적으로 알코올을 사용한다.
G. 알코올 사용으로 인해서 중요한 사회적, 직업적 또는 여가 활동을 포기하거나 감소한다.
H. 신체적 위험이 존재하는 상황에서도 반복적으로 알코올을 사용한다.
I. 알코올에 의해서 초래되거나 악화될 수 있는 지속적인 신체적 또는 심리적 문제가 있음을 알면서도 알코올 사용을 계속한다.

J. 내성(tolerance)이 다음 중 하나의 방식으로 나타난다.
   (1) 중독이 되거나 원하는 효과를 얻기 위해서 현저하게 증가된 양의 알코올이 필요하다.
   (2) 같은 양의 알코올을 지속적으로 사용함에도 그 효과는 현저하게 감소한다.
K. 금단(withdrawal)이 다음 중 하나의 방식으로 나타난다.
   (1) 알코올의 특징적인 금단 증후군이 나타난다.
   (2) 금단증상을 감소하거나 피하기 위해서 알코올(또는 관련 물질)을 마신다.

2 알코올 중독(Alcohol Intoxication)

① 알코올 중독의 필수적인 증상은 임상적으로 심각한 문제적 행동 변화 및 심리적 변화(예: 부적절한 성적 혹은 공격적 행동, 기분의 가변성, 판단력 손상)가 알코올을 섭취하는 동안 혹은 직후에 나타난다.

② 알코올 중독은 흔히 중독의 경과 중에 발생하는 사건에 대한 일시적 기억상실과 관련된다. 이 현상은 혈중 알코올 농도가 높을 때 나타나고, 알코올 농도가 떨어지면서 점차 우울해지고 위축되며 인지 손상이 생긴다.

③ 알코올 중독은 자살행동의 주요 원인이 되며, 알코올에 중독되어 있을 때 자살행동 발생률이 높아질 뿐 아니라 자살완수율도 높아진다.

학습 Plus 알코올 중독의 진단기준

A. 최근에 알코올 섭취가 있다.
B. 알코올을 섭취하는 동안 또는 그 직후에 임상적으로 심각한 문제적 행동 변화 및 심리적 변화가 발생한다.
C. 알코올을 사용하는 동안 또는 그 직후에 다음 징후 혹은 증상 중 한 가지(혹은 그 이상)가 나타난다.
   1. 불분명한 언어
   2. 운동 실조
   3. 불안정한 보행
   4. 안구진탕
   5. 집중력 또는 기억력 손상
   6. 혼미 또는 혼수
D. 징후 및 증상은 다른 의학적 상태로 인한 것이 아니며, 다른 물질 중독을 포함한 다른 정신질환으로 더 잘 설명되지 않는다.

④ 알코올 중독은 유전적인 성향이 크게 작용한다. 부모가 알코올 중독자인 경우, 알코올 중독자가 될 확률이 4배 이상 높고 일란성 쌍둥이의 경우, 이란성에 비해 2배 정도 높다.

⑤ 뇌 안의 보상중추 혹은 쾌락 경로를 활성화시킨다고 알려져 있다. 이런 쾌락 경로 내에

서 핵심적인 신경전달물질은 도파민이다.
⑥ 정신분석적 입장에서는 알코올 중독자들이 구강기에 고착되어 있으며, 의존적이고 피학적인 구강기의 성격을 지니고 있다고 본다.
⑦ 긴장감소이론에서는 스트레스 상황에서 긴장 완화 목적으로 술을 마시다보면 불안이나 긴장, 죄의식 등이 감소하는 것을 반복적으로 경험하게 되고 술을 먹는 행동이 강화되어 술을 마시게 된다고 본다.
⑧ 인지적 관점에서는 알코올에 대한 인지적 기대(cognitive expectation)가 음주에 영향을 미치는 중요한 변인이 된다고 본다.
⑨ 옐리네크(Jellinek)는 알코올 중독의 단계를 네 단계로 제시하였다.

- 1단계-전 알코올 증상단계(pre-alcoholic phase): 사교적 목적으로 음주를 즐기기 시작하는 단계이다. 음주를 하는 대부분의 사람이 경험하는 초기단계로, 음주를 통해 긴장이 해소되고 대인관계가 원활해지는 등의 긍정적인 효과를 경험한다.
- 2단계-전조단계(prodromal phase): 술에 대한 긍정적인 이점과 매력이 상승하여 음주량과 음주하는 횟수가 증가하는 단계이다. 마시더라도 과음을 하며, 음주 동안 발생했던 일들에 대해 종종 망각을 하게 된다.
- 3단계-결정적 단계(crucial phase): 술에 대한 자기조절력을 서서히 상실하게 되는 단계이다. 빈번히 술을 마심으로써 직장 및 가정 생활, 대인관계에 있어 여러 가지 부적응적인 문제들을 초래한다.
- 4단계-만성단계(chronic phase): 술에 대한 자기통제력을 완전히 상실하게 되며, 내성과 금단증상을 경험하는 단계이다. 술을 계속해서 마심으로써 여러 신체 질환을 앓고, 만성적 알코올 중독은 생활 전반에 있어 매우 심각한 문제에 놓이게 된다.

학습 Plus 중독의 행동변화단계이론(Prochaska & Diclemente)

- 숙고 전(precontemplation) 단계: 자신에게 행동문제가 없다고 생각한다. 아직 변화에 대해 생각하지 않는다. 현재 행동문제에 대한 인식이 부족한 상태이다.
- 숙고(contemplation)단계: 행동문제에 대한 변화를 생각해 보기도 하지만 동시에 변화에 대한 생각을 거부하기도 한다. 행동문제에 대한 염려와 변화의 가능성을 인정하지만, 양가감정을 지니고 있어 변화를 확신하지 않는다.
- 준비(preparation)단계: 변화하는 쪽으로 많이 기울어졌고 문제행동을 더 이상 하지 않겠다는 생각을 진지하게 한다. 마음을 굳건히 하고 변화 계획을 세우지만, 여전히 무엇을 해야 할지 생각하며 준비 중이다.
- 실행(action)단계: 행동문제가 더 이상 일어나지 않도록 조치를 취한다. 바람직하고 적응적인 행동 습관을 갖기 위해 상당한 노력이 필요하다. 적극적으로 변화를 보이고 있지만, 안정 상태에는 아직 도달하지 않은 단계이다.

- 유지(maintenance)단계: 문제행동이 중단되는 등 초기목표를 달성하게 된다. 재발 방지를 위한 전략을 찾아내고 사용함으로써 예전의 습관으로 돌아가지 않도록 하며 변화된 행동을 유지하도록 노력한다.

3 알코올 금단(Alcohol Withdrawal)

① 알코올 금단의 필수적인 특징은 많은 양의 알코올을 지속적으로 사용하다가 중단한(혹은 감량한) 후 수 시간 혹은 수일 이내에 특징적인 금단 증후군이 나타나는 것이다.
② 알코올 금단이 발생한 개인의 10%는 극심한 증상(예: 심한 자율신경계 항진, 떨림, 알코올 금단 섬망)을 나타낼 수 있고, 대발작은 3% 미만에서 나타난다.

> **학습 Plus 🏥 알코올 금단의 진단기준**
> A. 알코올을 과도하게 장기적으로 사용하다가 중단(혹은 감량)한다.
> B. 알코올을 사용하다가 중단(혹은 감량)한 지 수 시간 혹은 수일 이내에 다음 항목 중 2가지(혹은 그 이상)가 나타난다.
>   1. 자율신경계 항진(예: 발한 또는 분당 100회 이상의 빈맥)
>   2. 손 떨림 증가
>   3. 불면
>   4. 오심 또는 구토
>   5. 일시적인 시각적·촉각적·청각적 환각이나 착각
>   6. 정신운동 초조
>   7. 불안
>   8. 대발작

4 비물질 관련 장애: 도박장애(Gambling Disorder)

① 도박장애는 뇌 보상 중추에서 도파민의 과잉 활동성을 경험한다고 알려져 있다. 병적 도박자의 경우 자극을 추구하고 모험적이며 충동적인 활동을 즐기는 심리적 특성을 지닌다.
② 스트레스를 받을 시 도박을 하게 되는데, 교감신경계의 활성화로 주관적 흥분감이 증가하여 기분이 좋아지고, 고통스러운 부정적 정서 상태에서 벗어나게 되면서 도박을 자주 접하게 된다.
③ 병적 도박자의 경우 도박을 중단하면 안절부절못하고 우울해지거나 과민하고 집중력이 저하되는 금단증상을 보인다.

> **학습 Plus** 도박장애의 진단기준
>
> A. 지속적이고 반복적인 문제적 도박 행동이 임상적으로 현저한 손상이나 고통을 일으키고 지난 12개월 동안 다음의 항목 중 4개(또는 그 이상)가 나타난다.
>   1. 원하는 흥분을 얻기 위해 액수를 늘리면서 도박하려는 욕구
>   2. 도박을 줄이거나 중지시키려고 하면 안절부절못하거나 과민해짐
>   3. 도박을 조절하거나 줄이거나 중지시키려는 노력이 계속 실패함
>   4. 종종 도박에 집착하게 됨(승산 예상 및 계획, 도박에 이길 방법 몰두 등)
>   5. 괴로움을 느낄 때 도박을 함
>   6. 도박으로 돈을 잃은 다음에 만회하기 위해 다음 날 도박판에 되돌아감
>   7. 도박을 했다는 것을 숨기기 위해 가족, 치료자 또는 타인에게 거짓말을 함
>   8. 도박으로 인해 주요 관계가 위태로워지거나 일자리, 교육 및 직업적 기회 상실 또는 위기에 처함
>   9. 도박으로 야기된 절망적인 재정 상태에서 벗어나기 위해 돈 조달을 남에게 의존함
> B. 도박 행동이 조증 삽화로 더 잘 설명되지 않는다.
>
> 현재의 심각도를 명시할 것:
>   경도: 4~5개의 진단기준을 만족한다.
>   중등도: 6~7개의 진단기준을 만족한다.
>   고도: 8~9개의 진단기준을 만족한다.

핵심 15 신경인지장애(Neurocognitive Disorders)

1 주요 신경인지장애(Major Neurocognitive Disorder)

① 한 가지 이상의 인지적 영역(복합 주의, 실행 기능, 학습 및 기억, 지각-운동 기능 또는 사회적 인지)에서 과거 수행 수준에 비해 심각한 인지적 저하가 나타나는 경우를 말한다.

② 이러한 인지적 손상으로 인해 일상생활을 독립적으로 영위하기 힘들 경우에 주요 신경인지장애로 진단된다.

③ 하나의 영역에서 점차적인 감소를 나타내는 사람도 진단 내릴 수 있으므로 치매(dementia)보다 더 넓은 범위를 포함한다고 할 수 있다.

④ 알츠하이머 질환, 뇌혈관 질환, 충격에 의한 뇌손상, HIV 감염, 파킨슨 질환 등과 같은 다양한 질환에 의해 유발될 수 있다.

2 경도 신경인지장애(Minor Neurocognitive Disorder)

① 주요 신경인지장애에 비해 증상의 심각도가 경미한 경우를 말한다. 즉, 인지적 영역 중 하나 이상의 영역에서 약간의 저하가 나타나는 것을 뜻한다.
② 과거 수행 수준에 비해 인지적 저하가 상당하지만, 이로 인해 일상생활을 독립적으로 영위할 수 있는 능력이 저해되지 않는 경우를 말한다.
③ 주요 신경인지장애와 마찬가지로 알츠하이머 질환, 뇌혈관 질환, 충격에 의한 뇌손상, HIV 감염, 파킨슨 질환 등과 같은 다양한 질환에 의해 유발될 수 있다.
④ DSM-IV에서 달리 세분되지 않는 인지장애(Cognitive Disorder NOS)에 포함되었던 경미한 인지 손상에서 독립되었다.

3 섬망(Delirium)

① 의식이 혼미해지고 주의집중 및 전환 능력이 크게 감소하며, 기억, 언어, 현실 판단 등의 인지 기능에 일시적인 장애가 나타나는 경우를 말한다.
② 핵심 증상으로는 주의장애와 각성 저하이다. 이는 단기간(몇 시간에서 며칠)에 발생하여 악화되며, 하루 중에도 그 심각도가 변할 수 있다. 대개 몇 시간에서 며칠 정도 짧은 기간에 걸쳐 발생하고 보통 저녁과 밤에 상태가 가장 나쁘고 뒤이어 불면증이 따른다.
③ 노년기에 흔히 나타나는 인지장애의 하나로, 과도한 약물복용이나 신체적 질병(예: 간 질환, 당뇨, 뇌수막염)의 직접적 결과로 발생했다는 명백한 근거가 있을 때 진단된다.

> **학습 Plus** 섬망의 진단기준
>
> A. 주의의 장애(즉, 주의를 기울이고, 집중, 유지 및 전환하는 능력 감소)와 의식의 장애(환경에 대한 지남력 감소)
> B. 장애는 단기간(대개 몇 시간이나 며칠)에 걸쳐 발생하고, 기저 상태의 주의와 의식으로부터 변화를 보이며, 하루 경과 중 심각도가 변동하는 경향이 있다.
> C. 부가적 인지장애(예: 기억 결손, 지남력장애, 언어, 시공간 능력 또는 지각)
> D. 진단기준 A와 C의 장애는 이미 존재하거나, 확진되었거나, 진행 중인 다른 신경인지장애로 더 잘 설명되지 않고, 혼수와 같이 각성 수준이 심하게 저하된 상황에서는 일어나지 않는다.
> E. 병력, 신체검진 또는 검사 소견에서 장애가 다른 의학적 상태, 물질 중독이나 금단(즉, 남용약물 또는 치료약물로 인한), 독소 노출로 인한 직접적·생리적 결과이거나 또는 다중 병인 때문이라는 증거가 있다.

핵심 16   성격장애(Personality Disorder)

1 성격장애의 특징과 진단기준

① 성격장애(Personality Disorder)란 성격 패턴이 완고하고 부적응적이어서 개인의 사회적·직업적 기능에 유의한 장애가 생기는 경우를 의미한다.
② 대개 현실검증력의 손상이 나타나지는 않으나 다른 정신장애 동반 가능성이 있기에 증상의 특성에 따라 심각성이 상이할 수 있다.
③ 성격장애는 보통 청소년기나 성인기 초기에 두드러지며, 고정된 행동 양식이 융통성이 없고 개인생활과 사회생활 전반에 넓게 퍼져 있다.
④ 성격장애(Personality Disorder)로 진단되기 위해서는 다음의 조건이 충족되어야 한다.
- 개인의 지속적인 내적 경험과 행동 양식이 그가 속한 사회의 문화적 기대에서 심하게 벗어나야 한다(인지, 정동, 대인관계 기능 및 충동조절 중 2개 이상의 영역에서 나타나야 한다).
- 고정된 행동 양식이 융통성이 없고 개인생활과 사회생활 전반에 넓게 퍼져 있어야 한다.
- 고정된 행동 양식이 사회적, 직업적 및 다른 중요한 영역에서 심각한 고통이나 기능의 장애를 초래해야 한다.

학습 Plus 　일반적 성격장애의 진단기준

A. 내적 경험과 행동의 지속적인 유형이 개인이 속한 문화에서 기대되는 바로부터 현저하게 편향되어 있다. 이러한 형태는 다음 중 2가지(또는 그 이상)에서 나타난다.
  1. 인지(즉, 자신과 다른 사람 및 사건을 지각하는 방법)
  2. 정동(즉, 감정 반응의 범위, 불안정성, 적절성)
  3. 대인관계 기능
  4. 충동조절
B. 지속적인 유형이 개인의 사회 상황의 전 범위에서 경직되어 있고 전반적으로 나타난다.
C. 지속적인 유형이 사회적, 직업적 또는 다른 중요한 기능영역에서 임상적으로 현저한 고통이나 손상을 초래한다.
D. 유형은 안정적이고 오랜 기간 동안 있어 왔으며 최소한 청년기 혹은 성인기 초기부터 시작된다.
E. 지속적인 유형이 다른 정신질환의 현상이나 결과로 더 잘 설명되지 않는다.
F. 지속적인 유형이 물질(예: 남용약물, 치료약물)의 생리적 효과나 다른 의학적 상태(예: 두부 손상)로 인한 것이 아니다.

2 성격장애의 분류

① A군 성격장애(Cluster A Personality Disorder): 사회적으로 고립되어 있고 기이한 성격특성을 나타낸다. 편집성 성격장애, 조현성 성격장애, 조현형 성격장애가 있다.
② B군 성격장애(Cluster B Personality Disorder): 정서적이고 극적인 성격특성을 나타내며, 반사회성 성격장애, 연극성 성격장애, 자기애성 성격장애, 경계성 성격장애가 있다.
③ C군 성격장애(Cluster C Personality Disorder): 불안하고 두려움을 많이 느끼며, 회피성 성격장애, 의존성 성격장애, 강박성 성격장애가 있다.

3 주요 성격장애의 임상적 특징

1) A군 성격장애

① 편집성 성격장애(Paranoid Personality Disorder)
- 주요 특징은 타인에 대한 강한 불신과 의심을 지니고 적대적인 태도를 보인다.
- 충분한 근거 없이 다른 사람이 자신을 착취하고 위해를 가하고 속인다고 믿고, 자신에 대해 음모를 꾸미고 이유 없이 자신을 공격할 것이라고 의심한다.

> **학습 Plus 편집성 성격장애의 진단기준**
>
> 다른 사람의 동기를 악의가 있는 것으로 해석하는 등 타인에 대한 전반적인 불신과 의심이 있으며, 이는 성인기 초기에 시작되며 여러 상황에서 나타나고 다음 중 4가지(또는 그 이상)로 나타난다.
> 1. 충분한 근거 없이 다른 사람이 자신을 관찰하고 해를 끼치고 기만한다고 의심함
> 2. 친구들이나 동료들의 충정이나 신뢰에 대한 근거 없는 의심에 사로잡혀 있음
> 3. 어떠한 정보가 자신에게 나쁘게 이용될 것이라는 잘못된 두려움 때문에 다른 사람에게 비밀을 털어놓기를 꺼림
> 4. 보통 악의 없는 말이나 사건에 대해 자신의 품위를 손상하는 또는 위협적 의미가 있는 것으로 해석함
> 5. 지속적으로 원한을 품는다. 즉, 모욕이나 상처 줌 혹은 경멸을 용서하지 못함
> 6. 다른 사람에겐 분명하지 않은 자신의 성격이나 평판에 대한 공격으로 지각하고 곧 화를 내고 반격함
> 7. 정당한 이유 없이 애인이나 배우자의 정절에 대해 반복적으로 의심함

- 부모로부터 자신과 타인에 대해 좋지 못한 태도를 내재화하여 역기능적 신념을 뿌리 깊이 지니고 있다(예: '사람들은 다 악의적이다.' '사람들은 나에게 위협이 된다.' '내가 경계하지 않으면 사람들한테 당할 수 있다.').
- 치료 시 다른 사람들의 말과 행동에 대해 왜곡된 해석을 하지 않고 보다 객관적이고 현실적인 해석을 하도록 도와주고 다른 사람의 관점을 수용하고 인식할 수 있

도록 한다.
- 불신적이고 적대적인 경향으로 인해 치료적 관계형성이 매우 어렵다. 내담자에게 방어적으로 반응하기보다 솔직하고 개방적인 자세로 신뢰감을 심어 주는 것이 중요하다.

② 조현성 성격장애(Schizoid Personality Disorder)
- 주요 특징은 사회적 관계에서 고립되어 있고 대인관계 상황에서 감정표현이 제한되어 있다.
- 친밀감에 대한 욕구가 부족하고 친밀한 관계를 맺는 것에 대해서도 무관심하며 가족이나 다른 사회 집단과 어울리는 것에 대해 별다른 흥미나 만족감을 느끼지 못한다.

> **학습 Plus** 조현성 성격장애의 진단기준
>
> 다양한 형태의 사회적 유대로부터 반복적으로 유리되고, 대인관계에서 제한된 범위의 감정표현이 전반적으로 나타나며, 이러한 양상이 성인기 초기에 시작되며, 여러 상황에서 나타나고 다음 중 4가지(또는 그 이상)로 나타난다.
> 1. 가족과의 관계를 포함해서 친밀한 관계를 바라지 않고 즐기지도 않음
> 2. 항상 혼자서 하는 행위를 선택함
> 3. 다른 사람과의 성적 경험에 대한 관심이 없음
> 4. 거의 모든 분야에서 즐거움을 취하려고 하지 않음
> 5. 일차 친족 이외에 친한 친구가 없음
> 6. 다른 사람의 칭찬이나 비난에 무관심함
> 7. 감정적 냉담, 유리 혹은 단조로운 정동의 표현을 보임

- 흔히 직업적 적응에 어려움을 겪게 되며, 특히 대인관계가 요구되는 업무는 잘 수행하지 못한다.
- 인생의 목표가 없는 듯이 무기력한 삶을 살아가며, 특히 강한 스트레스에 직면하면 짧은 기간 동안 정신증적 증상을 나타내거나 망상장애, 조현병으로 발전하기도 한다.
- 아동기와 청소년기부터 그 징후를 나타내는 경향이 있으며, 사회적 고립, 빈약한 친구관계, 제한된 감정 반응, 학교 성적 저하 등이 나타난다.
- 심리치료를 받으려고 하지 않기 때문에 치료적 관계를 맺기가 쉽지 않다. 치료자가 적극적이고, 참을성 있고, 비침투적이어야 하며, 환자의 사생활을 존중해야 한다. 역할 연기, 노출 기법 등을 사용하여 구체적인 사회기술을 가르칠 수 있다.

③ 조현형 성격장애(Schizotypal Personality Disorder)
- 주요 특징은 사회적으로 고립되어 있으며, 기이한 생각이나 행동을 보여 대인관계 및 사회적 적응에 손상을 초래한다.
- 감정표현이 매우 단조롭고 대인관계에서 상황적인 단서를 파악하는 능력이 떨어지고 부적절하고 제한된 방식으로 관계를 맺는 경향이 있다.

> **학습 Plus 조현형 성격장애의 진단기준**
>
> 친분관계를 급작스럽게 불편해 하고 그럴 능력의 감퇴, 인지 및 지각의 왜곡, 행동의 괴이성으로 구별되는 사회적 및 대인관계 결함의 광범위한 형태로, 성인기 초기에 시작되며 여러 상황에서 나타나고 다음 중 5가지(또는 그 이상)로 나타난다.
> 1. 관계사고(심한 망상적인 관계망상은 제외)
> 2. 행동에 영향을 주며, 하위문화권의 기준에 맞지 않는 이상한 믿음이나 마술적인 사고를 갖고 있음(예: 미신, 천리안, 텔레파시 또는 육감 등에 대한 믿음, 아동이나 청소년에서는 기이한 공상이나 생각에 몰두하는 것)
> 3. 신체적 착각을 포함한 이상한 지각 경험
> 4. 이상한 생각이나 말을 함(예: 모호하고, 우회적, 은유적, 과장적으로 수식된, 상동적인)
> 5. 의심하거나 편집성 사고
> 6. 부적절하고 제한된 정동
> 7. 기이하거나 편향되거나 괴이한 행동이나 외모
> 8. 일차 친족 이외에 친한 친구나 측근이 없음
> 9. 친하다고 해서 불안이 감소되지 않으며 자신에 대한 부정적인 판단보다는 편집증적 두려움과 관계되어 있는 과도한 사회적 불안

- 다른 성격장애보다 심각한 사회적 부적응을 경험하며, 심한 스트레스를 받으면 일시적으로 정신증적 증상을 나타내기도 한다.
- 초자연적인 현상에 몰두하면서 다른 사람과는 다른 특별한 능력이 있다고 믿고 타인을 통제할 수 있는 마술적 힘을 갖고 있다고 생각한다.
- 도파민의 과활성화, 뇌실 확장, 측두엽 축소와 회백질 손실 등과 같은 조현병의 생물학적 요인들이 조현형 성격장애에서도 발견되고 있다.
- 심리치료에서는 이들이 세상과 연결될 수 있도록 도와줄 필요가 있고 과도한 자극을 줄여 주고, 외로움, 소외감 등의 감정을 잘 인식하게끔 도와주어야 한다.
- 비정상적인 사고나 지각을 객관적으로 평가하도록 가르치고, 말하기 연습, 사회기술 훈련, 옷입기, 매너와 같은 일상생활 기술훈련이 필요하다.

2) B군 성격장애

① 반사회성 성격장애(Antisocial Personality Disorder)
- 주요 특징은 사회의 규범이나 법을 지키지 않으며, 무책임하고 폭력적인 행동으로 인해 사회적 부적응을 초래한다.
- 타인의 재산을 파괴하고, 다른 사람을 괴롭히고, 훔치고, 불법적인 일을 지속적으로 감행하는 등의 반사회적 행동에 연루된다.

> **학습 Plus 반사회성 성격장애의 진단기준**
>
> 15세 이후에 시작되고 다음과 같이 다른 사람의 권리를 무시하는 행동 양상이 있고 다음 중 3가지(또는 그 이상)를 충족한다.
> 1. 체포의 이유가 되는 행위를 반복하는 것과 같이 법적 행동에 관련된 사회적 규범에 맞추지 못함
> 2. 반복적으로 거짓말을 함. 가짜 이름 사용. 자신의 이익이나 쾌락을 위해 타인을 속이는 사기성이 있음
> 3. 충동적이거나 미리 계획을 세우지 못함
> 4. 신체적 싸움이나 폭력 등이 반복됨으로써 나타나는 불안정성 및 공격성
> 5. 자신이나 타인의 안전을 무시하는 무모성
> 6. 일정한 직업을 갖지 못하거나 혹은 당연히 해야 할 재정적 의무를 책임감 있게 다하지 못하는 등의 지속적인 무책임성
> 7. 다른 사람을 해하거나 학대하거나 다른 사람의 것을 훔치는 것에 대해 아무렇지도 않게 느끼거나 이를 합리화하는 등 양심의 가책이 결여됨
>
> 최소 18세 이상이어야 한다.
> 15세 이전에 품행장애가 시작된 증거가 있다.

- 15세 이전부터 품행장애를 나타낸 증거가 있어야 한다. 아동기나 청소년기부터 폭력, 거짓말, 절도, 결석이나 가출 등의 문제행동을 나타낸다.
- 전두엽 기능 결함으로 인해 뭔가를 계획하고 현실적인 책략을 실행하는 능력이 저하되어 있으며, 자율신경계/중추신경계의 낮은 각성으로 인해 보통 사람들에 비해 불안을 덜 느낀다.
- 치료 시 대부분 법원의 명령이나 타인에 의해 강제로 의뢰되는 경우가 많다. 치료에 대한 동기가 적으므로 치료가 어렵다.
- 거짓말과 속임수를 사용하기 때문에 이들에 대해 정확한 정보를 얻으려면 주변 사람들의 면담에서 얻은 정보와 통합하는 것이 필요하다. 때로 법적인 면책이나 현실적 이득을 위해 치료에 적극적으로 임하는 듯한 태도를 위장하여 나타내는 경우가 있으므로 주의해야 한다.
- 권위적 인물에 대해 저항하는 경향이 있으므로 치료자는 중립적이고 수용적인 태

도를 유지하며 치료적 관계를 형성하는 것이 중요하다.

② 연극성 성격장애(Histrionic Personality Disorder)
- 주요 특징은 타인의 애정과 관심을 끌기 위한 지나친 노력과 과도한 감정표현이다.
- 인지처리 방식이 지나치게 인상적이어서 말을 할 때 세밀함과 논리가 부족하고, 산만하며 사실이나 객관적인 정보가 결여되어 있다.

> **학습 Plus 연극성 성격장애의 진단기준**
>
> 과도한 감정선과 주의를 끄는 광범위한 형태로 이는 성인기 초기에 시작되며 여러 상황에서 나타나고 다음 중 5가지(또는 그 이상)로 나타난다.
> 1. 자신이 관심의 중심에 있지 않는 상황을 불편해 함
> 2. 다른 사람과의 관계 행동이 자주 외모나 행동에서 부적절하게 성적, 유혹적 내지 자극적인 것으로 특징지어짐
> 3. 감정이 빠른 속도로 변화하고 피상적으로 표현됨
> 4. 자신에게 관심을 집중시키기 위해 지속적으로 외모를 사용함
> 5. 지나치게 인상적이고 세밀함이 결여된 형태의 언어 사용
> 6. 자기극화, 연극성 및 과장된 감정의 표현을 보임
> 7. 피암시적임. 즉, 다른 사람이나 상황에 쉽게 영향을 받음
> 8. 실제보다 더 가까운 관계로 생각함

- 타인의 관심을 끌고 사랑과 인정을 받고 싶은 강렬한 욕구가 있다. 각별한 관심을 받지 못할 경우 우울하거나 불안해 하는 경향이 있다.
- 상대방을 감정적으로 조종하거나 유혹적인 태도를 이용해서 통제하려고 하고 또 어떤 때는 상대방에게 지나치게 의존적인 모습을 보이기도 한다.
- 사랑받지 못한다는 감정과 버려지는 것에 대한 두려움을 방어하기 위해 연극적으로 행동하면서 다른 사람들이 자신을 적극 도와주도록 하는 위기 상황을 만들어 내는 것을 배우게 된다.
- 자신의 기저 감정을 잘 의식하지 못하기 때문에 내적 감정을 명료화하는 것이 중요한 치료 과정이 된다.
- 치료자를 기쁘게 할 의도로 통찰을 얻은 것처럼 행동하고 변화할 것처럼 행동할 수 있으나 실제 변화로 이어지지 않고 있기에 주의가 필요하다.

③ 자기애성 성격장애(Narcissistic Personality Disorder)
- 주요 특징은 자신에 대한 과장된 평가로 인한 특권 의식을 지니고 타인에게 착취

적인 태도를 보이며 요구적인 행동으로 나타난다.
- 다른 사람들의 성공과 경제적 성공을 시기하고 자기가 더 성취해야 하며, 숭배와 특권을 받을 자격이 있다고 생각한다.
- 외적으로 드러나는 것과 달리 실제 자존감은 취약해서 비판이나 패배로 인한 상처에 매우 민감하다.
- 대상관계이론에서는 유아기에 자기상에 대한 심한 좌절 경험을 할 경우 자기애적 손상(narcissitic injury)이 일어나 병적인 자기애가 발생한다고 본다.
- 정신분석적 입장에서는 어린 시절에 냉담하고 거부적인 부모에게서 성장한 사람들에게서 나타난다고 보고, 근본적인 취약성과 방어를 인식하고 통찰하도록 돕는다.
- 인지치료에서는 자기중심적인 사고와 감정에 초점을 맞추고 다른 사람의 의견을 수용하고 공감능력을 길러 주는 것을 초점으로 한다.
- 자신의 취약점을 인식하기 어렵고 타인의 평가나 피드백을 수용하지 않으려고 하기 때문에 치료의 예후가 낮은 편이다.

학습 Plus 자기애성 성격장애의 진단기준

과대성(공상 또는 행동성), 숭배에의 요구, 감정이입의 부족이 광범위한 양상으로 있고 이는 청년기에 시작되며 여러 상황에서 나타나고, 다음 중 5가지(또는 그 이상)로 나타난다.
1. 자신의 중요성에 대해 과대한 느낌을 가짐(예: 성취와 능력에 대해 과장한다. 적절한 성취 없이 특별대우 받기를 기대한다)
2. 무한한 성공, 권력, 명석함, 아름다움, 이상적인 사람과 같은 공상에 몰두함
3. 자신의 문제는 특별하고 특이해서 다른 특별한 높은 지위의 사람(또는 기관)만이 그것을 이해할 수 있고 또는 관련해야 한다는 믿음
4. 과도한 숭배를 요구함
5. 특별한 자격이 있는 것 같은 느낌을 가짐(즉, 특별히 호의적인 대우를 받기를, 자신의 기대에 대해 자동적으로 순응하기를 불합리하게 기대한다)
6. 대인관계에서 착취적임(즉, 자신의 목적을 달성하기 위해서 타인을 이용한다)
7. 감정이입의 결여: 타인의 느낌이나 요구를 인식하거나 확인하려고 들지 않음
8. 다른 사람을 자주 부러워하거나 다른 사람이 자신을 시기하고 있다는 믿음
9. 오만하고 건방진 행동이나 태도

학습 Plus 외현적 자기애와 내현적 자기애

- 외현적 자기애(overt narcissism): 제삼자가 객관적으로 관찰할 수 있을 정도로 자기애적 속성이 외적으로 드러나는 경우이다. 자신만만하고 외향적이며 타인의 반응에 개의치 않고 자기주장적인 모습을 나타낸다.

- 내현적 자기애(covert narcissism): 겉으로는 거만한 자기애적 행동특성이 나타나지 않지만 내면에 자기애적 성격특성을 지니고 있는 경우이다. 수줍고 내향적이며 타인의 반응에 매우 민감하고 조심스러운 행동을 나타낸다.

④ 경계성 성격장애(Borderline Personality Disorder)
- 주요 특징은 대인관계, 자아상 및 정동의 불안정성, 충동성이 성인기 초기에 시작되어 광범위한 형태로 여러 상황에서 나타난다.
- 불안정하고 격렬한 대인관계를 보이며, 실제 혹은 상상 속에서 버림받지 않기 위해 애를 쓴다.

학습 Plus ✚ 경계성 성격장애의 진단기준

대인관계, 자아상 및 정동의 불안정성과 현저한 충동성의 광범위한 형태로 성인기 초기에 시작되며 여러 상황에서 나타나고, 다음 중 5가지(또는 그 이상)를 충족한다.
1. 실제 혹은 상상 속에서 버림받지 않기 위해 미친 듯이 노력함
2. 과대이상화와 과소평가의 극단 사이를 반복하는 것을 특징으로 하는 불안정하고 격렬한 대인관계의 양상
3. 정체성 장애: 자기 이미지 또는 자신에 대한 느낌의 현저하고 지속적인 불안정성
4. 자신을 손상할 가능성이 있는 최소한 2가지 이상의 경우에서의 충동성
5. 반복적 자살 행동, 몸짓, 위협 혹은 자해 행동
6. 현저한 기분의 반응성으로 인한 정동의 불안정
7. 만성적인 공허감
8. 부적절하고 심하게 화를 내거나 화를 조절하지 못함
9. 일시적이고 스트레스와 연관된 피해적 사고 혹은 심한 해리 증상

- 거절 민감성(rejection sensitivity)이 높고 스트레스 상황에서 견디는 능력이 떨어져서 욕구가 좌절될 때 자살 행동이나 자해 행동을 보인다.
- 안정된 자아상이 확립되어 있지 않아 예측하기 힘든 다양한 충동적 행동을 나타내며 본인도 자신에 대한 혼란감을 경험한다.
- 사춘기나 청년기에 자아 정체감의 문제를 지닌 사람들이 경계성 성격장애와 유사한 행동을 일시적으로 나타낼 수 있다. 성인기 초기부터 불안정한 모습을 지속적으로 나타내면서 심한 정서적 혼란이나 자해 행위로 인해 간헐적으로 병원에 입원하게 되는 경우를 보인다.
- 생물학적으로는 뇌 편도체의 과잉 반응과 자기통제능력을 담당하는 뇌의 전전두엽의 낮은 활성화를 원인으로 본다.

- 인지적 관점에서는 역기능적인 인지 오류가 이 장애의 핵심에 있다고 본다(예: "나는 힘이 없고 상처받기 쉬운 존재이다." "나는 원래부터 환영받지 못할 존재이다.").
- 충동, 분노 폭발의 조절, 거부에 대한 민감성 감소를 위해 행동치료가 필요하다. 그 외 변증법적 행동치료(Dialectical Behavior Therapy: DBT)가 효과적이다.
- 항정신병 약물은 분노, 적개심, 단기간의 정신병적 삽화가 있을 때 사용한다.

3) C군 성격장애

① 회피성 성격장애(Avoidant Personality Disorder)
- 주요 특징은 타인과의 만남에 대한 불안과 두려움 때문에 사회적 상황을 회피함으로써 적응에 어려움을 보인다.
- 사회관계를 억제하고 부정적 평가를 받는 것에 대해 지나치게 예민한 증상이 청년기에 시작되어 여러 상황에서 전반적으로 나타난다.

> **학습 Plus 회피성 성격장애의 진단기준**
>
> 사회관계의 억제, 부적절감, 부정적 평가에 대한 예민함이 광범위한 양상으로 나타나고 이는 청년기에 시작되며 여러 상황에서 나타나고 다음 중 4가지(또는 그 이상)로 나타난다.
> 1. 비판이나 거절, 인정받지 못함 등 때문에 의미 있는 대인 접촉과 관련되는 직업적 활동을 회피함
> 2. 자신을 좋아한다는 확신 없이는 사람들과 관계하는 것을 피함
> 3. 수치를 당하거나 놀림 받음에 대한 두려움 때문에 친근한 대인관계 이내로 자신을 제한함
> 4. 사회적 상황에서 비판의 대상이 되거나 거절되는 것에 대해 집착함
> 5. 부적절감으로 인해 새로운 대인관계 상황에서 제한됨
> 6. 자신을 사회적으로 부적절하게, 개인적으로 매력이 없는, 다른 사람에 비해 열등한 사람으로 바라봄
> 7. 당황스러움이 드러날까 염려하여 어떤 새로운 일에 관여하는 것, 혹은 개인적인 위험을 감수하는 것을 드물게 마지못해서 함

- 스스로 부적절하다고 느끼고 자신감이 매우 낮기 때문에 새로운 대인관계에서 불편해 하며 어색해 한다.
- 정상적인 사회기술을 잘 습득하지 못하는데다가 사회적 상황을 지속적으로 회피하다 보니 사회적 결함이 개선되지 않는 악순환이 계속된다.
- 기질적으로 수줍고 억제적인 성향을 갖고 있으며, 위험에 대한 생리적 민감성이 높아 타고난 성향과 학습된 것이 성격형성에 작용한다.
- 인지이론에서는 타인에게 비판받는 것에 대한 두려움에 초점을 둔다. 비합리적 신념과 역기능적 사고를 변화시켜 자기상을 고양시킨다.
- 자기주장 기술훈련, 사회기술훈련 등을 통해 사회적 상호작용을 촉진시킨다. 그

외 우울과 불안 증상이 동반될 경우 항불안제와 항우울제가 사회불안을 감소시킨다.

② 의존성 성격장애(Dependent Personality Disorder)
- 주요 특징은 독립적인 생활을 하지 못하고 다른 사람에게 과도하게 의존하거나 보호받으려는 행동이 나타난다.
- 주변의 주요 인물에게 지나치게 의존하기 때문에 자기확신과 자기결정력이 부족하다.
- 매우 수동적이어서 보호자나 주변 인물이 앞장서서 일을 해 주어야 하며 자신의 가장 중요한 부분에 대해 져야 할 책임을 타인에게 전가한다.
- 정신분석적으로 보면 의존성 성격장애를 가진 사람들은 부모의 과잉보호로 인해 구강기에 고착되고, 구강기에 해결되지 않은 갈등이 돌봄 욕구를 불러일으켜 의존성에 취약하게 된다고 본다.
- 인지치료에서는 내담자가 자신의 삶을 스스로 통제할 수 있다는 자신감을 갖도록 한다.
- 행동주의 치료에서는 주장 훈련을 시키고 스스로 무능하다는 생각에 도전하게 하고 결정을 내리거나 자기주장을 할 때 생기는 불안을 견디도록 지지한다.

> **학습 Plus 의존성 성격장애의 진단기준**
>
> 돌봄을 받고자 하는 광범위하고 지나친 욕구가 복종적이고 매달리는 행동과 이별 공포를 초래하며, 이는 청소년기에 시작되며 여러 상황에서 나타나고 다음 중 5가지(또는 그 이상)로 나타난다.
> 1. 타인으로부터의 과도한 많은 충고 또는 확신이 없이는 일상의 판단을 하는 데 어려움을 겪음
> 2. 자신의 생활 중 가장 중요한 부분에 대해 타인이 책임질 것을 요구함
> 3. 지지와 칭찬을 잃는 것에 대한 공포 때문에 타인과의 의견 불일치를 표현하는 데 어려움을 나타냄(주의점: 보복에 대한 현실적인 공포는 포함하지 않는다)
> 4. 계획을 시작하기 어렵거나 스스로 일을 하기가 힘듦(동기나 에너지의 결핍이라기보다는 판단이나 능력에 있어 자신감의 결여 때문임)
> 5. 타인의 돌봄과 지지를 지속하기 위해 불쾌한 일이라도 자원해서 함
> 6. 혼자서는 자신을 돌볼 수 없다는 심한 공포 때문에 불편함과 절망감을 느낌
> 7. 친밀한 관계가 끝나면 자신을 돌봐 주고 지지해 줄 근원으로 다른 관계를 시급히 찾음
> 8. 자신을 돌보기 위해 혼자 남는 데 대한 공포에 비현실적으로 집착함

③ 강박성 성격장애(Obsessive-Compulsive Personality Disorder)
- 주요 특징은 지나치게 완벽주의적이고 세부적인 사항에 집착하며 과도한 성취지

향성과 인색함을 나타낸다.
- 세부사항, 규칙에 지나치게 신경을 쓰고, 정돈, 통제에 집착하기 때문에 유연성과 효율성이 매우 부족하다.
- 인지적으로 경직되어 있고 완고하며 언제나 일이 올바른 방식으로 처리되고 있는지 관심을 보이고 다른 사람의 의견을 잘 받아들이지 않는다.
- 항상 스스로 높은 수행 기준을 가지고 있어 일상생활에서 만족이 낮고 여러 기능에서 문제와 고통을 초래한다.
- 정신분석에서는 항문기 단계의 엄격한 배변훈련으로 이 단계에 고착되어 항문기 성격(anal character)을 가지게 되고, 규칙성, 인색함, 정서적 억제, 자기회의, 강한 도덕의식과 같은 성격을 보인다고 본다.
- 인지치료에서는 이분법적인 사고, 우유부단함, 완벽주의, 인색함과 만성적인 걱정 등을 변화시키는 데 초점을 둔다.

학습 Plus 강박성 성격장애의 진단기준

융통성, 개방성, 효율성을 희생시키더라도 정돈, 완벽, 정신적 통제 및 대인관계의 통제에 지나치게 집착하는 광범위한 양상으로 청년기에 시작되며 여러 상황에서 다음 중 4가지(또는 그 이상)로 나타난다.
1. 내용의 세부 규칙, 목록, 순서, 조직 혹은 스케줄에 집착되어 있어 활동의 중요한 부분을 놓침
2. 완벽함을 보이나 이것이 일의 완수를 방해함
3. 여가 활동이나 친구 교제를 마다하고 일이나 성과에 지나치게 열중함
4. 지나치게 양심적임. 소심함. 도덕 윤리 또는 가치관에 관하여 융통성이 없음
5. 감정적인 가치가 없는데도 낡고 가치 없는 물건을 버리지 못함
6. 자신의 일하는 방법에 대해 정확하게 복종적이지 않으면 일을 위임하거나 함께 일하지 않으려고 함
7. 자신과 타인에 대해 돈 쓰는 데 인색함. 돈을 미래의 재난에 대해 대비하는 것으로 인식함
8. 경직되고 완강함을 보임

02 실력 다지기: 요점정리

- 이상행동은 객관적 관찰과 측정이 가능한 '비정상적'이라고 평가되는 행동이며, 정신장애는 특정한 이상행동의 집합체이다.
- 이상심리학은 이상행동과 정신장애를 과학적으로 연구하는 심리학의 한 분야이다.
- 이상행동과 정신장애는 적응적 기능의 손상, 주관적 불편함, 문화적 규범의 일탈, 통계적 규준의 일탈 등의 기준에 의해 구분된다.
- 이상심리학의 이론에는 정신분석적 입장, 행동주의적 입장, 인지적 입장, 통합적 입장 등이 있다.
- 정신분석적 입장은 이상행동의 원인을 어린 시절의 경험에서 비롯된 갈등이 무의식에 작용하여 영향을 준다고 본다.
- 행동주의적 입장은 인간의 행동은 환경으로부터 학습된 것으로 보며, 이상행동 또한 학습되고 강화된 것으로 생각한다.
- 인지적 입장은 인간을 자신과 세상에 대해 의미를 부여하는 능동적 존재로 보며, 자신이 환경에 부여한 의미 때문에 고통을 받는다고 본다.
- 통합적 입장의 취약성-스트레스 모델은 개인적 특징인 취약성과 심리사회적 스트레스가 상호작용하여 정신장애를 유발한다고 설명한다.
- 통합적 입장의 생물심리사회적 모델은 탈이론적 입장으로, 생물학적·심리적·사회적 요인을 종합적으로 고려해야 한다는 입장이다.
- 연구 및 임상 장면에서 가장 널리 사용되는 정신장애 분류체계는 DSM과 ICD-10이 있다.
- DSM은 심리적 증상과 증후군을 위주로 한 진단기준을 제시한 것으로, 여러 번의 개정을 거쳐 2013년 5월에 개정 5판인 DSM-5가 출간되었다.
- 임상적 유용성·타당성이 부족하다는 비판에 따라 DSM-IV에 제시되었던 다축진단체계는 폐기되었다.
- 범주적 분류란 이상행동이 정상행동과는 질적으로 구분되며, 정상행동과는 명백한 차이점을 보인다는 가정에 근거한다. 반면, 차원적 분류는 정상행동과 이상행동의 구분이 부적응성의 정도 차이일 뿐 질적인 차이는 없다는 가정에 근거한다.
- DSM-IV는 정신장애를 범주로 분류하였으나, DSM-5에서는 차원적 평가를 도입한 혼합 모델을 제

- 시하였다.
- 조현병 스펙트럼 및 기타 정신병적 장애에는 조현, 조현양상장애, 조현정동장애, 망상장애, 단기 정신병적 장애, 긴장증, 물질/치료약물로 유발된 정신병적 장애, 달리 명시된 조현병 스펙트럼 및 기타 정신병적 장애가 있다.
- 조현병(Schizophrenia)에서 나타나는 증상은 양성증상(망상, 환각, 와해된 언어, 와해된 행동, 긴장성 행동)과 음성증상(정서적 둔마, 무의욕증, 무언어증, 무쾌락증, 비사회성)으로 구분되며, 증상이 6개월 이상 지속된다.
- 조현병은 뇌의 구조적 이상과 전두엽 피질의 신진대사 저하와 관련된 것으로 알려져 있다. 가장 밀접한 관련을 지닌 신경전달물질은 도파민이다.
- 인지적 입장에서는 조현병이 주의 기능의 손상으로 인해 수많은 정보를 받아들이며 심리적 혼란을 경험한다고 설명한다.
- 정신분석적 입장에서는 자아가 발달하기 이전의 초기발달 과정에서 조현병의 원인을 찾는다.
- 조현병 환자는 현실검증력의 손상이 현저하고 자신과 타인을 다치게 할 가능성이 있기 때문에 입원치료가 필요하다. 우선 약물치료가 이루어져야 하며, 증상 호전 후 사회적 재적응과 재발방지를 위해 심리치료가 병행되어야 한다.
- 조현양상장애(Schizophreniform Disorder)의 특징적 증상은 조현병과 동일하나, 조현병 진단에 요구되는 6개월의 지속 기간이 되지 않은 채 증상이 있으면서 아직 회복되지 않은 경우에 해당된다.
- 조현정동장애(Schizoaffective Disorder)는 사고장애와 기분장애를 동시에 보이는 장애이다. 조현병 진단기준 A가 충족되어야 하며, 그 기간 동안 우울, 조증 삽화가 있어야 한다. 핵심적인 증상으로 기분 증상이 전 유병 기간 동안 충분히 있어야 한다.
- 망상장애(Delusional Disorder)는 한 가지 이상의 망상이 최소한 1개월 이상 지속적으로 나타나지만 조현병의 진단기준에는 해당되지 않는 경우이다.
- 단기 정신병적 장애(Brief Psychotic Disorder)는 별다른 전조증상 없이 갑작스럽게 비정신병적 상태에서 정신병적 상태로의 변화가 2주 이내에 발생하며, 최소 1일 이상 최대 1개월간 지속되다가 병전의 기능을 회복한다.
- 단기 정신병적 장애(Brief Psychotic Disorder)는 정신분열 증상이 1개월 이내로 짧게 나타나는 경우로, 병전 상태로 완전히 회복된다.
- 양극성 및 관련 장애는 제1형 양극성장애, 제2형 양극성장애, 순환성장애, 물질/약물치료로 유발된 양극성 및 관련 장애가 있다.
- 양극성장애(Bipolar Disorder)에서 나타나는 조증 삽화는 의기양양하고 과도하게 들뜬 고양된 기분을 나타내며, 자존감이 팽창되어 말과 행동이 많아지고 주의가 산만해져서 일상적인 생활이 불가능한 경우를 말한다. 경조증 삽화는 조증 증상이 경미하게 나타나는 경우를 말한다.
- 제1형 양극성장애는 기분이 비정상적으로 고양되어 나타나는 조증 증상 중 3가지 이상(기분이 과민한 상태일 경우 4가지)이 심각한 정도로 나타나야 한다.
- 제2형 양극성장애는 조증 삽화가 상대적으로 미약하게 나타나는 경조증 삽화(hypomanic episode)

- 를 보인다. 평상시 기분과는 분명히 다른 의기양양하거나 고양된 기분이 적어도 4일간 지속된다.
- 리튬(lithium)과 같은 항조증 약물이 처방된다. 특히 제1형 양극성장애는 입원치료와 약물치료가 우선적으로 고려되어야 한다.
- 순환성장애(Cyclothymic Disorder)는 적어도 2년 동안(아동, 청소년에서는 1년) 다수의 경조증 기간과 우울증 기간이 있어야 한다.
- 우울장애는 주요 우울장애, 지속성 우울장애, 파괴적 기분조절 부전장애, 월경전 불쾌감장애, 물질/치료약물로 유발된 우울장애, 다른 의학적 상태로 인한 우울장애, 달리 명시된/명시되지 않는 우울장애를 포함한다.
- 주요 우울장애(Major Depressive Disorder)는 일상생활에 대한 의욕과 즐거움이 감퇴하고, 주의집중력과 판단력이 저하되며, 체중과 수면 패턴의 변화를 비롯하여 무가치감과 죄책감, 죽음이나 자살에 대한 사고가 증가한다.
- 주요 우울장애는 증상이 2주 연속으로 지속되며 이전의 기능 상태와 비교할 때 우울 기분이거나 또는 흥미나 즐거움의 상실이어야 한다.
- 부정적 생활사건에 대한 우울유발적 귀인양식에 의해 우울증을 발생시키는 절망감이 생겨난다. 이는 실패 경험에 대한 내부적·안정적·전반적 귀인을 말한다.
- 지속성 우울장애(Persistent Depressive Disorder)는 DSM-IV의 만성 주요 우울장애와 기분부전장애를 통합한 장애이다.
- 지속성 우울장애는 적어도 2년 동안, 하루의 대부분 우울 기분이 있고, 우울 기분이 없는 날보다 있는 날이 더 많으며, 이는 주관적으로 보고하거나 객관적으로 관찰된다.
- 파괴적 기분조절 부전장애(Disruptive Mood Dysregulation Disorder)는 고도의 재발성 분노 발작이 언어적 또는 행동적으로 나타나며, 10세 이전에 시작되지만 6세 미만인 경우에는 진단을 내릴 수 없다.
- 월경전 불쾌감장애(Premenstrual Dysphoric Disorder)의 필수 증상은 불안정한 기분, 과민성, 불쾌감, 불안 증상이며, 이러한 증상들은 반복적으로 월경 주기 전에 시작되고 월경 시작 또는 직후에 사라진다.
- 불안장애(Anxiety Disorder)는 불안과 공포를 주된 증상으로 하는 장애로서 불안이 나타나는 다양한 양상에 따라 여러 가지 하위유형(분리불안장애, 선택적 함구증, 특정 공포증, 사회불안장애, 공황장애, 광장공포증, 일반화된 불안장애)으로 구분된다.
- 분리불안장애(Separation Anxiety Disorder)는 애착대상과의 분리에 대해 부적절하고 과도하게 불안과 공포를 나타내는 장애이다.
- 선택적 함구증(Selective Mutism)은 말을 할 수 있음에도 특정한 상황에서 말을 하지 않는 장애로서 주로 아동에게서 나타난다.
- 특정 공포증(Specific Phobia)은 특정한 대상이나 상황에 대한 과도한 공포를 지니는 것으로, 종류에 따라 상황형, 자연환경형, 혈액-주사-손상형, 동물형이 있다.
- 무어(Mowrer)의 2요인 이론은 고전적 조건형성의 원리에 의해 공포증이 형성되며, 회피행동으로 인

- 해 공포자극이 유해하지 않다는 것을 학습하기 어려워 소거되지 못한 채 지속된다고 설명한다.
- 사회불안장애(Social Anxiety Disorder/Social phobia)는 사회적 상황 및 타인 앞에서 어떤 일을 해야 할 때 심한 불안과 공포를 느끼는 것이다.
- 사회불안장애의 인지적 요인으로는 부정적인 자기개념, 대인관계에 대한 역기능적 신념, 자신의 사회적 행동에 대한 부정적 평가, 자기초점적 주의에 의한 것으로 본다.
- 공황장애(Panic Disorder)는 반복적으로 예기치 못한 공황 발작이 일어나는 것을 특징으로 한다. 극심한 공포와 고통이 갑작스럽게 발생하여 몇 분 이내에 최고조에 달한다.
- 공황장애의 인지적 요인으로는 불안으로 인한 증폭된 신체 감각을 위험한 것으로 잘못 해석하는 파국적 오해석에 의해서 유발된다고 본다.
- 광장공포증(Agoraphobia)은 즉각적으로 피하기 어렵거나 곤란한 장소, 갑작스런 공황 발작 또는 공황과 유사한 증상이 나타날 때 도움을 받을 수 없는 장소나 상황에 대한 불안을 보인다.
- 일반화된 불안장애(Generalized Anxiety Disorder)는 미래에 다가올 다양한 전반적인 상황에 대해서 과도한 불안과 걱정을 보인다.
- 일반화된 불안장애 환자는 위험에 관한 인지도식이 발달되어 있어 생활 속의 잠재적 위험요인에 과민하고, 최악의 결과를 예상한다. 또한 자신의 대처능력을 과소평가한다.
- 강박 및 관련 장애(Obsessive-Compulsive and Related Disorder)는 강박적인 집착과 반복적인 행동을 특징적으로 나타내는 장애들을 포함하며, DSM-IV에서는 불안장애의 하위유형에 속해 있었으나 DSM-5에서는 독립된 장애범주로 분류된다.
- 강박장애(Obsessive-Compulsive Disorder)는 불안을 유발하는 부적절한 강박사고가 침습적으로 떠오르면서 불안을 완화시키기 위한 강박행동을 반복적으로 보이는 장애이다.
- 강박장애의 하위유형으로는 순수한 강박사고형, 내현적 강박행동형, 외현적 강박행동형이 있다.
- 강박장애와 관련된 방어기제로는 고립, 대치, 반동형성, 취소가 있다.
- 강박장애 치료방법으로는 노출 및 반응방지법(ERP)과 인지치료 및 약물치료가 있다.
- 신체이형장애(Body Dysmorphic Disorder)는 자신의 신체 일부가 기형적으로 생겼다는 생각에 집착하는 특징이 있으며, 성형수술을 통해 결함을 없애려고 하지만 결과에 만족하지 못하거나 다른 외모적인 부분에 집착하는 경향이 있다.
- 저장장애(Hoarding Disorder) 환자는 불필요한 물건을 과도하게 수집하여 보관하며, 이로 인해 집, 직장, 개인적 공간 물건들로 채워 정상적으로 사용하지 못하고, 건강이나 안전의 문제를 초래하게 된다.
- 저장장애는 불필요한 물건을 버리지 못하고 보관하는 강박적 저장과 불필요한 물건을 수집하여 집 안으로 가져오는 강박적 수집으로 구분된다.
- 이외에도 자신의 머리털을 반복적으로 뽑는 모발뽑기장애(Hair-Pulling Disorder)/발모광(Trichotillomania)과 반복적으로 피부를 벗기거나 뜯어 손상시키는 행위를 보이는 피부벗기기장애(Excoriation Disorder/Skin-Picking Disorder)가 있다.
- 모발뽑기장애와 피부벗기기장애는 불안, 긴장이 높아지거나 스트레스를 받으면 증상이 증가하는 경

향이 있다.
- 외상 및 스트레스 관련 장애는 진단적 기준으로 외상성 또는 스트레스성 사건에 대한 노출이 명백히 기재되어 있는 장애를 포함한다. 적응장애, 급성 스트레스 장애, 외상 후 스트레스 장애, 반응성 애착장애, 탈억제 사회관여장애를 포함한다.
- 외상 및 스트레스 관련 장애(Traumatic-and Stressor Related Disorder)는 충격적인 외상 사건이나 스트레스 사건을 경험한 이후 부적응 증상을 나타내는 다양한 경우를 포함한다.
- DSM-IV에서 불안장애의 하위유형에 속해 있었으나, DSM-5에서는 독립된 장애범주로 분류된다.
- 외상 사건을 경험한 후 사건에 대한 기억이 반복적으로 침투하고 회피적 행동이 1개월 이상 나타나는 경우를 외상 후 스트레스 장애(Post Traumatic Stress Disorder)라고 한다.
- 외상 후 스트레스 장애의 주요 증상은 침습증상, 자극 회피, 인지와 감정의 부정적 변화, 각성과 반응성의 현저한 변화가 나타난다.
- 외상 후 스트레스 장애 치료방법으로는 지속노출치료(PE)와 인지처리치료(CPT), 안구운동 민감 소실 및 재처리 치료(EMDR), 심리적 사후보고 방법이 효과적이다.
- 급성 스트레스 장애(Acute Stress Disorder)의 주요 특징은 한 가지 또는 그 이상의 외상 사건의 노출에 따른 3일~1개월까지 지속되는 특징적 증상이 나타난다.
- 급성 스트레스 장애의 주요 증상과 진단기준은 외상 후 스트레스 장애와 유사하며, 외상 후 스트레스 장애와 유사한 원인에 의해서 유발될 수 있다.
- 급성 스트레스 장애는 외상에 노출된 지 1개월 이내에 회복되는 일시적인 증상일 수도 있으나, 방치하면 증상이 더욱 악화되면서 외상 후 스트레스 장애로 발전할 수 있다.
- 적응장애(Adjustment Disorder)는 주요한 생활사건에 대한 적응 실패로 나타나는 정서적 어려움 또는 행동적 증상을 말한다.
- 반응성 애착장애(Reactive Attachment Disorder)는 발달적으로 부적절한 애착 행동이 특징적이며, 안락, 지지, 보호, 돌봄을 위하여 애착대상에 의지하는 것이 거의 없거나 최소한이다.
- 반응성 애착장애의 진단을 받은 아동들은 생애 첫 몇 개월 동안 사회적 방임 상태가 자주 존재하며, 불충분한 양육의 극단적인 형태를 경험한다.
- 탈억제 사회관여장애(Disinhibited Social Engagement Disorder)의 주된 특징은 낯선 사람에 대해 문화적으로 부적절하고 과도하게 친숙한 행동을 보이는 것이다.
- 반응성 애착장애는 내향성과 과민한 기질을 타고난 경우가 많아서 방임에 대한 반응으로 회피를 주로 보이지만, 탈억제 사회관여장애는 무분별한 사회성과 충동적 행동을 보인다.
- 탈억제 사회관여장애는 반응성 애착장애와 비슷한 생애 초기의 경험을 가지고 있으나, 위축된 반응 대신 무분별한 사회성과 과도한 친밀감을 나타낸다.
- 해리장애(Dissociative Disorder)는 의식, 기억, 정체성, 감정, 지각, 신체 표상, 운동 통제 및 행동의 정상적 통합의 붕괴 또는 비연속성을 특징으로 한다.
- 해리장애는 해리성 정체감 장애, 해리성 기억상실증, 이인증/비현실감 장애, 달리 명시된/명시되지 않는 해리장애를 포함한다.

- 해리성 정체감 장애(Dissociative Identity Disorder)는 한 사람 안에 둘 이상의 다른 정체감을 지닌 인격이 존재하는 경우를 말한다.
- 외상 모델에서는 아동기의 외상 경험을 회피하기 위한 방어로 해리현상이 나타나며, 해리가 점차 정교해져 해리성 정체감 장애로 발전하게 된다고 설명한다.
- 해리성 기억상실증(Dissociative Amnesia)은 중요한 과거 경험(자서전적 정보)을 기억하지 못하는 것을 특징으로 한다.
- 해리성 기억상실증은 국소적(어떠한 사건이나 일정 기간) 기억상실증, 선택적(사건의 특별한 한 부분) 기억상실증, 전반적(정체성과 생활사 전반) 기억상실증으로 구분된다.
- 대부분의 해리성 기억상실증을 겪는 개인들은 기억에 문제가 생겼다는 사실을 잘 인지하지 못한다.
- 이인증/비현실감 장애(Depersonalization/Derealization Disorder)는 자신과 주변 환경에 대해서 매우 낯설거나 이상한 느낌을 받게 되는 이인증이나 비현실감을 지속적으로 경험한다.
- 이인증은 비현실감, 분리감 또는 자신의 사고, 느낌, 감각, 신체나 행동에 관하여 외부의 관찰자가 되는 경험을 특징으로 한다.
- 비현실감은 비현실적이거나 자신의 주변 환경과 분리된 것 같은 경험을 특징으로 한다.
- 신체증상 및 관련 장애(Somatic Symptom and Related Disorder)는 신체증상장애, 질병불안장애, 전환장애, 인위성장애, 달리 명시된/명시되지 않는 신체증상 및 관련 장애를 포함한다.
- 신체증상장애(Somatic Symptom Disorder)는 한 개 이상의 신체적 증상을 고통스럽게 호소하거나 그로 인해 일상생활이 현저하게 방해받는 경우를 말한다.
- 신체증상장애는 부정적 감정을 억압할 때 생겨날 수 있으며, 신체증상으로 인한 이차적 이득(예: 관심이나 돌봄, 책임감 면제)에 의해 강화된다.
- 전환장애(Conversion Disorder)는 한두 가지의 비교적 분명한 신체적 증상을 나타내며, 운동 기능의 이상이나 신체 일부의 마비, 감각 이상 등과 같은 신경학적 손상을 시사하는 증상을 보인다.
- 전환장애의 증상이나 결함이 다른 의학적 장애 또는 정신질환으로 더 잘 설명되지 않는다.
- 질병불안장애(Illness Anxiety Disorder)는 심각한 질병을 지녔다는 생각에 과도하게 집착한다. 질병을 앓고 있더라도 이러한 집착이 명백히 과도한 것이어야 한다.
- 질병불안장애는 건강에 대한 높은 수준의 불안이 있으며, 건강 상태에 대해 쉽게 경각심을 가진다.
- 인위성장애(Factitious Disorder)는 환자 역을 하기 위해 신체적 또는 심리적 증상을 의도적으로 만들어 내거나 위장하는 경우이다.
- 꾀병(malingering)과 구별되어야 하며, 꾀병은 현실적 이득이나 목적(예: 군대 회피, 보상금, 형벌 회피)이 있다는 점에서 인위성장애와 다르다.
- 급식 및 섭식장애(Feeding and Eating Disorder)는 장기간 지속되는 섭식의 장애 또는 섭식과 관련된 행동들로 인해 음식 소비 혹은 섭취에 변화가 생겨 신체적 건강과 정신사회적 기능에 심각한 손상을 가져오는 것으로 특징짓는다.
- 급식 및 섭식장애는 신경성 식욕부진증, 신경성 폭식증, 폭식장애, 이식증, 되새김장애, 회피적/제한적 음식섭취장애가 포함된다.

- 신경성 식욕부진증(Anorexia Nervosa)은 체중 증가와 비만에 대한 극심한 두려움을 지니고 있어서 음식 섭취를 현저하게 제한하거나 거부함으로써 체중이 비정상적으로 저하된다.
- 신경성 식욕부진증은 체중 증가에 대한 자가 인식의 장애가 나타나서 날씬한데도 불구하고 자신의 몸이 비만하다고 왜곡하여 생각하는 경향이 있다.
- 신경성 식욕부진증은 일반적으로 청소년기나 성인기 초기에 시작되며, 압박감을 주는 생활사건과 관련된다. 여성에게서 보다 우세하게 나타난다.
- 신경성 폭식증(Bulimia Nervosa)은 폭식 삽화가 반복되고, 체중 증가를 막기 위해 구토 등의 보상행동이 일어나고, 체형과 체중이 자기 평가에 과도하게 영향을 미치며, 부적절한 보상행동이 있을 때 진단을 내릴 수 있다.
- 신경성 폭식증은 폭식 삽화 동안에 조절능력의 상실감이 동반되며, 폭식 삽화 도중 혹은 삽화 후에 해리 상태를 보고하는 경우도 있다.
- 신경성 폭식증은 정상체중을 유지한다는 점에서 신경성 식욕부진증과 구별된다. 신경성 폭식증이 훨씬 더 흔하며, 신경성 식욕부진증에서 신경성 폭식증으로 발전하기도 한다.
- 폭식장애(Binge Eating Disorder)의 핵심적 특징은 반복되는 폭식 삽화가 평균적으로 최소한 3개월 동안 일주일에 1회 이상 발생해야 한다.
- 신경성 식욕부진증 폭식제거형이나 신경성 폭식증에서는 음식 섭취 후 부적절한 보상행동이 나타나나, 폭식장애에서는 보상행동이 나타나지 않는 것으로 감별할 수 있다.
- 이식증(Pica)은 영양분이 없는 물질이나 먹지 못하는 것(예: 종이, 천, 흙, 머리카락)을 적어도 1개월 이상 지속적으로 먹는 경우를 말한다.
- 환경적 방임이나 지도감독의 부재, 발달지연이 이식증의 위험을 증가시킨다.
- 되새김장애(Rumination Disorder)의 핵심 증상은 반복적인 음식 역류로, 음식물을 반복적으로 토해내거나 되씹는 행동을 1개월 이상 나타내는 경우를 말한다.
- 되새김장애는 부모의 무관심, 정서적 자극의 결핍, 스트레스가 많은 생활환경, 부모-자녀 관계의 갈등이 주요 유발 요인으로 알려져 있다.
- 회피적/제한적 음식 섭취장애(Avoidant/Restrictive Food Intake Disorder)는 6세 이하의 아동이 지속적으로 먹지 않아 1개월 이상 심각한 체중 감소가 나타나는 경우를 말한다.
- 회피적/제한적 음식 섭취장애는 정서적으로 무감각하거나 위축되어 있고 발달지연을 보이는 경우가 많으며, 정신적·사회적 기능의 장애가 초래된다.
- DSM-5에서는 성과 관련되어 나타나는 다양한 이상행동을 세 가지의 독립된 장애범주로 제시하고 있으며, 성기능 부전(Sexual Dysfunctions), 성도착장애(Paraphilic Disorder), 성별 불쾌감(Gender Dysphoria)이 이에 해당된다.
- 성기능 부전(Sexual Dysfunctions)에는 사정지연, 발기장애, 여성극치감장애, 여성 성적 관심/흥분장애, 성기-골반통증/삽입장애, 남성성욕감퇴장애, 조기사정, 물질/약물치료로 유발된 성기능 부전, 달리 명시된/명시되지 않는 성기능 부전이 포함된다.
- 성도착장애는 성행위 대상이나 성행위 방식이 비정상성을 나타내는 장애로서 변태성욕장애라고 불

리기도 한다.
- 인간이 아닌 대상(물건, 동물)을 성행위 대상으로 삼거나, 아동을 비롯한 동의하지 않은 사람을 대상으로 성행위를 하거나, 자신이나 상대방이 고통이나 굴욕감을 느끼게 하는 성행위가 성도착장애에 포함된다.
- 성도착장애의 하위유형으로는 관음장애(Voyeuristic Disorder), 노출장애(Exhibitionistic Disorder), 마찰도착장애(Frotteuristic Disorder), 성적피학장애(Sexual Masochism Disorder), 성적가학장애(Sexual Sadism Disorder), 소아성애장애(Pedophilic Disorder), 물품음란장애(Fetishistic Disorder), 복장도착장애(Transvestic Disorder)가 있다.
- 성별 불쾌감(Gender Dysphoria)은 자신의 생물학적 성과 성역할에 대해서 지속적으로 불편감을 느끼는 경우를 의미한다.
- 성별 불쾌감을 지닌 사람은 반대 성이 되고자 하는 강렬한 열망을 지니거나 반대 성의 의복을 선호하고, 반대 성이 선호하는 놀이를 하고자 하는 등의 다양한 행동을 보일 수 있다.
- 파괴적, 충동조절 및 품행장애(Disruptive, Impulsive Control, and Conduct Disorders)는 적대적 반항장애, 간헐적 폭발장애, 품행장애, 반사회성 성격장애, 병적 방화, 병적 도벽, 달리 명시된/명시되지 않는 파괴적, 충동조절 및 품행장애를 포함한다.
- 적대적 반항장애(Oppositional Defiant Disorder)는 분노/과민한 기분, 논쟁적/반항적 행동 또는 보복적 특성이 빈번하고 지속적인 특징을 보인다.
- 적대적 반항장애를 보이는 경우, 흔히 어른의 요구나 규칙을 무시하며 어른에게 논쟁을 통해 도전하고, 고의적으로 타인의 기분을 상하게 한다.
- 간헐적 폭발장애(Intermittent Explosive Disorder)는 공격적인 충동을 통제하지 못해서 반복적으로 행동 폭발을 보인다.
- 간헐적 폭발장애는 6세 이하이거나 이에 준하는 발달 단계에 있는 개인에게는 진단을 내릴 수 없으며, 공격적 행동 폭발은 충동적이고 분노에 의한 것으로서 특징된다.
- 품행장애(Conduct Disorder)는 다른 사람의 기본 권리를 침해하고 나이에 맞는 사회적 규범 및 규칙을 위반하는 지속적이고 반복적인 행동 양상을 특징으로 한다.
- 병적 방화(Pyromania)의 필수 증상은 고의적이고, 목적이 있는 수차례의 방화 삽화가 존재하는 것이다.
- 방화 행동 전에 긴장감이나 정서적인 흥분을 경험하며, 불이나 불과 연관된 상황에 대한 매혹, 흥미, 호기심을 보인다.
- 병적 도벽(Kleptomania)은 쓸모가 없고 금전적으로 가치가 없는 물건인데도 반복적으로 훔치려는 충동을 통제하지 못한다.
- 병적 도벽은 청소년기에 시작되며 성인기 후기에 발생되는 경우는 드물고, 남성에 비해 여성의 유병률이 더 높다.
- 물질 관련 및 중독장애(Substance-Related and Addictive Disorders)는 물질장애와 비물질 관련 장애로 구분된다.

- 물질장애에는 알코올, 카페인, 대마, 환각제, 흡입제, 아편계, 진정제, 수면제 또는 항불안제, 자극제, 담배 등의 기타 물질로 구분된다. 비물질 관련 장애는 도박중독이 해당된다.
- 알코올 사용 장애(Alcohol Use Disorder)는 금단, 내성, 갈망이 포함된 행동과 신체증상을 특징으로 한다.
- 알코올로 인한 금단증상은 불쾌하고 강렬하기 때문에 부작용에도 불구하고 금단증상들을 피하거나 경감시키기 위해 음주를 지속하게 된다.
- 알코올 중독(Alcohol Intoxication)의 필수적인 증상은 임상적으로 심각한 문제적 행동 변화 및 심리적 변화가 알코올을 섭취하는 동안 혹은 직후에 나타난다.
- 옐리네크(Jellinek)는 알코올 중독의 단계를 전 알코올 증상단계-전조단계-결정적 단계-만성단계로 구분하였다.
- 중독의 행동변화단계이론(Prochaska & Diclemente)은 숙고 전 단계-숙고단계-준비단계-실행단계-유지단계로 중독의 변화 과정을 설명한다.
- 알코올 금단(Alcohol Withdrawal)의 필수적인 특징은 많은 양의 알코올을 지속적으로 사용하다가 중단한(혹은 감량한) 후 수 시간 혹은 수일 이내에 특징적인 금단 증후군이 나타나는 것이다.
- 알코올 금단이 발생한 개인의 10%는 극심한 증상(예: 심한 자율신경계 항진, 떨림, 알코올 금단 섬망)을 나타낼 수 있고, 대발작은 3% 미만에서 나타난다.
- 비물질 관련 장애인 도박장애(Gambling Disorder)는 지속적이고 반복적인 문제적 도박 행동으로 인해 임상적으로 현저한 손상이나 고통을 초래하는 장애를 말한다.
- 병적 도박자의 경우 도박을 중단하면 안절부절못하고 우울해지거나 과민하고 집중력이 저하되는 금단증상을 보인다.
- 주요 신경인지장애(Major Neurocognitive Disorder)는 한 가지 이상의 인지적 영역에서 과거 수행 수준에 비해 심각한 인지적 저하가 나타나는 경우를 말한다.
- 주요 신경인지장애는 알츠하이머 질환, 뇌혈관 질환, 충격에 의한 뇌손상, HIV 감염, 파킨슨 질환 등과 같은 다양한 질환에 의해 유발될 수 있다.
- 경도 신경인지장애(Minor Neurocognitive Disorder)는 주요 신경인지장애에 비해 증상의 심각도가 경미한 경우를 말한다.
- 경도 신경인지장애는 과거 수행 수준에 비해 인지적 저하가 상당하지만, 이로 인해 일상생활을 독립적으로 영위할 수 있는 능력이 저해되지 않는 경우를 말한다.
- 섬망(Delirium)은 의식이 혼미해지고 주의집중 및 전환 능력이 크게 감소하며, 기억, 언어, 현실 판단 등의 인지 기능에 일시적인 장애가 나타나는 경우를 말한다.
- 섬망의 핵심 증상으로는 주의장애와 각성 저하이다. 이는 단기간(몇 시간에서 며칠)에 발생하여 악화되며, 하루 중에도 그 심각도가 변할 수 있다.
- 성격장애(Personality Disorder)의 일반적 진단기준은 개인의 지속적인 내적 경험과 행동 양식이 그가 속한 사회의 문화적 기대에서 심하게 벗어나야 한다(인지, 정동, 대인관계 기능 및 충동조절 곤란).
- A군 성격장애(Cluster A Personality Disorder)는 사회적으로 고립되어 있고 기이한 성격 특성을 나타

낸다. 편집성 성격장애, 조현성 성격장애, 조현형 성격장애가 있다.
- B군 성격장애(Cluster B Personality Disorder)는 정서적이고 극적인 성격 특성을 나타내며, 반사회성 성격장애, 연극성 성격장애, 자기애성 성격장애, 경계성 성격장애가 있다.
- C군 성격장애(Cluster C Personality Disorder)는 불안하고 두려움을 많이 느끼며, 회피성 성격장애, 의존성 성격장애, 강박성 성격장애가 있다.
- 편집성 성격장애(Paranoid Personality Disorder)는 다른 사람의 동기를 악의가 있는 것으로 해석하는 등 타인에 대한 전반적인 불신과 의심이 크다.
- 조현성 성격장애(Schizoid Personality Disorder)는 다양한 형태의 사회적 유대로부터 반복적으로 유리되고, 대인관계에서 제한된 범위의 감정표현이 특징이다.
- 조현형 성격장애(Schizotypal Personality Disorder)는 친분관계를 급작스럽게 불편해 하고 그럴 능력의 감퇴 및 인지, 지각의 왜곡, 행동의 괴이성으로 구별되는 사회적 및 대인관계 결함을 보인다.
- 반사회성 성격장애(Antisocial Personality Disorder)는 사회의 규범이나 법을 지키지 않으며, 무책임하고 폭력적인 행동을 보인다.
- 연극성 성격장애(Histrionic Personality Disorder)는 타인의 애정과 관심을 끌기 위한 지나친 노력과 과도한 감정표현을 보인다.
- 자기애성 성격장애(Narcissistic Personality Disorder)는 과대성, 숭배에의 요구, 감정이입의 부족을 보인다.
- 경계성 성격장애(Borderline Personality Disorder)는 대인관계, 자아상 및 정동의 불안정성과 현저한 충동성이 특징이다.
- 회피성 성격장애(Avoidant Personality Disorder)는 사회관계의 억제, 부적절감, 부정적 평가에 대한 예민함을 보인다.
- 의존성 성격장애(Dependent Personality Disorder)는 돌봄을 받고자 하는 지나친 욕구가 복종적이고 매달리는 행동과 이별 공포를 초래한다.
- 강박성 성격장애(Obsessive-Compulsive Personality Disorder)는 정돈, 완벽, 정신적 통제 및 대인관계의 통제에 지나치게 집착한다.

PART 03

제3과목 - 심리검사

01 심리검사 핵심개념정리

핵심 1. 심리평가의 이해
핵심 2. 한국 웩슬러 성인용 지능검사
핵심 3. 한국 웩슬러 아동용 지능검사
핵심 4. 객관적 성격검사 I: MMPI-2
핵심 5. 객관적 성격검사 II: PAI, TCI, 16PF, NEO-PI-R
핵심 6. 투사적 검사
핵심 7. 아동 및 청소년 검사
핵심 8. 신경심리검사

02 실력 다지기: 요점정리

01 심리검사 핵심개념정리

핵심 1 　심리평가의 이해

1 심리검사의 기능

① 심리검사는 표준화된 검사도구로서 표준화된 방식에 따라 시행되고 채점된 다음, 규준에 근거하여 그 결과가 해석됨으로써 객관적인 정보를 제공한다.

> **학습 Plus ➕ 표준화검사**
>
> - 표준화된 제작절차, 검사내용, 검사의 실시조건, 채점 과정 및 해석을 함으로써 객관적으로 행동을 측정하는 검사를 말한다.
> - 검사가 일정하게 동일한 절차에 따라 이루어지며 검사의 실시, 채점, 해석 등이 일정한 방식으로 진행된다.
> - 표준화검사의 개발 절차
>   검사 목적의 구체화-측정방법 검토-예비검사 시행-문항 수정-본 검사 제작-검사 문항 분석-검사 사용 설명서의 제작 순으로 이루어진다.

② 심리검사는 개인 간 비교를 가능하게 해 주는 기능을 갖고 있다. 구체적으로는 개인의 인지적·정서적·행동적·사회적 특성에 대한 검사결과를 통해 개인 간 비교가 가능하다.

③ 심리검사는 개인이 자각하지 못하거나 개인의 내부에 억압되어 있는 심리적 특성이나 심리적 상태가 드러나게 해 준다.

> **학습 Plus** 심리검사 도구 선정 시 고려사항
> - 심리검사의 목적을 분명히 하고 이에 부합되는 심리검사 도구를 선정해야 한다.
> - 표준화된 검사를 사용해야 하며, 신뢰도와 타당도가 충족되는 검사도구인지 검토해야 한다.
> - 심리검사 도구의 실용성(시행과 채점의 간편성, 시행 시간, 검사도구의 경제성)을 고려하여 선정한다.

2 심리검사의 유형과 특징

① 객관적 검사(objective test)
- 절차가 구조화되어 있고 채점 과정이 표준화되어 있으며, 해석의 규준이 제시되어 있는 검사를 말한다.
- 대표적으로 웩슬러 지능검사, 성격검사인 MMPI, 흥미검사로는 직업흥미검사, 학습흥미검사, 적성검사 등을 들 수 있다.

② 투사적 검사(projective test)
- 투사적 검사는 개인의 다양한 욕구, 갈등, 성격 등의 개인 특유적인 특성을 파악하는 데 도움이 된다.
- 대표적으로 로르샤흐(Rorschach) 검사, 주제통각검사(TAT), 사람 그리기 검사(Draw-A-Person: DAP), 집-나무-사람 검사(House-Tree-Person: HTP), 문장완성검사(Sentence Completion Test: SCT) 등이 있다.

> **학습 Plus** 투사적 검사와 객관적 검사의 장점과 단점
>
> | 투사적 검사 | | 객관적 검사 | |
> | --- | --- | --- | --- |
> | 장점 | 단점 | 장점 | 단점 |
> | - 검사반응이 독특하다.
- 방어가 어렵다.
- 검사의 반응이 풍부하다.
- 개인의 무의식적 내용이 반영된다. | - 신뢰도가 낮다.
- 타당성 문제가 있다.
- 검사 반응이 상황에 따라 영향을 받는다. | - 검사 실시가 간편하다.
- 신뢰도가 검증되어 있다.
- 객관성이 보장되어 있다.
- 타당도가 검증되어 있다. | - 사회적 바람직성의 영향을 받는다.
- 반응 경향성이 나타날 수 있다.
- 문항내용이 제한되어 있다. |

3 평가면담의 종류와 기법

① 평가면담이란
- 평가면담은 수검자의 개인적 특성, 대처 양식, 장애의 특징, 사회적 지지, 역동 등에

대한 전반적인 측면을 집중적으로 탐색하는 과정을 말한다.
- 평가면담의 목적은 피면담자에 대한 다양한 정보를 통해 문제행동에 대한 이해 및 치료를 위한 방향성을 수립하기 위함이다.
- 평가면담 동안 피면담자는 다양한 당면문제를 나누는 과정에서 자신에 대한 객관적 이해 및 정서적 정화 효과를 얻을 수 있으며, 효과적인 평가면담을 위해 면담자와 피면담자 간의 라포가 매우 중요하다.

학습 Plus ➕ 평가면담 기법

- 촉진: 대화의 흐름을 촉진시키는 것으로, "더 말씀해 보세요" "계속해 보세요" 등이 있다.
- 명료화: 수검자가 미묘한 단서를 제시하면서도 말하려는 주제에 관해 뭔가 충분히 표현하지 않을 때 명확하게 해 달라고 요청하는 경우로, 구체적인 예를 제공해 달라고 말하는 경우이다.
- 공감: 공감하는 말("힘드셨겠군요.")은 수검자의 자기노출을 도와준다. 면담자는 수검자의 말과 행동에 대한 공감을 면담 과정 동안 유지한다.
- 직면
  - 수검자가 보고하는 내용이 관련 정보나 맥락에 맞지 않을 경우 적절한 직면은 도움이 될 수 있지만, 충분히 라포가 형성된 후에야 효과적일 수 있다.
  - 직면을 시킬 경우 개방형으로 시작해서 보다 구조화된 방식으로 접근하는 것이 좋고, 너무 엄격하게 직접적인 질문을 해서는 안 되며 사례별로 유연하게 접근하는 것이 필요하다.

② 평가면담의 형식적 분류
- 구조화된 면담(structured interview): 미리 정해진 문제들의 목록을 정해진 순서대로 제시하는 방식으로 실시된다. 표준화된 시행은 면접자 간에 신뢰도를 높여 주고, 해석에 도움이 되는 규준치를 얻을 수 있다.
- 비구조화된 면담(unstructured interview): 일정한 면담 문항 없이 내담자나 환자가 제공하는 정보에 따라 면담을 진행시키는 방식을 말한다. 질문의 순서들을 구성하는 데 있어 더 많은 선택의 자유를 제공하나, 더 높은 수준의 경험, 기술 및 훈련을 필요로 한다.
- 반구조화된 면담(semistructured interview): 질문하는 문항이 갖춰져 있다는 점에서 구조화된 면담과 일치하지만, 내담자나 환자의 반응에 따라 융통성을 발휘하여 면담을 진행한다.

③ 평가면담의 기능적 분류
- 초기면담(접수면담): 내담자가 찾아온 이유와 기관의 시설, 정책, 서비스가 내담자의 필요와 기대에 적합한가를 판단하는 것이 목적이다. 때로는 다른 전문기관으로의 의뢰 여부를 결정하기도 한다.

- **위기면담**: 생명의 위협과 같은 급박한 상황에서 시행되며, 자살예방, 약물남용, 전화상담, 응급실, 가족폭력, 성폭력, 학교폭력 등 응급 상황에 적용된다. 이 경우 침착하게 논지를 파악해야 하고, 빠른 결정을 요구하는 것이 강조된다.
- **진단적 면담**: 임상 진단을 내리기 위한 목적으로 실시되는 경우로, 환자의 질병 유형, 지속 기간, 과거사 및 예후를 정확하게 평가하기 위해 증상 중심으로 면담한다.
- **심리평가적 면담**: 심리평가 전후에 시행되는 면담으로, 면담을 받으러 오게 된 직접적 이유인 주문제를 탐색하고, 발달사적 정보와 가족 배경, 가족 간의 역동관계 등을 파악한다. 평가 후 면담에서는 심리평가 결과를 내담자의 면담결과와 통합하여 종합적으로 해석한다.

4 심리평가의 3요소

① **면담**: 면담은 전체 평가 과정에 전반적인 틀을 제공한다. 면담을 통해 방문사유, 내담자의 태도, 가정과 직장에서의 생활과 적응, 중요한 대인관계, 발달 초기부터 현재까지의 개인력 등에 관한 폭넓은 정보를 얻게 된다.
② **행동관찰**: 면담과 검사 장면에서 보이는 수검자의 특징적인 행동은 일상생활 속에서의 대인관계 상황, 압력과 긴장 상황, 문제해결 상황에서의 행동을 추측해 볼 수 있는 중요한 자료가 된다.
③ **심리검사**: 심리검사는 개인의 적응 기능 및 역할 수행 능력, 사고 및 인지 기능, 성격의 구조, 대인관계, 취약성과 자원 등에 관해 객관적이고 포괄적인 정보를 제공한다.

5 심리평가의 기능

① **문제의 명료화**: 심리적 문제나 정신장애를 다각적으로 평가하여 문제의 원인이나 특징에 대해 정확하게 파악할 수 있도록 해 준다.
② **수검자에 대한 이해**: 심리평가는 개인의 지적 능력과 적성, 인지적 특징, 성격, 대인관계 방식, 문제해결 방식이나 방어 양식, 적응 방식 등 다양한 특징을 평가할 수 있도록 해 준다.
③ **치료계획 세우기**: 심리평가는 적절한 치료계획을 세울 수 있는 근거를 제공한다. 적합한 치료목표를 세우고 치료유형을 선택하며 치료전략을 세우는 일련의 과정에 대한 정보를 제공해 준다.
④ **치료결과에 대한 평가**: 치료종결 시 원래 계획했던 치료효과가 나타났는지, 기대했던 긍정적 변화가 일어났는지를 평가하는 데 유용하다.

6 심리평가 실시 과정에서 고려해야 할 사항

① 라포 형성: 관심과 흥미, 협조적 태도, 동기 부여, 편안한 분위기 조성이 필요하다.

> **학습 Plus 🧰 심리검사의 일반적인 라포 형성 방법**
> - 검사자는 최선을 다해 수검자가 심리검사에 대해 관심과 흥미를 갖게 하고 협조적으로 검사에 임하도록 편안한 분위기를 만들어 주어야 한다.
> - 수검자가 최대로 집중할 수 있도록 돕고, 반응에 실패할 경우 수행을 잘 마칠 수 있도록 지지적 환경을 조성한다.
> - 검사자는 수검자가 자신의 반응을 검열하거나 삭제 및 긍정적으로 편향된 반응을 하지 않도록 있는 그대로 솔직하게 응답할 수 있도록 격려한다.
> - 수검자가 자극에 충분히 반응할 수 있도록 동기를 부여하고, 심리적 특성을 고려하여 피로감이 들지 않도록 주의를 기울인다.
> - 검사자는 평가 매뉴얼을 명확하게 숙지하여 수검자가 불필요한 검사 환경에 노출되지 않도록 조력해야 한다.

② 수검자 변인: 심리검사에 대한 부정적·양가적·거부적 태도를 보일 수 있다. 검사목적을 설명하고 심리검사의 이로운 점에 대해 알린다.
③ 검사자 변인: 따뜻하고 공감적이며 존중의 태도가 필요하다. 검사자의 행동이 수검 태도와 반응에 영향을 줄 수 있다.
④ 검사 상황 변인: 소음과 자극으로부터 보호되어야 하며, 안정적인 자리 배치와 정서적 안정감이 필요하다.

7 심리검사에 관한 윤리 강령

제48조 평가의 사용
1. 심리학자는 검사도구, 면접, 평가기법을 목적에 맞게 실시하고, 번안하고, 채점하고, 해석하고, 사용하여야 한다.
2. 심리학자는 타당도와 신뢰도가 검증된 평가도구를 사용하여야 한다. 그렇지 못한 경우에는 검사 결과 및 해석의 장점과 제한점을 기술한다.
3. 심리학자는 평가서 작성 및 이용에 있어서 객관적이고 학문적으로 근거가 있어야 하고 세심하고 양심적이어야 한다.

제51조 평가에 대한 동의
1. 평가 및 진단을 하기 위해서는 내담자로부터 평가 동의를 받아야 한다. 평가 동의를 구할 때에는

평가의 본질과 목적, 비용, 비밀유지의 한계에 대해 알려야 한다. 그러나 다음의 경우에는 평가 동의를 받지 않아도 된다.
   (1) 법률에 의해 검사가 위임된 경우
   (2) 검사가 일상적인 교육적·제도적 활동 또는 기관의 활동(예: 취업 시 검사)으로 실시되는 경우
2. 동의할 능력이 없는 개인과 법률에 의해 검사가 위임된 사람에게도 평가의 본질과 목적에 대해 알려 주어야 한다.
3. 검사결과를 해석해 주는 자동화된 해석 서비스를 사용하는 심리학자는 이에 대해 내담자/환자로부터 동의를 얻어야 하며, 검사결과의 기밀성과 검사 안정성이 유지되도록 해야 하며, 법정 증언을 포함하여 추천서, 보고서, 진단적·평가적 진술서에서 수집된 자료의 제한성에 대해 기술해야 한다.

제52조 평가결과의 해석
1. 평가결과를 해석할 때, 심리학자는 해석의 정확성을 감소시킬 수 있는 다양한 검사 요인들, 예를 들어 피검사자의 검사받는 능력과 검사에 영향을 미칠 수 있는 상황이나 개인적·언어적·문화적 차이 등을 고려해야 한다.
2. 평가결과의 해석은 내담자/환자에게 내용적으로 이해 가능해야 한다.

제53조 무자격자에 의한 평가
심리학자는 무자격자가 심리평가 기법을 사용하도록 허용해서는 안 된다. 단, 적절한 감독하에 수련 목적으로 사용하는 경우는 예외로 하며 다음과 같은 사항에 주의한다. 수련생의 교육, 수련 및 경험에 비추어 수행할 수 있는 평가기법들에 한정해 주어야 하며 수련생이 그 일을 유능하게 수행할 수 있는지 지속적으로 감독해야 한다.

제56조 평가 결과 설명
검사의 채점 및 해석과 관련하여 심리학자는 검사를 받은 개인이나 검사집단의 대표자에게 결과를 설명해 주어야 한다. 그러나 관계의 특성에 따라서는 결과를 설명해 주지 않아도 되는 경우도 있다(예: 조직에 대한 자문, 사전고용, 보안심사, 법정에서의 평가). 이러한 사실은 평가받을 개인에게 사전에 분명하게 알려 주어야 한다.

제57조 평가서, 검사 보고서 열람
1. 평가서의 의뢰인과 피검사자가 동일하지 않을 경우에 평가서와 검사보고서는 의뢰인이 동의할 때 피검사자에게 열람될 수 있다.
2. 건강에 피해를 줄 수 있다고 판단되지 않는 한 피검사자가 원할 때는 평가서와 검사보고서를 볼 수 있도록 도와야 한다.
3. 평가서를 보여 주어서 안 되는 경우, 사전에 피검사자에게 이 사실을 인지시켜 주어야 한다.

〈한국임상심리학회 윤리 강령 발췌〉

핵심 2 한국 웩슬러 성인용 지능검사

1 지능의 모델과 정의

① 스피어만의 2요인 이론
- 스피어만(Spearman, 1904)은 요인분석을 사용하여 지능의 구조를 일반요인(g요인, general factor)과 특수요인(s요인, specific factor)으로 구분하였다.
- 일반요인(일반지능, 일반지적능력)은 개인이 공통적으로 가지고 있는 능력이며, 특수요인은 음악적 재능이나 기계적 능력과 같은 어떤 특정한 분야에 대한 능력을 말한다.

② 서스톤의 다요인 이론
- 서스톤(Thurstone, 1955)은 지능을 다양한 종류의 정보를 전달하는 능력이나 기능으로 정의하고, 기본정신능력(Premary Mental Ability: PMA)을 제시하였다.
- 기본정신능력으로는 수리능력(N요인), 단어유창성(W요인), 언어의미(V요인), 지각속도(P요인), 시공간 능력(S요인), 논리적 능력(R요인), 기억(M요인)이 있다.

③ 길포드의 지능구조 모델
- 길포드(Guilford, 1955)는 지능이란 다양한 방법으로 상이한 종류의 정보를 처리하는 능력들의 체계적인 집합체라고 정의하고 지능구조의 3차원 모델을 제시하였다.
- 지능은 내용차원 4가지(그림, 상징, 의미, 행동), 조작차원 5가지(평가, 수렴적 조작, 확산적 조작, 기억, 인지), 결과차원 6가지(단위, 분류, 관계, 체계, 전환, 함축)로 구성되어 있다. 이들을 조합할 경우 4 × 5 × 6 = 120가지의 다른 종류의 지적 능력이 산출된다고 보았다.

④ 카텔의 이론
- 카텔(Cattell, 1963)은 유동적 지능(fluid intelligence, Gf)과 결정적 지능(crystallized intelligence, Gc)의 2가지 요소로 지능의 개념을 분리하였다.
  - 유동적 지능: 유전적이고 선천적인 지능으로, 뇌와 중추신경계의 성숙에 비례하여 발달하게 되며 외부요인 혹은 노령화에 의해 퇴화되는 지능이다.
  - 결정적 지능: 성장하면서 겪게 되는 개인의 교육, 문화 등 다양한 환경 속에서 상호작용을 통해 발달하며 유동적 지능을 기반으로 학습을 통해 계속 발달해 나가는 지능이다.

유동적 지능(fluid intelligence)	결정적 지능(crystallized intelligence)
• 유전적이며 선천적으로 주어진 능력으로 청소년기까지 발달이 이루어지다가 이후 퇴보 현상이 나타남. • 속도, 기계적 암기, 지각속도, 일반적 추론 능력, 수리능력 등	• 환경이나 경험, 문화적 영향에 의해 발달되는 지능으로 나이가 들수록 더욱 발달하는 경향이 있음. • 언어이해능력, 문제해결능력, 논리적 추리력, 상식 등

⑤ 가드너의 다중지능 이론
- 가드너(Gardner, 1983)는 지능을 '문제를 해결하기 위해 하나 또는 그 이상의 환경에서 가치 있는 방법을 생산해 낼 수 있는 능력'이라고 정의하며, 다중지능 이론을 제안하였다.
- 정신능력은 한 가지로 포괄할 수 없고 언어적 지능, 공간적 지능, 논리-수학적 지능, 신체 운동 지능, 음악적 지능, 자기이해 지능, 대인관계 지능과 같은 독립적인 지능이 존재하며 이는 상호작용한다고 보았다.

2 지능검사의 발달

① 19세기 후반, Francis Galton은 지적 능력의 유전성과 선천적 재능에 대한 관심의 일환으로 감각운동 과제로 구성된 지능검사를 개발하였다.

② 최초의 지능검사는 20세기 초에 제작된 비네-시몽(Binet-Simon) 검사이다. Binet는 정상 아동과 지체 아동을 구별하는 방법을 연구하였고, 아동들의 개인차, 정신적 조직화 등의 연구 발견을 토대로 비네-시몽 지능검사(Binet & Simon, 1905)를 개발하였다. 이 검사는 정규교육과정을 따라가기 힘든 아동을 선별해 내는 도구로 사용되었다.

③ Terman(1916)은 비네-시몽 척도의 미국판인 스탠포드-비네(Stanford-Binet) 지능척도를 개발하였다. Terman은 지능검사를 아동의 지적 지체 혹은 우월함을 탐지하고 성인의 정신박약을 확인하는 용도뿐만 아니라 비행청소년과 성인기의 사회적 부적응 평가 및 직업적 적합성을 결정하는 데 사용하였다.

학습 Plus 스탠포드-비네(Stanford-Binet) 지능검사
- 1916년 스탠포드 대학교의 터만(Terman)이 비네 검사를 개정하였고, 비율지능(Ratio IQ: RIQ)을 도입하였다(비율지능 = 정신연령 ÷ 생활연령 × 100).
  예: 10세 아동이 12세 아동의 대다수가 완성하는 과제를 수행했을 경우, IQ는 120(12/10×100)임

- 스탠포드–비네 검사는 1937년 두 개의 동형검사로 개정되었는데, 비율 I.Q 대신 편차 I.Q를 채택하였다.
  - 비율지능지수는 실제 연령에 비해 정신연령이 얼마나 높은지로 판단하는 지능지수이고, 편차 지능지수는 같은 연령대에서 어느 위치에 있느냐에 따른 지능지수이다.
  - 성인기 이후 연령이 증가하더라도 인지 기능은 정체되거나 오히려 하강하는 영역도 있기에 비율지능지수의 개념은 성인들의 지능지수를 산출해 내기에 적합하지 않다.
  - 초기 스탠포드–비네 검사는 대부분 언어능력을 평가하는 소검사로 구성되어 있어 지능의 비언어적 요소를 간과했다는 비판을 받았다. 4판부터는 지능의 요인 이론에 기초해 소검사를 재구성하고 소검사에 기초한 점수체계로 전환하여 측정하였다.
- 1986년에 제4판이 제작되었고, 다양한 인지영역(언어추리, 추상적/시각적 추리, 수량추리, 단기기억 등)을 포함한 15개의 소검사로 구성되어 있으며 약 1시간 15분 정도 소요된다.

④ 성인용 지능검사는 제1차 세계대전 발발을 계기로 급속도로 발전하였다. Arthur Otis는 스탠포드–비네 지능척도를 기초로 집단용 언어적 검사인 군대용 α(Army Alpha)와 비언어적 검사인 군대용 β(Army Beta)를 개발하였다.

⑤ Wechsler(1939)는 청소년과 성인용 웩슬러–벨뷰 지능검사(Wechsler-Bellevue Intelligence Scale)의 초판을 개발했다. 웩슬러 검사 시리즈의 첫 번째 판인 이 검사에서는 편차 IQ(표준점수)를 사용했다.

3 지능검사의 실시

1) 웩슬러 지능검사

① 웩슬러는 지능을 "개인이 목적 달성을 위해 행동하고 합리적으로 사고하고 환경을 효율적으로 처리하는 전체적인 능력"이라고 정의하였다.

② 웩슬러 지능검사의 목적
- 지능검사를 통해 개인의 전반적인 지적 능력을 평가한다.
- 지능검사 프로파일을 통해 개인의 인지적 특성을 파악한다.
- 지능검사 결과를 바탕으로 임상적 진단을 명료화한다.
- 지능검사 결과를 바탕으로 기질적 뇌손상의 유무, 뇌손상으로 인한 인지적 손상을 평가한다.
- 지능검사 결과를 바탕으로 합리적인 치료목표를 수립한다.

③ 웩슬러 지능검사의 특징
- 편차 IQ(deviation IQ)의 개념을 도입한 것이다.
- IQ 점수가 정규분포를 보인다고 가정하고 각 개인의 점수를 평균이 100, 표준편차가 15인 표준점수로 변환하였는데, 이것이 편차 지능지수이다.

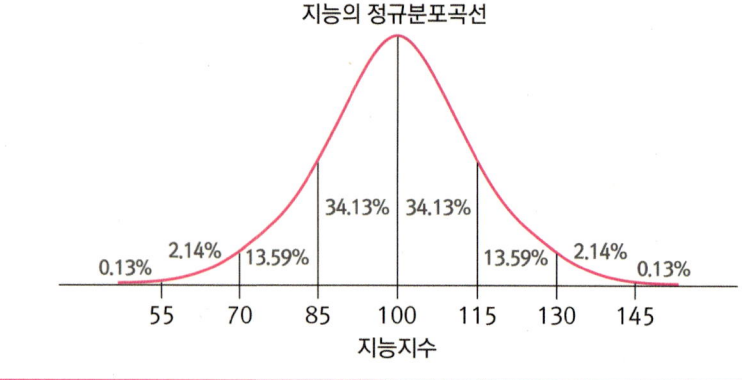

IQ-지능지수	55	70	85	100	115	130	145
SD-표준편차	-3	-2	-1	0	1	2	3

④ 편차 지능지수의 이점
- 원점수를 비교 가능한 환산점수로 변환함으로써 개인 내 각 소검사들의 점수를 비교할 수 있다.
- 지능 수준을 표준편차 단위에 따라 정의함으로써 보다 명백하게 정의할 수 있다.
- 연령에 관계없이 동등하게 지능지수를 해석할 수 있다.

2) 지능검사의 지침과 주의사항

① 검사 시행의 표준 절차를 철저하게 지키는 것이 매우 중요하다. 철저한 표준 절차에 따라 시행된 지능검사는 일종의 통제된 실험 상황과 같으며, 이를 통해 개인 간의 비교가 가능하다.
② 검사가 시행되는 방은 조명이 잘되어 있고, 환기가 잘되어야 하고, 가능한 한 조용해야 하며, 피검자의 주의를 분산시키는 자극이 없어야 한다.
③ 피검자의 최대 능력이 발휘될 수 있는 분위기에서 시행될 수 있어야 한다.
④ 검사 상황에서 피검자가 보일 수 있는 궁금한 점에 대해 일반적인 말로 간단하게 설명해 준다. 피검자를 격려하는 것은 바람직하나 정답 여부를 직접 가르쳐 주지 않는다.
⑤ 검사자는 검사를 시행하는 과정에서 미리 채점의 원칙을 잘 알고 있어야 한다.
⑥ 지능검사 수행에 소요되는 시간은 1시간~1시간 30분 정도로, 특별한 이유가 없는 한 한 번에 끝내는 것이 바람직하다. 오래 집중하기 어려운 노인, 뇌손상 환자, 심한 정신증적 환자의 경우에는 나누어 검사를 시행한다. 단, 이 경우에도 소검사 중간에 검사를 중단하지 않도록 한다.

⑦ 웩슬러 지능검사는 개인용 지능검사로서 검사 수행 시 세밀한 행동 관찰이 매우 유용한 정보를 제공해 주므로 검사를 시행하면서 동시에 행동을 관찰하는 훈련이 요구된다.

⑧ 지능검사 시행을 불가피하게 중단해야 하는 경우, 검사 시행을 중단하거나 면담을 통해 이러한 상황을 극복하도록 시도하는 것이 바람직하다.

⑨ 지능검사에 나타난 반응을 채점하는 과정에서 철저하게 채점의 원리를 파악하고 독특한 반응들을 채점 원리에 따라 정확하게 채점할 수 있도록 훈련되어야 한다.

3) 지능검사의 절차

① 의뢰: 지능검사의 결과가 어떤 곳에 어떤 용도로 사용될 것인지를 파악하여 실시 목적에 맞게 검사가 실시되어야 한다.

② 면담 및 행동 관찰: 웩슬러 지능검사는 일종의 수행 과제이다. 질문에 답을 하거나 도구를 이용해서 문제를 해결하는 과정은 다양한 비지능적 요인(예: 불안, 인내)을 관찰할 수 있는 기회가 되기도 한다.

③ 실시
- 실시요강을 통해 검사의 실시와 채점에 관한 일반적인 지침을 제공한다.
- 심리검사를 처음 배우는 초심자는 반드시 전문가로부터 실시, 채점 및 해석에 관한 지도감독을 받아야 한다.
- 라포 형성: 라포 형성을 위해 사전 설명 없이 곧바로 검사를 시작해서는 안 되며, 먼저 피검자가 알아두어야 할 일반적인 사항을 설명해 주는 것이 좋다.
- 사전 준비: 검사를 실시하기 전에 초시계, 검사도구 및 검사기록지 등을 준비해 놓는다. 검사도구는 실시하기 편하도록 미리 순서대로 정리해 놓는다.
- 검사 지시
  - 피검자에게 앞으로 수행하게 될 검사에 대해 소개한다. 하나의 소검사를 끝내고 다른 소검사를 시작할 때는 *"이번에는 다른 종류의 검사를 해 보겠습니다"* 처럼 부드럽게 연결시켜 주는 것이 필요하다.
  - 분명치 않거나 모호한 반응에 대해 유도질문은 피하고 중립적인 질문을 사용해서 탐색해야 한다. 예를 들어, *"더 자세하게 말씀해 주세요"* 또는 *"그것이 무슨 의미인가요?"* 와 같은 질문이 적절하다.

④ 채점: 지능검사의 채점을 위한 일반적인 원칙은 실시요강을 따른다.

⑤ 해석
- 타당한 해석은 앞서 서술한 실시 및 채점이 적절하게 이루어졌다는 것을 전제로

한다.
- 해석은 크게 양적 분석과 질적 분석으로 구분되며, 두 가지를 적절히 통합하고 면담을 통해 얻은 정보가 더해진다면 풍부한 해석이 가능하다.

4 한국 웩슬러 성인용 지능검사 4판(Korea Wechsler Adult Intelligence Scale-Furth)

1) 한국 웩슬러 성인용 지능검사의 구성

① 한국 웩슬러 성인용 지능검사 4판(K-WAIS-IV)은 16세 0개월에서부터 69세 11개월까지의 청소년과 성인의 인지능력을 평가하는 표준화된 지능검사이다.
② K-WAIS-IV는 전체지능지수(FSIQ: Full Scale IQ), 언어이해지수(VCI: Verval Comprehension Indes), 지각추론지수(PRI: Perceptual Reasoning Index), 작업기억지수(WMI: Working Memory Index), 처리속도지수(PSI: Processing Speed Index)로 구성되어 있다.
③ K-WAIS-IV는 총 15개의 소검사로 구성되어 있다. 15개의 소검사는 10개의 핵심 소검사와 5개의 보충 소검사로 이루어져 있다.

> **학습 Plus** 보충 소검사 실시가 필요한 경우
> - 핵심 소검사에서 얻은 점수가 실시 오류에 의한 경우
> - 최근에 해당 검사를 받은 경험이 있는 경우
> - 신체적 한계 또는 감각 결함의 문제로 대체 검사가 필요한 경우
> - 반응 태도로 인한 경우(수검자가 한 소검사의 모든 문항에서 같은 반응을 하거나 모르겠다고 하는 경우), 해당 이유로 인해 핵심 소검사 점수가 타당하지 않은 경우에 보충 소검사로 대체하여 실시할 수 있다.

④ 언어이해지수와 지각추론지수는 이전의 언어성 지능과 동작성 지능의 개념을 대체한 개념으로, 이 둘을 합쳐 일반능력지수(GAI: General Ability Index)라고 하며, 처리속도지수와 작업기억지수는 인지효능지수(CPI: Cognitive Proficiency Index)라고 한다.

〈K-WAIS-IV의 구성〉

지수 척도(index scale)			소검사	
			핵심 소검사	보충 소검사
전체 척도 (full scale)	일반능력지수 (GAI)	언어이해지수 (VCI)	공통성 어휘 상식	이해
		지각추론지수 (PRI)	토막짜기 행렬추론 퍼즐	무게비교 빠진 곳 찾기
	인지효능지수 (CPI)	작업기억지수 (WMI)	숫자 산수	순서화
		처리속도지수 (PSI)	동형찾기 기호쓰기	지우기

2) K-WAIS-IV의 지수 척도

① 언어이해지수(VCI): 언어이해지수는 언어를 활용한 이해와 능력, 개념형성 능력, 처리능력, 수검자의 결정적 지능과 학습능력 등을 측정한다.

구분	소검사	측정 내용
핵심 소검사	공통성	결정적 지능, 논리적이고 추상적인 추론능력, 개념적 사고능력, 언어적 이해능력, 기억력, 연합 및 범주적 사고, 언어능력과 결합된 연상능력 등을 측정한다.
	어휘	언어적 개념형성, 단어 지식, 장기기억, 결정적 지능, 언어발달의 정도, 언어적 이해능력, 축적된 언어학습의 정도, 획득된 사고, 언어적 유창성 등을 측정한다.
	상식	일반적인 사실적 지식의 범위, 장기기억, 실제적 지식에 대한 학습, 파지, 재인능력, 결정적 지능, 언어적 지각능력, 언어적 이해 및 표현능력 등을 측정한다.
보충 소검사	이해	언어적 추론 및 개념화 능력, 언어적 이해와 표현능력, 사회적 판단력, 장기기억, 사회적 환경에 대한 이해력, 사회적 규칙과 규범에 대한 지식 등을 측정한다.

② 지각추론지수(PRI): 지각추론지수는 언어를 사용하지 않고 시각적인 자극을 추상적으로 추론하여 얻게 된다. 비언어적인 기술, 주의력과 집중력, 시지각적 추론과 변별,

시공간 능력, 유동적이고 비언어적인 추론능력 등을 측정한다.

구분	소검사	측정 내용
핵심 소검사	토막짜기	유동적 지능, 시지각 및 조직화 능력, 동시적 처리능력, 시각-운동 협응 능력, 공간적 시각화 능력 등을 측정한다.
	행렬추론	부분과 전체의 관계를 파악하는 능력, 유동적 지능, 동시적 처리능력, 지각적 조직화 능력, 추상적 추론능력, 시공간적 추론능력 등을 측정한다.
	퍼즐	비언어적 추론능력, 시각적 재인능력, 시공간적 추론능력, 유동적 추론 능력, 지속적인 시각적 주의력 및 집중력 등을 측정한다.
보충 소검사	무게비교	비언어적인 수학적 추론능력, 양적 및 유추적 추론능력, 시각적 조직화 및 집중력, 귀납적 사고 및 연역적 사고, 지속적 주의력 등을 측정한다.
	빠진 곳 찾기	시지각적 조직화 능력, 시각적 집중력, 시각적 주의, 시각적 재인 및 장기 기억, 본질과 비본질을 구분하는 능력 등을 측정한다.

③ 작업기억지수(WMI): 작업기억지수는 청각적인 자극을 듣고 수검자가 시행을 한다. 주의력과 집중력, 청각적 기억, 단기기억, 부호화 전략, 암기 전략 등을 측정한다.

구분	소검사	측정 내용
핵심 소검사	숫자	즉각적인 기계적 회상능력, 가역적 사고능력, 인지적 유연성, 집중력과 주의력, 청각적 연속능력, 정보의 변형과 정신적 조작능력 등을 측정한다.
	산수	청각적 기억능력, 정신적 조작능력, 주의력 및 집중력, 수리적 추론능력, 순차적 처리능력, 유동적 지능, 논리적 추론능력 등을 측정한다.
보충 소검사	순서화	청각적 단기기억, 연속적 처리능력, 주의력 및 집중력, 순차적 처리능력, 정보를 재조직화하는 능력, 기억 폭 등을 측정한다.

④ 처리속도지수(PSI): 처리속도지수는 시지각의 변별, 주의력과 집중력, 시각-운동의 협응 및 변별능력, 조직화하는 능력, 비언어적 및 지각적 추론능력 등을 측정한다.

구분	소검사	측정 내용
핵심 소검사	동형찾기	시각적 단기기억, 시각-운동 협응능력, 인지적 유연성, 시각적 변별력, 정신적 조작속도, 주의력 및 집중력, 정보처리 및 탐색의 속도 등을 측정한다.
	기호쓰기	정신운동 속도, 시각적 단기기억, 시각적 자극에 대한 학습 및 반응 능력, 정신적 전환능력, 지속적 주의력, 시각적 탐색능력, 시각-운동 협응능력 등을 측정한다.
보충 소검사	지우기	지각적 재인능력, 지각적 변별력, 주의력 및 집중력, 시각-운동 협응능력, 시각적·선택적 주의력, 반응 억제능력, 지각속도, 과제 처리속도 등을 측정한다.

3) 일반능력지수(GAI)와 인지효능지수(CPI)

① 일반능력지수
- 언어이해지수의 핵심 소검사(공통성, 어휘, 상식)와 지각추론지수의 핵심 소검사(토막짜기, 행렬추론, 퍼즐)로 구성된 조합점수이다.
- GAI는 전체지능지수에 비해 작업기억과 처리속도의 영향을 덜 받는다. 이에 FSIQ에 포함된 작업기억과 처리속도 측면을 배제한 인지적 능력을 검토할 필요가 있을 때 사용될 수 있다.

② 인지효능지수(CPI)
- 작업기억지수의 핵심 소검사(숫자, 산수)와 처리속도지수의 핵심 소검사(동형찾기, 기호쓰기)로 구성된 조합점수이다.
- CPI는 언어이해지수와 지각추론지수에 덜 민감한 인지적 능력 측정이 필요할 때 고려할 수 있다. 그러나 CPI 소검사들도 어느 정도는 언어이해지수와 지각추론지수를 필요로 한다.

4) 지능검사의 기본적 해석

① 표준점수: 연령교정 표준점수를 환산점수(scaled score)와 조합점수(composite score)의 두 가지 유형으로 제공한다.
- 환산점수: 각 소검사의 환산점수는 평균이 10, 표준편차가 3인 분포에서의 개인의 점수이다. 예컨대, 환산점수 10점은 연령집단에서의 평균에 해당하는 수행을 나타낸다.
- 조합점수: 소검사 환산점수들의 다양한 조합을 바탕으로 한 표준점수로, 평균 100, 표준편차 15를 기준으로 계산된다. 어떤 조합점수이든지 100점이면 비슷한 연령 대비 평균 수준의 수행임을 나타낸다.

〈조합점수의 기술적 분류〉

조합점수 범위	기술적 분류
130 이상	최우수
120~129	우수
110~119	평균 상
90~109	평균
80~89	평균 하
70~79	경계선
69 이하	매우 낮은

② 백분위: 같은 연령대의 다른 수검자들과 비교한 수검자의 순위를 나타낸다.
③ 체계적인 양적·질적 분석법
- 양적 분석
  - 병전 지능의 추정(또는 잠재지능)
    ✓ 지능검사 후, 원래의 지능 수준을 추정하여 현재의 지능 수준과의 차이를 계산해 봄으로써 급성적·만성적 병적 경과, 지능의 유지나 퇴보 정도를 파악한다.
    ✓ 병전 지능 추정의 기준이 되는 소검사는 '어휘'와 '상식', '토막짜기'이다. 정신병리 또는 뇌손상에 비교적 영향을 받지 않고 요인분석 결과 점수가 가장 안정적인 소검사에 해당되었다.
  - 현재 지능: 각 조합점수(composite score)인 전체지능지수(Full Scale Intelligence Quotient: FSIQ), 언어이해지수(VCI), 지각추론지수(PRI), 작업기억지수(WMI), 처리속도지수(PSI)와 백분위, 오차범위를 밝히는 방식으로 기술된다.
    ✓ K-WAIS-IV에서는 90%와 95% 신뢰구간을 제공한다. 백분위 점수는 지능검사를 통해 얻은 점수가 동일 연령 범주의 인구 100명 중 몇 등에 해당되는지를 알려 주는 점수이다.
  - 소검사 점수 분산 분석
    ✓ 어휘 분산: '어휘' 점수를 기준으로 다른 소검사 점수들이 이 기준에서 얼마나 분산되어 있는가를 보는 것이다. '어휘'를 기준으로 쓰는 이유는 지능 수준을 가장 잘 대표하며, 부적응 상태에서도 비교적 퇴화하지 않기 때문이다.
    ✓ 평균치 분산: 언어성 소검사들은 언어성 소검사들의 평균에서, 동작성 소검사들은 동작성 소검사들의 평균에서 얼마나 이탈되어 있는지를 보는 방식이다.
    ✓ 변형된 평균치 분산: 너무 높거나 낮은 점수가 평균에 미치는 영향을 배제하기 위해 개발된 방식이다. 지나치게 점수 차가 큰 소검사를 제외하고 평균을 낸 뒤 그 수치를 기준으로 다른 소검사들의 이탈 정도를 보는 것이다.
- 질적 분석: 반응내용, 반응양식, 언어적 표현방식, 검사행동방식 등을 기초로 하여 개인의 독특한 심리적 특성을 알아보고자 하는 것이다.
④ K-WAIS-IV의 과정점수
- K-WAIS-IV에서는 몇 가지 과정점수를 포함하고 있다. 과정점수(process score)는 소검사 수행에 영향을 주는 인지능력에 대한 보다 자세한 정보를 제공하기 위해 만들어진 것으로, 추가적인 실시 절차 없이 해당 소검사의 수행으로부터 도출된다.

- 과정점수는 FSIQ, 지수점수 또는 부가적인 군집점수를 산출하는 데 사용되지 않으며 소검사 점수나 조합점수를 대체할 수 없다.

과정점수	약자
시간 보너스가 없는 토막짜기	BDN
숫자 바로 따라하기	DSF
숫자 거꾸로 따라하기	DSB
숫자 순서대로 따라하기	DSS
가장 긴 숫자 바로 따라하기	LDSF
가장 긴 숫자 거꾸로 따라하기	LDSB
가장 긴 숫자 순서대로 따라하기	LDSS
최장 순서화	LLNS

핵심 3 한국 웩슬러 아동용 지능검사

1 K-WISC-IV의 평가목적

① 일반적인 지적 능력을 평가하기 위하여 지능검사가 사용된다. 지능 수준이 어느 정도인지, 인지적인 문제해결능력은 어느 정도인지 전반적인 지적 능력을 평가한다.
② 일반적인 지적 능력 외에도 특수한 영역에서의 인지능력을 평가하기 위하여 지능검사가 사용된다.
③ 인지능력의 결함이나 손상을 평가한다. 인지능력의 특수한 영역뿐만 아니라 어느 특정 영역에서 결함과 손상을 보이는지를 평가한다.
④ 인지능력 평가를 통하여 내담자에 대한 심리진단을 하고 이를 통해 치료계획을 세우는 데 중요한 도구로 활용할 수 있다. 내담자의 전반적인 인지능력은 어느 정도인지, 여러 인지능력 중에서 강점 영역과 약점 영역을 파악하여 내담자에 대한 구체적인 치료계획을 세울 수 있다.

2 K-WISC-IV의 구성

① K-WISC-IV는 6세 0개월부터 16세 11개월까지의 아동과 청소년의 인지능력을 평가하기 위해 개별적으로 실시하는 검사이다.

② K-WISC-IV는 총 15개의 소검사로 구성되어 있다. 15개의 소검사는 10개의 핵심 소검사와 5개의 보충 소검사로 이루어져 있다.
③ 10개의 핵심 소검사는 4개의 지수에 할당되어 있다. 보충 소검사는 경우에 따라 핵심 소검사를 대체하거나 추가적인 정보를 제공하는 역할을 한다.
④ 전체지능지수(FSIQ)는 전반적인 인지능력에 대한 최종적인 요약치이다.
- 전체지능지수와 같이 제공되는 4개의 조합점수는 언어이해지수(VCI), 지각추론지수(PRI), 작업기억지수(WMI), 처리속도지수(PSI)로 구성되어 있다.
- K-WISC-III에서 사용해 오던 언어성 IQ(VIQ)와 동작성 IQ(PIQ)라는 용어는 각각 언어이해지수(VCI)와 지각추론지수(PRI)라는 용어로 대체되었다.

〈K-WISC-IV의 구성〉

조합 척도(composite scale) 또는 지수 척도(index scale)			소검사	
^^^	^^^	^^^	핵심 소검사	보충 소검사
전체 척도 (full scale)	일반능력지수 (GAI)	언어이해지수 (VCI)	공통성 어휘 이해	상식 단어추리
^^^	^^^	지각추론지수 (PRI)	토막짜기 공통그림찾기 행렬추리	빠진 곳 찾기
^^^	인지효능지수 (CPI)	작업기억지수 (WMI)	숫자 순차연결	산수
^^^	^^^	처리속도지수 (PSI)	동형찾기 기호쓰기	선택

3 K-WISC-IV의 합산 점수

① 언어이해지수(VCI)
- 언어이해지수는 언어적 개념형성, 언어적 추론과 이해, 획득된 지식, 언어적 자극에 대한 주의력에 대한 측정치이다.
- 언어이해지수(VCI)는 전통적인 언어성 IQ(VIQ) 점수보다 인지 기능의 더 협소한 영역을 측정하며, 다른 인지 기능이 덜 혼입되어 있다. 이에 언어이해지수는 언어성 IQ보다 언어적 추론에 대한 더 순수한 측정치로 간주된다.

구분	소검사	측정 내용
핵심 소검사	공통성	언어적 추론능력, 개념화 능력, 추상적 사고능력, 어휘 지식, 결정적 지능 등을 측정한다.
	어휘	결정적 지능, 축적된 지식 수준, 언어적 개념형성능력, 언어발달 수준, 장기기억, 학습능력, 언어적 유창성, 어휘 수준 등을 측정한다.
	이해	언어적 이해 및 추론능력, 결정적 지능, 일반적인 상식, 사회적인 판단력, 사회적 상황에 대한 이해능력, 도덕 및 윤리적 판단 등을 측정한다.
보충 소검사	상식	결정적 지능, 장기기억의 저장 및 인출능력, 언어적 표현능력, 지적 호기심 등을 측정한다.
	단어추리	언어적 추론 및 추상화 능력, 언어적 이해, 결정지능, 장기기억, 개념적 사고, 유추 및 추론 능력, 정보를 통합 및 종합하는 능력 등을 측정한다.

② 지각추론지수(PRI)
- 지각추론지수는 유동적 추론, 공간처리, 세부에 대한 주의력, 시각-운동 통합에 대한 측정치이다.
- 이 소검사는 처리속도에 덜 혼입되어 있으며, 저조한 처리속도 능력을 가진 개인의 진정한 비언어적 추론능력을 더 잘 반영한다.

구분	소검사	측정 내용
핵심 소검사	토막짜기	부분을 통해 전체를 만드는 능력, 형태 지각 및 분석능력, 시지각 및 시각적 조직화, 시각-운동 협응능력, 시각적인 관찰능력 등을 측정한다.
	공통그림 찾기	비언어적인 추론능력, 추상화와 범주능력, 시각적 처리, 의미 있는 자극에 대한 지각, 시지각적 조직화 및 변별 능력 등을 측정한다.
	행렬추리	유동적 지능, 비언어적 추론 및 문제해결 능력, 귀납능력, 유추능력, 시지각 변별 및 추론능력 등을 측정한다.
보충 소검사	빠진 곳 찾기	시각적 지각과 조직화, 세부 사항에 대한 주의력과 집중력, 시각적 추리능력, 시각적 예민성, 본질과 비본질을 변별하는 능력 등을 측정한다.

③ 작업기억지수(WMI)
- 작업기억지수는 입력된 정보가 일시적으로 저장되고, 계산과 변환처리가 일어나며, 계산과 변환이 산물/출력이 일어나는 곳에 대한 정신적 용량을 측정한다.
- 작업기억은 학습의 핵심적인 요소이기 때문에 작업기억에서의 차이는 주의력, 학습용량, 유동적 추론과 관련되는 개인차의 분산을 설명한다.

구분	소검사	측정 내용
핵심 소검사	숫자	주의력과 집중력, 청각적 단기기억, 암기능력, 계획능력, 작업기억, 정신적 조작능력, 유연성 등을 측정한다.
	순차연결	정신적 조작, 주의력과 집중력, 청각적 단기기억, 작업기억, 부호화 및 암송 전략 사용 등을 측정한다.
보충 소검사	산수	단기기억, 수리적 계산 및 추론능력, 청각기억, 유동적 지능, 주의력과 집중력, 청각적 언어이해, 논리적 추론능력 등을 측정한다.

④ 처리속도지수(PSI)
- 처리속도지수는 신속하게 단순하거나 일상적인 정보를 오류 없이 처리할 수 있는지를 보여 준다.
- 처리속도가 약점일 경우 새로운 정보를 이해하는 과제를 하는 데 시간이 더 오래 걸리고, 과제 수행에 어려움을 겪게 되며, 새로운 자료를 이해해야 하는 복잡한 과제를 수행하기 위한 정신적 에너지가 덜 남게 된다.

구분	소검사	측정 내용
핵심 소검사	기호쓰기	시각-운동 처리능력, 학습능력과 인지적 유연성, 주의력과 집중력, 시각적 처리순서 능력 등을 측정한다.
	동형찾기	시각-운동 능력과 변별능력, 처리 및 지각속도, 정신적 처리속도, 단기 시각기억, 인지적 유연성, 주의력과 집중력 등을 측정한다.
보충 소검사	선택	처리속도, 시각적 선택의 주의 및 무시능력, 지각적인 변별 및 인식, 지각적 탐색, 단기기억, 시각-운동의 협응능력 등을 측정한다.

⑤ 전체지능지수(FSIQ)
- 전체지능지수(FSIQ)는 개인의 인지 기능의 전반적인 수준을 추정하는 종합적인 합산 점수이다.
- FSIQ는 주요 소검사 10개 점수의 합계이다. FSIQ는 보통 일반요인 또는 전반적인 인지 기능에 대한 대표치로 간주된다.

〈전체지능지수(Full scale IQ: FSIQ)의 분석절차〉
- 전체지능지수(FSIQ)에 대한 검토이다. 단, FSIQ를 구성하는 4개의 지수점수 중 가장 높은 지수와 가장 낮은 지수 간의 차이가 1.5 표준편차(23점)보다 작을 경우에만 FSIQ가 신뢰성 있고 타당한 측정치로서의 의미를 가진다.
  * FSIQ는 평균이 100, 표준편차가 15를 기준으로 하기에 1.5 표준편차는 23점에 해당

됨(1 표준편차는 15점 단위로 변화됨)
- VCI, PRI, WMI, PSI 순으로 지수점수를 검토한다. 여기서도 각 세부 지수에 포함되는 핵심 소검사들 간의 차이가 1.5 표준편차(5점)보다 작을 때에만 단일한 지수로서 의미가 있으며, 만약 5점 이상일 경우에는 단일한 지수로 해석하기에 적절하지 않다.
    * '핵심 소검사'는 평균 10, 표준편차 3을 기준으로 하기에 소검사들 간의 차이가 1.5 표준편차이면 5점에 해당됨(1 표준편차는 3점 단위로 변화됨)
- 각 지수의 해석이 가능한 것으로 판단될 경우 검사자는 해당 지수의 수준을 통해 현재 수검자가 보이는 능력이 어느 정도인지를 기술한다. 각 지수에 대한 결과를 보고할 때 백분위와 신뢰도를 함께 보고해야 한다.
- 지수점수들 간 차이 값의 비교, 강점과 약점의 평가, 소검사 점수들 간의 차이 값의 비교, 소검사 내의 점수 패턴 평가(선택적), 과정분석(선택적)의 단계를 거쳐 분석한다.

4 K-WISC-IV의 과정점수

① K-WISC-IV는 3개의 소검사(토막짜기, 숫자, 선택)에서 7개의 과정점수를 제공한다. 이러한 점수들은 아동의 소검사 수행에 기여하는 인지능력에 대한 더 자세한 정보를 제공하도록 고안되었다.
② 처리점수들을 얻기 위해서 추가적인 실시 절차가 필요하지는 않으며, 해당 소검사에 대한 아동의 수행에 기초하여 점수를 얻을 수 있다.
③ 처리점수는 다른 소검사 점수로 대체할 수 없으며, 합산 점수에도 포함되지 않는다는 것을 주의해야 한다.

〈K-WISC-IV의 과정점수〉

과정점수	약자
시간 보너스가 없는 토막짜기	BDN
숫자 바로 따라하기	DSF
숫자 거꾸로 따라하기	DSB
가장 긴 숫자 바로 따라하기	LDSF
가장 긴 숫자 거꾸로 따라하기	LDSB
선택(무선배열)	CAR
선택(일렬배열)	CAS

- 토막짜기
  - BDN 처리점수는 문항을 빨리 완성하는 것에 대한 추가적인 시간 보너스 점수가 없는 토막짜기에서 보인 아동의 수행에 기반을 둔다.
  - 아동의 수행 속도에 대한 강조를 줄인 것은 신체적 한계, 문제해결 전략, 개인적 특성이 시간을 요하는 과제의 수행에 영향을 미친다고 판단할 때 유용하다.
  - BDN은 평균 10, 표준편차 3의 측정단위로 환산된다(예: 4점과 16점은 각각 평균으로부터 2 표준편차씩 아래, 위로 벗어나 있음-1 표준편차는 3점 단위로 변화됨).
  - BD와 BDN 점수 간 차이는 토막짜기 수행에 대한 속도와 정확성의 상대적 정도에 대한 정보를 제공한다.
- 숫자
  - DSF와 DSB 처리점수는 두 가지의 숫자 과제에서 보이는 아동의 수행을 반영한다. 이 점수 간의 차이는 비교적 쉬운 과제와 좀 더 어려운 기억 과제에서의 차별적 수행능력을 나타낸다.
  - 두 가지 모두 즉각적인 청각적 회상을 통해 정보를 저장하고 인출하는 능력을 요구하지만, '숫자 거꾸로 따라하기' 과제는 아동의 주의력 및 작업기억 능력을 추가적으로 요구한다.
  - LDSF와 LDSB 처리점수는 각각 '숫자 바로 따라하기'와 '숫자 거꾸로 따라하기'에서 마지막으로 정확히 수행한 시행에서 회상한 숫자의 개수를 나타낸다.
- 선택
  - CAR과 CAS 처리점수는 선택 소검사에서 두 가지 방식(무선배열, 일렬배열)으로 제시된 시각적 자극에 대한 선택적인 시각적 주의와 처리속도를 측정한다.
  - 선택 과제는 신경심리학적 장면에서 시각적 무시, 반응 억제, 운동 보속증을 측정하기 위해 널리 사용되어 왔다.
  - 두 점수 간의 비교는 조직적으로 배열되어 있는 시각자극을 살펴볼 때 요구되는 차별적인 수행능력에 대한 정보를 제공해 준다.

5 K-WISC-IV의 분석절차

K-WISC-IV의 기술적 및 해석적 매뉴얼에서 제시된 기초 프로파일 분석은 전체지능지수로 시작하기를 권고한다. 이를 통한 기본적인 분석절차는 다음과 같다.
- 1단계: 전체지능지수(FSIQ)의 보고 및 기술
- 2단계: 언어이해지수(VCI)의 보고 및 기술

- 3단계: 지각추론지수(PRI)의 보고 및 기술
- 4단계: 작업기억지수(WMI)의 보고 및 기술
- 5단계: 처리속도지수(PSI)의 보고 및 기술
- 6단계: 지수 수준의 차이 비교 평가
- 7단계: 강점과 약점 평가
- 8단계: 소검사 수준의 차이 비교 평가
- 9단계: 소검사들 내에서의 점수 패턴 평가
- 10단계: 처리분석 수행하기

6 한국 웩슬러 아동용 지능검사 5판(K-WISC-V)

① 한국 웩슬러 아동용 지능검사 5판은 2019년에 출간되었다. 4판에서의 소검사 13개에 3개의 소검사(무게비교, 퍼즐, 그림기억)가 추가된 총 16개의 소검사로 이루어져 있다.

② K-WISC-V의 기본지수 점수는 5가지(언어이해, 시공간, 유동추론, 작업기억, 처리속도)로 늘어났고, 5가지의 추가지표(양적추론, 청각작업기억, 비언어, 일반능력, 인지효율)를 제공한다.

③ 미국판에서는 21개의 소검사가 있으나 한국판에서는 이름대기, 상징해석 등의 보조검사 5개를 생략하였고, 이에 따라 보조 지표인 이름대기속도, 상징해석, 저장인출은 생략되었다.

〈K-WISC-V의 검사체계〉

전체 척도				
언어이해	시공간	유동추론	작업기억	처리속도
공통성 어휘 상식 이해	토막짜기 퍼즐	행렬추리 무게비교 공통그림찾기 산수	숫자 그림기억 순차연결	기호쓰기 동형찾기 선택

7 한국 웩슬러 유아용 지능검사

① 한국 웩슬러 유아용 지능검사 4판(K-WPPSI-IV: Korean Wechsler Preschool and Primary Scale of Intelligence)은 2세 6개월에서 만 7세 7개월까지 유아의 인지능력을 임상적으로 평가하기 위한 개인 지능검사이다.

② K-WPPSI-IV는 연령 범위에 따라 2세 6개월~3세 11개월용 검사와 4세 1개월~7세 7개월용 검사로 나뉜다. 연령 범위에 따라 서로 다른 소검사를 구성하였고 도구 및 기록지가 다르다.
③ K-WPPSI-IV는 이전 판의 소검사 10개(토막짜기, 상식, 행렬추리, 공통성, 공통그림찾기, 모양맞추기, 어휘, 이해, 수용어휘, 그림명명)에 소검사 5개(동형찾기, 그림기억, 선택하기, 위치찾기, 동물짝짓기)가 추가되어 총 15개의 소검사로 구성되어 있다.
④ 소검사는 핵심 소검사, 보충 소검사, 선택 소검사로 구분된다.
- 핵심 소검사는 지표 점수와 규준 산출에 사용되며, 지적 기능에 대한 정보와 임상적인 의사결정에 필요한 추가정보를 제공한다.
- 보충 소검사는 핵심 소검사가 유효하지 않거나 생략된 경우에 사용되고, 지적 기능에 대한 정보와 임상적인 의사결정에 필요한 추가정보를 제공한다.
- 선택 소검사는 보충 소검사처럼 지적 기능에 대한 더 많은 정보를 제공하지만 지수 점수 산출에는 사용되지 않는다.

핵심 4 객관적 성격검사 I: MMPI-2

1 다면적 인성검사(MMPI: Minnesota Multiphasic Personality Inventory)

1) MMPI-2의 개발

① MMPI에 대한 문제제기와 새로운 규준의 필요성 대두
- 임상 장면 이외의 인사선발, 입학, 징병 등과 같은 장면에서 쓰일 때는 필요 이상으로 사생활을 침범하고 불편감을 줄 수 있다는 의문이 제기되었다.
- 시간이 지나면서 성차별적 문구, 구식의 관용적 표현들, 시대에 맞지 않는 문학작품 및 오락문화와 관련된 문항들이 문제가 되었다.
- 자살, 약물문제, 치료 관련 행동 등과 같은 임상적으로 중요한 영역들을 포함할 필요성도 제기되었다.

② 1980년대 초부터 MMPI의 재표준화 작업을 시작하여 최종 567개의 문항을 확정하고, 내용척도, 보충척도 등이 포함된 MMPI-2가 1989년에 출간되었다.

③ MMPI의 개발
- 다면적 인성검사는 미네소타 대학병원에서 일하던 임상심리학자 Stark Hathaway와 정신과 의사 J. Charnley McKinley에 의해 1943년에 처음 출간되었다.

- 경험적 제작방식으로 문항 결정

  Hathaway와 McKinley는 다양한 문헌 및 연구에서 성격을 기술하는 1,000여 개의 문장들을 추출한 후, 내용이 서로 중복되지 않는다고 판단되는 504개를 선정하였다.

- 준거집단 정하기
  - 문항을 검증하기 위해 정상집단과 정신과적 환자집단(임상집단)을 구성하였다.
  - 모집된 정신과 환자들의 진단은 건강염려증(hypochondriasis), 우울증(depression), 히스테리(hysteria), 반사회성(psychopathic deviate), 편집증(paranoia), 강박증(psychasthenia), 정신분열증(schizophrenia), 경조증(hypomania)이었다.

- 문항선택 작업: 각 집단의 응답방식을 비교하여 두 집단을 완벽하게 구별하는 항목들을 골라내는 문항들을 확인하였다. 이러한 확인 과정을 통해 각 척도들을 선별하였다.

- 교차타당도 검증: 개발한 척도들을 새로 선발한 정상집단에 실시한 뒤 다른 임상 환자 집단의 반응과 비교해 봄으로써 교차타당도를 검증하였다.

2) 다면적 인성검사의 실시와 채점

① 검사자의 자격
- 심리측정적 자격조건을 갖추고 있어야 한다. 일정 수준의 교육과 훈련을 받은 전문가에 의해 검사가 실시되어야 한다.
- 성격과 정신병리, 심리 진단 등에 대한 체계적인 지식을 갖추고 있어야 한다.
- 검사 매뉴얼의 모든 내용과 해석절차를 반드시 숙지하고 있어야 한다.

② 수검자의 조건
- 최소한 초등학교 6학년 수준 이상의 독해력이 필요하다.
- 적절한 검사 수행을 방해하는 신체적 혹은 정서적 문제가 있는지 확인해야 한다.
- MMPI-2의 경우 19세 이상의 성인이 대상이며, MMPI-A는 중고등학생을 대상으로 한다.

③ 검사환경

검사지와 답안지를 놓을 수 있는 책상, 밝은 조명, 편한 의자, 방해받거나 주의가 산만해지지 않는 조용한 장소가 필요하다.

④ 채점과 해석
- MMPI-2만으로 진단적 평가를 내리지 않도록 하며, 여러 가지 진단적 단서 가운데 하나의 지표로 보는 것이 바람직하다.

- 면담 및 다른 검사들을 통해 얻은 정보들과 통합하여 가설들을 추론해 가는 과정이 반드시 필요하다.

3) MMPI-2의 구성

MMPI-2는 총 10개의 타당도 척도와 10개의 임상척도로 구성되어 있다. 이외에도 재구성 임상척도, 내용척도, 보충척도, 성격병리 5요인 척도를 포함하고 있으며, 임상소척도와 결정적 문항도 해석에 참고할 수 있도록 구성되어 있다.

〈MMPI-2의 척도 종류〉

척도 종류		척도 기호	척도 명칭
타당도 척도	성실성	?	무응답(Cannot Say)
		VRIN	무선반응 비일관성(Variable Response Inconsistency)
		TRIN	고정반응 비일관성(True Response Inconsistency)
	비전형성	F	비전형(Infrequency)
		F(B)	비전형-후반부(Back Infrequency)
		F(P)	비전형-정신병리(Infrequency-Psychopathology)
		FBS	증상 타당도(Symptom Validity)
	방어성	L	부인(Lie)
		K	교정(Correction)
		S	과장된 자기제시(Superlative Self-Presentation)
임상 척도		1(Hs)	건강염려증(Hypochondriasis)
		2(D)	우울증(Depression)
		3(Hy)	히스테리(Hysteria)
		4(Pd)	반사회성(Psychopathic Deviate)
		5(Mf)	남성성-여성성(Masculinity-Femininity)
		6(Pa)	편집증(Paranoia)
		7(Pt)	강박증(Psychasthenia)
		8(Sc)	정신분열증(Schizophrenia)
		9(Ma)	경조증(Hypomania)
		0(Si)	내향성(Social Introversion)

4) MMPI-2 타당도 척도

① ?(무응답 척도)

피검자가 응답하지 않고 빠뜨린 문항과 '그렇다' '아니다' 모두에 응답한 문항의 수를 포함한다. 무응답 문항이 많으면 검사결과의 타당성을 의심해야 한다(30개 이상 무효 프로파일로 간주).

② VRIN(무선반응 비일관성 척도)
- 이 척도는 내용면에서 유사한 혹은 정반대인 문항들로 짝지어진 67개의 문항반응 쌍으로 구성되어 있으며, 피검자가 문항에 비일관적으로 응답하는 경향이 있는지를 탐지한다.
- VRIN이 높으면서 F, F(B), F(P)가 상승되어 있는 경우에는 피검자가 검사문항에 부주의하게 반응했거나, 자신의 증상을 과장하고 있거나, 비협조적인 태도가 있음을 고려해야 한다.

③ TRIN(고정반응 비일관성 척도)
- 문항내용과 상관없이 무분별하게 '그렇다'로 응답하는 경향(모두 긍정) 혹은 '아니다'로 응답하는 경향(모두 부정)이 있는지를 탐지한다.
- 원점수가 13점 이상(T≥80)이면 검사자료의 타당성을 의심할 수 있는 정도의 비일관적인 응답을 보인 것으로 간주하여 해석하지 않도록 권고한다.

④ F(비전형 척도)
- 총 60개의 문항으로 구성되며, 문항내용을 제대로 읽지 않고 응답하거나 무선적으로 응답하는 것과 같은 이상반응 경향 혹은 비전형적인 반응 경향을 탐지한다.
- 일반적으로 F척도가 높아지면 다른 임상척도들의 점수도 상승하며, 특히 척도 6과 8의 점수가 상승한다. 심각한 심리적 문제를 겪고 있는 사람들이 F척도의 문항에 반응한다.

⑤ F(B)(비전형-후반부 척도)
- 검사 후반부의 비전형 반응 경향을 탐지한다(281번 문항 이후에 분포).
- 무선반응, 고정반응, 정신병리, 부정가장에 민감하며, F(B)가 높으면 특히 내용척도에 영향을 준다.

⑥ F(P)(비전형-정신병리 척도)
- F척도를 보완하기 위해 개발, 비전형 반응 경향을 탐지한다.
- F척도에 비해 정신병리에 덜 민감한 27개 문항으로 구성되어 있다. 점수 상승 시 부정왜곡을 나타낼 수 있다.

⑦ FBS(증상 타당도 척도)
- F, F(B), F(P) 척도와 마찬가지로 과대보고를 평가한다.
- F, F(B), F(P) 척도는 정신병적 사고 과정, 삶의 혼란과 두려움, 불쾌감 등을 평가하는 반면, FBS 척도는 자신의 신체적/인지적 증상에 대한 과장된 반응을 탐지한다.

⑧ L(부인 척도)
- 자신을 실제보다 더 좋게 드러내려는 의도적이면서도 세련되지 않은 시도를 탐지한다. 이 경우 사소한 약점마저도 인정하지 않아 L척도 점수가 높아질 수 있다(사회적 · 도덕적 측면의 방어).
- 낮은 점수(45T 이하)는 가벼운 결점이나 단점들을 인정하면서 각 문항에 솔직하게 반응하였음을 반영한다.

⑨ K(교정 척도)
- 심리적으로 세련되고, 지적이며, 교묘한 태도로 자신을 방어하려는 피검자의 경우에 K척도가 상승한다. 자신의 정신병리나 심리적인 문제에 대한 방어적인 태도를 측정한다.
- K척도의 경우, K교정을 위한 가중치를 부여하여 정상집단과 임상집단을 판별한다(1, 4, 7, 8, 9 척도는 K교정 적용).

> **학습 Plus   K교정 점수**
> - 높은 K척도 점수로 나타나는 수검자의 방어 성향이 임상척도의 점수를 낮추는 효과를 교정하기 위해 임상척도에 부여할 적당한 가중치 수준을 결정하여 부여하였다.
> - 몇몇 임상척도들의 경우에는 임상척도의 원점수가 개인의 임상적 상태를 정확하게 예측하였기 때문에 K교정 가중치를 부여하지 않았으나, 1(Hs), 4(Pd), 7(Pt), 8(Sc), 9(Ma)척도는 점수를 적절하게 조정하여 각각의 원점수에 0.2~1.0까지 범위의 K교정 가중치를 부여하여 원래의 임상척도 점수에 합산하였다.

⑩ S(과장된 자기제시 척도)
- 자신을 매우 정직하고, 책임감 있고, 심리적인 문제가 없으며, 도덕적 결함이 없고, 다른 사람들과 잘 어울리는 사람인 것으로 드러내려는 경향을 탐지한다.
- 방어성에 대한 추가정보를 제공하는 척도로 긍정왜곡을 하는 경우를 탐지해 내도록 구성되었다.

5) MMPI-2 임상척도

① 척도 1 건강염려증(Hypochondriasis: Hs)
- 척도 1은 원래 건강염려증과 관련된 증상을 보이는 환자들을 진단하기 위해 개발

되었다.
- 신체 기능에 대한 과도한 불안이나 집착 같은 신경증적인 걱정이 있는지를 알아보기 위한 문항으로 구성되어 있다.

> **학습 Plus 척도 1에서 높은 경우**
>
> - 질병과 통증에 대해 과도하게 염려하며 근심과 걱정을 한다.
> - 모호하고 전반적인 신체적 불편감을 호소한다.
> - 스스로 불행하다고 느끼며 삶에 대해 비관적·자기패배적 태도를 보인다.
> - 모호한 불안감, 초조감, 불쾌감을 경험한다.
> - 완고하고 자기중심적이며 미성숙하다.
> - 신체적 불편감을 이유로 책임을 회피하려고 들거나 지나친 관심과 도움을 요청한다.
> - 다양한 의학적 치료를 찾고 의료 서비스나 약물을 오남용한다.
> - 신체증상은 상황적 스트레스에 의한 반응이라기보다는 장기간 지속되어 온 경우가 흔하다.

② 척도 2 우울증(Depression: D)

척도 2는 우울증상을 평가하기 위해 개발된 척도로서, 문항들은 행복감 및 자기가치의 부인, 정신운동 지체, 주변 환경에 대한 흥미 상실과 같은 우울증의 다양한 특징을 포함하고 있다.

> **학습 Plus 척도 2에서 높은 경우**
>
> - 슬픈 기분, 우울감, 불행감, 불만족감, 불쾌감 등의 우울 징후가 시사된다.
> - 무망감과 절망감이 심하며 미래에 대해 비관적이다.
> - 자신감이 저하되고 열등감과 무능감을 경험하며 쉽게 포기한다.
> - 의기소침하고 사기가 저하되어 있으며 자기비하, 죄책감, 자기패배적 사고를 보인다.
> - 주의집중의 어려움, 의사결정의 곤란으로 인해 업무 처리의 효율성이 저하된다.
> - 흥미나 관심의 범위가 협소해지고 동기나 의욕 수준이 낮다.
> - 대인관계에서 소극적·회피적 태도를 취하며 사람들과 심리적 거리를 둔다.
> - 죽음 혹은 자살과 관련된 생각에 몰두해 있거나 자살 계획, 자살 시도의 가능성이 있다(특히 척도 4, 척도 7, 척도 8, 척도 9 등이 높은 수준으로 동반 상승한 경우에는 주의가 필요).

③ 척도 3 히스테리(Hysteria: H)

척도 3은 심인성 감각장애나 운동장애를 보이는 환자들을 가려내기 위해 개발된 척도로서, 문항들은 주로 구체적인 신체증상의 호소와 정서적 곤란이나 대인관계 곤란의 부인과 관련된다.

> **학습 Plus** 척도 3에서 높은 경우
> - 신체적 불편감이나 신체 기능 저하에 대한 호소가 많고(두통, 소화기 증상, 흉통, 쇠약감, 빈맥 등) 종종 전환장애, 신체화 장애, 통증장애와 같은 신체형 장애로 진단 내려진다.
> - 스트레스가 증가하면 신체적 문제가 악화되는 경향이 있고, 강한 심리적 압박감을 자주 받는다.
> - 적대감, 분노와 같은 부정적 감정을 잘 표현하지 못하고 부인한다.
> - 심리적으로 미성숙하고 유아적이며 자기중심적이다.
> - 모호한 불편감을 호소할 때가 많으며, 그 기원이나 자신의 심리 상태에 대한 통찰이 부족하다.
> - 애정, 인정, 관심, 지지를 받고자 하는 욕구가 강하며, 이러한 욕구를 간접적이고 우회적인 방식으로 드러낸다.
> - 극적이고 과장된 행동으로 주목을 끌고자 하지만 대인관계가 피상적이다.
> - 책임 회피나 관심 획득의 목적으로 신체증상을 이용한다(특히 T≥80인 경우).

④ 척도 4 반사회성(Psychopathic Deviate: Pd)
- 척도 4는 반사회적 성격을 지닌 환자들을 진단하기 위해 개발된 척도이다.
- 해당 문항 등은 삶에 대한 불만족, 가족 문제, 일탈 행동, 성문제, 권위와의 갈등, 사회적·도덕적 규범에 대한 무시와 같은 다양한 주제를 포함하고 있다.

> **학습 Plus** 척도 4에서 높은 경우
> - 사회의 보편적인 가치 기준, 관습, 도덕규범 등을 받아들이지 못한다.
> - 소소한 규칙위반, 위법 행동을 자주 보일 수 있고, 반사회적 행동이나 범법 행위(사기, 절도, 성적인 일탈 행동, 알코올 및 약물 남용 등)에 연루될 수 있다(T≥75인 경우).
> - 부모, 교사 등 권위 있는 대상에게 반항하며 갈등을 빚는다.
> - 미성숙하며 유아적, 이기적, 자기중심적이다.
> - 모험적·감각적·자극적 활동을 선호하며, 단조롭고 지루한 상황을 잘 견디지 못한다.
> - 결과를 고려하지 않고 섣부르게 결정하고 충동적으로 행동하여 시행착오가 많고 위험이 초래되기도 한다.
> - 욕구 지연, 실패, 좌절에 대한 인내력이 낮다.
> - 다른 사람들의 욕구와 감정에 둔감하며, 공감능력이 부족하며, 반복적인 대인관계 문제, 직업 및 사회적 부적응을 겪는다.

⑤ 척도 5 남성성-여성성(Masculinity-Femininity: Mf)
- 척도 5는 원래 동성애자를 변별하기 위해 개발되었으나, 실제적으로 변별이 잘 되지 않는 것으로 밝혀져 남성성과 여성성의 정도를 측정하는 척도로 개정되었다.
- 해당 문항들은 직업 및 여가에 대한 관심, 걱정과 두려움, 지나친 민감성, 가족관계 등과 같은 다양한 주제로 구성되어 있다.

> **학습 Plus** 척도 5(남성성/여성성)

① 척도 5에서 높은 경우(남성)
- 전통적인 남성적 역할이나 관심사에 대한 흥미가 별로 없다.
- 심미적이며 예술적인 흥미를 가지고 있다.
- 섬세하고 민감하며 감수성이 풍부하다.

② 척도 5에서 낮은 경우(남성)
- 전통적인 남성적 면모를 과시하고자 한다.
- 전통적인 남성적 역할에 부합되는 직업, 흥미, 취미를 갖고 있다.
- 신체적 힘이나 정력을 강조하며 공격적이고 거친 모습을 보일 수 있다.

③ 척도 5에서 높은 경우(여성)
- 전통적인 여성적 성역할에 대해 거부적일 수 있다.
- 진취적이고 성취지향적이며 경쟁적이고 자기주장이 강하다.
- 사회 통념상 남성적 역할에 부합하다고 알려진 직업, 취미, 활동에 관심이 많다.

④ 척도 5에서 낮은 경우(여성)
- 전형적으로 여성적인 흥미를 많이 지니고 있다.
- 아내나 엄마의 역할에서 만족을 얻는 경향이 있다.
- 전통적인 여성적 태도를 지닐 수 있고, 교육수준이 높은 경우 양성적인 생활방식을 반영할 가능성이 있다.

⑥ 척도 6 편집증(Paranoia: Pa)
- 척도 6은 편집증적 상태 혹은 편집증을 보이는 환자들을 탐지할 목적으로 개발되었다.
- 해당 문항들은 관계사고, 피해의식, 의심, 지나친 예민성, 과대한 자기개념, 경직된 태도 등의 내용들을 포함하고 있다.

> **학습 Plus** 척도 6에서 높은 경우

- 타인의 사소한 말이나 행동에 예민하고 과민하게 반응한다.
- 상대방의 동기, 의도를 의심하고 오해하여 조심스럽고 경계적인 태도를 취한다.
- 세상은 불공평하며 자신에게 불리하게 작용한다고 지각한다.
- 적대감과 분노감을 드러내며 논쟁적이다.
- 사고나 태도가 매우 경직되어 있고 융통성이 부족하다.
- 피해망상, 과대망상, 관계사고 및 기타 사고장애 등 명백한 정신증적 증상과 그에 수반한 행동 특성을 보일 가능성이 높다(T≥70).
- 자신이 음모에 휘말렸거나 남들로부터 부당한 대우, 모함, 괴롭힘을 당한다고 지각한다.
- 투사, 합리화, 주지화 등의 방어기제를 많이 사용한다.

⑦ 척도 7 강박증(Psychasthenia: Pt)
- 척도 7은 개발 당시 신경쇠약 혹은 강박증으로 특징되는 사람들이 보이는 전반적인 증상을 탐지하기 위해 개발되었다.
- 해당 문항들은 강박적 사고, 두려움, 불안, 자신의 능력에 대한 의심과 회의, 불행감, 신체적 불편감, 주의집중 곤란 등을 포함하고 있다.

> **학습 Plus 척도 7에서 높은 경우**
> - 불안하며 긴장되어 있고 초조해 한다.
> - 부정적 상황이 초래될 것을 미리 염려하고 두려워한다.
> - 정서적 동요, 혼란감, 불편감을 경험하며 주의집중 곤란을 호소한다.
> - 강박사고, 강박 행동, 의례적 행동, 반추적 사고를 보인다.
> - 융통성이 부족하고 경직되어 있으며 지나치게 도덕적이고 양심적이다.
> - 체계적, 분석적이며 주도면밀하다.
> - 자신과 타인의 수행에 대한 기대 수준이 높다.
> - 사회적 평판, 다른 사람들로부터의 피드백에 민감하며 걱정이 많다.

⑧ 척도 8 정신분열증(Schizophrenia: Sc)
- 척도 8은 조현병 환자를 감별하기 위해 개발된 척도이다.
- 해당 문항들은 기초적인 심리상태, 지각적 이상 경험, 피해망상, 환각 등과 같은 정신병적 증상뿐 아니라 사회적 소외, 가족관계 문제, 성에 대한 염려, 충동 통제 및 주의집중 곤란 등 다양한 주제를 포함하고 있다.

> **학습 Plus 척도 8에서 높은 경우**
> - 조현병을 비롯해 정신증적 장애를 지닐 수 있다(T>75인 경우).
> - 사고의 혼란, 와해된 행동, 현실검증력 수준의 심각한 손상을 보일 수 있다.
> - 성적 혹은 종교적 공상에 집착하든지 기인한 사고나 행동, 환각, 망상 등을 보일 수 있다.
> - 내적인 생각, 충동, 공격성, 분노, 적대감을 스스로 통제하지 못하고 외현화된 행동으로 보일 수 있다.
> - 다른 사람들로부터 이해나 수용을 받지 못한다는 느낌, 소외감, 고립감을 경험한다.
> - 사회적으로 위축되어 있고 타인과의 접촉을 회피하며 은둔 생활을 한다.
> - 체계적, 조직화된 사고나 목표 지향적인 사고가 어렵다.
> - 무능감, 부적절감, 열등감을 경험하거나 스스로에 대해 회의적이며, 자살사고를 보일 수 있다.

⑨ 척도 9 경조증(Hypomania: Ma)
- 척도 9는 경조증 증상을 보이는 사람들을 탐지할 목적으로 개발되었다.

- 문항들은 과잉활동, 정서적 흥분성, 과대 사고와 같은 구체적인 경조증 증상을 다루고, 그 외 가족관계, 도덕적 가치 및 태도, 신체적 염려 등의 주제를 다룬다.

> **학습 Plus 척도 9에서 높은 경우**
>
> - 과대망상, 혼란스러운 사고, 사고의 비약, 비생산적인 행동의 증가, 고양된 기분, 과장된 자기지각, 정서적 불안정성, 충동조절의 어려움 등을 보인다(T>80).
> - 생각보다 행동이 앞서고, 지나치게 활동량이 많다.
> - 일이 체계적이지 못하고, 조직화된 처리를 하지 못해 마무리가 어렵거나 생산성이 낮다.
> - 객관적인 현실과는 무관하게 자신감이 넘치며 자신의 능력을 과신한다.
> - 자기중심적이고 충동적이며, 감정을 억제하지 못하고 쉽게 표출한다.
> - 자신이 추구하는 바가 지연되거나 행동이 방해받을 때 과민한 반응을 보인다.
> - 기분이 고양되어 있고 자신감에 넘치다가도 금방 초조해지고 동요되며 낙담하는 등 감정 기복을 보인다.
> - 넘치는 활력이나 심신 에너지의 항진은 정서적 고통이나 스트레스 상황으로부터 주의를 분산시키는 역할을 한다.

⑩ 척도 0 내향성(Social Introversion: Si)
- 척도 10은 내향성-외향성 차원과 관련된 특징들을 측정하는 척도이다.
- 해당 문항들은 대인관계 기술의 부족, 사회적 상호작용의 불편감, 사회적 활동에 대한 회피적 태도 등을 반영하며, 그 외 전반적인 신경증적 부적응 및 자기비하 양상을 다루는 내용으로 구성되어 있다.

> **학습 Plus 척도 0(내향성/외향성)**
>
> ① 척도 0이 높은 경우
> - 사회적으로 내향적이고 소극적이며 수줍음이 많다.
> - 다른 사람에게 자신이 어떻게 비춰지는지에 민감하다.
> - 다른 사람에게 자신의 생각과 감정을 잘 표현하지 않으며 행동이 조심스럽다.
> - 사회적 상황에 대한 불편감, 불안정감을 느끼며, 많은 사람과 어울려야 하는 상황이나 집단 활동을 어려워한다.
> - 대인관계에서 수동적이고 순응적이며, 권위적인 대상의 의견을 거부하지 못하고 쉽게 받아들인다.
>
> ② 척도 0이 낮은 경우
> - 사교적이고 활발하며 외향적이다.
> - 언변이 유창하고 말수가 많으며 자기표현을 잘한다.
> - 다른 사람들과 어울리고자 하는 대인관계의 욕구가 강하다.
> - 여러 사람들과 잘 어울리고 폭넓은 관계를 맺지만 피상적일 수 있다.
> - 권력, 지위, 인정 등에 관심이 있으며, 경쟁적인 상황을 즐기는 편이다.

6) MMPI-2 재구성 임상척도

재구성 임상척도(Restructured Clinical Scales)		
RCd	의기소침	자존감이 낮고, 비관적이며, 우울감, 불안감, 신체적 불편감 호소
RC1	신체증상 호소	신체적 건강에 대한 집착, 만성통증, 심리적·대인관계 곤란 시 신체화
RC2	낮은 긍정 정서	불행감, 무력감, 절망감, 동기 저하, 수동적, 고립감, 자살 사고 고려
RC3	냉소적 태도	남을 배려하지 않고, 착취적이라고 생각하고, 자신만 생각하고, 거부적
RC4	반사회적 행동	논쟁적이고, 비판적이고, 화를 잘 내며, 반사회적 행동 및 약물남용 문제
RC6	피해의식	타인의 동기 의심, 타인 비난, 사회적 소외감, 망상 혹은 환각
RC7	역기능적 부정 정서	불안, 분노, 공포감과 같은 다양한 부정 정서 경험, 수동적, 복종적
RC8	기태적 경험	현실검증력 손상, 환각, 망상, 기태적 감각 경험, 분열성 성격 특성
RC9	경조증적 상태	성마름, 고양된 기분 및 활력 수준, 충동통제 곤란, 감각적, 자극추구

7) MMPI-2 성격병리 5요인 척도

성격병리 5요인 척도(Personality Psychopathology Five Scale)		
AGGR	공격성	공격적인 주장적 행동, 지배적 행동 경향, 낮은 죄책감, 위험 행동
PSYC	정신증	비현실적 사고, 지각적 혼란, 소외감, 관계 망상, 현실검증력 손상
DISC	통제 결여	충동적, 행동통제 결여, 위험추구 행동, 타인 조정, 행동문제 과거력
NEGE	부정적 정서성/신경증	불안, 우울, 불안정성, 걱정, 비관적, 스트레스에 대한 신체적 반응
INTR	내향성/낮은 긍정적 정서성	사회적 억제, 자신감 저하, 부정적 자기개념, 낮은 성취 욕구, 무망감

8) MMPI-2 내용척도

내용척도		
ANX	불안	불안, 걱정, 주의집중 곤란, 광범위한 양상의 불안증상, 다양한 신체증상
FRS	공포	다양한 유형의 공포증 혹은 두려움, 소심함, 자신감 부족
OBS	강박성	강박 사고 혹은 강박 행동, 우유부단함, 의사결정 곤란, 완고함, 반추적 사고
DEP	우울	우울감, 불행감, 무망감, 동기 저하, 죄책감, 피로감과 및 불면, 자살 사고
HEA	건강염려	신체적 쇠약감, 다양한 신체증상 혹은 피로감 호소, 신체 기능에 몰두함
BIZ	기태적 정신상태	정신증적 증상, 둔마된 정동, 동기 결여, 대인관계 철수 및 부적절성

ANG	분노	분노, 적대감, 성마름, 비판적, 논쟁적, 충동 및 감정통제 능력의 취약성
CYN	냉소적 태도	불신, 의심, 경계적 태도, 편집증적 사고, 적대적 태도, 염세적 신념
ASP	반사회적 특성	사회 규범을 경시하는 태도, 권위적 대상에 대한 반감, 자기중심적, 충동적
TPA	A 유형 행동	조급함, 경쟁적, 적대적, 짜증이 많고 쉽게 화를 냄, 비판적, 참을성 부족
LSE	낮은 자존감	부정적 자기개념, 자신감 부족, 타인의 비판이나 거절에 민감, 관계 순응적
SOD	사회적 불편감	내향적, 수줍음, 대인관계 민감성, 사회적 철수, 정서적 위축, 낮은 활력 수준
FAM	가정문제	가족 및 부부 관계에 대한 부정적 지각, 불행감, 분노, 적대감, 학대 과거력
WRK	직업적 곤란	불안정감, 주의집중 곤란, 의사결정 곤란, 성취 동기 결여, 비지지적 가족환경
TRT	부정적 치료지표	치료자 및 치료에 대한 부정적 태도, 변화를 불신하며 저항적임, 낮은 동기

9) MMPI-2 보충척도

보충척도		
A	불안	불안증상, 자신감 부족, 관습에 순응적, 의사결정 곤란, 낮은 적응력
R	억압	순종적, 관습적, 과잉통제 경향, 신중하고 조심스러움, 느린 행동 경향
Es	자아 강도	심리적 적응 및 치료적 예후의 지표, 책임감과 인내력이 있고 안정적
Do	지배성	현실적, 업무 중심적 성향, 자신감, 유능감, 추진력, 주도적, 적극적
Re	사회적 책임감	정의감, 성실함, 자신에게 높은 기준 적용, 자신감이 강하고 독립적
Mt	대학생활 부적응	근심, 걱정, 긴장, 비관주의, 지연행동, 대학생활 전반의 부적응 시사
PK	외상 후 스트레스 장애	정서적 고통감, 불안 및 수면 장애 증상, 죄책감, 우울감, 통제 불능감
MDS	결혼생활 부적응	전반적인 부적응과 우울, 타인 거부 경험, 결혼관계의 부적응 시사
Ho	적대감	타인에 대한 의심, 분노, 적대감, 불친절, 냉소적 태도, 투사
O-H	적대감-과잉통제	내재된 분노감, 적대감을 부인, 억제, 부적 정서자극에 과잉반응 경향
MAC-R	알코올 중독	알코올(물질) 사용 관련 문제가 있거나 잠재적 발전 가능성 시사
AAS	중독 인정	알코올 혹은 물질남용 문제를 자각하고 도움을 구하는 정도를 반영
APS	중독 가능성	현재 물질남용보다는 물질남용의 가능성 혹은 취약성을 반영
GM	남성적 성역할	전형적인 남성적 흥미와 활동 선호, 두려움이나 불안을 부인하는 성향
GF	여성적 성역할	전형적인 여성적 흥미와 활동 선호, 예민함, 순응적 성향 반영

10) MMPI-2 코드 유형별 해석

① 코드 유형별(Code type)로 해석을 할 때 정신병리 진단을 위해 개발된 척도가 아닌 척도 5와 0을 제외한 8개의 임상척도를 사용한다(코드 유형을 지칭할 때는 더 높은 점수의 척도 번호를 먼저 언급함).

② 코드 유형을 활용한 해석은 개별 척도를 해석할 때보다 수검자의 행동 및 임상적 특징에 대해 보다 정확하고 유용한 해석을 할 수 있다. 단, 코드 해석은 MMPI에서 T점수가 65점 이상 상승하는 경우에 적용한다.

③ 코드 해석을 위해 상승 척도 쌍을 결정할 때는 가장 높게 상승한 2개 척도의 점수와 3번째로 높은 척도 점수 간의 차이가 적어도 T점수로 5점 이상이어야 한다(3개 코드 유형 해석 시에도 동일).

2 코드 유형별 해석

1) 1-3/3-1

① 증상과 행동
- 척도 2가 척도 1과 3보다 10점 이상 낮을 때 전환 V(conversion V)라고 칭하며, 척도 2가 척도 1, 3보다 낮을수록 전환장애의 가능성이 증가한다.
- 심리적 갈등을 신체적인 증상으로 전환하므로 불안을 거의 경험하지 않는다.
- 메스꺼움, 식욕부진, 폭식증, 현기증, 마비감, 쇠약감, 피로감과 같은 다양한 신체적 불편감을 호소하는데, 자신의 증상에 대해 무관심한 모습을 보이기도 한다.
- 척도 3이 1보다 높은 경우, 소화기 장애, 폐 또는 심장 관련 증상을 호소할 수 있다. 자주 사용하는 방어기제는 부인과 억압이며, 자신의 신체증상을 이용해 다른 사람을 조종한다.
- 척도 1이 3보다 높은 경우, 더 부정적이고 비관적인 경향이 있으며, 손과 다리 등 신체 사지에 증상이 나타날 수 있다.
- 스트레스 상황에서 증상 호소가 증가하며, 스트레스가 사라지면 증상도 감소하거나 사라지는 경향이 있다.
  - 건강염려증, 전환장애, 우울장애, 수동-공격 성격장애, 연극성 성격장애 진단이 흔하다.

② 성격 특징
- 대인관계가 피상적이고 분노 및 적대감을 강하게 억압한다.
- 다른 사람들은 이들을 미성숙하며, 이기적, 자기중심적이면서도 외향적이고 애정

에 대한 요구가 강한 사람으로 본다.

2) 2-7/7-2

① 증상과 행동
- 우울하고 초조하며, 말하는 속도와 움직임이 느려질 수 있다.
- 앞으로 어떤 문제가 생길지 생각하느라 시간을 헛되이 보내고 작은 일에도 과민하게 반응하는 경향이 있다.
- 주관적 혼란감의 정도를 반영하므로 '심리적 고통의 척도(distress scales)'라고 불리기도 한다.
- 자신을 들여다보는 능력이 있으며, 심리적 고통에 대한 변화 및 치료에 대한 동기가 커서 비교적 예후가 좋다.
- 흔히 우울장애, 적응장애, 강박장애 등을 고려해 볼 수 있다.

② 성격 특징
- 완벽주의적이고 꼼꼼하며, 인정에 대한 욕구가 강하다.
- 대인관계에서 자기주장을 잘못하고, 자기비난적, 자기처벌적이다.

3) 3-4/4-3

① 증상과 행동
- 내재해 있는 분노는 많지만 표현하기 어려워하므로 간접적이고 수동-공격적인 방식으로 표현된다. 이러한 분노는 가족으로부터의 고립감과 거절감에서 비롯된다.
- 분노를 잘 표현하는 사람과 어울리며 자신의 공격성을 대리적으로 행동화하기도 한다.
- 자신의 행동에 대한 통찰이 매우 부족하고 대인관계의 어려움이 크다.

② 성격 특징
- 타인으로부터 인정과 애정을 바라는데, 거부당하는 것에 매우 민감하고 비난을 받게 되면 적대적인 반응을 보인다.
- 겉으로는 순응적이고 사교적인 것처럼 보이지만 속에는 분노감이 많고 반항심이 내재되어 있다.

4) 4-6/6-4

① 증상과 행동
- 주요 특징은 분노와 적개심, 불신으로, 타인과 친밀한 관계를 형성하기 어렵다.
- 타인을 원망하며 화를 잘 내고, 타인의 결점이나 실수를 계속해서 비난하는 등 논

쟁을 자주 벌인다.
- 타인이 자신을 어떻게 대하는가에 극히 예민한 사람들로, 사소한 비판이나 거부에도 부당한 취급을 받았다고 여기고 심한 분노를 표출한다.

② 성격 특징
- 적대감, 분노, 불신, 타인을 비난하기 쉬워 대인관계 갈등이 빈번하다.
- 타인에게 냉담하고 논쟁적이며 불쾌해 하고, 권위적 인물에 분개하는 사람으로 비춰진다.

5) 4-9/9-4

① 증상과 행동
- 공격적이고 충동적인 행동을 행동화하기 쉽다.
- 사회적 규범과 가치관을 신경 쓰지 않으며, 권위적 인물과 갈등을 자주 일으키는 등 반사회적인 경향을 보인다.
- 외견상 불안해 하지 않고 활력이 넘치며, 화술도 좋기 때문에 매력적으로 보여 첫인상에서 호감을 준다. 그러나 시간이 지날수록 대인관계가 피상적이고 타인을 이용, 착취하려고 들며 무책임하고 신뢰롭지 못하다는 것이 드러난다.
- 행동화(acting-out), 합리화(rationalization)의 방어기제를 자주 사용한다.

② 성격 특징
- 자신감이 있고 활력이 넘치는 겉모습과 달리 내적으로는 미성숙하고 의존적이며 불안정하다.
- 욕구 충족을 지연시키기 어렵고 종종 잘못된 판단을 하기 쉽다.
- 타인에게 외향적인, 말이 많은, 침착하지 못한, 흥분과 자극이 필요한 사람으로 비춰지는 경향이 있다.

6) 6-8/8-6

① 증상과 행동
- 주요 특징은 의심과 불신으로, 다른 사람의 의도를 부정적인 방향으로 지각하기 쉽다.
- 현실감이 부족하고 심각한 정신병리의 가능성을 시사한다.
- 사고 내용은 자폐적이고 비일상적인 경향이 있으며, 피해망상과 과대망상 및 환각이 나타나는 등 현실검증력의 장애를 보인다.
- 정서적으로 둔화되어 있고 친밀한 관계를 회피하며, 부적절한 사회적 행동을 보인다.

- 심한 열등감과 불안정감을 지니고 있으며, 스트레스가 심해지면 공상과 백일몽으로 도피한다.
- 흔히 조현병, 분열성 또는 편집성 성격장애로 진단 내려진다.

② 성격 특징
- 자신감이 없고 자존감이 낮으며, 흔히 분노, 우울, 일상생활의 위축, 정서적인 무감동을 보인다.
- 사회적 불편감이 매우 크기 때문에 혼자 있을 때 가장 편하게 느끼고 사람들과의 친밀한 관계를 회피한다.

7) 6-9/9-6

① 증상과 행동
- 쉽게 흥분하고 지나치게 예민하며, 사소한 스트레스에도 공상세계로 도피한다.
- 정신과적 진단이 일차적으로 고려되며, 주의집중 곤란, 판단력 장애, 현실검증력 장애, 환청, 과대망상, 피해망상이 주로 나타나는 등 급성 정신증적 상태인 경우가 많다.

② 성격 특징
- 불신과 의심이 많으나, 한편으로는 애정에 대한 욕구가 강하고 수동-의존적인 관계를 형성한다.
- 감정조절 능력이 부족하여 스트레스에 대해 과도하게 흥분하거나 혹은 무관심하고 철회(withdrawal)하는 모습이 번갈아 나타날 수 있다.

8) 7-8/8-7

① 증상과 행동
- 일상생활을 방해할 정도로 예민하고 안절부절못하며 초조하다.
- 타인과 수동적인 관계를 맺으며, 자신감이 결여되어 있고, 죄책감, 열등감, 걱정, 두려움 등의 심리적 불편감을 경험한다.
- 척도 7이 8보다 높다면, 여전히 자신의 문제와 적극적으로 싸우고 있고 방어능력도 어느 정도 작용하고 있다는 것을 의미한다. 정신증보다 불안장애를 더 암시한다.
- 척도 8이 7보다 높다면, 정신증적 증상에 적응된 상태로 치료가 더 어렵다.

② 성격 특징
- 열등감, 우유부단, 불안정감을 느끼며, 대인관계는 수동-의존적이다.
- 대부분의 사회적 관계에서 심한 불편감을 느끼기 때문에 철회 행동으로 자신을 방어하는 경향이 있다.

9) 8-9/9-8

① 증상과 행동
- 매우 에너지가 넘쳐 과잉활동을 하고, 감정의 기복이 많고 긴장되어 있으며, 과대망상을 지니고 있을 가능성이 있다.
- 사고 과정이 산만하고 비약적이며(주제의 초점이 자주 변하는 등 하나의 주제를 중심으로 사고를 진행할 수 없다), 목표와 기대는 매우 비현실적이어서 자신의 능력을 훨씬 벗어나는 계획들을 마구 세운다.
- 심각한 정신병리가 있을 가능성이 고려된다.

② 성격 특징
- 매우 말이 많고 에너지가 넘치면서도 다른 사람과 깊은 관계를 맺지 않으려고 한다.
- 다른 사람이 자신에게 많은 주의를 기울이길 바라고, 이러한 욕구가 충족되지 않을 때는 분개하며 적대감을 드러낸다.

3 MMPI-2의 해석절차

① 수검 태도 및 검사 결과의 타당성을 확인한다.
② 척도별 점수를 확인한다.
③ 프로파일의 코드 유형 및 척도 간 연관성을 확인한다.
④ 내용척도, 내용 소척도, 보충척도 점수 및 결정적 문항을 검토한다.
⑤ 수검자의 주호소 문제와 특징에 대한 결과 해석을 기술한다.
- 수검자의 수검 태도가 결과 해석에 미치는 영향
- 수검자의 전반적인 적응 수준
- 수검자의 현재 증상, 정서 및 행동
- 수검자의 성격 특성: 주요 욕구, 환경 및 대인지각, 자기개념, 감정조절, 대처전략 및 방어기제, 대인관계, 심리적 강점과 약점 등
- 진단적 시사점과 치료적 함의

핵심 5 | 객관적 성격검사 II: PAI, TCI, 16PF, NEO-PI-R

1 PAI(Personality Assessment Inventory)

1) PAI의 특징

① PAI는 모리(Morey, 1991)가 임상 장면에서 환자나 내담자의 다양한 정신병리를 측정하기 위해 개발한 성격검사이다.
② 4개의 타당도 척도, 11개의 임상척도, 5개의 치료고려 척도, 2개의 대인관계 척도를 포함하여 총 22개 척도, 344문항으로 구성되어 있다.
③ PAI의 대부분의 척도들은 3~4개의 하위척도로 구성되어 있어 척도의 점수가 상승되어 있을 때 하위척도의 상대적 상승을 통해 보다 정확한 해석을 할 수 있다.
④ PAI는 환자와 정상인 모두의 성격을 평가하는 데 이용될 수 있다. 즉각적 개입을 필요로 하는 정신병리, 잠정적인 공격행동이나 자해가능성, 망상 및 환각 등을 신속히 파악할 수 있다.

2) PAI의 척도 내용

	척도명	문항수	척도 설명
타당성 척도	비일관성(ICN)	10	수검자가 얼마나 일관성 있는 반응을 했는지를 나타냄
	저빈도(INF)	8	대부분의 사람과 다른 방식으로 반응하는 경향을 측정함. 무선반응, 부주의, 무관심, 정신적 혼란이나 독해력 결함 등의 문제를 시사함
	부정적 인상(NIM)	9	일부러 불편함이나 문제가 있는 것처럼 보이려는 경향을 측정함
	긍정적 인상(PIM)	9	바람직한 인상을 주려고 하는 경향을 측정함
임상 척도	신체적 호소(SOM)	24	전환(SOM-C), 신체화(SOM-S), 건강염려(SOM-H)로 구성되어 있으며, 신체적 기능 및 건강 관련 문제에 대한 관심을 측정함
	불안(ANX)	24	인지적(ANX-C)·정서적(ANX-A)·생리적(ANX-P) 불안으로 구성되어 있으며, 불안을 경험할 때 공통적으로 나타나는 임상 특징을 측정함
	불안관련장애(ARD)	24	강박증(ARD-O), 공포증(ARD-P), 외상적 스트레스(ARD-T)로 구성되어 있으며, 불안장애와 관련된 세 가지 상이한 증후군의 임상 특징을 측정함

	우울(DEP)	24	인지적(DEP-C)·정서적(DEP-A)·생리적(DEP-P) 우울로 구성되어 있으며, 우울장애에서 나타나는 다양한 임상 특징을 측정함
	조증(MAN)	24	활동 수준(MAN-A), 과대성(MAN-G), 초조성(MAN-I)으로 구성되어 있으며, 고양된 기분, 과대성, 활동 수준 증가, 초조성, 참을성 부족 등과 같은 다양한 특징을 측정함
	망상(PAR)	24	과경계(PAR-H), 피해의식(PAR-P), 원한(PAR-R)으로 구성되어 있으며, 주변 환경의 잠재적 위험에 대한 지나친 경계, 원한을 품는 경향, 타인으로부터 부당한 대우를 받는다는 생각 등을 측정함
	정신분열병(SCZ)	24	정신병적 위험(SCZ-P), 사회적 위축(SCZ-S), 사고장애(SCZ-T)로 구성되어 있으며, 기이한 신념과 지각, 사회적 효율의 저하, 사회적 무쾌감, 주의집중력 결핍 및 연상과정의 비효율성 등의 내용을 측정함
	경계선적 특징(BOR)	24	정서적 불안정(BOR-A), 정체성 문제(BOR-I), 부정적 관계(BOR-N), 자기손상(BOR-S)으로 구성되어 있으며, 감정통제의 어려움, 강렬하고 투쟁적인 대인관계, 정체감 혼란, 자기파괴적인 충동적 행동 등을 측정함
	반사회적 특징(ANT)	24	반사회적행동(ANT-A), 자기중심성(ANT-E), 자극 추구(ANT-S)로 구성되어 있으며, 자기중심성, 공감능력 및 자책감 부족, 무모한 모험심, 흥분과 자극추구 성향 등 반사회적 태도 및 행동을 측정함
	음주문제(AC)	12	알코올 사용, 남용, 의존과 관련된 행동과 그 결과를 평가함
	약물사용(DRG)	12	약물 사용, 남용, 의존과 관련된 행동과 그 결과를 평가함
치료고려 척도	공격성(AGG)	18	공격적 태도(AGG-A), 언어적 공격(AGG-V), 신체적 공격(AGG-P)으로 구성되어 있으며, 분노, 공격성, 적개심과 관련된 태도와 행동 특징을 측정함
	자살관념(SUI)	12	죽음이나 자살과 관련된 사고를 평가함
	스트레스(STR)	8	현재 혹은 최근에 경험한 생활 스트레스를 평가함
	비지지(NON)	8	친지, 친구 및 가족 등과의 상호작용에서 지각된 사회적 지지의 부족 정도를 측정함
	치료거부(RXR)	8	심리적·정서적 변화에 대한 개인적 관심과 동기, 적극적으로 치료에 참여하려는 의지 등을 평가함

대인관계 척도	지배성(DOM)	12	지배와 복종의 양 차원에서 나타나는 특징을 측정함. 점수가 높을수록 대인관계에서 독립성, 주장성, 통제성을 나타냄
	온정성(WRM)	12	온정과 냉담의 양 차원에서 나타나는 특징을 측정함. 점수가 높을수록 대인관계에서 사교적이고 공감적임을 나타냄.

2 기질 및 성격검사(The Temperament and Character Inventory: TCI)

1) TCI의 특징

① TCI(The Temperament and Character Inventory)는 클로닝거(Cloninger)의 심리생물학적 인성모델에 기초하여 개발되었다. 이 모델에서 기질과 성격은 인성의 발달을 이루는 두 개의 큰 구조로서 구분된다.

② 클로닝거의 심리생물학적 인성모델은 행동활성화 체계, 행동억제 체계, 행동유지 체계에 기반하며, 각 체계는 유전적으로 서로 독립적인 세 가지 기질 차원과 관련된다고 보고 '자극추구' '위험회피' '보상의존성'으로 명명하였다.

※ 행동활성화 체계(Behavioral Activation System: BAS): 보상이나 그와 관련된 단서가 주어지는 경우 목표추구 행동을 하도록 만드는 신경심리체계이며, 도파민 작용과 관련된다.

※ 행동억제 체계(Behavioral Inhibition System: BIS): 환경으로부터 주어지는 위협 관련 단서에 대해서 행동반응을 조절하는 신경심리체계이며, 세로토닌 작용과 관련된다.

※ 행동유지 체계(Behavioral Maintenance System: BMS): 이전에 보상된 행동이 지속적 강화 없이 일정 기간 동안 유지되는 기능을 조절하는 신경심리체계이며, 노르에피네프린 작용과 관련된다.

③ 세 가지 기질 차원을 파악하기 위한 100문항으로 구성된 3차원 인성질문지(Tridmensional Personality Questionnaire: TPQ)를 개발하였고, 후속연구를 통해 세 가지 기질 차원 중 '보상의존성' 차원을 두 개의 독립적인 차원인 '사회적 민감성'과 '인내력'의 차원으로 분리하였다.

④ 클로닝거는 인성 요인들 중 기질 차원들로 설명되지 않는 인성의 다른 차원들이 있음을 발견하고, 자기개념의 발달과 관련된 '자율성' '연대감' '자기초월'의 세 가지 성격 차원을 추가하였다.

⑤ 이후 기질 유형의 이해 및 성격장애를 진단, 예측하고 성격장애의 발생 과정을 설명하기 위해 새로이 개발한 검사가 TCI이다.

⑥ TCI는 만 3세에서 성인까지 측정할 수 있으며, 기질(4가지 차원) 및 성격(3가지 차원) 척도는 각각 하위 척도들을 포함한다. '기질 차원'으로는 자극추구(NS), 위험회피(HA), 사회적 민감성(RD), 인내력(P)이 있고, '성격 차원'으로는 자율성(SD), 연대감(C), 자기초월(ST)이 있다.

2) 척도 내용

기질 차원	자극추구(NS) Novelty Seeking	새롭거나 신기한 자극, 잠재적인 보상 단서에 끌리면서 행동이 활성화되는 유전적 경향성
	위험회피(HA) Harm Avoidance	위험하거나 혐오스러운 자극에 대해 행동이 억제되고 위축되는 유전적 경향성
	사회적 민감성(RD) Reward Dependence	사회적인 보상 신호에 의해서 이전의 보상 또는 처벌 감소와 연합되었던 행동이 유지되는 유전적 경향성
	인내력(P) Persistence	지속적인 강화 없이도 한 번 보상된 행동을 일정 시간 동안 꾸준히 지속하려는 유전적 경향성
성격 차원	자율성(SD) Self-Directedness	자신이 선택한 목표와 가치를 이루기 위하여 자신의 행동을 통제, 조절, 적응하는 능력
	연대감(C) Cooperativeness	타인에 대한 수용 능력 및 타인과의 동일시 능력에서의 개인차
	자기초월(ST) Self-Transcendence	우주 만물과 자연을 수용하고 동일시하며 이들과 일체감을 느끼는 능력에서의 개인차

3) 척도별 세부 특징

(1) 기질 차원

① 자극추구(Novelty Seeking)
- 뇌 구조의 행동조절 체계 중 행동활성화 체계(Behavioral Activation System: BAS)와 관련된 척도이다.
- 새로운 자극이나 보상 단서 앞에서 행동이 활성화되거나 처벌과 단조로움을 적극적으로 회피하려는 유전적 성향에서의 개인차와 관련된다.
- 하위척도로는 탐색적 흥분/관습적 안정성(Exploratory Excitability vs Stoic Rigidity: NS1), 충동성/심사숙고(Impulsiveness vs Reflection: NS2), 무절제/절제(Extravagance vs Reserve: NS3), 자유분방/질서정연(Disorderliness vs Regimentation: NS4)이 있다.

〈높은 사람〉
- 신기하고 진기한 것에 쉽게 이끌리며 빨리 흥분한다. 충동적이며 호기심이 많고, 지루하고 단조로운 것을 참기 힘들어 한다.
- 새로운 자극에 대해 매우 열정적이지만 작은 실패에도 쉽게 좌절하며 분노한다.
- 돈이나 에너지를 절제하지 못하고 감정 절제도 어려우며, 규칙과 규정에 얽매이는 것을 좋아하지 않는다.

〈낮은 사람〉
- 성미가 느리고 호기심이 적지만, 심사숙고하고 절제되어 있으며 단조로움을 잘 견딘다.
- 새로운 자극에 별 흥미가 없거나 오히려 저항적인 태도를 보이며 익숙한 것을 더 편하게 느낀다.
- 근검절약하며 쉽게 흥분하지 않고, 분명한 규칙을 좋아하고 좌절을 잘 견딘다.

② 위험회피(Harm Avoidance)
- 뇌 구조의 행동조절 체계 중 행동억제 체계(Behavioral Inhibition System: BIS)와 관련된 척도이다.
- 처벌이나 위험 단서 앞에서 수동적인 회피 성향으로 행동이 억제되거나 이전의 행동이 중단되는 유전적 성향에서의 개인차와 관련된다.
- 하위척도로는 예기불안/낙천성(Anticipatory Worry vs Pessimism vs Uninhibited Optimism: HA1), 불확실성에 대한 두려움(Fear of Uncertainty: HA2), 낯선 사람에 대한 수줍음(Shyness with Stranger: HA3), 쉽게 지침/활기 넘침(Fatigability vs Vigor: HA4)이 있다.

〈높은 사람〉
- 조심성이 많고 꼼꼼하며 겁이 많고 잘 긴장한다. 걱정과 근심이 많으며 부정적 사고가 많다.
- 익숙하지 않은 상황에 대한 두려움이 많고, 쉽게 위축되며 수줍어한다.
- 비판과 처벌에 민감한 편이며, 스트레스를 잘 받고 자주 피곤해하며 쉽게 지친다.

〈낮은 사람〉
- 낙천적이며, 걱정이 없고 과감하며 용기가 있다.
- 위험 상황 속에서도 침착하며 대부분의 사회적 상황에서 사교적이고 자신감이

있다.
- 에너지 수준이 높아서 타인에게 역동적이고 활달하며 열정적이라는 인상을 준다.

③ 사회적 민감성(Reward Dependence)
- 뇌 구조의 행동조절 체계 중 행동유지 체계(Behavioral Maintenance System: BMS)와 관련된 척도이다.
- 사회적 보상 신호에 민감하게 반응하는 유전적인 경향성을 측정한다.
- 하위척도로는 정서적 감수성(Sentimentary: RD1), 정서적 개방성(Openness to Warm Communication: RD2), 친밀감/거리 두기(Attachment vs Detachment: RD3), 의존/독립(Dependence vs Independence: RD4)이 있다.

〈높은 사람〉
- 사회적 보상 단서(타인의 칭찬, 찡그림 등) 및 타인의 감정(기쁨, 슬픔, 분노, 고통 등)에 민감하며, 감수성이 풍부하고 공감적이다.
- 타인에게 헌신적이며 사회적 접촉을 좋아하고 다른 사람과의 교류에 열려 있다.
- 사회적 보상 신호와 타인의 감정에 민감하기 때문에 따뜻한 사회적 관계를 쉽게 형성하고 타인의 정서를 잘 이해한다.

〈낮은 사람〉
- 타인의 감정에 둔감한 편이다. 무관심하고 냉정한 사람으로 표현된다.
- 혼자 있는 것에 만족하고, 타인에게 자신의 감정을 잘 드러내지 않으며 타인으로부터 협조나 보호를 원하지도 않는다.
- 사회적 압력이나 비판에 대해서도 둔감하기 때문에 타인의 영향을 덜 받는다.

④ 인내력(Persistence)
- 뇌 구조의 행동조절 체계 중 행동유지 체계(Behavioral Maintenance System: BMS)와 관련된 척도이다.
- 인내력은 지속적인 강화가 없더라도 한 번 보상된 행동을 일정한 시간 동안 꾸준히 지속하려는 성향으로 나타난다.
- 하위척도로는 근면(Eagerness of Effort: P1), 끈기(Work Hardened: P2), 성취에 대한 야망(Ambition: P3), 완벽주의(Perfectionism: P4)가 있다.

〈높은 사람〉
- 근면하고 끈기가 있고 좌절과 피로에도 불구하고 열심히 일하며 꾸준히 노력하는 경향을 보인다.
- 보상이 기대될 때 한층 더 노력을 기울이며 난관에 부딪히게 되면 오히려 더 열심히 일하는 경향이 있다.
- 성공을 위해서 큰 희생도 감수할 의지가 있는 성취지향적인 야심가이기도 하다.

〈낮은 사람〉
- 보상이 안정적으로 기대되는 상황에서도 게으르고 비활동적이며 일관성과 끈기가 부족하고 노력을 많이 하지 않는다.
- 꼭 해야 하는 일만을 하고, 어렵지 않은 일에서도 시작이 더디며, 좌절이나 비판, 피곤, 장애물에 부딪히면 쉽게 포기한다.
- 현재의 성취에 만족하며, 보다 더 큰 성취 혹은 더 나은 개선을 위해서 부가적인 노력을 기울이지 않는다.

(2) 성격 차원
① 자율성(Self-Directedness)
- 개인이 자신을 얼마나 자율적인 자아로서 이해하는가와 관련된 성격 척도이다.
- 자율성은 자기결정력과 의지력의 두 가지 기본개념에 기초하는 특성으로서 자신이 선택한 목표와 가치를 이루기 위해 자신의 행동을 상황에 맞게 통제, 조절 및 적응하는 능력이다.
- 하위척도로는 책임감/책임전가(Responsibility vs Blaming: SD1), 목적의식(Purposefulness vs Lack of Goal Direction: SD2), 유능감/무능감(Resourcefulness vs Inertia: SD3), 자기수용/자기불만(Self-Acceptance vs Self-Striving: SD4), 자기일치(Self-Congruence or Congruent Second Nature: SD5)가 있다.

〈높은 사람〉
- 성숙하고 강하며 자족적이고 책임감 있고 믿을 만한 사람으로 기술된다.
- 목표지향적이고 건설적이며 자존감이 높고 자신을 신뢰한다.
- 자신이 선택한 목표에 맞게 행동을 조절할 수 있는 능력을 지니고 있다.

〈낮은 사람〉
- 미성숙하고 약하며 상처받기 쉽고 불평불만이 많으며 남을 원망하거나 비난하

는 경향이 크다.
- 비효율적이고 책임감이 부족하고 신뢰하기 힘든 사람으로 기술된다.
- 장기적으로 지속할 수 있는 개인적 의미와 자기실현에 이르지 못하고, 사소하고 단기적이며 때론 상호배타적인 다양한 동기에 따라 행동하는 경향이 있다.

② 연대감(Cooperativeness)
- 개인이 자신을 얼마나 사회의 한 일부로서 이해하는가와 관련된 성격 척도이다.
- 타인에 대한 수용능력 및 타인과의 동일시 능력에서의 개인차를 측정한다.
- 하위척도로는 타인 수용(Social Acceptance vs Social Intolerance: C1), 공감/둔감(Empathy vs Social Disinterest: C2), 이타성/이기성(Helpfulness vs Unhelpfulness: C3), 관대함/복수심(Compassion vs Revengefulness: C4), 공평/편파(Pure Hearted Principles vs Self-Serving Advantage: C5)가 있다.

〈높은 사람〉
- 타인에게 관대하고 친절하며 협조적이다. 자신의 욕구나 선호만큼 타인의 욕구나 선호를 이해하고 존중한다.
- 자기와 비슷하지 않은 다른 사람도 인정할 줄 알며, 공정하고 도덕적 원칙이 분명하다.
- 자신의 지식과 능력을 남에게 잘 베풀어 주며 남에게 봉사하는 것을 즐거워한다.

〈낮은 사람〉
- 타인에게 관대하지 않으며 비판적이고 비협조적이며 기회주의적이다.
- 우선적으로 자신의 이익을 구하며, 다른 사람의 권리나 감정에 대한 배려가 적고 의심이 많은 편이다.
- 특히 자기와 다른 가치관과 목적을 가진 사람에 대해서 인내심이 적다.

③ 자기초월(Self-Transcendence)
- 개인이 자신을 얼마나 우주의 한 일부로서 이해하는가와 관련된 성격 척도이다.
- 우주 만물과 자연을 수용하고 동일시하며 이들과 일체감을 느끼는 능력에서의 개인차를 측정한다.
- 하위척도로는 창조적 자기망각/자의식(Creative Self-Forgetfulness vs Self-Consciousness: ST1), 우주 만물과의 일체감(Transpersonal Identification: ST2), 영성 수용/합리적 유물론(Spiritual Acceptance vs Rational Materialism: ST3)이 있다.

- 자기초월 척도에서는 유아용과 아동용에 한해서 하위척도 명칭이 다르게 사용된다. 해당 척도는 환상(Fantasy: ST1)과 영성(Spirituality: ST2)이 있다.

〈높은 사람〉
- 꾸밈이 없고 마음에 충만감이 있으며, 참을성이 있고 사심이 없다.
- 모호함과 불확실성을 잘 견디며, 자신이 하는 활동의 대부분을 충분히 즐길 수 있다.
- 자신의 실패를 겸허히 받아들이며, 성공뿐 아니라 실패에 대해서도 감사할 줄 알고 겸손하다.

〈낮은 사람〉
- 자의식이 강하고 현실적이며 세속적이고 상상력이 적어 건조하다.
- 유물론적이며 마음의 충만한 느낌이 부족하고 예술에 대한 감화가 낮다.
- 모호함이나 불확실함, 경이로움 등을 잘 견디지 못하며 자신이 하는 일의 모든 것을 통제하려고 하고, 자신과 세계, 인류와의 연결감을 잘 느끼지 않는 개인주의자이다.

3 16PF(Sixteen Personality Factor Questionnaire)

① 16PF의 특징
- 1949년 카텔(Cattell)이 자신의 성격이론을 입증하기 위한 도구로 개발하였다. 1949년에 처음 제작한 이후 1995년에 이르기까지 5번의 개정판을 내놓은 바 있다.
- 인간의 행동을 기술하는 18,000여개의 다양한 형용사들을 발췌하여 최소한의 공통요인을 추출해 내는 요인분석 방법으로 개발되었다.
- 카텔은 성격을 상황적 특성과 잠재적 특성으로 구분하였으며, 인간의 표면적 행동의 근원이 되는 잠재적 특성을 확인하기 위해 16PF를 구성하였다.
  - '상황적 특성'은 상태(states), 역할(roles), 기분(sets/moods) 등으로서 일시적으로 작용하는 특성이다.
  - '잠재적 특성'은 상황과 독립적으로 항상 작용하는 것이며 여러 개의 표면 특성의 배후에 있는 개인이 가진 근원적 특성이다.
- 인간에게서 관찰될 수 있는 거의 모든 성격범주를 포함하고 있기 때문에 일반인들의 성격이해에 적합한 검사라고 할 수 있다.
- 환자가 외현적으로 보이는 임상적 특징 또한 기저에 놓인 잠재적 성격특성으로부터

영향을 받기 때문에 환자의 문제를 진단하는 데에도 유용하다.
- 1990년도에 개발된 한국판 16PF는 16개의 일차 척도와 4개의 이차 척도 및 2개의 특수 척도(타당도 척도)로 구성되었으나, 2003년 개정판에는 14개의 일차 척도와 2개의 특수 척도로 재편되었다.

② 척도의 내용

〈한국판 16PF의 척도 및 요인 특징〉

일차 척도	요인명	낮은 점수	높은 점수
척도 1	A	냉정성(coolness)	온정성(warmth)
척도 2	C	약한 자아 강도(unstableness)	강한 자아 강도(stableness)
척도 3	E	복종성(submissiveness)	지배성(dominance)
척도 4	F	신중성(desurgency)	정열성(surgency)
척도 5	G	약한 도덕성(low superego)	강한 도덕성(high superego)
척도 6	H	소심성(shyness)	대담성(boldness)
척도 7	I	둔감성(tough-mindedness)	예민성(tender-mindedness)
척도 8	M	실제성(praxernia)	공상성(autia)
척도 9	N	순진성(naivete)	실리성(shrewdness)
척도 10	O	편안감(untroubled-adequacy)	자책감(guilt-proneness)
척도 11	Q1	보수성(conservatism)	진보성(liberalism)
척도 12	Q2	집단 의존성(group-dependency)	자기결정성(self-sufficiency)
척도 13	Q3	약한 통제력(self-conflict)	강한 통제력(self-control)
척도 14	Q4	이완감(relaxation)	불안감(tension, anxiety)
특수 척도			
동기왜곡 척도	MD	솔직하게 대답함	잘 보이려는 의도로 대답함
무작위 척도	RANDOM	진지하게 대답함	아무렇게나 대답함

4 NEO-PI-R(Personality Inventory-Revised)

① NEO-PI-R의 특징
- 기본적인 성격 요인에 대한 타당성을 연구하던 학자들에 의해 5요인 모델(Five Factor Model: FFM)을 받아들이게 되었고, 성격의 5요인 모델이 가정하는 다섯 개의 성격 요인을 측정하고자 NEO 성격검사 개정판이 개발되었다.
- 성격의 5요인 모델에 포함되는 요인은 신경증(Neuroticism), 외향성(Extraversion), 개

방성(Openness to experience), 우호성(Agreeableness), 성실성(Conscientiousness)으로 구성되어 있다.
- 검사의 구성으로는 개인 반응의 타당도를 확인하기 위한 세 개의 문항을 포함하여 5개의 요인과 각 요인별로 6개의 하위요인 및 하위요인별로 8개의 문항으로 구성되어 총 243개 문항으로 이루어져 있다.
- 이 검사는 정상 성인의 성격을 측정하기 위해 개발되었지만, 정신장애의 진단, 심리치료의 경과 예측, 내담자에게 적합한 치료유형 선택 등에도 사용할 수 있다. 다만 임상적 활용을 위한 연구가 아직 충분히 이루어지지 못한 한계가 있다.

② 척도의 내용

요인	하위요인	요인 설명
신경증	불안, 적대감, 우울, 자의식, 충동성, 취약성	대부분의 상황에서 우울, 불안, 분노를 느끼는 성향
외향성	온정, 사교성, 주장성, 활동성, 자극추구, 긍정적 정서	자기주장적이고 활동적이며 다른 사람들과 어울리는 것을 선호하는 성향
개방성	상상, 심미성, 감정개방성, 행동개방성, 사고개방성, 가치개방성	내외적 경험에 대해 호기심이 많고 수용적이며 상상력이 풍부한 성향
우호성	신뢰성, 솔직성, 이타성, 순응, 겸손, 동정	타인에 대해 긍정적이고 공감적이며 협조적으로 행동하는 성향
성실성	유능감, 질서정연, 충실성, 성취갈망, 자기규제, 신중성	목표를 추구함에 있어 꾸준하고 끈기 있는 성향

핵심 6 투사적 검사

1 로르샤흐 검사(Rorschach Test)

① 1921년에 헤르만 로르샤흐(Hermann Rorschach)에 의해 처음 도입된 이후로 현재까지 가장 빈번하게 사용되는 대표적인 투사적 검사 중 하나이다. 인지, 정서, 자기상, 대인관계 등에 대한 종합적이고 다각적인 정보를 준다는 장점이 있다.
② 실시나 해석 과정에서 검사자의 주관이나 편향이 개입되어 결과가 달라지거나 잘못 해석될 가능성이 많으며, 해석자 간에 의견이 다를 수 있다는 문제점이 계속해서 제기되어 왔다.

③ 낮은 신뢰도와 타당도 문제를 해결하기 위해 엑스너(Exner)와 동료들은 다양한 로르샤흐 체계를 비교, 분석하고 통합한 결과, 『로르샤흐: 종합체계』를 발행하였다.

> **학습 Plus 🩺 엑스너 종합체계 주요 채점 범주**
>
> ① 반응영역(어디서 그렇게 보았는지, 즉 전체를 보았는지 또는 부분을 보았는지 등)
> ② 반응 결정인(무엇이 그렇게 보도록 만들었는지, 즉 형태 때문인지 또는 색채 때문인지 등)
> ③ 반응내용(어떤 내용인지, 즉 사람, 동물, 풍경 등)

④ 로르샤흐 검사는 10장의 잉크반점 카드로 구성되어 있다. 이 중 카드 I, IV, V, VI, VII은 무채색으로 된 흑백 카드이고, 카드 II, III은 무채색에 붉은색이 일부 포함되어 있으며, 카드 VIII, IX, X은 전체가 유채색으로 된 색채 카드이다.

⑤ 모든 카드가 특정한 대상이나 사물로 명명할 수 있을 만큼 명확한 형태를 가지고 있지 않다는 것이 특징이다. 이로 인해 보는 사람에 따라 다양한 반응을 보고하는데, 이 과정에서 수검자의 다양한 성격특성들이 반영된다.

⑥ 로르샤흐 검사의 채점영역은 반응영역, 발달질, 결정인, 형태질, 반응내용, 평범반응, 조직화 점수(Z점수), 특수점수 등이 있으며 이를 단계적으로 채점해 나간다.

> **학습 Plus 🩺 로르샤흐 심리검사 채점영역**
>
> 채점은 로르샤흐 검사에서 나온 반응들을 채점 기호로 바꾸는 과정이다. 채점이 정확해야 이를 근거로 한 해석 또한 타당할 수 있으므로 정확한 채점을 위한 체계적인 훈련이 반드시 필요하다.
> - 반응영역: 수검자가 반응한 카드의 영역이 전체인지 부분인지 혹은 공백을 포함하고 있는지를 평가하는 것이다.
> - 발달질: 반응형성에 포함되어 있는 인지적인 처리의 발달수준을 평가하기 위한 것으로, 반응한 대상의 형태가 얼마나 구체적인가, 반응한 대상들 간의 관계가 의미 있게 조직화되어 있는가에 따라 네 가지 기호로 채점된다.
> - 결정인: 수검자의 반응을 이끌어 낸 카드의 특징을 말하는 것으로, 반점의 형태, 운동, 유채색, 무채색, 음영, 차원 등이 이에 해당된다.
> - 형태질: 수검자의 반응이 얼마나 잉크반점에 잘 부합되는지를 보는 것으로, 수검자의 지각적 정확성과 현실 검증력에 대한 정보를 준다.
> - 반응내용: 수검자가 반응한 내용의 대상들이 어떤 범주에 들어가느냐를 평가한다.
> - 평범반응: 평범반응 채점을 통해서는 대부분의 사람이 보고하는 반응을 수검자도 지각하여 반응할 수 있는지를 평가한다.
> - 조직화 점수(Z점수): 각 카드 자극의 복잡성을 고려할 때 얼마나 조직화된 반응을 하고 있는지를 가중치를 부여하여 수량화한 것이다.
> - 특수점수: 기본적인 부호화 채점으로 평가가 되지 않는 특징들을 채점에 포함하기 위하여 개발되었고, 각 영역들은 사고의 비논리적이고 우회적이며 특이한 정도가 수준에 따라 수준 1과 수준 2로 구분된다.

⑦ 로르샤흐 검사를 마친 후 수검자의 반응을 기호로 바꾼 후에는 각 기호의 빈도, 백분율, 비율, 특수점수를 산출하여 이러한 자료들을 체계적으로 요약하고 해석을 시도하게 된다. 이를 구조적 요약이라고 한다.

구조적 요약의 하단에는 6개의 특수지표(special indoced)가 있는데, 이들은 지각 및 사고 지표, 우울증 지표, 대응손상 지표, 자살 지표, 과민성 지표, 강박성 지표이다.

> **학습 Plus 구조적 요약의 6개의 특수지표**
>
> - 지각 및 사고 지표(Perceptual-Thinking Index: PTI): PTI는 조현병 지표를 개정한 것으로, 점수의 범위는 0~5점이다. 점수가 높을수록 지각 및 사고의 혼란을 경험할 가능성이 높음을 의미한다.
> - 우울증 지표(Depression Index: DEPI): DEPI는 우울증의 다양한 양상을 측정하는 지표로, 점수 범위는 0~7점이다. 점수가 4점 이상일 때 약간의 우울증상을 경험하고 있음을 시사하며, 점수가 높을수록 정서장애의 가능성이 높아진다.
> - 대응손상 지표(Coping Deficit Index: CDI): CDI는 사회적 기술이 제한적이고 환경과 상호작용할 때, 특히 대인관계 영역에서 빈번하게 어려움을 겪을 가능성을 시사한다. 점수의 범위는 0~5점이며, 4점이나 5점일 때 유의하게 해석한다.
> - 자살 지표(Suicide Constellation: S-CON): S-CON은 수검자가 자기파괴적인 사고와 행동에 몰두하고 있을 가능성을 나타내기에 이에 대한 추가 탐색이 필요하다. S-CON에 포함된 12개의 변인 중 8개 이상 해당된다면 자살 가능성을 고려하여 주의가 필요하다.
> - 과민성 지표(Hypervigilance Index: HVI): HVI는 과경계 양상과 관련되며, 환경에 대한 불신 또는 부정적인 태도를 반영한다. 유의한 HVI는 불안전하고 취약한 느낌과 더불어 행동을 수행할 때 매우 신중해지는 경향 및 과도한 에너지 사용을 의미한다.
> - 강박성 지표(Obsessive Style Index: OBS): 유의한 OBS는 정확성을 추구하고 세부적인 사항에 집착하고 완벽주의 성향이 있으며 정서표현에 어려움이 있음을 의미한다.

⑧ 로르샤흐 검사 실시
- 반응단계
  - 표준절차에 따라 로르샤흐를 간단히 소개한 뒤 카드 I을 손에 쥐어 주면서 다음과 같이 질문한다: "이것은 무엇으로 보입니까?"
  - 검사가 시작되면 검사자는 가능한 한 침묵을 지키고 수검자의 카드를 바꿔 주거나 어떤 설명이 필요할 때만 개입한다. 주의할 점은 수검자에게 상상력 혹은 창의력 검사를 하고 있다는 인상을 주어서는 안 된다.
- 질문단계
  - 질문단계는 가능한 한 정확하게 채점을 하기 위해서이며, 질문을 통해 내용, 위치, 결정인을 파악해야 한다. 직접적인 질문이나 유도질문은 지양해야 하며, "당신이 본 그대로 보기가 어렵군요. 당신이 본 그대로 볼 수 있도록 도와주세요."라고 말하

는 것으로 충분하다.
- 반응영역이 불확실한 경우에는 "어디가 그렇게 보였나요?" "손으로 그 위치를 그려주세요."라고 말한다.
- 결정인을 파악하기 위한 기본 질문은 다음과 같다. "무엇 때문에 거기서 그렇게 보았는지 잘 모르겠습니다."
• 채점: 수검자의 반응을 로르샤흐 기호로 바꾸는 과정이다. 채점이 정확해야 해석의 타당성이 확립되므로 부호화 절차에 따라 단계적으로 실시한다.

〈로르샤흐 검사의 채점범주와 채점기호〉

채점범주	채점기호 및 기준		
반응영역	W 전체반응 D 흔한 부분반응 Dd 드문 부분반응 S 공백반응		
발달질	+ 통합반응 o 보통반응 v/+ 모호/통합반응 v 모호반응		
결정인	형태	F	모양으로 인한 지각
	운동	M, FM, m	사람, 동물, 무생물의 운동을 본 경우
	유채색	C, CF, FC, Cn	색채에 근거하여 반응한 경우
	무채색	C', C'F, FC'	무채색에 근거하여 반응한 경우
	음영-재질	T, TF, FT	반점의 음영으로 인해 재질을 지각
	음영-차원	V, VF, FV	반점의 음영으로 인해 깊이나 차원을 지각
	음영-확산	Y, YF, FY	반점의 밝고 어두운 특징을 지각
	형태 차원	FD	크기와 모양에 따라 깊이나 차원을 지각
	쌍 반응	(2)	대칭성으로 인해 두 개의 동일한 대상으로 반응
	반사반응	Fr, rF	대칭성으로 인해 반사 혹은 거울에 비친 이미지로 반응
형태질	+정교화 o 보통 u 드문 −왜곡된		
반응내용	H 인간전체 (Hd) 비현실적 인간부분 (A) 비현실적 동물전체 An 해부 Bl 피 Cl 구름 Fd 음식 Ls 풍경 Sx 성반응	(H) 비현실적 인간전체 Hx 인간경험 Ad 동물부분 Art 예술 Bt 식물 Ex 폭발 Ge 지도 Na 자연 Xy 엑스선	Hd 인간부분 A 동물전체 (Ad) 비현실적 동물부분 Ay 인류학적 반응 Cg 의복 Fi 불 Hh 가정용품 Sc 과학
평범반응	규준집단의 1/3 이상에서 자주 나온 반응들로서 10장 카드에서 총 13개로 규정되어 있고, 수검자의 반응이 이에 해당하면 P로 채점함.		

조직화 점수	• 수검자가 자극을 얼마나 인지적으로 조직화하였는가, 얼마나 조직화하려고 노력하였는가를 평가하기 위해 도입. Z점수를 줄 수 있으려면 형태가 포함되어 있는 반응이어야 하고, 반점의 부분들이 서로 의미 있는 관계를 맺고 있어야 함 • Z점수를 줄 수 있는 네 가지 기준(ZW, ZA, ZD, ZS)이 있는데, 각 카드마다 네 가지 기준에 따른 점수가 배정되어 있어 수검자 반응이 Z점수의 어떤 기준에 해당되는지 확인하여 점수를 부여함
특수점수	6개의 특이한 언어반응(DV, DR, INCOM, FABCOM, CONTAM, ALOG), 1개의 반응반복(PSV), 4개의 특수내용(AB, AG, COP, MOR), 2개의 인간표상반응(GHR, HR), 개인적 반응(PER), 특수한 색채현상(CP) 등 총 15가지로 구성됨

2 주제통각검사(Thematic Apperception Test: TAT)

① 주제통각검사(TAT)는 1935년에 하버드 대학의 머리(Murray)와 모건(Morgan)이 소개했고, 1943년에 31개 도판의 TAT 도구로 정식 출판되었으며, 현재까지 변경 없이 사용되고 있다.

② 로르샤흐 검사와 함께 널리 사용되고 있는 대표적인 투사적 검사이며, 원초적 욕구와 환상을 주로 도출시킨다고 전제되어 있는 로르샤흐와 달리 TAT는 다양한 대인관계 상의 역동적 측면을 파악하는 데 유용하다.

③ TAT에서는 인물들이 등장하는 모호한 내용의 그림자극을 제시하고 그에 대한 이야기를 구성해 보도록 하는 방법을 사용한다.

④ 실시방법
   • 다른 검사와 마찬가지로 검사자와 수검자 사이의 라포가 잘 형성되어야 의미 있는 자료를 도출해 낼 수 있다.
   • 성별과 연령을 고려하여 선정된 20개의 카드를 2회에 걸쳐 실시한다.
   • 검사 지시문은 수검자에게 각 카드를 보여 주면서 어떤 일이 일어날지에 대한 이야기를 극적으로 만들어 보도록 되어 있으며, 각 카드마다 약 5분 정도 길이로 이야기하도록 안내한다.

⑤ 해석
   • 기본적으로 검사자의 심리학적 이론지식과 훈련 경험을 비롯하여 수검자의 배경정보와 현재 증상을 고려하여 해석이 이루어진다.
   • 가장 일반적으로 '욕구-압력 분석법'이 널리 사용되고 있다. 해석 과정은 다음과 같다.
     – 주인공을 찾는다.
     – 환경의 압력을 분석한다.

- 주인공의 반응에서 드러나는 욕구를 분석한다.
- 주인공이 애착을 표현하고 있는 대상을 분석한다.
- 주인공의 내적인 심리 상태를 분석한다.
- 주인공의 행동이 표현되는 방식을 분석한다.
- 이야기의 결말을 분석한다.

3 집-나무-사람 검사(House-Tree-Person Test: HTP)

① HTP 검사는 Buck(1948)과 Hammer(1969)가 개발하였다. HTP 검사는 수검자 자신에 대한 관점과 환경에 대한 내부적인 관점이 드러나며, 성격발달과 관련된 정서적인 면들과 역동을 나타낸다.

② 집-나무-사람 그림이 소재로 선택된 이유는 친숙한 주제이기에 받아들이기 쉽고, 개인의 무의식과 관련하여 풍부한 상징을 나타낸다는 점에 있다.

③ '집' 그림은 전반적으로 가정생활과 가족 간의 관계에 대한 인상을 반영한다.

④ '나무'나 '사람' 그림은 주로 성격의 핵심적인 갈등 및 방어에 대한 정보를 제공한다. '사람' 그림이 더 의식적인 측면을 반영하는 반면, '나무' 그림은 보다 더 깊고 무의식적인 감정을 반영해 준다.

학습 Plus HTP의 이점

- 실시가 쉽고, 시간이 많이 걸리지 않는다.
- 중간 채점이나 기호 채점을 거치지 않고 그림을 직접 해석할 수 있다.
- 수검자의 투사를 직접 목격할 수 있다.
- 언어표현이 어려운 사람, 즉 수줍고 위축된 아동 또는 외국인과 문맹자에게도 적용할 수 있다.
- 연령, 지능, 예술적 재능에 제한 받지 않는다.
- 개인의 의식적인 방어가 덜 관여하며, 수검자가 인식하지 못하는 내면 세계까지 반영한다.
- 때로는 그 자체만으로 치료효과를 가진다.

⑤ HTP의 실시방법
- 준비할 도구는 A4 용지 4장, 연필, 지우개이다.
- 수검자에게 A4 용지 한 장을 가로로 제시하며 "여기에 집을 그려 보세요."라고 말하고, 소요 시간을 측정한다. '나무'와 '사람' 그림은 세로로 종이를 제시한다.
- 만약 '사람'의 얼굴만 그리거나 막대인형 식의 그림이라면 다시 '온전한 사람'을 그리도록 지시한다.

- 4번째 종이를 제시하며 방금 전 그린 '사람'의 반대 성을 그리도록 지시하고 소요 시간을 측정한다.
- 검사 수행 시 수검자의 말과 행동을 관찰하여 기록해 둔다. 이는 모호한 상황에서의 대처 방법에 대한 단서를 제공해 준다.
- 질문단계
  정해진 형식은 없고, 각각 수검자에 맞는 질문을 하는 것이 좋다. "이 그림에 대한 당신의 느낌을 자유롭게 말해 보세요." "이 그림에 대한 이야기를 만들어 보세요."와 같은 질문도 좋다.

> **학습 Plus** HTP의 질문단계의 예(Person)
>
> - 이 사람은 무엇을 하고 있습니까?
> - 이 사람은 몇 살쯤 됐습니까?
> - 이 사람의 직업은 무엇입니까?
> - 지금 기분이 어떤 것 같습니까?
> - 무슨 생각을 하고 있는 것 같습니까?
> - 이 사람의 일생에서 가장 좋았던 일은 무엇이었을 것 같습니까? 가장 힘들었을 때는 언제였을 것 같습니까?
> - 이 사람의 성격은 어떤 것 같습니까? 장점은 무엇입니까? 단점은 무엇입니까?
> - 당신은 이 사람이 좋습니까, 싫습니까?
> - 당신은 이러한 사람이 되고 싶습니까?
> - 당신은 이 사람과 친구가 되어 함께 생활하고 싶습니까?
> - 누군가 생각하며 그린 사람이 있습니까?
> - 당신은 이 사람을 닮았습니까?
> - 이 그림에 더 추가해서 그리고 싶은 것이 있습니까?
> - 당신이 그리고 싶은 대로 잘 그려졌습니까? 그리기 어렵거나 잘 안 그려진 부분이 있습니까?
> - (이해하기 힘든 부분에 대해) 이것은 무엇입니까? 어떤 이유로 그렸습니까?

4 문장완성검사(Sentence Completion Test: SCT)

① 다수의 미완성 문장을 수검자가 자기 생각대로 자유롭게 완성하도록 하는 검사로, 단어연상검사의 변형으로 발전된 것이다.

② 문장완성검사에서 측정하고자 하는 대표영역은 다음과 같다.

- 가족영역: 어머니, 아버지 및 가족에 대한 태도를 측정하며, 이와 관련된 문항으로 구성되어 있다(예: "어머니와 나는 _____" "내가 바라기에 아버지는 _____" "우리 가족은 나에 대해서 _____").
- 성적 영역: 이성관계에 대한 태도를 포함하며, 이 영역의 문항들은 사회적 개인으로서

의 여성과 남성, 결혼, 성적 관계에 대하여 자신을 나타내도록 한다(예: "내 생각에 여자들은 _____" "내가 성교를 했다면 _____").
- 대인관계 영역: 친구와 지인, 권위자에 대한 태도를 포함한다. 이 영역의 문항들은 가족 외의 사람들에 대한 감정이나 자신에 대해 타인이 어떻게 느끼는지에 관한 생각들을 표현하게 한다(예: "내가 없을 때 친구들은 _____" "윗사람이 오는 것을 보면 나는 _____").
- 자기개념 영역: 자신의 능력과 과거, 미래, 두려움, 죄책감, 목표 등에 대한 태도가 포함된다(예: "무슨 일을 해서라도 잊고 싶은 것은 _____" "내가 저지른 가장 큰 잘못은 _____" "내가 믿고 있는 내 능력은 _____" "내가 어렸을 때는 _____" "언젠가 나는 _____" "나의 평생 가장 하고 싶은 일은 _____").

③ 실시: 개인과 집단 모두에서 실시할 수 있으며, 약 20~40분 정도의 시간이 소요된다. 검사를 실시하기 전에 다음과 같은 사항을 알려 준다.
- 답에는 정답, 오답은 없으며 생각나는 것을 쓰도록 한다.
- 글씨나 글짓기 시험이 아니므로 글씨나 문장의 좋고 나쁨을 걱정하지 않는다.
- 주어진 어구를 보고 제일 먼저 생각나는 것을 쓴다.
- 시간 제한은 없으나 너무 오래 생각하지 말고 쓰도록 한다.

④ 해석: 문장완성검사 자체의 반응을 단독으로 분석하는 것도 유용하지만, 다른 투사적 검사에서 얻은 자료와 통합하여 해석하면 수검자에 대한 보다 풍부한 이해를 얻을 수 있다. 또한 다음과 같은 사항에 주의를 두어 해석하는 것도 도움이 된다.
- 내적인 충동에 주로 반응하는가, 또는 외부 환경 자극에 주로 반응하는가?
- 스트레스 상황에서의 정서적 반응이 충동적인가, 아니면 잘 통제되는가?
- 자신의 책임이나 타인의 관심을 적절히 고려하는 등 사고가 성숙된 편인가, 아니면 미성숙하고 자기중심적인가?
- 사고가 현실적인가, 아니면 자폐적이고 공상적인가?

핵심 7 아동 및 청소년 검사

- 아동과 청소년들은 성인에 비해 지적 능력을 비롯해 발달적 특성이나 가족 간 상호작용 및 가정환경 등의 영향을 많이 받기에 보다 정교하고 통합적인 이해가 필요하다.
- 평가자는 아동 및 청소년 수검자들에게 통용되는 언어와 사회문화적 특성을 충분히 잘 이해해야 하며, 일상적 행동 특성을 잘 알고 있는 부모 혹은 주 양육자, 교사 등을 대상으로 한 면

담이나 제3자 평정을 포함하도록 한다.
- 아동·청소년의 경우, 행동 특성에 대해 그들을 잘 알고 있는 주 양육자(부모 등) 혹은 교사를 대상으로 쉽고 간편하게 평가하기 위해 다양한 행동평정척도 및 체크리스트가 개발되어 있다.

> **학습 Plus** 아동·청소년 심리평가에서 유의사항
>
> ① 의뢰 과정
> - 아동 및 청소년들은 자신의 심리적 고통이나 적응상의 문제를 스스로 인식하여 도움을 찾는 경우가 드물며, 부모나 교사 등 주위 성인에 의해 문제가 인지되어 심리평가에 의뢰되는 경우가 대부분이다.
> - 수검자의 자발성, 검사 동기가 부족할 수 있으므로 평가자와 수검자의 라포 형성이 특히 중요하다.
> - 의뢰인과 수검자가 호소하는 문제의 내용, 심각도, 문제를 대하는 태도 등에 어떠한 차이가 있는지 살펴보아야 한다.
>
> ② 제3자의 정보 제공
> - 수검자인 아동·청소년으로부터 수집된 자료(면담, 심리검사 및 행동관찰)만으로는 충분치 않으며 부모나 주 양육자, 교사 등 그들을 잘 아는 제3자가 제공하는 정보 역시 평가의 중요한 자료원으로 활용된다.
> - 제3자는 면담, 행동관찰, 평정척도 등을 통해 평가에 참여한다.
> - 수검자인 아동·청소년과 제3의 정보 제공자와의 관계, 친밀도, 정보 제공자가 평가에 참여하게 된 과정, 동기, 목적 등에 따라 제공되는 정보의 신뢰도가 달라질 수 있다.
>
> ③ 발달 특성에 대한 이해
> - 아동·청소년의 발달단계에 따라 인지, 정서, 행동 및 사회성 등의 주요 주체와 특성에 차이가 크므로 해당 심리평가에서는 정상 발달에 대한 이해가 선행되어야 한다.
> - 지능을 비롯한 인지 기능 평가, 발달 평가에서는 일반 성인에 비해 연령 규준의 구간이 짧게 적용되기에 검사 측정 시 유의하여 검토되어야 한다.
> - 지능이나 발달 상태는 다른 검사 수행 수준에 영향을 많이 미치기에 아동·청소년의 발달 특성을 고려하여 검사를 선택 및 평가하여야 한다.

1 발달검사

① 베일리 영유아 발달검사
- 베일리 영유아 발달검사 II(Bayley Scales of Infant Development II: BSDI-II)
    - 영아의 현재 발달 정도를 평가하고, 정상 발달로부터 벗어났거나 벗어난 정도를 파악하기 위한 검사이다.
    - 검사 대상의 연령 범위는 1~42개월의 영유아이며, 부모에게 아동발달에 대해 교육하기 위해 사용될 수 있는 평가도구이다.
    - 유아의 현재 발달 수준을 판단하는 데 도움이 되나, 특정 영역의 장애를 측정하기

위한 목적으로 사용되어서는 안 된다.
- 구성 및 내용: 정신척도(mental scale) 178문항, 운동척도(motor scale) 111문항, 행동평정척도(behavior rating scale) 30문항으로 구성되어 있다.
- 검사방법: 검사 시 부모와 함께 있는 것이 바람직하며, 영아의 반응을 유도해 내기 위한 칭찬이나 보상은 피하고 일반적으로 지지를 주는 정도의 관계를 형성한다.

• 베일리 영유아 발달검사 III(Bayley Scales of Infant Development II: BSDI-III)
- 베일리 영유아 발달검사 3판은 생후 16일~42개월의 영유아를 대상으로 하는 개별검사이다.
- 발달 검사 영역은 인지발달, 운동발달, 언어발달, 사회정서발달, 적응행동발달 영역으로 구성되어 있다.

검사 영역	하위 검사 및 내용	
인지발달 (cognitive)	아동이 세상에 대해 생각하고, 반응하고, 배우는 인지발달 측면을 측정한다. 놀이 영역, 정보처리 영역, 수 영역으로 구성되어 있고, 시각적 선호, 주의, 기억, 감각운동, 탐색, 조작, 개념형성, 문제해결, 놀이수준 등을 평가한다.	
운동발달 (motor)	대근육 운동	아동이 자신의 몸을 얼마나 잘 움직일 수 있는지의 정도를 평가한다.
	소근육 운동	아동이 작업을 하는 데 있어 손과 손가락을 얼마나 잘 사용할 수 있는지를 평가한다.
언어발달 (language)	수용언어	아동이 얼마나 소리를 잘 알아듣는지, 구어와 지시를 얼마나 잘 이해하는지를 평가한다.
	표현언어	아동이 소리, 몸짓, 단어를 사용하여 어느 정도 의사소통을 얼마나 잘하는지를 평가한다.
사회정서발달 (social-emotional)	• 다양한 정서 신호를 경험하고 표현하고 이해하는 능력을 5단계의 기능적 사회 정서 이정표를 통해 평가한다.	
적응행동발달 (adaptive behavior)	• 개념적 영역: 의사소통, 학령 전 학업 기능, 자기주도 • 사회적 영역: 놀이 및 여가, 사회성 • 실제적 영역: 지역사회 이용, 가정생활, 건강과 안전, 자조기술, 운동성	

② 한국형 덴버 발달 선별검사 II(Denver Development Screening Test-II)
• 0~6세까지의 영유아를 대상으로 하며, 일반 영유아 또는 정상 발달로 보이는 영유아에게 실시하여 발달지체 가능성이 고려되는 경우를 선별한다.
• 개인 사회발달영역, 미세운동 및 적응발달영역, 언어발달영역, 운동발달영역인 4개의 발달영역의 총 110문항으로 구성되어 있다.

③ 사회성숙도 검사(Social Maturity Scale: SMS)
- 0~30세까지를 대상으로 개인적·사회적 능력의 발달 정도를 평가하는 도구이다.
- 수검자의 사회적응능력의 발달 수준을 평가하여 인지적 성숙도를 간접적으로 측정할 수 있고, 적응 수준을 예측할 수 있다.
- 자조(self-Help: SH), 이동(locomotion: L), 작업(occupation: O), 의사소통(communication: C), 자기관리(self-Direction: SD), 사회화(socialization: S) 등 6개 영역의 총 117문항으로 구성되어 있다.

> **학습 Plus** 사회성숙도 검사의 평가영역
>
> - 자조(Self-help: SH): 조작능력, 배변 관리, 이동, 자기 관리 및 기본적인 의사소통 능력 등과 관련된 자조 일반/식사 도구 사용 및 식사 행동, 식이 행동 통제, 판단력 등과 관련된 자조 식사/세면, 착의 등과 관련된 자조 용의의 3가지 영역으로 구성되어 있다.
> - 이동(Location: L): 기어다니기, 걷기, 독립적인 외출 및 이동 등을 평가한다.
> - 작업(Occupation: O): 단순한 놀이 행동, 장난감 사용에서부터 성인으로서 전문성, 독립성, 책임감을 요하는 작업수행능력 등을 평가한다.
> - 의사소통(Communication: C): 간단하고 관습적인 제스처, 언어적 의사소통, 문자 등 매체를 사용한 수용성, 표현성의 의사소통 능력을 평가한다.
> - 자기관리(Self-Direction: SD): 돈의 용도를 인식하고 사용하는 능력, 구매, 경제적 자립 준비, 책임 있고 분별력 있는 행동, 독립성과 책임감 등을 평가한다.
> - 사회화(Socialization: S): 사회화 활동, 사회적 책임, 현실적 사고 등을 평가한다.

2 지능검사

① 웩슬러 아동 지능검사(Korean-Wechsler Intelligence Scale for Children)
- 만 6세~16세 11개월의 아동, 청소년을 대상으로 하며, 소요 시간은 대개 60분 정도가 소요된다.
- 언어이해지수, 지각추론지수, 작업기억지수, 처리속도지수의 4가지 지수로 구성되어 있으며, 16개의 소검사가 포함되어 있다.

② 카우프만 아동용 지능검사(Kaufman Assessment Battery for children: K-ABC)
- 아동의 지능(intelligence)과 습득도(achievement)를 측정하기 위한 종합지능검사이다.
- 만 2세 6개월에서 12세 5개월까지의 아동을 대상으로 실시한다.
- 순차처리 척도, 동시처리 척도, 인지처리과정 척도(순차처리+동시처리), 습득도 척도, 비언어성 척도의 5개 하위척도로 구성되어 있으며, 평균 100, 표준편차 15점의 표준점수를 산출하도록 되어 있다.

- 인지처리과정 척도: 문제해결 및 정보처리 과정을 반영하는 것으로 Full IQ를 대변한다.
- 순차처리 척도: 문제해결 시 정보를 한 번에 한 개씩 시간적인 순서로 분석 처리하는 능력을 측정한다.
- 동시처리 척도: 효율적으로 문제를 해결하기 위해 자극을 전체적으로 통합하는 능력을 측정한다.
- 습득도 척도: 학교 장면이나 환경에 대한 관심 등을 통해 얻을 수 있는 사실에 관한 지식이나 기능을 측정한다.
- 비언어성 척도: 언어요인이 배제된 상태에서의 지능 수준을 측정한다. 즉, 언어 소통이 어려운 아동의 전반적인 지적 기능을 측정하며, 인지처리 과정 척도의 축소판이다.

3 진로 및 학습 심리검사

① Holland의 진로탐색검사
- Holland는 RIASEC라는 육각형 모형을 통해 성공적인 진로결정을 위한 효과적이고 체계적인 방법을 제시하였다. 기본적인 가정은 다음과 같다.
    - 대부분의 사람은 여섯 가지 유형 중 하나로 분류될 수 있다.
    - 여섯 가지 종류의 환경이 있고, 각 환경에는 그 유형에 일치하는 사람들이 머물고 있다.
    - 사람들은 자신의 능력과 기술을 발휘하고 태도와 가치를 표현하며 자신에게 걸맞은 역할을 수행할 수 있는 환경을 찾는다.
    - 개인의 행동은 성격과 환경의 상호작용에 의해서 결정된다. 사람의 성격과 직업 환경에 대한 지식은 진로선택, 직업변경, 직업성취 등에 관해서 중요한 결과를 예측할 수 있게 해 준다.
- Holland는 RIASEC라는 육각형 모형을 통해 성공적인 진로결정을 위한 효과적이고 체계적인 방법을 제시하였다. 각 유형은 실재형(Realistic: R), 탐구형(Investigative: I), 예술형(Artistic: A), 사회형(Social: S), 기업형(Enterprising: E), 관습형(Conventional: C)으로 구분된다.

⟨RIASEC의 유형별 특징⟩

실재형(R)	분명하고, 질서정연하고, 체계적인 대상을 조작하는 활동 또는 신체적 기술을 선호함. • 기술자, 자동차 기계 및 항공기 조종사, 정비사, 엔지니어, 전기, 기계기사, 운동선수
탐구형(I)	관찰적, 상징적, 체계적이며 현상의 창조적인 탐구를 수반하는 활동에 흥미를 보임. • 과학자, 생물학자, 화학자, 물리학자, 인류학자, 지질학자, 의료기술자, 의사
예술형(A)	예술적 창조와 표현, 변화와 다양성을 좋아하고, 상징적인 활동들을 선호함. • 예술가, 작곡가, 음악가, 무대감독, 작가, 배우, 소설가, 미술가, 무용가, 디자이너
사회형(S)	타인의 문제를 듣고, 이해하고, 도와주고, 치료해 주고, 봉사하는 활동에 흥미를 보임. • 사회복지사, 교육자, 간호사, 종교 지도자, 상담자, 임상치료가, 언어치료사
기업형(E)	타인을 선도 및 관리하는 일과 그로 인한 인정, 권위를 얻는 활동을 선호함. • 기업경영인, 정치가, 판사, 영업사원, 상품구매인, 보험회사원, 관리자, 연출가
관습형(C)	정해진 원칙과 계획에 따라 자료들을 기록, 정리, 조직하는 일을 선호함. • 공인회계사, 은행원, 세무사, 컴퓨터 프로그래머, 안전관리사, 사서, 법무사

② STRONG의 작업흥미검사
- 직업심리학자인 스트롱(E. K. Strong)에 의해 개발된 검사로, 개인의 직업 흥미에 적합한 진로가 무엇인지를 알려 주기 위해 이 검사를 개발하였다.
- 현재 진로 및 직업 상담, 컨설팅 분야에서 세계적으로 가장 많이 사용되는 심리검사 중 하나이다.
- 주요 개념-직업 흥미에 대한 정의에는 지속적인 관심(attention), 좋아하는 느낌(feeling of like), 방향(direction), 활동(activity)이 있다.
- 검사의 구성 및 척도
  - 일반직업분류(GOT, 포괄적인 흥미 패턴): 홀랜드의 이론이 반영된 R, I, A, S, E, C로 나뉘어져 있으며, 수검자의 흥미영역에 대한 포괄적인 정보를 제공한다.
  - 기본흥미척도(BIS, 특정 활동, 주제에 대한 개인의 흥미 활동): 일반 직업 분류의 하위척도로, 6가지의 흥미 유형이 총 25개의 세부항목으로 구분되어 있다.
  - 개인특성척도(PSS, 업무 형태, 학습 스타일, 리더십, 모험심 등의 개인 선호도 평가): 일상생활 및 직업 환경과 관련된 광범위한 특성들에 대한 개인의 선호를 측정한다.
- 실시 및 활용: 해당 전문 교육을 이수한 전문가에 의해서만 구입되고 사용될 수 있다. 본 검사는 진로에 고민이 많은 고등학생 및 대학생 이상을 대상으로 실시되며, 일반 상담 및 교육 장면에서 진로상담을 비롯하여 기업과 조직에서 인사선발 및 배치에도 활용된다.

③ STRONG의 진로탐색검사
- 중고등학생용 검사로, STRONG의 직업흥미검사의 척도 중 일반직업분류(GOT)만을 사용한 검사이다. 크게 진로성숙도 척도와 흥미 척도로 구성되어 있다.
- 검사의 구성 및 척도
  - 진로성숙도 검사: 진로정체감, 가족일치도, 진로준비도, 진로합리성, 정보습득률의 5개의 하위척도로 구성되어 있다.
  - 흥미 검사: 직업, 활동, 과목, 여가, 능력, 성격으로 구성되어 있고, 각각에 대하여 6개 흥미 유형인 현장형, 탐구형, 예술형, 사회형, 진취형, 사무형이 포함되어 있다.

④ 학습능력검사
- 초등학교 2학년 이상~중학생, 고등학생들을 대상으로 학생의 지적 능력을 포함하여 학습과 밀접한 관련이 있는 학습동기, 기억력, 집중력, 실행력과 같은 수행능력을 평가한다.
- 학업재능 및 스타일을 파악하여 개인의 학습능력의 장단점을 파악할 수 있도록 도우며, 적절한 교육적 대안을 모색하도록 돕는 검사이다.
- 검사의 구성 및 척도
  - 학습능력: 어휘력, 추리력, 수리력, 지각력이 포함된다.
  - 학습활동: 기억력, 집중력, 실행력, 학습동기가 포함된다.
- 종합지수와 학습활동 점수 분포에 따라 네 집단으로 분류할 수 있으며, 그에 따른 상담 방향을 제시한다.

⑤ CBCL(Child Behavior Chcklist)
- 아동-청소년 행동평가척도(Child Behavior Checklist: CBCL)는 아동, 청소년의 문제행동의 여러 속성을 포함하는 포괄적이고 정교한 행동평가척도이다.
- 대상 연령은 만 4~18세의 아동 및 청소년이며, 부모를 비롯한 주 양육자 평정 외 교사 평정에 기반한 평가가 개발되어 있다. 2001년 일부 문항 및 척도를 변경하고 DSM 진단척도가 도입되어 개정된 미국판이 출시되었으며, 2010년 이를 기초로 한국판 아동-청소년 행동평가척도 부모용(K-CBCL, 6-18)이 출판되었다.
- 아동, 청소년의 주 양육자가 자녀의 적응 상태 및 문제행동을 평가하는 표준화된 도구이다.
- CBCL은 크게 문제행동 증후군 척도와 사회능력 척도로 구분된다. 문제행동 증후군 척도는 8개의 소척도(불안/우울, 위축, 신체증상, 사회적 미성숙, 사고의 문제, 주의집중 문제, 규칙 위반, 공격 행동)로 분류되고, 그 밖에 4~11세의 특정 연령에 적용되는 성문제 척도 등이 기타 문제행동 증후군 소척도에 포함된다.

- 문제행동 증후군 척도는 각 소척도 점수 외에 문제행동 총점과 내현화 척도(불안/우울, 위축, 신체증상) 및 외현화 척도(규칙 위반, 공격 행동) 점수가 산출된다.
- 사회능력 척도는 총 사회능력 점수 및 2개의 하위척도(사회성 척도, 학업수행 척도) 점수가 산출된다. CBCL의 새로운 버전에는 문제행동 영역과 관련해 DSM 진단 척도와 문제행동 특수 척도 등이 새롭게 포함되었다.

⑥ 한국 아동인성평정척도(KPRC)
- 한국 아동인성평정척도(Korean Personality Rating Scale for Children: KPRC)는 아동 및 청소년을 대상으로 정신과적 장애의 선별 및 진단, 학교 장면에서 심리적 도움이 필요한 학생의 조기 발견 등을 위해 개발된 부모보고 평정척도이다.
- 만 3~17세에 속하는 아동 및 청소년을 대상으로 하였으며, 177문항으로 구성된 4점 척도(0~3점)이다.

〈KPRC의 척도 구성 및 내용〉

척도명		척도 설명
타당성 척도	검사-재검사 척도(T-R)	각 문항에 대해 얼마나 일관성 있게 반응했는가를 측정
	L척도(L)	문제행동을 부정하고 바람직한 방향으로 기술하려는 보호자의 방어적인 태도를 측정
	F척도(F)	의도적이거나 비의도적인 증상의 과장이나 무선 반응과 같은 일탈된 반응 태도를 측정
자아탄력성 척도(ERS)		여러 가지 심리적 문제에 대한 아동의 대처능력이나 적응 잠재력을 측정
임상 척도	언어발달(VDL)	언어적 능력의 발달지체나 기능상의 손상을 측정
	운동발달(PDL)	정신운동 기능이나 동작성 능력에서 발달지체나 기능상의 손상을 측정
	불안(ANX)	자연현상이나 동물, 대인관계·사회관계에서의 두려움이나 불안 및 긴장을 측정
	우울(DEP)	우울한 기분, 자신감의 결여, 활동성의 저하, 흥미 감소 등 우울과 관련된 특징을 측정
	신체화(SOM)	심리적인 문제를 신체증상으로 나타내는 신체화 경향을 측정
	비행(DLQ)	반항과 불복종, 공격성과 적대감, 거짓말, 도벽 등 비행이나 품행의 문제를 측정
	과잉행동(HPR)	주의산만, 과잉행동, 충동성과 이에 수반되는 문제 등을 측정(ADHD 아동을 가려내기 위한 척도)

가족관계(FAM)	가족 내의 역동이 아동의 부적응이나 정신병리에 영향을 미치는 정도를 평가하기 위해 가정 내 긴장, 부모-자녀 관계, 부부관계 위기, 자녀에 대한 무관심 등을 측정
사회관계(SOC)	또래관계나 어른들과의 관계 등 사회관계에서의 어려움을 측정
정신증(PSY)	상동적인 행동, 부적절하고 특이한 언행, 망상과 환각, 비현실감 등 언어, 사고, 행동상의 특이함이나 현실 접촉 곤란을 측정(정신증적 증상이 있는 아동을 가려내기 위한 척도)

핵심 8 신경심리검사

1 신경심리평가의 목적

① 진단: 신경심리평가는 두뇌 외상이나 뇌기능 장애를 진단할 목적에서 사용된다. 나아가 환자의 행동문제가 정신과적 증상에 기인한 것인지 혹은 뇌손상이나 다른 신경학적 증상에 기인한 것인지를 감별하고자 할 때 사용된다.
② 환자 관리 및 치료계획: 환자의 인지 기능 및 심리사회적 기능 수준, 정서 상태, 행동 양상, 성격 특성, 환자의 강점과 약점 등에 대한 정보는 진단뿐만 아니라 환자를 관리하고 치료계획을 세우는 데 매우 중요한 역할을 한다.
③ 치료(재활 및 치료 평가): 뇌손상 환자들에 대한 개입은 손상된 신경심리학적 기능의 회복이나 교정을 목적으로 한 치료적 접근뿐만 아니라, 손상된 상태에 적응하고 보완해 나가는 데 초점을 둔 재활적 접근도 중요하다.
④ 연구: 신경심리평가는 뇌의 기능이 행동적으로 어떻게 표현되는가에 대한 연구목적에서 사용된다. 즉, 뇌와 행동 간의 관계를 규명할 목적으로 사용되어 왔다.
⑤ 법정 장면에서의 자문: 법정 장면에서 신경심리평가 결과가 근거 자료로 사용될 수 있다. 법적 자문의 목적에서 신경심리평가를 실시할 때는 수검자가 증상을 가장하거나 꾀병일 가능성에 대해 주의를 기울여야 한다.

> **학습 Plus** 신경심리평가 시 고려점
> - 현재 기능 수준의 손상 정도
> - 손상 후 경과 시간

- 병전 지적 수준
- 교육수준
- 연령
- 손잡이(우세한 손에 따라 뇌의 신경해부학적 특성이나 인지 기능의 패턴이 달라짐)
- 인지 기능에 영향을 줄 수 있는 현재의 의학적 병력

2 인지 기능의 영역에 따른 검사의 종류

① 주의력
- 주의력이란 감각 정도, 운동 프로그램, 기억, 내적 표상에 대한 정신적인 주목(mental spotlight)을 의미한다. 외부 환경 자극을 처리하고 내적 사고 과정에 관여하는 데 매우 중요한 인지 기능이다.
- 일상생활에 적절히 기능하기 위해서는 주의집중과 주의전환 간에 균형이 필요하다. 만일 한 곳에 과도한 집중을 보일 경우 보속증(perseveration, 새로운 과제에 주의를 전환하지 못하고 이전에 한 말이나 동작을 계속 반복하는 것)이란 증상을 나타낼 수 있다.
- 신경해부학적 특성: 대상피질(cingulate cortex)은 입력되는 정보를 조절하는 기능을 담당하며, 두정엽은 선택적 주의, 전두엽은 주의 자원을 배분하는 기능을 맡는 등 많은 뇌 영역이 주의력에 관여한다.
- 주의력을 측정하는 대표적인 검사는 다음과 같다.
    - 시간 지남력 및 장소 지남력
    - 숫자 바로 따라 외우기/거꾸로 따라 외우기(WAIS-IV), 웩슬러 기억 검사(WMS)
    - 순서화(WAIS-IV), WMS
    - 거꾸로 따라 말하기(요일, 달 또는 짧은 문장)
    - 연속 빼기(100-7, 20-3 등)
    - 지우기 검사(Cancellation Test)
    - 연속 수행력 검사(Continuous Performance Test: CPT)
    - 선로 잇기 검사(Trail Making Test)
    - 스트룹 검사(Stroop Test)

② 언어능력
- 언어능력에는 언어 표현력, 언어 이해력, 따라 말하기, 이름 대기 등이 포함된다. 이러한 능력의 손상 양상에 따라 언어장애가 다양하게 분류된다.

〈언어장애의 종류〉

기능	장애	손상 부위
명명	명명 실어증	좌측 측두엽 후반부
반복	전도성 실어증	좌측 궁형소속
이해	초피질성 감각 실어증	좌측 측두-두정엽, 후두엽
유창성	초피질성 운동 실어증	좌측 전두엽, 시상하부
읽기	실독증	좌측 후두엽
쓰기	실서증	좌측 전두엽
어조	실조증	우반구
몸짓	팬터마임 실인증	좌측 후두엽

- 손상 시, 흔히 실어증과 언어 산출의 문제가 나타나며, 조음장애(발음 문제), 언어 유창성의 상실, 단어 찾기 곤란(적절한 단어가 떠오르지 않아 대명사로 표현하거나 말문이 막히는 것), 문법과 구문 상실, 단어나 문장의 반복 곤란, 착어증(틀리게 발음하거나 의미가 유사한 다른 단어를 말하는 것), 이해 곤란, 읽기 장애, 쓰기 장애 등이 이에 속한다.
- 신경해부학적 특성: 좌반구 영역과 관련이 있으며, 언어표현은 브로카(Broca) 영역, 언어 이해는 베르니케(Wernicke) 영역과 관련이 있는 것으로 알려져 있다.

학습 Plus 실어증(aphasia)의 종류

- 브로카 실어증: 유창성이 떨어지고 더듬거리는 말투, 말을 길게 하지 못하고 어조나 발음이 이상할 수 있다.
- 베르니케 실어증: 말하는 능력은 정상이나 듣고 이해하는 능력이 손상되어 있고, 따라서 착어증적 오류가 발생할 수 있다.
- 초피질성 운동 실어증: 반복하는 능력은 상대적으로 보존되어 있으나 말하는 것이 빈곤하고 언어 유창성은 떨어진다.
- 초피질성 감각 실어증: 반복하는 능력은 보존되어 있으나 듣고 이해하는 능력이 심하게 손상되어 있어 유창하지만 착어증적인 실수를 범하기 쉽다.
- 전도성 실어증: 듣고 이해하는 능력이 양호하고 유창하게 말할 수 있으나 따라하기 능력이 두드러지게 손상되고 착어증적인 오류를 범한다.

- 언어능력을 측정하는 대표적인 검사는 다음과 같다.
  - 보스턴 진단용 실어증 검사(Boston Diagnostic Ahpasia Examination: BDAE)
  - 보스턴 이름대기 검사(Boston Naming Test: BNT)
  - 언어 유창성 검사(Verval Fluency Test)

- 따라 말하기 검사(Repetition Test)
- 토큰 검사(Token Test)
- 웨스턴 실어증 검사(Western Aphasia Battery: WAB)
- 통제 단어 연상 검사(Controlled Oral Word Association Test: COWAT)

③ 기억력
- 대부분의 뇌손상 환자는 손상 이전에 학습한 정보는 보유하고 있는 반면, 새로운 정보를 학습하는 데 어려움을 보인다.

> **학습 Plus** 기억 및 학습 능력을 평가할 때 고려할 측면
> - 피검자가 새로운 정보를 획득하고 기억할 수 있는가?
> - 정보가 얼마나 빠르게 망각되는가?
> - 간섭 정보가 얼마나 학습을 방해하는가?
> - 결함이 특정 영역에 한정/확산되어 있는가?
> - 시간이 흘러도 결함이 안정적/변화무쌍한가?

- 신경해부학적 특성: 단기기억은 전두엽의 여러 영역, 장기기억은 내측 측두엽, 간뇌, 전두엽과 관련된 것으로 알려져 있다. 언어기억은 좌반구 영역과 관련이 있다.
- 기억을 측정하는 대표적인 검사는 다음과 같다.
  - 웩슬러 기억 검사(WMS)
  - 단기기억 검사
  - 레이 청각언어학습검사(Rey Auditory Verbal Learning Test: Rey-AVLT)
  - 캘리포니아 언어학습검사(California Verbal Learning Test)
  - 기억평가 검사(Memory Assessment Scale: MAS)
  - 리버리드 행동기억 검사(Revermead Behavior Memory Test: RBMT)
  - 홉킨스 언어학습 검사(Hopkins Verbal Learning Test: HVLT)

④ 시공간 처리능력
- 시공간 능력에는 시지각 능력과 구성능력 등이 포함된다.
- 신경해부학적 특성: 시공간 처리에는 주로 뇌의 우반구가 관여하며, 특히 일차 시각 피질이 위치한 후두엽과 공간처리를 담당하는 두정엽의 역할이 중요하다.
- 시공간 능력을 평가하는 검사는 다음과 같다.
  - 벤더-게슈탈트검사(Bender Visual Motor Gestalt Test: BGT)
  - 레이 복합도형검사(Rey Complex Figure Test: RCFT)

- 시계그리기 검사(Clock Drawing Test)
- 토막짜기(WAIS)
- 도형 그리기 검사(예: MMSE, CERAD-N)

⑤ 실행 기능
- 실행 기능이란 독립적이고 목표지향적으로 자신의 행동을 조절, 통제, 관리해 나가는 능력으로, 추론능력, 계획을 세우고 계획에 따라 순서대로 일을 처리하는 능력, 융통성, 판단력 및 통찰력, 상황에 맞게 적절한 사회적 행동을 하는 능력 등이 포함된다.
- 개인의 실행 기능을 평가하기 위해서는 관련된 신경심리학적 검사뿐만 아니라 면담, 행동관찰 및 영상 의학적 검사 등 다양한 출처의 자료에 대해 면밀한 검토가 필요하다.
- 신경해부학적 특성: 실행 기능은 전두엽, 특히 전전두영역과 관련되어 있다.
- 실행 기능을 평가하는 검사는 다음과 같다.
  - 위스콘신 카드 분류 검사(Wisconsin Card Sorting Test: WCST)
  - 스트룹 검사(Stroop Test)
  - 공통성 검사(WAIS)
  - 언어유창성 검사(Verval Fluency Test)
  - 선로 잇기 검사(Trail Making Test)
  - 레이 복합도형 검사(Rey Complex Figure Test: RCFT)
  - 런던 탑(하노이 탑) 검사
  - 운동조절능력 과제(예: Go-No-Go Test, Luria 3-Step Test)
  - 통제 단어 연상 검사(Controlled Oral Word Association Test: COWAT)

⑥ 성격 및 정서적 행동
- 성격 및 정서적 행동을 평가하는 데 있어 드러나는 양상이 중추신경계의 결함 때문인지 아니면 정서적 요인 때문인지를 결정해야 한다(예: 인지 기능 저하가 초기 치매 때문인지, 노인성 우울증 때문인지를 감별하는 것).
- 다양한 정서적 요인과 성격 변인은 신경심리학적 손상과 관련이 있으며, 반면에 정서적 문제가 기질적 손상을 복잡하게 만들 수 있다. 이에 전반적인 기능 수준과 관련된 심리사회적 적응과 재활 결과 예측은 중요하다. 대표적인 검사는 다음과 같다.
  - MMPI-2/MMPI-A
  - 벡 우울증 검사(Beck Depression Inventory: BDI)
  - 노인 우울 척도(Geriatric Depression Scale: GDS)
  - 치매 정신행동 증상 관련 척도
    √ 치매와 같은 인지 기능 감퇴에 흔히 수반되는 심리적·행동적 변화를 평정하기

위해 다양한 척도가 개발되어 있다.

√ 망상이나 환각과 같은 정신증적 증상, 정서적 불안정성, 충동적/공격적 행동, 탈억제/반복 행동, 수면장애, 식이 행동의 변화 등이 포함된다.

3 주요 신경심리검사의 종류

① 선별검사
- 실시와 채점이 빠르고 간편하며, 전문가가 아니더라도 간단한 교육과 훈련을 받으면 실시 가능하고 기능이 심하게 손상된 환자들에게도 적용할 수 있다.
- 대표적으로 간이정신상태검사(Mini-Mental State Examination: MMSE), 하세가와 치매 척도(Revised Hasegawa's Dementia Scale: HDS-R), 벤더-게슈탈트검사(Bender Visual Motor Gestalt Test: BGT) 등이 있다.

② 노인용 신경심리검사 배터리
- 서울신경심리검사(Seoul Neuropsychological Screening Battery: SNSB)
  - SNSB는 검사 지시와 수행이 단순하고 어느 곳에서든 쉽게 실시할 수 있도록 기록용지와 펜 이외에 다른 도구나 설비가 필요하지 않으며(K-BNT, K-CWST 예외), 국내에서 표준화 연구가 수행된 검사들(K-MMSE, K-BNT, GDS, B-ADL, CDR)을 포함하는 기준으로 선정되었고, 일부 검사(Seoul Verval Learning Test, Korean-Color Word Stroop Test, Controlled Oral Word Assaciation Test)는 SNSB를 위해서 새로이 개발하고 표준화되었다.
  - SNSB는 종합적인 신경심리검사 배터리로서 인지 기능 전반을 평가하는 다양한 검사로 구성되어 있다. 인지영역별로는 주의집중능력, 언어 및 그와 관련된 기능들, 시공간 기능, 기억력 및 전두엽/집행 기능의 5가지 인지영역을 평가한다.
- 한국판 치매평가검사(Korean Dementia Rating Scale: K-DRS): 치매 환자 진단에 중요한 주의, 관리 기능, 구성, 개념화 및 기억을 측정한다.
- CERAD-K(Consortium to Establish a Registry for Alzheimer's Disease): 알츠하이머병 환자의 평가, 진단 및 연구에 표준적인 평가도구와 진단방법을 사용함으로써 연구자 간에 협력 기반을 마련하고자 하는 목적에서 평가된 개발도구이다.
- 노인 기억장애 검사(Elderly Memory Disorder Scale: EMS): 치매, 특히 알츠하이머병의 정확한 진단을 위해 필요한 기억검사들을 중심으로 구성되었다.

학습 Plus 주요 신경심리검사

- **위스콘신 카드 분류 검사(Wisconsin Card Sorting Test: WCST)**
  전두엽의 실행 기능을 평가하는 검사로, 추상적인 개념을 형성하고 범주화하는 능력과 피드백에 따라 인지틀(cognitive set)을 변환하거나 유지하는 인지적 융통성을 측정한다. 전산화된 WCST에서는 스크린을 통해 제시된 도형카드를 색, 모양, 개수 등 분류 규칙에 따라 분류하도록 지시한 후에 '맞다/틀리다'의 피드백을 줌으로써 피검자가 스스로 과제에서 요구되는 색, 모양, 개수와 같은 범주 규칙을 찾도록 한다.

- **선로 잇기 검사(Trail Making Test: TMT)**
  주의력과 실행 기능을 평가하며, A형과 B형으로 되어 있다. A형은 검사지에 무작위로 배치되어 있는 숫자들을 1-2-3-4…와 같이 차례대로 연결하는 것이고, B형은 숫자와 문자를 번갈아가며 차례대로 연결하는 것으로(1-가-2-나-3-다…), 검사를 마치는 데 걸린 반응 시간과 오류 수가 측정된다. 국내에서는 알츠하이머 치매검사를 평가하기 위한 CERAD-K 신경심리평가집에 포함된 소검사 중 하나로 60세 이상 노인을 대상으로 표준화하여 사용되고 있다.

- **스트룹 색상-단어 검사(Stroop Color-Word Test)**
  스트룹 검사는 전두엽에서 담당하는 억제 과정의 효율성을 평가한다. 단어의 색과 글자가 일치되지 않는 조건에서 자동화된 반응을 억제하고 글자의 색상을 말해야 하며(예: '파랑'이라는 단어가 빨간색으로 인쇄되어 있을 때, 단어를 무시하고 '빨강'이란 색상을 명명함), 반응 시간과 오류 수가 측정된다.

- **루리아-네브레스카 신경심리 배터리(Luria-Nebraska Neuropsychological Battery: LNNB)**
  LNNB는 총 269문항, 11개 척도로 구성되어 있으며, 좌반구, 우반구 척도 점수가 산출되므로 뇌기능의 편측화(lateralization)와 국재화(localization)에 대한 평가가 가능하다. 아동용인 LNNB-C는 8~12세 아동에게 실시할 수 있고, 총 149문항, 11개의 척도로 이루어져 있다.

- **연속 수행 검사(Continuous Performance Test: CPT)**
  주어진 자극에 주의를 지속적으로 유지하는 능력인 지속적 주의력과 비표적 자극을 무시하고 표적자극에만 주의를 집중하는 선택적 주의력을 평가하는 대표적인 검사이다. CPT는 컴퓨터 화면에 특정한 기호, 숫자, 문자를 짧은 기간 동안(약 0.1초) 시각적으로나 청각적으로 제시한 후, 표적자극이 나올 때마다 가능한 한 빠르고 정확하게 반응하는 것이 요구된다(표적자극이 나올 때마다 마우스 클릭). 높은 누락 오류율은 부주의를, 높은 오경보 오류는 인지적 충동성 및 반응 억제능력의 결함을 반영한다.

- **레이 청각언어학습 검사(Rey Auditory Verbal Learning Test: RAVLT)**
  RAVLT는 언어기억 검사로, 15개의 단어를 불러 주고 피검자에게 5회에 걸쳐 회상하도록 한다. 그 후 방해자극으로 두 번째 리스트 단어 15개를 불러 주고 1회 회상하도록 한 뒤에 다시 첫 번째 단어 리스트를 회상 및 재인하도록 한다. 이 검사는 순행간섭(proactive inhibition) 및 역행간섭(retroactive inhibition), 기억보유 등을 측정한다.

- **레이 복합도형 검사(Rey Complex Figure Test: RCFT)**
  RCFT는 시각기억 검사로, 복잡한 도형을 따라 그리게 하고 이후 회상 과제를 통하여 비언어적, 시각 기억력을 측정한다.

4 신경심리검사의 실시

① 평가: 의뢰, 면담 및 행동관찰, 검사 실시, 해석의 과정으로 이루어진다.

② 면담 및 행동관찰
- 환자의 용모나 위생 상태, 시선 접촉, 얼굴표정, 신체적 특징이나 자세, 걸음걸이 등은 환자의 상태에 대한 많은 정보를 제공한다. 이에 검사 자료, 환자와의 면담 자료나 행동관찰을 모두 통합해서 해석해야 한다.
- 뇌손상이 있거나 의심되는 환자에 대한 면담의 주요 목적은 환자와 가족의 주호소를 이끌어 내고, 이러한 문제가 일어난 상황을 이해하며, 문제에 대한 환자의 태도를 평가하는 데 있다.
- 병전 지적 수준, 손잡이(우세 손), 주요 의학적 병력(예: 인지 기능에 영향을 미칠 수 있는 당뇨병, 고혈압, 심혈관계 질환), 신경학적 또는 정신과적 병력, 투약 관련 정보, 가족력 등에 좀 더 주의를 기울여야 한다.

③ 검사 실시
- 검사를 실시하기 전에 환자와 보호자에게 검사의 목적, 절차 및 결과의 활용에 대해 간단하게 설명함으로써 환자의 동기를 유발하는 데 도움이 된다.
- 평가 상황에서 환자의 능력을 최대한 이끌어 낼 수 있도록 주의 깊게 살피면서 적절한 지지와 격려를 제공해야 한다.

02 실력 다지기: 요점정리

- 심리검사는 개인에 대한 객관적인 정보를 제공하고, 개인 간 비교를 가능하게 하며, 심리적 특성이나 상태를 파악하도록 한다.
- 심리평가의 기능으로는 문제의 명료화, 수검자에 대한 이해, 치료계획 세우기, 치료결과에 대한 평가이다.
- 평가면담은 수검자의 개인적 특성, 대처 양식, 장애의 특징, 사회적 지지, 역동 등에 대한 전반적인 측면을 집중적으로 탐색하는 과정을 말한다.
- 평가면담의 형식적 분류에는 구조화된 면담, 비구조화된 면담, 반구조화된 면담이 있다.
- 평가면담의 기능적 분류에는 초기면담(접수면담), 위기면담, 진단적 면담, 심리평가적 면담이 있다.
- 심리검사의 유형으로는 객관적 검사(objective test)와 투사적 검사(projective test)가 있다.
- 객관적 검사는 절차가 구조화되어 있고 채점 과정이 표준화되어 있으며, 해석의 규준이 제시되어 있는 검사를 말한다.
- 투사적 검사는 개인의 다양한 욕구, 갈등, 성격 등의 개인 특유적인 특성을 파악하는 데 도움이 된다.
- 심리평가의 3요소는 면담, 행동관찰, 심리검사이다.
- 심리평가 실시 과정에서 고려해야 할 사항으로는 라포 형성, 수검자 변인, 검사자 변인, 검사 상황 변인이 영향을 줄 수 있다.
- 심리검사를 실시하는 경우 표준화된 검사를 사용해야 하며, 신뢰도와 타당도가 충족되어야 한다. 그 외 검사도구의 실용성(시행과 채점의 간편성, 시행 시간, 검사도구의 경제성)을 고려하여 선정한다.
- 지능은 임상적 입장과 이론적 입장에 따라 각기 다른 방향으로 정의되며, 학자들마다 각기 지능을 다르게 분류하였다.
- 스피어만(Spearman)은 지능이 일반요인과 특수요인으로 구성되어 있다는 2요인설을 주장하였다.
- 손다이크(Thorndike)와 동료들은 지능을 특수능력으로 보았으며, 이는 추상적 지능, 언어적 지능, 실용적 지능, 사회적 지능으로 분류할 수 있다고 주장하였다.
- 서스톤(Thurstone)은 지능을 기본적인 정신능력으로 이해하고, 언어의미, 단어 유창성, 수리능력, 기억, 시공간 능력, 지각속도 및 논리적 능력으로 구분되어 있다는 다요인설을 제시하였다.
- 길포드(Guilford)는 지능을 다양한 방법으로 상이한 종류의 정보를 처리하는 능력들의 체계적인 집합

- 체라고 개념화하고, 요인분석을 통해 지능구조의 3차원 모델을 제시하였다.
- 카텔(Cattell)은 지능을 유동적 지능과 결정적 지능의 2차원으로 구별하였다.
- 최초의 지능검사는 1905년 프랑스의 비네(Binet)가 정신지체 아동을 선별하여 특수교육을 시키기 위한 목적으로 제작한 비네-시몽(Binet-Simon) 검사이다.
- 웩슬러 지능검사의 가장 큰 특징은 편차 IQ 개념이다. 편차 IQ를 통해 개인이 속한 연령 집단 내에서 상대적 위치를 파악할 수 있다.
- 지능검사 시행 시 표준 절차를 철저하게 지켜야 하며, 피검자가 최대 능력을 발휘할 수 있도록 이끌어 줘야 한다.
- 검사 수행 시 보이는 행동도 주의해서 관찰해야 하며, 채점 원칙을 숙지하여 정확하게 채점할 수 있도록 훈련되어야 한다.
- 한국 웩슬러 성인용 지능검사 4판(K-WAIS-IV)은 16세 0개월에서부터 69세 11개월까지의 청소년과 성인의 인지능력을 평가하는 표준화된 지능검사이다.
- K-WAIS-IV는 언어이해지수(VCI), 지각추론지수(PRI), 작업기억지수(WMI), 처리속도지수(PSI)라는 네 개의 지수 척도로 구성되어 있다.
- 언어이해지수(VCI)는 공통성, 어휘, 상식(핵심 소검사), 이해(보충 소검사)로 구성되어 있다.
- 지각추론지수(PRI)는 토막짜기, 행렬추론, 퍼즐(핵심 소검사), 무게비교, 빠진 곳 찾기(보충 소검사)로 구성되어 있다.
- 작업기억지수(WMI)는 숫자, 산수(핵심 소검사), 순서화(보충 소검사)로 구성되어 있다.
- 처리속도지수(PSI)는 동형찾기, 기호쓰기(핵심 소검사), 지우기(보충 소검사)로 구성되어 있다.
- K-WAIS-IV는 표준점수를 환산점수와 조합점수의 두 가지 유형으로 제공한다. 또한 백분위를 통해 같은 연령대에서 수검자가 어느 위치에 속하는지를 알 수 있다.
- 웩슬러 지능검사를 분석하는 방법에는 양적 분석과 질적 분석이 있다. 양적 분석은 병전 지능을 추정하고 현재 지능을 기술해 주며, 소검사 점수 분산 등의 비교 방법이 있다.
- 질적 분석은 반응내용이나 반응양식, 개인의 언어적 표현방식 등을 기초로 하여 개인의 독특한 심리적 특성을 살펴보는 것이다.
- K-WISC-IV는 6세 0개월부터 16세 11개월까지의 아동과 청소년의 인지능력을 평가하기 위해 개별적으로 실시하는 검사이다.
- 전체지능지수와 같이 제공되는 4개의 조합점수는 언어이해지수(VCI), 지각추론지수(PRI), 작업기억지수(WMI), 처리속도지수(PSI)로 구성되어 있다.
- K-WISC-IV는 총 15개의 소검사로 구성되어 있다. 15개의 소검사는 10개의 핵심 소검사와 5개의 보충 소검사로 이루어져 있다.
- 언어이해지수(VCI)는 공통성, 어휘, 이해(핵심 소검사), 상식, 단어추리(보충 소검사)로 구성되어 있다.
- 지각추론지수(PRI)는 토막짜기, 공통그림찾기, 행렬추리(핵심 소검사), 빠진 곳 찾기(보충 소검사)로 구성되어 있다.
- 작업기억지수(WMI)는 숫자, 순차연결(핵심 소검사), 산수(보충 소검사)로 구성되어 있다.

- 처리속도지수(PSI)는 동형찾기, 기호쓰기(핵심 소검사), 선택(보충 소검사)으로 구성되어 있다.
- K-WISC-IV는 3개의 소검사(토막짜기, 숫자, 선택)에서 7개의 과정점수를 제공한다.
- K-WISC-IV의 분석절차는 전체지능지수(FSIQ)의 보고 및 기술-언어이해지수(VCI)의 보고 및 기술-지각추론지수(PRI)의 보고 및 기술-작업기억지수(WMI)의 보고 및 기술-처리속도지수(PSI)의 보고 및 기술-지수 수준의 차이 비교 평가-강점과 약점 평가-소검사 수준의 차이 비교 평가-소검사들 내에서의 점수 패턴 평가-처리분석 수행하기 순으로 이루어진다.
- 한국 웩슬러 아동용 지능검사 5판(K-WISC-V)은 4판에서의 소검사 13개에 3개의 소검사(무게비교, 퍼즐, 그림기억)가 추가된 총 16개의 소검사로 이루어져 있다.
- K-WISC-V의 기본지수 점수는 언어이해, 시공간, 유동추론, 작업기억, 처리속도의 총 5개의 지표를 포함한다.
- 한국 웩슬러 유아용 지능검사 4판(K-WPPSI-IV: Korean Wechsler Preschool and Primary Scale of Intelligence)은 2세 6개월에서 만 7세 7개월까지 유아의 인지능력을 임상적으로 평가하기 위한 개인 지능검사이다.
- K-WPPSI-IV는 연령 범위에 따라 2세 6개월~3세 11개월용 검사와 4세 1개월~7세 7개월용 검사로 나뉜다.
- K-WPPSI-IV는 이전 판의 소검사 10개(토막짜기, 상식, 행렬추리, 공통성, 공통그림찾기, 모양맞추기, 어휘, 이해, 수용어휘, 그림명명)에 소검사 5개(동형찾기, 그림기억, 선택하기, 위치찾기, 동물짝짓기)가 추가되어 총 15개의 소검사로 구성되어 있다.
- 객관적 성격검사인 MMPI는 경험적 제작방식으로 만들어졌으며, 문항에 대한 문제 제기 및 새로운 규준의 필요성이 대두되면서 1989년에 개정판인 MMPI-2가 출간되었다.
- MMPI-2는 타당도 척도, 임상척도, 재구성 임상척도, 내용척도, 보충척도, 성격병리 5요인 척도 등으로 구성되어 있다.
- 타당도 척도에는 무응답 척도, VRIN 척도, TRIN 척도, 비전형 척도(F), 비전형-후반부 척도[F(B)], 비전형-정신병리 척도[F(P)], 증상 타당도 척도(FBS), 부인 척도(L), 교정 척도(K), 과장된 자기제시 척도(S)가 포함되어 있다.
- MMPI-2를 해석하기 위해서는 심리검사에 대한 대학원 수준의 강의를 수강해야 하며, 성격과 정신병리에 대한 배경지식을 지니고 있어야 한다.
- 수검자는 MMPI-2를 실시하는 데 있어 초등학교 6학년 수준 이상의 독해력이 요구되며, 검사 수행을 방해하는 신체적/정서적 문제가 있는지 확인해야 한다.
- 동반 상승한 척도를 해석하는 것이 개별 척도의 해석보다 임상적으로 더욱 유용하고 정확하다. 상승척도 해석은 T점수가 적어도 65점 이상으로 상승한 프로파일을 대상으로 해석하는 것이 적절하다.
- 척도 1(건강염려증, Hypochondriasis)은 신체 기능에 대한 과도한 불안이나 집착 같은 신경증적인 걱정이 있는지를 알아보려는 것이다. 신체형장애, 우울장애, 불안장애 진단이 많다.
- 척도 2(우울증, Depression)는 우울증상을 측정하기 위한 척도로서, 우울장애 진단이 많다.
- 척도 3(히스테리, Hysteria)은 심리적 고통을 회피하는 방법으로 부인을 사용하는 정도를 측정한다.

- 전환장애나 심인성 통증장애 진단이 많다.
- 척도 4(반사회성, Psychopathic Deviate)는 가족이나 권위적 대상에 대한 불만, 일탈행동, 일상에서의 권태 등을 측정한다. 반사회적 성격장애나 수동-공격적 성격장애 진단이 많다.
- 척도 5(남성성-여성성, Masculinity-Femininity)는 직업과 취미에 대한 흥미, 심미적이고 종교적인 취향, 능동성/수동성, 대인관계에서의 감수성 등을 측정한다.
- 척도 6(편집증, Paranoia)은 대인관계 예민성, 피해의식, 의심, 경직된 태도, 관계 사고 등의 편집증 증상을 측정하며, 정신분열증, 망상장애 진단이 많다.
- 척도 7(강박증, Psychasthenia)은 강박적 행동을 비롯한 자기비판, 자신감 저하, 주의집중 곤란, 우유부단 및 죄책감 등을 측정하며, 불안장애 진단이 많다.
- 척도 8(정신분열증, Schizophrenia)은 사회적/정서적 소외, 비현실적 사고, 기태적 감각 경험 등을 측정하며, 점수가 높은 경우 정신적으로 혼란되어 있음을 반영한다.
- 척도 9(경조증, Hypomania)는 정신적 에너지를 측정하며, 높은 점수는 자신만만하고 자신을 과대평가하며, 부정적인 정서는 부인하는 특징을 보인다.
- 척도 0(내향성, Social Introversion)은 대인관계 욕구, 대인관계 장면에서의 예민성 또는 수줍음, 사회적 불편감이나 회피 등을 측정하며, 회피, 철수의 방어기제를 사용한다.
- MMPI-2의 결과만을 가지고 단일적으로 해석하거나 진단적 평가를 내리는 것은 위험한 일이며, 면담 및 다른 검사들을 통해 얻은 정보들과 통합하여 가설들을 추론해 가는 과정이 반드시 필요하다.
- PAI(Personality Assessment Inventory)는 4개의 타당도 척도, 11개의 임상척도, 5개의 치료고려척도, 2개의 대인관계척도를 포함하여 총 22개 척도, 344문항으로 구성되어 있다.
- 타당도 척도는 비일관성(ICN), 저빈도(INF), 부정적 인상(NIM), 긍정적 인상(PIM) 척도로 구성되어 있다.
- 임상척도는 신체적 호소(SOM), 불안(ANX), 불안관련장애(ARD), 우울(DEP), 조증(MAN), 망상(PAR), 정신분열병(SCZ), 경계선적 특징(BOR), 반사회적 특징(ANT), 음주문제(AC), 약물사용(DRG) 척도로 구성되어 있다.
- 치료고려 척도는 공격성(AGG), 자살관념(SUI), 스트레스(STR), 비지지(NON), 치료거부(RXR) 척도로 구성되어 있다.
- 대인관계 척도는 지배성(DOM), 온정성(WRM) 척도로 구성되어 있다.
- 기질 및 성격검사(The Temperament and Character Inventory: TCI)는 기질의 4가지 차원과 성격의 3가지 차원으로 구성되어 있다.
- TCI의 기질 차원으로는 자극추구(NS), 위험회피(HA), 사회적 민감성(RD), 인내력(P)이 있고, 성격 차원으로는 자율성(SD), 연대감(C), 자기초월(ST)이 있다.
- 16PF(Sixteen Personality Factor Questionnaire)는 카텔(Cattell)이 개발한 이후 1995년에 이르기까지 5번의 개정판을 내놓은 바 있다. 2003년 한국형 개정판에는 14개의 일차 척도와 2개의 특수 척도가 포함되어 있다.
- 성격의 5요인 모델이 가정하는 다섯 개의 성격 요인을 측정하고자 NEO 성격검사 개정판이 개발되

었다.
- 성격의 5요인 모델에 포함되는 요인은 신경증(Neuroticism), 외향성(Extraversion), 개방성(Openness to experience), 우호성(Agreeableness), 성실성(Conscientiousness)이다.
- 로르샤흐 검사(Rorschach Test)는 인지, 정서, 자기상, 대인관계 등에 대한 종합적이고 다각적인 정보를 제공한다.
- 로르샤흐 검사의 채점영역은 반응영역, 발달질, 결정인, 형태질, 반응내용, 평범반응, 조직화 점수(Z점수), 특수점수 등이 있으며, 이를 단계적으로 채점해 나간다.
- 로르샤흐 검사의 구조적 요약의 하단에는 6개의 특수지표(special indoced)가 있는데, 이들은 지각 및 사고 지표, 우울증 지표, 대응손상 지표, 자살 지표, 과민성 지표, 강박성 지표이다.
- 주제통각검사(Thematic Apperception Test: TAT)는 인물들이 등장하는 모호한 내용의 그림자극을 제시하고 그에 대한 이야기를 구성해 보도록 하는 방법을 사용한다. 다양한 대인관계 상의 역동적 측면을 파악하는 데 유용하다.
- 집-나무-사람 검사(House-Tree-Person Test: HTP)는 수검자 자신에 대한 관점과 환경에 대한 내부적인 관점이 드러나며, 성격발달과 관련된 정서적인 면들과 역동을 나타낸다.
- '집' 그림은 전반적으로 가정생활과 가족 간의 관계에 대한 인상을 반영한다. '나무'나 '사람' 그림은 주로 성격의 핵심적인 갈등 및 방어에 대한 정보를 제공한다.
- 문장완성검사(Sentence Completion Test: SCT)는 다수의 미완성 문장을 수검자가 자기 생각대로 자유롭게 완성하도록 하는 검사로, 단어연상검사의 변형으로 발전된 것이다.
- 문장완성검사에서 측정하고자 하는 대표영역은 가족영역, 성적 영역, 대인관계 영역, 자기개념 영역이다.
- 베일리 영유아 발달검사(Bayley Scales of Infant Development II: BSDI-II)의 연령 범위는 1~42개월의 영유아이며, 부모에게 아동발달에 대해 교육하기 위해 사용될 수 있는 평가도구이다.
- BSDI-II는 정신척도(mental scale) 178문항, 운동척도(motor scale) 111문항, 행동평정척도(behavior rating scale) 30문항으로 구성되어 있다.
- 베일리 영유아 발달검사 3판은 생후 16일~42개월의 영유아를 대상으로 하는 개별검사이며, 인지발달, 운동발달, 언어발달, 사회정서발달, 적응행동발달 영역으로 구성되어 있다.
- 한국형 덴버 발달 선별검사 II(Denver Development Screening Test-II)는 0~6세까지의 영유아를 대상으로 하며, 개인 사회발달영역, 미세운동 및 적응발달영역, 언어발달영역, 운동발달영역인 4개의 발달영역의 총 110문항으로 구성되어 있다.
- 사회성숙도 검사(Social Maturity Scale: SMS)는 0~30세까지를 대상으로 개인적·사회적 능력의 발달 정도를 평가하는 도구이다.
- SMS는 자조(self-Help: SH), 이동(locomotion: L), 작업(occupation: O), 의사소통(communication: C), 자기관리(self-Direction: SD), 사회화(socialization: S) 등 6개 영역의 총 117문항으로 구성되어 있다.
- 웩슬러 아동 지능검사(Korean-Wechsler Intelligence Scale for Children)는 만 6세~16세 11개월

의 아동, 청소년을 대상으로 하며, 언어이해지수, 지각추론지수, 작업기억지수, 처리속도지수의 4가지 지수로 구성되어 있으며, 16개의 소검사가 포함되어 있다.
- 카우프만 아동용 지능검사(Kaufman Assessment Battery for children: K-ABC)는 만 2세 6개월에서 12세 5개월까지의 아동을 대상으로 실시하며, 아동의 지능(intelligence)과 습득도(achievement)를 측정하기 위한 종합지능검사이다.
- Holland의 진로탐색검사는 RIASEC라는 육각형 모형을 통해 성공적인 진로결정을 위한 효과적이고 체계적인 방법을 제시하였다.
- Holland의 진로탐색검사의 각 유형은 실재형(Realistic: R), 탐구형(Investigative: I), 예술형(Artistic: A), 사회형(Social: S), 기업형(Enterprising: E), 관습형(Conventional: C)으로 구분된다.
- STRONG의 직업흥미검사는 일반직업분류(GOT, 포괄적인 흥미 패턴), 기본흥미척도(BIS, 특정 활동, 주제에 대한 개인의 흥미 활동), 개인특성척도(PSS, 업무 형태, 학습 스타일, 리더십, 모험심 등의 개인 선호도 평가)로 구성된다.
- STRONG의 진로탐색검사는 STRONG의 직업흥미검사의 척도 중 일반직업분류(GOT)만을 사용한 검사이다. 크게 진로성숙도 척도와 흥미 척도로 구성되어 있다.
- 학습능력검사는 초등학교 2학년 이상~중학생, 고등학생들을 대상으로 학생의 지적 능력을 포함하여 학습과 밀접한 관련이 있는 학습동기, 기억력, 집중력, 실행력과 같은 수행능력을 평가한다.
- 아동-청소년 행동평가척도(Child Behavior Checklist: CBCL)는 아동, 청소년의 문제행동의 여러 속성을 포함하는 포괄적이고 정교한 행동평가척도이다.
- CBCL의 대상 연령은 4~18세의 아동 및 청소년이며, 부모를 비롯한 주 양육자 평정 외 교사 평정에 기반한 평가가 개발되어 있다. 문제행동 척도와 적응 척도로 분류된다.
- 한국 아동인성검사(Korean Personality Rating Scale for Children: KPRC)는 아동 및 청소년을 대상으로 정신과적 장애의 선별 및 진단, 학교 장면에서 심리적 도움이 필요한 학생의 조기 발견 등을 위해 개발된 부모보고 평정척도이다.
- 신경심리평가의 목적은 진단, 환자 관리 및 치료계획, 재활 및 치료 평가, 연구, 법정 장면에서의 자문 등이 있다.
- 주의력이란 감각 정도, 운동 프로그램, 기억, 내적 표상에 대한 정신적인 주목(mental spotlight)을 의미한다. 선로 잇기 검사(Trail Making Test), 스트룹 검사(Stroop Test), 연속 수행력 검사(Continuous Performance Test: CPT) 등이 있다.
- 언어능력의 손상 시, 흔히 실어증과 언어 산출의 문제가 나타나며, 조음장애(발음 문제), 언어 유창성의 상실, 단어 찾기 곤란, 문법과 구문 상실, 단어나 문장의 반복 곤란, 착어증, 이해 곤란, 읽기 장애, 쓰기 장애 등이 이에 속한다.
- 언어능력은 좌반구 영역과 관련이 있으며, 언어표현은 브로카(Broca) 영역, 언어 이해는 베르니케(Wernicke) 영역과 관련이 있는 것으로 알려져 있다.
- 언어능력을 측정하는 검사로는 보스턴 진단용 실어증 검사(Boston Diagnostic Ahpasia Examination: BDAE), 보스턴 이름대기 검사(Boston Naming Test: BNT), 언어 유창성 검사(Verval Fluency Test) 등

- 이 있다.
- 대부분의 뇌손상 환자는 손상 이전에 학습한 정보는 보유하고 있는 반면, 새로운 정보를 학습하는 데 어려움을 보인다.
- 기억을 측정하는 검사로는 웩슬러 기억 검사(WMS), 레이 청각언어학습검사(Rey Auditory Verbal Learning Test: Rey-AVLT), 캘리포니아 언어학습검사(California Verbal Learning Test) 등이 있다.
- 시공간 능력에는 시지각 능력과 구성능력 등이 포함된다. 시공간 능력을 평가하는 검사는 벤더-게슈탈트검사(Bender Visual Motor Gestalt Test: BGT), 레이 복합도형검사(Rey Complex Figure Test: RCFT), 시계그리기 검사(Clock Drawing Test) 등이 있다.
- 실행 기능이란 독립적이고 목표지향적으로 자신의 행동을 조절, 통제, 관리해 나가는 능력을 말한다. 실행 기능은 전두엽, 특히 전전두영역과 관련되어 있다.
- 실행 기능을 평가하는 검사는 위스콘신 카드 분류 검사(Wisconsin Card Sorting Test: WCST), 운동조절능력 과제(예: Go-No-Go Test, Luria 3-Step Test), 통제 단어 연상 검사(Controlled Oral Word Association Test: COWAT) 등이 있다.
- 다양한 정서적 요인과 성격 변인은 신경심리학적 손상과 관련이 있기에 드러나는 양상이 중추신경계의 결함 때문인지 아니면 정서적 요인 때문인지를 결정해야 한다.
- 신경심리검사의 실시에는 병전 지적 수준, 손잡이(우세 손), 주요 의학적 병력, 신경학적 또는 정신과적 병력, 투약 관련 정보, 가족력 등에 주의를 기울여야 한다.

PART 04

제4과목 – 임상심리학

01 임상심리학 핵심개념정리

핵심 1. 임상심리학의 개관
핵심 2. 임상심리학의 연구방법
핵심 3. 임상진단과 면접
핵심 4. 주요 이론적 모형들
핵심 5. 현대의 심리평가
핵심 6. 심리치료: 정신역동 심리치료
핵심 7. 심리치료: 행동 및 인지행동 치료
핵심 8. 심리치료: 주요 현상학적 심리치료 및 기타 치료

02 실력 다지기: 요점정리

01 임상심리학 핵심개념정리

핵심 1 임상심리학의 개관

1 임상심리학의 역사와 발전

1) 임상심리학의 역사

① 고대 그리스-정신장애의 초기 개념들
- Hippocrates(B.C. 460~377): 질병의 요인은 네 가지 체액(흑담즙, 황담즙, 점액, 혈액)의 불균형 때문이며, 네 가지 체액들 사이의 관계가 기질과 성격을 결정한다고 보았다. 생물·심리·사회적 요인 모두 신체적이고 정서적인 질병을 일으킨다고 보았다.
- Plato(B.C. 427~347): 영혼에 존재하는 문제들이 신체적인 질병의 원인일 수 있다고 보았다. 성격 조화의 결여 및 자기에 대한 소홀이 정신질환 증상에 영향을 준다고 보았다.
- Aristotel(B.C. 384~322): 과학적 접근을 강조하고, 정서 상태가 신체의 기능에 영향을 미친다고 보았다. 논리와 이성의 사용은 정서적이고 행동적인 문제들에 영향을 준다고 보았다.
- Galen(A.D. 130~200): Hippocrates, Plato, Aristotel 등의 조망들을 통합하고, 의학적 실제가 되는 프로그램을 개발하였다. 뇌의 중요성을 강조하며 감각과 이성의 중추라고 보았다.

② 중세-르네상스의 질병에 대한 개념
- 질병의 원인을 초자연적인 영향으로 본 영적인 질병관이 강조되었다.
- Thomas Aquinas(1225~1274)는 건강과 질병을 설명하기 위해 과학적 사고를 사용

- 하였다.
- 르네상스 동안 과학적인 관찰과 실험에 대한 강조가 나타났다.
- Rene Descartes(1596~1650)는 정신과 신체가 분리되었다는 정신/신체 이원론을 주장하였다.
- 르네상스 시기의 정신질환자는 주로 병원이나 수용소에 감금되었으며 보호진료를 제외하고 치료가 거의 제공되지 않았다.

③ 19세기-심리학의 탄생
- 정신과 신체가 분리된 것이 아니라 연결되었다고 믿는 일원론이 나타났고, 심리적인 원인이 정신질환에 영향을 준다고 보았다.
- Jean Martin Charcot(1825~1893)는 전환장애와 같은 신체증상 환자를 치료하는 데 최면을 사용하였다.
- Philippe Pinel(1745~1826)은 환자의 복지와 인간적인 치료를 강조한 도덕적 치료를 발전시켰다.
- Emil Kraeplin(1856~1926)은 현재의 정신분열증으로 분류되는 행동을 기술하기 위해 조발성 치매라는 용어를 정의하였다.
- Wilhelm Wundt(1832~1920)는 1879년 독일의 Leipzig 대학교에 첫 심리학 실험실을 세웠고, 정신의 구조와 구성요소들을 이해하기 위한 과학적 기법을 강조하였다.
- 미국심리학회(APA, 1892) 설립 후, 실험심리학, 심리검사의 개발 및 인간행동에 대한 경험적 연구는 심리학을 확고한 분야로 발전시켰다.

2) 초기 임상심리학의 성장과 발전
- 임상심리학은 1896년 Lightner Witmer(1867~1956)가 Pennsylvania 대학교에 첫 심리진료소를 개설하면서 시작되었다.
- Witmer는 아동의 학습문제 및 학교에서의 어려움을 돕기 위한 아동 프로그램을 개발하였고, 연구 증거에 기반한 중재와 진단 전략을 사용하였다.
- Binet와 Simon(1904)은 정신적 무능을 보이는 아동들에게 교육적 서비스를 제공하기 위해 지능검사를 개발하였다.
- Lewis Terman은 Binet-Simon 검사를 개정(1916), Stanford-Binet 검사로 이름을 바꿔 사용하였다.
- William Healy는 청소년 정신병리연구소를 개설하였고(1909), 아동들과 가족들이 직면하는 정신질환과 문제행동의 심리사회적 영향을 강조하였다.
- 제1차 세계대전(1917)에 미국이 참전하게 되면서 Army Alpha(언어성)와 Army Beta

(동작성) 집단용 지능검사가 개발되었다.
- 제1차 세계대전 후, 로르샤흐 잉크반점검사(1921)를 비롯하여 500개 이상의 다양한 심리검사가 개발되었다.
- 1935년 APA 임상심리학 수련규정 위원회가 수련 프로그램을 마련하였고, 1936년 첫 임상심리학 교과서가 출판되었다.

3) 근대 임상심리학의 성장과 발전

- 제2차 세계대전 동안 군대일반분류검사(Army General Classification Test)라는 집단 관리 지능검사가 개발되었다.
- 정신과적인 문제들을 평가하기 위한 객관식 성격평가인 다면적 인성검사(MMPI, 1943)가 개발되었다.
- David Wechsler(1949)는 아동용 지능검사를 개발하였다. 당시 가장 널리 사용되는 Stanford-Binet 검사의 유의한 대안이 되었다.
- 전후 재향군인병원에 입원한 군인들을 위한 임상심리학자의 역할이 증대되었고, 심리검사, 심리치료, 자문 등을 제공하였다.
- APA 임상심리학 수련규정 위원회(1947)는 수련 기준 및 지침을 개발하였다.
- Boulder 회의(1949)에서 임상심리학자의 과학자-실무자 모형(scientist-practitioner model)이 수립되었다.
  * 과학자-실무자 모형(scientist-practitioner model): 임상심리학자들은 심리치료 및 평가와 같은 전문적인 심리학적 서비스뿐만 아니라 연구를 행하는 데 있어서도 유능해야 한다.
- Vail 회의(1973)에서 새로운 수련모델인 학자-실무자 모형(scholar-practitioner model)이 수립되었다.
  * 학자-실무자 모형(scholar-practitioner model): 임상 수련에 있어 연구를 최소화하고 전문적인 심리서비스를 제공해야 한다.
- George Engel(1977)은 신체적이고 정신적인 질병의 이해와 치료를 위한 생물심리사회적 모델(biopsychosocial model)을 제안하였다.
  * 생물심리사회적 모델(biopsychosocial model): 모든 신체적이고 심리적인 질병과 문제들은 생물·심리·사회적 요소를 가지고 있으며, 가장 효과적인 전략을 제공하기 위해서는 이들 요소들의 상호작용에 대한 이해를 지니고 있어야 한다.
- Salt Lake City 회의(1987)에서 대학원 수련은 생물학적, 사회적, 인지적 및 개인차와 같은 핵심교과를 포함시키도록 하였다.
- APA 임상심리학 분과는 경험적으로 지지된 치료에 대한 지침을 수립하였고(1995), 이후 증거-기반 치료(evidence-based therapies)가 강조되었다.
  * 증거-기반 치료(evidence-based therapies): 치료의 효능에 대한 실증적인 증거가 마련된 치료법을 선택

해야 한다.

> **학습 Plus** 🏥 **향정신성 약물치료의 개발 & 지역사회 정신건강 운동**
>
> - 1950년대에 향정신성 약물치료(psychotropic medication)가 정신병 치료에 효과가 있음이 발견되었다.
> - 약물치료에 대한 발견은 부작용과 치료의 제한점이 있음에도 불구하고 전문가와 일반인들 사이에 수요가 증가되었고, 치료의 효과는 궁극적으로 환자들이 정신병원에서 퇴원하게 되는 계기를 마련했다.
> - 향정신성 약물치료는 정신병원 치료에 국한된 제한적인 치료의 다른 대안이 되었고, 이 시기 지역사회에 기반을 둔 '지역사회 정신건강 운동'이 일어나면서 정신질환에 대한 지역사회 정신건강 서비스를 발전시켜 나갔다.
> - 지역사회 정신건강 운동과 지역사회 심리학의 임무는 초기 중재와 탐지 프로그램으로, 정신병 발병을 예방하는 것뿐만 아니라 외래 환자 기반에서 사회의 모든 부분에 정신건강 서비스를 받을 수 있도록 확대하는 것이었다.
> - 지역사회 정신건강 운동은 심리학자들이 심리검사, 자문, 치료, 위기 중재 및 정신병 예방에 초점을 둔 서비스를 포함한 광범위한 전문적 서비스를 제공할 기회를 가져왔다.

2 임상심리학의 자문과 역할

1) 자문의 정의

① 임상심리학에서 자문은 병원, 진료소, 학교, 사업체 및 정부 기관과 같은 다양한 공동체 장면에서 특정 질문들과 문제들에 대한 인간행동의 지식과 이론을 응용하는 것을 말한다.

② 자문은 자격 있는 심리 전문가들이 피자문가들(내담자)과 관련된 문제의 쟁점들을 해결하고, 문제에 대한 능동적인 주체가 되어 피자문가들이 미래에 유사한 쟁점들을 다룰 수 있도록 관련 능력들을 강화시키는 도움을 주는 접근을 말한다.

2) 자문의 유형

정신건강 자문에는 자문의 여러 유형이 임상심리학자들에 의해 수행되는데, 비공식적인 동료집단 자문, 내담자-중심 사례 자문, 프로그램-중심 행정 자문, 피자문가-중심 사례 자문, 피자문가-중심 행정자문이 포함된다.

① 비공식적인 동료집단 자문: 내담자에게 필요한 더 좋은 치료전략을 얻기 위해 동료에게 해당 사례에 관한 자문을 요청하는 것을 말한다. 심리학자는 더 좋은 치료전략에 대한 통찰을 얻기 위해 동료에게 해당 사례에 대한 논의를 요청할 수 있다.

② 내담자-중심 사례 자문: 특정한 환자의 치료나 보호에 책임이 있는 또 다른 심리학자 등의 동료 자문가에게 자문을 하거나, 보다 적절하게 환자의 특별한 요구를 충족시

키기 위해 책임 있는 동료에게 자문을 구하는 것을 말한다. 이 경우 피자문가와 자문가는 모두 환자의 치료에 어느 정도 책임이 있다.

③ 프로그램-중심 행정 자문: 개인적인 사례보다는 프로그램이나 제도에 초점을 둔다. 진료, 실무, 연구 프로그램 및 전체적 쟁점이 되는 문제에 관한 중요한 기능적 측면에 대한 자문을 제공한다.

④ 피자문가-중심 사례 자문: 개인 사례나 환자와 관련된 문제들보다는 피자문가의 경험 내용에 대해 전문 자문가로부터 도움을 받는 것을 말한다(예: 임상실무를 수련 중인 학생이 나이 든 환자를 치료 시 느끼는 불안에 대해 숙련된 지도감독자에게 자문을 구하는 것).

⑤ 피자문가-중심 행정자문: 기관 내의 행정적인 쟁점과 인사 쟁점에 관한 업무에 대해 전문 심리학자의 자문을 구하는 것을 말한다.

3) 자문의 역할

① 직접적인 역할 자문가: 전문적이고 기술적인 자문을 제공하며, 피자문가가 관심이 있는 쟁점에 대해 효과적으로 다룰 수 있도록 지원한다. 결과에 더 초점을 맞추고 있으며 과제 지향적이다.

② 간접적인 역할 자문가: 피자문가의 기술을 촉진시키기 위해 자문가 자신의 기술과 전문성을 사용하여 조력한다. 과정이나 성장에 초점을 맞추며 과정 지향적이고 촉진적이다.

4) 자문의 단계

심리치료 과정을 기술하기 위해 사용된 많은 단계가 자문에도 적용된다. 자문의 단계는 질문의 이해, 평가, 중재, 종결 및 추적 단계 순으로 진행된다.

① 질문의 이해
- 자문가가 의뢰한 질문의 성질과 자문의 목적을 이해하기 위해 상황을 판단해야 한다.
- 자문가는 자문을 의뢰한 조직, 기관이 실제로 자문을 받아들일 준비가 되어 있는지, 자문으로 인한 결과에 저항이 나타날 수 있는지 등에 대한 조직의 준비성과 개방성을 검토해야 한다.

② 평가
- 자문가는 중재와 조언을 제공하기 전에 상황을 전반적으로 평가해야 한다. 평가를 위해 면접, 심리검사, 기록 및 기타 자료들을 검토한다.
- 종합적 평가가 완성되면 문제들의 진단적인 인상과 중재 목적을 해결하기 위한 자문을 제공한다.

③ 중재
- 자문가는 피자문가의 질문 혹은 문제에 대해 실제적인 조언이나 제안을 제공한다. 중재는 개인 및 집단 중재가 포함될 수 있고, 중재가 제공된 후에는 이득이 되었는 지의 여부를 평가한다.
- 최종적으로 자문의 목표와 목적이 적절하게 이루어졌는지의 여부를 검토한다.

④ 종결
- 합의된 자문 목적이 충족된 후에 종결하거나 혹은 자문가가 그 목적이 이루어지기 어렵다고 판단될 때 종결단계가 일어난다.
- 종결단계는 신중하게 고려해야 하며, 종결 시에는 마감 면접(자문 과정 검토, 중재에 대한 피드백 공유, 잔여 쟁점 해결, 추적 계획, 모든 참가자에게 적절할 종결 기회 제공 등) 을 실시한다.

⑤ 추적
- 피자문가는 자문의 종결 뒤에 나타나는 새로운 위협 때문에 문제를 겪을 수 있다.
- 추적 자문은 주기적인 추적 회기나 지속적 프로그램이 요구되며, 면대면, 전화 혹은 메일 등으로 추적 관리를 할 수 있다.

3 임상심리학자의 역할

① 연구: 임상심리학자들은 정신장애 또는 정신건강과 관련된 다양한 심리적 측면을 연구한다. 이는 심리평가, 심리치료, 예방 활동과 같은 실무적 활동을 실시하는 학문적 근거가 된다.

② 심리평가: 심리평가는 임상심리학자의 중요한 기능으로서 개인의 다양한 심리적 속성(지능, 성격, 이상행동, 정신병리 등)을 심리학적 전문지식에 근거하여 면접, 행동관찰, 심리검사 등의 방법을 통해 평가하는 것을 말한다. 이를 통해 핵심적인 부적응 증상과 심각도, 증상을 유발한 심리사회적 원인을 통합적으로 분석한다.

③ 심리치료: 심리치료는 심리학적 방법을 통해서 개인의 부적응 증상을 제거하거나 경감하고 심리적 성장을 증진하는 전문적인 활동이다. 임상심리학자들은 심리평가에 근거하여 개인을 체계적으로 이해하고 다양한 심리치료를 통해 부적응 문제와 정신장애를 치료한다.

④ 교육과 예방: 임상심리학자는 학생이나 수련생을 대상으로 임상심리학 전반에 대한 이론적 지식과 실무적 활동을 가르치고 감독한다. 또한 일반인을 대상으로 정신장애 예방을 위한 교육을 제공하며, 지역사회, 기업체, 사회교육기관과 같은 다양한 장면에서

임상심리학의 지식과 경험을 전달하는 역할을 한다.
⑤ **자문 및 정책 제안**: 임상심리학자는 정부기관, 교육기관, 군대조직, 기업체, 산업체 등에 정신건강과 관련된 전문적 자문을 제공한다. 조직 구성원들의 심리적 문제 완화, 구성원의 동기 강화, 인간관계 개선을 위한 전문적인 자문을 제공한다. 또한 국민의 정신건강을 증진할 수 있는 다양한 정책을 제안하여 정신건강을 악화시킬 수 있는 사회적 현상을 감소시키는 데 노력한다.

4 임상심리학의 전문분야

1) 임상심리학(clinical psychology)의 정의

임상심리학은 인간 기능의 지적, 정서적, 생물학적, 심리적, 사회적 및 행동적 측면을 더 잘 이해하고, 예견하며, 경감시키기 위해 심리학의 원리를 적용하는 학문이다.

2) 임상심리학의 하위 전문영역

임상심리학의 가장 일반적인 하위 전문영역에는 아동 임상심리학, 임상건강심리학, 임상신경심리학, 법정심리학, 노인심리학, 행동의학이 있다.

① 아동 임상심리학(child clinical psychology)
- 아동 임상심리학자들은 아동들과 가족들을 대상으로 전문화된 평가와 치료, 자문을 제공한다. 아동평가(예: 행동장애, 학습 무능, 운동발달 지연), 아동치료(예: 가족치료, 정서·행동적 문제), 심리자문(교사, 학교 상담원, 부모 등)의 영역에서 전문적이고 심층적인 개입을 한다.
- 소아심리학자들은 병원 장면에서 주요한 의학적 문제(예: 암, 간질, 당뇨, 낭포성 섬유증, 신경학적 장애와 질병)를 가지고 있는 아동들과 가족들을 대상으로 효과적인 대처와 지역사회 자원을 활용할 수 있도록 돕는다.

② 임상건강심리학(health psychology)
- 건강심리학자들은 건강 증진 생활양식을 발달시키도록 도움을 주며, 건강증진 행동들(예: 운동, 금연, 스트레스 관리)을 최대화하고, 건강 유해 행동을 최소화시키기 위한 중재를 한다.
- 그 외 만성 통증, 공황장애, 편두통 및 현저한 생물심리사회적 특징이 있는 기타 신체적인 상태를 치료를 위해 일반 심리치료뿐만 아니라 바이오피드백(biofeedback), 이완훈련, 자기관리 전략과 같은 전문화된 기법들을 활용한다.

* 바이오피드백(biofeedback): 생물학적 반응들을 전자도구로 측정하는 것으로, 신체 내부에서 일어나는 생리 현상들을 컴퓨터를 통해 시각적으로나 청각적으로 알 수 있게 해 주고 스스로 훈련을 통해 생리현상

들을 조절할 수 있게 도와주는 치료법이다. 근육이완, 심장박동 조절, 혈압 통제, 심인성 신체질환, 두통, 불면증 치료에 사용된다.

③ 임상신경심리학(neuropsychology)
- 임상신경심리학은 뇌-행동 관계에 초점을 둔다. 신경심리학자들은 뇌와 행동 기능을 평가하고 치매, 두부손상, 종양, 뇌졸중, AIDS, 알츠하이머병, 간질 및 인지적·신경학적 기능장애를 가져오는 광범위한 문제 및 뇌손상 환자를 위한 전략을 제공한다.
- 뇌-행동 관계를 평가하기 위한 다양한 전문 검사를 사용하여 고등 인지 기능(즉, 계획, 판단, 문제해결)을 포함하는 인지능력, 감각 및 운동 기능, 기억 등의 기능 저하와 손상을 파악하여 효과적인 치료적 개입을 돕는다.

④ 법정심리학(forensic psychology)
- 법정심리학이란 법률적인 쟁점에 대한 심리학의 응용 학문으로 정의된다. 법정심리학자들은 인간행동의 원리들을 재판제도나 법률제도에 사용하는 데 전문화되어 있다.
- 법정심리학자들은 피고인에 대한 심리평가, 전문가 증언, 아동 양육 조정을 위한 평가, 비행 예측 평가, 법정 자문 등을 제공할 수 있다.

⑤ 노인심리학(geropsychology)
- 노인심리학에 전문화된 심리학자들은 노인들에게 다양한 심리학적 서비스를 제공하며 지역사회 노인전문시설, 양로원, 요양원, 노인 환자들을 위한 병동에 자문을 제공한다.
- 노인심리학자들은 심리검사나 신경심리검사를 제공하기도 하고, 단기 개인 심리치료 또는 가족 심리치료를 제공하며, 자립과 자기관리를 최대화하기 위한 전략을 제공한다.

⑥ 행동의학(behavioral medicine)
- 행동의학이란 건강이나 질병에 관련된 행동과학적·생물의학적 지식과 기술을 개발하고, 이러한 지식과 기법들을 예방, 진단, 치료 및 재활에 적용하는 학제 간 분야를 말한다.
- 행동의학은 건강을 증진시키고 질병을 치료하기 위해 의학과 연계하며, 심리학과 행동과학을 활용하는 데 목적을 둔다.

3) 지역사회 심리학

① 지역사회 심리학의 정의
- 지역사회 심리학은 문제의 발생, 완화에서 환경적 힘의 역할을 강조하는 정신건강 접근을 말한다.
- 지역사회 심리학은 지역사회에서 발생하는 여러 개인적·사회적 문제들의 원인을 환경과의 관련성을 살펴 해석하고, 그 예방과 치료 또한 지역사회에서 맡아야 한다는 관점을 지닌다.
- 정신건강예방사업을 위해 비전문 인력을 훈련시켜 활용할 수 있고, 학교 및 직장, 조직체 등을 대상으로 방문사업을 실시하는 것이 권장된다. 또한 위기개입의 경우에 준전문가 및 예방적 개입의 활용이 강조된다.

② 지역사회 심리학회의 관심 분야 및 활동영역

〈관심 분야〉
- 새로운 지역사회 정신건강 서비스의 개발 및 확대
- 정신건강 문제의 예방
- 사회적 지지, 사회적 변화, 생태학적 분석(ecological analyze)을 통한 개입
  * 생태학적 분석(ecological analyze): 한 개인이 처한 물리·사회적 환경의 관계를 규명하고 사람과 환경 간의 최적의 조화를 이루는 것을 목표로 한다.

〈활동영역〉
- 정신건강 증진 및 예방 사업
- 정신질환자의 사회복귀 프로그램
- 상담 및 단기치료, 위기개입
- 자문 및 평가
- 지역사회 개발
- 지역사회 평가

③ 지역사회 심리학에서 임상심리학자의 역할
- 평가자로서의 역할: 만성 정신질환자의 사회적 적응능력, 일상생활 관리능력, 문제해결능력 등을 평가하기 위한 도구 개발, 사회적 지지망 평가, 정신질환 전반에 대한 평가를 수행한다.
- 치료자로서의 역할: 재활 프로그램의 개발 및 실시, 만성 정신질환자의 치료적 개입 및 정신재활을 돕기 위한 가족교육, 지역사회 정신건강 증진 및 예방 프로그램을

실시한다.
- 연구자로서의 역할: 지역사회 정신질환 관련 연구, 프로그램 성과 평가, 지역사회 심리학 문헌 연구 및 실정에 맞는 모형 개발, 타 전문 분야와의 학제 간 연구를 실시한다.

> **학습 Plus** 정신장애 예방을 위한 지역사회의 심리학적 개입
>
> - 일차 예방(primary prevention): 정신장애가 발생하는 것을 막기 위한 노력을 의미한다. 이러한 예비활동이 지역사회의 모든 사람을 대상으로 이루어질 경우에는 전반적 예방(universal prevention)이라고 하고, 취약성을 지닌 일부 집단을 대상으로 할 경우에는 선별적 예방(selective prevention)이라고 한다.
> - 이차 예방(secondary prevention): 정신장애가 발생했을 때 그러한 장애를 초기에 발견하여 치료하려는 노력을 말한다. 정신장애가 이미 발생했지만 심각한 상태로 진전되기 전에 치료를 함으로써 그 영향을 최소화하려는 노력이다.
> - 삼차 예방(tertiary prevention): 정신장애가 이미 상당히 심각한 만성적 상태에 이른 경우 더 이상의 악화를 막고 합병증을 최소화하기 위한 노력들을 말한다. 삼차 예방의 주된 목적은 재활이라고 할 수 있다.

핵심 2 임상심리학의 연구방법

1 임상심리학의 연구과정

1) 가설 설정

① 가설을 설정함에 있어 연구자는 검증 가능한 가설을 세우는 것이 중요하다.
② 가설 설정 시 검증하려는 개념에 대해 구체적이면서도 다른 사람들로부터 동일하게 생각할 수 있도록 개념을 '조작적 정의(operational definition)'를 하는 것이 필요하다.
   * 조작적 정의(operational definition): 연구자는 검증하고자 하는 변인에 대해 구체적인 개념적 정의를 제시하고 특정 방식에 대해 정교하게 기술해야 한다.
③ 가설을 설정할 때 연구자는 영가설(혹은 귀무가설, Ho)과 대립가설(Ha)을 세운다(예: '인지행동치료와 지지치료는 효과가 동일할 것이다'라는 가설은 연구자의 영가설이 되고, 대립가설은 '인지행동치료와 지지치료는 효과가 동일하지 않을 것이다'가 되는 것이다).
④ 연구자는 연구결과를 통해 영가설이 지지되는지 또는 기각되는지를 검증할 수 있다.

2) 1종 오류와 2종 오류

① 가설 검증 과정 시 오류를 고려해야 하며, 가설의 검증력을 높이기 위해 확률적으로 오류를 최소화하는 노력이 필요하다.

② 가설 검증 시 나타나는 오류를 크게 두 가지로 나누면 제1종 오류와 제2종 오류로 구분할 수 있다.
- 제1종 오류(type 1 error): 영가설이 참인데 기각을 하게 될 오류를 의미한다. 연구자의 영가설이 참인데도 불구하고 가설 검증 과정에서 영가설을 기각하게 되는 오류를 제1종 오류라고 한다(예: '인지행동치료와 지지치료가 우울증상을 감소하는 데 동일하게 효과적이다'라는 것이 참인데도 불구하고 이 영가설을 기각하는 경우).
- 제2종 오류(type 2 error): 영가설이 실제는 거짓인데 기각하지 못하게 되는 오류를 의미한다(예: 실제 인지행동치료가 지지치료보다 더 효과적임에도 불구하고 영가설을 그대로 유지하는 경우).

2 임상심리학의 연구방법: 실험법

실험법은 인과관계에 대한 가설을 검증하기 위한 연구방법이다. 인과관계를 규명하기 위해 연구자는 일종의 처치(조작, manipulation)를 하고 그에 따른 결과를 평가한다. 실험법에서는 변인들의 역할을 이해하고 변인을 알맞게 설정하는 것이 필요하다.

1) 변인의 종류

① 독립변인(independent variable)은 연구자가 조작하고 처치하는 변인을 말한다.
② 종속변인(dependent variable)은 독립변인에 따라(혹은 처치에 따라) 값이 변화하는 변수이며 독립변인에 영향을 받는 결과 변수이다.
③ 혼입변인(confounding variable)은 독립변인 이외에 종속변인에 영향을 주는 변인으로, 실험 설계 시에 독립변수로 설정되지 않는 변인이다. 실험법을 통해 인과관계를 규명할 때 혼입변인을 사전에 고려하여 통제하는 것이 매우 중요하다.
④ 통제변인(control variable)은 실험에서 독립변인 이외에 종속변인에 영향을 미칠 수 있는 혼입변인을 미리 파악하여 통제하는데 이러한 변인을 말한다(예: 각 실험 조건에 할당된 피험자의 성별, 나이, 교육수준, 지능 등을 동일하게 맞출 때 이러한 변인들은 통제변인이 된다).

2) 내적 타당도(internal validity)와 외적 타당도(external validity)

① 내적 타당도(internal validity)
- 내적 타당도는 원인과 결과에 영향을 미칠 수 있는 혼입변인을 성공적으로 통제하였을 때 높게 나타난다.
- 내적 타당도를 확보하기 위해서는 초기 동질성(initial equivalence)과 과정 동질성

(ongoing equivalence)을 고려해야 한다.
- 초기 동질성(initial equivalence): 서로 다른 조건에 있는 참가자들의 상태가 동일할 때 확보된다.

<초기 동질성의 주요조건>
✓ 무선할당(random assignment): 무선할당을 통해 연구자의 편향이나 연구참여자의 선호 등을 사전에 예방할 수 있다. 참여자의 무선할당은 내적 타당도의 필수조건이다.
  * 무선할당(random assignment): 연구자가 난수 생성 등을 이용하여 연구참여자를 무선으로 특정 조건에 할당하는 절차로서, 연구자가 임의로 할당하지 않는 것을 의미한다.
✓ 탈락률(attrition rate): 탈락률은 초기 동질성에 영향을 미치는 중요한 요소가 된다. 각 조건에 무선할당된 이후에 연구참여자가 여러 가지 이유(예: 입원, 이사, 연구 참여 동기의 결여, 취업)로 연구에서 중도 탈락하는 비율을 의미한다.

- 과정 동질성(ongoing equivalence): 독립변인을 처치하거나 조작할 때 그 과정(예: 모든 참여자가 50분간 5회기의 치료를 받음)을 동일하게 함으로써 확보된다.

<과정 동질성의 주요조건>
✓ 표준화(standardization) 과정: 과정 동질성은 처리 과정이 표준화(standardization)될 때 달성될 수 있다. 이는 모든 참여자가 동일한 과정을 겪도록 하는 것을 말한다.
✓ 참여자 선별(participant selection): 모집단에서 알맞은 표본, 즉 참여자를 선별하는 과정은 외적 타당도와 관련된다. 모집단을 대표하는 알맞은 표본을 선별하였을 때 연구결과를 그 해당 모집단에 일반화할 수 있기 때문이다.

② 외적 타당도(external validity)
- 외적 타당도는 연구결과의 일반화에 관한 것이며 연구자가 얻은 결과를 누가, 어디에서, 무엇을, 언제 적용할지에 대한 것이다. 외적 타당도가 높을수록 연구결과를 일반화하는 것이 가능하다.
- 외적 타당도를 구성하는 요소는 모집단, 연구환경, 실험과제(혹은 자극), 사회적·시대적 변화이다.
  - 모집단: 모집단에서 적합한 표본을 선별하는 과정은 외적 타당도에 중요한 요소가 된다. 이를 위해 연구자는 사전에 목표하는 모집단(예: 대학생, 20대, 성인, 청소년, 급성기 우울장애가 있는 성인)을 정의하고 그 모집단을 대표하는 샘플에서 자

료를 수집할 수 있어야 한다. 적합한 샘플로부터 얻은 결과는 일반화를 가능하게 한다.
- 연구환경: 연구환경과 관련하여 특정 장소나 맥락에서 얻은 자료를 다른 장소나 맥락에 동일하게 적용 가능한지도 외적 타당도와 관련된다(예: 실험실에서 얻은 결과를 일반 고등학교 교실에서의 행동에도 적용할 수 있는가의 문제).
- 실험과제(혹은 자극): 특정 자극에 대한 반응을 다른 자극이나 과제에 적용할 수 있는가와 관련된 문제이다. 이는 외적 타당도와 관련된다.
- 사회적·시대적 변화: 특정 시기에 실시한 연구결과를 다른 시기의 대상자들에게도 동일하게 적용할 수 있는가에 대한 문제이다(예: 1990년도 중반 실시한 알코올 중독 대학생들의 치료동기 향상 기법을 2019년도에도 동일하게 적용할 수 있는가).

3) 실험법의 종류

(1) 단일사례 실험 설계
- 단일사례 연구는 한 명 혹은 소수의 연구참여자를 대상으로 연구자가 연구참여자와 1:1로 연구를 실시한다.
- 단일사례 연구는 연구자가 독립변인과 종속변인 간의 인과관계를 밝히는 데 사용되는 연구설계 중의 하나이다.
- 단일사례 연구는 집단을 나누어 실시하기 어려운 경우(예: 유병률이 낮은 질병에 관한 연구, 참가자 모집이 어려운 경우)에도 활용이 가능하며, 특정 개인에게(아직 효과가 검증되지 않은) 치료조건이나 통제조건(치료를 대기하고 있거나 치료를 제공하지 않는 조건)에 할당하면서 발생할 수 있는 윤리적인 문제를 예방할 수 있다.
- 단일사례 연구는 사례 수가 적은 단점이 있어 여러 번에 걸친 단일사례 연구결과가 축적되기 전에는 일반화에 어려움이 있는 제한점이 있다.

① ABAB 설계(ABAB design)
- 단일사례 연구 중 하나인 ABAB 설계는 두 가지 단계인 A와 B로 구성되어 있다. A는 개입 전 기저선(baseline, 치료를 받기 전의 상태) 단계이며, B는 개입단계가 된다.
- ABAB 설계는 AB 설계의 가설 검증상의 한계를 보완하기 위해 기저선 단계를 두 번 포함한다. 이를 통해 개입 이전의 행동패턴(첫 번째 A)을 알고, 개입 이후에 개입을 제공하지 않을 경우(두 번째 A)의 행동패턴을 알아야 개입 시에 정확히 어떤 행동 변화가 나타났는지를 알 수 있기 때문이다.
- ABAB 설계 시에 연구자가 고려해야 할 점은 두 번째 A, 즉 개입을 제공하지 않는 것에 대한 윤리적이고 정당한 이유가 있어야 한다는 점이다. 효과적으로 보이는

개입을 특정 시기에 제공하지 않는 것은 때론 윤리적인 문제를 야기할 수 있다.

> **학습 Plus · ABAB 설계의 예**
>
> - 목표행동 정하기: 8살 남자아이인 철수가 교실에서 집중하지 않거나 수업을 방해하는 행동을 하는 경우 이를 목표행동으로 정한다.
> - 행동수정 기법 교육: 연구자는 철수에게 행동수정 기법을 적용하기로 하고, 학교 선생님들에게 행동수정 기법(수업 방해 행동에는 주의를 기울이지 않고 수업에 집중하는 행동에 선택적으로 칭찬과 관심을 보이는 것 등)을 교육한다.
> - 기저선 자료 수집(A): 연구자는 평상시 철수가 수업시간에 보이는 방해 행동을 한 달간 관찰하고 기저선(A)에 해당하는 자료를 수집한다.
> - 행동수정 기법 적용(B): 한 달 후 학교 선생님은 다음 한 달에 걸쳐 철수에게 행동수정 기법을 적용하고(B), 연구자는 방해 행동의 횟수를 다시 측정한다.
> - 기저선 자료 수집(A): 다시 한 달간 행동수정 기법을 적용하지 않은 상태(A)에서 철수의 방해 행동을 관찰하여 횟수를 측정한다.
> - 행동수정 기법 적용(B): 행동 변화 여부에 따라 학교 선생님은 한 달간 철수에게 행동수정 기법을 다시 적용하고(B), 연구자는 방해 행동의 횟수를 측정한다.
> * 연구자는 ABAB 설계로 얻은 결과를 통해 행동수정 개입 이전에 철수가 어느 정도 수업시간에 방해 행동을 보였고, 행동수정으로 인해 그러한 방해 행동이 얼마나 변화되었는지를 관찰할 수 있다.

② 다중 기저선 설계(multiple baseline design)
- 다중 기저선 설계는 2개 이상의 목표행동 변화에 하나 혹은 여러 가지 개입법이나 치료를 적용하면서 특정 개입법이나 치료가 특정 목표행동만의 변화를 이끌고 다른 목표행동에는 영향을 미치지 않는지를 검증하는 방법이다.
- 다중 기저선 설계는 특정 개입법이나 치료와 목표행동 간의 인과관계를 밝힐 때 사용될 수 있다(예: A씨의 병동 일정 거부 행동과 언어적 폭력 행동의 수정을 위해 토큰 강화를 통한 행동 프로그램을 실시함).

(2) 집단 실험 설계

집단 실험 설계는 집단 간 설계, 집단 내 설계, 혼합 집단 설계를 포함한다. 집단 간 설계는 두 개 이상의 독립적인 집단이 있고, 연구참여자를 각 집단에 할당한다. 집단 내 설계는 같은 연구참여자에게 여러 번 반복 처치하여 자료를 얻는다.

① 집단 간 설계(between group design)
- 집단 간 설계 시 무선할당 방법을 활용하는데, 이때 각 집단에 할당된 연구참여자의 특성이 무선할당으로 인해 동질하다는 가정을 할 경우 처치 이후에 실시한 평가를 통해 처치의 효과를 검증한다(예: 특정 심리치료의 효과를 검증하기 위해 90명을

모집하여 실험조건과 통제조건에 각 30명씩 무선할당함).
- 집단 간 설계는 심리치료 외 다양한 실험 정신병리 연구에서 활용되고 있지만, 무선할당 이후에도 발생할 수 있는 초기 동질성이 확보되지 않는 경우(즉, 사전에 몇 가지 변인으로 인한 집단 간 차이 발생 가능성) 여러 혼입 변인(예: 교육수준, 나이, 성별)에 대해 집단 간 차이가 없다는 초기 동질성 검증을 실시한다.

② 집단 내 설계(within group design)
- 집단 내 설계는 동일한 사람들에게 동일한 처치를 여러 시기에 걸쳐 검증하면서 시간의 경과나 서로 다른 조건에 따라 목표행동에 어떠한 변화가 나타나는지를 반복하여 검증하는 방법이다(예: 학습 프로그램의 효과를 검증하기 위해 두 달 간격으로 3회 처치를 함/새로 개발된 운동 프로그램의 효과를 살펴보고자 동일한 참여자들에게 A, B, C 조건에 따른 효과를 검증함).
- 집단 내 설계의 경우 하나의 집단 내에서 연구를 설계함으로써 발생하는 순서효과(Order effect)가 나타날 수 있다는 단점이 있다.
    * 순서효과(Order effect): 집단 내 설계에서 집단에게 제시되는 실험 처치의 순서가 결과(종속변수)에 영향을 미치는 현상이다. 특정 실험 처치를 반복적으로 경험하면서 참여자들이 학습(learning), 피로(fatigue), 지루함(boredom)을 느끼는 것이 연구결과에 영향을 줄 수 있다. 순서효과는 '집단 내 설계'에서 실험 처치를 제시하는 순서를 피험자들에 따라 다르게 하여 통제할 수 있다. 이를 상쇄균형화(Counterbalancing)라고 한다.

③ 혼합 집단 설계(mixed group design)
- 혼합 집단 설계는 집단 간 설계와 집단 내 설계를 혼합한 형태이다. 모집단을 대표하는 샘플을 각각의 집단에 무선할당하고, 여러 시기(사전 검사, 사후 검사, 추후 검사 등)에 걸쳐 평가한다.
- 혼합 집단 설계 가운데 인과관계를 명확히 규명하기 위한 가장 엄격한 방법을 무선통제연구(Randomized Controlled Trial: RCT)라고 한다. 이는 사전에 동질성 확보를 통해 변인들의 영향력을 통계적으로 통제하는 데 효과적이다.

(3) 유사 실험 설계(quasi-experimental design)
- 유사 실험 설계는 연구자가 임의로 연구참여자를 여러 집단에 할당하거나 연구참여자가 자발적으로 특정 조건에 지원하여 연구참여자가 할당된 후, 연구자가 조작하는 독립변인(예: 치료의 종류)과 종속변인(예: 불안 점수)의 관계를 연구한다.
- 단, 유사 실험 설계는 내적 타당도 중 초기 동질성을 확보하는 것에 어려움이 있어 도출된 연구결과를 인과적으로 해석하지 않도록 주의해야 한다.
- 유사 실험 설계를 활용하는 경우는 다음과 같다.
    - 무선통제 연구를 실시하기 전 독립변인과 종속변인 간의 관계를 예비적으로 조사

하기 원할 때
- 무선통제 연구를 하기에는 연구 윤리에 심각한 문제가 있을 때(예: 특정 참가자에게 치료를 받지 못하게 하는 등의 통제 집단 문제)
- 임상 현장에서 무선할당이 어려운 경우

3 임상심리학의 연구방법: 비실험법

비실험법에 해당하는 연구방법은 관찰법, 상관법, 역학 연구, 자연적 그룹 설계 등을 포함한다. 이러한 방법들은 실험법을 통한 검증 외에 다양한 연구문제 검증에 효과적이다.

1) 관찰법(observational study)

관찰법에는 비체계적 관찰, 자연적 관찰, 통제된 관찰이 있다.

① 비체계적 관찰(unsystematic observation)
- 연구자가 가설을 세우는 단계에서 실시하는 가장 기본적이고 일상적인 관찰이다(예: 연구자가 자신이 일하는 병원에서 자연스럽게 환자들의 행동을 관찰하게 되는데, 이 과정에서 치료에 대한 가설이나 정신병리에 대한 가설을 세우게 됨).
- 비체계적 관찰은 연구자가 연구 가설을 세울 수 있는 매우 중요한 정보의 원천이 되며, 축적된 자료는 연구 가설로 연계되어 이론으로 발전하는 계기가 된다.

② 자연적 관찰(naturalistic observation)
- 자연적 관찰은 비체계적 관찰과 유사하게 실제 상황 속에서 이루어지나, 비체계적 관찰과는 다르게 사전에 신중하게 계획하고 시행된다.
- 자연적 관찰은 관찰 대상의 행동이 통제되지 않고 다른 변인도 통제하거나 조작하지 않은 상태로 목표행동을 체계적으로 관찰한다.

③ 통제된 관찰(controlled observation)
- 통제된 관찰은 연구자가 상황을 조작하거나 변인을 통제한 상태에서 관찰을 진행한다(예: 거미 공포증이 있는 환자에게 1미터 정도 떨어진 곳에 위치한 유리상자에 들어 있는 거미를 반복적으로 노출한 후 공포 반응의 경감을 관찰하고, 차츰 높은 수준의 노출-실제 손 위에 올려놓는 등-과 둔감화 과정을 시행함).
- 최근에는 가상현실 기계를 이용하여 내담자가 가상현실 속의 자극에 어떻게 반응하는지를 관찰하기도 한다.

2) 상관법(correlation study)

① 상관법은 연구자가 관심 있는 특정 변인들 간에 정적 혹은 부적 관계가 있는지를 검증하는 방법이다.

② 상관관계는 주로 피어슨(pearson)의 적률 상관계수(r) 등을 활용하는데, 모든 상관계수는 −1.00에서 +1.00 사이의 값으로 표현된다(예: 지능과 학업 성적 간에는 약 +0.5의 상관이 있다고 알려져 왔고, 이 경우 두 변인은 25%의 공유되는 특징이 있음을 알 수 있다).

③ 상관법은 관심 변인들 간의 관계를 파악하는 데 유용한 방법이지만 변인들 사이의 인과관계를 파악할 수는 없다. 이유는 상관법은 혼입변인들의 영향을 충분히 통제하지 못했기 때문이다.

④ 상관관계는 정적 상관과 부적 상관으로 구분하며, 정적 상관은 한 변인의 증가와 감소에 따른 다른 변인의 변화가 동일한 관계를 말하며, 부적 상관은 변인 간의 변화가 상반된 관계를 말한다(예: 정적 상관관계: 알코올 사용량의 증가−충동성의 증가/부적 상관관계: 알코올 사용량의 증가−기억력 감퇴).

3) 역학 연구(epidemiological study)

① 역학 연구는 질병의 원인을 파악하기 위한 기초자료를 얻기 위해 시행된다.

② 역학 연구를 통해 특정 질환이 새롭게 발생하는 발병률(incident rate), 특정 기간(예: 1년 혹은 평생) 내에 발병한 비율인 유병률(prevalence)을 연구한다. 또한 이러한 발병률이나 유병률이 지역이나 문화마다 다르게 나타나는지 등을 파악하기도 한다.

핵심 3 임상진단과 면접

1 임상적 진단

1) 정신장애의 정의

① 정신장애를 정의하는 기준은 학자들마다 다양하며, 단일하게 정의된 절대적인 기준은 없다.

② 일반적으로 받아들이는 정상행동과 이상행동의 판단기준은 적응적 기능의 저하 및 손상, 주관적 고통과 불편함, 문화적 규범으로부터의 일탈, 통계적 규준으로부터의 일탈이다.

③ DSM-5에서의 정신질환에 대한 정의를 보면 "정신질환은 임상적으로 중요한 증후군이다. 즉, 사회적·개인적·직업적 기능의 장애와 고통을 유발하는 증상의 집합체"로 규정하고 있다.

2) 정신장애 진단을 위한 조건
① 일반적으로 정신장애 진단을 내리기 위해서는 두 가지 조건이 충족되어야 한다.
② 첫째, 증상들이 특정한 패턴으로 집합적으로 나타나야 한다(증후군).
③ 둘째, 이러한 증상들로 인하여 임상적으로 유의한 정도의 고통과 사회적·직업적 기능 손상이 초래되어야 한다.

3) 정신장애의 범주적 분류와 차원적 분류
정신장애에 대한 '범주적 분류'는 이상행동이 정상행동과 질적으로 다른 명백한 특징이 있다고 보는 반면에, '차원적 분류'에서는 이상행동이 정상행동과 질적으로 다르지 않으며 부적응을 평가하는 몇 가지 연속적인 차원상에서 양적으로 다른 정도의 차이로 본다.

① 범주적 분류
- '범주적 분류'는 어떠한 질병을 구성하는 임상적인 증상이 있으며, 이러한 준거가 되는 진단기준에 따라 진단을 내린다.

   〈범주적 진단체계의 적용 조건〉
   - 한 진단 내에 포함되는 모든 사례가 동질적일 때
   - 각 진단들 사이에 명백한 경계가 있을 때
   - 다른 진단들이 서로 배타적일 때 임상적으로 유용하게 사용될 수 있다.

② 차원적 분류
- '차원적 분류'는 병적인 상태가 건강한 상태와 질적으로 다른 점은 없다고 본다. 양적인 차원에서 진단 분할점을 산출하여(예: 우울증 척도 점수 16점) 그 점수 이상인 경우 정신장애가 있다고 진단하는 것도 차원적 접근법에 해당된다.
- 차원적 분류는 통계적 기법을 사용하여 관련된 이상행동 유형을 파악하는 경험적 접근법이라고 할 수 있다. 요인분석 등 통계적인 방법을 사용하여 함께 발생하는 경향이 있는 행동들의 요인 또는 군집을 파악하여 '증후군'이라고 기술한다.
   * 내재화 증후군(internalizing syndrome): 우울, 불안, 위축, 수줍음, 신체증상 등으로 구성됨.
   * 외재화 증후군(externalizing syndrome): 공격행동, 충동성, 반항, 규칙 위반 등으로 구성됨.

4) 진단분류체계 개발의 역사

① 에밀 크레펠린(emil kraepelin)은 신경병리학(neuropathology)에 기초를 두고 정신장애 진단체계를 마련한 선구자이다. 정신장애 진단 및 통계 편람(Diagnostic and Statistical Manual of Mental Disorders: DSM)의 진단체계는 1883년 크레펠린에 의해 개발된 정신의학분류법에서 나온 것이다.

② 1952년에 출간된 DSM-1은 제2차 세계대전에 참전한 군인들의 정신 상태와 장애를 진단할 기준을 마련하기 위해서 세계보건기구의 국제질병분류(International Classification of Diseases: ICD)의 6판을 기초로 하여 미국정신의학회에서 개발하였다.

③ DSM-1(1952)은 DSM-II(1968), DSM-III(1980), DSM-IV(1994)를 통해 개정되어 출간되었고, 2013년도에 DSM-5가 출간되었다.

〈DSM-5의 특징적 변화〉

- DSM-5에서는 다축진단체계를 없애고, 축 II의 성격장애와 정신지체, 축 III의 신체질환이나 의학적 상태 등은 축 I의 진단과 함께 동등하게 나란히 기술하였다.
- 축 IV의 심리사회적·환경적 문제, 축 V의 전반적 기능 상태 평가는 일차 진단에 부가적으로 기술하도록 하였고, 이 경우에도 '전반적 기능평가 척도' 대신 WHO에서 개발한 '세계보건기구 장애평가목록(WHODAS) 2.0'을 사용하도록 하였다.
  * 세계보건기구 장애평가목록(WHODAS): 이해력 및 의사소통, 이동능력, 자조, 사교 활동, 일상적인 활동, 사회 참여의 6개 영역에서 개인의 활동 수행능력을 평가하기 위해 개발된 총 36문항으로 구성된 자기보고형 질문지이다.
- 특정 장애의 진단기준을 모두 충족시키지 못하고 몇 가지 기준만을 충족하는 경우에 사용하였던 '달리 분류되지 않는(Not Otherwise Specified: NOS)'이라는 진단을 '달리 명시된(Other Specified)' 혹은 '명시되지 않는(Unspecified)'으로 변경하였다.
- DSM-5에서는 진단명 자체에도 차원을 염두에 두고 스펙트럼(spectrum), 관련(related)으로 재정비하여 장애들을 서로 별개인 것으로 보는 시도에 변화를 주었다.
- 진단기준에 심각도를 명시하여 더 많은 정보를 함유할 수 있도록 하였다[예: 신경인지장애의 경우 주요(major)와 경도(mild)로 나눔].
- 일차 정신병리 진단기준에 맞지 않는 정신과적 증상을 명시자로 나란히 기재할 수 있도록 하였다(예: 만일 주요 우울장애에서 불안증이 동반된 경우 '주요 우울장애, 불안증 동반'으로 기재).

- 진단과 관련된 생애 전반의 발달적 주제들을 진단에 포함시켰으며, 아동에게만 적용할 수 있는 특정 진단기준을 세부적으로 제공하였다.
- 성격장애의 경우 '범주-차원 모델(categorical-demensional model)'을 적용하여 범주적 접근이 지니는 단점을 보완하였다. 10가지 성격장애 범주 중 4가지(편집성, 조현성, 연극성, 의존성)를 제외하고 반사회성·회피성·경계성·자기애성·강박성·조현형 성격장애의 진단기준을 재정비하였다.
  * 범주-차원 모델(categorical-demensional model)의 평가 차원: 진단기준 A는 성격 기능의 손상 수준을 평가하며, 진단기준 B는 병리적 성격특질을 평가한다.

2 임상면접

1) 임상면접의 정의

① 임상면접이란 임상가가 내담자의 직면한 임상문제에 대한 정보를 수집하고 평가 및 진단하는 과정을 의미한다.
② 임상면접은 궁극적으로 두 가지 기능을 지닌다. 첫째, 짧은 시간 안에 내담자의 정확한 정보를 가능한 한 많이 수집하여 임상적인 평가를 하는 것이다. 둘째, 정확한 평가와 진단을 통해 내담자에게 적합한 심리적 도움을 제공하는 것이다.
③ 임상면접을 위해 좋은 치료적 관계는 타당하고 신뢰할 수 있는 정보를 획득하고 효과적인 개입을 제공하는 데 필수적인 조건이라고 할 수 있다.

2) 임상면접의 고려사항

① 환경적 요소
- 면접 공간: 면접 공간은 다른 영역으로부터 독립되고 사생활이 보장되는 곳이어야 한다. 공간의 분위기는 안정감과 편안함을 느낄 수 있는 공간을 선택하는 것이 적절하다. 면접 공간이 임상가의 통제 하에 있어야 한다. 긴급 상황 시 임상가와 내담자의 신변 보호가 필요할 수 있어 도움을 요청할 수 있는 조건을 구비하는 것이 필요하다.
- 앉는 위치: 임상면접을 진행할 때, 임상가와 내담자가 앉는 위치도 고려해야 한다. 임상가와 내담자 모두의 시선이 가장 자유로울 수 있는 좌석 배치는 'ㄴ'자 형태로 앉거나 대각선으로 앉는 형태이다. 이는 내담자의 부담을 줄여 언어적 및 비언어적 메시지를 관찰하기에 용이하다.
- 메모와 녹음: 면접이 진행되는 동안 메모, 녹음과 같은 기록을 하는 것이 바람직한가에 대한 논쟁이 있으나, 필요시 기록을 하는 것은 도움이 된다. 면접내용을 녹음

하거나 녹화할 경우 필요성을 설명하고, 내용의 비밀보장을 안내하고, 정보공개가 필요한 상황에 놓이게 된다면 내담자의 동의를 구해 정보를 활용하도록 한다.

<면담 중 기록 시 유의사항>
- 메모가 내담자와의 라포를 형성하는 데 방해가 되는지를 살피고, 내담자에게 보다 집중하도록 한다.
- 내담자에게 메모하는 이유에 대해 설명을 제공한다.
- 메모내용을 숨기거나 감추는 행동을 보이지 않도록 한다.
- 일부 내담자들은 메모내용을 궁금해 하므로 내담자가 볼 수 있다는 가정 하에 평가적인 내용을 작성하는 것에 주의한다.
- 만일 내담자가 메모를 보고 싶어 한다면 읽어 보게 하고, 어떤 생각이 들었는지를 탐색한다.

② 임상가 요소
- 옷차림(외양): 임상가의 옷차림이나 외양이 내담자의 불안감에 영향을 미칠 수 있다. 면접을 준비할 때 다른 환경적 요소도 중요하지만 격식을 갖춘 옷차림과 외양을 갖추도록 하는 점은 중요하다.
- 비밀보장: 기본적으로 내담자가 보고한 모든 내용은 비밀보장을 원칙으로 한다는 사실을 숙지하고 안내하되 비밀보장의 한계에 대해서 반드시 설명해야 한다. 이를 위해 임상가는 윤리 원칙의 내용을 숙지하여야 하고, 제외 원칙에 위배되지 않는 한 내담자의 동의 없이 정보가 노출되지 않도록 해야 한다.
- 전문성: 임상가는 정신병리와 관련된 전문지식을 숙지하여야 하며, 숙련된 경험을 갖추어야 한다. 면접 전반의 과정에서 정확하고 분명한 의사전달과 표현을 할 수 있어야 하며, 이러한 요건은 내담자로 하여금 신뢰를 가지도록 한다.
- 신체 접촉: 임상가와 내담자의 관계에서 신체 접촉은 주의해야 한다. 임상가의 행동이 자칫 내담자에게 호감을 표시하는 것으로 오해석될 수 있으며, 특히 과거에 성적 학대 경험이 있는 내담자라면 임상가의 접촉이 외상 경험을 활성화할 수 있으므로 더욱 주의할 필요가 있다.
- 다문화 민감성: 임상가는 다문화적 민감성을 갖추고 있어야 한다. 다양한 문화의 가치, 행동 등에 대한 관심과 학습이 필요하며 편견을 가지고 있지 않은지에 대한 고려가 필요하다. 특히 문화적, 성적, 종교적으로 소수에 해당하는 사람들과의 면접 시 문화 특정적 전문지식을 갖추고 준비해야 한다.

3 내담자와의 관계 형성

1) 라포 형성의 필요성

① 라포란 치료자와 내담자 사이에서 느낄 수 있는 조화로움과 신뢰를 의미한다. 라포 수준이 높을 때는 치료자와 내담자 간의 단순한 상호작용을 넘어 안정감 있고 협력적인 관계가 형성된다.

② 면접의 초기 상황에서 라포 형성이 잘 이루어진다면 내담자는 임상가와의 관계에서 방어나 왜곡을 최소화하여 자신이 겪고 있는 감정이나 문제를 솔직하고 자유롭게 표현할 수 있다.

2) 라포 형성을 위한 기본 태도

임상가는 내담자를 한 인격체로서 존중해야 한다. 로저스(Rogers)는 상담가와 내담자 관계에서 갖추어야 할 기본 태도로 무조건적인 긍정적 존중(unconditional positive regard), 공감적 이해(empathetic understanding), 일치성(congruence)을 제시했다. 이 세 가지 기본 태도는 임상가에게 요구되는 주요기본 태도라고 볼 수 있다.

① 무조건적인 긍정적 존중(unconditional positive regard): 내담자가 경험한 내용에 대해 비판단적으로 수용하고 존중하는 태도를 말한다. 임상가가 이러한 태도를 지닌다면 내담자는 자신을 숨기기 위해 애쓰지 않고 안전하다고 느끼기 때문에 보다 깊은 탐색과 개방을 할 수 있다.

② 공감적 이해(empathetic understanding): 임상가가 자신의 틀이 아닌 내담자가 경험하고 인식하는 현실을 느끼고 반응하는 과정을 말한다. 내담자는 이러한 공감적 이해를 해 주는 임상가를 믿고 도움을 요청할 수 있게 된다.

③ 일치성(congruence): 임상가가 현재 경험하는 심리적인 관점들을 내담자에게 투명하게 드러내는 것을 말한다. 임상가의 진솔한 태도는 내담자의 자기방어를 내려놓게 하고 자신의 경험을 솔직하게 드러내는 데 도움이 된다.

3) 라포 형성을 위한 기술

① 관심 기울이기: 임상가가 내담자에게 관심을 기울이고 있는지의 여부는 임상가의 언어적·비언어적 태도에서 드러난다. 편안한 표정으로 내담자의 눈을 자연스럽게 응시하고, 안정감 있는 적절한 속도를 유지하면서 말하며, 내담자의 말에 고개를 끄덕이는 등의 주의 깊은 반응을 하는 것이 필요하다.

② 재진술하기: 재진술하기는 내담자가 진술한 내용을 임상가의 말로 바꾸어 되돌려 주는 기술이다. 내담자의 이야기 가운데 인지적인 부분을 정리하여 되돌려 준다는 측

면에서 '반영하기' '환언하기'라고도 부른다.

〈진술내용에 따른 재진술의 예시〉

상황	…한 상황/입장이군요. 예: "부모님 사이에서 이러지도 저러지도 못하는 입장이군요."
사건	…한 일/사건이 있었군요. 예: "사소한 말다툼이 결국 헤어지는 원인이 되었군요."
대상	…(사람/동물/사물)을 …하게 여기는군요. 예: "그 친구가 자기 실속만 챙기는 속물로 여겨지나 보군요."
생각	… 때문에 …하게 생각하는군요. 예: "매번 약속에 늦으니까 나를 무시한다는 생각이 들었군요."
바람/욕구	…하기를 원하는군요. 예: "부모님이 인정해 주기를 원하는군요."

③ 반영하기: 재진술이 내용에 대한 것이라면, 반영하기는 내담자가 경험하는 '감정'을 말로 돌려주는 기술이다. 내담자의 감정은 언어로 직접 표현되기도 하고, 비언어적 메시지로 나타나기도 한다. 임상가의 반영하기는 내담자가 감정을 더 잘 인식하고 표현하게 함으로써 정서를 조절하는 데에도 도움이 된다.

학습 Plus 반영하기의 예시

- 내담자: "이번에는 발표를 잘해 보려고 만반의 준비를 했는데, 전 역시 안 되나 봐요. 아무리 해도 그 친구를 따라가지 못하는 것 같아요."
- 임상가: "발표준비를 열심히 했는데, 만족할 만큼 발표를 못했다고 생각하네요. 특히 친구랑 비교가 되면서 더 속상한 것 같아요."
- 내담자: "네, 사실 그렇게 못한 건 아니었어요. 그런데 그 친구보다 더 노력했다고 생각했는데, 결과는 별반 차이가 없으니까 그게 너무 짜증이 나요."
- 임상가: "발표를 준비하는 과정에서 ○○ 씨가 더 많이 노력했는데도 결과에서 크게 차이가 나지 않으니까 그게 속상한 거네요."
- 내담자: "네, 맞아요!"

④ 명료화하기: 명료화하기는 내담자가 모호하고 불분명하게 표현할 때 그 내용을 명확하게 확인하기 위한 기술이다. 질문의 형태로 표현되지만, 단순한 질문이 아니라 내담자가 자신의 경험을 보다 더 구체적으로 설명할 수 있도록 돕는 역할을 한다.

〈명료화 반응이 필요할 때〉
- 내담자가 좀 더 구체적으로 말하도록 돕고자 할 때
- 내담자의 진술내용을 정확하게 들었는지 확인하고자 할 때
- 모호하거나 혼동되는 진술내용을 명확하게 하고자 할 때
- 상담자가 이해한 의미를 내담자에게 투사하는 것을 막고자 할 때

⑤ 요약하기: 요약하기는 내담자가 말한 언어적 표현의 요점만 간추려서 되돌려 주는 기술이다. 요약하기는 내담자가 이야기할 때 그 흐름을 파악하여 중요한 내용만을 간추려서 요약하여 말해 줄 수도 있고, 매 회기 상담을 마무리하는 과정에서 진행될 수도 있다.

〈요약하기의 예시〉
- "지금까지 ○○ 씨가 이야기한 내용을 잠시 정리해 보면…"
- "오늘 상담한 내용을 다시 정리해 보면…"

⑥ 공감하기: 공감은 라포 형성의 핵심 요소로, 상대방의 입장에서 그 감정을 느끼고 경험해 보는 복잡하고 정교한 과정이다. 중요한 점은 특정 기법이나 기술이 아니라 내담자의 경험에 함께 머무르는 방식이라는 점이다. 내담자의 감정과 맥락을 알아차리고, 공명하여 함께 있음을 전달하는 과정을 포함한다.

⑦ 질문하기: 임상가는 면접이 진행되는 과정에서 적절한 질문을 통해 내담자의 경험과 관점에 대한 이해를 얻을 수 있다. 질문은 의도와 목적을 가지고 해야 하며, 질문의 형태는 다음과 같다.
- 개방형 질문: 무엇(what), 어떻게(how)로 시작하는 질문으로, 내담자는 질문 받은 주제에 대해 자유롭게 대답할 수 있다. 따라서 내담자의 다양한 사고, 감정을 끌어낼 수 있다.

  "부모님이 다투고 있을 때 어떤 경험을 했는지 말해 주시겠어요?"
  "어떤 이유로 면접을 신청하게 되었는지 이야기해 주시겠어요?"

- 촉진형 질문: 내담자가 경험한 내용을 구체적으로 이야기할 수 있도록 촉진하는 역할을 한다.

  "그 당시의 경험에 대해 조금만 더 자세히 이야기해 주시겠어요?"

- 확인용 질문: 내담자의 말을 그대로 반복하거나, 바꾸어 말하거나, 요약하여 이야기

함으로써 내담자가 말한 내용을 잘 이해했는지 확인하고, 나아가 더 설명할 기회를 줄 수 있다.

> "그러니까 그때 당신은 … 라고 느꼈다는 말인가요?"

- 직면형 질문: 내담자의 언어적·비언어적인 행동이 불일치할 때 또는 내담자가 앞서 언급한 내용과 지금 보고하는 내용이 불일치할 때, 그 부분을 반문함으로써 내담자의 정확한 정보를 파악할 수 있다.

> "이전에는 … 라고 말씀하셨는데 지금은 … 라고 말씀하시네요."

- 직접 질문: 라포가 형성되고 나면 내담자를 이해하는 데 필요한 정보를 직접적으로 질문한다.

> "당신은 친구가 거절했을 때 뭐라고 반응했나요?"

핵심 4 주요 이론적 모형들

1 정신분석 관점

① Sigmund Freud는 인간의 행동이 정신내적인 추동, 갈등 및 충동에 의해 영향을 받으며 이는 무의식적이라는 입장을 취했다.
② 다양한 적응적 및 부적응적 자아 방어기제들은 정상행동과 이상행동에 기여하는 미해결된 갈등, 욕구, 소망 및 공상을 다루는 데 사용된다.
③ 초기 아동과 부모 사이의 관계는 성격형성의 기초를 이루며, 성인의 행동은 어린 시절의 경험을 통해 형성된 무의식적인 성격특성이 나타난 것으로 보았다.
④ 무의식적인 영향에 대한 통찰은 심리적 기능과 행동을 향상시키며 훈습 과정을 통해 발전된다.
⑤ 환자와 치료자 사이의 전이관계 분석(전이, 역전이)은 갈등을 해결하고 심리적 기능과 행동을 향상시킨다.
  * 전이(transference) : 내담자가 치료자를 자신의 부모나 유사한 인물로 투사하는 것을 말한다.
  * 역전이(counter-transference): 내담자의 전이 행동에 대한 반응으로 치료자가 내담자에게 보이는 투사를 말한다.
⑥ 갈등 상황에 있는 세 가지 정신구조에 기초를 둔 인간행동의 이해를 발전시켰으며, 이

를 원초아(id), 자아(ego), 초자아(superego)라고 기술하였다.
  * 원초아(id): 태어날 때부터 발달되며 쾌락원리로 작용한다. 원시적 소망, 욕구 및 욕망 모두를 나타낸다.
  * 자아(ego): 약 1세 때부터 발달되며 현실원리로 작용한다. 성격의 합리적이고 이성적인 측면을 나타낸다.
  * 초자아(superego): 약 5세 때에 발달되며 도덕원리로 작용한다. 사회·문화적인 규준과 관습의 내면화를 나타낸다.

⑦ 원초아, 자아, 초자아 사이의 피할 수 없는 갈등은 불안과 불편을 초래하여 자아로 하여금 방어기제(defence mechanism)를 일으킨다.

⑧ 심리성적 발달단계를 구강기, 항문기, 남근기, 잠재기, 성기기로 정의하였고, 어느 한 단계에서의 고착(fixation)은 잠재적인 갈등과 문제로 발달될 수 있다고 본다.

⑨ 정신분석은 통찰, 훈습, 자유연상, 꿈 분석, 전이 분석과 같은 기법을 통해 문제가 되는 느낌, 생각 및 행동을 이해하는 데 있다. 그 외 치료 시 나타나는 환자의 방어나 저항에 대한 이해 및 분석을 중요시한다.

2 행동주의 관점

① John Watson, Edward Thondike, Clark Hull, B. F. Skinner에 의한 행동주의 접근은 학습과 조건형성 이론들을 인간행동의 이해와 행동 및 심리적인 문제에 대한 치료에 적용하였다.

② Ivan Pavlov는 고전적 조건형성(classical conditioning)에 근거한 행동주의 원리를 제시했고, Thorndike와 Skinner는 유기체가 자신의 행동과 그 결과 사이의 관계를 학습하게 된다는 조작적 조건형성(operant conditioning)의 원리를 제시하였다.
  * 고전적 조건형성: 중성 자극이 자동적이고 본능적 반응을 유발하는 자극과 연합되는 연합학습의 한 형태를 말한다.
  * 조작적 조건형성: 바람직한 결과를 이끌어 내기 위해 어떤 자극에 대해 수동적으로만 반응하는 것이 아니라 환경을 조작하여 변화시키는 과정을 말한다.

③ 행동주의적 관점은 반복 가능하고, 관찰 가능하고, 객관적으로 검증 가능한 행동만을 연구대상으로 삼아야 한다는 입장을 취한다.

④ 고전적 조건형성 절차를 통해 습득된 조건반응(CR)은 자극 일반화(stimulus generalization), 자극변별(stimulus discrimination), 소거(extinction), 자발적 회복(spontaneous recovery) 등의 현상으로 나타난다.

⑤ 자극 일반화는 무조건 자극과 조건 자극 간의 연합이 유사한 다른 자극으로 확장된 것이다. 자극변별은 조건 반응이 조건화되었던 바로 그 자극에 대해서만 나타나는 것을 말한다. 그러나 조건 자극에 무조건 자극이 더 이상 짝지어지지 않으면 소거가 일어나기도 하며, 소거된 반응이 갑자기 다시 나타나는 자발적 회복을 보이기도 한다.

⑥ 고전적 조건형성에서 조건 자극이 조건 반응을 일으키기 위해서는 무조건 자극과 중성 자극을 여러 차례 반복하는 연합이 필요하다. 또한 무조건 자극과 조건 자극은 짝지어져야 하고 연합이 형성되는 순서는 시간적으로 근접하여 함께 제시되어야 한다.
⑦ 조작적 조건형성에서는 강화(정적 강화, 부적 강화)와 처벌(정적 처벌, 부적 처벌)의 학습원리를 적용하여 행동의 효과가 다시 나타날 가능성을 증가시킨다.
⑧ Wolpe는 특정 사건, 사람에 대한 극도의 불안과 공포를 느끼는 환자들을 치료하기 위해 체계적 둔감화 기법을 개발하였다. 이완 절차를 사용하며 불안위계목록을 작성한 후 상상 노출을 통한 상호 억제적 방법으로 불안을 감소시킨다.

3 생물학적 관점

① 생물학적 관점은 인간의 행동에 미치는 정신작용을 신경계의 구조와 기능 및 신경세포의 활동으로 설명하고자 한다.
② 생물학적 관점에서의 행동은 신체 내부, 특히 뇌와 신경계통에서 일어나는 전기적·화학적 작용을 중심으로 하는 신경생리학적 기제로 설명하였다.
③ 생물학적 관점에서의 정상행동과 이상행동은 개인의 생리적 조건에 따라 규정될 수 있으며, 이러한 생리적 조건들은 유전적으로 결정될 수 있다고 보았다.
④ 지각, 감정, 사고, 활동 등은 뇌의 작용에 의한 것이며, 신경계통과 내분비계통의 상호 관련성이 행동의 기초가 된다고 보았다.
⑤ 생물학적 접근은 신경계와 내분비계가 인간의 심리, 행동과 밀접하게 관련되어 있다는 사실을 실증적으로 검증하였다.
⑥ 프랑스의 생리학자 Paul Broca는 뇌의 특정 부위가 특정 행동을 담당한다는 것을 최초로 입증한 연구를 수행하였고, 좌측 전두엽이 언어 생성을 담당하는 영역임을 밝혀 브로카 실어증이라고 하였다.
⑦ 독일의 생리학자 Carl Wernicke는 좌측 측두엽이 언어 이해를 담당하며, 손상 시 의미 있는 문장을 말하거나 말의 의미를 이해하지 못한다는 것을 밝히고 이를 베르니케 실어증이라고 하였다.
⑧ 생물학적인 관점에서의 이상행동은 생화학적 물질의 결핍 등으로 인한 생리적 과정의 이상을 수정함으로써 가능하다고 보았으며, 약물을 이용하는 화학요법을 주로 사용하되, 외과적 뇌수술이나 전기충격요법 등도 활용하였다.
⑨ 전기 생리학적으로 뇌의 전기적 활동을 기록하는 방법으로는 뇌파 기록법(Electroencephalography: EEG)이 있으며, 뇌영상 기법으로는 방사능 물질을 이용한 양전자방출 단

촬영술(Positron Emission Tomography: PET)과 혈류 속의 산소 수준을 측정하는 자기공명영상(Magnetic Resonance Imaging: MRI)이 있다.

* 뇌파기록법(EEG): 두피에 부착한 전극을 통해 뇌의 전기적 활동을 기록하고 측정하는 기법을 말한다.
* 양전자방출 단층촬영술(PET): 활동적인 뇌영역의 혈류를 측정하는 뇌영상 기법을 말한다.
* 자기공명영상(MRI): 뇌와 다른 연조직의 구조에 대한 자세한 영상을 얻기 위해 자기장을 이용하는 뇌영상 기법을 말한다.

학습 Plus 신경계

신경계의 기본단위는 뉴런이며, 신경계는 중추신경계(뇌와 척수로 구성)와 말초신경계(체성신경계와 자율신경계로 구성)로 구성되어 있다.

〈신경전달물질〉
- 세로토닌(serotonin): 우울증에 걸린 사람들의 경우 세로토닌의 수준이 정상인보다 낮다.
- 도파민(dopamine): 낮은 도파민 수준은 어떤 동작을 시작하거나 자세를 유지하는 데 어려움을 겪는 파킨슨병(Parkinson's disease)과 관련되며, 높은 도파민 수준은 정신분열증과 관련된다.
- 노르에피네프린(norepinephrine): 교감신경계의 작용에 관여하며, 각성과 주의에 영향을 준다.
- 아세틸콜린(acetylcholine): 뇌에서 기억과 관련된 신경전달물질이며, 알츠하이머병과 관련된다.

4 현상학적 관점

① 현상학적 접근(phenomenological approach)은 무의식적 욕구나 환경의 영향보다는 개인의 주관적 경험이나 감정, 외부 환경에 대한 개인(Self)의 감정과 견해를 중요시한다.
② Carl Rogers, Frederic Perls, Victor Frankl과 같은 인본주의 심리학자들은 개인이 자신과 자기 주변의 환경을 어떻게 인식하고 경험하는지가 중요하다는 현상학적 관점을 취한다.

학습 Plus 게슈탈트 치료와 의미치료

- 게슈탈트 치료(Frederic Perls)
  - 개인은 욕구나 감정을 의미 있는 전체로 조직화하여 지각하려고 한다고 본다.
  - 무엇인가가 완결을 방해하려고 할 때 미결 상태/과제(unfinished situation/business)가 나타나며, 이때 전체성이 무너지고 균형이 깨져서 부적응이 발생하게 된다고 본다.
  - 미완성 상태를 완결시키도록 돕는 것이 곧 치료라고 보는 관점이 게슈탈트 치료이다.
- 의미치료(Victor Frankl)
  - 인간의 실존의 의미, 삶의 의미, 의미를 찾고자 하는 인간의 욕구를 다룬다.

- 심리적 건강을 위해 의지의 자유(freedom of will), 의미에의 의지(will to meaning), 삶의 의미(meaning of life)를 강조한다. 의미를 찾는 데 있어 개인적 책임을 중요시하고, 삶의 의미가 결여된 상태를 누제닉 신경증(noogenic neurosis)이라고 정의하였다. 이는 삶의 의미 상실로 인한 정신적 좌절 상태를 말한다.

③ Carl Rogers는 어린 시절에 사랑과 수용을 받았던 경험이 자기존중감에 영향을 미치며, 이 때 형성된 자기 개념은 개인의 성격뿐만 아니라 심리적 건강에도 영향을 준다고 보았다.

④ Rogers는 자신을 바라보고 평가하는 두 가지의 구분되는 방식을 실제적 자기(real self)와 이상적 자기(ideal self)로 정의하였고, 심리적 적응은 실제와 이상적 자기 간의 일치 혹은 불일치 상태로 인해 나타난다고 보았다.

⑤ Rogers는 치료자의 공감적 이해, 무조건적인 긍정적 존중, 일치성을 강조하며, 개인과 그 경험을 최대한 존중하는 내담자중심 치료를 발달시켰다.

⑥ Abraham Maslow는 성격이나 행동을 설명하기 이전에 그 동기가 되는 인간의 욕구(생리적 욕구, 안전의 욕구, 애정과 소속의 욕구, 자기존중의 욕구, 자기실현의 욕구)를 위계적으로 구성하였다. 욕구위계를 하위 욕구부터 상위 욕구까지 단계적으로 구분하였고, 배고픔, 목마름과 같은 기본적인 하위 욕구가 충족되어야만 상위 욕구로의 진전이 일어난다고 보았다.

⑦ Maslow는 욕구위계의 최상위 수준을 자기실현화 단계로 보았다. 이 단계의 사람들은 자신의 잠재력을 최대로 발휘하는 자기실현을 이룬 사람이며, 매우 소수의 사람들에 해당된다고 보았다.

⑧ 현상학적 접근은 개인의 자기실현화 가능성, 자기의지, 성장 잠재력을 중요시하고, 심리치료에서 이를 촉진하는 데 중점을 둔다.

5 통합적 관점

① 통합적 관점은 서로 다른 이론들을 결합시켜 보다 완벽한 이론모형을 제시하고 효과적인 심리상담 및 치료를 개발하고자 하는 데에서 시작되었다.

② 1950~1970년대 동안의 새로운 이론들과 접근들의 급격한 증가 후에 한 특정 이론이나 이론적 입장을 지향하기보다는 인간행동에 대한 각각의 접근을 통합적으로 적용하고자 하였으며, 각 이론의 강점을 취하고자 노력하였다.

③ 통합적 관점은 개별 환자의 요구를 맞추기 위해 다양한 치료 전략을 적용하는 보다 기

능적이고 실용적인 접근이다.

④ 다양한 이론적 지향으로부터 나온 기법들의 통합적 접근은 절충주의(eclecticism)에 초점을 두며, 환자의 독특한 욕구에 맞는 치료를 설계하기 위해 다양한 조망으로부터 나온 전략을 사용하였다.

* 절충주의(eclecticism): 다양한 이론으로부터 서로 모순되지 않는 것들을 찾아 조화로운 전체로 통합하는 것을 말한다(치료/상담 시 혼합주의가 되지 않게 주의해야 함).
* 혼합주의는 깊이와 체계 없이 서로 다른 이론적 개념들을 한데 합쳐 놓은 것을 말한다.

⑤ 절충주의 접근의 대표적인 예는 Lazarus의 중다양식 접근이다. BASIC ID(Behavior, Affect, Sensation, Imagenary, Congnition, Interpersonal Relationship, Drug)에 해당되는 7가지 요소를 치료에서 고루 사용할 때 효과적임을 강조하였다.

⑥ 통합적 접근은 다양한 체계로부터 개념과 방법을 선택함으로써 광범위한 인간의 경험에 대한 효과적인 적용을 가능하게 한다. 단, 충분한 이론의 이해를 바탕으로 통합에 접근해야만 성공적인 치료를 이끌 수 있다.

> **학습 Plus 중다양식 접근**
>
> Arnold Lazarus(2008)가 일곱 가지 요소로 제시한 다중 모델이 절충주의의 좋은 예이다.
> 〈BASIC ID〉
> - Behavior: 행동
> - Affect: 정동
> - Sensations: 감각(예: 보기, 듣기, 냄새 맡기, 맛보기, 만지기)
> - Imagenary: 심상
> - Cognition: 인지(예: 신념, 가치)
> - Interpersonal relationship: 대인관계
> - Drug: 약품(약물 사용, 건강, 다이어트 등을 포함하여 건강에 관한 관심)

핵심 5 | 현대의 심리평가

1 면접의 개념

① 면접은 문제의 가설을 세우고 그 해결책을 위해 중요한 자료를 수집하는 일련의 과정을 말한다.

② 면접의 필수적인 요소로는 라포 형성, 효과적인 경청 기술, 효과적인 의사소통, 행동관

찰 및 적절한 질문하기가 포함된다.
③ 라포 형성을 위해 임상가의 깊은 주의, 열린 자세, 적극적 경청, 판단 및 비판하지 않는 태도가 필요하며 지지적이고 전문적이며 존중되는 환경이 마련되어야 한다.
④ 면접에는 일반적으로 인구통계학적 정보, 현재와 과거의 의학적·정신과적 문제와 치료들에 대한 정보가 요구된다.
⑤ 면접 과정에서는 문제들의 발병 및 유지와 관련된 요인들에 대한 가설뿐만 아니라 주된 호소나 증상의 내용들이 논의된다.

2 면접의 유형

① 초기면접(접수면접)
- 초기면접의 목적은 가장 적절한 치료나 중재 계획을 세우기 위해 환자의 증상이나 문제를 더 잘 이해하는 데 있다.
- 초기면접 동안 치료절차, 제공되는 서비스에 대한 환자의 질문에 답하며 일련의 과정들에 대한 정보를 제공한다.

② 정신상태 면접
- 정신상태 면접은 환자의 심리적 기능 수준과 정신현상의 유무를 선별하기 위해 수행된다.
- 정신상태 검사(mental state examination)의 결과는 더 깊은 평가와 중재를 위한 어떤 방향을 제시할 뿐만 아니라 환자가 겪고 있는 정신과적 진단에 대한 예비 정보를 제공한다.
  * 정신상태 검사: 외모, 몸가짐, 언어 및 의사소통, 감정, 사고 과정, 통찰, 판단력, 주의집중, 기억 및 지남력 등을 평가한다.

③ 위기 면접
- 위기 면접은 환자가 중대하고 외상적이며, 생명을 위협하는 위기 상태에 놓여 있을 때 실시한다.
- 위기 면접 시에는 문제를 신속하게 파악하고 결정을 내려야 하며, 내담자의 욕구를 명료화하고, 조언과 지시를 적절히 사용하며 침착하고 단호한 태도를 유지해야 한다.

④ 진단 면접
- 진단 면접의 목적은 환자의 특정 진단에 대한 명확한 이해를 얻는 것이다.
- 정신과적 문제를 파악하기 위해 정신장애 진단 및 통계 편람(DSM-5) 등을 사용하며, 면접의 목표는 환자가 특정 장애의 진단준거에 부합되는지의 여부를 밝히는 데 있다.

⑤ 컴퓨터 보조 면접
- 컴퓨터 보조 면접은 상담자와 면대면으로 만나기 전에 환자가 자신의 관심사에 대한 다양한 질문에 대답할 수 있도록 구성되어 있다.
- 면접의 결과는 치료 과정에서 내담자를 도와주기 위해 사용되며, 민감하고 잠재적인 질문들에 대한 대답을 효과적으로 돕는다.

⑥ 구조화된 면접
- 구조화된 면접(structured interview)은 상세한 흐름도(flow chart)의 형식으로 질문하는 매우 구체적인 질문들을 포함한다. 면접 절차를 객관화하는 보편적인 방법이며, 누가 수행하든 정확하게 동일한 방식으로 진행된다.

⑦ 반구조화된 면접
- 반구조화된 면접(semi-Structured interview)은 면접자에 의한 질문에 있어 어느 정도의 융통성을 지닌다. 그 외 자유로운 형식으로 진행되는 비구조화된 면접(unstructured interview)이 있다.

학습 Plus 구조화된 면접과 비구조화된 면접의 장점과 단점

① 구조화된 면접
- 장점
  - 표준화된 방식의 자료 수집이 가능하기에 면담자 간 신뢰도를 높여 주며, 해석에 도움이 되는 규준 값을 제공할 수 있다.
  - 면담 절차와 질문이 구체적으로 만들어져 있어 정해진 시간 내에 최대한의 주요정보를 얻을 수 있다.
- 단점
  - 사전 준비된 질문의 범위를 벗어나는 정보를 얻을 수 없기에 면담의 상황이나 내담자의 문제와 상태에 따른 융통성을 발휘할 수 없다.
  - 면담 과정에서 내담자의 자발성이 억제되기 때문에 개개인에 초점을 맞춰 평가하는 데에는 한계가 있다.

② 비구조화된 면접
- 장점
  - 미리 정해진 일정한 구조와 틀이 없이 내담자의 반응을 검토하고 질문하기에 면담에 융통성이 있고 라포 형성에 유리하다.
  - 내담자의 진술에 따라 특정한 내용에 초점을 맞추어 중요한 정보를 집중적으로 탐색할 수 있다.
- 단점
  - 임상가의 기술과 창의성에 따라 자료 수집의 효율성과 수집된 자료의 가치에 차이가 있을 수 있다.
  - 임상가의 판단과 능력이 다양하기 때문에 면담을 통해 가치 있고 유용한 자료를 얻기 위해서는 임상가의 숙련된 전문성이 필요하다.

⑧ 종결 면접
- 종결 면접은 치료가 완결된 후에 치료의 효과를 평가하거나, 환자의 다음 심리치료 단계로의 이행을 돕기 위해 사용된다.
- 종결 면접은 환자가 치료를 어떻게 경험했는지, 환자가 유용하였거나 유용하지 않았다고 한 것은 무엇인지, 어떻게 미래의 문제들을 잘 다룰 수 있는지에 초점을 맞춘다.

> **학습 Plus 종결 면접 시 다루는 주제**
> - 초기 상담의 목표가 달성되었는지 충분히 검토한 후에 종결의 문제를 거론한다. 이때 종결 과정에 대해 내담자와 합의한 후에 진행하는 것이 중요하다.
> - 종결 면접에서는 종합적이고 구체적인 행동 경험들을 논의하고, 지금까지 이루어진 성과나 노력의 내용에 대해 충분히 토론하고 요약하는 것이 중요하다.
> - 추수 면접을 통해 내담자의 변화가 얼마나 잘 유지되고 있는지를 점검하고 경과를 파악하여 성공적인 적응을 돕도록 한다.

3 행동평가의 개념

행동평가는 특정한 상황에서의 행동적 경향성, 즉 행동과 상황의 상호작용을 알아보려는 것이다. 행동평가의 주요개념에는 '기능적 분석'과 '표적행동의 정의'가 포함된다.

① 기능적 분석
- 기능적 분석이란 행동의 결과뿐만 아니라 선행사상들, 즉 관심 행동을 이끈 선행조건에 대해 분석하는 것을 말한다.
- 행동평가의 '기능적 분석'은 A(Antecedents, 선행조건), B(Behavior, 목표행동), C(Consequences, 행동의 결과)를 기반으로 분석한다.

> **학습 Plus 기능적 분석**
> ① ABC 수반성 모델
> - 문제행동이 발생하는 현재의 환경을 조사하고 행동 전에 일어나는 변인과 행동 뒤에 따라오는 후속 결과를 평가하는 것은 ABC 수반성 모델에 기반하여 이루어진다.
> - ABC 수반성 모델: 특정 행동(Behavior)이 선행조건(Antecedents)과 이로 인해 나타나는 결과(Consequence)로 구성되는 모형을 말한다.
>   - A(Antecedents): 선행조건(문제행동이 일어나기 전 또는 문제행동과 동시에 발생하는 변인)
>   - B(Behavior): 행동(특정 문제행동 탐색)
>   - C(Consequence): 후속 결과(행동 뒤에 따라오는 후속 결과를 확인)

② SORC 모델
기능적 행동평가는 문제행동을 다루기 위한 다양한 방법으로 사용될 수 있다. 행동적 관점에서 임상적 문제를 개념화하는 데 유용한 SORC 모델은 문제행동에 대한 치료 및 중재 계획을 세우는 데 효과적인 개입으로 적용된다.
- S(Stimulus): 문제행동을 일으키는 자극이나 선행조건
- O(Organismic): 문제행동과 관련된 유기체적 변인들
- R(Response): 유기체의 반응이나 문제행동
- C(Consequences): 문제행동의 결과

② 표적행동
- 행동평가의 중요한 개념은 표적행동(target behavior)의 선정이다. 표적행동은 조사, 평가, 중재에 의해 변화되기를 기대하는 구체적인 관심 행동을 말한다.
- 행동평가에서는 관찰해야 할 분명한 표적행동을 규명해야 하며, 이를 위해 표적행동에 대한 조작적 정의(operational definition)가 필요하다.
    * 조작적 정의(operational definition): 신뢰롭고 타당화된 평가도구를 사용하여 기술된, 구체적으로 정의된 개념을 말한다.

4 행동평가의 방법

① 행동적 면담: 선행조건, 행동, 결과 간의 관계를 기술하고 이해하는 데 초점을 둔다. 구체적인 표적행동의 빈도, 강도, 지속 시간 등을 기술하며 당면한 문제의 인과적 요인을 확인한다.
② 행동적 관찰: 문제행동과 관련된 모든 행동이 표적행동이 되며, 모든 행동은 명확히 관찰할 수 있도록 객관적이고 분명하게 정의되어야 한다. 자연 상태에서의 관찰, 관찰자(부모, 교사)에 의한 관찰, 이야기 기록(관심 행동을 기록하고 추론, 가설을 세우는 데 도움), 평가 기록 등을 활용한다.
③ 기능 분석: 행동의 결과만을 보는 것이 아니라 행동을 이끄는 선행조건에 대해서도 분석이 이루어지는 것으로, 행동이 이루어지게 된 원인, 환경적인 자극, 행동을 유지시키거나 발달시키는 요인, 결과와의 관계를 분석한다.
④ 자기보고 평가: 행동평가를 위한 자기보고 검사나 측정치를 활용하는 방법으로, 때론 질문지나 평가지가 부모, 교사 등의 주변인들에 의해 평가될 수 있다. 보다 구체적인 문제의 특성을 밝히는 데 유용하다.

5 성격평가의 개념

1) 성격평가의 특징

① 성격평가는 성격의 구조와 내용을 관찰하고 기술하며, 개인이 생각하고, 느끼고, 행동하는 일련의 특징적인 방식을 살펴보고자 한다.
② 성격평가는 진단, 문제가 되는 양상과 증상, 정신내적 역동성, 대인관계 역동성 및 치료적 함의를 명료화하는 데 있다.
③ 성격검사는 성격뿐만이 아니라, 정서, 대인관계, 자아상 등 비인지적인 심리 기능 전반을 측정하는 검사이며, 객관적 검사와 투사적 검사로 나뉜다.

2) 성격평가의 방법

① 관찰법
- 관찰법은 일상생활이나 상담 상황을 관찰하여 개인의 성격을 파악하는 방법이다. 언어, 몸짓, 표정, 버릇 등의 관찰을 통해 성격에 대한 자료를 얻을 수 있다.
- 관찰법은 관찰 기준이 명료하지 않을 경우 평가자의 경험이나 고정관념, 후광효과에 의해 주관적인 판단을 하기가 쉽다는 단점을 지닌다.
- 관찰내용의 명료화를 위해 사전에 그 내용을 규정하고 기록방법을 표준화함으로써 조직적인 관찰에 필요한 자료를 얻는 것이 필요하다.

② 질문지법(객관적 검사)
- 질문지법은 개인이 질문지의 내용을 읽고 자신이 느끼는 감정이나 행동을 자기보고 형식으로 대답하는 검사로, 성격특성을 분류하고 연구하는 데 효율적이다.
- 질문지법에는 내담자의 성격특성과 심리적 문제를 진단하는 MMPI와 PAI 등이 대표적이다.
- MMPI(Minnesota Multiphasic Personality Inventory)는 개인의 태도, 정서, 신체증상 등을 알아보는 문항으로 구성되어 있으며, 검사 문항은 특정한 정신장애를 가진 집단의 사람들이 일반적인 사람과 어떻게 다른 방식으로 응답하는지를 경험적으로 연구하여 선정하였다.
- PAI(Personality Assessment Inventory)는 정상집단과 임상집단을 구분할 뿐만 아니라, 임상집단의 변별력이 높으며 임상적 구성개념의 현상과 증상을 직접적으로 반영하고 있다는 장점이 있다.

③ 투사적 검사
- 투사적 검사는 개인의 성격이나 내면을 파악하는 데 있어 애매하게 구성된 자극을

통해 내담자의 욕구, 충동, 감정, 사고, 관계 역동 등을 포함하는 의식하지 않는 성격요소를 분석한다.
- 로르샤흐(Rorschach) 잉크반점검사는 복잡한 잉크반점으로 만들어진 10개의 카드를 보여 주고 반점이 무엇을 나타내는지, 왜 그렇게 보이는지를 대답하게 한다. 사고 과정과 정서적인 반응, 갈등영역, 자아 강도와 방어 등을 평가한다.
- 주제통각검사(Thematic Apperception Test: TAT)는 인물들이 들어 있는 생활의 한 장면을 묘사한 20장의 카드로 되어 있으며, 전후 내용을 알 수 없는 그림을 보고 상상한 후 떠오르는 생각과 그 느낌으로 이야기를 만들어 보게 한다. 개인의 욕구, 동기, 대인관계 등을 이해하는 데 도움이 된다.

6 심리평가의 실제

1) 심리평가의 정의

① 심리평가는 개인의 심리적 특성을 이해하기 위해 심리검사, 면담, 행동관찰, 전문적 지식을 필요로 한다.
② 심리평가는 진단을 내리고, 치료를 계획하고, 행동을 예측하기 위해 정보를 수집하고 평가하는 과정이다.
③ 심리평가는 일회적인 시행을 통해 개인에 대한 다양한 정보를 객관적으로나 심층적으로 제공할 수 있다는 장점을 지니고 있다. 이에 심리평가의 실시, 채점, 해석 과정이 표준화된 절차를 거쳐 체계적으로 이루어져야 한다.

2) 심리평가의 목적

① 심리평가의 목적은 개인 내, 개인 간 비교를 통하여 개인의 행동이나 성격을 이해하고 이를 바탕으로 개인의 문제해결에 도움을 주고자 하는 것이다.
② 심리평가는 심리적 장애의 해결을 위한 치료개입과 전략을 계획하고 수행하는 기초 과정이다. 주요 목적은 임상적 진단, 자아기능평가, 치료전략평가에 중점을 둔다. 심리평가의 목적을 구체화하면 다음과 같다.

〈심리평가의 목적〉
- 임상적 진단을 명료화하고 세분화한다.
- 증상과 문제의 심각도를 구체화한다.
- 피검자의 자아 강도를 평가한다.
- 인지적 기능을 측정한다.

- 적절한 치료유형을 제시한다.
- 치료전략을 기술한다.
- 피검자를 치료적 관계로 유도한다.
- 치료적 반응을 검토하고 치료효과를 평가한다.

3) 심리평가의 해석

① 심리평가가 전문성을 지니려면 내담자의 다양한 측면을 객관적으로, 심층적으로, 종합적으로 분석하고 이를 제시할 수 있어야 하며, 심리검사는 신뢰도(reliability)와 타당도(validity)를 갖추고 있어야 한다.

* 신뢰도(reliability): 심리검사를 반복하여 실시하였을 때 일관된 결과를 제공할 수 있는가를 말한다.
* 타당도(validity): 심리검사가 측정하려는 바를 정확히 측정하여 목적에 맞는 기능을 하는가를 말한다.

② 심리평가의 계획 · 실시 · 해석 단계는 다음과 같다.
- 의뢰된 문제를 파악한다(주호소 문제 검토).
- 적절한 심리검사를 결정하고 평가절차를 수립한다.
- 심리검사를 실시, 채점, 결과를 해석한다.
- 실시한 심리검사 자료들을 통합한다.
- 심리평가 결과를 설명하고 치료적 제언을 한다.

③ 심리평가 실시 과정에서 고려해야 할 점은 다음과 같다.
- 라포 형성: 관심과 흥미, 동기 부여, 신뢰롭고 편안한 분위기가 필요하다.
- 수검자 변인: 심리검사에 대한 부정적 · 양가적 · 거부적 태도를 보일 수 있다. 검사 목적을 설명하고 심리평가의 이점에 대해 알린다.
- 검사자 변인: 따뜻하고 공감적이며 존중의 태도가 필요하다. 검사자의 행동이 수검 태도와 반응에 영향을 줄 수 있다.
- 검사 상황 변인: 소음과 자극으로부터 보호되어야 하며, 안정적인 자리 배치와 정서적 안정감이 필요하다.

4) 심리평가 보고서

① 심리평가 보고서의 구성

심리평가 보고서의 목적은 내담자의 문제를 해결하고 의사결정 과정을 돕기 위해 심리검사 결과를 통합, 해석하여 효과적인 치료적 지침을 마련하는 데 있다. 심리평가 보고서에 포함되어야 할 내용은 다음과 같다.
- 의뢰사유 및 배경정보: 수검자에 대한 배경정보, 문제의 특징 등을 간단히 기술하고 평가를 실시하게 된 이유를 언급한다. 배경정보에는 수검자의 발달력, 의학력, 교

육력, 가족구성, 직업력 등의 개인사가 포함된다.
- 실시검사 및 평가절차: 수검자에게 실시한 검사 항목을 기술하며, 검사 수행 순서가 중요한 경우라면 이에 대해 함께 기술한다.
- 행동관찰 및 수검태도: 검사 동안 수검자의 외관, 일반적인 행동관찰 또는 검사자-수검자 상호작용에서 나타난 행동을 기술한다. 행동관찰은 수검자의 문제에 대한 통찰을 제공하고 검사와 관련된 해석에 대한 자료가 된다.
- 검사결과 및 해석: 지적 능력, 사고능력, 정서 및 성격, 대처 양식 등의 특징을 구체적으로 기술하고 이에 대한 타당한 근거와 이유도 함께 언급해야 한다. 또한 수검자의 문제나 고통이 현재 일시적인 것인지, 장기간 지속되는 문제인지 예견하는 것도 필요하다.
- 진단적 인상 및 치료적 제언: 심리평가를 실시하게 된 의뢰 문제에 대한 진단적 제언과 치료적 개입에 대한 방법을 언급한다. 제언은 구체적으로 명확하게 제시하며, 수검자의 문제해결에 실질적 도움이 될 수 있어야 한다.

② 심리평가 보고서 작성 시 고려사항
- 내담자의 의뢰사유에 맞게 구체적으로 기술되어야 한다.
- 내담자의 이해를 증진하기 위해 읽기 쉬운 방식으로 기술되어야 한다.
- 검사의 목적, 내담자의 심리적 기능의 독특성을 고려하여야 한다.
- 임상가의 편견이 검사 자료에 영향을 주지 않도록 고려한다. 특히 제한된 이론 지향, 내담자에 대한 부적절한 병인론(etiology)을 강조하지 않아야 한다.
- 내담자에게 새로운 관점을 주고 문제를 해결할 수 있도록 제안 및 권고가 포함되어야 한다.

핵심 6 심리치료: 정신역동 심리치료

1 정신분석(Freud)

① 프로이트는 인간을 생물학적 존재로 보며, 인간이 경험하는 사건, 감정, 충동은 무의식적인 성적 본능과 공격적 본능에 의해 결정된다고 보았다.
② 개인이 경험하는 현재의 어려움과 성격특성의 원인은 생후 6년 동안의 경험, 아동기의 중요한 사건과 소망, 그리고 그것이 만들어 낸 환상에 있으며, 이는 무의식에 작용하여 개인에게 영향을 미친다.

③ 정신분석 치료에서는 미처 인식하지 못한 채 반복되었던 패턴을 인식하고 통제할 수 있도록 하며, 나아가 성격구조를 재구성할 수 있도록 촉진한다.
④ 무의식의 의식화를 위해 자유연상, 꿈의 분석 등의 방법을 사용하며, 내담자는 전이에 대한 해석을 통해 통찰을 경험하고, 반복적인 훈습으로 현실적 자아 기능 향상 및 성격구조의 변화를 이끈다.

1) 정신분석 치료의 주요기법

① **자유연상**: 자유연상은 무의식적 소망, 환상, 동기 등을 살피는 데 사용된다. 자유연상 중에 분석가는 내담자에게 일상생활의 상념과 선입견을 제거하고 떠오르는 것이면 무엇이든지 다 말하도록 지시한다. 이후 분석가는 내용들을 해석하여 내담자가 의식하지 못했던 잠재된 역동성을 통찰하도록 돕는다.
② **꿈의 분석**: 갈등을 일으키는 내담자의 소망은 꿈속에서 위장된 형태로 나타난다고 보았다. 분석가는 꿈에서 나타난 각 요소를 분리하고 연상을 통해 내담자의 무의식 속에 억압되어 있는 소망을 찾도록 돕는다.
③ **전이 분석**: 전이는 내담자가 과거에 경험했던 중요한 인물과의 관계를 분석가와의 관계에서 재현하는 것을 말한다. 분석가와의 관계를 통해 무의식적으로 억압되었던 감정, 신념, 욕망을 행동으로 표현하게 된다. 전이를 분석함으로써 내담자는 현재의 문제에 대한 무의식의 영향을 탐색하고 통찰할 수 있게 된다.
④ **저항 해석**: 저항은 치료의 진행을 방해하고, 변화를 가로막는 모든 생각, 태도, 감정, 행동을 말한다. 저항을 다스리기 위해서 그 이유를 먼저 분석한다. 특정한 주제에 대해 더 많은 저항을 보일 때는 그 주제가 내담자가 해결해야 할 핵심 문제일 수 있다.
⑤ **해석**: 해석은 내담자가 말한 것이나 행한 것의 무의식적 근원을 인식할 수 있도록 돕는 과정을 말한다. 단, 내담자가 수용할 준비가 되었을 때 수용할 수 있는 정도의 깊이까지만 해야 한다.
⑥ **통찰과 훈습**: 적절한 해석은 갈등의 본질에 대한 통찰을 경험하게 한다. 치료 과정 동안에 여러 번 자신의 문제에 대한 통찰이 반복되고, 정교화되어 확대되는 과정인 훈습(working through)이 이루어진다.

* 훈습(working through): 자신의 내면적 문제와 갈등의 원인을 통찰한 후, 실제 생활에서 이를 반복적으로 적용하여 스스로 문제를 해결하는 과정을 말한다.

2) 정신분석 치료에서 종결을 위한 이상적 목표

① 심각한 갈등의 해결과 자아 기능의 향상
② 병리적 방어기제의 사용 감소

③ 성격구조의 중요한 긍정적 변화
④ 증상의 상당한 호전 또는 증상을 극복할 수 있는 능력이 생겼다는 증거의 존재

2 개인심리학(Adler)

① 개인심리학에서는 인간을 총체적이고 창조적이며, 책임 있고 형성되어 가는 개인으로 본다.
② 개인은 타고난 열등감을 극복하고 우월함을 추구하려는 요구를 지니며, 사회적 관심의 결여와 용기를 잃고 낙담하게 될 때 심리적 문제를 가지게 된다고 본다.
③ 심리치료의 목표는 내담자의 생활양식(life style)을 파악하고 내담자의 신념과 행동을 변화시켜 바람직한 방향으로 생활양식을 바꾸고, 잘못된 사회적 가치를 변화시켜 사회적 관심을 발달시키는 데 있다.
   * 생활양식(life style): 내담자의 모든 행동, 가족구도, 초기 기억의 회상 등을 통해 형성된 자기개념 및 타인과 세상에 대한 관점 등을 말한다.
④ 개인 심리치료의 4단계 치료 과정
   - 관계 형성: 치료자는 내담자와 적절한 치료적 관계를 형성하여 친밀하고도 동등한 관계가 되도록 한다. 내담자를 수용하고 긍정적인 측면에 초점을 맞춰 지지하고 격려한다.
   - 이해: 내담자의 생활양식을 이해하고, 내담자의 생활양식이 생활과제와 관련해서 현재의 기능에 어떻게 영향을 미치는지 살펴본다.
     * 생활과제: 아들러는 세 가지 생활과제(일, 우정, 사랑)를 강조하였다. 과제들에서 실패를 하면 낙담하게 되고, 자기에 대한 신뢰감, 자기존중감을 잃게 된다고 보았다.
   - 해석: 내담자가 자신의 생활양식, 현재의 심리적인 문제, 잘못된 신념(기본적 오류)을 깨닫도록 해 주고 그것이 어떻게 해서 내담자에게 문제가 되는지를 해석해 준다.
   - 재교육: 해석을 통해 획득된 내담자의 통찰이 실행행동으로 전환되도록 한다. 이를 통해 궁극적으로 사회적 관심을 갖도록 돕는다.
⑤ 개인 심리치료의 주요기법
   - 생활양식 조사: 개인심리학에서의 분석은 생활양식과 생활과제 간의 상호작용을 조사하고, 개인의 역기능에 미치는 영향을 살펴보는 데 있다.
   - 가족구도 탐색: 내담자의 가족구성이나 가족체계를 탐색한다. 가족 분위기, 출생 순서, 부모-자녀 관계, 가족의 가치관, 가족의 문화 등에 대한 탐색이 포함된다.
   - 초기 회상: 어린 시절에 있었던 일에 대해 회상해 보고 해당 나이에 따라 그 내용을 기록한다. 이것은 내담자가 가진 기본적 오류를 파악하는 데 도움이 된다.

- 해석: 내담자가 자신의 기본적 오류(basic mistakes)를 깨닫도록 해 주고, 그것이 어떻게 해서 내담자에게 문제가 되는지를 해석해 준다.

> **학습 Plus 🧰 기본적 오류 5가지**
>
> ① 과잉일반화: "사람들은 적대적이다." "내 인생은 위험투성이이다."
> ② 잘못되었거나 불가능한 목표: "사랑을 받으려면 모든 사람을 즐겁게 해야 한다."
> ③ 삶과 삶의 요구에 대한 잘못된 지각: "인생은 고달프다."
> ④ 자신의 가치를 과소평가 또는 부정하기: "나는 바보야." "나와 함께 일을 하려는 사람이 있을까?"
> ⑤ 잘못된 가치관: "누가 상처를 받든지 상관없어. 나는 일등이 되어야 해."

- 재교육: 마지막 단계는 해석을 통해 획득된 내담자의 통찰이 실행행동으로 전환되게 하는 재교육 단계이다. 이 과정에서 내담자에게 사회적 접촉을 실시해 보도록 격려한다.

⑥ 주요 심리치료 기법
- 즉시성(immediacy): 내담자로 하여금 현재 이 순간에 무엇이 일어나고 있는지를 자각하도록 하는 기법이다. 치료자와의 상호작용에서 일어나는 일들이 내담자의 일상생활에서 일어날 수 있음을 인식하도록 한다.
- 단추 누르기(pushing the button): 내담자에게 스스로 감정을 통제할 수 있음을 인식하도록 하는 기법이다. 내담자로 하여금 유쾌 혹은 불쾌했던 상황을 떠올리도록 하고 이때 동반되는 감정들을 살펴보게 한 후, 어떤 감정을 선택할지는 자신이 결정할 수 있음을 깨닫게 한다.
- 악동 피하기(avoiding the tar baby): 내담자가 흔히 빠지는 함정과 난처한 상황을 피하도록 돕기 위한 기법이다. 치료자는 내담자의 지속적인 자기파괴적 행동을 변화시키기 위해서 예측하지 못했던 새로운 방식을 제안하여 문제를 극복하도록 돕는다.
- 마치 ~인 것처럼 행동하기(acting as if): 내담자가 스스로 할 수 없다고 생각하는 것을 실제로 성취할 수 있는 것처럼 행동해 보도록 권장하는 개입방법이다. 자존감과 자신감을 향상시키고 새로운 변화를 위한 용기를 북돋우며 행동의 목표를 재정립하는 데 도움이 된다.
- 자신을 포착하기(cathing one self): 내담자가 반복적으로 범하는 부적응적인 행동을 자각하게 함으로써 그러한 행동을 방지하도록 돕는 방법이다. 치료자는 내담자의 문제 행동의 예고 표시나 징후를 밝혀서 내담자가 이러한 징후가 나타나면 습관적 행동을 자제하라는 신호로 생각하고 새로운 적응적 행동을 하도록 격려한다.

- **직면(confrontation)**: 내담자로 하여금 자신의 잘못된 목표와 신념을 회피하지 않고 정면으로 자각하도록 돕는 것을 말한다. 직면은 4가지 유형으로 구분된다.
  - 주관적 견해에 대한 직면: 내담자 자신만이 받아들일 수 있는 자기중심적인 부적응적 행동을 만들어 내는 자기합리화나 사적인 논리에 직면시키는 것
  - 잘못된 신념과 태도에 대한 직면: 내담자의 사회적 적응을 방해하고 자기파괴적인 행동으로 인도하는 잘못된 신념과 태도를 자각시키고 그것의 부적절성을 직면시키는 것
  - 사적 목표에 대한 직면: 내담자가 추구하는 목표가 부적절한 무의식적 동기에 의한 것이거나 자기파괴적인 결과를 초래할 위험이 있을 경우에 이를 직면시키는 것
  - 파괴적인 행동에 대한 직면: 내담자가 치료 과정에서 수동-공격적인 방식으로 문제를 회피하거나 치료자에게 공격적인 행동을 나타낼 경우 이러한 행동이 자기파괴적인 결과를 초래하게 된다는 점을 직면시키는 것
- **과제 부여(task assignment)**: 치료자가 내담자의 동의하에 문제해결을 위한 구체적인 행동 과제를 정하고 내담자로 하여금 그러한 과제를 수행하게 하는 것을 말한다. 구체적인 과제 수행은 문제해결을 돕고, 과제 수행을 계획하고 실행하는 과정을 통해 내담자의 책임감과 과제 수행 역량을 증진시킨다.
- **격려하기(encouragement)**: 격려는 내담자로 하여금 자신이 존중받는 존재라는 인식을 증진하여 자신감과 심리적 강인성을 촉진하는 데 핵심적인 치료요인이다. 격려를 통해 내담자는 용기를 얻게 되며 고난과 역경을 견딜 능력과 의지를 발달시키는 데 도움이 된다.

3 분석심리학(Jung)

① 융은 문화나 민족에 따라 다소 다르지만 집단무의식을 통해 인간이 갖는 기본적인 정신이 전승되며, 자각, 정서, 행동에 대한 생득적인 정신적 소인을 원형(archtype)이라고 하였다.
  * 원형(archtype): 모든 인간에게 보편적으로 존재하는 인류의 가장 원초적인 행동 유형을 말한다.
② 분석심리학의 치료목표는 내담자로 하여금 무의식적으로 작동하는 정신원리를 의식화하고, 개성화 과정(자기실현)을 촉진하는 데 있다.
③ 성격을 네 가지 정신 기능, 즉 사고, 감정, 감각, 직관에 기반하여 기능적으로 분류한 유형론을 정의하였다.

> **학습 Plus** 분석심리치료의 기본과정
> - 고백: 내담자가 자신의 억제된 감정이나 비밀을 치료자와 공유한다. 분석가는 수용적 태도를 통해 이 과정을 촉진한다.
> - 명료화: 꿈, 환상, 전이, 억압된 소망 등의 무의식적 의미를 해석함으로써 무의식에 대한 이해가 확장된다. 해석을 통한 명료화는 내담자의 삶에 긍정적인 변화를 이끈다.
> - 교육: 무의식에 대한 통찰을 현실에 적용함으로써 행동의 변화를 촉진한다.
> - 변형: 무의식에 대한 분석뿐만 아니라 개인력 조사, 증상 분석, 단어연상검사 등의 심리검사를 사용한다.

④ 분석심리치료의 주요기법
- 꿈 분석: 융의 분석심리학에서 가장 중요한 방법으로, 환자의 무의식을 이해하는 데 사용된다. 꿈은 어떤 정신구조의 지나친 발달을 보상함으로써 상반되는 정신과의 균형을 유지하도록 돕는다.
- 전이와 역전이 분석
    - 전이는 '개인적 전이'와 '원형적 전이'로 나뉘는데, '개인적 전이'는 개인무의식의 내용이 투사된 것이며, '원형적 전이'는 집단무의식의 내용이 치료자에게 투사된 것이다. 이러한 전이를 분석하여 해결하는 것이 전이분석이다.
    - 치료자 역시 내담자에게 역전이를 나타낼 수 있다. 치료자는 치료적 상호작용에서 나타나는 자신의 투사와 내담자의 투사를 분별할 수 있어야 한다. 이를 위해 치료자는 강도 높은 분석을 통해서 자신의 콤플렉스와 심리적 요소를 깊이 있게 자각해야 한다.
- 적극적 심상화: 내면적인 심상이 활성화될 수 있도록 마음에 강하게 집중하여 내적인 심상이 활성화될 수 있도록 한다. 심상 활동의 활성화는 무의식을 탐색하고 이해하는 데 있다. 심상이 멈추면 그 이야기를 글, 그림, 춤 등으로 표현한다.

4 최신 정신역동치료의 동향

1) 자아심리학

① 안나 프로이트(Anna Freud)는 개인 성격의 기본양상이 방어에 기원을 두고 있다고 보고, 무의식적 방어 과정에 대한 분석에 초점을 두었다.
   * 안나 프로이트: 정신분석학의 창시자인 지그문트 프로이트(Sigmund Freud)의 딸로, 1936년에 『자아와 방어기제』라는 책을 출판하여 자아심리학의 기초를 마련하였다. 특히, 아동과 청소년의 방어기제 분석으로 아동 정신분석학의 기초를 수립하였다.

② 프로이트가 주로 원초아(id)와 초자아(superego)의 분석에 집중했다면, 자아(ego) 기

능에 대한 개념을 확대하여 자기를 관찰, 성찰하였으며, 현실성을 유지할 수 있게 해주는 기능으로 보고 자아 기능과 방어기제에 대한 분석을 강조하였다.

③ 이전까지 무의식에만 몰두했던 정신분석 이론의 관점에서 벗어나 자아의 복잡성과 방어기제에 집중하며 자아를 정신분석학적 탐구의 대상으로 확립하였다.

④ 정신분석의 이론에서 다양한 자아 방어기제들을 체계화하였고, 치료에서 환자와 분석가의 치료적 협력관계를 강조하였다.

2) 대인관계 심리학

① 설리번(Harry S. Sullivan)은 인간 존재가 대인관계의 장에서 분리될 수 없으며, 개인의 성격은 사람들 사이의 복잡한 상호작용을 통해 형성된다고 보았다.

② 성격발달의 가장 토대가 되는 시기는 유아에서 청소년 초기까지이고, 이때 발달된 성격이 광범위하고 보편적인 틀을 제공한다고 보았다.

③ 자기체계(self system)는 불안으로부터 자신을 보호하고 정서적 안정감을 얻기 위해 작동하는 안전 작동 기제이며, 유아의 초기 양육자와의 관계에서 경험하는 불안은 사회적 존재로서의 발달에 영향을 준다고 보았다.

  * 자기체계: 타자의 성격체계에 자신을 맞추는 과정이며, 자기체계와 자기와의 간격이 커지면 심리적 부적응을 겪게 된다.

④ 치료 시 환자의 발달초기 관계 유형이 현재에 미치는 영향을 파악하며, 환자가 타인과 맺는 통합적 관계 방식에 초점을 둔다. 또한 역전이를 중요시하고, 분석가의 참여관찰자적인 상호작용을 강조한다.

3) 대상관계 이론

① 멜라니 클라인(Melanie Klein)은 인간은 관계를 만들고 유지시키고자 하는 욕구에 의해 동기화되며, 대상과 형성하는 관계의 질에 따라 개인의 심리내적 특성이 크게 좌우된다고 보았다.

② 초기 양육자와의 대상관계, 즉 양육자의 대상 이미지, 어머니에게 돌봄을 받는 자기 이미지, 대상 이미지와 자기 이미지의 관계에 대한 내면화가 성격과 자아발달에 영향을 준다고 보았다.

③ 가장 심각한 공포와 불안은 개인의 내적 갈등으로 발생하는 것이 아니라 대상관계의 상실이나 왜곡이 있을 때 발생하며, 치료자와 새로운 긍정적 대상관계를 경험하게 될 때 내담자의 내적 대상 표상은 성숙하게 변화될 수 있다고 보았다.

④ 치료 과정에서 안아 주는 능력(holding), 공감적 이해, 반영, 견디어 주는 능력이 중요하다고 보았으며, 치료자가 충분히 좋은 어머니의 역할을 하는 것을 통해 치료가 이

루어진다고 보았다.

4) 자기심리학
① 코헛(Kohut)은 건강한 자기를 형성하기 위해서는 어린 시절의 특별한 자기대상(selfobject)의 경험이 중요하다고 보았다.
   * 자기대상: 아동은 자신이 하는 행위에 대해 부모로부터 인정과 지지를 받고 싶어 하며, 부모로부터 이러한 욕구가 잘 충족되면 핵심 자기에 영향을 주어 자기존중감의 원천이 된다.
② 부모와의 특별한 대상 경험은 현실의 문제를 직면하고, 건강한 자기애를 형성하며, 자기대상의 기능적 특성을 내면화하여 안정되고 융통성 있는 자기에 영향을 준다.
③ 치료 시 아동기에 좌절했던 발달과정을 재활성화하고, 분석가는 환자가 필요로 하는 자기대상이 되어 줌으로써 현실적이고 건강한 자기애가 발달될 수 있도록 돕는다.

핵심 7 심리치료: 행동 및 인지행동 치료

1 행동치료

1) 행동치료의 특징
① 행동치료는 행동장애를 치료하기 위해 학습이론을 체계적으로 적용하는 것을 말한다.
② 대부분의 비정상적인 행동은 학습을 통해 획득하고 유지되는 것으로 가정하고, 그 행동을 소거하거나 바람직한 행동을 새롭게 학습하도록 돕는다.
③ 내담자의 문제행동의 발생 원인을 파악하기 위해 과거를 탐색하기보다는 객관적인 행동관찰을 통해 문제행동을 지속하게 하는 요인을 파악하고 이를 변화시킨다.
④ 행동치료는 객관적으로 관찰할 수 있는 측정 가능한 행동을 치료목표로 설정하고, 구체적이고 체계적인 절차를 사용한다.
⑤ 행동치료는 효과성, 성과 및 진전 정도를 객관적으로 평가하며, 내담자가 변화시켜야 할 문제행동을 잘 수정할 수 있는 방법을 제공한다.
⑥ 행동치료는 고전적 조건형성, 조작적 조건형성, 사회학습 이론뿐 아니라 개인과 환경 간의 상호작용에만 초점을 두지 않고 인간의 인지적인 요인을 강조하고 변화를 돕는 인지행동치료로 발전하였다.

2) 행동치료의 종류

① 역조건화

고전적 조건형성과 관련된 기법으로, 기존의 부적응적 행동을 감소시키거나 제거하기 위해 사용한다. 이완훈련, 체계적 둔감화, 노출치료, 홍수법, 혐오치료의 기법이 있다.

- 이완훈련: 이완은 근육이완, 심상법, 호흡법을 통하여 이루어지며, 일반적으로 스트레스와 불안에 관련된 문제에 적용된다.
- 체계적 둔감화: 내담자에게 이완을 한 상태에서 점차 불안 강도가 높은 자극이나 상황을 상상하도록 하여 가장 심하게 불안을 유발하는 상황을 극복하게 한다. 특정한 상황에 의해 형성된 조건형성된 공포 및 불안 반응을 극복하는 데 이용된다.
- 노출치료: 두려움을 일으키는 자극을 지속적으로 제시하는 기법이다. 실제상황 노출법과 상상적 노출법이 있다.
- 홍수법: 가장 강한 불안자극에 노출하여 자신의 불안 수준이 감소될 때까지 그 장면에 머물러 있는 것을 말한다.
- 혐오치료: 내담자의 바람직하지 않은 행동에 대해 강력한 회피반응을 일으키도록 자극을 제시하는 것이다. 증상이 나타날 때마다 고통스러운 혐오자극을 가하여 문제행동을 처벌하면서, 동시에 대처할 수 있는 다른 행동을 강화해 줄 때 효과가 크다.

② 강화

조작적 조건형성과 관련된 기법으로, 부적 강화물을 제거하거나 정적 강화물의 제시를 통해 바람직한 행동을 학습하는 것이다.

③ 처벌

바람직하지 않은 행동을 소거할 목적으로 주로 사용된다. 단, 주의할 점은 행동이 일어난 즉시 일관성 있게 주어져야 하며 행동의 강도에 맞게 주어져야 효과적이다.

④ 토큰경제

바람직한 행동을 구체적으로 정한 다음, 그러한 행동이 나타날 때는 내담자가 원하는 보상과 교환할 수 있는 토큰을 주어 행동을 증가시킨다. 때론 지급했던 토큰을 돌려받음으로써 바람직하지 못한 행동을 소거하는 데 사용되기도 한다.

⑤ 모델링

타인의 행동을 관찰함으로써 학습하는 것을 말한다. 관찰학습의 원리를 이용한 모델링은 경제적이면서도 시행착오를 줄여 시간적으로도 효과적인 학습방법이다.

2 인지행동치료

1) 인지행동치료의 특징

① 인간의 행동이 인지, 즉 사고나 신념에 의해 매개된다는 가정을 지니며, 문제행동과 관련된 내담자의 인지체계를 변화시키기 위한 치료적 접근이다.
② 인지치료에서는 인간의 감정이나 행동이 어떤 사건이나 상황 자체가 아니라 그것에 대한 자신의 해석에 의해서 영향을 받는다고 본다.
③ 모든 심리적 문제는 왜곡되고 역기능적인 생각과 믿음이 주된 요인이라고 보고, 이러한 왜곡된 생각을 찾아내고, 현실적으로 평가해서 수정하도록 돕는다.
④ 치료 과정에서 치료자와 내담자는 상호 협력적이어야 하며, 내담자의 적극적인 참여가 중요하다.
⑤ 인지행동치료는 구조화되고, 단기적이며, 현재 지향적인 심리치료 방법이다.
⑥ 현재 일상생활에서 발생한 문제를 정의하고 해결하려는 데 초점을 두며, 사고와 감정 탐색, 활동 계획 수립, 과제 부여 등의 인지적·행동적 기법을 사용한다.
⑦ 현재 인지행동치료는 우울증뿐만 아니라 불안장애, 공포증, 강박증, 건강염려증, 섭식장애, 성격문제, 부부갈등 등 다양한 심리적 문제에 적용되고 있으며, 경험적으로 입증된 치료효과를 통해 지속적으로 치료기법이 발전되고 있다.

2) 합리적 정서행동치료(Rational Emotive Behavior Therapy: REBT)

① Albert Eills는 인간의 사고와 감정, 행동이 상호작용하며, 잘못된 사고를 바꾸는 것을 통해 변화가 일어날 수 있다고 가정하였다.
② 문제를 가진 대부분의 사람은 당위적 사고(should thought)를 포함한 비합리적인 신념을 가지고 있으며, 비합리적 신념체계를 검토하고 평가하는 과정을 통해 보다 효율적인 사고를 선택할 수 있도록 돕는다.

학습 Plus 비합리적 신념

심리적 문제의 원인이 되고, 문제 상태를 계속해서 유지시키는 생각을 말하며, 당위성(당위적 진술)이 포함된다.

〈당위성의 유형〉
- 자신에 대한 당위성: '나는 실수해서는 안 된다.' '나는 항상 올바르게 행동해야 한다.' '나는 성공해야 한다.' '나의 외모는 매력적이어야 한다.' '나는 절대 살쪄서는 안 된다.'
- 타인에 대한 당위성: '가족이니까 나에게 관심을 가져야 한다.' '사람들은 내 말을 잘 들어줘야 해.' '가족들은 나에게 화를 내면 절대 안 된다.' '자식이니까 내 말을 들어야 한다.' '사람들은 서로 돕고 이해해야 한다.'

- 세상에 대한 당위성: '우리가 사는 세상은 항상 공정하고 안전해야 한다.' '나의 가정(직장)은 문제가 없어야 한다.' '우리 집에 나쁜 일이 일어나서는 안 된다.'

③ 합리적 정서행동치료는 흔히 ABCDE 모형으로 언급되는데, 이는 다음과 같다.
- A(Activating Event, 선행사건): 일반적으로 어떤 감정의 동요나 행동에 영향을 끼치는 사건들을 의미한다.
- B(Belief System, 신념체계): 어떤 사건이나 행위 등과 같은 환경적 자극에 대해서 각 개인이 가지게 되는 태도, 또는 그의 신념체계나 사고방식이라고 볼 수 있다.
- C(Consequence, 행동적 결과): 선행사건을 경험한 뒤 개인의 신념체계를 통해 사건을 해석함으로써 생기는 정서적·행동적 결과를 의미한다.
- D(Dispute, 비합리적 신념에 대한 논박): 자신과 외부 현실에 대한 내담자의 왜곡된 사고와 신념을 논박하는 것을 말한다. 내담자의 신념체계가 합리적인지 검토하고, 비현실적이고 증명할 수 없는 신념에 도전할 수 있도록 돕는다.
- E(Effect, 효과): 논박이 잘 이루어지면 긍정적인 정서와 적응적인 행동을 보인다.

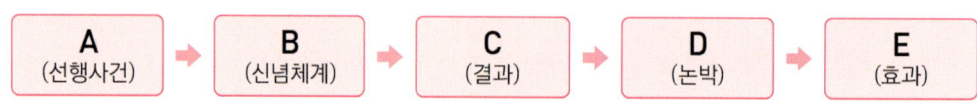

[그림 1] ABCDE 모형

3) 인지치료(Cognitive Therapy)

① Aron Beck은 어린 시절의 경험에서 비롯된 개인의 인지 도식(cognition schema)이 전체 삶에 영향을 미친다고 보았다.
  * 인지 도식(cognition schema): 세상을 살아가는 과정에서 형성되는 삶에 대한 이해의 틀을 말한다.
② 역기능적인 사고 패턴을 가지고 있을 때 개인은 심리적인 어려움을 경험할 수 있으며, 내담자의 인지체계를 다룸으로써 부적응적인 사고와 감정을 변화시킬 수 있도록 돕는다.
③ 인지치료는 역기능적인 신념을 변화시키고, 더욱 현실적인 적응적 사고를 증진시키기 위해 인지적 방법과 행동적 방법이 사용된다.
④ 인지치료는 치료 과정에서 내담자의 자동적 사고, 내재된 가정과 규칙을 포함한 중간신념 및 핵심신념을 다룬다.
- 자동적 사고: 환경적 사건으로 인하여 특정한 감정 및 행동 반응이 자동적으로 일어나는 것을 말한다. 부정적인 자동적 사고를 바로 의식할 수는 없으나 구조화된 질

문 과정을 통해 내담자가 쉽게 주의를 기울일 수 있게 된다.
- 중간신념: 개인의 태도, 규칙, 부적응적 가정들을 말하며, 행동의 방향과 기준을 제시하고 따라야 할 규칙을 만들게 된다. 내재된 가정과 규칙에 의해 행동하지 못하고 규칙이 깨지면 조금씩 문제가 나타나고, 이러한 문제로 인해 가장 밑바닥의 핵심신념이 드러난다.
- 핵심신념: 주로 어린 시절의 경험을 통해 형성되며 관련된 사건이 생길 때까지는 잘 드러나지 않는다. 핵심신념이 작동하게 되면 핵심신념을 확인해 주는 정보는 받아들이거나 그와 반대되는 정보는 거부하는 식으로 정보를 왜곡하여 처리하게 된다.

⑤ 인지치료의 치료 과정
- 내담자의 자동적 사고를 구체적으로 인식하고 이를 보다 합리적인 사고로 변화시킨다.
- 내담자가 주로 보이는 인지적 오류들을 확인하고, 가지고 있는 역기능적인 가정이 어떤 것인지 인식할 수 있도록 한다.
- 역기능적 인지도식의 내용을 현실성, 합리성, 유용성 측면에서 검토한다. 역기능적인 가정을 재구성함으로써 내담자가 가지고 있는 부적응적인 도식을 변화시킨다.
- 치료 과정에서 내담자가 긍정적인 경험을 할 수 있도록 행동적인 과제를 부과하는 방법을 병행한다.

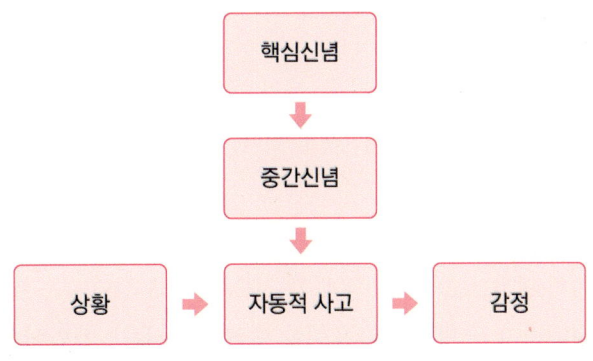

[그림 2] Beck의 인지치료 모형

⑥ 인지치료 기법
- 소크라테스식 대화
  - 내담자의 인지적 변화를 촉진하기 위해서 상담자가 주로 질문을 통해 대화하는 방식을 의미한다. 상담자가 내담자에게 해결책을 제시하거나 그들의 사고를 논

박하기보다는 일련의 신중한 질문을 통해 내담자가 스스로 자신의 해결책을 찾도록 돕는다.
- 소크라테스식 대화는 충고나 지시 대신 적절한 질문을 통해서 내담자가 스스로 자기이해와 통찰을 통해 유익한 결론에 도달하도록 돕는 상호작용 방식이다.

• 재정의
- 상담자는 내담자가 사용하는 단어와 그 의미를 내담자에게 자세히 질문함으로써 문제를 재정의하도록 돕는다(예: 우울한 내담자의 경우 '속상한, 실패한, 우울한, 죽고 싶은'과 같은 모호하고 부정적인 단어를 사용하기 쉬운데, 이런 경우 '나는 잘해 보고 싶다' '나에게는 다른 사람의 관심과 돌봄이 필요하다'라고 재정의한다).
- 문제를 재정의하는 것은 문제를 보다 구체적이고 개인적으로 만들고 내담자 자신의 관점에서 말할 수 있도록 도와 자신의 사고 과정에 대한 이해를 촉진한다.

• 재귀인
- 내담자가 어떤 사건에 대하여 책임이 없음에도 불구하고 상황이나 사건에 대한 책임을 스스로에게 부여함으로써 죄책감을 느끼고 우울해 할 경우에 사용된다.
- 내담자로 하여금 사건에 대한 책임과 원인을 객관화하여 귀인하도록 돕는 방법이다.

• 탈파국화하기
- 내담자가 걱정하고 염려하여 특정 사건을 파국화시키는 경우, 내담자가 두려워하는 일이 실제로 어느 정도 발생할 수 있는지를 현실적이고 합리적으로 생각해 보도록 하는 것이다.
- 내담자는 자신의 염려, 두려움, 불안 등이 지나치게 과장되어 있었다는 것을 깨닫고 파국화에서 벗어날 수 있게 된다.

• 절대성에 도전하기
- 내담자가 '모든' '항상' '결코' '아무도'와 같이 극단적인 용어를 통해 자신의 고통을 표현하고 호소할 경우, 절대적 진술에 대해 상담자는 질문을 통해 내담자가 보다 정확하고 구체적으로 표현할 수 있도록 돕는 방법이다.

• 사고중지
- 원치 않은 생각들이 떠올라 내담자를 지속적으로 괴롭힐 때, 원치 않는 생각이 떠오를 때마다 "멈춰!"라고 말함으로써 부적응적인 생각을 중지하는 방법이다.
- 나아가 그것을 보다 긍정적인 생각으로 대체하는 노력을 통해 왜곡된 생각이나 감정의 빈도와 강도가 점점 감소하게 된다.

- 행동 실험
  - 내담자가 지니는 생각의 타당성을 직접적으로 행동을 해 봄으로써 검증하는 방법이다. 자신의 행동에 대한 다른 사람의 생각이나 반응을 왜곡할 수 있으므로 내담자로 하여금 실제로 그러한 행동을 해 보고 어떤 결과가 나타나는지를 확인하는 일종의 실험을 해 보는 것이다.

4) 최근 인지행동치료의 동향

최근 인지행동치료에의 접근은 맥락과 상황을 강조하며, 정서나 인지의 직접적인 변화보다는 경험을 통한 변화를 추구한다. 이러한 인지행동치료의 최근 접근법은 다음과 같다.

① 마음챙김에 기반한 스트레스 감소(MBSR)
- 마음챙김에 기반한 스트레스 감소(Mindfulness Based Stress Reduction: MBSR)는 내담자가 과도하게 과거를 반추하거나 미래를 걱정하지 않고 현재의 삶을 충만하게 영위해 나가도록 하는 것을 목표로 한다.
- 치료자는 내담자로 하여금 내외부에서 발생하는 스트레스의 근원을 건설적인 방향으로 이끄는 방법을 가르치게 된다.
- MBSR 프로그램 안에는 내담자로 하여금 신체의 모든 감각을 관찰하도록 하는 몸 관찰 명상이 포함되어 있으며, 마음챙김의 태도를 삶의 모든 측면에서 적용하도록 돕는다.

② 마음챙김에 기반한 인지치료(Mindfulness Based Cognitive Therapy: MBCT)
- MBCT는 기존의 인지치료가 우울증의 재발 방지에 한계가 있음을 깨닫고 우울증의 재발을 방지하기 위한 목적으로 개발하였다.
- 인지치료는 우울증 환자들의 역기능적 태도와 사고를 합리적으로 바꾸는 것이 핵심이었으나, 마음챙김에 기반한 인지치료는 부정적인 자동적 사고에 주목하기보다는 사고에 대한 탈중심적인 접근을 강조한다.
- 인지적 탈중심화를 통한 상위인지적 자각(metacognitive awareness)은 부정적인 생각과 감정을 자신의 일부분으로 여기기보다는 마음에 떠오는 정신적 사건으로 경험하는 능력을 말하며, 매 회기 다양한 마음챙김 훈련을 통해 상위인지적 자각능력을 증진한다.
- MBCT는 8주에 걸쳐 실시되는 매우 구조화된 치료이며, 매 회기마다 우울증의 인지이론과 관련된 교육과 더불어 마음챙김 훈련이 병행된다. 이를 통해 삶의 균형을 유지하고 우울증상에 효과적으로 대처하도록 돕는다.

③ 변증법적 행동치료(Dialectical Behavior Therapy: DBT)
- 정서를 회피하거나 억압하는 것이 개인이 경험하는 문제의 원인이며, 정서적 고통의 수용을 통해 오히려 정서적 고통을 감소시킬 수 있다고 본다.
- 내담자들이 고통스런 감정이나 자신의 과거 및 현재의 상황을 있는 그대로 수용하고, 더 나은 삶을 위해 행동과 환경을 변화시켜 나가도록 돕는다.
- 경계선 성격장애의 치료를 위해 개발되었으나, 회피나 도피를 시도하는 강렬한 정서적 고통이나 충동을 경험하는 내담자에게 모두 효과적으로 적용되고 있다.
- 정서 조절의 중요성을 강조하며, 수용과 변화의 맥락 내에서 마음챙김, 정서 조절, 고통 감내, 대인관계의 효율성 기술 등을 사용한다.

④ 수용전념치료(ACT)
- 수용전념치료(Acceptance and Commitment Therapy: ACT)는 제3세대 인지행동치료로서 마음챙김을 주요한 치료적 요소로 포함시킨다.
- ACT는 내담자로 하여금 고통스러운 부정적 감정에 저항하지 말고 수용하면서 자신이 원하는 가치와 목표를 실현하는 데 전념하도록 돕는다.
- ACT에서는 인간의 정신병리가 '경험 회피'와 '인지적 융합'으로 인한 심리적 경직성 때문이라고 본다. 이러한 경험 회피와 인지적 융합은 자신이 원하는 가치에 따라 살지 못하게 할 뿐 아니라 경직된 삶의 방식으로 인해 다양한 정신장애를 경험하게 된다.
- ACT의 목표는 개인의 심리적 유연성을 증대시키는 것이다. 심리적 유연성이란 개인이 추구하는 가치에 기여하는 행동을 지속할 수 있는 능력을 말한다. ACT는 6가지의 핵심적인 치료적 요소들을 포함한다.

학습 Plus 수용전념치료(ACT)의 6가지 핵심 치료적 요소

① 수용(acceptance): 비판단적인 태도를 지니고 자신의 생각, 감정, 신체적 감각 등의 경험을 능동적으로 처리하는 것을 배운다.
② 인지적 탈융합(cognitive defusion): 언어로 인해 인지적 융합을 경험하게 되므로 생각, 심상, 감정, 기억을 언어적 개념으로 추상화하지 말고 있는 그대로 자각하도록 돕는다.
③ 맥락으로서의 자기(self as context): 개념화된 자기와의 과도한 융합이 심리적 경직성을 초래한다고 보고, 개념화된 자기로부터 벗어나 매 순간 경험에 대한 유연한 '자기'로서의 경험을 증진하도록 돕는다.
④ 현재에 존재하기(being present): 지금-여기의 경험을 알아차리며 현재에 존재하도록 하는 것이다. 내담자로 하여금 환경과 사적 경험의 존재를 관찰하고 알아차리도록 훈련시키며, 다양한 행동적·인지적 노출을 함께 사용한다.
⑤ 가치(value): 내담자는 자신의 삶을 통해 실현하고자 하는 가장 소중한 가치를 찾으며, 구체적인 목표와 행동들을 정해 실천하도록 한다.

⑥ 전념 행동(committed action): 자신의 소중한 가치와 목표를 실현하기 위한 구체적인 행동에 전념하는 계획을 정한 후 가치 있는 행동을 지속적으로 실행하도록 한다.

핵심 8 심리치료: 주요 현상학적 심리치료 및 기타 치료

1 현상학적 심리치료의 개념

내담자의 주관적이고 현상학적인 경험을 강조하며, 치료자를 개인적 성장의 촉진자로 보고, 치료기법보다는 내담자와 치료자 간의 관계에 의해 치료효과가 결정된다고 보았다. 현상학적 심리치료에는 내담자중심 치료, 게슈탈트 치료, 실존치료 등이 있다.

1) 내담자중심 치료(Rogers)

① 인간을 지속적으로 변화하고 성장하려는 동기를 가진 존재로 보고, 치료자의 직접적인 지시가 없어도 자신의 문제를 이해하고 해결할 수 있는 잠재능력이 있다고 가정한다.

② 치료의 목표는 개인의 자발성과 자기성장을 목표로 하며, 기법의 적용보다는 내담자의 살아가는 방식과 태도에 초점을 두고 내담자가 성장하도록 돕는 데 있다.

③ 인간은 성장하면서 자기개념을 형성하며, 자기개념과 경험 간의 불일치가 생기면 불안을 경험하게 된다. 이때 치료의 목표는 불일치를 제거하고 방어기제를 해체하여 충분히 기능하는 사람이 되도록 돕는 데 있다.

④ 치료 과정에서 내담자가 자유롭게 자신의 감정을 표현하도록 하고, 이를 적극적으로 경청하고, 비판 없이 반영하며 존중할 때 내담자는 스스로 문제를 극복하고 성장하게 된다고 본다. 치료자가 갖추어야 할 기본적 태도는 진솔성, 무조건적인 긍정적 존중, 공감적 이해가 있다.

- 진솔성: 진솔성은 치료 과정에서 매 순간 경험하는 감정을 있는 그대로 솔직히 인정하고 표현하는 태도로서, 치료자가 경험하는 감정을 부인하지 않고 감정을 기꺼이 표현하고 개방하는 것을 말한다.
- 무조건적인 긍정적 존중: 내담자를 존중하며 있는 그대로 수용하는 것을 말한다. 치료자가 비판단적으로 내담자를 존중할 때, 방어하지 않고 자신의 경험을 자유롭게 탐색할 수 있게 되며 안정감과 자기개념의 변화를 경험하게 된다.
- 공감적 이해: 치료 시 내담자의 경험과 감정을 민감하고 정확하게 이해하는 것을 말

한다. 내담자의 주관적인 경험을 이해하도록 노력하고 이면의 감정까지도 마치 자신의 감정인 것처럼 느끼는 과정을 통해 내담자가 의식하여 표면화하지 못한 감정을 다시 경험하고 느끼도록 돕는다.

2) 게슈탈트 치료(Perls)

① 인간은 환경 내에 기능하는 통일된 전체로서의 존재이며, 개인은 자유로운 상태에서 삶을 선택하고 책임을 질 수 있는 창조적 존재임을 강조한다.
② 개인은 자신의 욕구나 감정을 하나의 의미 있는 전체로 조직화하여 지각하며, 삶에서 매 순간 지각된 욕구와 감정을 해결해 나가는 데 실패 시 심리적·신체적 장애를 겪게 된다고 본다.
③ 치료 과정에서 내담자의 자각에 장애가 되는 습관적인 행동을 다양한 방법을 통해 자각하고, 환경과의 접촉을 통해 해소할 수 있도록 돕는다.
④ 치료의 궁극적인 목표는 내담자가 자신을 수용하고 존중하는 것을 배우는 데 있다. 치료 시 내담자 스스로 삶의 미해결 과제에 접촉하도록 하며 지금-여기(here and now)에서의 알아차림(awareness)을 통해 문제를 해결할 수 있도록 한다.

> **학습 Plus** 알아차림-접촉 주기(awareness-contact cycle)의 단계
>
> 게슈탈트 치료에서 건강한 유기체는 '알아차림-접촉 주기(awareness-contact cycle)'를 반복하면서 성장하게 된다. 이 주기는 배경 → 감각 → 알아차림 → 에너지 동원 → 행동 → 접촉 → 배경 순으로 진행된다. 이 주기가 단절되어 미해결 과제로 남게 되면 심리적 장애가 발생한다.
> - 1단계: 배경 또는 배경으로 물러남(withdrawal). 이전의 게슈탈트가 해소되어 배경으로 물러난 상태를 말한다. 마음이 평온하고 고요한 상태라고 할 수 있다.
> - 2단계: 유기체의 욕구나 감정이 신체감각의 형태로 나타남(sensation). 어떤 외부 자극이나 내면적 불균형 상태가 초래되어 유기체적 욕구나 감정이 신체감각을 통해 나타난 상태를 말한다.
> - 3단계: 이를 개체가 자각하여 게슈탈트로 형성하여 전경으로 떠올림(awareness). 개인이 이러한 신체감각을 알아차림을 통해 인식하게 됨으로써 게슈탈트를 전경으로 떠올리는 단계이다.
> - 4단계: 이를 해소하기 위해 에너지(흥분)를 동원함(energy). 형성된 게슈탈트를 해소하기 위해 에너지를 동원하는 단계이다.
> - 5단계: 행동으로 옮김(action). 게슈탈트 욕구 해소를 위해 행동으로 실천하는 단계이다.
> - 6단계: 환경과의 접촉을 통해 게슈탈트를 해소함(contact). 행동으로 환경과의 접촉을 통해 게슈탈트가 해소되면 그 게슈탈트는 배경으로 물러나 사라지고 개인은 휴식을 취하게 된다.
> * 건강한 개체에 있어서는 자연스러운 전경과 배경의 교체가 알아차림과 접촉의 주기를 통해 일어난다. 이를 '게슈탈트의 형성과 해소'라고 한다(예: 공부를 하다가 갈증을 느낀 학생의 경우, 갈증이 전경으로 떠오르고 음료수를 찾아 마신다. 그러면 갈증이 해소되어 배경으로 사라지고 다시 공부를 전경으로 떠올려 거기에 집중하게 된다).

⑤ 게슈탈트 치료의 주요기법과 절차
- 욕구와 감정 자각: 지금-여기에서 체험되는 욕구와 감정을 알아차리게 하는 방법이다(예: "지금 어떤 기분이 드시죠?" "지금 당신이 원하는 것이 무엇입니까?").
- 환경자각: 내담자 주위의 환경과 사물에 대해 자각하도록 해 줌으로써 환경과의 접촉을 촉진한다.
- 언어자각: 내담자가 사용하는 언어에서 행동의 책임소재가 불분명한 경우, 상담자는 내담자로 하여금 자신의 감정과 동기에 대해 책임을 지는 형식의 문장으로 바꾸어 말하도록 시킴으로써 내담자의 책임의식을 높일 수 있다.
- 신체자각: 자신의 신체감각에 대해 자각함으로써 자신의 감정이나 욕구 혹은 무의식적 생각을 알아차리게 할 수 있다.
- 꿈 작업: 꿈은 내담자의 소외된 자기 부분들이 투사되어 상징적으로 나타난 것으로 본다. 내담자로 하여금 투사된 것들을 동일시함으로써 이제까지 억압하고 회피해 왔던 자신의 욕구와 충동, 감정들을 다시 접촉하고 통합하도록 해 주는 방법이다.
- 머물러 있기: 미해결 과제를 회피하지 않고 그 감정을 그대로 받아들이고 수용함으로써 해소하도록 돕는다.
- 과장하기: 행동이나 언어를 과장되게 표현함으로써 내담자가 감정을 자각할 수 있게 도와주는 방법이다.
- 반대로 하기: 내담자가 이제까지 회피하고 있는 행동과 감정들, 반대되는 행동들을 해 보게 함으로써 억압하고 통제해 온 자신의 다른 측면을 접촉하고 통합할 수 있게 도와준다.
- 빈 의자 기법: 현재 치료 장면에 와 있지 않은 사람과 관련된 문제를 다룰 때 쓰는 기법이다. 내담자는 맞은편 빈 의자에 상대방이 앉아 있다고 상상하고 그와 대화를 나눔으로써 자신의 억압된 부분과의 접촉을 통해 내면세계를 더욱 깊이 탐색할 수 있다.

3) 실존치료(Frankl)
① 치료의 기본적 과제는 내담자가 의미 있는 실존을 만들기 위한 자신의 선택들을 탐색하도록 돕는 데 있다.
② 치료목표는 개인이 자신의 행동에 책임을 져야 한다는 것을 수용하고 행동하도록 돕는다. 즉, 이전에 '우연히 일어났던 것'으로 지각하던 것을 자신이 스스로 '행한 것'으로 지각하게 한다. 치료자는 내담자가 새로운 이해와 선택을 하도록 돕기 위해 내담자의 주관적인 세계를 이해하고자 한다.

③ 치료 과정을 통해 내담자는 궁극적인 삶의 관심사에 직면하는 경험을 하게 되며, 치료자는 내담자를 솔직하고 통합적이며 용기 있는 존재로 지각하여야 하며, 이러한 치료적 관계는 치료상황에서 긍정적인 변화를 이끄는 데 중요하다.
④ 정신적 질병은 개인이 삶에서 의미를 발견하지 못하기 때문에 생겨난다고 보고, 삶의 실존적 조건을 수용하고 인생의 의미와 가치를 찾도록 돕는다.

〈실존치료의 네 가지 실존적 조건〉
- 죽음: 실존치료에서는 죽음을 부정적인 것으로 보지 않으며 삶의 의미를 부여하는 인간의 기본조건으로 여긴다. 죽음을 인식함으로써 삶의 더 큰 의미와 기쁨을 발견하고, 보다 본질적인 삶의 유형으로 전환하도록 한다.
- 자유와 책임: 자신의 삶을 이끌어야 할 책임을 스스로 받아들이고 자신의 의지로 선택한 것에 대해 책임 있는 삶을 살 수 있도록 한다. 인간에게는 선택의 자유가 있어서 자신의 운명을 스스로 결정할 수 있으며, 자신의 삶에 대한 책임을 회피하지 않고 능동적으로 매 순간의 삶을 살도록 한다.
- 고독: 인간은 타자와 분리된 개체로서 근본적으로 고독한 존재이며, 인간의 근원적인 고독으로서 대인관계 고립을 넘어서는 것이 중요하다고 본다. 실존적 소외에 직면하지 못하고 두려움에 압도되면 타인과의 관계에서 지배적이거나 소유적인 관계에 놓이게 되며, 인간 존재의 고독을 직면하는 사람은 비소유적 사랑으로 타인과 관계 맺을 수 있다.
- 무의미: 의미는 세계에 존재하는 것이 아니라 인간이 부여하고 발견하며 창조하는 것에 있다고 본다. 무의미한 세계에서 의미를 발견하는 것은 인간의 중요한 과제이며, 내담자가 삶의 의미를 발견하도록 돕는다.

4) 기타 심리치료

(1) 현실치료(Glasser)
① 과거와 미래보다는 현재의 행동을 중요시하고, 무의식 세계보다는 의식세계와 현실지각을 중시하며, 활동과 사고를 선택하는 책임이 개인에게 있다는 것을 강조한다.
② 현실치료에서는 내담자를 진단적인 정신질환으로 나누지 않으며, 스스로 변화가능한 성장의 존재로 본다. 자신의 행동을 주도적으로 선택해서 책임을 지도록 돕고, 과거가 아닌 현재 행동에 초점을 둔다.
③ 치료 과정에서 내담자들이 자신의 삶에서 가치 있다고 생각하는 행동을 선택하고, 자신의 기본적 욕구들을 책임감 있고 건설적인 방법으로 성취하도록 돕는다.

④ 상담 과정의 치료모델로 WDEF를 정의하였고, 각 단계별 변화 과정을 제시하였다.

<현실치료에서 행동 변화를 이끄는 WDEP 과정>

- 1단계: W(Want)-소망과 욕구 탐색하기
  - 내담자가 가지고자 바라는 것이 무엇인지와 가지지 않았으면 하는 것은 무엇인지, 그리고 바라지 않는 것인데 가지게 된 것이 무엇인지 등에 초점을 맞추어 내담자 자신의 바람을 인식하도록 돕는다.
  - 자신이 진정 원하는 바를 생각하고, 가장 원하는 것부터 상대적으로 덜 원하는 것까지 순서를 정해 본다. 또 각각의 소망과 바람이 얼마나 실현가능한지도 생각해 본다.
- 2단계: D(Direction & Doing)-현재 무엇을 하고 있는지 살펴보기
  - 내담자의 행위, 사고, 감정, 생리 기능과 같은 전행동을 탐색하는 데 중점을 둔다. 전행동의 목표와 영향에 대해 논의하며, 자신의 전행동의 특별한 면을 표현하도록 도우면서 치료의 완성도를 높인다.
  - 현재 자신의 행동을 관찰하고 무엇을 하고 있는지 탐색한다. 자기통제가 가능한 영역과 그렇지 않은 영역에 대해 확인해 볼 수 있는 기회를 제공하고 내담자 자신의 모습을 객관적인 각도에서 바라보게 하며, 내담자가 현재의 행동에 초점을 맞출 수 있도록 도와준다.
- 3단계: E(Evaluation)-현재의 행동 평가하기
  - 현실치료에서 가장 핵심이 되는 부분으로 내담자의 행동 변화를 위해 그들 스스로 자기평가를 하게 하는 단계이다. 두 번째 단계에서 관찰한 행동들이 자신에게 어떤 도움 혹은 해가 되는지를 평가한다.
  - 현재의 행동이 자신이 진정으로 원하는 것을 얻는 데 도움이 되는지 평가를 한다.
- 4단계: P(Plan)-계획하기
  - 내담자가 장기적 계획과 목표를 세울 수 있도록 격려한다. 그러한 장기 계획들은 다시 단기의 현실적 계획들로 세분화할 수 있다.
  - 계획은 구체적이어야 하며 현실적으로 실행 가능하여야 하며, 계획에 대한 약속을 하는 것이 필요하다. 계획은 자기평가가 더 발전된 것이며 바람과 전행동에 대한 변화의 욕구가 반영된 것이어야 한다.

(2) 교류 분석

① 교류 분석(transactional analysis)은 Berne에 의해 창시된 이론으로, 의사거래 분석으

로도 불린다. 각 개인의 자아 상태를 토대로 상대방과 어떻게 의사소통하는지를 분석하는 이론이다.

② 인간은 성장에 대한 욕구와 잠재력이 있으며, 자신의 사고와 감정, 행동을 책임질 수 있는 능력이 있다고 가정한다. 인간은 어린 시절의 경험과 환경에 의해 형성되지만, 현재 자신의 행동과 생활양식을 보다 적절한 것으로 다시 선택, 결정할 수 있는 자율적인 존재로 본다.

③ 자아의 구성요소: 인간의 성격은 3가지의 자아 상태(ego state)로 구성되어 있다. 세 자아 상태마다 고유한 사고, 감정, 행동적 특성이 존재한다.

- 부모 자아(P: Parent ego state): 주로 중요한 인물의 영향을 받아 형성된다. 부모나 형제, 혹은 중요한 인물들의 행동이나 태도를 모방하고 학습하여 내면화된다. '비판적 부모 자아'와 '양육적 부모 자아'로 구분된다.
  - 비판적 부모 자아(CP: Critical Parent): 너무 엄격하고, 비판적이며 편견이 강하다. 독선적이다. 긍정적인 측면으로는 도덕적, 윤리적이며 이상을 추구하고 자율성이 있다.
  - 양육적 부모 자아(NP: Nurturing Parent): 지나친 간섭과 과보호를 하며, 타협적이다. 쓸데없이 참견을 많이 한다. 긍정적인 측면으로는 상냥하고 보호해 주고 도움을 주려고 애쓴다. 공감적이고 지지적이며 따뜻하다.
- 성인 자아(A: Adult ego state): 객관적으로 현실 세계를 파악하며, 합리적인 사고와 행동을 취한다. 다른 자아 상태(부모 자아, 아동 자아)에서 정보를 수집하고 합리적으로 판단한다.
- 아동 자아(C: Child ego state): 어린 시절의 감정적 반응체계의 흔적들로 충동적이다. 출생 후 5세경까지 외부 사건들에 대한 감정적 반응체계가 내면화된다. '자유로운 아동 자아'와 '순응적 아동 자아'로 구분된다.
  - 자유로운 아동 자아(FC: Free Child): 제멋대로이며 충동적, 본능적으로 행동하며 자기중심적이다. 긍정적인 측면으로는 명랑하고 활발하며 열정과 창조성, 호기심이 풍부하다.
  - 순응적 아동 자아(AC: Adapted Child): 규칙과 상식에 얽매이며, 남의 평가에 신경을 많이 쓴다. 다소 위축되고 자신감이 부족하다. 긍정적인 측면으로는 남의 기대에 부응하려고 노력하며, 규율과 상식을 이해하여 남과 협력을 잘한다.

④ 스트로크(Stroke)

친밀한 신체적 접촉이라는 용어가 확대되어 타인에 대한 존재의 인정을 뜻하는 모든 행위를 포함하는 개념이다. 긍정적/부정적 스트로크, 조건적/무조건적 스트로크, 신체적/상징적 스트로크로 분류된다.

* 긍정/부정적 스트로크(positive/negative stroke): 긍정적 스트로크("참 잘했어요." "정말 대단해요." 등)/부정적 스크로크("정말 한심하군요." "실망스럽네요." 등)

⑤ 교류 유형(transaction pattern): 각 개인은 세 가지 자아 상태(부모·성인·아동 자아)에서 메시지를 주고받으며, 사람들 간의 교류는 세 가지 유형으로 구분된다.
- 보완적(complementary) 교류: 어떤 자아 상태에서 보내는 메시지에 대해 예상대로 반응이 되돌아오는 것이다. 대화 당사자 간의 자아 상태의 방향이 수평적이다. 인간관계에서 이러한 교류는 솔직하고 서로의 욕구를 충족시키며 보완적이기 때문에 바람직하다.
- 교차적(crossed) 교류: 어떤 반응을 기대하여 시작한 교류에 대해 예상 밖의 반응이 되돌아오는 경우로, 인간관계의 갈등과 고통의 근원이 된다.
- 저의적/이면(ulterior) 교류: 동시에 이중적인 메시지가 전달되는 교류를 말한다. 언어적 메시지인 말의 내용과 비언어적인 메시지인 음성이나 얼굴표정이 다른 경우이다. 말하는 내용과 다른 숨은 의도가 깔려 있기 때문에 저의적 교류라고 한다.

⑥ 인생각본(script): 어린 시절에 만들어져 부모의 영향을 받아 발달하고, 이후 인생의 여러 경험에 의해 강화되고 고정화된 인생 계획을 의미한다. 각본분석을 통해 인생 초기에 형성된 삶의 자세를 알 수 있다.

⑦ 주요기법과 절차: 상담의 과정은 계약-구조 분석-교류 분석-게임 분석-각본 분석-재결단의 단계로 진행된다.
- 계약: 상담의 목표 및 과정에 대해 상담자와 내담자가 자율성과 책임감을 갖고 합의하는 것을 말한다.
- 구조 분석: 개인의 부모·성인·아동 자아 상태의 구조를 분석한다.
- 교류 분석: 개인의 구조 분석을 기초로 하여 타인과의 상호교류를 분석하게 된다. 그 결과 보완적·교차적·저의적 교류의 유형을 확인할 수 있다.
- 게임 분석: 게임이란 일련의 교류가 이루어진 결과로, 두 사람 모두 불쾌하고 나쁜 감정으로 끝나는 역기능적인 교류(의사소통)를 말한다.
- 각본 분석: 생애 초기에 경험하고, 이후 인생의 여러 경험에 의해 강화되고 고정화된 인생 계획을 분석함으로써 삶의 자세를 알 수 있다.
- 재결단: 과거 및 초기에 내린 잘못된 결단을 재경험하고, 건설적인 방향으로 새롭게 결단 내릴 수 있도록 내담자를 조력한다.

(3) 긍정심리치료(Seligman)
① 긍정심리치료는 정신건강의 질병 모델에 근거한 예방법을 지양하고, 인간의 강점과

재능을 함양하고 행복을 증진시키는 데 정신장애의 성장모델에 기반을 둔다.
② 정신장애의 발병 및 재발 방지를 위해 긍정적인 심리적 요인에 초점을 두며, 심리적 강점은 특정한 정신장애의 발생을 억제하는 것으로 본다.
③ 내담자의 부적응 상태를 평균적인 적응 상태 또는 증상 부재 상태로 개선할 뿐만 아니라 최상의 기능 상태로 향상시키는 것을 목표로 한다.
④ 긍정적 정신건강의 증진을 세분화하여 정의하였다. 일차 증진은 개인이 행복한 삶을 살도록 돕는 노력을 의미하며, 이차 증진은 이미 구축된 행복 수준을 더 높은 수준으로 끌어올리며, 삼차 증진은 행복의 수준을 다양한 삶의 영역으로 확산하는 데 중점을 둔다.
⑤ 긍정 임상심리학에서는 인간이 지니는 긍정적 특성 연구, 성격 강점 분류체계 구축, 강점 평가, 강점을 증진하기 위한 실제적 활동 계획 수립에 중점을 둔다.

(4) 단기 심리치료
① 단기 심리치료는 시간을 구체적으로 제한함으로써 치료자와 환자가 가능한 성과를 얻을 수 있도록 돕는다.
② 단기 심리치료의 목표는 내담자가 보다 건설적인 방식으로 자신의 문제들을 극복하고, 미래의 어려움들을 다룰 수 있도록 돕는 데 있다.
③ 단기 심리치료에서 치료자는 적극적으로 참여하며, 단기간의 치료목표와 목적을 고려해서 치료 과정을 이끌어 가야 한다. 전반적 성격 변화에 중점을 두기보다는 증상에 초점을 두어 집중한다.
④ 치료 초기에는 치료에 대한 잠정적 계획을 세우고 치료적 관계를 발달시키며, 잠재적이고 실제적인 문제를 검토하고, 절충적 접근을 통해 내담자 욕구에 맞는 치료적 접근을 시도한다.
⑤ 치료 중기에는 내담자에 대한 추가적인 평가, 초기의 치료계획, 치료에서 일어날 수 있는 문제를 검토한다. 치료의 진전에 따라 다른 추가적인 기법이나 치료절차의 사용 여부를 결정할 수 있으며, 종결에 대한 고려를 포함한다.
⑥ 치료 종결 시는 치료성과를 요약 및 평가하며 종결 후 내담자에게 도움이 될 수 있는 제언을 제공한다.

02 실력 다지기: 요점정리

- 그리스 의사 Hippocrates는 질병이 영적인 요인을 통해서라기보다는 주로 네 가지 체액의 불균형의 결과라고 보았다.
- 중세 동안 질병의 원인이 악마, 마녀 및 죄의 결과와 같은 영적인 문제에 의해 야기된다고 믿었다.
- 르네상스 기간 동안 생물의학적인 환원주의가 나타났고, 질병에 대한 과학적인 관찰 및 실험에 대한 이해가 강조되었다.
- Wilhelm Wundt에 의해 1879년 독일의 Leipzig 대학교에 첫 심리학 실험실이 설립되면서 심리학이 탄생되었다.
- 임상심리학의 탄생은 1896년 Pennsylvania 대학교에 Lightner Witmer에 의해 첫 심리진료소가 개설되면서부터이다.
- Alfred Binet와 Theodore Simon은 정규 학교수업을 받는데 정신능력이 장애가 있는 아동들을 규명하기 위한 Binet-Simon 지능검사를 개발하였다.
- 1916년 Stanford 대학교의 Lewis Terman은 1916년에 Binet-Simon 검사를 Stanford-Binet 척도로 재명명하였다.
- 제1차 세계대전과 제2차 세계대전 동안에 수백만 명의 신병들의 심리 기능과 지능을 평가할 필요가 있어 집단 Army Alpha, Army Beta 검사를 개발하였다.
- 제2차 세계대전 후, 재향군인들이 정신과적인 이유로 입원하자 임상심리학자들의 임상서비스가 급격히 증가되었다.
- 1949년 Colorado주의 Boulder에서 회의가 열려 임상 수련의 Boulder 모형(과학자-실무자 모형)이 개설되었다.
- 1973년 Colorado주의 Vail 회의 동안 새로운 임상심리학 수련모델인 Vail 모형(학자-실무자 모형)이 개설되었다.
- George Engel(1977)은 신체적이고 정신적인 질병의 이해와 치료를 위한 생물심리사회적 모델(biopsychosocial model)을 제안하였다.
- 1995년 APA 임상심리학 분과(제12분과)에서 견고한 연구결과를 토대로 한 심리치료에 대한 지침을 개발했고, 경험적으로 지지된 증거-기반 실무를 강조한 치료모델이 수립되었다.

- 임상심리학에서 자문은 병원, 진료소, 학교, 사업체 및 정부 기관과 같은 다양한 공동체 장면에서 특정 질문들과 문제들에 대한 인간행동의 지식과 이론을 응용하는 것을 말한다.
- 정신건강 자문에는 비공식적인 동료집단 자문, 내담자-중심 사례 자문, 프로그램-중심 행정 자문, 피자문가-중심 사례 자문, 피자문가-중심 행정자문이 포함된다.
- 비공식적인 동료집단 자문은 동료에게 해당 사례에 관한 자문을 요청하는 것을 말한다.
- 내담자-중심 사례 자문은 특정한 환자의 치료나 보호에 책임이 있는 동료 자문가에게 자문을 구하는 것을 말한다.
- 프로그램-중심 행정 자문은 개인적인 사례보다는 프로그램이나 제도에 초점을 둔다.
- 피자문가-중심 사례 자문은 피자문가의 경험 내용에 대해 전문 자문가로부터 도움을 받는 것을 말한다.
- 피자문가-중심 행정자문은 기관 내의 행정적인 쟁점과 업무 등에 대해 자문을 구하는 것을 말한다.
- 자문의 단계는 질문의 이해, 평가, 중재, 종결 및 추적 단계 순으로 진행된다.
- 임상심리학자의 역할에는 연구, 심리평가, 심리치료, 교육과 예방, 자문 및 정책 제안이 있다.
- 임상심리학(clinical psychology)은 인간 기능의 지적, 정서적, 생물학적, 심리적, 사회적 및 행동적 측면을 더 잘 이해하고, 예견하며, 경감시키기 위해 심리학의 원리를 적용하는 학문이다.
- 임상심리학의 가장 일반적인 하위 전문영역에는 아동 임상심리학, 임상건강심리학, 임상신경심리학, 법정심리학, 노인심리학, 행동의학이 있다.
- 지역사회 심리학은 지역사회에서 발생하는 여러 개인적·사회적 문제의 원인을 환경과의 관련성을 살펴 해석하고, 그 예방과 치료에 초점을 둔 정신건강 접근이다.
- 지역사회 심리학에서 임상심리학자의 역할은 평가자로서의 역할, 치료자로서의 역할, 연구자로서의 역할이 있다.
- 정신장애 예방을 위한 지역사회의 심리학적 개입으로는 일차 예방, 이차 예방, 삼차 예방 단계로 진행된다.
- 일차 예방(primary prevention)은 정신장애가 발생하는 것을 막기 위한 노력을 의미한다.
- 이차 예방(secondary prevention)은 정신장애가 발생했을 때 그러한 장애를 초기에 발견하여 치료하려는 노력을 말한다.
- 삼차 예방(tertiary prevention)은 정신장애가 이미 상당히 심각한 만성적 상태에 이른 경우 더 이상의 악화를 막고 합병증을 최소화하기 위한 노력들을 말한다.
- 임상심리학 연구의 가설 설정 과정에서는 검증하려는 개념에 대해 구체적인 '조작적 정의(operational definition)'를 하는 것이 필요하다.
- 가설을 설정할 때 연구자는 영가설(혹은 귀무가설, Ho)과 대립가설(Ha)을 세운다.
- 제1종 오류(type 1 error)는 연구자의 영가설이 참인데도 불구하고 가설검정 과정에서 영가설을 기각하게 되는 오류를 제1종 오류라고 한다.
- 제2종 오류(type 2 error)는 영가설이 실제는 거짓인데 기각하지 못하게 되는 오류를 의미한다.
- 실험법은 인과관계에 대한 가설을 검증하기 위한 연구방법이다. 인과관계를 규명하기 위해 연구자는

- 일종의 처치(조작, manipulation)를 하고 그에 따른 결과를 평가한다.
- 독립변인(independent variable)은 연구자가 조작하고 처치하는 변인을 말한다.
- 종속변인(dependent variable)은 독립변인에 따라(혹은 처치에 따라) 값이 변화하는 변수이며 독립변인에 영향을 받는 결과 변수이다.
- 혼입변인(confounding variable)은 독립변인 이외에 종속변인에 영향을 주는 변인으로, 실험 설계 시에 독립변수로 설정되지 않는 변인이다.
- 통제변인(control variable)은 독립변인 이외에 종속변인에 영향을 미칠 수 있는 혼입변인을 미리 파악하여 통제하는데 이러한 변인을 말한다.
- 내적 타당도(internal validity)는 원인과 결과에 영향을 미칠 수 있는 혼입변인을 성공적으로 통제하였을 때 높게 나타난다.
- 내적 타당도를 확보하기 위해서는 초기 동질성(initial equivalence)과 과정 동질성(ongoing equivalence)을 고려해야 한다.
- 외적 타당도(external validity)는 연구결과의 일반화에 관한 것이며, 외적 타당도가 높을수록 연구결과를 일반화하는 것이 가능하다.
- 외적 타당도를 구성하는 요소는 모집단, 연구환경, 실험과제(혹은 자극), 사회적·시대적 변화이다.
- 단일사례 실험(single case study) 설계는 한 명 혹은 소수의 연구참여자를 대상으로 연구자가 연구참여자와 1:1로 연구를 실시한다.
- 단일사례 연구 중 하나인 ABAB 설계는 두 가지 단계인 A와 B로 구성되어 있다. A는 개입 전 기저선(baseline, 치료를 받기 전의 상태) 단계이며, B는 개입단계가 된다.
- 다중 기저선 설계는 2개 이상의 목표행동 변화에 하나 혹은 여러 가지 개입법이나 치료를 적용하면서 효과를 검증하는 방법이다.
- 집단 실험 설계는 집단 간 설계, 집단 내 설계, 혼합 집단 설계를 포함한다.
- 집단 간 설계(between group design) 시 무선할당 방법을 활용하며, 처치를 가한 집단의 효과를 검증한다.
- 집단 내 설계(within group design)는 동일한 사람들에게 동일한 처치를 여러 시기에 걸쳐 검증하면서 시간의 경과나 서로 다른 조건에 따라 목표행동에 어떠한 변화가 나타나는지를 반복하여 검증하는 방법이다.
- 집단 내 설계의 경우 하나의 집단 내에서 연구를 설계함으로써 발생하는 순서효과(Order effect)가 나타날 수 있다.
- 혼합 집단 설계(mixed group design)는 집단 간 설계와 집단 내 설계를 혼합한 형태이다.
- 유사 실험 설계(quasi-experimental design)는 연구자가 임의로 연구참여자를 여러 집단에 할당하거나 연구참여자가 자발적으로 특정 조건에 지원하여 연구참여자가 할당된 후, 연구자가 조작하는 독립변인과 종속변인의 관계를 연구한다.
- 비실험법에 해당하는 연구방법은 관찰법, 상관법, 역학 연구, 자연적 그룹 설계 등을 포함한다.
- 정신장애의 정의는 적응적 기능의 저하 및 손상, 주관적 고통과 불편감, 문화적 규범으로부터의 일탈,

- 통계적 규준으로부터의 일탈이다.
- DSM-5에서는 '정신질환은 임상적으로 중요한 증후군이다. 즉, 사회적·개인적·직업적 기능의 장애와 고통을 유발하는 증상의 집합체'로 규정하고 있다.
- 정신장애에 대한 범주적 분류는 이상행동이 정상행동과 질적으로 다른 명백한 특징이 있다고 보는 반면에, 차원적 분류에서는 이상행동이 정상행동과 질적으로 다르지 않으며 부적응을 평가하는 몇 가지 연속적인 차원상에서 양적으로 다른 정도의 차이로 본다.
- 에밀 크레펠린(emil kraepelin)은 신경병리학(neuropathology)에 기초를 두고 정신장애 진단체계를 마련한 선구자이다.
- 1952년 출판된 DSM-1은 제2차 세계대전에 참전한 군인들의 정신 상태와 장애를 진단할 기준을 마련하기 위해서 미국정신의학회에서 개발하였다.
- DSM-1(1952)은 DSM-II(1968), DSM-III(1980), DSM-IV(1994)를 통해 개정되어 출판되었고, 2013년도에 DSM-5가 출판되었다.
- 임상면접이란 임상가가 내담자의 직면한 임상문제에 대한 정보를 수집하고 평가 및 진단하는 과정을 의미한다.
- 내담자와의 라포 형성을 위한 임상가의 기본 태도로서 무조건적인 긍정적 존중, 공감적 이해, 일치성이 중요하다.
- 무조건적인 긍정적 존중(unconditional positive regard)은 내담자가 경험한 내용에 대해 비판단적으로 수용하고 존중하는 태도를 말한다.
- 공감적 이해(empathetic understanding)는 임상가가 자신의 틀이 아닌 내담자가 경험하고 인식하는 현실을 느끼고 반응하는 과정을 말한다.
- 일치성(congruence)은 임상가가 현재 경험하는 심리적인 관점들을 내담자에게 투명하게 드러내는 것을 말한다.
- 상담기법 중 관심 기울이기는 임상가가 내담자에게 관심을 기울이고 있는지의 여부는 임상가의 언어적·비언어적 태도에서 드러난다.
- 재진술하기는 내담자가 진술한 내용을 임상가의 말로 바꾸어 되돌려 주는 기술이다.
- 반영하기는 내담자가 경험하는 '감정'을 말로 돌려주는 기술이다.
- 명료화하기는 내담자가 모호하고 불분명하게 표현할 때 그 내용을 명확하게 확인하기 위한 기술이다.
- 요약하기는 내담자가 말한 언어적 표현의 요점만 간추려서 되돌려 주는 기술이다.
- 공감은 라포 형성의 핵심 요소로, 상대방의 입장에서 그 감정을 느끼고 경험해 보는 복잡하고 정교한 과정이다.
- 질문하기 기술을 통해 임상가는 면접이 진행되는 과정에서 내담자의 경험과 관점에 대한 이해를 얻을 수 있다.
- 개방형 질문은 무엇(what), 어떻게(how)로 시작하는 질문으로, 내담자는 질문 받은 주제에 대해 자유롭게 대답할 수 있다.
- 촉진형 질문은 내담자가 경험한 내용을 구체적으로 이야기할 수 있도록 촉진하는 역할을 한다.

- 확인용 질문은 내담자의 말을 그대로 반복하거나, 바꾸어 말하거나, 요약하여 이야기함으로써 내담자가 말한 내용을 잘 이해했는지 확인하고, 나아가 더 설명할 기회를 줄 수 있다.
- 직면형 질문은 내담자의 언어·비언어적인 불일치에 대해 반문함으로써 내담자의 정확한 정보를 파악할 수 있다.
- Sigmund Freud는 인간의 행동이 정신내적인 추동, 갈등 및 충동에 의해 영향을 받으며 이는 무의식적이라는 입장을 취했다.
- 초기 아동과 부모 사이의 관계는 성격형성의 기초를 이루며, 성인의 행동은 어린 시절의 경험을 통해 형성된 무의식적인 성격특성이 나타난 것으로 보았다.
- 정신분석에서 환자와 치료자 사이의 전이관계 분석(전이, 역전이)은 갈등을 해결하고 심리적 기능과 행동을 향상시킨다.
- 원초아, 자아, 초자아 사이의 피할 수 없는 갈등은 불안과 불편을 초래하여 자아로 하여금 방어기제(defence mechanism)를 일으킨다.
- 심리성적 발달단계를 구강기, 항문기, 남근기, 잠재기, 성기기로 정의하였고, 어느 한 단계에서의 고착(flxation)은 잠재적인 갈등과 문제로 발달될 수 있다고 보았다.
- John Watson, Edward Thondike, Clark Hull, B. F. Skinner에 의한 행동주의 접근은 학습과 조건형성 이론들을 인간행동의 이해와 행동 및 심리적인 문제에 대한 치료에 적용하였다.
- Ivan Pavlov는 고전적 조건형성(classical conditioning)에 근거한 행동주의 원리를 제시했고, Thorndike와 Skinner는 유기체가 자신의 행동과 그 결과 사이의 관계를 학습하게 된다는 조작적 조건형성(operant conditioning)의 원리를 제시하였다.
- 고전적 조건형성 절차를 통해 습득된 조건반응(CR)은 자극 일반화(stimulus generalization), 자극변별(stimulus discrimination), 소거(extinction), 자발적 회복(spontaneous recovery) 등의 현상으로 나타난다.
- 자극 일반화는 무조건 자극과 조건자극 간의 연합이 유사한 다른 자극으로 확장된 것이다. 자극변별은 조건반응이 조건화되었던 바로 그 자극에 대해서만 나타나는 것을 말한다.
- 조건 자극에 무조건 자극이 더 이상 짝지어지지 않으면 소거가 일어나기도 하며, 소거된 반응이 갑자기 다시 나타나는 자발적 회복을 보이기도 한다.
- 조작적 조건형성(operant conditioning)에서는 강화(정적 강화, 부적 강화)와 처벌(정적 처벌, 부적 처벌)의 학습원리를 적용하여 행동의 효과가 다시 나타날 가능성을 증가시킨다.
- Wolpe는 특정 사건, 사람에 대한 극도의 불안과 공포를 느끼는 환자들을 치료하기 위해 체계적 둔감화 기법을 개발하였다.
- 생물학적 관점은 인간의 행동에 미치는 정신작용을 신경계의 구조와 기능 및 신경세포의 활동으로 설명하고자 한다.
- 프랑스의 생리학자 Paul Broca는 뇌의 특정 부위가 특정 행동을 담당한다는 것을 최초로 입증한 연구를 수행하였고, 좌측 전두엽이 언어 생성을 담당하는 영역임을 밝혀 브로카 실어증이라고 하였다.
- 독일의 생리학자 Carl Wernicke는 좌측 측두엽이 언어 이해를 담당하며, 손상 시 의미 있는 문장을

- 말하거나 말의 의미를 이해하지 못한다는 것을 밝히고 이를 베르니케 실어증이라고 하였다.
- 전기 생리학적으로 뇌의 전기적 활동을 기록하는 방법으로는 뇌파 기록법(EEG)이 있으며, 뇌영상 기법으로는 방사능 물질을 이용한 양전자방출 단층촬영술(PET)과 혈류 속의 산소 수준을 측정하는 자기공명영상(MRI)이 있다.
- 현상학적 접근(phenomenological approach)은 무의식적 욕구나 환경의 영향보다는 개인의 주관적 경험이나 감정, 외부 환경에 대한 개인(Self)의 감정과 견해를 중요시한다.
- Carl Rogers, Frederic Perls, Victor Frankl과 같은 인본주의 심리학자들은 개인이 자신과 자기 주변의 환경을 어떻게 인식하고 경험하는지가 중요하다는 현상학적 관점을 취했다.
- Abraham Maslow는 성격이나 행동을 설명하기 이전에 그 동기가 되는 인간의 욕구(생리적 욕구, 안전의 욕구, 애정과 소속의 욕구, 자기존중의 욕구, 자기실현의 욕구)를 위계적으로 구성하였다.
- 통합적 관점은 서로 다른 이론들을 결합시켜 보다 완벽한 이론모형을 제시하고 효과적인 심리상담 및 치료를 개발하고자 하는 데에서 시작되었다.
- 다양한 이론적 지향으로부터 나온 기법들의 통합적 접근은 절충주의(eclecticism)에 초점을 두며, 환자의 독특한 욕구에 맞는 치료를 설계하기 위해 다양한 조망으로부터 나온 전략을 사용하였다.
- 절충주의 접근의 대표적인 예는 Lazarus의 중다양식 접근이다. BASIC ID(Behavior, Affect, Sensation, Imagenary, Congnition, Interpersonal Relationship, Drug)에 해당되는 7가지 요소를 치료에서 고루 사용할 때 효과적임을 강조한다.
- 면접의 필수적인 요소로는 라포 형성, 효과적인 경청 기술, 효과적인 의사소통, 행동관찰 및 적절한 질문하기가 포함된다.
- 초기면접의 목적은 가장 적절한 치료나 중재 계획을 세우기 위해 환자의 증상이나 문제를 더 잘 이해하는 데 있다.
- 정신상태 면접은 환자의 심리적 기능 수준과 정신 현상의 유무를 선별하기 위해 수행된다.
- 정신상태 검사(mental state examination)는 외모, 몸가짐, 언어 및 의사소통, 감정, 사고 과정, 통찰, 판단력, 주의집중, 기억 및 지남력 등을 평가한다.
- 위기 면접은 환자가 중대하고 외상적이며, 생명을 위협하는 위기 상태에 놓여 있을 때 실시한다.
- 진단 면접의 목적은 환자의 특정 진단에 대한 명확한 이해를 얻는 것이다.
- 컴퓨터 보조 면접은 상담자와 면대면으로 만나기 전에 환자가 자신의 관심사에 대한 다양한 질문에 대답할 수 있도록 구성되어 있다.
- 구조화된 면접(structured interview)은 상세한 흐름도(flow chart)의 형식으로 질문하는 매우 구체적인 질문들을 포함한다.
- 반구조화된 면접(semi-structured interview)은 면접자에 의한 질문에 있어 어느 정도의 융통성을 지닌다. 그 외 자유로운 형식으로 진행되는 비구조화된 면접(unstructured interview)이 있다.
- 종결 면접은 치료가 완결된 후에 치료의 효과를 평가하거나, 환자의 다음 심리치료 단계로의 이행을 돕기 위해 사용된다.
- 기능적 분석이란 행동의 결과뿐만 아니라 선행사상들, 즉 관심 행동을 이끈 선행조건에 대해 분석하

는 것을 말한다.
- 행동평가의 '기능적 분석'은 A(Antecedents, 선행조건), B(Behavior, 목표행동), C(Consequences, 행동의 결과)를 기반으로 분석한다.
- 행동평가의 방법으로는 행동적 면담, 행동적 관찰, 기능 분석, 자기보고 평가가 있다.
- 성격평가의 방법으로는 관찰법, 질문지법(객관적 검사), 투사적 검사가 있다.
- 관찰법은 일상생활이나 상담 상황을 관찰하여 개인의 성격을 파악하는 방법이다. 언어, 몸짓, 표정, 버릇 등의 관찰을 통해 성격에 대한 자료를 얻을 수 있다.
- 질문지법에는 내담자의 성격특성과 심리적 문제를 진단하는 MMPI와 PAI 등이 대표적이다.
- 투사적 검사는 개인의 성격이나 내면을 파악하는 데 있어 애매하게 구성된 자극을 통해 내담자의 욕구, 충동, 감정, 사고, 관계 역동 등을 포함하는 의식하지 않은 성격요소를 분석한다.
- 심리평가는 개인의 심리적 특성을 이해하기 위해 심리검사, 면담, 행동관찰, 전문적 지식을 필요로 한다.
- 심리평가는 심리적 장애의 해결을 위한 치료개입과 전략을 계획하고 수행하는 기초과정이다. 주요 목적은 임상적 진단, 자아기능평가, 치료전략평가에 중점을 둔다.
- 심리평가가 전문성을 지니려면 신뢰도(reliability)와 타당도(validity)를 갖추고 있어야 한다.
- 심리평가 실시 과정에서 라포 형성, 수검사 변인, 검사자 변인, 검사 상황 변인을 고려해야 한다.
- 심리평가 보고서의 목적은 내담자의 문제를 해결하고 의사결정 과정을 돕기 위해 심리검사 결과를 통합, 해석하여 효과적인 치료적 지침을 마련하는 데 있다.
- 정신분석 치료에서는 미처 인식하지 못한 채 반복되었던 패턴을 인식하고 통제할 수 있도록 하며, 나아가 성격구조를 재구성할 수 있도록 촉진한다.
- 무의식의 의식화를 위해 자유연상, 꿈의 분석 등의 방법을 사용하며, 내담자는 전이에 대한 해석을 통해 통찰을 경험하고, 반복적인 훈습으로 현실적 자아 기능 향상 및 성격구조의 변화를 이끈다.
- 개인심리학(Adler)에서는 인간을 총체적이고 창조적이며, 책임 있고 형성되어 가는 개인으로 본다.
- 심리치료의 목표는 내담자의 생활양식(life style)을 파악하고 내담자의 신념과 행동을 변화시켜 바람직한 방향으로 생활양식을 바꾸고, 잘못된 사회적 가치를 변화시켜 사회적 관심을 발달시키는 데 있다.
- 분석심리학(Jung)에서는 문화나 민족에 따라 다소 다르지만 집단무의식을 통해 인간이 갖는 기본적인 정신이 전승되며, 자각, 정서, 행동에 대한 생득적인 정신적 소인을 원형(archtype)이라고 하였다.
- 자아심리학(Anna Freud)에서는 개인 성격의 기본양상이 방어에 기원을 두고 있다고 보고, 무의식적 방어 과정에 대한 분석에 초점을 두었다.
- 대인관계 심리학(Harry S. Sullivan)에서는 인간 존재가 대인관계의 장에서 분리될 수 없으며, 개인의 성격은 사람들 사이의 복잡한 상호작용을 통해 형성된다고 보았다.
- 치료 시 환자의 발달초기 관계 유형이 현재에 미치는 영향을 파악하며, 환자가 타인과 맺는 통합적 관계 방식에 초점을 둔다.
- 대상관계 이론(Melanie Klein)에서는 인간은 관계를 만들고 유지시키고자 하는 욕구에 의해 동기화

- 되며, 대상과 형성하는 관계의 질에 따라 개인의 심리내적 특성이 크게 좌우된다고 보았다.
- 치료 과정에서 안아 주는 능력(holding), 공감적 이해, 반영, 견디어 주는 능력이 중요하다고 보았으며, 치료자가 충분히 좋은 어머니의 역할을 하는 것을 통해 치료가 이루어진다고 보았다.
- 자기심리학(Kohut)에서는 건강한 자기를 형성하기 위해서는 어린 시절의 특별한 자기대상(selfobject)의 경험이 중요하다고 보았다. 치료 시 아동기에 좌절했던 발달과정을 재활성화하고, 분석가는 환자가 필요로 하는 자기대상이 되어 줌으로써 현실적이고 건강한 자기애가 발달될 수 있도록 돕는다.
- 행동치료는 행동장애를 치료하기 위해 학습이론을 체계적으로 적용하는 것을 말한다. 객관적으로 관찰할 수 있는 측정 가능한 행동을 치료목표로 설정하고, 구체적이고 체계적인 절차를 사용한다.
- 행동치료는 고전적 조건형성, 조작적 조건형성, 사회학습 이론뿐 아니라 개인과 환경 간의 상호작용에만 초점을 두지 않고 인간의 인지적인 요인을 강조하고 변화를 돕는 인지행동치료로 발전하였다.
- 인지행동치료에서는 인간의 행동이 인지, 즉 사고나 신념에 의해 매개된다는 가정을 지니며, 문제행동과 관련된 내담자의 인지체계를 변화시키기 위한 치료적 접근이다.
- 인지행동치료에서는 모든 심리적 문제는 왜곡되고 역기능적인 생각과 믿음이 주된 요인이라고 보고, 이러한 왜곡된 생각을 찾아내고, 현실적으로 평가해서 수정하도록 돕는다.
- Albert Eills는 인간의 사고와 감정, 행동이 상호작용하며, 잘못된 사고를 바꾸는 것을 통해 변화가 일어날 수 있다고 가정하였다.
- REBT에서는 당위적 사고(should thought)를 포함한 비합리적인 신념체계를 검토하고 평가하는 과정을 통해 보다 효율적인 사고를 선택할 수 있도록 돕는다.
- Aron Beck은 어린 시절의 경험에서 비롯된 개인의 인지 도식(cognition schema)이 전체 삶에 영향을 미친다고 보았다.
- 인지치료는 역기능적인 신념을 변화시키고, 더욱 현실적인 적응적 사고를 증진시키기 위해 인지적 방법과 행동적 방법이 사용된다.
- 인지치료는 치료 과정에서 내담자의 자동적 사고, 내재된 가정과 규칙을 포함한 중간신념 및 핵심신념을 다룬다.
- 최근 인지행동치료의 접근은 맥락과 상황을 강조하며, 정서나 인지의 직접적인 변화보다는 경험을 통한 변화를 추구한다.
- 마음챙김에 기반한 스트레스 감소(Mindfulness Based Stress Reduction: MBSR)는 내담자가 과도하게 과거를 반추하거나 미래를 걱정하지 않고 현재의 삶을 충만하게 영위해 나가도록 하는 것을 목표로 한다.
- 마음챙김에 기반한 인지치료(Mindfulness Based Cognitive Therapy: MBCT)는 우울증의 재발을 방지하기 위한 목적으로 개발하였다.
- 변증법적 행동치료(Dialectical Behavior Therapy: DBT)에서는 고통스런 감정이나 자신의 과거 및 현재의 상황을 있는 그대로 수용하고, 더 나은 삶을 위해 행동과 환경을 변화시켜 나가도록 돕는다.
- 수용전념치료(Acceptance and Commitment Therapy: ACT)는 내담자로 하여금 고통스러운 부정적 감정에 저항하지 말고 수용하면서 자신이 원하는 가치와 목표를 실현하는 데 전념하도록 돕는다.

- 현상학적 심리치료는 내담자의 주관적이고 현상학적인 경험을 강조하며, 치료기법보다는 내담자와 치료자 간의 관계에 의해 치료효과가 결정된다고 보았다. 내담자중심 치료, 게슈탈트 치료, 실존치료 등이 있다.
- 내담자중심 치료(Rogers)의 목표는 개인의 자발성과 자기성장을 목표로 하며, 기법의 적용보다는 내담자의 살아가는 방식과 태도에 초점을 두고 내담자가 성장하도록 돕는 데 있다.
- 내담자중심 치료에서는 자기개념과 경험 간의 불일치가 생기면 불안을 경험하게 되며, 치료의 목표는 불일치를 제거하고 방어기제를 해체하여 충분히 기능하는 사람이 되도록 돕는 데 있다.
- 게슈탈트 치료(Perls)에서는 인간은 환경 내에 기능하는 통일된 전체로서의 존재이며, 개인은 자유로운 상태에서 삶을 선택하고 책임을 질 수 있는 창조적 존재임을 강조한다.
- 게슈탈트 치료의 궁극적인 목표는 내담자가 자신을 수용하고 존중하며, 삶의 미해결 과제에 접촉하도록 도와 지금-여기(here and now)에서의 알아차림(awareness)을 통해 문제를 해결할 수 있도록 한다.
- 실존치료(Frankl)의 기본적 과제는 내담자가 의미 있는 실존을 만들기 위한 자신의 선택들을 탐색하도록 돕는 데 있다.
- 정신적 질병은 개인이 삶에서 의미를 발견하지 못하기 때문에 생겨난다고 보고, 삶의 실존적 조건(죽음, 자유와 책임, 고독, 무의미)을 수용하고 인생의 의미와 가치를 찾도록 돕는다.
- 현실치료(Glasser)는 내담자를 스스로 변화가능한 성장의 존재로 본다. 자신의 행동을 주도적으로 선택해서 책임을 지도록 돕고, 과거가 아닌 현재 행동에 초점을 둔다.
- 현실치료의 치료모델인 WDEF의 단계별 변화 과정을 통해 자신의 기본적 욕구들을 책임감 있고 건설적인 방법으로 성취하도록 돕는다.
- 교류 분석(transactional analysis)은 Berne에 의해 창시된 이론으로, 의사거래 분석으로도 불린다. 각 개인의 자아 상태를 토대로 상대방과 어떻게 의사소통하는지를 분석하는 이론이다.
- 인간의 성격은 3가지 자아 상태(부모 자아, 성인 자아, 아동 자아)로 구성되어 있다. 세 자아 상태마다 고유한 사고, 감정, 행동적 특성이 존재한다.
- 각 개인은 세 가지 자아 상태(부모·성인·아동 자아)에서 메시지를 주고받으며, 사람들 간의 교류는 세 가지 유형(보완적 교류)으로 구분된다.
- 교류 분석에서의 상담 과정은 계약-구조 분석-교류 분석-게임 분석-각본 분석-재결단의 단계로 진행된다.
- 긍정심리치료(Seligman)는 정신건강의 질병 모델에 근거한 예방법을 지양하고, 인간의 강점과 재능을 함양하고 행복을 증진시키는 데 정신장애의 성장모델에 기반을 둔다.
- 긍정 임상심리학에서는 인간이 지니는 긍정적 특성 연구, 성격 강점 분류체계 구축, 강점 평가, 강점을 증진하기 위한 실제적 활동 계획 수립에 중점을 둔다.
- 단기 심리치료는 시간을 구체적으로 제한함으로써 치료자와 환자가 가능한 성과를 얻을 수 있도록 돕는다.
- 단기 심리치료의 목표는 내담자가 보다 건설적인 방식으로 자신의 문제들을 극복하고, 미래의 어려움들을 다룰 수 있도록 돕는 데 있다.

PART 05

제5과목 – 심리상담

01 심리상담 핵심개념정리

핵심 1. 심리상담의 기초

핵심 2. 심리상담 방법과 과정

핵심 3. 집단상담

핵심 4. 가족상담의 이해

핵심 5. 가족상담 이론

핵심 6. 중독상담

핵심 7. 특수문제별 상담 I: 성 상담 및 자살위기 상담

핵심 8. 특수문제별 상담 II: 학습문제 상담, 진로상담, 비행청소년 상담

02 실력 다지기: 요점정리

01 심리상담 핵심개념정리

핵심 1 심리상담의 기초

1 상담의 기본적 이해

1) 상담의 개념
① 상담(counseling)이란 전문적인 훈련을 통해 지식과 기술을 갖춘 상담자가 도움을 필요로 하는 내담자의 변화를 위해 조력하는 전문적인 직업 활동이다.
② 상담의 초점은 문제가 아니라 개인이며, 상담의 목적은 특별한 한 가지 문제를 해결하는 것이 아니라 보다 나은 통합된 방식으로 현재와 미래의 문제에 대처할 수 있게 개인이 성장하도록 조력하는 것이다.

2) 상담의 필요성과 목표
① 상담의 필요성
- 대부분의 사람은 상담을 받지 않고도 일상생활에서 당면한 어려움을 해결하면서 살아간다. 그러나 심리적 갈등이나 문제를 견디기 어렵고 자신의 괴로운 마음을 털어놓고 해결방안을 모색하기 위해 상담을 받게 된다.
- 상담은 스스로 해결할 수 없는 심리적인 문제로 고통을 겪는 사람들과 자신이 갖고 있는 자원과 능력으로 문제를 해결하기 힘든 사람에게 필요하다.

② 상담의 일반적 목표
- 내담자의 문제해결: 내담자가 상담자에게 호소했던 주호소 문제를 해결하기 위해 교육적인 방법이나 치료적인 방법을 통해서 도움을 제공한다.
- 환경에 대한 적응: 내담자가 상담 중 혹은 상담이 끝난 후에도 자신의 생활 영역에서 건강하게 생활할 수 있도록 조력한다.

- 내담자의 발달 및 효율성 향상: 내담자가 다양한 문제 상황에 대해 효과적으로 대처하고, 문제를 정확하게 인지하고, 문제해결을 위해 자신의 여러 가지 강점을 효율적으로 활용할 수 있도록 돕는다.
- 문제 발생의 예방: 상담이 끝난 후에 내담자가 앞으로의 어려움을 잘 해결해 나가고, 내면의 건강한 성장과 문제해결을 할 수 있도록 예방적 차원의 개입을 돕는다.

③ 상담의 소극적 목표와 적극적 목표
- 소극적 목표: 문제 및 증상을 제거하거나 감소시키며, 내담자가 스스로 문제를 해결할 수 있도록 돕는 데 목표를 둔다. 구체적인 목표로 문제해결, 적응, 치료, 예방, 갈등해소가 있다.
- 적극적 목표: 긍정적이고 건강한 심리적 특성을 새롭게 형성시키거나 증진시키고자 한다. 구체적인 목표로 긍정적 행동 변화, 합리적 의사결정, 전인적 발달, 자아존중감, 개인적 안녕감이 있다.

2 상담의 기본원리(Biestek)

① 개별화의 원리: 내담자의 개성과 개인차를 이해하고, 이를 고려하여 내담자에 따라 상이한 상담 원리나 방법을 활용해야 한다.
② 의도적인 감정표현의 원리: 내담자가 가지고 있는 감정, 특히 부정적인 감정을 자유롭게 표현할 수 있도록 상담자는 온화한 분위기를 조성해 주어야 한다.
③ 통제된 정서적 관여의 원리: 상담자는 내담자의 정서 변화에 민감하게 반응하는 동시에 중립적이고 객관적인 판단을 위해 감정을 적절히 통제, 조절하며 관여해야 한다.
④ 수용의 원리: 상담자는 내담자를 하나의 인격체로 존중하고 내담자의 긍정적인 면과 부정적인 면 모두를 있는 그대로 수용하는 태도를 지녀야 한다.
⑤ 비판단적인 태도의 원리: 상담자는 내담자의 행동과 태도, 가치관 등을 평가할 때 객관적이고 중립적인 자세로 임해야 한다. 내담자의 잘못이나 문제에 대하여 나무라거나 질책하는 것, 책임을 추궁하는 행동은 삼가야 한다.
⑥ 자기결정의 원리: 상담자는 스스로 결정하고 선택하려는 내담자의 자기결정을 존중하며, 이에 따라 문제를 해결할 수 있도록 도와야 한다.
⑦ 비밀보장의 원리: 상담 과정에서 알게 된 내담자의 정보와 상담자와 내담자 간의 대화내용은 반드시 비밀을 보장해 주어야 한다. 이 원리는 상담자와 내담자 간의 신뢰관계를 형성하고 유지하는 데 매우 중요하다. 다만, 비밀보장의 예외 상황인 경우에는 내담자의 동의를 얻어 내담자가 노출되어 피해가 가지 않도록 최소한의 정보들을 신중하게 공개해야 한다.

> **학습 Plus 🏥 비밀보장 예외 상황**
> - 내담자가 자신과 타인에게 위해 행동을 할 위험이 있을 경우(예: 학대, 폭행, 살인)
> - 내담자 자신이 타인의 위해 행동의 피해자인 경우
> - 내담자가 자살 시도와 같은 생명의 위험이 높을 경우
> - 범죄 및 법적인 문제와 연루되어 있을 경우
> - 내담자에게 위해한 감염성 질병이 있는 경우

3 상담의 기능

① 진단적 및 예방적 기능: 내담자의 현재 문제와 부적응의 원인을 정확히 진단하고, 이에 대한 적절한 개입과 예방을 위해 노력한다.
② 교육적 기능: 내담자가 바람직한 방향으로 행동을 변화시키고 효과적인 문제해결능력을 향상시키기 위해 심리교육을 실시하여 심리적 성장을 촉진한다.
③ 교정적 기능: 내담자의 바람직하지 못한 생각과 태도, 행동적 습관들을 수정함으로써 심리적 문제를 해결하도록 조력한다.
④ 치료적 기능: 내담자의 문제와 부적응적인 증상을 감소하고 제거함으로써 심리적 장애나 고통이 치유되도록 돕는다.

4 상담의 역사적 배경

① 19세기 후반, Wundt가 세계 최초의 심리학 실험실을 개설하여 인간의 감각과 의식 과정을 연구하며 심리학이 발전하게 되었다. Wundt는 분석적 내성법을 사용하여 인간의 마음을 연구하였다.
② 20세기 초, Freud의 정신분석이론을 통해 성적 추동과 무의식적 갈등, 아동 초기의 경험이 심리적 문제와 관련이 있으며, 인간의 마음을 이해하는 데 무의식의 중요성이 강조되었다.
③ 1920~1960년대에 이르기까지 행동주의 이론의 발전으로 인간의 내면적이고 주관적인 경험보다는 '관찰 가능한 행동을 과학적으로 연구'하고자 하여 행동관찰과 측정, 행동수정의 기법이 상담에 사용되었다. 대표적인 학자로는 Watson, Skinner가 있다.
④ 1960년 후반, Rogers와 Maslow의 인본주의 심리학 이론이 상담 분야에 큰 변화를 일으켰다. 개인의 주관적 경험과 성장가능성, 건강하고 긍정적인 측면에 초점을 맞추어 인간을 이해하고자 하였다.

⑤ 1950년대 초 미국심리학회 산하 상담심리학회 분과가 출범되었고, 이후 다양한 연구와 활동으로 상담심리학이 발전하고 있다.

5 상담 관련 윤리

1) 상담의 일반적인 윤리적 원칙 5가지(Kitchener)

① 자율성(autonomy): 타인의 권리를 해치지 않는 한 내담자가 자신의 행동을 선택할 권리가 있음을 의미한다.
② 선행(beneficience): 내담자와 타인을 위해 선한 일을 하는 것을 의미한다.
③ 무해성(nonmaleficence): 내담자에게 해를 끼치는 행동을 하지 않는 것을 의미한다.
④ 공정성(justice, fairness): 모든 내담자는 평등하며, 성별과 인종, 지위에 관계없이 공정하게 대우받아야 한다.
⑤ 충실성(fidelity): 상담자는 내담자에게 믿음과 신뢰를 주며 상담관계에 충실해야 한다.

2) 한국임상심리학회 윤리강령의 주요내용

① 비밀 유지: 내담자가 털어놓은 사적인 문제와 상담관계에서 나눈 상담내용은 내담자의 요청이 있는 경우를 제외하고 타인에게 노출해서는 안 된다. 상담자가 비밀을 보장할 수 없는 예외 상황을 제외하고는 비밀을 꼭 지켜야 한다.
② 유능성: 상담자는 내담자가 어려움을 해결할 수 있도록 전문적인 도움을 주어야 하므로 능력을 갖추고 있어야 한다. 상담자의 유능성은 전문적인 교육과 훈련, 임상경험 및 자격증을 통해 입증될 수 있다. 상담자마다 교육 및 훈련의 경험, 개인적 자질과 특성에 따라 유능성을 발휘할 수 있는 영역은 다양하다.
③ 전문적 한계: 상담자는 전문적인 책임감과 기술을 가지고 내담자를 조력해야 하는데, 자신의 능력과 전문자로서 자격 이상의 부적절한 조력 활동을 해서는 안 된다. 상담자는 자신의 전문적 한계를 인식하고 내담자에게 효과적인 조력을 할 수 없는 경우, 다른 상담자에게 내담자를 의뢰해야 한다.

학습 Plus 내담자 의뢰 사유와 관련된 쟁점

- 상담자가 내담자의 문제를 어떻게 다뤄야 할지 모르는 경우
- 상담자가 특정 영역(예: 중독, 자살, 성 관련 상담)에서 경험이 충분하지 못한 경우
- 상담자가 내담자를 돕기 위한 필수적인 기술들을 가지고 있지 않은 경우
- 상담자가 내담자와의 관계가 초기 상담관계에 고착된 경우
- 상담자가 내담자의 긍정적인 변화를 성취하는 데 필요한 역량의 한계를 보이는 경우

④ 이중관계: 상담자는 내담자와의 상담관계에 영향을 줄 수 있는 다른 사적관계를 피해야 한다. 상담자가 내담자의 친구, 가족, 친인척 등인 경우에 이러한 관계가 상담의 성과에 영향을 줄 수 있다고 판단되면 다른 상담자에게 내담자를 의뢰해야 한다.

> **학습 Plus 피해야 할 이중관계**
>
> - 사제관계이면서 동시에 사적으로 친밀관계인 경우
> - 사제관계이면서 동시에 치료자-내담자/환자 관계인 경우
> - 같은 기관에 소속되어 사제관계, 고용관계, 또는 상하관계에 있으면서 기관 내의 치료자-내담자/환자에 대한 지도감독의 대가로 직접 금전적 관계를 형성하는 경우
> - 치료자-내담자/환자 관계이면서 동시에 사적으로 친밀관계인 경우
> - 내담자/환자의 가까운 친척이나 보호자와 사적으로 친밀관계를 가지는 경우
> - 기타 업무 수행의 공정성을 저해할 가능성이 있거나 착취를 하거나 피해를 입힐 가능성이 있는 경우

⑤ 성적 관계: 상담자는 상담관계 중에 있는 내담자와 어떤 형태의 성적 관계도 가져서는 안 된다. 이전에 성적 관계를 가졌던 사람을 내담자로 받지 말아야 하며, 한국임상심리학회 윤리규정에 따르면 상담관계가 종결된 이후 3년 동안 내담자와 어떠한 성적 친밀성도 맺지 말 것을 규정하고 있다.

> **학습 Plus 한국임상심리학회 윤리강령 중 상담 및 치료 관련 내용**
>
> **제6장 치료 관련 윤리**
> **제59조 치료 절차에 대한 설명과 동의**
> 1. 심리학자는 내담자/환자에게 치료의 본질과 치료절차를 알려주고 동의를 얻어야 한다. 이때 치료비, 비밀유지의 한계 및 제3자의 관여 등에 대한 설명도 있어야 한다.
> 2. 치료에서 위험요인이 있을 때는 그 사실과 다른 대체 치료방법에 대한 설명도 하여야 한다.
> 3. 이에 더하여 심리학자는 내담자/환자에게는 그 사람의 능력에 맞게 치료에 관하여 설명하여야 하며 치료에 대한 동의를 구하여야 한다.
> 4. 심리학자는 내담자/환자의 선호와 최상의 이익을 고려해야 한다.
>
> **제60조 집단치료**
> 집단치료 서비스를 하는 경우, 심리학자는 치료를 시작할 때 모든 당사자의 역할과 책임, 그리고 비밀유지의 한계에 대하여 설명한다.
>
> **제61조 내담자/환자와의 성적 친밀성**
> 1. 심리학자는 치료적 관계에서 내담자/환자와 어떤 성적 관계도 허용되지 않는다.
> 2. 심리학자는 내담자/환자의 보호자, 친척 또는 중요한 타인과 성적 친밀성을 가져서는 안 된다.
> 3. 심리학자는 과거 성적 친밀성을 가졌던 사람을 내담자/환자로 받아들이지 않아야 한다.
> 4. 심리학자는 치료 종결 후 적어도 3년 동안 자신이 치료했던 내담자/환자와 성적 친밀성을 가지지 않아야 한다. 그러나 가능하면 치료 종결 3년 후에라도 자신이 치료했던 내담자/환자와 성적 친밀성을 가지지 않는다.

제62조 치료의 중단
심리학자는 자신의 질병, 죽음, 연락 두절, 전근, 퇴직 또는 내담자/환자의 이사나 재정적인 곤란 등과 같은 요인으로 심리학적 서비스가 중단될 경우에 대비하여 내담자/환자에 대한 최상의 복지를 고려하고, 법적인 범위 안에서 이후의 서비스를 계획해 주는 적절한 조처를 취하는 노력을 하여야 한다.

제63조 치료 종결하기
1. 심리학자는 내담자/환자가 더 이상 심리학적 서비스를 필요로 하지 않거나, 계속적인 서비스가 도움이 되지 않거나 오히려 건강을 해칠 경우에는 치료를 중단한다.
2. 심리학자는 내담자/환자 또는 내담자/환자와 관계가 있는 제3자의 위협을 받거나 위험에 처하게 될 경우에는 치료를 종결할 수 있다.

제64조 다른 기관에서 서비스 받고 있는 사람에게 서비스 제공하기
다른 곳에서 정신건강 서비스를 받고 있는 사람에게 서비스를 제공할 것인지를 결정할 때, 심리학자는 치료의 쟁점과 내담자/환자의 복지에 대해 심사숙고해야 한다. 이러한 문제들과 관련하여 혼란과 갈등이 발생할 위험을 최소화하기 위해 심리학자는 내담자/환자 자신 또는 내담자/환자를 대신하여 법적인 권한을 부여받은 사람과 이러한 문제들에 대해 논의하고, 가능하다면 내담자/환자가 서비스를 받고 있는 다른 서비스 제공자의 자문을 구하면서 치료적 쟁점들을 주의 깊고 세심하게 처리한다.

제65조 치료에 관한 기록
1. 심리학자는 심리학적 서비스에 관한 기록을 최소한 10년 이상 보관하여야 한다.
2. 심리학자는 내담자/환자가 동의할 경우 다른 심리학자에게 치료 기록이나 기록의 요약을 넘길 수도 있다.
3. 심리학자가 퇴직하거나 개인 개업을 중단할 경우에는 보관 기간을 고려하여 기록을 없애고, 내담자/환자가 동의할 경우에만 기록을 후임 심리학자에게 넘길 수 있다.
4. 심리학자는 권리가 손상되지 않을 경우 치료의 종결 시점에서 내담자/환자가 희망할 경우 기록을 보게 할 수도 있다.

제66조 치료비
1. 심리학자와 내담자/환자는 가능한 한 빨리 치료비 관련 문제에 대해 논의하고 합의한다.
2. 심리학자는 치료비에 대하여 허위 진술을 하지 않는다.
3. 재정적인 한계로 인하여 서비스의 한계가 예상될 경우, 이 문제를 내담자/환자와 가능한 한 빨리 논의한다.
4. 내담자가 동의했던 서비스에 대한 치료비를 지불하지 않을 경우나 심리학자가 치료비를 받아내기 위하여 법적인 수단을 이용하려고 하는 경우, 심리학자는 그러한 수단이 취해질 것임을 내담자에게 먼저 통지하여 신속히 지불할 기회를 준다.

핵심 2 심리상담 방법과 과정

1 상담의 방법

1) 상담의 기본방법

① 적극적 경청(active listening)
- 경청이란 내담자의 감정과 생각을 이해하기 위해 그의 말을 주의 깊게 듣는 것이다.
- 경청의 종류는 다양하다. 선택적 경청(selective listening)은 내담자의 이야기 중 핵심적인 문제에서 벗어난 이야기를 할 때는 주목하지 않고 현재의 문제와 관련된 핵심적인 내용을 토로할 때 주목하여 경청하는 것이다. 적극적 경청(active listening)은 상대방의 언어적인 메시지는 물론 비언어적인 메시지에도 주의를 기울이는 것을 의미한다.

② 즉시성(immediacy)
- 상담자가 지금-여기 입장에서 내담자에게 반응하는 것으로, 상담자와 내담자 간의 즉각적인 상호작용을 의미한다.

③ 최소의 촉진적 반응(minimal encourager)
- 이해나 동의를 나타내는 짧은 말을 의미하며, 내담자가 수용되고 있다는 것들을 반영하고 지속적으로 이야기할 수 있도록 촉진시키는 역할을 한다.
- 예: "계속하세요." "알겠어요." "좋습니다." "음." "네."

④ 반영(reflection)
- 반영은 상담자가 내담자의 행동 속에 내재된 내면의 감정을 정확하게 파악하여 내담자에게 전달해 주는 것을 말한다. 상담자는 반영을 통해 내담자의 태도를 거울에 비추어 주듯이 보여 줌으로써 내담자의 자기이해를 도와줄 뿐 아니라 내담자로 하여금 이해받고 있다는 인식을 전달해 준다.
- 예: "당신은 ~을 이야기하는 것 같군요." "당신은 ~을 느끼고 있군요."

⑤ 재진술(paraphrasing)
- 내담자의 메시지 내용에 초점을 두고 내담자가 말한 바를 바꿔 말하는 것이다. 환언 또는 부연하기라고도 한다. 재진술함으로써 내담자의 입장을 이해하기 위해 노력하고 있다는 모습을 전달하며, 내담자는 자신의 생각을 구체화할 수 있게 된다.
- 재진술은 보통 내담자가 한 말보다 수가 적으나 유사한 단어를 포함하며, 그 내용에 있어서 더 구체적이고 분명한 편이다.

- 예: "지금 당신이 한 말은 ~하다는 말인가요?"

⑥ 명료화(clarification)
- 내담자의 말 속에 포함되어 있는 불분명한 내용에 대해 상담자가 그 의미를 분명하게 밝히려는 것을 말한다. 재진술과 달리 상담자의 판단에 의해 내담자의 감정, 생각 속에 내포된 의미를 보다 분명하게 말하는 것이다.
- 예: "~에 대해 조금 더 자세히 말해 주실 수 있을까요?"

⑦ 요약(summary)
- 상담 회기 내용의 일부 또는 전부에 대해 간결하게 정리하고 통합하는 과정을 의미한다. 매 회기의 상담을 자연스럽게 종결하며, 새로운 해결책을 강구하도록 하는 데 도움이 된다.
- 요약의 종류
  수집요약(언급된 내용을 종합하는 것), 연결요약(다음의 내용으로 자연스럽게 연결되도록 할 수 있는 것), 전환요약(내용과 주제를 다른 것으로 바꾸고자 할 때 사용하는 것)이 있다.

⑧ 침묵(silence)
- 상담 과정 중의 침묵은 여러 가지 의미를 갖게 된다. 대개의 경우 내담자가 자기 자신을 음미해 보거나 머릿속으로 생각을 간추리는 과정에서 침묵이 발생한다. 이런 경우 상담에 의미 있는 침묵으로 작용한다. 이럴 경우 상담자는 침묵을 섣불리 깨뜨리려고 하지 말고, 인내심을 갖고 기다리는 것이 바람직하다.
- 상담관계가 잘 이루어지지 않거나 상담자에 대한 저항으로 침묵이 발생하는 경우, 긴 시간의 침묵은 피해야 한다. 상담자는 무조건 기다릴 것이 아니라 침묵의 원인이 되는 내담자의 감정과 태도를 다루어야 한다.

⑨ 질문(question)
- 상담자가 내담자의 문제를 탐색할 때 가장 많이 사용하는 기술이다. 질문의 목적은 내담자가 자기노출을 하도록 격려하기 위해, 내담자의 생각을 구체화하기 위해, 상담자가 내담자의 상황을 더 명확하게 이해하도록 돕기 위한 다양한 이유로 사용된다.

<효과적인 '질문'을 위한 유의점>
- 내담자에게 제한하는 형태의 질문은 삼가야 한다.
- 상담자의 추측이 들어 있는 질문은 삼가야 한다.
- 상담자 자신의 호기심에 따른 질문은 삼가야 한다.

- 내담자를 비난하는 것으로 느끼게 하는 '왜' 질문은 유의해야 한다.
- 상담자가 성급한 마음을 갖고 하는 질문은 삼가야 한다.
- 한 번에 여러 개의 질문은 삼가야 한다.
- 질문에 지나치게 의존해서 상담을 진행하지 않도록 해야 한다.

⑩ 직면(confrontation)
- 내담자의 말이나 행동이 일치하지 않는 경우 또는 내담자의 말에 모순점이 있는 경우 상담자가 그것을 지적해 주는 것이다. 내담자의 강한 감정적 반응을 유발할 수 있으므로 충분한 라포가 형성되고 내담자가 받아들일 준비가 되었을 때 배려와 함께 사용해야 한다.
- 불일치와 모순은 말과 행동, 감정과 행동, 행동과 행동, 현실과 이상 등에서 다양하게 나타난다.
- 예: "당신은 활짝 웃고 있지만 다리를 계속해서 떨고 있군요."(행동과 행동 간의 불일치), "당신은 친구와 친하게 지내고 싶다고 하면서 친구의 연락을 피하는군요."(감정과 행동 간의 불일치)

⑪ 해석(interpretation)
- 내담자가 새로운 방식으로 자신의 문제를 돌아볼 수 있도록 내담자가 경험한 사건들과 행동, 감정, 생각 등의 의미를 설명해 주는 것이다. 반드시 가설적 형태로 내담자에게 전달해야 하며, 충분한 라포가 형성되었을 때 신중히 사용해야 한다.

2 상담의 과정

1) 상담의 진행과정

① 초기단계
- 상담자와 내담자 간에 라포를 형성한다.
- 상담자는 내담자의 문제를 파악하고, 문제가 발현하게 된 요인들을 이해해야 한다.
- 상담자는 내담자에게 상담에 대한 정보를 알려 주고, 목표를 설정한다.

② 중기단계
- 상담의 중기단계에서는 목표를 달성하기 위한 구체적인 시도들이 전개된다. 내담자의 문제들에 대한 해결이 시도된다는 점에서 '작업단계' 또는 '문제해결단계'라고도 불린다.
- 구체적인 문제해결의 방법은 내담자가 가진 심리적인 문제의 성질이나 유형에 따

라 크게 달라진다.
- 상담자는 내담자의 호소문제를 해결하는 데 적합한 상담방법들을 동원해야 한다.
- 이 단계에서 내담자에게 저항이 일어난다면, 상담자는 내담자의 저항의 이유를 정확히 파악하고 그에 대한 적절한 대책을 세워야 한다.

③ 종결단계
- 성공적인 중기단계를 거쳐 목표를 달성하는 단계이다. 그러나 종결단계가 곧 상담이 끝나는 것을 의미하지는 않는다. 내담자가 기존에 경험했던 어려움을 해결했다고 하더라도 문제가 재현되거나 새로운 문제에 부딪힐 수 있다.
- 상담자는 내담자가 상담 종결 후에 경험할 수 있는 여러 가지 문제에 대해 대처해 나갈 수 있도록 미리 준비시켜야 한다. 이에 상담자는 문제를 대처할 수 있는 다양하고 구체적인 방법들에 대해 잘 알고 있어야 한다.

2) 상담과정의 문제해결 모델 3단계

① 1단계(현재의 시나리오): '내담자의 현재 상태는 어떠한가?'라는 물음을 통해 내담자의 문제를 명료화하고, 내담자가 처해 있는 현재의 상태(시나리오)를 구성한다.
② 2단계(원하는 시나리오): '내담자가 원하고 바라는 것은 무엇인가?'라는 물음에 대한 내담자의 답으로 내담자가 원하는 모습을 현실적이고 바람직한 목표와 방향으로 설정하게 된다.
③ 3단계(행동 전략): '내담자가 원하고 바라는 것을 얻기 위해 무엇을 해야 하는가?'라는 물음을 통해 행동 전략을 수립하여 실행하게 된다.

3) 상담의 초기단계의 주요내용

① 상담관계의 형성
- 상담자와 내담자 간에 서로 신뢰로운 관계를 형성하는 것은 상담효과에 영향을 미친다. 내담자가 상담자를 신뢰할 수 있기 위해서는 상담자가 내담자에게 일관된 관심을 보이고 공감하며 민감하게 반응하여야 한다.
- 상담 초기에 이루어지는 관계형성은 이후 상담 과정의 촉진적인 과정을 이끌며 내담자의 변화와 성장을 돕는 데 기반이 된다.

② 내담자의 이해와 평가
상담 초기단계에서 상담자는 내담자가 상담을 필요로 하는 이유와 내담자의 개인적 특성과 관련된 정보를 수집하고 분류하여 내담자가 자신의 문제를 정의하고 명료화할 수 있도록 돕는다.

③ 상담의 구조화

상담의 구조화란 상담 과정 전반에 대한 세부적인 안내 과정을 말한다. 구조화 작업은 상담 첫 회기에 진행하는 것이 일반적이다. 상담의 구조화 과정은 크게 세 가지 영역으로 구분된다.
- 상담 여건의 구조화: 상담 여건의 구조화는 상담 시간, 상담 횟수, 상담 장소, 상담 시간에 늦거나 약속을 지키지 못할 일이 발생했을 때 연락하는 방법 등에 대한 구조화이다.
- 상담관계의 구조화: 상담관계의 구조화는 상담 과정이 어떻게 진행되며, 상담자와 내담자가 어떤 역할을 하는가를 알려 주는 구조화이다.
- 비밀보장의 구조화: 상담자는 내담자에 대한 비밀보장을 유지하고 지켜 주어야 할 의무가 있다. 그러나 비밀보장이 특수한 경우에는 한계가 있음을 알려 줄 필요가 있다.

④ 상담목표의 설정
- 상담목표는 상담의 방향을 제시하고 효과적인 상담전략을 계획할 수 있도록 하며, 상담의 진행 상황 및 유효성 여부를 판단할 수 있는 기준을 제시해 준다.
- 상담자는 내담자와 협의하여 상담을 통해 달성할 구체적인 목표를 설정하여야 한다. 이때 목표는 현실적이면서 구체적인 행동으로 이어질 수 있는 것이어야 한다.

학습 Plus 상담목표 설정 시 주의점

① 목표는 행동보다는 결과 또는 성취적 목표로 설정해야 한다.
② 목표는 검증이 가능하며, 구체적인 행동으로 이어질 수 있는 것이어야 한다.
③ 목표는 가시적이고 실제적인 차이로 나타나는 것이어야 한다.
④ 목표는 내담자의 능력 및 통제력을 고려한 현실적인 것이어야 한다.
⑤ 목표는 내담자의 가치에 맞는 것이어야 한다.
⑥ 목표는 도달을 위한 현실적인 기간이 설정되어야 한다.

4) 상담의 종결단계에서 해야 할 일

① 이별의 감정 다루기: 내담자가 상담 종결 후 상담자와의 이별과 분리로 인한 어려움을 잘 극복할 수 있도록 심리적 안정감을 제공하고, 충분한 시간적 여유를 두고 종결에 대해 이야기를 나누고 준비하도록 한다.
② 상담 성과에 대한 평가: 상담을 통해 변화하고 성장한 것은 무엇인지, 해결되지 못한 것은 무엇인지 탐색하고 의논한다.

③ 내담자의 독립성 증진: 상담 회기 간격을 늘려 상담에 대한 내담자의 의존성을 줄여나가는 노력이 필요하며, 내담자의 독립성과 문제해결력이 증진될 수 있도록 지지와 격려를 한다.

④ 추수 상담과 재발의 위험성 다루기: 추수 상담을 통해 내담자의 변화를 지속적으로 점검하고, 재발에 대처하는 방법을 함께 모색해 본다. 종결 이후, 도움이 필요한 경우에는 언제든지 상담을 다시 할 수 있음을 안내해 준다.

5) 상담면접의 종류

① 발달 상담면접: 개인의 발달문제에 초점을 두고, 내담자의 독립과 자기이해 및 수용을 목표로 한다.

② 문제 중심의 상담면접: 일상생활에서 경험하는 문제에 초점을 두고, 문제에 대한 정의를 명확하게 하고 목표행동을 설정한다.

③ 의사결정 상담면접: 특정한 의사결정을 하는 데 초점을 두고, 의사결정을 하는 데 방해요인이 있는지 확인하고 다루어 준다.

④ 위기 상담면접: 경험하는 엄청난 갈등에 초점을 두고, 자살위험성, 내담자의 보호요인 등에 대한 즉각적 판단이 필요하다.

핵심 3 집단상담

1 집단상담의 이해

1) 집단상담의 정의

① 집단상담(group counseling)은 상담자와 함께 집단원 간의 상호작용을 통해 자기이해와 수용을 경험하고 개인의 문제를 해결해 나감으로써 보다 성숙한 모습으로 성장하도록 조력하는 과정이다.

② 집단상담자는 훈련받은 전문가이어야 하며 인간행동에 대한 깊은 이해력, 행동 및 태도의 의미를 명료화할 수 있는 능력, 집단 내의 몰입과 상호 교류를 관리하는 능력, 행동 변화를 위한 실천 노력을 촉진하는 능력을 갖추고 있어야 한다.

2) 집단상담의 구성요소

① 집단원: 집단원을 선정할 때는 사전 면담을 통해 집단의 목표에 적합한지를 확인해야 한다. 집단의 응집성을 고려하여 성별, 연령, 성격적으로 문제가 있는지 등을 고려

하여 선정한다.
② 장소: 집단상담 장소는 너무 크지 않으면서 외부의 방해를 받지 않는 물리적으로 편안한 곳이어야 하며, 모든 집단원이 서로 잘 볼 수 있는 위치로 앉는 것이 효과적이다.
③ 집단의 크기: 집단의 크기는 집단의 역동 및 집단상담의 효과와 직접적으로 관련된다. 일반적으로 6~12명이 가장 적절한 것으로 보고 있다.
④ 상담 시간 및 횟수: 집단상담 시간은 내담자의 연령이나 모임의 종류 및 빈도에 따라 적절하게 정하여야 한다. 일반적으로 1회의 상담 시간은 준비 기간을 포함해서 1시간 반 내지 2시간을 잡는 것이 보통이다. 시간 간격은 주 1회 내지 2회로 하는 것이 좋다.
⑤ 집단의 구성: 집단의 구성은 개방적으로 하거나 폐쇄적으로 할 수 있다. 폐쇄 집단에서는 집단을 시작할 때 참여한 사람들만으로 전 기간 동안 집단을 계속하는 반면, 개방 집단의 경우에는 집단상담 기간을 통해 새로운 구성원을 받아들이며 진행한다.

3) 집단상담의 장점
① 집단상담에서는 상담자가 개인상담에 비해 짧은 시간에 많은 사람의 성장을 도울 수 있어 시간과 노력을 크게 줄일 수 있다.
② 개인상담에 비해 집단상담의 경우 내담자의 심리적 부담이 적을 수 있다.
③ 집단 속에서 집단원은 상호작용을 통해 자기지각과 자신에 대한 타인지각이 일치하는지의 여부를 검증할 수 있다.
④ 집단원 각자가 자기 자신의 문제에만 관심을 보이던 것에서 벗어나 타인을 위해서도 좀 더 폭넓은 관심을 갖게 된다.
⑤ 집단상담에서 개인은 어떤 외적인 비난이나 처벌에 대한 두려움 없이 새로운 행동을 실습해 볼 수 있다.
⑥ 집단원이 똑같은 문제를 갖고 있지 않다고 하더라도 최소한 집단원은 다른 사람들도 보편적인 문제를 가지고 있다는 사실을 발견하게 됨으로써 자신이나 타인을 더욱 잘 이해할 수 있게 된다.
⑦ 집단상담에서는 동료들 간에 서로의 관심사나 감정을 터놓고 이야기할 수 있기 때문에 소속감과 동료의식을 쉽게 발전시킬 수 있다.
⑧ 다양한 집단원을 만남으로써 개인상담에서 할 수 없는 여러 가지 풍부한 학습 경험을 할 수 있다.

4) 집단상담의 단점
① 집단상담은 인간의 행동을 변화시키는 여러 가지 접근법 가운데 하나로, 이에 모든

사람에게 효과적인 것이 아니다.
② 집단상담에서는 개인상담에서처럼 특정 집단원의 문제가 충분히 다루어지지 못할 가능성이 있다.
③ 집단 과정에서 집단원이 부정적인 집단 압력에 의해서 상처를 입게 될 우려가 있다.
④ 집단 경험을 통해서 생활양식과 가치관의 변화가 일어날 경우 그 변화로 인하여 안정감을 상실할 수 있다.
⑤ 체계적인 훈련이나 교육 경험이 부족한 집단상담자가 집단상담을 하게 되면 오히려 피해를 줄 수 있다.
⑥ 집단상담에서는 집단원 간에 공유된 내용들에 대한 비밀보장의 어려움이 발생할 수 있다. 집단상담 과정에서 내담자의 비밀보장이 철저히 이루어지지 않는 경우에 사회적·법적인 문제를 야기할 수 있다.

> **학습 Plus** 집단상담에 적합하지 않은 내담자의 특징
> - 내담자가 위기에 처했을 경우
> - 내담자의 보호를 위해 비밀이 철저히 보장되어야 할 경우
> - 내담자의 대인관계 기술이 매우 부족하고 비효율적인 경우
> - 내담자가 자신의 감정, 욕구, 사고, 행동에 대한 인식이 매우 부족한 경우
> - 일탈적인 성적 행동의 가능성이 있거나 과거력을 가지고 있는 경우

5) 집단상담의 형태

① 지도집단: 개인적 요구나 관심사에 대한 적절한 교육적·직업적·사회적 정보를 제공하려는 목적으로 실시된다. 주로 학교에서 이루어지며 심리적 장애나 부적응을 치료하는 것보다 문제 예방에 관심을 둔다.
② 상담집단: 지도집단과는 달리 주제나 문제보다는 사람에게 초점을 두고, 신뢰롭고 수용적인 분위기 속에서 집단원들은 개인의 문제를 다루고 행동 변화를 도모한다. 지도집단에 비해 집단의 크기가 작은 편이며, 덜 구조화되어 있다.
③ 치료집단: 전문적인 훈련을 받은 치료자가 집중적인 심리치료를 필요로 하는 사람을 대상으로 실시한다.
④ 자조집단(self-help group): 유사한 문제를 가진 사람들이 자발적으로 함께 모여 자신들의 공통된 문제에 대해 서로 경험을 나누고 도움과 지지를 제공함으로써 문제를 해결해 나간다. 비전문가들이 이끌어 가며, 집단원 상호 간의 원조를 목적으로 구성이 된다.

6) 집단의 치료적 효과(Yalom)

① 희망의 고취: 집단원들에게 문제가 개선될 수 있다는 희망을 심어 주는데, 희망 그 자체가 치료적 효과를 가질 수 있다.
② 보편성: 참여자 자신만 심각한 문제와 증상을 가진 것이 아니라 다른 사람들도 자기와 비슷한 갈등과 어려움, 문제를 가지고 있다는 것을 알고 위로를 받는다.
③ 이타심: 집단원들은 서로 위로와 격려, 지지, 제안 등을 통해 도움을 주고받는다.
④ 정보 전달: 집단원들은 상담자에게서 다양한 정보를 습득함으로써 자신의 문제에 대해 보다 명확하게 이해하며, 동료 참여자에게서도 제안과 지도, 충고를 얻는다.
⑤ 1차 가족집단의 교정적 재현: 집단은 가족과 유사한 점이 있어 집단원의 부모, 형제 관계와의 교류가 집단 내에서 상호작용으로 재현될 수 있다. 그 과정을 통해 그동안 해결되지 못한 갈등 상황에 대해 탐색하고 도전한다.
⑥ 사회 기술의 발달: 집단원으로부터의 피드백이나 특정 사회 기술에 대한 학습을 통해 대인관계에 필요한 사회 기술을 발달시킨다.
⑦ 모방행동: 집단상담자와 집단원들은 새로운 행동을 배우는 데 있어 좋은 모델이 될 수 있다.
⑧ 대인관계 학습: 집단원과의 상호작용을 통해 자신의 대인관계에 대한 통찰을 얻고, 대인관계 형성의 새로운 방식을 시험해 볼 수 있는 장이 된다.
⑨ 정화: 집단 내의 비교적 안전한 분위기 속에서 집단원은 그동안의 억압되어 온 감정을 자유롭게 발산할 수 있다.
⑩ 집단 응집력: 집단 내에서 자신이 인정받고 수용된다는 소속감은 그 자체로 집단원의 긍정적인 변화에 영향을 미친다.
⑪ 실존적 요인들: 집단원과 경험을 공유함으로써 자신의 인생(삶)에 대한 궁극적인 책임은 자신에게 있다는 것을 배운다.

2 집단상담의 과정

① 1단계: 참여단계(시작단계)
집단 활동이 첫 발을 딛는 시기로, 조심스럽게 탐색을 시작하며 집단 구조에 대한 불확실성을 느껴 집단 지도자에 대해 의도적인 경향을 띠게 된다. 이 단계에서 집단 지도자는 집단원들로 하여금 그들의 느낌을 솔직하게 표현하도록 돕고, 수용적이고 신뢰로운 분위기를 조성해야 한다.

② 2단계: 과도기적 단계(갈등단계)

　집단원들이 집단 장면과 다른 집단원에 대해 부정적인 정서적 반응을 나타내는 단계로, 집단 지도자를 공격하거나 집단원 간에 갈등이 발생한다. 이와 같은 현상은 집단상담의 성격상 자연스러운 것이라고 말할 수 있다. 이 단계에서 집단 지도자는 집단원의 저항과 방어를 다루기 위해 즉각적으로 집단에 개입하고, 그것을 해결하기 위해 필요한 지지와 도전을 제공해야 한다.

③ 3단계: 응집성 단계

　부정적인 감정이 극복되고 협력적인 집단 분위기가 형성되어 점차 응집성을 발달시키게 된다. 집단원들은 집단에 대해 적극적인 관심과 애착을 갖게 되고, 집단 지도자, 집단과 자신을 동일시하게 되어 신뢰도가 증가하고 집단의 사기가 높아진다. 그러나 이 단계에서 발달된 응집성은 자기만족과 다른 사람의 호감을 사려고 하는 경향에서 초래된 것이기 때문에 아직은 생산적이지는 못하다.

④ 4단계: 생산적 단계

　이 단계에서 집단원들은 갈등에 직면하였을 때 그것을 어떻게 다루는지를 학습하여 능동적으로 처리할 수 있게 되고, 행동에 대한 책임을 질 수 있으며, 집단 문제해결의 활동에 참여할 수 있게 된다. 또한 개인은 집단원 간의 상호작용을 통해 자신에 대한 깊은 통찰을 얻게 되고, 그 결과 행동을 변화시킬 수 있는 준비를 하게 된다.

⑤ 5단계: 종결단계

　집단원들이 집단에서 학습한 것을 실생활에서 활용할 수 있도록 독려하는 단계로, 집단원들에게 집단에서 경험한 것의 의미를 명료화하며 미해결된 부분을 협력하여 마무리하고 통합/해석해야 한다. 이 단계에서 집단 지도자는 서로 건설적인 피드백을 줄 수 있는 기회를 제공하며, 집단상담이 끝난 후 지속적인 비밀 유지의 중요성을 강조해야 한다.

학습 Plus　집단상담의 종결단계에서 다루어야 할 내용

- 집단상담을 통해 배운 것을 적용하는 문제
- 이별의 감정 다루기
- 집단상담과 집단경험의 평가
- 집단원의 성장 및 변화의 평가
- 미해결 과제의 취급
- 피드백 주고받기

3 집단상담의 방법

1) 관심 기울이기
① 집단원들 간의 관계뿐 아니라 집단상담자와 집단원 간에 이루어지는 의사소통의 과정이라고 볼 수 있다. 집단상담자는 집단원들에게 전적으로 관심을 기울이면서 집단원들이 전달하고자 하는 메시지를 제대로 듣고 이해할 수 있어야 한다.
② 집단원이 표현하는 말의 내용뿐 아니라 비언어적인 것들에 대해서까지도 민감한 관심을 기울이는 것을 의미한다.

2) 공감적 반응하기
① 공감적 반응은 집단원의 입장에서 그의 느낌 또는 내적 경험을 이해하고 이를 직접 말로 전달하는 것이어야 한다.
② 공감적 반응은 집단원으로 하여금 집단상담자와 집단에 대해서 신뢰감을 갖게 하며 수용되고 있다는 느낌을 경험하도록 해 준다.

3) 자기 노출하기
① 집단상담자가 상담을 효과적으로 이끌기 위해 집단상담에 참여한 집단원에게 자신에 대한 주관적인 정보를 공개하는 것이다.
② 자기노출을 통해 집단원에게 유사성과 친근감을 전달할 수 있고, 집단상담자와 집단원 간의 보다 깊은 관심과 이해를 발달시킬 수 있다.

4) 피드백 주고받기
① 타인의 행동에 대한 자신의 반응을 상호 간에 솔직하게 이야기해 주는 과정을 피드백이라고 한다.
② 피드백 주고받기는 집단상담의 중요한 목적의 하나로, 집단원으로 하여금 타인들이 자신을 어떻게 보고 있는지에 대해 학습할 기회를 제공한다.

5) 연결 짓기
① 한 집단원의 말과 행동을 다른 집단원의 관심과 연결하고 관련짓는 방법이다. 집단원이 제기하는 여러 가지 문제나 주제, 정보, 자료들을 서로 연관시키는 것이다.
② 연결 짓기를 통해 집단원은 자신의 문제를 다른 각도에서 바라보거나 미처 인식하지 못했던 문제의 진정한 원인이나 해결책을 찾는 데 도움을 얻게 된다.

6) 행동 제한하기

① 집단상담자는 집단 활동이 바람직한 방향으로 효율적으로 이루어지도록 노력할 의무가 있다. 행동 제한하기는 집단원들이 비생산적이고 집단 발전에 도움이 되지 않는 행동을 하지 못하도록 제한하는 것이다.
② 집단상담자가 집단원의 행동을 제한해야 하는 경우는 지나치게 질문을 계속할 때, 제3자에 대해 험담을 할 때, 다른 집단원의 사적인 정보나 비밀을 캐내려고 강요할 때, 집단원에게 신체적 위해를 가할 위험이 있을 때이다.

4 집단상담 사회기술훈련의 단계

① 1단계: 집단원들이 사회 기술을 학습하는 데 보다 흥미를 가지도록 하며, 이로써 훈련 과정에 적극적으로 동참하도록 유도한다.
② 2단계: 특정 기술을 성공적으로 수행하기 위해 각각의 구성요소들이 어떠한 의미와 기능을 가지는지를 설명한다.
③ 3단계: 사회 기술을 시연하며 토론의 시간을 가진다.
④ 4단계: 역할극을 통해 표적사회기술의 개별 요소들을 연습한다.
⑤ 5단계: 역할극에 대한 평가를 실시하며, 역할극에 기술적인 요소들을 결합한다. 집단원들은 역할극을 통해 다양한 구성요소를 종합적으로 연습하며, 서로에게 피드백을 제공하면서 숙달될 때까지 반복한다.
⑥ 6단계: 표적사회기술을 실제 상황에 적용한다.

핵심 4 　 가족상담의 이해

1 가족상담이란

가족상담(family counseling)이란 여러 구성원으로 이루어져 기능하는 가족을 하나의 체계로 보고 가족체계에 변화를 줌으로써 가족 구성원의 증상을 보다 효과적으로 치유하는 데 그 목적이 있다.

2 가족상담의 기본개념

① 체계(system)
- 체계란 서로 영향을 주고받는 요소의 복합체를 말한다. 가족체계는 부부 하위체계, 형제 하위체계, 여성 하위체계, 남성 하위체계 등을 포함한다. 또한 세대를 뛰어넘어 아버지와 딸의 하위체계, 어머니와 아들의 하위체계를 구성할 수 있다.
- 가족체계의 어느 한 부분에서 변화가 일어나면 그 변화가 다른 부분의 변화를 유도하고, 나아가 전체 가족에게 변화를 일으킨다.

② 경계선(boundary)
- 경계선이란 가족 하위체계를 구분하는 선으로, 가족 구성원 사이에 허용할 수 있는 접촉의 양과 종류로 구분된다.
- 경계는 개인과 개인 사이 또는 하위체계와 하위체계 간의 경계선이 어떠한지에 따라 경직된 경계선(rigid boundary), 모호한 경계선(diffused boundary), 명료한 경계선(clear boundary)의 세 가지로 구별된다.
  * 경직된 경계선: 가족 구성원 간의 생각이나 감정이 서로 교류되지 않고 흩어져 서로 격리되어 있다.
  * 모호한 경계선: 가족이 모든 정보를 공유하고 서로 간섭하고 밀착되어 있는 상태이다.
  * 명료한 경계선: 부모와 자녀들이 지나치게 밀착되어 있지 않고 간섭하지 않는 상태이다. 적당한 수준으로 관여하며, 중요한 결정을 내려야 할 때는 함께하여 의견을 나누고 용기를 주고 격려하며 서로를 자체로서 인정한다.

③ 항상성(homeostasis)

어떤 중심적인 경향을 가지고 역동적인 균형을 유지하려는 가족체계의 경향을 말한다. 가족체계 내의 역동적인 균형이 깨어질 위협을 느낄 때 이를 회복하려는 작용을 항상성이라고 한다.

④ 가족규칙(family rule)

가족 구성원이 상호작용하면서 만들어 낸 일정한 패턴을 말한다. 가족 내에는 수많은 규칙이 존재할 수 있다. 역기능 정도가 심한 가정일수록 적은 수의 규칙에 의해 운영되는 경우가 많다.

⑤ 가족 삼각관계(family triangles)

이인체계에서 긴장이 해소되지 않을 때 이 문제를 해결하기 위해 제3의 사람이나 문제를 끌어들이는 것을 말한다. 삼각관계는 두 사람 사이의 긴장을 완화시키지만 동시에 의미 있는 문제해결을 방해하기도 한다.

⑥ 희생양(scapegoat)

희생양은 가족 내의 문제를 책임지게 되는 특정 개인이다. 가족은 희생양을 만듦으로써 핵심이 되는 문제에 직면하는 것을 피할 수 있다. 가족 구성원은 희생양이 된 사람에게 모든 문제를 돌리고, 희생양이 된 개인은 점점 고정되어 만성적인 심리적 문제를 지니게 된다.

⑦ 부모화(parentification)
- 부모화란 가족체계 속에서 자녀가 한쪽의 부모나 다른 형제에게 양육적 역할을 하게 되는 상황을 의미한다.
- 부모화를 하는 자녀는 성인처럼 행동하며 정서적, 육체적으로 약해진 부모를 보호하거나 위기에 빠진 부모의 부부관계를 해결하려고 한다.

3 가족상담의 진행단계

① 초기단계: 접수면접, 문제 파악, 목표 설정이 된 상태까지를 말한다. 가족과 상담관계를 형성하며, 가족력, 과거의 중대한 사건, 가족 간의 상호작용 패턴 등을 파악하여 문제를 명료화하고 상담목표를 설정한다.

〈초기단계의 상담 구조〉
- 가족과의 상담관계: 첫 회기를 시작할 때 상담자는 가족의 언어 유형과 감정적인 표현 양식을 이해하고 교류하는 패턴을 수용하면서 가족과 함께 작업동맹을 구축한다.
- 문제의 명료화: 문제를 명확히 할 때 중요한 점은 '왜 지금인가' 하는 것이다. 가족이 이 시기에 상담을 받으러 왔다는 것은 지금 문제를 해결하려는 시도를 하고 있다는 점에서 중요하다. 상담자는 가족 구성원과의 질문을 통해 가족의 구조와 기능 및 증상에 관한 가설을 검증할 수 있어야 한다.

〈질문을 통한 탐색 주제〉
- 가족이 문제를 이야기하는 동안 상담자가 유의할 것은 누가 먼저 이야기하는가
- 가족이 호소하는 문제 이외의 다른 것에 관해서도 이야기하는가
- 특정 가족 구성원이 이야기를 방해하는가
- 가족 중 연합을 이루는 가족이 있는가
- 가족 중 누가 힘을 가지고 있는가

- 상담목표 설정: 첫 면담에서 가족이 어떻게 변화하기를 원하는지, 상담을 통해서 이루고자 하는 것이 무엇인지를 명확하게 하기 위해서 상담자는 상담목표를 수립한다. 목

표 설정 시에는 가족이 추구하는 것이 무엇인지 구체적으로 표현하도록 해야 한다.
② 중기단계: 가족 간의 관계가 수정되어야 하고 파괴적인 동맹이 있다면 가족 구조가 재조직되어야 한다. 가족 구성원의 자주성이 증대되어야 하고, 가정 내 역할이 덜 경직되어야 하며, 기존의 숨겨진 경험을 서로 공유하고 인정하며, 가족 구성원이 자기 행동에 대한 타인의 반응을 받아들일 수 있어야 한다.
③ 종결단계: 가족상담의 목표가 달성되었다고 판단이 되면 종결에 대한 준비를 한다. 종결 시기가 되면 내담자는 상담이 종결되는 것에 대해 불안을 느낄 수 있는데, 상담자는 이러한 내담자의 감정을 충분히 표현할 수 있도록 한다.

학습 Plus 가족상담의 종결단계에서 종결을 결정하는 기준

- 가족 구성원이 새롭게 습득한 대처방법이나 행동양식을 수용하고 유지할 수 있다고 생각되는 경우
- 가족의 구조와 규칙이 보다 융통성 있고 기능적이 된 경우
- 가족 구성원 개개인이 보이던 증상들이 호전된 경우
- 각자의 역할과 기능에 대한 합의가 가족이 만족할 만한 수준에서 이루어진 경우

〈가족상담의 종결 과정 4단계〉

가족상담 모델에 따라 종결 과정은 도입단계, 요약단계, 장기적 목표 나누기 단계, 추수 면담 단계의 4단계로 나눌 수 있다.

- 도입단계: 상담자가 왜 종결의 문제를 꺼냈는지를 설명한다. 상담이 시작되었을 때 기대했던 것이 달성되었기 때문일 수도 있으며, 예정된 상담 횟수가 다 되었거나, 진전이 전혀 없기 때문일 수도 있다.
- 요약단계: 상담 중에 일어난 것을 정리함으로써 상담에 관여된 모든 사람에게 성취된 변화와 가족 현상을 되돌아볼 기회를 준다.
- 장기적 목표 나누기 단계: 가족이 목표에 도달했는지를 어떻게 아는지에 대해 서로 이야기한다. 가족이 앞으로 직면할지 모르는 어려움을 예상해 보고, 가족의 능력과 심리적 자원으로 곤란을 극복할 수 있는지를 나눈다.
- 추수 면담 단계: 추수 면담 단계에서는 상담효과의 지속적인 유지를 촉진하고 변화를 확인한다.

4 가족상담 기법

① 가족조각(family sculpting)
- 가족조각 기법은 가족이 특정한 사건에 대한 거리감, 대처하는 자세나 태도를 신체를 통하여 시각적, 공간적으로 표현하는 기법이다.
- 가족 안에서 가족의 감정적인 대립이나 갈등들을 말로만 표현하는 데에는 한계가 있다. 이에 가족 구성원 간의 관계를 시각화하여 묘사함으로써 가족이 가족 구조를 사실적으로 지각하며 인정할 수 있다.

> **학습 Plus 가족조각 기법의 예**
> - 상담자: (가족을 향하여) 자, 이제 가족 간의 관계가 어떠한지를 몸으로 보여 주는 조각을 해 봅시다. 가족 구성원이 서로 안전하고 편안하다고 느끼는 거리는 어느 정도인지를 몸으로 표현해 보세요.
> - 내담자: (서로가 원하는 공간과 친밀감의 정도를 몸으로 표현한다)

② 가계도(genogram)
- 가계도란 내담자 가족의 여러 세대에 걸쳐 나타나는 가족의 패턴을 알고, 가족사에서 나타나는 죽음, 질병, 사고, 성공 등이 핵가족의 사건과 어떤 관계가 있고, 어떤 영향을 미치는지 이해하기 위한 가족 도표이다.
- 가계도는 적어도 3대에 걸쳐서 조사되며, 가능하다면 가족이 많이 참여한 가운데서 상담자와 함께 작성하는 것이 바람직하다. 상담 횟수가 많아질수록 가족관계는 더욱 구체적이고 세분화되어 그려진다.

③ 빈 의자 기법(empaty chair)
- 빈 의자 기법은 빈 의자를 어떤 상징적인 대상으로 간주하여 대화하도록 하는 기법으로서, 내담자와 갈등을 일으키고 있는 대상과 문제, 그에 대한 감정 상태를 알 수 있다.
- 이 기법은 빈 의자를 내담자와 갈등을 일으키고 있는 대상으로 여기고, 의자를 내담자 앞에 두고 2개의 의자에 번갈아 옮겨 가면서 두 사람의 역할을 하며 대화하는 방식을 취한다.
- 이 기법에서는 현재의 갈등 대상자를 빈 의자 역할로 대신 사용할 수 있고, 빈 의자를 통해 내담자 원가족의 부모와의 관계에서 가족 투사, 가족 연합, 희생양, 부모화 역할 등을 재작업할 수 있다.

> **학습 Plus** ✚ **빈 의자 기법의 예**
>
> - 상담자: 이제 저 의자에 당신 아들이 앉아 있다고 상상해 보시겠습니까? (내담자가 고개를 끄덕인다) 아들에게 당신이 어떻게 생각하는지 말해 보시고, 그것이 어떤 느낌으로 다가오는지도 말해 보세요.
> - 내담자: ○○아! 너는 다른 사람에게 전혀 신경을 안 쓰는구나. 나에게 늘 상처만 주지. 넌 내 말을 듣지도 않고, 내게 말을 함부로 하고, 학교에서는 말썽만 피워. 정말 실망이다.
> - 상담자: 이제는 맞은편 의자에 앉아서 ○○이가 되어 당신 자신에게 이야기해 보세요.
> - 내담자: 맞아요. 엄마는 나를 싫어해요. 엄마는 제게 유익하다는 이유로 제가 하기 싫어하는 일만 하기를 바라시지요.

④ 실연(enactment)
- 실연은 과거의 사건을 실제 연기를 통해 체험하게 하여 당시 내담자의 욕구와 감정을 경험하도록 함으로써 문제에 대한 통찰을 하게 하는 기법이다.
- 가족의 평소 상호작용을 상담 장면에서 직접 해 보는 것으로, 이러한 상호작용을 파악하는 것은 긍정적 변화에 유용하다.

> **학습 Plus** ✚ **실연 기법의 예**
>
> - 내담자: 세 살 된 딸이 떼를 써서 자기 할아버지, 할머니 앞이나 버스 안에서 나를 당황하게 해요.
> - 상담자: (세 살 된 딸이 상담 중에 어머니에게 껌을 달라고 요구하는 상황을 보고) 껌을 주지 마세요.
> - 내담자: (훌쩍거리다가 크게 울면서 껌을 달라고 떼쓰다가 마루에 드러누워 옷을 벗어던지는 딸을 보고 있다가 껌을 주려고 한다)
> - 상담자: 껌을 주지 말고 꼭 안아 주세요.
> - 내담자: (딸을 안은 채 20분이 지나자, 아이는 울음을 멈춘다)
> - 상담자: 지금 어떤 것을 느끼셨나요?
> - 내담자: 제가 생각했던 것보다 딸아이의 행동을 효과적으로 통제할 수 있는 능력이 제게 있다는 것을 알았어요.

5 가족상담자의 역할

① 가족상담자는 공감적·객관적·적극적 참여자로서의 다양한 역할이 요구되므로 이러한 역할을 수행해 나가기 위한 많은 경험을 쌓아야 한다.
② 상담자는 가족의 행동방식, 상호관계, 가족의 역할에 대하여 언어적·비언어적인 메시지를 잘 관찰해야 하며, 가족이 서로 호소하는 의미를 주의 깊게 관찰하도록 한다.
③ 가족 사정 시에는 가족 내 역동과 문제, 기저하는 욕구나 감정의 영향과 상호 연관성들을 평가한다. 가족 사정에 의한 진단적 가설은 가족상담의 치료적 전략을 구성하는 데

유용한 근거가 된다.
④ 가족상담자는 안정감, 정서적인 지지, 수용, 이해, 가치 확인, 가족의 정서적 욕구에 만족을 제공하며, 갈등을 해결하고자 가족이 서로 타협점을 찾을 수 있도록 상호작용의 촉매자 역할을 한다.
⑤ 상담 과정 중에 가족의 생활 주기에 따른 발달과정을 잘 이행할 수 있도록 개입을 할 수 있고, 부모 역할에 대한 교육적 개입이나 역할 훈련 등을 지도할 수 있다.

핵심 5   가족상담 이론

1 Bowen의 다세대 가족상담

① 기본개념
- 다세대 가족상담(multi-generational family therapy)은 소아정신분열증 환자의 가족 연구를 통하여 환자와 가족의 유기적 관계를 분화와 삼각관계의 개념을 이용하여 Bowen이 제시한 이론이다.
- 환자들은 엄마 또는 부모와 불안정한 애착관계를 형성한다는 사실을 발견하였고, 심리적 문제는 주로 불안에 의한 것이며 이들은 고립되고 분화되지 못하는 특성을 보인다.
- 다세대 가족상담의 목표는 불안을 감소시키고, 가족 집합체로부터 자신을 분리, 독립시켜 자아 정체감을 형성하고, 자유롭고 독립적인 사고와 행동을 할 수 있도록 조력하는 것이다.
- 자아분화(differentiation of self)는 개인이 가족의 정서적인 혼란으로부터 자유롭고 독립적인 사고나 행동을 할 수 있는 과정을 의미한다. 독립의 상태를 0~100까지의 분화지수로 표시하며, '0'은 가족으로부터 완전한 구속을, '100'은 가족으로부터 완전한 독립을 뜻한다.
    * 자아분화: 자아분화 수준이 높은 사람(분화지수: 75~100)은 성숙함과 독립성을 함께 갖추고 있다. 타인과 밀접한 관계를 맺으면서도 확실한 자아 정체감을 유지해 나가는 사람들로, 자신과 타인을 있는 그대로 존중하고 인정하며 목표지향적인 삶을 살아간다.
- 자아분화는 정서적인 것과 지적인 것의 분화를 의미하며, 감정과 사고가 적절히 분리되어 있는 경우 자아분화 수준이 높다. 자아분화 수준이 낮은 사람은 합리적으로 의사결정을 하지 못하며, 삼각관계를 통해 자신의 불안을 회피하고자 한다. 자아분화를 촉진시키는 것은 치료목표인 동시에 성장목표가 된다.

- 삼각관계(triangles)란 가족 구성원 중 두 사람이 해결하기 힘든 문제에 봉착했을 때 가족 내의 제삼자를 끌어들여 문제를 해결하려는 과정을 말한다[예: 두 사람(또는 부부) 간의 관계에서 발생하는 스트레스 해소를 위해 다른 가족 구성원을 끌어들임으로써 갈등을 우회시키는 것이다].
- 삼각관계가 일시적인 도움은 줄 수 있지만 가족의 정서체계를 혼란스럽게 만들기 때문에 Bowen은 삼각관계를 가장 불안정한 관계체계로 보고 탈삼각화가 되도록 치료를 했다.

② 주요기법과 절차
- 가계도(pedigree)
  - 가족상담의 중심인물 또는 내담자를 IP(Identified Patient)라고 지칭하고, 원가족을 포함하여 3세대에 걸쳐 가족 구성원에 관한 정보와 그들 간의 관계를 도표로 기록하는 방법이다. 이는 내담자 가족이 갖는 문제점을 조사하고 해결책을 모색하는 데 그 목적이 있다.
  - 가계도에는 가족의 중요한 사건(탄생, 결혼, 별거, 죽음)들에 대한 정보가 도식화되어 있기 때문에 몇 세대에 걸친 가족관계의 본질 및 구조를 신속하게 파악할 수 있어 매우 유용하다.
    * 가계도: 가계도는 3단계에 걸쳐 작성되는데, 가족 구조의 도식화, 가족에 대한 정보 기록, 가족관계에 대한 기술을 포함한다.
- 치료적 탈삼각화
  - 가족 내에서 갈등을 빚고 있는 사람은 안정성을 되찾기 위해 제삼자를 끌어들여 삼각관계를 형성하려는 경향이 있고, 상담자까지도 자동적으로 삼각화 과정에 끌어들이려고 한다.
  - 상담자는 정서적으로 이끌리지 않아야 하고, 중립적 입장을 유지하면서 탈삼각화를 위해 노력하고, 가족 구성원들이 평정을 되찾아 자신들의 문제해결 방법을 찾도록 안내한다.
- 관계실험(relationship experiment)
  - 삼각관계를 구조적으로 변화시키기 위해 사용하며, 가족들로 하여금 가족체계 과정을 인식하고 그 과정 내에서 자신의 역할을 깨닫도록 학습시키는 것이다.
    * 관계실험: 가족 내의 삼각관계를 변화시키기 위해 가족 구성원에게 새로운 관계를 시도해 보는 행동적 과제를 준다.

2 Minuchin의 구조적 가족상담

① 기본개념
- 구조적 가족상담(structural family therapy)에서는 개인의 심리적 증상이나 문제는 가족의 구조적 병리에 의해 생겨난 부산물로 본다. 따라서 개인의 증상과 문제를 해결하기 위해 가족의 구조적 변화를 시도한다.
- 상담의 목표는 가족 구조의 변화로, 상담자가 적극적으로 가족을 재구조화하는 과정에 개입을 한다.
  * 가족 구조(family structure): 가족 구성원들이 서로 관계를 맺고 상호작용하는 방식을 결정하는 암묵적 규칙과 요구를 말한다.
- 가족 구조: 가족 구성원들이 상호작용하는 방식을 조직하는 것으로 눈으로 볼 수 없는 기능적 요소들이다. 가족이란 밖으로는 큰 사회의 다른 체계와 안으로는 여러 하위체계로 구성되어 있다.
- 하위체계: 구조적 가족상담에서 가족은 부부하위체계, 형제하위체계, 부모하위체계 등의 세 가지 하위체계로 구성되어 있다. 하위체계 간의 규칙은 위계질서이며, 세대 간의 적합한 경계선을 중요시한다.
- 경계선(boundary): 가족 내의 구성원 간 또는 개인과 하위체계 간에 접촉과 개입을 허용하는 정도를 의미한다. 건강한 가족의 특성은 가족 경계선의 명료성과 적절성이 있는 경우이다.
- 제휴(coalition): 가족체계 안에서 개인이 다른 구성원과 협력적인 관계를 맺는 것을 의미하며, 하위체계 속에서는 많은 제휴가 일어나고 있다.
  * 제휴: 제휴에는 연합(두 사람이 제삼자에 대항하기 위해서 힘을 합치는 것)과 동맹(두 사람이 다른 공동의 목적을 위해 제삼자와 제휴하는 것)의 두 종류가 있다.
- 정상 가족과 역기능 가족: 정상 가족은 명확하고 안정된 경계선, 부모하위체계의 분명한 위계구조, 가족체계의 융통성이 있다. 역기능 가족은 가족의 경계선이 애매하거나 경직되어 있고, 가족 구조가 융통성이 없어서 상황 변화에 적절하게 대처하지 못하고 유리되거나 지나치게 밀착되어 있다.

② 주요기법 절차
- 가족과의 합류
  - 구조적 가족상담자는 가족의 일원으로 그들의 상호작용에 들어가 합류하여 개입을 한다. 가족과의 합류를 통해 새로운 상호작용을 촉발하고 가족 구조를 새롭게 재구성한다.
  - 가족과 상담자가 서로 협력하면서 치료를 계속하기 위해서는 합류가 중요하다. 합

류를 촉진하는 방법은 유지하기, 추적하기, 모방하기 등이 있다.

> **학습 Plus** 구조적 가족상담에서 합류를 촉진하는 방법
>
> - 유지하기: 상담자가 가족 구조를 탐색하고 분석할 때 가족 구조를 의도적으로 지지해 주는 방법이다(예: 강압적인 아버지에게 "제가 자녀에게 뭘 좀 물어봐도 좋을까요?"라고 말한다).
> - 추적하기: 상담자가 가족이 지금까지 해 온 의사소통이나 행동을 존중하며 기존의 가족교류 방식의 흐름에 따라가는 것이다(예: "네, 그렇군요. 잘 알겠습니다"를 통해 가족이 자신들의 이야기를 계속하도록 격려한다).
> - 모방하기: 상담자가 가족의 행동과 감정의 표현방법을 모방하는 것이다(예: 느리고 차분하게 반응하는 가족에게는 상담자가 속도를 늦춰서 반응하고, 가족의 경험과 유사한 자신의 경험을 적절하게 소개하는 것이다).

- 경계선 설정하기
  - 상담자는 가족의 경계선이 지나치게 경직되어 있을 때는 그것을 유연하게 변화시키고, 지나치게 모호할 경우에는 명료하게 경계선을 설정한다.
  - 밀착된 가족의 경우에 상담자는 개입을 통해 부모와 자녀의 하위체계 간의 경계선을 강화하고 개인의 독립성을 키우도록 노력한다.

3 Haley의 전략적 가족상담

① 기본개념
- 전략적 가족상담(strategic family therapy)은 상담자가 가족문제를 해결하기 위한 전략을 설계하는 데 주안점을 두는 이론이다.
- 내담자의 증상이 지니는 기능적 측면을 가족의 위계구조와 의사소통 패턴에서 파악하고, 문제해결책을 모색하여 가족 구성원에게 안내하는 단기치료이다.
  * 전략적 가족상담: 전략이라는 말은 내담자와 가족의 문제를 가능한 한 빨리 그리고 효율적으로 해결하기 위해 상담자가 계획한 주체적인 전략을 의미한다.
- 모든 가족은 발달과정을 거치면서 가족 특유의 의사소통 유형, 관계 유형, 가족규칙을 형성해 간다고 본다.
- 기능이 잘되는 가족일수록 가족 내 위계질서가 제대로 서 있어 윗세대가 더 많은 권력과 통제를 가지고 규칙을 집행할 수 있으며, 세대 간 구조와 경계를 분명히 갖고 있는 상태를 기능적이라고 본다.

② 주요기법과 절차
- 직접적 기법: 상담자가 제안, 충고, 지도를 직접 내담자 가족 구성원들에게 지시함으로

써 내담자 가족들이 그것을 수행하도록 하여 문제를 해결하는 기법이다.
- 역설적 기법: 가족 내에서 문제행동을 유지하거나 더 강화하는 행동을 수행하도록 지시함으로써 역으로 저항을 통한 변화를 이끌어 내고자 하는 방법이다. 이를 통해 문제행동의 부정적 영향을 더욱 분명하게 인식하게 될 뿐만 아니라 그러한 행동이 감소되는 효과를 거둘 수 있다.
- 은유적 기법: 가족 구성원들이 성에 관한 문제처럼 자신들의 문제를 밝히는 것을 꺼려하고 상담자와 의논하기를 원하지 않을 경우, 유사한 다른 문제에 대해 이야기하여 본질적인 성문제까지 접근해 가는 방법이다.
- 재구성기법: 가족 구성원들이 문제를 다른 시각에서 이해할 수 있도록 돕는 방법으로, 재명명 또는 재규정 기법이라고도 한다(예: 가족 간의 심한 언쟁으로 서운함을 느낄 때, 갈등을 서로 간의 관심의 증거로 재규정하는 것).
- 가장기법(위장기법): 가족의 문제로 긴장 상황을 조성하고 반항심을 유발하는 대신에 놀이를 하는 기분으로 가족의 저항을 우회하는 방법이다.
- 시련기법: 내담자 가족이 겪고 있는 증상이나 고통과 비슷하거나 또는 현재의 고통보다 더 심한 시련을 체험하도록 과제를 주어서 현재의 증상과 문제를 포기하도록 유도하는 방법이다. 시련기법에 사용되는 과제는 합법적이어야 하며, 가족 구성원들에게 도움이 되는 것이어야 한다.
- 순환적 질문기법: 가족 구성원이 당면한 문제에 대한 제한적이고 단편적인 시각에서 벗어나 문제의 순환성을 인식하도록 유도하는 방법이다.

4 Satir의 경험적 가족상담

① 기본개념
- 경험적 가족상담(experiential family therapy)은 가족체계 내에서 정서적 체험과 의사소통 방식에 주안점을 두는 이론이다.
- 가족체계 내에서 자신 또는 타인에 대해서 어떻게 느끼느냐 하는 감정에 많은 관심을 기울이고, 인간의 잠재능력에 대해 긍정적 시각을 갖고 있다.
- 가족문제가 잘못된 의사소통에 기인한다고 생각하고, 치료적 개입을 통해 가족이 보다 바람직한 의사소통 기술을 습득하도록 도움을 주는 것을 치료목표로 한다.
- 가족 규칙(family rules)은 가족 행동을 규정하고 제한하며, 가족 생활을 이끌어 가는 가족 구성원의 역할, 활동, 행동 등 상호 간의 기대를 의미한다. 가족 규칙은 의사소통을 관찰함으로써 발견할 수 있다.

> **학습 Plus** 　경험적 가족상담-의사소통 유형
>
> - 회유형(placating type): 상대방을 즐겁게 하는 데에서 위안을 얻으며, 다른 사람에게 모든 것을 맞추려는 의사소통 패턴이다.
>   - 의사소통의 예: 동의하는 단어를 사용한다. "내 잘못이다, 실수이다." "네가 없으면 난 아무것도 아니다." "제발 이해해 주세요. 제가 시간을 잘 봤어야 했는데, 모든 것이 나의 잘못이에요."
>   - 정서 및 행동: 구걸하는 마음, 의존적, 착한 행동, 양보하는 모습, 변명하는 표현과 목소리, 약한 신체적 자세를 보인다.
>   - 상담목표: 단계적인 분노 감정표현, 자기주장 훈련, 자기존중감 강화
> - 비난형(blaming type): 다른 사람을 무시하고 비난을 통해서 상대방을 통제하려는 의사소통이다.
>   - 의사소통의 예: 반대하는 단어를 사용한다. "너는 제대로 하는 게 없다." "모든 것이 네 잘못이다."
>   - 정서 및 행동: 비난적, 공격적, 심판적, 명령적, 자기우월적, 힘을 과시하고 융통성이 없음, 약점을 캐내는 행동을 한다.
>   - 상담목표: 감정조절훈련, 합리적으로 사고하는 훈련, 경청훈련
> - 초이성형(super-reasonable type): 조용하고 침착하나 감정표현을 억제하며 매우 냉정한 태도를 취하는 유형이다. 다른 사람과 대화할 때 바른 말들만 하며 말의 속도는 매우 느리다.
>   - 의사소통의 예: 대단히 객관적이다. 규칙과 옳은 것에 대한 단어, 추상적인 단어와 긴 설명을 사용한다.
>   - 정서 및 행동: 원칙적, 권위적, 의도적, 냉정하고 경직되어 있으며 굳은 자세를 취한다.
>   - 상담목표: 감수성 훈련, 비언어적 의사소통 훈련, 신체이완훈련
> - 혼란형 혹은 산만형(irrelevant type): 다른 사람의 말이나 행동을 고려하지 않고 대화의 초점이 없이 부적절하게 반응하며 상황 파악을 잘 못한다.
>   - 의사소통의 예: 관계없는 단어를 사용. 뜻이 통하지 않고 요점이 없다.
>   - 정서 및 행동: 혼란스럽고 주의가 산만함, 말이나 대화 주제와 상관없이 다른 곳을 응시한다.
>   - 상담목표: 주의집중 훈련, 감수성 훈련, 상대방의 말을 끝까지 경청하기, 자기 생각을 마지막까지 표현하기
> - 일치형(consistent type): 가장 바람직한 유형으로, 언어와 행동이 일치되어 있으며 다른 사람들과 감정적으로 잘 연결되어 있다. 일치형의 사람들은 자신의 대화 패턴을 스스로 조절할 수 있으며, 이를 통해 다른 사람들과 좋은 관계를 맺을 수 있는 균형 잡힌 사람이다.
>   - 의사소통의 예: 자신의 말과 행동, 태도가 일치되어 있다.
>   - 정서 및 행동: 자신의 문제를 현실적으로 사고하고 그에 적합한 감정을 경험한다. 자아존중감이 높고, 자신과 상대방의 개별성을 존중한다.

② 주요기법과 절차

- 원가족 도표(map of origin family)

　Satir는 가족상담의 대상자를 내담자 또는 IP라고 지칭하지 않고 Star(스타)라고 하였다.

  * 원가족 도표는 스타의 원가족 도표, 스타의 어머니 원가족 도표, 스타의 아버지 원가족 도표로 구성되며, 가족 재구성을 위해 사용된다. 가족 구성원의 성격, 자아존중감 정도, 대처방식, 의사소통 방식, 가족 규칙, 가족의 역동성, 가족 내의 대인관계, 세대 간의 유사점과 차이점을 이해하고 평가한다.

- 가족조각(family sculpture)기법
  - 가족이 어떻게 기능하는지를 공간 개념을 통해 가족체계를 상징적, 비유적으로 묘사하는 기법이다. 가족 중 한 사람이 자신의 인식에 따라 다른 가족을 공간에 배열한 후, 가족관계를 나타내는 무언의 동작표현을 하도록 요구한다.
  - 가족 간의 경계, 위계질서, 거리감 또는 친밀감, 역동성 등 가족의 상호작용을 파악하는 데 효과적이다.
- 가족 재구성(family reconstruction)
  - 원가족에 대한 가족 지도를 작성하고, 가족 규칙과 가족 주제를 함께 나눈다. 내담자 자신의 어린 시절의 한 사건을 선택하여 재연하게 하고, 이를 통하여 원가족과 자신에 대한 다른 감정과 시각을 가질 수 있도록 재구조화한다.
  - 한 개인의 역기능적이고 왜곡된 과거의 경험과 현재의 대처방식을 긍정적인 방향으로 선택하고 성장할 수 있도록 도와주는 역할을 한다.
- 빙산 탐색
  - 인간의 심리적인 내면을 빙산에 비유하여 내담자를 이해할 때, 겉으로 드러나는 것으로 판단하기보다는 숨겨진 빙산(내면)까지 함께 이해하는 것이 중요하다.
  - 빙산 탐색 과정을 통해 과거의 역기능적인 의사소통 대신 일치형 의사소통으로 변화하며, 개인의 성장과 건강한 가족체계가 수립될 수 있다.

5 해결중심 가족상담

① 기본개념
- 해결중심 가족상담(solution-focused family therapy)은 내담자의 문제에 초점을 맞추기보다는 내담자의 긍정적 자원에 초점을 맞추어 내담자가 원하는 삶을 위한 해결책을 강구하는 데 집중하는 단기 치료적 접근이다.
- 현재와 미래를 지향하며, 내담자는 문제해결을 위해 필요한 것을 가지고 있으며 알고 있다고 본다. 상담자는 내담자의 목표 성취를 돕기 위하여 내담자의 자원을 신뢰하고 활용한다.
- 문제의 원인이나 증상을 파악하는 것보다 해결을 모색하는 것이 더 유용하다고 본다. 따라서 병리적인 것 대신에 '건강한 것' '성공적인 것'에 초점을 둔다.
- 내담자의 자율적인 협력을 중요시하고, 내담자가 문제시하지 않는 것은 다룰 필요가 없다고 가정한다. 탈이론적이고 규범에 얽매이지 않으며, 내담자의 견해를 중시한다.

② 주요기법과 절차
- 기적 질문: 문제가 해결된 상황 또는 내담자가 원하는 미래의 구체적인 모습을 상상해 봄으로써 해결하기 원하는 것을 구체화, 명료화하는 데 도움을 주는 질문이다("밤에 자는 동안 기적이 일어나 지금 치료목표로 하는 문제가 해결되었다고 합시다. 당신에게 변화가 일어난 것을 다른 가족들은 무엇을 보고 알 수 있겠습니까?").
- 척도 질문: 내담자의 주관적인 상태를 확인하기 위해 문제의 심각성 정도나 치료목표, 성취 정도를 수치로 표현하도록 하는 질문이다. 변화에 대한 동기를 강화하고, 다음 단계로 발전하기 위해 무엇을 해야 할지 탐색하는 데 유용하다("0~10점까지의 척도에서 10점은 문제가 해결된 상태, 0점은 문제가 전혀 해결되지 않은 경우라고 가정합니다. 오늘은 몇 점이라고 생각하나요?").
- 예외 질문: 내담자의 문제가 나타나지 않거나 덜 심각한 경우를 찾아내도록 하는 질문이다. 예외 질문은 일상생활에서 성공적으로 잘하고 있으면서도 의식하지 못하는 것을 발견하고, 성공했던 행동을 의도적으로 하도록 강화시키는 기법이다("최근에 문제가 일어나지 않은 때는 언제인가요?").
- 대처 질문: 내담자가 스스로 인식하지 못하는 자원과 강점을 발견하도록 돕는 질문이다. 내담자와 가족이 낙담과 좌절, 고통스러운 상황에 처해 있을 때, 위로를 하기보다는 '약간의 성공감을 갖도록 하는 대처방법'에 관한 질문을 하는 것이 바람직하다("제가 봐도 지금은 무척 힘든 상태라고 생각됩니다. 그런데 상태가 더 나빠지지 않도록 하기 위해 현재 어떤 노력을 하고 계신가요?" "무엇이 조금 바뀌면 희망이 생길까요?").
- 관계성 질문: 관계성 질문은 내담자와 중요한 관계를 맺고 있는 사람들의 관점에서 그들이 내담자 자신의 문제에 대해 어떻게 생각할지 추측해 보도록 하는 것이다("만약 당신의 어머니라면 지금 상황에 대해서 무엇이라고 말씀하실까요?").

핵심 6 중독상담

1 중독상담의 기초

중독(addiction)이란 중독성 있는 약물(물질)에 대해 과도한 집착과 강박적인 사용으로 인해 여러 가지 부작용이 있음에도 불구하고 약물 사용을 적절히 통제하거나 조절하는 것이 스스로의 힘으로 불가능한 상태를 의미한다.

2 중독의 특징과 경과

1) 약물(물질) 중독의 단계

① 1단계: 실험적 사용단계
- 호기심의 일차적인 동기에서 약물(물질)을 실험적으로 사용한다.
- 약물의 심리적 효과에 대해 관심이나 주의를 크게 기울이지 않는다.

② 2단계: 사회적 사용단계
- 사회적 상황에서 약물을 사용하는 것으로, 청소년의 경우 또래집단과의 사회적 관계가 영향을 미친다.
- 약물 사용으로 인해 심리적 효과를 경험하지만, 약물 사용을 문제라고 인식하는 경우는 드물다.

③ 3단계: 도구적 사용단계(남용단계)
- 약물에 의해 유발되는 심리적 효과에 익숙해져서 특별한 목적을 위해 의도적으로 약물을 사용하기 시작한다.
- 약물 사용 목적은 크게 2가지 유형으로 분류되는데, '쾌락적 약물 사용(즐거움과 쾌락을 추구하기 위해 약물을 사용)'과 '보상적 약물 사용(고통스럽고 불쾌한 감정을 해소하거나 잊기 위해 약물을 사용)'이다.

④ 4단계: 습관적 사용단계(의존단계)
- 약물 사용이 개인의 일상생활에 영향을 미치며, 약물에 대한 의존증상이 나타나기 시작한다.
- 약물 사용으로 인한 정신적·신체적 변화가 발생하여 약물을 중단하거나 조절하는 것이 어렵다. 약물을 사용하지 않으면 불안감, 초조감 등의 불쾌감을 경험하고, 내성으로 인해 더 많은 양의 약물을 사용하거나 더욱 강한 효과를 지닌 새로운 약물을 찾게 된다.

⑤ 5단계: 강박적 사용단계
- 약물 사용이 강박적인 행동으로 나타나게 되는 단계로, 약물에 과도하게 집착하고 전적으로 순응한 채 살아간다.
- 가정·직장·취미 생활을 비롯해 대인관계 전반에 대해 소홀해지고, 약물 사용을 중단하거나 조절하려는 시도가 매번 실패로 돌아가 자아존중감이 더욱 악화된다.

2) 알코올 중독의 일반적인 단계별 증상

① 초기단계
- 알코올이 주는 즉각적인 효과로 인해 긴장이나 불안을 해소하기 위해 마신다.
- 음주를 하는 사람의 80%가 여기에 해당하며, 여러 요인에 의해 음주행위가 유지된다.

② 진행단계
- 알코올에 의존하는 심리가 두드러지게 나타난다. 음주에 대한 생각과 행위가 빈번히 나타난다.
- 본인의 의지로 단주(abstinence from alcohol)나 절주(moderation in drinking)가 언제든지 가능하다고 스스로 생각한다.
    * 단주: 술을 끊어 더 이상 음주를 하지 않는 것을 말한다.
    * 절주: 여러 이유로 술의 양을 적절하게 줄여 마시는 것이다.
- 음주로 인해 직장, 건강, 가족 및 대인관계 영역에서 문제가 발생하며, 음주로 인해 기억 상실과 감정 변화(불안, 우울, 초조감)가 자주 나타난다.

③ 위기단계
- 음주에 대한 조절능력이 상실하며 금단증상이 나타난다.
- 술 이외의 활동에 대해 무관심해지고, 음주로 인한 직장, 건강, 가족 및 대인관계의 문제가 심각해진다. 직장을 잃거나 가족과 단절되며, 스스로의 힘으로 술을 조절하겠다고 다짐을 하나 쉽지 않다.

④ 만성적 중독단계
- 스스로의 힘으로 술을 통제하거나 조절하는 것이 불가능한 상태로, 깨어 있는 동안에 알코올을 계속 마셔 항시 취해 있는 단계이다.
- 논리적으로 사고하는 능력이 매우 저하되어 있으며, 음주에 대한 생각과 행동이 강박적으로 나타난다.

학습 Plus 알코올 의존과 남용

① 알코올 의존(alcohol dependence): 잦은 음주로 인하여 알코올에 대한 내성(tolerance)이 생겨 알코올 섭취량이나 빈도가 증가하고, 술을 마시지 않으면 여러 가지 고통스러운 금단 현상이 나타나 술을 반복하여 마시게 되는 것을 말한다.

〈알코올 의존 증상〉
- 내성이 나타난다. 내성은 바라는 정도의 효과를 얻기 위해 필요한 음주의 양이 증가하거나 같은 양을 계속해서 사용했을 때 그 효과가 현저히 줄어드는 것을 의미한다.

- 금단 현상이 나타난다. 금단 현상은 갑자기 금주를 하면 금단증상(식은땀, 손 떨림, 메스꺼움 및 구토, 환각, 초조, 불안 및 발작)이 나타나거나 이러한 금단증상을 없애기 위해 음주가 필요한 경우를 말한다.
- 의도했던 것보다 더 많은 양의 음주를 하고 더 장기간 음주를 하게 된다.
- 술을 끊거나 조절하려고 하지만 늘 실패한다.
- 술에 대해 생각하거나 술을 구하거나 마시거나 회복하는 데 많은 시간을 보낸다.
- 술을 마시기 위해 주요한 사회적, 직업적, 여가 활동을 포기한다.
- 술 때문에 이미 신체적 또는 심리적 문제를 갖고 있는 상태이면서도 계속 술을 마신다.

② 알코올 남용(alcohol abuse): 잦은 과음으로 인하여 직장, 학교, 가정에서 자신의 역할을 제대로 수행하지 못하거나 법적인 문제를 반복하여 유발하는 경우를 말한다.

〈알코올 남용 증상〉
- 거듭되는 음주로 인하여 직장, 학교 또는 집에서의 주요 역할 임무를 수행하지 못한다(예: 반복되는 결석 혹은 저조한 작업 수행, 음주와 관련된 결석, 정학 또는 제적, 아이 혹은 가족들에 대한 태만).
- 신체적으로 해가 되는 상황에서도 거듭하여 음주한다(예: 음주 상태에서 운전).
- 음주와 관련된 법적 문제가 거듭하여 발생한다(예: 음주 상태에서 싸움으로 경찰에 체포되는 것).
- 음주로 인해 지속적인 사회적, 대인관계 문제가 발생하거나 악화되고 있는데도 음주를 계속한다(예: 음주와 관련된 부부싸움, 폭력).

3) 알코올 중독이 되는 4단계(Jellinek)

① 1단계(전 알코올 증상단계): 사교적 목적으로 음주를 즐기기 시작하는 단계이다. 음주를 하는 대부분의 사람이 경험하는 초기단계로, 음주를 통해 긴장이 해소되고 대인관계가 원활해지는 등의 긍정적인 효과를 경험한다.

② 2단계(전조단계): 술에 대한 긍정적인 이점과 매력이 상승하여 음주량과 음주하는 횟수가 증가하는 단계이다. 마시더라도 과음을 하며, 음주 동안 발생했던 일들에 대해 종종 망각을 하게 된다.

③ 3단계(결정적 단계): 술에 대한 자기조절력을 서서히 상실하게 되는 단계이다. 빈번히 술을 마심으로써 직장 및 가정 생활, 대인관계에 있어 여러 가지 부적응적인 문제를 초래한다.

④ 4단계(만성단계): 술에 대한 자기통제력을 완전히 상실하게 되며, 내성과 금단증상을 경험하는 단계이다. 술을 계속해서 마심으로써 여러 신체 질환을 앓고, 만성적 알코올 중독은 생활 전반에 있어 매우 심각한 문제에 놓이게 된다.

* 만성적 알코올 중독: 만성적 알코올 중독자에게서 흔히 발생하는 코르사코프 증후군(Korsakov's syndrome)은 비타민 B1(티아민) 결핍과 관련이 깊으며, 지남력 장애를 비롯해 최근 및 과거의 기억력 상실, 작화증 등의 증상을 보인다.

> **학습 Plus** 🧰 **알코올 중독의 재발 방지 지침**
>
> ① 알코올 중독에 따른 심리평가를 실시한다.
> ② 단주 상태를 확인하고 유지하도록 한다.
> ③ 재발의 과정에 대해 심리교육을 실시하여 내담자가 이해하도록 한다.
> ④ 경고증상에 대해 이해하고 알도록 한다.
> ⑤ 회복 프로그램을 재검토한다.
> ⑥ 목표를 세워 일상생활에 적용하도록 훈련한다.
> ⑦ 재발의 증상을 알고 대처하는 방법을 훈련한다.
> ⑧ 재발 방지 계획을 실천하고 생활화하도록 격려한다.

4) 인터넷 중독

① 인터넷 중독의 3단계

- 제1단계(호기심): 인터넷 게임, 사이버채팅, 음란 사이트에 호기심을 가지고 참여한다. 정기적인 접속을 시도하고, 온라인상에서 정보를 얻는다.
- 제2단계(대리 만족): 현실에서 느끼기 어려운 즐거움을 인터넷을 통해 만끽한다. 폭력성, 사행성, 음란성의 욕구를 충족시킨다. 익명성을 통해 가상의 세계에서 자유와 쾌감을 경험한다.
- 제3단계(현실 탈출): 현실에서의 질서와 규범을 무시하고, 가상세계에 사로잡혀 현실을 인식하는 데 장애를 초래한다. 오직 인터넷에 접속하기만을 희망하는 상태가 된다.

> **학습 Plus** 🧰 **인터넷 공간에 몰두하게 되는 심리적인 특성**
>
> - 익명성
> - 대인관계 형성의 편리함
> - 통제감과 습득을 통한 즐거움의 경험
> - 정체감의 탐색
> - 일상(현실) 탈출

② 인터넷 과다 사용 시 나타나는 문제

- 신체적인 문제: 피로, 시력 저하, 통증, 수면문제, 영양 불균형, 혈압 상승 등
- 심리적인 문제: 통제력 및 집중력 저하, 무력감, 성격의 변화, 자기비난, 자살 사고, 폭력 및 성의식의 왜곡
- 대인관계 문제: 가족 및 친구와의 갈등, 가출
- 학업의 문제: 학업 수행의 불성실, 성적 저하, 학업 중단, 휴학, 자퇴

③ 인터넷 중독의 증상
- 내성(tolerance), 금단증상(withdrawal symptoms), 남용(abuse) 증상이 나타난다.
    * 내성(tolerance): 약물을 사용했을 때 효과가 점차로 감소하거나, 같은 효과를 얻기 위해 점차 용량을 증가시켜야 하는 상태를 말한다.
    * 금단증상(withdrawal symptoms): 약물의 사용을 중단하거나, 사용량을 줄였을 때 나타나는 증상을 말한다.
    * 남용(abuse): 사회적 또는 직업상의 기능장애를 초래하는 약물의 병적 사용을 말하는 것으로, 지속적으로 빈번히 사용하는 것이다.
- 현실에의 적응 및 일상생활에서의 곤란을 경험하고, 신체적·정신적 건강상에 문제가 발생한다.
- 과도한 인터넷 사용으로 수업에 집중하기 어려우며, 수면장애로 인해 학습과 적응에 곤란을 보인다.
- 가족이나 또래친구와 소원해지는 등 대인관계에 문제가 발생한다.
- 인터넷 사용으로 상당한 시간을 소모한다는 사실을 부인한다.

④ 인터넷 중독 자녀를 다루는 개입 전략(Young)
- 부모는 서로 통일되고 일관된 입장을 견지해야 한다.
- 애정을 보여 준다.
- 인터넷 사용 시간을 정한다.
- 인터넷 사용에 합리적인 규칙을 정한다.
- 컴퓨터를 보이는 위치에 놓게 한다.
- 인터넷 이외의 다른 취미 활동을 하도록 권장한다.
- 아이를 중독된 상태에서 벗어나도록 도와주어야 한다.
- 필요하다면 외부의 전문가의 도움을 받는다.

⑤ 인터넷 중독 개인상담 시 고려해야 할 사항
- 인터넷 사용에 대한 태도를 평가한다.
- 처음 인터넷을 사용했을 때의 상황 및 시기를 확인한다.
- 실제 인터넷 사용 시간을 평가해야 한다. 하루 일과표를 상담자와 함께 작성한다.
- 인터넷 사용 용도와 주로 이용하는 사이트를 확인한다.
- 인터넷 사용으로 인한 비행 및 적응의 문제를 확인해야 한다.
- 인터넷에 대한 내담자의 동기 및 욕구를 평가해야 한다.
- 인터넷 과다 사용 상담의 목표는 자기통제력의 증진이라는 것을 알려 준다.
- 인터넷 사용과 관련된 가족 간의 갈등을 평가한다.
- 인터넷을 대신할 수 있는 즐거운 활동을 확인한다.

- 내담자의 정서적인 문제 및 대인관계 패턴도 함께 평가한다.
- 상담에 대한 동기를 증가시켜야 한다.

5) 도박 중독

① 도박 중독의 특징
- 도박 행동의 조절이나 중지를 위한 노력이 반복적으로 실패한다.
- 도박 행동에 대한 제한을 시도할 때 안절부절못하거나 과민해진다.
- 무기력감이나 우울감, 죄책감 등의 문제에서 벗어나기 위한 수단으로 도박을 한다.
- 자신의 도박 행동에 대한 사실을 감추기 위해 가족이나 치료자에게 거짓말을 한다.
- 도박 자금을 마련하기 위해 도둑질, 위조지폐, 사기 등 불법행위를 시도한다.
- 도박으로 인해 대인관계에 문제가 발생하거나 직업상, 교육상의 기회를 상실한다.
- 도박에 의한 경제적 문제 및 생계 곤란의 문제로 인해 다른 사람에게 의존한다.

② 도박 중독의 7단계
- 제1단계(승리단계): 우연한 도박으로 흥분과 대박을 경험하여 승리에 대한 환상과 도박에 거는 금액이 증가한다.
- 제2단계(손실단계): 빚이 늘어나고 도박에 집착하며 대인관계에서 문제가 발생한다. 도박 사실을 숨기기 위해 거짓말을 한다.
- 제3단계(절망단계): 빚을 갚아 달라고 주변에 요청하고 대인관계에서 소외된다. 도박에 투자하는 시간이 점차 증가하고 법적인 문제가 발생한다.
- 제4단계(포기단계): 심각한 정서 및 대인관계에서 고통을 경험하고 약물 사용 문제, 부부문제(이혼), 자살 등이 나타난다.
- 제5단계(결심단계): 도움을 받고자 하는 동기와 변화에 대한 희망이 생겨 도박을 중단하고 도박문제에 대한 책임 있는 태도를 보인다.
- 제6단계(재건단계): 금전관리와 채무상환, 새로운 분야에 관심을 갖고 자신감을 회복하며 가족과의 관계가 개선된다.
- 제7단계(성장단계): 자신에 대한 통찰과 문제를 직면하여 해결하며, 새로운 삶의 방식으로 보다 더 성장하게 된다.

3 변화단계이론(Prochaska & Diclemente)

1) 개요
① 의도적인 행동 변화에 대한 이해와 개입을 위한 통합적인 접근법으로, 초이론적(transtheoretical) 모델이라고도 한다.
② 변화의 과정은 새로운 행동을 고려하고, 시도하고, 유지하는 동안에 사람들이 점진적으로 거쳐 가게 되는 일련의 단계로 정리될 수 있다.
③ 5단계에 걸친 변화 과정은 순환적이며 사람들마다 자유롭게 이동하며 제각기 다른 속도로 이 단계들을 순환한다.

2) 각 단계별 특성

〈변화단계이론의 단계별 특징〉

단계	특징
숙고 전 단계 (precontemplation stage)	• 자신에게 행동문제가 없다고 생각한다. • 아직 변화에 대해 생각하지 않는다. • 현재 행동문제에 대한 인식이 부족한 상태이다.
숙고단계 (contemplation stage)	• 행동문제에 대한 변화를 생각해 보기도 하지만 동시에 변화에 대한 생각을 거부하기도 한다. • 행동문제에 대한 염려와 변화의 가능성을 인정하지만, 양가감정을 지니고 있어 변화를 확신하지 않는다.
준비단계 (preparation stage)	• 변화하는 쪽으로 많이 기울어졌고, 문제행동을 더 이상 하지 않겠다는 생각을 진지하게 한다. • 마음을 굳건히 하고 변화 계획을 세우지만, 여전히 무엇을 해야 할지 생각하며 준비 중이다.
실행단계 (action stage)	• 행동문제가 더 이상 일어나지 않도록 조치를 취한다. • 바람직하고 적응적인 행동 습관을 갖기 위해 상당한 노력이 필요하다. 적극적으로 변화를 보이고 있지만, 안정 상태에는 아직 도달하지 않은 단계이다.
유지단계 (maintenance stage)	• 문제행동이 중단되는 등 초기목표를 달성하게 된다. • 재발 방지를 위한 전략을 찾아내고 사용함으로써 예전의 습관으로 돌아가지 않도록 하며 변화된 행동을 유지하도록 노력한다.

4 정신약물학

대부분의 중독물질에서는 그것들이 작용하는 특정 신경전달물질과 수용체가 밝혀졌다.
① 뇌의 중추신경계 중 쾌락중추라고 불리는 '보상회로'와 밀접한 관련이 있다. 보상회로

가 자극되면 쾌감을 느끼게 해 주는 신경전달물질인 '도파민'이 분비된다. 중독물질을 섭취하면 도파민 호르몬이 분비되면서 기분이 좋아지게 된다.
② 보상회로가 강하게 반복적으로 자극이 되면 도파민이 지나치게 많이 생성되고, 도파민 수용체의 기능이 저하된다. 이러한 과정에서 경미한 양의 물질에는 반응이 점차 약해지는 상태가 되고, 이로 인해 더 강한 자극에 대한 욕구가 생기는 역기능이 발생하게 된다.
③ 그 결과, 보상회로가 고장나게 되고 본인 의지와는 상관없이 자극을 주는 약물을 계속 찾는 통제 불능의 상태인 심각한 중독에 이르게 된다.
④ 중독을 단순히 습관이나 의지의 문제로만 여기게 되면 쉽게 개선되거나 치료되지 않으므로 뇌의 생물학적 기제에 대한 고려가 선행되어야 한다.

> **학습 Plus** 주요 신경전달물질과 정신장애의 관련성
> - 도파민-정신분열증(조현병), 파킨슨병
> - 세로토닌-우울장애
> - 노르에피네프린-우울장애
> - GABA(중추신경계의 억제성 신경전달물질)-불안장애
> - 아세틸콜린-신경인지장애(알츠하이머형 치매)

5 동기강화상담

동기강화상담(motivational interviewing)이란 내담자의 양가감정을 탐색하고 해결함으로써 그 사람의 내면에 있는 변화 동기를 강화시킬 목적으로 하는 내담자 중심의 상담방법이다.

1) 동기강화상담의 대화기술(OARS)

① 열린 질문하기(Opening question): 열린 질문은 내담자가 대답하기 전에 조금 더 생각하게 만들고 반응하는 방식에 많은 자유를 제공하는 개방형 질문을 말한다. 열린 질문은 특정한 방향에 초점을 두고 한 가지 주제에 대해 대화할 수 있도록 한다. 연속적으로 여러 개의 질문을 하는 것은 피해야 하며, 반영하기 기술과 함께 사용한다.
② 인정하기(Affirming): 인정하기는 개인에게 내재된 가치를 포함하는 좋은 면들을 알아보고 인정해 주는 것이다. 이해, 감사, 칭찬, 격려 등의 말을 내담자에게 직접 해 주고, 내담자의 강점과 노력하는 점에 대해 지지적 표현을 해 준다.
③ 반영하기(Reflection): 상담자가 내담자의 표현 속에 내재된 내면의 감정을 정확히 파악하여 이를 내담자에게 전달해 주는 것이다. 질문의 형태보다 내담자가 실제로 말

한 핵심 내용을 간단하게 재진술하거나 바꾸어 말함으로써 내용을 반영할 수 있다.

④ 요약하기(Summarizing): 현재 상담에서 다루고 있는 문제를 내담자가 더욱 초점화하고 구체적으로 탐색하며 자신을 더욱 잘 이해할 수 있도록 돕는 방법이다. 변화 대화를 끌어내기 위해 정기적으로 요약해 주는 것이 좋다.

2) 동기강화상담의 핵심기법

① 변화 대화: 내담자가 지니고 있는 변화에 대한 욕구, 이유, 필요성, 능력 등에 대해 이야기하는 것을 의미한다. 상담자가 주도하기보다는 내담자가 스스로 변화 대화를 하도록 만드는 것이 중요하다.

② 변화 대화를 이끄는 기술

- 유발적 질문하기: 가장 간단하고 직접적으로 변화 대화를 이끌어 내는 방법으로, 내담자에게 직접 질문을 하는 것이다. "이 변화를 어떻게 만들어 내고 싶은가요?" "이걸 해낼 수 있다는 자신감은 무엇 때문일까요?" 등을 통해 내담자가 자신의 생각이나 느낌, 염려되는 점, 변화의 필요성 등을 생각해 볼 기회를 제공한다.
- 중요성 척도 사용하기: 내담자가 생각하는 변화의 중요성의 정도에 대해 해당되는 숫자를 척도 상에서 선택하도록 하고, 이에 대해 질문을 하고 탐색한다.
- 현 상태의 장단점 탐색하기: 내담자로 하여금 자신의 현재 상태나 행동의 긍정적인 면과 부정적인 면 모두에 대해 이야기해 보도록 한다.
- 정교화하기: 내담자가 변화하려는 이유를 언급하면 그 이유에 대해 조금 더 상세히 말하고 구체화할 수 있도록 물어본다.
- 극단적 질문하기: 내담자가 변화를 원하지 않는 것처럼 보일 때, 내담자 자신이나 주위 사람이 갖고 있는 가장 큰 걱정에 대해 말하게 하거나 결과적으로 일어날 수 있는 극단적인 상황을 생각해 보도록 한다. 변화를 통해 나타날 수 있는 가장 좋은 결과를 상상해 보는 것도 가능하다.
- 과거 회상하기: 내담자의 현재 문제가 나타나기 이전인 과거를 회상하게 함으로써 현재 상태와 비교를 해 보도록 한다. 과거 회상을 통해 현재 상황의 안 좋은 측면과 더 나은 삶이 될 가능성 둘 다를 부각시켜 생각할 수 있게 된다.
- 미래 예상하기: 변화된 미래를 상상해 보도록 하여 변화 후에 바뀔 상황에 대해 구체적으로 생각해 보고 미래에 대한 희망을 고취시킨다.

핵심 7   특수문제별 상담 I: 성 상담 및 자살위기 상담

1 성문제 상담

1) 성문제 상담의 지침

① 성(性)에 관한 상담자 자신의 인식
- 내담자의 성문제를 다루기 전에 상담자 스스로 성에 대한 인식과 가치관이 확립되어 있어야 한다.
- 학습과 경험을 통해 보편적이며 사회문화적 관습에 적절한 이성관, 성역할에 대한 기대, 성욕 및 성행동에 대한 인식이 있어야 한다.

② 올바른 성 윤리관과 기본적인 성 지식
- 인간의 성에 관한 올바른 윤리관이 확립되어 있어야 하고, 성에 관한 기본적인 지식을 갖추고 있어야 한다.
- 성에 관한 건전하고 기본적인 지식에는 성기의 해부학적 구조와 생리적 특성, 성기능, 성반응, 성행동, 성 관련 장애, 피임법, 임신과 출산과 같은 내용이 포함된다.

③ 개방적 의사소통
- 성문제는 지극히 사적인 영역으로 도움을 요청하기까지 많은 용기가 필요하다. 내담자가 불안이나 부끄러움, 죄의식을 느끼지 않도록 상담자는 침착하고, 솔직하며, 개방적인 자세로 임해야 한다.
- 성에 관한 용어를 사용함에 있어서 전혀 거리낌이 없어야 하며, 개방적인 의논이 바람직하다는 것을 내담자에게 알려 주어야 한다.

④ 내담자가 성에 관해 무지하다는 가정
- 상담자는 내담자가 성에 관해서 거의 모르는 것으로 가정하는 것이 상담에 도움이 된다. 간혹 내담자가 성에 관해 장황하게 설명하고 상식이 풍부해 보이지만, 바람직하고 올바른 지식과 혼동해서는 안 된다.
- 내담자가 사용하는 용어의 의미에 대한 토론이나 질문에 서슴지 않고 임해야 한다.

⑤ 의사 및 관련 전문가에게 도움을 요청하거나 의뢰
- 성문제 상담 과정에서 자신의 전문가적 한계를 인식하고 그 한계를 넘어서는 상담을 하지 않도록 한다. 효과적인 성문제 해결을 위해 다른 전문가에게 의뢰할 수 있는 준비를 갖추고 있어야 한다.

⑥ 위장적/회피적 태도의 처리
- 성문제에 관한 도움을 요청하는 내담자들이 보이는 위장적·회피적인 태도에 대처할 수 있어야 한다.
- 자신의 성문제를 꺼내려고 하지 않는 경우, 성에 관한 일반적인 화제를 가지고 이야기를 시작하는 것이 효과적이다.

⑦ 상담자의 객관적 역할
- 성에 관한 상담자 자신의 가치관이나 견해를 내담자에게 알리거나 주입하려고 해서는 안 된다.
- 내담자 스스로 결정하고 판단할 수 있도록 도움을 주는 객관적인 역할을 수행하여야 한다.

2) 성피해자 상담

(1) 성폭력 상담의 주요목표

① 성폭력 피해자가 피해로 인해 가질 수 있는 부정적인 자존감을 회복하도록 하며, 무력감에서 벗어나 자신의 삶을 살아가도록 돕는다.
② 성폭력 피해로 인한 상처가 지속될 것이라는 두려움이나 미래에 대한 불확실성에서 벗어나 건강한 삶에 대한 희망을 가질 수 있도록 돕는다.
③ 안전한 분위기에서 심리적인 안정감을 찾을 수 있도록 하면서 효과적인 외상치료가 이루어지도록 돕는다.
④ 치료를 통해 내면의 억압된 분노와 피해 감정을 잘 표현하고 다룰 수 있도록 돕는다.
⑤ 분노 조절 훈련, 문제해결 훈련, 스트레스 관리, 사회 기술 훈련 등을 통해 일상생활로의 복귀를 돕는다.

(2) 성폭력 피해 후 심리적 단계

① 제1단계(충격과 혼란): 피해자는 성폭력의 충격으로 인해 자신에 대한 무력감과 타인에 대한 불신감을 가진다. 피해자는 자신의 성폭력 사실을 알려야 할지 혹은 숨겨야 할지 양가감정을 가진다.
② 제2단계(부정): 피해자는 자신의 성폭력 피해 사실을 인정하지 않으려고 한다. 피해자는 외견상 적응된 것 같은 모습을 보이면서 상담을 받지 않으려는 경향이 있다.
③ 제3단계(우울과 죄책감): 피해자는 자신에 대해 수치스러워하면서 스스로를 비난한다. 피해자의 잘못된 분노 표출은 삶에 대한 절망감으로 이어지기도 한다.
④ 제4단계(공포와 불안): 피해자는 자신이 앞으로 건강한 삶을 살 수 없다는 불안감을 느끼면서 악몽을 꾸기도 한다. 피해자는 자신이 커다란 약점을 가지게 되었다는 부적

절한 생각으로 인해 다른 사람과 만나지 않으려고 한다.
⑤ 제5단계(분노): 피해자는 가해자는 물론 자기 자신, 상담자, 주변 사람들에 대해서도 분노를 느낀다. 피해자의 다른 사람들에 대한 분노감은 남성이나 사회에 대한 불신으로 이어진다.
⑥ 제6단계(재수용): 피해자는 성폭력 피해에 대한 재조명을 통해 성폭력이 자신의 잘못에 의해 발생한 것이 아님을 인식한다. 피해자는 성폭력 경험에 대한 동화와 함께 자아 개념을 회복하기 시작하며, 자신을 소중한 존재로 인정하게 된다.

(3) 성 피해 아동의 상담 지침
① 성 피해 아동은 피해 시기의 발달단계에 따라 증상에 차이를 보이기 때문에 성 피해 아동을 대상으로 한 심리치료는 연령 및 발달단계를 고려해야 한다.
② 성 피해 아동은 마치 유아로 돌아간 것 같은 퇴행 행동을 보이기도 한다. 이 경우, 아동을 즉각적으로 나무라기보다는 성 피해 아동에게서 나타날 수 있는 자연스러운 반응으로 간주하여 참을성 있게 대하는 것이 바람직하다.
③ 상담자는 피해 아동이 신체인형(상담 보조도구)을 어떻게 다루는지 관찰함으로써 성 피해 상황과 상태를 보다 명확히 파악할 수 있다.
④ 상담자는 부모의 심정을 이해하고 지지해 주면서 성 피해 아동이 신체적·심리적 치료와 부모의 따뜻한 보살핌을 받게 되면 다른 아이들처럼 정상적인 삶을 지속할 수 있다는 확신과 희망을 심어 주어야 한다.

3) 성 상담 시 고려사항

(1) 성폭력 피해자 상담의 단계별 유의사항
① 초기단계
- 상담자는 내담자에게 상담내용의 주도권을 줌으로써 내담자에게 현재 상황에서 표현할 수 있는 것들에 대해 이야기할 수 있도록 배려해야 한다.
- 내담자가 성폭력 피해의 문제가 없다고 부인하는 경우 상담자는 일단 수용하며, 언제든지 상담의 기회가 있음을 알려 주어야 한다.
② 중기단계
- 상담자는 내담자가 성폭력 피해 사실을 이야기하는 것에 대한 두려움을 인지하며, 내담자로 하여금 자신의 억압된 감정을 표출하도록 유도한다.
- 상담자는 내담자의 성폭력 피해 사실에 따른 수치심이나 죄책감이 전적으로 가해자로 인한 것임을 확신시킨다.
- 상담자는 내담자의 잘못된 죄의식을 수정하도록 도우며, 자기존중감을 가질 수 있

도록 배려한다.

③ 종결단계
- 내담자가 버림받는 느낌이나 상실감 등을 가지지 않도록 사전에 체계적으로 종결 계획을 세운다.
- 상담자는 상담 시간 및 기간의 간격을 점차적으로 늘려 나간다.
- 상담자는 종결에 따른 아쉬움과 이별의 감정을 다루며, 상담의 종결이 완전한 결별이 아니므로 언제든 다시 상담할 수 있음을 인식시킨다.

학습 Plus 🏥 성폭력 피해자를 위한 바람직한 태도

① 상담자는 내담자인 성폭력 피해자의 치유 가능성을 확신하는 것이 좋다.
② 공감적 이해를 통해 피해자의 고통을 함께할 수 있도록 마음의 준비를 갖춘다.
③ 피해자의 말을 진지하게 경청하며, 있는 그대로 수용하고 존중해 준다.
④ 상담에 앞서 상담자 스스로 자신의 성에 대한 가치관이 왜곡된 것은 아닌지, 성폭력이나 학대받은 경험이 극복되지 않은 상태로 남아 있는지 검토해 본다.
⑤ 피해자로 하여금 자신의 장점과 단점을 파악하도록 돕고, 피해자의 강점을 통해 스스로 치유할 수 있도록 조력한다.
⑥ 피해자가 자신의 느낌과 생각을 보다 건설적으로 조정할 수 있도록 돕고, 긍정적인 관점에서 자신을 발견할 수 있도록 배려한다.
⑦ 문제해결을 위한 다양한 방안을 제시하고 그 결과의 효과 및 위험성에 대해 알리며, 그에 대한 결정은 전적으로 피해자에게 있음을 인식시킨다.
⑧ 피해자를 책망하거나 비난하지 않으며, 형식적인 위로나 지시적인 충고는 삼간다.
⑨ 피해의 원인을 피해자의 부주의나 무저항으로 돌리지 않으며, 모든 피해의 책임이 전적으로 가해자에게 있음을 주지시킨다.
⑩ 가해자의 폭력 유무, 피해자의 외상 유무를 떠나 성폭력 사건을 결코 개인화하거나 과소평가하지 않는다.
⑪ 피해자에게 가해자에 대한 이해와 용서를 구하거나 이를 공공연히 암시하지 않는다.
⑫ 상담자는 피해 이후에 나타날 수 있는 피해자의 심리적 방어기제, 신체적·심리적 후유증, 치료의 과정 및 단계 등을 명확히 알고 있어야 한다.
⑬ 피해자의 고통이나 분노에 의한 격정적인 감정은 지극히 당연한 것이므로 이를 억제하지 말고 외부로 표출할 수 있도록 용기를 북돋는다.
⑭ 피해자가 비밀보장을 원할 경우 이를 약속하며, 피해자를 돕기 위한 목적이라도 피해자의 동의하에 관련 정보를 다른 전문가나 기관에 알리도록 한다.

2 자살위기상담

1) 위기 및 자살 상담의 의미

① 위기의 의미
- 삶의 목적에 장애가 되는 어려움을 극복할 수 없거나 삶의 목적에 장애가 되는 어려움의 결과로 위기를 경험한다. 개인이 지닌 현재 자원과 대처방법으로는 감당하기 어려운 사건이나 상황을 경험할 때 나타난다.
- 삶의 발달단계에서 유발되거나 혹은 우발적으로 발생한다. 즉각적인 위기 개입을 통해 위기 상황을 해결하고 대처 기술을 향상시킴으로써 내담자가 위기를 잘 극복하여 위기 이전의 적응적인 생활을 할 수 있도록 조력을 한다.

② 자살위기상담의 목표
- 신체적 손상을 입지 않은 채 위기에 잘 대처할 수 있도록 돕는다.
- 절망적인 상황에도 불구하고 여전히 희망이 존재한다는 사실을 알려 준다.
- 자살 외에도 현실적인 어려움을 해결할 수 있는 다양한 대안이 존재한다는 것을 깨닫게 해 준다.
- 주위의 다양한 자원과 지지체계가 있음을 인식시키며, 이러한 요소들을 활용할 수 있도록 조력한다.

③ 자살위기 개입의 6단계 모델(Gilliland)

위기 개입 6단계 모델은 크게 경청하기와 활동하기의 두 가지 과정으로 이루어진다. 전반부에는 경청하기를, 후반부에는 활동하기를 중심으로 이루어진다. 위기의 전 과정에 걸쳐 평가가 이루어진다.

〈자살위기 개입의 6단계 모델〉

경청하기(listening)		활동하기(acting)	
감정이입, 진실, 존중, 수용, 비판단, 돌보는 태도로 관심 기울이기, 관찰하기, 이해하기, 반응하기		내담자의 욕구와 환경적 지지의 활용 가능 정도에 따라 비지시적·협력적·지시적인 수준에서 개입하기	
1단계: 문제 정의	내담자의 관점에서 문제를 검토하고 정의한다. 개방형 질문을 포함하여 적극적 경청을 사용하여 내담자의 언어적·비언어적 메시지 모두에 관심을 기울인다.	4단계: 대안 탐색	내담자가 지금 이용할 수 있는 선택사항을 탐색할 수 있도록 조력한다. 즉각적인 상황적 지지, 대처방법, 긍정적 사고를 찾아내도록 촉진한다.

2단계: 안전 확보	내담자의 신체적·심리적 안전에 대한 위협의 치명성, 중요성, 심각성을 평가한다. 내담자를 둘러싸고 있는 내적·외적 환경들을 모두 평가한다. 필요하다면 충동적이고 자기파괴적인 행동에 대한 대안을 내담자가 자각하도록 돕는다.	5단계: 계획 수립	내담자가 지닌 자원과 대처기제를 명확히 하고 현실적인 단기 계획을 세우도록 돕는다. 이 계획은 내담자가 이해할 수 있고 실천할 수 있는 명확한 활동단계로 이루어져야 한다.
3단계: 지지하기	위기 개입 전문가는 정당한 절차를 거쳤으며 지지적인 사람임을 내담자에게 알린다. 긍정적이고, 비판단적이며, 수용적인 자세로 내담자를 대하고 지지한다.	6단계: 참여 유도	내담자가 현실적으로 달성할 수 있으며 수용할 수 있는, 명확하면서도 긍정적인 행동단계에 참여하도록 유도한다.

④ 강점에 기반한 자살위기 개입의 7단계 모델(Roberts)

위기 개입에 있어 촉발 요인의 조기 발견, 적극적 경청, 문제해결, 효과적인 대처 기술, 강점 및 보호 요인 찾기, 효과적인 위기 해결 등이 단계적으로 구조화되어 있다.

〈자살위기 개입의 7단계 모델〉

1단계	치명성과 정신건강 상태를 평가한다. 이 단계에서는 생리적·심리적·사회적 측면에 대해 포괄적이고 철저한 평가와 위기 사건에 대한 평가가 함께 이루어진다.
2단계	관계 형성하기 단계로, 내담자와 신속히 라포를 형성하고 치료적 관계를 형성한다.
3단계	주요 문제를 확인한다. 내담자의 주요 문제가 무엇인지, 위기 촉발 요인이 무엇인지를 개방형 질문을 통해 표현하도록 한다.
4단계	감정 다루기 단계로, 적극적 경청이 효과적으로 사용되며, 위기 개입 전문가는 적절히 반응하고 지지하고 격려함으로써 경청하고 있음을 보여 준다.
5단계	대안적 대처방법을 탐색한다. 내담자가 위기 이전에 가지고 있었던 성공적 대처 기술을 찾아보고 현재 내담자의 강점을 찾는 것이다.
6단계	활동 계획 수립 단계로, 이전 단계에서 탐색한 대처 방안을 실행할 수 있는 구체적인 활동 계획을 세운다.
7단계	종결 및 사후관리 단계이다. 위기가 해결되었을지라도 이후 위기가 또 나타나거나 내담자의 대처능력이 약화될 가능성을 고려하여 지속적인 사후관리를 한다.

2) 자살위험도 평가

① 자살위험 수준 평가: 상담자는 자살을 생각하는 내담자를 대상으로 위험 수준에 대해 질문을 하며, 질문내용은 자살에 대한 생각이 얼마나 자주 떠오르는지, 이를 얼마나

오랫동안 견디어 낼 수 있는지에 대한 질문이 포함된다.
② 자살 계획 평가: 상담자는 내담자가 실제 자살을 계획하고 있는지를 파악해야 한다. 자살 계획의 치명성, 자살의 방법과 도구, 계획의 구체성 등에 대해 평가한다.
③ 과거 자살 시도 경험: 과거 자살을 시도한 경험이 있는 사람의 경우 자살 위험의 가능성이 높다. 상담자는 내담자의 가족이나 주변 인물들 중 자살을 시도했거나 실제 자살한 사람이 있는지를 파악한다.
④ 심리적 증상: 심리적인 고통과 증상에 대해 파악하고, 내담자가 심각한 정신장애를 가지고 있는 경우 즉각적인 치료적 개입이 필요하다.
⑤ 환경적 스트레스: 내담자가 어떠한 스트레스 상황에서 자살 충동을 느끼는지를 파악하고, 내담자의 스트레스 대처방식 및 자살을 문제 상황의 도피방법으로 생각하는 것은 아닌지 살펴본다.
⑥ 자원 및 지지체계: 내담자에게 도움이 될 수 있는 유용한 자원 및 지지체계에 대해 살펴보아야 한다. 위기전화상담, 긴급히 연락을 취할 수 있는 방법에 대해서 안내해 준다.

> **학습 Plus 청소년 자살 행동의 5단계 모델**
> - 제1단계: 유아기부터 오랜 기간에 걸쳐 어떠한 문제를 경험하면서 외로움과 무기력감을 느낀다. 가정불화, 부모의 이혼, 부모의 태도 등 특히 가정적인 문제가 많다.
> - 제2단계: 청소년기 이전의 문제가 청소년기에 이르러서도 지속되며, 이는 새로운 문제로 전이되기도 한다. 무단결석, 낮은 학업성취도, 부정적인 신체상 등의 문제는 이전의 문제에서 비롯된 경우가 많다.
> - 제3단계: 점차 스트레스 요인에 대응하는 데 어려움을 느끼면서 심한 사회적 고립감을 경험한다. 가정과 학교에서 벗어나고 싶어 음주를 하거나 자살과 관련된 자료를 탐색하기 시작한다.
> - 제4단계: 자신에게 아무런 희망이 없음을 느끼면서 남아 있는 사회적 관계를 단절하려는 모습을 보인다. 자신의 신체를 보호하려는 별다른 의지를 보이지 않으며, 위험한 행동을 하기도 한다.
> - 제5단계: 자살을 시도하기에 앞서 자살에 대해 자기합리화를 한다. 죽음을 고통에서 해방되는 순간으로 인식하며, 유서를 남기기도 한다.

3) 위기 및 자살 상담 시 고려사항
① 상담자는 위기 상황을 구체적으로 평가하여야 한다.
② 상담자는 내담자에게 개방적이고 솔직하여야 한다.
③ 내담자의 생각과 감정의 심각성을 면밀히 평가하여야 한다.
④ 상담자는 지시적이거나 비판적이어서는 안 된다.
⑤ 상담자는 내담자가 겪고 있는 위기 상황에 대해 넓은 조망을 갖도록 한다.

⑥ 상담자는 미래에 희망이 있고, 많은 가능성이 있다는 것을 내담자가 믿게끔 한다.
⑦ 내담자에게 자살 이외의 다른 대안들을 생각할 수 있도록 한다.
⑧ 내담자가 문제를 해결할 수 있는 계획을 세우도록 도와주어야 한다.
⑨ 내담자가 이용할 수 있는 지역사회의 다양한 자원을 활용하도록 도움을 준다.
⑩ 상담자는 신속한 위기 개입을 위해 다른 전문기관에 내담자를 의뢰할 수 있어야 한다.

> **학습 Plus 자살위험성 예측을 위한 고려사항**
>
> - 언어적 표현
>   - 죽고 싶다는 이야기를 자주 한다.
>   - 사후세계에 대한 이야기를 자주 한다.
>   - 자기비하적인 말을 자주 한다.
>   - 자살 이후 자신의 모습에 대해 관심을 가진다.
> - 행동적 표현
>   - 대인관계를 기피하며 혼자 행동한다.
>   - 타인에게 아끼던 물건을 주는 등 정리하는 행동을 한다.
>   - 자신의 능력에 대한 회의감과 무기력감을 표출한다.
>   - 자살 시도에 사용할 수 있는 물건들을 몰래 보관한다.
>   - 인터넷 자살 사이트에 관심을 가진다.
> - 상황 및 환경적 여건
>   - 가족이나 친구, 가까운 사람의 죽음 또는 이별로 인해 상실감을 경험한다.
>   - 학교나 직장에서 괴롭힘이나 따돌림, 폭력 등을 당한다.
>   - 사회적으로 고립되어 오랜 기간 혼자 생활을 한다.
>   - 만성질환이나 장애 등 치료와 예후가 좋지 않은 질환을 가지고 있다.

핵심 8 특수문제별 상담 II: 학습문제 상담, 진로상담, 비행청소년 상담

1 학습문제 상담

1) 학습문제 상담의 이해

(1) 학습문제 상담의 의의
① 아동, 청소년기의 발달과정에서 중요한 과업의 하나인 학업에 관한 바람직한 습관을 형성하고 성취와 만족감을 경험할 수 있도록 조력하는 것이다.

② 학습 및 학업 과정에서 겪게 되는 여러 가지 어려움을 돕는다. 학습문제는 다른 여러 요인들에 의해 야기되는 결과일 뿐만 아니라 학업 부진으로 인해서 자아 개념의 손상, 심리적 부적응, 가족 및 친구 관계의 악화, 다양한 비행행동 문제의 원인이 된다.

(2) 학습문제 상담의 대상
  ① 학습 부진(slower learner): 학습문제 상담의 우선적인 대상으로, 지적 능력에 비해 실제 학업성취가 내담자가 지닌 능력에 미치지 못하거나 현저히 저하되는 상태를 보인다.
  ② 학습문제와 관련된 장애
    - **특정 학습 장애**(specific learning disorder): 정상적인 지능을 갖추고 있음에도 불구하고 지능 수준에 비하여 현저한 학습 곤란을 보이는 장애로서 흔히 읽기, 쓰기, 산술적 계산과 관련된 기술을 학습하는 데 어려움을 나타낸다.
    - **지적 장애**(intellectual disability): 지능이 비정상적으로 낮아서 학습 및 사회적 적응에 어려움을 나타내는 경우이다. 표준화된 지능검사에서 지능지수가 70 이하이며, 지적 기능의 결손으로 인해 추상적 사고, 판단, 추리, 계획, 문제해결, 학교에서의 학습 및 경험을 통한 학습이 어렵다.
    - **주의력 결핍 과잉행동 장애**(Attention Deficit Hyperactivity Disorder: ADHD): 연령과 발달 수준에 비해 산만하고 부주의하며 자신의 행동을 통제하지 못하고 충동성과 과잉행동을 나타내는 경우이다. ADHD 아동은 지능 수준에 비해 학업성취도가 저조하고 또래 아이들에게 거부당하거나 소외될 가능성이 높다.
  ③ 학습문제와 관련된 요인
    - 인지적 요인: 지능, 기초 학습능력, 선행 학습, 학습 전략 등
    - 심리적 요인: 학습에 대한 동기와 흥미, 기대, 목표, 자아 개념, 자기효능감, 불안 등
    - 환경적 요인: 학습의 물리적 환경(공간, 소음, 조명), 가정 및 학교, 친구, 지역사회 등 학습자를 둘러싼 모든 환경

(3) 학습문제 상담의 과정
  ① 상담관계 형성
    - 다른 상담과 마찬가지로 효과적인 상담을 위해 상담자와 내담자가 상담관계 형성이 선행되어야 한다.
    - 상담자는 학습문제로 인해 힘들었던 내담자에 대한 공감적 이해와 함께 자녀의 학업문제로 심리적 고통을 경험한 부모의 마음도 이해하도록 한다.

② 상담 구조화
- 앞으로 상담을 어떻게 진행해 나갈 것이며, 상담에서 내담자와 상담자의 역할에 대해 의논하고 내담자에게 전달한다.
- 구체적으로 상담에 대한 구조화(예: 상담 시간, 빈도, 상담 장소, 연락방법, 상담비용 등에 대한 지침, 상담자와 내담자의 역할, 비밀보장에 대한 지침)를 한다.

③ 학습문제의 진단
- 학습문제의 원인을 보다 체계적으로 확인하기 위해 학습 부진의 문제인지, 학습과 관련된 여러 가지 장애로 진단될 수 있는 문제인지, 학습과 다른 문제가 복합적으로 관련되어 있는지를 면밀히 파악한다.
- 학습문제를 진단하기 위해 면접과 다양한 심리검사를 활용한다.

> **학습 Plus** 학습문제를 진단하기 위한 다양한 심리검사
> - 인지적 접근방법: 지능검사, 학업성취검사, 기초학습기능검사, 자기조절 학습검사, MLST 학습전략검사
> - 심리적 접근방법: 학업 성취 동기, 학습 흥미, 귀인척도, 시험불안검사, 자아 개념 검사, HTP(집-나무-사람 검사), SCT(문장완성검사)
> - 기타: 학습유형검사(Student Styles Inventory: SSI)
>   학습자가 정보를 이해하고 기억하는 방식을 의미하며, 학습하는 과정에서 나타나는 학습자의 복합적인 행동양식으로 학습 습관, 학습 요령 등을 측정하는 검사이다.

④ 상담목표의 설정
- 상담의 목표는 학습문제의 원인에 따라 다양하게 설정된다. 학업성취도의 향상뿐만 아니라 학습문제로 인한 다양한 어려움을 해소하는 데 중점을 둔다.
- 학습상담의 목표 설정 시 과정 중심적이고 구체적인 형태로 목표가 설정될 수 있도록 개입함으로써 내담자가 목표의 성취를 자주 경험할 수 있도록 해야 한다.

⑤ 개입 전략 설정 및 개입
- 학습문제에 대한 개입 전략은 현재 호소하고 있는 문제가 구체적으로 무엇이며, 왜 발생하게 되었으며, 학습문제로 인해 야기되는 다른 문제는 무엇인지를 정확하게 파악한다.
- 종합적인 파악 후, 학습자가 지닌 강점과 자원에 따라 전략적으로 개입하게 된다.

⑥ 사례관리
- 학습문제 상담은 동반되는 문제에 따라 정신과적 치료와 가족(부모)이나 교사와의 상담도 병행할 수 있다. 특히 ADHD 증상이 발견된다면 병원에 의뢰하여 약물치료를 우선적으로 받도록 하는 것이 필요하다. 보다 효과적으로 개입하기 위해 외

부 기관에 도움을 요청하여 조력을 받을 수 있다.
- 학습문제는 단기간의 개입으로 그 효과를 얻기 어려울 수 있으며 재발의 확률도 높다. 상담의 종결은 사전에 계획되어야 하며, 재발을 방지하기 위해 지속적인 추수 상담이 이루어져야 한다.

2 진로상담

1) 진로상담의 목표

① 자기 자신에 관한 정확한 이해 증진: 자기개념의 구체화를 통해 자신의 현실적인 개념을 형성하도록 하며, 자신의 성격, 능력, 적성, 흥미 등을 이해하도록 한다.
② 일(직업)의 세계에 대한 이해 증진: 현대 사회에서 정치적·경제적·사회적 측면을 통해 요구되는 다양하고 복잡한 일의 세계를 이해하는 동시에 그 변화의 흐름에 적응하도록 한다.
③ 합리적인 의사결정 능력의 증진: 일(직업)의 세계에 대한 다양한 정보를 적절히 활용하여 최선의 선택이 이루어지도록 의사결정 기술의 습득을 돕는다.
④ 정보 탐색 및 활용 능력의 함양: 내담자 스스로 일(직업)의 세계에 대한 정보를 탐색할 수 있는 방법을 알려 주고, 이를 수집, 활용할 수 있는 방법을 체득하도록 돕는다.
⑤ 일과 직업에 대한 올바른 가치관 및 태도 형성: 직업에 대한 올바른 의식과 건전한 가치관을 습득하도록 하여 바람직한 직업윤리를 형성하도록 한다.

> **학습 Plus** 진로 및 직업 상담의 일반적 목표
> - 내담자가 이미 결정한 직업적인 선택과 계획을 확고하게 해 준다.
> - 내담자 개인의 직업적 목표를 명백히 해 준다.
> - 내담자로 하여금 자신의 자아와 직업세계에 대해 구체적으로 이해할 수 있도록 하며, 새로운 사실을 발견하도록 돕는다.
> - 내담자에게 직업 선택 및 진로 의사결정 능력을 기르도록 해 준다.
> - 내담자에게 직업 선택과 직업생활에서의 능동적인 태도를 함양하도록 해 준다.

2) 진로상담의 이론

(1) 특성-요인 이론

내담자가 자신의 문제를 객관적으로 보지 못하고 독립적으로 해결할 수 없다는 가정 하에 내담자의 개인적 특성과 직업적 요인이 잘 부합될 수 있도록 조력한다.

〈Williamson의 특성-요인 상담 모형 6단계〉
① 1단계(분석): 개인의 특성(태도, 흥미, 가족환경, 지적 능력, 교육정도 등)에 관한 자료를 수집하고 표준화된 검사를 실시한다.
② 2단계(종합): 개인의 장점과 단점, 진로와 관련된 문제를 파악하기 위해 다양한 정보를 수집하고 종합한다.
③ 3단계(진단): 진로문제의 원인을 파악하고 객관적으로 진단을 내린다.
④ 4단계(예측): 진로문제를 해결하기 위해 가능한 대안을 탐색하고, 각 대안의 성공가능성을 평가하고 예측한다.
⑤ 5단계(상담): 개인 특성과 직업 요인 간의 자료를 바탕으로 직업에 잘 적응하기 위한 방법을 모색한다.
⑥ 6단계(추수지도): 내담자가 계획한 것을 잘 실천할 수 있도록 돕고, 진로결정의 적합성을 평가한 후, 추수지도를 안내한다.

(2) Holland의 성격 이론
① 홀랜드의 이론은 사람들의 성격과 환경을 실재형, 탐구형, 예술형, 사회형, 기업형, 관습형으로 구분했고, RIASEC라는 육각형 모형을 통해 효과적인 직업결정 방법을 제시하였다.
② 홀랜드의 직업선택이론은 개인의 특성과 직업세계의 특징과의 최적의 조화를 이루는 것을 강조한다.
③ 홀랜드는 사람의 행동은 그들의 성격에 적절한 직업 환경 특성 간의 상호작용에 의해 결정된다고 보았다.

〈홀랜드의 6가지 성격유형〉
- 실재형: 질서정연하고 기계 등에 관한 체계적인 조직 활동을 좋아하지만, 사회적 능력이 부족하다.
- 탐구형: 분석적이고 호기심이 많고 조직적이며 정확하지만, 리더십 능력이 부족하다.
- 예술형: 표현이 풍부하고 독창적이며 비순응적이지만, 규범적 능력이 부족하다.
- 사회형: 다른 사람과 함께 일하거나 다른 사람을 돕는 것을 좋아하지만, 기계적 능력이 부족하다.
- 기업형: 조직의 목표나 경제적 목표를 달성하기 위해 타인을 조작하는 활동을 좋아하지만, 과학적 능력이 부족하다.

- 관습형: 체계적으로 자료를 기록하고 정리하는 것을 좋아하지만, 예술적 능력이 부족하다.

⟨Holland의 6가지 성격 유형과 대표 직업(RIASEC)⟩

	선호하는 직업 활동	대표 직업
실재형(R)	분명하고, 질서정연하고, 체계적인 대상(연장, 기계, 동물)을 조작하는 활동 또는 신체적 기술을 선호함.	기술자, 자동차 기계 및 항공기 조종사, 정비사, 농부, 엔지니어, 전기기사, 기계기사, 운동선수
탐구형(I)	관찰적, 상징적, 체계적이며 물리적·생물학적·문화적 현상의 창조적인 탐구를 수반하는 활동에 흥미를 보임.	과학자, 생물학자, 화학자, 물리학자, 인류학자, 지질학자, 의료기술자, 의사
예술형(A)	예술적 창조와 표현, 변화와 다양성을 좋아하고 틀에 박힌 것을 싫어함. 모호하고 자유롭고, 상징적인 활동들을 선호함.	예술가, 작곡가, 음악가, 무대감독, 작가, 배우, 소설가, 미술가, 무용가, 디자이너
사회형(S)	타인의 문제를 듣고 이해하고 도와주고 치료해 주고 봉사하는 활동에 흥미를 보임.	사회복지사, 교육자, 간호사, 유치원 교사, 종교 지도자, 상담자, 임상치료가, 언어치료사
기업형(E)	조직의 목적과 경제적 이익을 얻기 위해 타인을 선도, 계획, 통제, 관리하는 일과 그 결과로 얻어지는 위신, 인정, 권위를 얻는 활동을 선호함.	기업 경영인, 정치가, 판사, 영업사원, 상품구매인, 보험회사원, 관리자, 연출가
관습형(C)	정해진 원칙과 계획에 따라 자료들을 기록, 정리, 조직하는 일을 선호하고, 체계적인 작업 환경에서 사무적이고, 계산 능력을 발휘하는 활동을 좋아함.	공인회계사, 경제분석가, 은행원, 세무사, 경리 사원, 컴퓨터 프로그래머, 감사원, 안전관리사, 사서, 법무사

⟨홀랜드 이론의 5가지 주요개념⟩

- 일관성: 일관성이란 개인의 성격 유형뿐만 아니라 환경 유형에도 적용되는 것으로, 유형의 어떤 쌍들은 다른 유형의 쌍들보다 공통점을 많이 가지고 있다는 것을 의미한다. 예를 들면, 현실형(R)과 탐구형(I)은 현실형(R)과 예술형(A)보다 더 많은 공통점을 가지고 있다.
- 차별성: 한 개의 유형에는 흥미가 높게 나타나지만 다른 유형에는 흥미가 별로 나타나지 않는 것을 말한다. 여러 유형에 똑같은 흥미를 나타내는 사람은 특징이 없

거나 잘 규정되지 않는다고 볼 수 있다. 예를 들면, 사회형(S)에 흥미가 높게 나타나는 사람은 다른 유형에는 흥미가 별로 나타나지 않으며, 그중 현실형(R)의 흥미가 가장 낮게 나타난다.
- 정체성: 개인의 정체감 또는 환경의 정체감이 명료하거나 안정된 정도를 말한다. 개인적 정체감은 개인의 목표, 흥미, 재능에 대한 분명하고 안정된 청사진을 갖고 있는 정도를 말한다. 환경적 정체감은 환경이나 조직이 장기간에도 안정된 분명하고도 통합된 목표, 과업, 보상을 가지고 있을 때 나타난다.
- 일치성: 일치성이란 개인의 성격 유형과 환경 유형 간의 일치의 정도를 의미한다. 개인은 자신의 성격 유형과 비슷한 환경 유형에서 일할 때 일치성이 높아지며 최대한 능력을 발휘하게 된다. 환경과 개인의 가장 좋지 않은 일치의 정도는 육각형에서 유형들이 반대 지점에 있을 때 나타난다. 예를 들면, 예술형(A)은 관습적인 환경에서 일하거나 생활할 때 일치성이 낮아진다.
- 계측성: 육각형 모델에서 유형들 간의 거리가 멀수록 직업 적응도와 성공도가 낮음을 의미한다. 즉, 두 유형 간의 거리가 가까울수록 이들 간의 유사성이 더 높고, 환경과 개인 내에 있는 일관성의 정도도 증가한다.

(3) Super의 진로발달 이론

① 자아 개념을 중요시하는 이론으로, 개인의 속성과 직업에서 요구되는 속성을 함께 고려한다. 사람들은 자기개념과 일치하는 직업을 선택하게 되는데, "나는 이런 사람이다"라고 느끼고 생각하던 바를 잘 설명할 수 있는 직업 선택을 가정한다.

② 직업발달에서 중요한 역할을 하는 자아 개념은 유아기에서부터 형성되어 전 생애를 거쳐 사망에 이르기까지 계속 발달한다고 본다. super는 직업발달의 발달단계(성장기, 탐색기, 확립기, 유지기, 은퇴기)를 제시하였고, 각 단계는 성취해야 하는 발달적 과업을 포함한다.

<Super의 진로발달 5단계>
- 성장기(growth, 출생~14세): 이 기간 동안 어린아이는 다른 사람과의 관계 안에서 스스로에 대한 정신적인 표상을 형성한다. 성장 과정 동안 점차 많은 방식으로 직업세계를 지향해 가게 된다(예: 탐색, 정보, 흥미).
- 탐색기(exploration, 14~24세): 이 기간 동안 직업세계에 대한 일반적인 탐색과 진로 선호를 구체화하게 된다. 다양한 역할 시도와 활동, 흥미와 가치, 능력 등이 고려되고 잠정적인 결정이 만들어지고 시도된다.

- **확립기**(establishment, 24~44세): 이 기간 동안 적절한 영역을 찾고, 고정적인 영역을 세우려는 노력이 이루어진다. 이것이 한 번 수립되면 은퇴를 하거나 전문성의 최고점에 이를 때까지 발전에 집중하며, 수행능력의 질적인 부분이 향상된다.
- **유지기**(maintenance, 44~64세): 직업세계에서 영역을 구축한 후에 그것을 어떻게 유지하는가가 주 관심사이다. 완성된 패턴의 연속성을 유지하며 성취한 것을 보존하고자 노력한다.
- **은퇴기**(decline, 64세~사망): 직업으로부터 자유로워지는 시기이면서 다른 만족을 찾는 시기이다. 직업을 완전히 그만두는 데 있어 다양한 모습을 보이며 다른 만족감을 찾거나 직업을 전환하거나 여가 활동을 한다.

3) 진로상담의 기본지침

① 개인의 특성을 객관적으로 평가한 후, 상담자와 내담자 간의 신뢰관계를 형성한 뒤에 실시해야 한다.
② 진로상담 과정 속에는 의사결정에 대한 상담 과정이 포함되어야 한다.
③ 진로발달의 단계에 근거하여야 한다.
④ 변화하는 직업세계에 대한 이해를 토대로 이루어져야 한다.
⑤ 여러 심리검사를 활용하여 그 결과를 토대로 합리적인 방안을 이끌어 내도록 해야 한다.

학습 Plus 진로상담과 개입

(1) 진로 의사결정 수준에 따른 내담자의 분류
 ① 진로 결정자(the decided)
  • 자신의 선택이 잘된 것이니 명료화하기를 원하는 내담자
  • 자신의 선택을 이행하기 위해 도움이 필요한 내담자
  • 진로 의사가 결정된 것처럼 보이나 실제로는 결정을 하지 못하는 내담자
 ② 진로 미결정자(the undecided)
  • 자신의 모습, 직업 혹은 의사결정을 위한 지식이 부족한 내담자
  • 다양한 능력으로 지나치게 많은 기회를 갖게 되어 진로 결정을 하기 어려운 내담자
 ③ 우유부단형(the indecisive)
  • 생활에 전반적인 지장을 주는 불안을 동반한 내담자
  • 일반적으로 문제해결 과정에서 부적응적인 성격을 지니고 있는 내담자

(2) 문제해결을 위한 개입
 ① 진로 결정자
  • 자신의 진로 결정을 구체적으로 준비할 수 있도록 현장 견학이나 실습의 기회를 가지게 한다.
  • 결정한 목표를 향하여 더 치밀하게 정보를 수집하고 구체적인 실천 방안을 모색하게 한다.

- 진로 결정을 재확인하고 구체적인 직업 탐색을 할 수 있도록 한다.
- 결정된 진로를 실천하는 과정에서 부딪히는 문제들을 해결하도록 조력한다.

② 진로 미결정자
- 진로를 결정하지 못하는 것이 정보의 부족 때문인지, 심층적인 심리적 문제 때문인지를 확인한다.
- 경우에 따라 체계적인 개인상담이 수행되어야 하며 실제 결정 과정을 도와준다.
- 자기이해, 즉 흥미와 적성 그리고 다른 필요한 정보를 수집하여 결정의 범위를 점점 좁히고 스스로 진로를 결정할 수 있도록 조력한다.
- 지나치게 많은 관심 분야를 가지고 있을 때는 의사결정 기술을 익히게 한다.

③ 우유부단형
- 단기적인 비구조화된 개입보다는 장기적인 구조화된 개입으로 도움을 제공한다.
- 문제의 기저에 있는 심리적인 장애(예: 우울증이나 낮은 자아 개념, 가족문제)를 다루기 위한 심리상담을 한다.
- 진로 계획을 수립하는 일을 조력한다.
- 정보를 제공해도 도움을 받지 못할 수 있기 때문에 자기에 대한 부정적인 지각을 중심적으로 다룬다.

4) 진로상담 시 고려사항

① 내담자의 진로문제를 정확히 파악한다.
② 진로문제 해결을 위해 내담자의 동기를 높인다.
③ 문제해결과 관련된 내담자가 활용할 수 있는 주변의 자원을 탐색한다.
④ 내담자의 의사결정 기술을 수정하고 훈련한다.
⑤ 내담자의 진로 계획의 수립을 조력한다.
⑥ 변화의 가능성을 고려하여 현실적인 대안들을 창출하고 선택할 수 있도록 조력한다.
⑦ 내담자가 원하는 진로를 위하여 우선적으로 해야 할 순위를 정하도록 조력한다.

3 비행청소년 상담

1) 비행의 원인에 관한 이론

① 아노미 이론: 현대 사회의 가치관 혼란 현상이 청소년 비행의 원인이라고 본다(예: 우리나라 청소년의 경우 좋은 성적, 좋은 학교 입학, 사회적 성공). 문화적 목표를 달성할 수 없게 될 때 아노미 상태에 빠지게 된다.
② 사회통제 이론: 사회 통제력이 약화되어 개인에게 미치지 못하게 될 때, 그 개인은 규범을 위반하게 된다고 본다.
③ 하위문화 이론: 하위 계층에서 성장한 아이들은 학교를 다니면서 상위 계층과 상이한 문화적 차이를 접하면서 적응문제에 부딪히게 되어 비행을 일으킨다고 본다.
④ 차별접촉 이론: 비행 친구끼리 차별적 집단을 형성하게 되는데, 그 집단의 행동을 통

한 영향력이 비행의 원인이 된다고 본다.
⑤ 낙인 이론: 자기 자신을 비행을 저지르는 사람으로 인식하는 데에는 타인으로부터 받는 낙인이 그 영향을 준다고 본다.
⑥ 중화 이론: 비행의 원인이 학습된 변명과 정당화를 통해서 발생한다고 본다. 이 경우 죄의식 없이 비행을 저지르게 된다.

2) 비행의 유형 이론(Weiner)

① 사회적 비행
- 심리적인 문제없이 반사회적 행동 기준을 부과하는 비행하위문화의 구성원으로서 비행을 저지른다. 특히 청소년은 집단문화에 동조하기 위한 수단으로 비행을 저지르는 경향이 있다.
- 소속된 비행하위집단 내에서 통용되는 삶의 방식들은 제한적이고 편파적인 경우가 대부분이므로 장기적인 측면에서 적응적 행동양식이라고 볼 수 없다.

② 심리적 비행
- 성격적 비행: 비행이 반사회적인 성격 구조, 자기통제력의 부재, 타인 무시, 충동성 등에 의한 행위의 문제로 나타난다. 유아기나 아동기에 거절당한 경험 및 아동기의 부적절하거나 일관적이지 못한 훈육으로 인해 타인에 대한 공감능력 및 동일시 능력이 부족하고 자신의 충동을 통제하는 데 곤란을 보인다.
- 신경증적 비행: 자신의 요구가 거절되었을 때 갑작스럽게 자신의 욕구를 표현하는 행위의 문제로 비행이 나타난다. 이러한 비행에는 심리적 갈등이나 좌절을 유발하는 환경적 스트레스 요인이 존재하며, 타인의 관심을 끌 수 있는 방식의 비행이 일어난다.
- 정신병적/기질적 비행: 행동을 통제하기 어려운 정신병이나 뇌의 기질적 손상 등에 의해 비행이 나타난다. 조현병의 발병 연령이 점차 낮아지고 있고, 기질적 비행자들은 주의집중력 결핍, 충동통제력 부족, 미래조망능력 부족, 낮은 자존감 등의 특징을 보이고 있고, 이것이 비행의 원인으로 지적된다.

3) 비행청소년 상담 시 상담자의 역할

① 비행청소년 상담은 청소년 개인은 물론 가족, 친구, 학교, 그리고 지역사회를 포괄하는 광범위한 지원망을 구축하여 통합적으로 운영되어야 한다.
② 비행청소년과 정서적 유대감을 형성하는 것이 무엇보다 중요하고, 부모나 가족과의 갈등을 해소하고 문제를 해결할 수 있는 능력을 기르도록 조력해야 한다.
③ 학교생활에서 지켜야 할 다양한 규칙과 대화 기술, 갈등 해결 기술 등과 같은 사회적

기술을 학습하도록 훈련시키는 것이 필요하다.
④ 친구의 유혹을 거절할 수 있는 자기주장이나 자기통제 능력의 훈련이 필요하며, 경우에 따라 또래 상담자를 활용하는 것이 효과적일 수 있다.

4) 비행청소년 상담 시 고려사항
① 무조건적 수용과 공감적 이해를 하도록 한다.
② 상담관계의 한계 내에서 자유롭고 안전한 분위기를 형성한다.
③ 긍정적 측면을 인정하고 활용하도록 한다.
④ 대인관계 능력과 문제해결 증진을 위한 훈련을 한다.
⑤ 비행청소년의 부모상담 시, 자녀의 문제와 상황, 이와 관련된 요인들에 대해 이해하도록 하고, 자녀를 대하는 부모와 가족의 행동 변화와 대처방법을 함께 모색한다.

02 실력 다지기: 요점정리

- 상담은 전문적인 훈련을 받은 상담자와 조력을 필요로 하는 내담자가 상담 활동의 공동 주체로서 내담자의 자각 확장을 통해 문제 예방, 발달과 성장, 문제해결을 달성함으로써 그의 삶의 질을 향상하기 위해 함께 노력하는 조력과정이다.
- 상담의 일반적 목표는 내담자의 행동 변화, 내담자의 정신건강 증진, 내담자의 문제해결 및 대처능력 향상, 내담자의 의사결정을 조력하는 것이다.
- 상담의 기본원리 7가지는 개별화의 원리, 의도적인 감정표현의 원리, 통제된 정서적 관여의 원리, 수용의 원리, 비판단적인 태도의 원리, 자기결정의 원리, 비밀보장의 원리가 있다.
- 상담에는 진단적 및 예방적 기능, 교육적 기능, 교정적 기능, 치료적 기능이 있다.
- 상담자는 내담자를 조력해야 할 책임이 있으며 내담자에게 피해를 주는 어떤 행동도 해서는 안 된다.
- 상담의 일반적인 윤리적 원칙 5가지는 자율성, 선행, 무해성, 공정성, 충실성으로, 상담자는 이를 준수하여야 한다.
- 상담의 윤리강령은 상담자와 내담자를 함께 보호하고, 어떤 윤리적인 판단이 필요한 상황에서 좀 더 현명한 선택을 할 수 있도록 도와주는 지침이다.
- 상담의 윤리강령 중 윤리적인 책임과 관련된 내용은 비밀 유지, 유능성, 전문적 한계, 이중관계, 성적 관계 등이 있다.
- 윤리강령 중 비밀 유지는 내담자가 털어놓은 사적인 문제와 상담관계에서 나눈 상담내용은 내담자의 요청이 있는 경우를 제외하고 타인에게 노출해서는 안 되는 것을 의미한다.
- 유능성은 상담자는 내담자가 어려움을 해결할 수 있도록 도움을 주어야 하므로 전문적인 능력과 경험을 갖추고 있어야 하는 것을 말한다.
- 전문적 한계는 상담자는 전문적인 책임감과 기술을 가지고 내담자를 조력해야 하는데, 자신의 능력과 전문자로서 자격 이상의 부적절한 조력 활동을 해서는 안 되는 것을 의미한다.
- 이중관계는 상담자는 내담자와의 상담관계에 영향을 줄 수 있는 다른 사적관계(이중관계)를 피해야 한다. 이중관계는 상담관계 이외에 상담자가 내담자와 가족, 친인척, 친구, 동료, 학생 등의 관계를 맺는 것을 말한다.
- 성적 관계는 상담자는 상담관계 중에 있는 내담자와 어떤 형태의 성적 관계도 가져서는 안 되며, 이전

- 에 성적 관계를 가졌던 사람을 내담자로 받지 말아야 한다.
- 경청이란 내담자의 감정과 생각을 이해하기 위해 그의 말을 주의 깊게 듣는 것을 말한다.
- 적극적 경청(active listening)은 상대방의 언어적인 메시지는 물론 비언어적인 메시지에도 주의를 기울이는 것을 의미한다.
- 즉시성(immediacy)은 상담자와 내담자 간의 즉각적인 상호작용을 의미한다.
- 최소의 촉진적 반응(minimal encourager)은 내담자가 수용되고 있다는 것들을 반영하고 지속적으로 이야기할 수 있도록 촉진시키는 역할을 한다.
- 반영(reflection)은 상담자가 내담자의 행동 속에 내재된 내면의 감정을 정확하게 파악하여 내담자에게 전달해 주는 것을 말한다.
- 재진술(paraphrasing)은 내담자의 메시지 내용에 초점을 두고 내담자가 말한 바를 바꿔 말하는 것이다.
- 명료화(clarification)는 내담자의 말 속에 포함되어 있는 불분명한 내용에 대해 상담자가 그 의미를 분명하게 밝히려는 것을 말한다.
- 요약(summary)은 상담 회기 내용의 일부 또는 전부에 대해 간결하게 정리하고 통합하는 과정을 의미한다.
- 침묵(silence)은 대개의 경우 내담자가 자기 자신을 음미해 보거나 머릿속으로 생각을 간추리는 과정에서 발생한다.
- 상담관계가 잘 이루어지지 않거나 상담자에 대한 저항으로 침묵이 발생하는 경우, 긴 시간의 침묵은 피해야 한다.
- 질문(question)은 상담자가 내담자의 문제를 탐색할 때 가장 많이 사용하는 기술이다.
- 직면(confrontation)은 내담자의 말이나 행동이 일치하지 않는 경우 또는 내담자의 말에 모순점이 있는 경우 상담자가 그것을 지적해 주는 것이다.
- 해석(interpretation)은 내담자가 경험한 사건들과 행동, 감정, 생각 등의 의미를 설명해 주는 것이다.
- 상담은 초기단계, 중기단계, 종결단계 순으로 구성된다.
- 상담의 초기단계의 주요내용은 상담관계의 형성, 내담자의 이해와 평가, 상담의 구조화, 상담목표의 설정이 있다.
- 상담의 종결단계에서는 이별의 감정 다루기, 상담 성과에 대한 평가, 내담자의 독립성 증진, 추수 상담과 재발의 위험성을 다룬다.
- 상담면접의 종류에는 발달 상담면접, 문제 중심의 상담면접, 의사결정 상담면접, 위기 상담면접이 있다.
- 집단상담(group counseling)은 상담자와 함께 집단원 간의 상호작용을 통해 자기이해와 수용을 경험하고 개인의 문제를 해결해 나감으로써 보다 성숙한 모습으로 성장하도록 조력하는 과정이다.
- 집단상담에서는 집단원, 장소, 집단의 크기, 상담 시간 및 횟수, 집단 구성의 형태가 중요하다.
- 집단상담의 형태로는 지도집단, 상담집단, 치료집단, 자조집단이 있다.
- 지도집단은 개인적 요구나 관심사에 대한 적절한 교육적·직업적·사회적 정보를 제공하려는 목적

- 으로 실시된다.
- 상담집단은 신뢰롭고 수용적인 분위기 속에서 집단원들은 개인의 문제를 다루고 행동 변화를 도모한다.
- 치료집단은 전문적인 훈련을 받은 치료자가 집중적인 심리치료를 필요로 하는 사람을 대상으로 실시한다.
- 자조집단은 유사한 문제를 가진 사람들이 자발적으로 함께 모여 서로의 경험을 나누고 도움과 지지를 제공함으로써 문제를 해결해 나간다.
- 집단의 치료적 효과(Yalom)는 희망의 고취, 보편성, 이타심, 정보 전달, 1차 가족집단의 교정적 재현, 사회 기술의 발달, 모방행동, 대인관계 학습, 정화, 집단 응집력, 실존적 요인들에 대한 변화가 포함된다.
- 집단상담의 과정은 참여단계, 과도기적 단계, 응집성 단계, 생산적 단계, 종결단계 순으로 진행된다.
- 집단상담의 방법은 관심 기울이기, 공감적 반응하기, 자기 노출하기, 피드백 주고받기, 연결 짓기, 행동 제한하기 등이 있다.
- '관심 기울이기'는 집단원들 간의 관계뿐 아니라 집단상담자와 집단원 간에 이루어지는 의사소통의 과정이라고 볼 수 있다.
- '공감적 반응'은 집단원의 입장에서 그의 느낌 또는 내적 경험을 이해하고 이를 직접 말로 전달하는 것을 말한다.
- '자기 노출하기'는 집단상담에 참여한 집단원에게 자신에 대한 주관적인 정보를 공개하는 것이다.
- '피드백 주고받기'란 타인의 행동에 대한 자신의 반응을 상호 간에 솔직하게 이야기해 주는 과정을 말한다.
- '연결 짓기'는 한 집단원의 말과 행동을 다른 집단원의 관심과 연결하고 관련짓는 방법이다.
- '행동 제한하기'는 집단원들이 비생산적이고 집단 발전에 도움이 되지 않는 행동을 하지 못하도록 제한하는 것이다.
- 가족상담(family counseling)이란 여러 구성원으로 이루어져 기능하는 가족을 하나의 체계로 보고 가족체계에 변화를 줌으로써 가족 구성원의 증상을 보다 효과적으로 치유하는 데 그 목적이 있다.
- 체계(system)란 서로 영향을 주고받는 요소의 복합체를 말한다. 가족체계는 부부 하위체계, 형제 하위체계, 여성 하위체계, 남성 하위체계 등을 포함한다.
- 경계선(boundary)이란 가족 하위체계를 구분하는 선으로, 가족 구성원 사이에 허용할 수 있는 접촉의 양과 종류로 구분된다.
- 항상성(homeostasis)은 어떤 중심적인 경향을 가지고 역동적인 균형을 유지하려는 가족체계의 경향을 말한다.
- 가족규칙(family rule)은 가족 구성원이 상호작용하면서 만들어 낸 일정한 패턴을 말한다.
- 가족 삼각관계(family triangles)는 이인체계에서 긴장이 해소되지 않을 때 이 문제를 해결하기 위해 제3의 사람이나 문제를 끌어들이는 것을 말한다.
- 희생양(scapegoat)은 가족 내의 문제를 책임지게 되는 특정 개인을 말한다. 가족 구성원은 희생양이

- 된 사람에게 모든 문제를 돌리고, 희생양이 된 개인은 만성적인 심리적 문제를 지니게 된다.
- 부모화(parentification)란 가족체계 속에서 자녀가 한쪽의 부모나 다른 형제에게 양육적 역할을 하게 되는 상황을 의미한다.
- 가족상담의 초기단계에서는 가족과 상담관계를 형성하며, 문제를 명료화하고, 상담목표를 설정한다.
- 중기단계에서는 가족 간의 관계가 수정되어야 하고 파괴적인 동맹이 있다면 가족 구조가 재조직되어야 한다.
- 종결단계에서는 가족상담의 목표 여부를 확인하고 종결 준비를 한다. 상담자는 종결에서 오는 내담자의 감정을 충분히 표현할 수 있도록 한다.
- 가족상담의 종결 과정은 도입단계, 요약단계, 장기적 목표 나누기 단계, 추수 면담 단계로 구성된다.
- 가족조각(family sculpting) 기법은 가족이 특정한 사건에 대한 거리감, 대처하는 자세나 태도를 신체를 통하여 시각적, 공간적으로 표현하는 기법이다.
- 가계도(genogram)란 내담자 가족의 여러 세대에 걸쳐 나타나는 가족의 패턴을 알고, 가족사에서 나타나는 사건과 경험이 어떤 영향을 미치는지 이해하기 위한 가족 도표이다.
- 빈 의자 기법(empaty chair)은 빈 의자를 어떤 상징적인 대상으로 간주하여 대화하도록 하는 기법이다.
- 실연(enactment)은 과거의 사건을 실제 연기를 통해 체험하게 하여 당시 내담자의 욕구와 감정을 경험하도록 함으로써 문제에 대한 통찰을 하게 하는 기법이다.
- 가족상담자는 공감적·객관적·적극적 참여자로서의 다양한 역할이 요구되므로 이러한 역할을 수행해 나가기 위한 많은 경험을 쌓아야 한다.
- 다세대 가족상담(multi-generational family therapy)은 가족 간의 유기적 관계를 분화와 삼각관계의 개념을 이용하여 Bowen이 제시한 이론이다.
- 다세대 가족상담의 목표는 불안을 감소시키고, 가족 집합체로부터 자신을 분리, 독립시켜 자아정체감을 형성하고, 자유롭고 독립적인 사고와 행동을 할 수 있도록 조력하는 것이다.
- 자아분화(differentiation of self)는 개인이 가족의 정서적인 혼란으로부터 자유롭고 독립적인 사고나 행동을 할 수 있는 과정을 의미한다.
- 삼각관계(triangles)란 가족 구성원 중 두 사람이 해결하기 힘든 문제에 봉착했을 때 가족 내의 제삼자를 끌어들여 문제를 해결하려는 과정을 말한다.
- 가계도(pedigree)는 가족상담의 중심인물 또는 내담자를 IP(Identified Patient)라고 지칭하고, 원가족을 포함하여 3세대에 걸쳐 가족 구성원에 관한 정보와 그들 간의 관계를 도표로 기록하는 방법이다.
- 치료적 탈삼각화를 위해 상담자는 중립적 입장을 유지하면서 가족 구성원들이 평정을 되찾아 자신들의 문제해결 방법을 찾도록 안내한다.
- 관계실험(relationship experiment)은 삼각관계를 구조적으로 변화시키기 위해 사용하며, 가족체계 과정 내에서 자신의 역할을 깨닫도록 학습시키는 것이다.
- 구조적 가족상담(structural family therapy)은 개인의 증상과 문제를 해결하기 위해 가족의 구조적 변화에 초점을 두는 이론이다.

- 가족 구조(family structure)란 가족 구성원들이 서로 관계를 맺고 상호작용하는 방식을 결정하는 암묵적 규칙과 요구를 말한다.
- 경계선(boundary)이란 가족 내의 구성원 간 또는 개인과 하위체계 간에 접촉과 개입을 허용하는 정도를 의미한다.
- 제휴(coalition)는 가족체계 안에서 개인이 다른 구성원과 협력적인 관계를 맺는 것을 의미한다.
- 전략적 가족상담(strategic family therapy)은 상담자가 가족문제를 해결하기 위한 전략을 설계하는 데 주안점을 두는 이론이다.
- 경험적 가족상담(experiential family therapy)은 가족체계 내에서 정서적 체험과 의사소통 방식에 주안점을 두는 이론이다.
- 해결중심 가족상담(solution-focused family therapy)은 내담자의 긍정적 자원에 초점을 맞추어 내담자가 원하는 삶을 위한 해결책을 강구하는 데 집중하는 단기 치료적 접근이다.
- 중독(addiction)이란 중독성 있는 약물(물질)에 대해 과도한 집착과 강박적인 사용으로 약물 사용을 적절히 통제하거나 조절하는 것이 스스로의 힘으로 불가능한 상태를 의미한다.
- 약물(물질) 중독의 단계는 실험적 사용단계-사회적 사용단계-도구적 사용단계(남용단계)-습관적 사용단계(의존단계)-강박적 사용단계로 진행된다.
- 알코올 의존(alcohol dependence)은 잦은 음주로 인하여 알코올에 대한 내성(tolerance)이 생겨 술을 마시지 않으면 여러 가지 고통스러운 금단 현상이 나타나 술을 반복하여 마시게 되는 것을 말한다.
- 알코올 남용(alcohol abuse)은 잦은 과음으로 인하여 자신의 역할 수행을 못하거나 법적인 문제를 반복하여 유발하는 경우를 말한다.
- 알코올 중독이 되는 4단계(Jellinek)는 전 알코올 증상단계-전조단계-결정적 단계-만성단계로 진행된다.
- 인터넷 중독의 3단계는 호기심, 대리만족, 현실 탈출로서 사용하게 된다.
- 인터넷 중독의 증상으로 내성(tolerance), 금단증상(withdrawal symptoms), 남용(abuse) 증상이 나타난다.
- 내성(tolerance)이란 약물을 사용했을 때 효과가 점차로 감소하거나, 같은 효과를 얻기 위해 점차 용량을 증가시켜야 하는 상태를 말한다.
- 금단증상(withdrawal symptoms)이란 약물의 사용을 중단하거나, 사용량을 줄였을 때 나타나는 증상을 말한다.
- 남용(abuse)이란 사회적 또는 직업상의 기능장애를 초래하는 약물의 병적 사용을 말하는 것으로, 지속적으로 빈번히 사용하는 것을 말한다.
- 도박 중독의 7단계는 승리단계-손실단계-절망단계-포기단계-결심단계-재건단계-성장단계로 진행된다.
- 변화단계이론(Prochaska & Diclemente)은 의도적인 행동 변화에 대한 이해와 개입을 위한 통합적인 접근법으로, 초이론적(transtheoretical) 모델이라고도 한다.
- 변화단계이론은 숙고 전 단계-숙고단계-준비단계-실행단계-유지단계로 진행된다.

- 중독은 뇌의 중추신경계 중 쾌락중추라고 불리는 '보상회로'와 밀접한 관련이 있다. 보상회로가 자극되면 쾌감을 느끼게 해 주는 신경전달물질인 '도파민'이 분비된다.
- 동기강화상담(motivational interviewing)이란 내담자의 양가감정을 탐색하고 해결함으로써 그 사람의 내면에 있는 변화 동기를 강화시킬 목적으로 하는 내담자 중심의 상담방법이다.
- 동기강화상담의 대화기술(OARS)은 열린 질문하기, 인정하기, 반영하기, 요약하기가 있다.
- 성문제 상담의 지침은 성(性)에 관한 상담자 자신의 인식, 올바른 성 윤리관과 기본적인 성 지식, 개방적 의사소통, 내담자가 성에 관해 무지하다는 가정, 의사 및 관련 전문가에게 도움을 요청하거나 의뢰, 위장적/회피적 태도의 처리, 상담자의 객관적 역할이 중요하다.
- 성폭력 피해 후 심리적 단계는 충격과 혼란-부정-우울과 죄책감-공포와 불안-분노-재수용 과정을 통해 나타난다.
- 성 피해 아동은 피해 시기의 발달단계에 따라 증상에 차이를 보이기 때문에 성 피해 아동을 대상으로 한 심리치료는 연령 및 발달단계를 고려해야 한다.
- 자살위기상담의 목표는 신체적 손상을 입지 않은 채 위기에 잘 대처할 수 있도록 돕는 데 있다.
- 자살위기 개입의 6단계 모델은 크게 경청하기와 활동하기의 두 가지 과정으로 이루어진다. 전반부에는 경청하기를, 후반부에는 활동하기를 중심으로 이루어지며, 위기의 전 과정에 걸쳐 평가가 이루어진다.
- 자살위험도 평가는 자살위험 수준 평가, 자살 계획 평가, 과거 자살 시도 경험, 심리적 증상, 환경적 스트레스, 자원 및 지지체계에 대해 이루어진다.
- 학습문제 상담은 학업에 관한 바람직한 습관을 형성하고 성취와 만족감을 경험할 수 있도록 조력하는 것이다.
- 학습 부진(slower learner)은 지적 능력에 비해 실제 학업성취가 내담자가 지닌 능력에 미치지 못하거나 현저히 저하되는 상태를 보인다.
- 학습문제 상담 과정은 상담관계 형성, 상담 구조화, 학습문제의 진단, 상담목표의 설정, 개입 전략 설정 및 개입, 사례관리로 이루어진다.
- 진로상담의 목표는 자기 자신에 관한 정확한 이해 증진, 일(직업)의 세계에 대한 이해 증진, 합리적인 의사결정 능력의 증진, 정보 탐색 및 활용 능력의 함양, 일과 직업에 대한 올바른 가치관 및 태도 형성에 있다.
- 특성-요인 이론은 내담자가 자신의 문제를 객관적으로 보지 못하고 독립적으로 해결할 수 없다는 가정하에 내담자의 개인적 특성과 직업적 요인이 잘 부합될 수 있도록 조력한다.
- Williamson의 특성-요인 상담 모형 6단계는 분석, 종합, 진단, 예측, 상담, 추수지도로 진행된다.
- 홀랜드의 이론은 사람들의 성격과 환경을 실재형, 탐구형, 예술형, 사회형, 기업형, 관습형으로 구분했고, RIASEC라는 육각형 모형을 통해 효과적인 직업결정 방법을 제시하였다.
- 홀랜드 이론은 일관성, 차별성, 정체성, 일치성, 계측성의 주요개념을 기반으로 한다.
- Super의 진로발달 이론은 자아 개념을 중요시하는 이론으로, 개인의 속성과 직업에서 요구되는 속성을 함께 고려한다.

- 진로 의사결정 수준에 따른 내담자의 분류로는 진로 결정자, 진로 미결정자, 우유부단형이 있다.
- 청소년 비행의 원인에 관한 이론으로는 아노미 이론, 사회통제 이론, 하위문화 이론, 차별접촉 이론, 낙인 이론, 중화 이론이 있다.
- 비행의 유형 이론(Weiner)은 사회적 비행과 심리적 비행으로 구분하였고, 심리적 비행은 성격적 비행, 신경증적 비행, 정신병적/기질적 비행을 포함한다.

PART 06

기타 핵심개념정리

01 심리치료 핵심개념정리

핵심 1. 정신분석치료

핵심 2. 행동치료

핵심 3. 인지치료

핵심 4. 인간중심치료

핵심 5. 실존치료, 게슈탈트 치료, 현실치료

02 실력 다지기: 요점정리

심리치료 핵심개념정리

핵심 1 정신분석치료

1 인간의 정신 구조

인간의 정신(마음)을 의식, 전의식, 무의식으로 구분하여 지형학적 모형을 제시하였다.

① 의식(conscious)은 깨어 있는 상태에서 자각하고 있는 지각, 사고, 정서 경험을 말한다. 빙산에 비유하면 수면 위로 떠 있는 빙산의 일부분과 같다.

② 전의식(preconscious)은 평소에는 의식하지 못하지만 약간의 노력을 기울이면 의식으로 떠올릴 수 있는 기억과 경험이다.

③ 무의식(unconscious)은 의식화되지는 않지만 개인의 행동에 지대한 영향을 미치는 것으로 쉽게 자각할 수 없는 사고, 소망, 감정, 기억 등이 포함된다. 빙산에 비유하면 수면 아래에 잠겨 있는 거대한 실체와 같다.

2 성격의 삼원구조

① 원초아(id): 무의식적 정신 에너지의 저장소이며, 쾌락의 지배를 받아 현실에 의해서 구속받지 않고 즉각적 만족을 추구한다(쾌락원리).

② 자아(ego): 현실적인 적응을 담당하며, 원초아와 초자아와의 균형을 유지하고 둘 간의 갈등을 중재하는 역할을 한다(현실원리).

③ 초자아(super ego): 자아로 하여금 현실적인 것뿐만 아니라 이상적인 것도 고려하도록 이끌고 행위를 판단하게 하는 도덕적 규범과 같다(도덕원리).

3 정신분석의 심리성적 발달단계

① 심리성적 발달과정에서 과도한 만족이나 좌절은 아이의 성격 형성에 부정적인 영향을 미쳐서 성인기의 심리적 장애를 유발하는 원인이 될 수 있다.
② 심리성적 갈등이 성공적으로 해결되지 못하거나, 심하게 박탈되거나, 과도하게 몰두하게 되면 어떤 한 단계에 '고착(fixation)'이 된다. 고착이란 어떤 한 단계에서 미해결된 문제를 경험함으로서 야기되는 성격 발달의 정지를 말한다.
③ 자신의 갈등을 성공적으로 해결하였다 하더라도 이후의 생활에서 심한 어려움을 겪게 되면 '퇴행(regression)'을 보인다. 퇴행이란 발달 초기의 보다 만족스러웠던 단계의 감정이나 행동을 보이는 것을 말한다.

〈심리성적 발달단계〉

시기	심리성적 발달단계	심리 및 성격 특성
0~1세	구강기 (oral stage)	리비도가 입에 집중되어 있으며, 구강 만족을 통해 욕구를 충족함. • 구강기 수용적: 낙관론, 의존적, 과도한 신뢰 • 구강기 공격적: 비관론, 공격적, 논쟁적, 타인 이용
1~3세	항문기 (anal stage)	배변훈련 과정에서 부모와 갈등 및 자율성과 자기통제를 유지하고자 함. • 항문보유 성격: 고집 셈, 완고함, 지나친 청결, 시간 엄수 • 항문공격 성격: 잔인, 파괴, 난폭, 적개심, 불결
3~6세	남근기 (phallic stage)	성기를 통한 만족, 근친상간적 소망(이성 부모에 대한 사랑)으로 심리적 갈등을 경험. 동일시를 통한 극복과 초자아 발달 • 남아: Oedipus complex(오이디푸스 콤플렉스), 거세불안 경험 • 여아: Electra complex(엘렉트라 콤플렉스), 남근선망 경험
6~12세	잠재기 (latency stage)	성적 충동 억압, 성적 본능의 승화 단계, 친구들과 어울리며 사회화 과정 학습
12세 이후	성기기 (genital stage)	급격한 신체적 성장에 따른 호르몬의 변화, 성적 욕구가 강해지고 성 행동 추구, 이성에 대한 관심 증가

4 정신분석치료 절차

① 초기 단계: 상담자는 내담자와 신뢰관계를 형성하고 자유 연상, 꿈 분석을 통해 내담자의 심리적 문제에 대한 윤곽이 드러나면 상호적 치료동맹을 맺는다. 이 과정은 내담자 갈등의 본질에 대한 전반적 이해뿐만 아니라 내담자의 전이 감정을 촉진하는 데 중요하다.

② 전이 단계: 내담자는 유아 및 아동기 때 중요한 대상에게 가졌던 감정을 상담자와의 관계에서 반복하며 전이 욕구를 충족하려 한다. 상담자는 내담자의 전이 욕구에 대해 중립적인 태도로 해석을 수행하고 참여적 관찰자의 역할을 통해 내담자의 욕구를 다룬다.
③ 통찰 단계: 치료자는 내담자의 욕구와 갈등 간의 역동적인 평형상태를 이루도록 돕고, 내담자는 자신의 부정적인 감정이 애정과 욕구의 좌절에서 비롯된 것임을 깨닫게 되면서 갈등에 대한 만족스러운 해결을 이끈다.
④ 훈습 단계: 상담자는 내담자가 통찰할 것을 실제 생활로 옮기도록 조력한다. 상담을 통해 획득한 통찰을 현실에 적용하려는 노력을 돕고, 훈습에 의해 내담자의 변화된 행동이 안정 수준에 이르게 되면 종결을 준비한다.

5 정신분석치료에서 종결을 위한 이상적 목표

통찰과 훈습을 통해서 저항이 극복되고 치료자에 대한 전이가 해소되면 치료자는 종결을 고려한다. 치료자는 내담자와 치료효과를 검토하면서 치료의 종결을 암시하며 자연스러운 종결을 준비한다.
① 심각한 갈등의 해결과 자아기능의 향상
② 병리적 방어기제의 사용 감소
③ 성격구조의 중요한 긍정적 변화
④ 증상의 상당한 호전 또는 증상을 극복할 수 있는 능력이 생겼다는 증거의 존재

핵심 2 행동치료

1 행동치료의 기본 가정

① 개인의 특성은 관찰될 수 있는 구체적인 행동으로 분석하여 이해해야 한다.
② 대부분의 행동은 후천적으로 학습된 것이다. 부적응적인 문제행동은 환경과의 상호작용과 잘못된 학습에 의해 습득된다.
③ 치료의 주된 목표는 부적응적인 문제행동을 제거하고, 긍정적인 행동을 학습함으로써 내담자의 적응을 돕는 것이다.
④ 치료는 과학적인 원리와 방법에 의해서 시행되어야 하므로, 경험적으로 효과가 입증된 기법을 사용해야 한다.

2 행동치료의 주요개념

행동주의적 접근은 유기체가 새로운 행동을 학습하게 되는 원리와 과정에 대한 실험연구를 통해 다양하게 제시하고 있으며, 고전적 조건형성, 조작적 조건형성, 사회적 학습이론 등으로 발달해 왔다.

① 고전적 조건형성: 인간이 새로운 행동을 학습하게 되는 원리와 과정을 고전적 조건형성으로 설명한다. 고전적 조건형성은 조건 자극과 무조건적 자극 간의 반복적 연합의 결과로 조건 자극의 무조건 반응을 일으키는 것을 말한다.

② 조작적 조건형성: 어떤 행동이 학습되고 유지되는 것은 그 행동의 결과에 의해 결정이 된다고 보며, 특정 행동의 빈도를 증가시키는 것을 강화라고 한다. 인간이 바람직한 결과를 이끌어내기 위해 단지 어떤 자극에 대해 수동적으로만 반응하는 것이 아니라 환경을 조작한다는 의미에서 조작적 조건형성이라 불린다.

③ 사회적 학습이론: 인간은 고전적 조건형성과 조작적 조건형성의 방법 이외에 다른 사람의 행동을 관찰하고 모방함으로써 새로운 행동을 학습하게 된다. 일반적으로 사회적 학습(social learning)이란 사회적 상황에서 다른 사람의 행동에 대한 관찰 및 모방을 통해 새로운 행동을 학습하는 것을 말한다.

3 관찰학습의 인지과정

① 1단계(주의 과정): 관찰 대상인 모델의 행동에 관심을 갖고 주의를 기울인다.
② 2단계(저장 과정): 모델이 하는 행동을 유심히 관찰하여 관찰 내용을 기억한다.
③ 3단계(운동재생 과정): 보유한 기억을 시행착오를 거쳐 연습과 행동을 통해 획득한다.
④ 4단계(동기화 과정): 실제 행동으로 실현하고자 하는 동기나 욕구의 과정을 말한다.

4 행동치료의 치료절차

① 내담자의 문제 탐색: 내담자가 신뢰 있는 치료적 관계를 맺고, 내담자가 호소하는 문제와 부적응 행동을 탐색한다.
② 문제행동의 평가와 분석: 문제행동을 구체화하고, 그 빈도와 지속기간에 초점을 맞추어 평가한다. 문제행동의 시작과 유지, 강화시키는 환경적인 요인들도 함께 분석한다.
③ 목표 설정: 문제행동에 대한 분석이 이루어진 후에 내담자와 함께 구체적인 치료목표를 설정한다. 치료목표는 명확하고 구체적이며 측정 가능한 형태로 하는 것이 바람직하다.
④ 치료계획 수립 및 실행: 치료목표를 정하고, 치료자는 내담자의 행동변화를 위한 치료계

획을 수립한다. 내담자의 문제행동의 특성에 따라 적절한 기법을 모색하고, 내담자와의 협의 하에 치료계획을 실행한다.
⑤ 치료효과의 평가: 치료가 진행되는 동안 문제행동의 개선 정도를 지속적으로 평가한다. 개선되지 않은 경우 치료계획을 점검하고 수정한다. 구체적으로 설정된 치료목표가 행동평가를 통해서 달성되었을 때 치료가 성공적으로 이루어졌다고 볼 수 있다.
⑥ 재발방지 계획 수립: 치료목표가 달성되면, 재발방지 계획을 수립하며 치료종결을 준비한다. 치료종결 이후 재발할 수 있으므로, 재발방지를 위한 방법과 지침을 내담자와 함께 마련한다.

5 행동주의 주요 치료적 원리

① 강화(reinforcement): 특정 자극을 제공하여 어떤 행동을 습득하게 하고 그 빈도를 증가시키는 것을 말한다.
② 처벌(punishment): 특정 행동을 제거하거나 빈도를 감소시킬 경우에 사용된다. 바람직하지 않은 행동을 하지 못하게 할 때 벌이나 고통을 줌으로써 그 행동을 억제시킬 수 있다.

〈강화와 처벌〉

		행동의 강도	
		증가	감소
자극 유형	자극 제시	정적 강화(+) (예: 과제 마감 행동을 늘리기 위해 가산점을 줌)	정적 처벌(−) (예: 아동의 지각을 줄이기 위해 위반 시 화장실 청소를 시킴)
	자극 제거	부적 강화(+) (예: 기부 행동을 늘리기 위해 기부하면 세금을 줄여 줌)	부적 처벌(−) (예: 컴퓨터 게임 시간을 줄이기 위해 게임 시 용돈을 빼앗음)

③ 소거(extinction): 학습된 행동에 대해 강화가 제공되지 않음으로써 행동 수행이 중지되는 현상으로, 반응의 중단이나 제거를 말한다.
④ 변별(discrimination): 제시된 자극조건에 따라 다르게 반응할 수 있는 능력을 말한다. 어떤 자극에 대해 그 의미나 특징을 구분하여 인식하는 것을 의미한다.
⑤ 일반화(generalization): 특정 장면에서 강화를 통해 학습된 행동이 다른 상황이나 장면에서도 나타나는 것을 말한다.

핵심 3 인지치료

1 인지치료의 기본원리

인지치료의 기본적인 원리는 정신병리를 유발하는 왜곡된 인지를 수정하여 재구성하는 것이다. 이를 위해 내담자 스스로 자신의 부정적 사고를 인식하여 변화시키는 역량을 키우는 데 주력한다.

〈핵심치료원칙〉
- 자신의 부정적이고 자동적인 사고를 관찰하여 파악하기
- 인지, 정서, 행동 간의 관련성을 인식하기
- 자동적 사고의 지지 증거와 반대 증거를 검토하기
- 편향적인 인지를 좀 더 현실적인 대안적 사고로 대체하기
- 경험을 왜곡하게 만드는 역기능적 신념을 파악하고 수정하기

2 인지치료 사례개념화의 6가지 요소

① 문제 목록
② 내재된 기제(핵심 믿음 또는 도식)에 대한 가설
③ 현재 문제와 내담자가 가진 믿음의 관련성
④ 현재 문제를 일으키는 촉발 요인
⑤ 기저에 내재된 믿음들의 발달과 관련된 배경의 이해
⑥ 치료에 예상되는 장애물들

〈Beck의 인지치료〉
- Beck의 인지치료(cognitive therapy)에서 내담자의 문제는 개인이 지닌 부정적인 자동적 사고와 인지적 왜곡에서 비롯되었다고 본다.
- 인지치료에서는 인간의 감정과 행동은 객관적인 현실보다는 주관적 해석에 의해 결정되며, 심리적 고통과 정신병리는 인지 내용이 현실을 부정적으로 왜곡하는 데 기인하므로 심리치료를 통해 왜곡된 역기능적 인지의 교정을 돕는다면 심리적 증상이 호전될 수 있다고 보았다.
- 인지치료에서는 내담자의 주관적 경험(내담자의 눈을 통해서 비춰진 세상)을 이해하는 것

이 중요하다. 내담자가 지닌 자신과 타인, 미래에 대한 주관적 인식이 정서와 행동에 영향을 미치므로, 부적응적인 인지를 변화시키는 것이 치료의 목표이다.

3 인지치료의 주요개념

① **자동적 사고**: 인지행동치료의 핵심으로, 사람들이 경험하는 심리적 문제는 스트레스 사건을 경험했을 때 선택 또는 노력과 상관없이 자동적으로 떠오르는 부정적인 생각의 내용들이다.

〈우울증의 인지 삼제(cognitive triad)〉
- 자신에 대한 부정적 생각('나는 무가치한 사람이다.')
- 미래에 대한 부정적 생각('나의 앞날은 희망이 없다.')
- 세상에 대한 부정적 생각('세상은 매우 살기 힘든 곳이다.')

② **중간 신념(intermediate belief)**: 사람들의 자동적 사고를 형성하는 극단적이며 절대적인 규칙과 태도를 의미한다. 핵심 신념의 영향을 받은 삶에 대한 태도와 방식, 규칙과 가정으로 구성된 진술문으로 핵심 신념과 자동적 사고를 매개하는 역할을 한다.

③ **핵심 신념(core belief)**: 자신에 대한 중심적 생각으로, 보통 중재적 신념에 반영된다. 핵심 신념은 보편적이며 과잉 일반화된 절대적인 것으로 표현된다. 어린 시절에 중요한 인물과 상호작용하면서 형성된 가장 근원적이며 깊은 수준의 믿음. 가장 깊은 수준의 인지로 개인에게 잘 인식되지는 않으나, 큰 영향력을 행사하며 암묵적으로 받아들여진다.

④ **역기능적 인지 도식**: 인지 도식은 개인의 삶에서 자신과 세상을 이해하고 현실을 지각하는 사고의 틀을 말한다. 인지 도식은 생의 초기에 시작되어 생의 전반에 걸쳐 발달하는 전체적인 것으로, 초기 아동기의 경험을 통해 긍정적 또는 역기능적 신념체계를 형성하게 되고 이러한 기본 신념이 인지 도식화 된다.

⑤ **인지적 오류**: 인지적 오류(cognitive errors)는 잘못된 사고, 부적절한 정보에 근거한 잘못된 추론 등으로부터 오는 부적절한 가정 혹은 개념을 의미하며, 인지적 오류가 빈번하게 발생할 때 심리장애가 발생할 수 있다.

4 인지치료의 치료적 기제

① ABC 이론

인간의 정서적, 행동적 결과에 영향을 미치는 원인으로 사건보다는 신념체계의 중요성을 강조하는 이론적 모델이다. ABC 이론은 내담자의 감정, 사고, 행동 등을 이해할 수 있는 유용한 틀을 제공한다.
- A: 선행사건(Activating events)
- B: 신념체계(Belief system)
- C: 정서 및 행동적 결과(Consequences)

5 인지적 오류(cognitive error)

① 이분법적 사고(흑백논리적 사고): 어떤 상황을 연속선상에서 보지 않고 양 극단으로만 보는 것을 말한다. 두 가지 극단 중 하나로 경험을 범주화하는 것을 의미한다(예: '성공 아니면 실패, 좋은 것 아니면 나쁜 것, 칭찬 아니면 비난').

② 과잉 일반화: 한 가지 사건에 기초한 결론을 광범위하게 적용시키는 것을 말한다. 하나 또는 몇 개의 고립된 사건에서 일반적인 규칙을 추출해 내고 이를 다른 사상이나 상황에 부적절하게 적용하는 것을 의미한다(예: '이번 시험을 잘 보지 못했으니, 나는 졸업도 못하고 대학에도 가지 못할 거야', 모임에서 다른 사람들이 말을 걸지 않은 경우 '나는 매력이 전혀 없어').

③ 정신적 여과(선택적 추상화): 전체를 보지 않고 부정적인 하나의 세부 사항에만 지나치게 집중하고 선택적으로 받아들여 결론을 내리는 것을 말한다(예: '발표할 때 몇 명이 듣지 않고 웃었어. 내 발표가 형편없었던 거야').

④ 의미확대, 의미축소: 자신이나 다른 사람 혹은 어떤 상황을 평가할 때, 부정적인 측면을 지나치게 강조하고, 긍정적인 측면은 최소화하는 것이다(예: '내가 시험을 잘 본 것은 운이 좋았기 때문이야').

⑤ 감정적 추론: 자신의 감정반응이 실제 상황을 반영하고 사실이라고 믿고, 그 반대의 증거는 무시하거나 고려하지 않는 것을 말한다(예: '아무도 나를 좋아하지 않는 것처럼 느껴져. 결국 아무도 나를 좋아하지 않을 거야').

⑥ 개인화: 인과적 연결을 지지하는 증거 없이 외부적 사건을 자기 자신에게 귀인하여 잘못 해석하는 것을 말한다(예: 버스정류소에 서 있는 사람들이 웃는 소리를 듣고 자신의 외모나 행동을 비웃는 것이라고 받아들이는 경우).

⑦ 잘못된 명명(낙인찍기): 자기 스스로 부정적인 관점을 통해 개인의 정체성과 인식을 평가

하는 것을 말한다(예: 직장에 다니는 엄마가 바쁜 하루를 보낸 후에 '나는 나쁜 엄마야'라고 결론 내리는 것).

⑧ 독심술: 충분한 근거 없이 상대방의 생각이나 의도, 마음을 알고 있다고 믿는 것을 말한다. 상호작용이나 관계에 있어서 타인이 어떤 생각을 하고 있는지 본인이 안다고 생각하는 것을 의미한다(예: 내 눈을 피하는 걸 보니, 나에게 숨기는 것이 있다고 판단하는 경우).

⑨ 예언자적 오류: 충분한 근거 없이 미래에 일어날 일을 단정하고 확신하는 것이다. 마치 미래의 일들을 미리 볼 수 있는 예언자인 것처럼 앞으로 일어날 결과를 부정적으로 예측하고 이를 굳게 믿는다(예: 시험이나 면접을 보더라도 낙방할 것이 분명하다고 믿는 경우).

⑩ 파국화: 어떤 사건에 대해 과도하게 염려하거나 두려워하는 것을 말한다(예: '이것도 못하다니, 다 끝장이야'라고 파국적 결론을 내리는 것).

6 Beck의 인지적 치료기법

① 소크라테스식 대화
- 내담자의 인지적 변화를 촉진하기 위해서 상담자가 주로 질문을 통해 대화하는 방식을 의미한다. 상담자가 내담자에게 해결책을 제시하거나 그들의 사고를 논박하기보다 일련의 신중한 질문을 통해 내담자가 스스로 자신의 해결책을 찾도록 돕는다.
- 소크라테스식 대화는 충고나 지시 대신 적절한 질문을 통해서 내담자가 스스로 자기이해와 통찰을 통해 유익한 결론에 도달하도록 돕는 상호작용 방식이다.

〈소크라테스식 대화의 특징〉
- 치료자의 다양한 질문을 통해 내담자가 가지고 있던 사고의 비합리성이 외현적으로 드러난다.
- 질문과 답이 오가는 대화의 과정에서 내담자 스스로 자기신념의 비합리성을 깨닫게 된다.
- 치료자의 분석적인 질문을 통해 내담자는 자기 신념의 비합리성을 통찰하고, 깊은 수준의 인지적 왜곡(핵심 신념)을 파악하는 데 도움이 된다.
- 소크라테스식 대화법을 통해 내담자는 스스로 자신을 돕고 문제를 해결할 수 있는 방법을 배울 수 있게 된다.

〈소크라테스식 대화의 질문 유형과 예시〉
- 논리적 논박: 그러한 신념이 타당하다는 논리적 근거는 무엇인가? 그렇게 생각하는 것은 논리적 비약이 아닌가?

- 경험적 논박: 그러한 신념이 타당하다는 사실적 또는 경험적 근거는 무엇인가? 그렇게 생각할만한 현실적인 근거가 있는가?
- 실용적/기능적 논박: 그러한 신념은 당신이 추구하는 목적을 달성하는 데 도움이 되는가? 당신의 기분을 좋게 만드는 데 도움이 되는가? 당신의 인간관계를 긍정적으로 만드는 데 어떤 도움이 되는가?
- 철학적 논박: 그러한 신념이 과연 당신을 행복하게 하는가? 당신의 인생에 있어서 어떤 의미를 가지고 있는가?
- 대안적 논박: 이 상황에서 좀 더 타당한 대안적인 신념은 없는가? 당신의 삶을 효과적으로 만드는 합리적 신념은 무엇인가?

② 재정의
- 상담자는 내담자가 사용하는 단어와 그 의미를 내담자에게 자세히 질문함으로써 문제를 재정의하도록 돕는다(예: 우울한 내담자의 경우 '속상한, 실패한, 우울한, 죽고 싶은'과 같은 모호하고 부정적인 단어를 사용하기 쉬운데, 이런 경우 '나는 잘해 보고 싶다', '나는 다른 사람의 관심과 돌봄이 필요하다'라고 재정의함).
- 문제를 재정의하는 것은 문제를 보다 구체적이고 개인적으로 만들고 내담자 자신의 관점에서 말할 수 있도록 도와 자신의 사고 과정에 대한 이해를 촉진한다.

③ 재귀인
- 내담자가 어떤 사건에 대하여 책임이 없음에도 불구하고 상황이나 사건에 대한 책임을 스스로에게 부여함으로써 죄책감을 느끼고 우울해할 경우 사용된다. 내담자로 하여금 사건에 대한 책임과 원인을 공정하게 귀인하도록 돕는 방법이다.

④ 탈중심화(탈파국화하기)
- 내담자가 걱정하고 염려하여 특정 사건을 지나치게 파국화시키는 경우, 내담자가 두려워하는 일이 실제로 어느 정도 발생할 수 있을지를 현실적이고 합리적으로 생각해 보도록 하는 것이다. 이를 통해 내담자는 자신의 염려, 두려움, 불안 등이 지나치게 과장되어 있었다는 것을 깨닫고 파국화에서 벗어날 수 있게 된다.

⑤ 절대성에 도전하기
- 내담자가 '모든' '항상' '결코' '아무도'와 같이 극단적인 용어를 통해 자신의 고통을 표현하고 호소할 경우, 절대적 진술에 대해 상담자는 질문을 통해 내담자가 보다 정확하고 구체적으로 표현할 수 있도록 돕는 방법이다.

⑥ 사고중지
- 원치 않은 생각들이 떠올라 내담자를 지속적으로 괴롭힐 때, 원치 않는 생각이 떠오

를 때마다 "멈춰!"라고 말함으로써 부적응적인 생각을 중지하는 방법이다. 더 나아가 그것을 보다 긍정적인 생각으로 대체하는 노력을 통해 왜곡된 생각이나 감정의 빈도와 강도가 점점 감소하게 된다.

⑦ 행동 실험
- 내담자가 지니는 생각의 타당성을 직접적으로 행동을 해 봄으로써 검증하는 방법이다. 자신의 행동에 대한 다른 사람의 생각이나 반응을 왜곡할 수 있으므로, 내담자로 하여금 실제로 그러한 행동을 해 보고 어떤 결과가 나타나는지를 확인하는 일종의 실험을 해 보는 것이다.

〈Ellis의 합리적 정서행동치료〉
- Ellis의 합리적 정서행동치료(Rational-Emotive-Behavior Therapy: REBT)에 따르면, 내담자의 문제는 일어난 사건이 아니라 개인이 갖고 있는 비합리적인 신념에서 비롯되었다고 본다.
- REBT 치료 과정을 통해 내담자는 비합리적 신념을 효과적이고 합리적인 인지로 대체하는 방법을 배우게 되고, 결과 상황에 대한 정서적 반응을 변화시킨다.
- 비합리적 신념은 심리적 문제의 원인이 되고, 문제 상태를 지속시키는 생각을 말하며, 당위성(당위적 진술)이 포함된다.

〈비합리적 신념의 유형〉
- 알고 있는 중요한 사람들로부터 사랑받고, 인정받고, 이해받아야만 가치 있는 사람이다.
- 완벽한 능력이 있고 사교적이고 성공을 해야만 가치 있는 사람이다.
- 어떤 사람들은 나쁘고 사악하기 때문에 비난과 처벌을 받아야만 한다.
- 일이 뜻대로 되지 않는다는 것은 인생에서의 실패를 의미한다.
- 위험하거나 두려운 일이 일어날 가능성을 늘 생각하고 있어야 한다.
- 행복이란 외부 상황에 의해 결정되기에 이를 통제할 수 없다.
- 인생에서 겪는 어려움은 부딪치기보다 피해가는 것이 더 편하다.
- 다른 사람에게 의지해야만 하고 항상 의지할만한 강한 누군가가 있어야만 한다.
- 과거의 영향은 결코 사라지지 않으며, 과거의 일들이 현재의 행동을 결정한다.
- 다른 사람의 문제나 고통에 함께 괴로워하고 속상해야만 한다.
- 모든 문제에는 완벽한 해결책이 있기에, 그 해결책을 발견할 수 있어야만 한다.

〈당위성의 유형〉
- 자신에 대한 당위성: '나는 실수해서는 안 된다' '나는 항상 올바르게 행동해야 한다' '나는 성공해야 한다' '나의 외모는 매력적이어야 한다' '나는 절대 살쪄서는 안 된다'
- 타인에 대한 당위성: '가족이니까 나에게 관심을 가져야 한다' '사람들은 내 말을 잘 들어줘야 해' '가족들은 나에게 화를 내면 절대 안 된다' '자식이니까 내 말을 들어야 한다' '사람들은 서로 돕고 이해해야 한다'
- 세상에 대한 당위성: '우리가 사는 세상은 항상 공정하고 안전해야 한다' '나의 가정(직장)은 문제가 없어야 한다' '우리 집에 나쁜 일이 일어나서는 안 된다'

7 합리적 정서행동치료의 치료기제

① ABC 이론은 합리적 정서행동치료이론의 핵심개념이며, 내담자의 감정과 사고, 행동을 이해할 수 있는 유용한 틀을 제공해 준다. ABCDEF 모델은 비합리적인 신념을 합리적인 신념으로 수정하는 REBT의 치료적 과정을 설명해 준다.
- A: 선행사건(Activating events)
- B: 신념체계(Belief system)
- C: 정서 및 행동적 결과(Consequences)
- D: 자신의 비합리적인 신념을 논박하기(Disputes)
- E: 논박한 인지적·정서적·행동적 효과(Effect)
- F: 효과 때문에 나타나는 새로운 감정(Feeling)

② REBT는 내담자가 가지고 있는 문제에 ABC 이론을 적용하여 비합리적 신념을 확인하고 논박을 통해 이를 합리적 신념으로 바꾼 후, 적절한 정서와 행동을 경험하도록 하는 과정이다.

8 합리적 정서행동치료의 주요 기법

① 비합리적 신념 논박하기

상담자는 내담자가 가지고 있는 비합리적 신념을 반박하여 어떤 사건이나 상황 때문이 아니라 이 사건들에 대한 내담자의 생각과 자기 진술 때문에 심리적 고통(정서 및 행동상의 문제)을 경험한다는 것을 그들에게 알려준다. 상담자는 '당신의 신념에 대한 증거는 어디에 있는가?' '삶이 당신이 원하는 식으로 되어가지 않는다고 해서 왜 그것이 끔찍하고 무서운 것인가?'와 같은 질문을 함으로써 내담자의 비합리적인 신념을 논박하여 합리적 신념으로 교정해 준다.
② 내담자의 언어를 변화시키기
부정확하고 부정적인 언어가 왜곡된 생각을 일으키는 원인 중 하나라고 보기 때문에 내담자의 언어습관을 수정하도록 한다. 구체적으로 '~해야만 한다' '당연히 ~해야 한다' '~하지 않으면 안 된다'라는 당위적인 진술을 현실적이고 합리적인 방식으로 바꿔 새롭게 자기 진술하도록 도와준다.
③ 인지적 과제 주기
치료자는 내담자에게 자신의 문제 목록표를 만들고, 절대적 신념을 밝히며 그 신념을 논박하게 한다. ABC 이론을 일상생활에 적용하는 활동, 자기 도움 문항 작성 등이 포함되며, 내담자들이 비합리적 신념에 도전하도록 돕는다.
④ 대안 제시
치료자들은 내담자에게 자신이 가지고 있는 생각보다 더 많은 선택을 할 수 있도록 대안적 사고를 촉진한다. 내담자에게 모든 가능한 대안들을 볼 수 있도록 돕고, 나아가 스스로 대안을 찾아내도록 격려한다.
⑤ 유머 사용
문제 상황으로 이끄는 과장된 사고에 대해 유머 사용을 강조하고 있다. 지나치게 진지하고 심각한 생각과 태도를 반박하고 법칙적 생활 철학을 논박하는 데 유머를 사용하도록 한다.

핵심 4 인간중심치료

1 인간중심치료의 목표

① 인간을 지속적으로 변화하고 성장하려는 동기를 가진 존재로 보고, 치료자의 직접적인 지시가 없이도 자신의 문제를 이해하고 해결할 수 있는 잠재 능력이 있다고 가정하였다.
② 치료의 목표는 개인의 자발성과 자기성장을 목표로 하며, 기법의 적용보다는 내담자의 살아가는 방식과 태도에 초점을 두고 내담자가 성장하도록 돕는 데 있다.
③ 인간은 성장하면서 자기개념을 형성하며, 자기개념과 경험 간의 불일치가 생기면 불안을 경험하게 된다. 이 때 치료의 목표는 불일치를 제거하고 방어기제를 해체하여 충분히 기능하는 사람이 되도록 돕는 데 있다.

2 인간중심치료의 절차

① 초기 단계: 치료자가 내담자를 있는 그대로 이해하고 수용할 때 내담자 자신도 스스로를 이해하고 수용하게 되면서 통찰이 증가하고 성격의 통합이 이루어진다.
② 중기 단계: 내담자가 자신을 잘 이해하고 수용하면서 더욱 긍정적이고 건설적인 행동을 취할 수 있게 된다.
③ 종결 단계: 내담자가 전에 부인하였던 감정을 수용하고, 현실을 왜곡하지 않고 있는 그대로 받아들이며, 스스로 자신의 문제를 해결하며 성장해 나간다.

3 인간중심치료에서 치료자가 갖추어야 할 태도

① 진솔성: 진솔성은 치료 과정에서 매 순간 경험하는 감정을 있는 그대로 솔직히 인정하고 표현하는 태도로서, 치료자가 경험하는 감정을 기꺼이 표현하고 개방하는 것을 말한다.
② 무조건적인 긍정적 존중: 내담자를 존중하며 있는 그대로 수용하는 것을 말한다. 치료자가 비판단적으로 내담자를 존중할 때, 방어하지 않고 자신의 경험을 자유롭게 탐색할 수 있게 되며 안정감과 자기개념의 변화를 경험하게 된다.
③ 공감적 이해: 치료자가 내잠자의 감정에 빠져들지 않으면서 내담자의 감정을 자신의 감정처럼 느끼고 이해하며 이를 내담자에게 전달하는 것을 말한다.

4 인간중심치료에서 심리적 문제의 발생과정 4단계

자기개념과 유기체적인 경험 간에 불일치가 생기면 불안해지고, 유기체적인 경험을 부정하거나 자기개념에 맞게 현실을 왜곡하여 받아들인다. 또한 이상적인 자기를 만들어 도달하고자 애쓰게 되는데 현실적인 자기와의 불일치로 인해 심리적 고통을 경험하게 된다.
① 1단계: 유기체적 경험과 자기개념 사이의 불일치
② 2단계: 위협 혹은 불안의 경험과 이에 대한 방어의 실패
③ 3단계: 유기체의 경험에 대한 의식 및 이에 따른 자기개념의 붕괴
④ 4단계: 자기개념과 경험 간의 불일치로 인한 괴리된 행동의 출현

5 인간중심치료의 주요개념

① 유기체와 현상학적 장
- 유기체란 자극에 반응하는 기능을 갖고 있는 생명체로 인간을 의미한다. 현상학적 장

(phenomenal field)이란 유기체가 주관적으로 지각한 세계(주변 환경)를 의미한다.
- 내담자가 경험하는 전체가 현상학적 장을 구성한다. 현상학적 장은 끊임없이 변화하는 경험의 세계로, 특정 순간에 개인이 지각하고 경험하는 것을 의미한다. 모든 개인은 자신이 경험하고 지각한 장에 대해 반응하는데, 이 지각의 장이 각 개인의 현실이며 현상학적 장이 된다.

② 자기
- 자기(self)란 성격의 핵심적인 구성개념으로, 자신에 대해 의미를 부여하고 평가하는 것을 말하며 자신에 대한 외부의 평가를 내면화하면서 발달한다.
- 자기개념(self concept)이란 "자기 자신에 대해 어떻게 생각하고 있는가?"에 대한 것으로 자신에 대한 평가를 근거로 한 믿음(신념체계)이다.

③ 실현화 경향성
- 인간은 태어나서부터 자기실현을 위해 끊임없이 노력하는 성장지향적인 존재이다. 자신을 창조하는 과정 중 삶의 의미를 찾고, 주관적인 자유를 실천함으로 점진적으로 완성되어 간다.
- 자기실현 경향성을 충분히 발휘하기 위해서는 자신의 경험에 대한 개방, 자기수용과 자기신뢰, 자신의 경험과 기준에 의한 평가와 판단, 자신을 지속적으로 성장시키고자 하는 의지가 필요하다.

④ 가치의 조건화
- 경험을 통해 가치를 형성하게 되며, 특히 의미 있는 타인의 태도에 영향을 받는다. 아동은 기본적 욕구인 '긍정적 자기 존중'을 얻기 위해 노력하는데, 이에 대해 부모가 조건적 관심(자신의 기대에 부응했을 때만 인정, 수용, 애정 표현)을 주게 되는 것을 의미한다.
- 가치의 조건화로 인해 인정받기 위해 나의 경험을 회피, 왜곡, 부정하게 되고 갈등, 불안, 두려움을 느끼게 된다. 따라서 인간은 무조건적 긍정적 관심을 받을 때 충분히 기능하는 사람으로 발달하게 된다.

⑤ 충분히 기능하는 사람
- 충분히 기능하는 사람(the fully functioning person)이란 내담자가 자신의 경험을 좀 더 잘 지각하고 인식하여 있는 그대로의 자기모습을 잘 수용하며, 자기실현 경향성을 충분히 발휘하는 상태를 의미한다.
- 현재 진행되는 자신의 자아를 완전히 자각하는 사람으로 최적의 심리적 적응과 심리적 성숙, 완전한 일치, 경험에 완전히 개방되어 있는 상태를 말한다.

핵심 5 | 실존치료, 게슈탈트 치료, 현실치료

1 실존치료

1) 실존치료의 기본 가정

① 인간은 자기인식 능력을 지닌 존재이다. 자기인식 능력으로 자기존재와 자신의 삶에 대해 성찰하고 선택할 수 있다.
② 인간은 실존적 불안을 지니고 살아가는 존재이다. 실존적 불안에 어떻게 대처하느냐에 따라 개인 삶이 달라진다.
③ 인간은 선택의 자유와 책임을 지닌 존재이다. 인간은 자신의 삶을 주체적으로 이끌어 갈 책임을 받아들여야 하며, 자신의 선택에 대해 책임을 져야 한다.
④ 개인은 그만의 주관적 세계 속에서 이해되어야 한다. 개인의 세계-내-존재양식을 이해하는 것은 자기정체성과 타자와의 관계양식, 사랑에 대한 경험을 이해하는 데 중요하다.
⑤ 인간은 삶의 의미와 목적을 추구하는 존재이다. 개인은 자신의 의미를 스스로 창조해야 한다.

2) 실존치료에서 정상적 불안과 신경증적 불안의 특징

실존치료에서는 심리치료 동안 내담자에게 기저하는 두려움에 대한 불안을 감소시키고, 불안이 객관화되어 정상적 불안에 직면하도록 돕는다.

① 정상적 불안
- 직면하고 있는 상황에 부합된다.
- 억압이 일어나지 않는다.
- 불안이 창조적으로 사용된다.

② 신경증적 불안
- 직면하고 있는 상황에 적절하지 않다.
- 억압이 일어난다.
- 불안이 건설적이지 못하고 자기파괴적이다.

3) 실존치료의 4가지 실존적 조건

① 죽음: 실존치료에서는 죽음을 부정적인 것으로 보지 않으며 삶의 의미를 부여하는 인간의 기본조건으로 여긴다. 죽음을 인식함으로써 삶의 더 큰 의미와 기쁨을 발견

하고, 보다 본질적인 삶의 유형으로 전환하도록 한다.
② 자유와 책임: 자신의 삶을 이끌어야 할 책임을 스스로 받아들이고 자신의 의지로 선택한 것에 대해 책임 있는 삶을 살 수 있도록 한다. 인간에게는 선택의 자유가 있어서 자신의 운명을 스스로 결정할 수 있으며, 자신의 삶에 대한 책임을 회피하지 않고 능동적으로 매 순간의 삶을 살도록 한다.
③ 고독: 인간은 타자와 분리된 개체로서 근본적으로 고독한 존재이며, 인간의 근원적인 고독으로서 대인관계 고립을 넘어서는 것이 중요하다고 보았다. 실존적 소외에 직면하지 못하고 두려움에 압도되면 타인과의 관계에서 지배적이거나 소유적인 관계에 놓이게 되며, 인간 존재의 고독을 직면하는 사람은 비소유적 사랑으로 타인과 관계 맺을 수 있다.
④ 무의미: 의미는 세계에 존재하는 것이 아니라 인간이 부여하고 발견하며 창조하는 것에 있다고 보았다. 무의미한 세계에서 의미를 발견하는 것은 인간의 중요한 과제이며, 내담자가 삶의 의미를 발견하도록 돕는다.

2 게슈탈트 치료

1) 게슈탈트 치료의 기본개념

① 알아차림(awareness): 인간(유기체, 개체)이 자신의 욕구나 감정을 지각하여 게슈탈트로 형성하여 전경으로 떠올리는 행위를 의미한다. 인간은 매 순간 자신의 생각과 감정, 욕구, 감각을 잘 알아차림 하는 것이 중요하다. 접촉 경계에 혼란이 발생하면 알아차림이 어렵고 게슈탈트 형성이 실패하게 된다.
② 접촉(contact): 인간이 환경과 상호작용하는 행위로, 유기체가 에너지를 동원하여 실제로 환경과 만나는 행위를 접촉이라 한다. 접촉은 알아차림과 함께 서로 보완적으로 작용하여 '게슈탈트 형성-해소'의 순환 과정을 도와 유기체의 성장에 기여한다.
③ 지금-여기(here and now): 현재를 음미하고 경험하는 과정으로, 기억되는 것보다 지금-여기의 현실에 무엇이 존재하고 일어나는지를 경험하는 것이다.
④ 미해결과제(unfinished business): 완결되지 못한 게슈탈트를 의미하는 것으로 슬픔, 불안, 두려움, 분노, 원망, 죄의식 등과 같이 명확히 표현되지 못한 감정들을 포함한다. 표현되지 못한 감정은 개인의 의식 배후에 자리하여 효율적으로 접촉하는 것을 방해한다.
⑤ 회피(avoidance): 미해결과제나 이와 관련된 상황과 감정을 경험하지 않으려고 피하는 것을 말한다. 회피는 개인을 심리적으로 경직되게 만들며, 삶의 적응을 방해하는

요소로 작용한다. 상담자는 지금까지 표현되지 못한 채 남아 있는 감정들을 내담자가 표현하고 통합하여 성장할 수 있도록 도와야 한다.

2) 게슈탈트 치료의 알아차림과 접촉의 주기(Awareness-Contact cycle)

① 게슈탈트가 생성되고 해소되는 반복적인 과정을 '알아차림-접촉 주기'라고 한다. 알아차림과 접촉이 반복되면서 유기체는 성장하게 되며, 이 주기가 단절되어 미해결과제로 남게 되면 심리적 장애가 발생한다.

② 건강한 개체는 매 순간 자신에게 중요한 게슈탈트를 선명하게 형성하여 전경으로 떠올릴 수 있는 반면, 그렇지 못한 개체는 전경을 배경으로부터 명확하게 구분하지 못해 자신이 진정으로 원하는 것이 무엇인지 잘 모르며, 행동목표가 불분명하고 매사에 의사결정을 잘하지 못해 혼란스러워 한다.

  * 게슈탈트를 형성한다는 말은 개체가 어느 한순간에 가장 중요한 욕구나 감정을 전경으로 떠올린다는 것을 의미한다.

〈알아차림-접촉 주기의 단계〉

- 1단계-배경 또는 배경으로 물러남(withdrawal)
  이전의 게슈탈트가 해소되어 배경으로 물러난 상태를 말한다. 마음이 평온하고 고요한 상태라고 할 수 있다.
- 2단계-유기체의 욕구나 감정이 신체감각의 형태로 나타남(sensation)
  어떤 외부 자극이나 내면적 불균형 상태가 초래되어 유기체적 욕구나 감정이 신체감각을 통해 나타난 상태를 말한다.
- 3단계-이를 개체가 자각하여 게슈탈트로 형성하여 전경으로 떠올림(awareness)
  개인이 이러한 신체 감각을 알아차림을 통해 인식하게 됨으로써 게슈탈트를 전경으로 떠올리는 단계이다.
- 4단계-이를 해소하기 위해 에너지(흥분)를 동원함(energy)
  형성된 게슈탈트를 해소하기 위해 에너지를 동원하는 단계이다.
- 5단계-행동으로 옮김(action)
  게슈탈트 욕구 해소를 위해 행동으로 실천하는 단계이다.
- 6단계-환경과의 접촉을 통해 게슈탈트를 해소함(contact)
  행동으로 환경과의 접촉을 통해 게슈탈트가 해소되면 그 게슈탈트는 배경으로 물러나 사라지고 개인은 휴식을 취하게 된다.

3) 게슈탈트 심리치료의 주요 기법과 절차

① **욕구와 감정 자각**: 지금-여기에서 체험되는 욕구와 감정을 알아차리게 하는 방법이다 (예: "지금 어떤 기분이 드시죠?" "지금 당신이 원하는 것이 무엇입니까?").

② **환경 자각**: 내담자 주위의 환경과 사물에 대해 자각하도록 해줌으로써 환경과의 접촉을 촉진한다.

③ **언어 자각**: 내담자가 사용하는 언어에서 행동의 책임소재가 불분명한 경우, 상담자는 내담자로 하여금 자신의 감정과 동기에 대해 책임을 지는 형식의 문장으로 바꾸어 말하도록 시킴으로써 내담자의 책임의식을 높여줄 수 있다.

④ **신체 자각**: 자신의 신체감각에 대해 자각함으로써 자신의 감정이나 욕구 혹은 무의식적 생각을 알아차리게 할 수 있다.

⑤ **꿈 작업**: 꿈은 내담자의 소외된 자기 부분들이 투사되어 상징적으로 나타난 것으로 본다. 내담자로 하여금 투사된 것들을 동일시함으로써 이제까지 억압하고 회피해 왔던 자신의 욕구와 충동, 감정들을 다시 접촉하고 통합하도록 해 주는 방법이다.

⑥ **머물러 있기**: 미해결과제를 회피하지 않고 그 감정을 그대로 받아들이고 수용함으로써 해소하도록 돕는다.

⑦ **과장하기**: 행동이나 언어를 과장되게 표현함으로써 내담자가 감정을 자각할 수 있게 도와주는 방법이다.

⑧ **반대로 하기**: 내담자가 이제까지 회피하고 있는 행동과 감정들, 반대되는 행동들을 해 보게 함으로써 억압하고 통제해 온 자신의 다른 측면을 접촉하고 통합할 수 있게 도와준다.

⑨ **빈 의자 기법**: 현재 치료 장면에 와있지 않은 사람과 관련된 문제를 다룰 때 쓰는 기법이다. 내담자는 맞은편 빈 의자에 상대방이 앉아 있다고 상상하고 그와 대화를 나눔으로써 자신의 억압된 부분과의 접촉을 통해 내면세계를 더욱 깊이 탐색할 수 있다.

3 현실치료

1) 현실치료의 기본개념

① Galsser가 창시한 현실치료(reality therapy)는 인간이 자신의 욕구를 충족하기 위해 행동하며, 그러한 행동은 인간이 스스로 선택하고 결정한 것이라는 점을 강조한다. 과거나 미래보다 현재에 초점을 두며 무의식적 행동보다 행동 선택에 대한 평가를 중시한다.

② 인간의 기본 욕구(5가지)
- 생존(survival): 의식주를 비롯하여 개인의 생존과 안전을 위한 신체적 욕구를 의미한다.
- 사랑(love): 다른 사람과 애정을 주고받고 집단에 소속되고자 하는 욕구를 말한다.
- 권력(power): 성취를 통해서 자신에 대한 유능감과 가치감을 느끼며 힘과 권력을 추구하려는 욕구이다.
- 자유(freedom): 자율적인 존재로 자유롭게 행동하고자 하는 욕구이다.
- 재미(fun): 즐겁고 재미있는 것을 추구하며 새로운 것을 배우려는 욕구를 의미한다.

2) 현실치료의 주요개념

① 현실치료는 인간이 외부의 힘에 의해 결정된다는 결정론적 입장에 반대하며 궁극적으로 자기결정적이라고 보았다. 인간은 무의식적인 힘이나 본능에 의해 추동되기보다는 의식 수준에 의해 작동하는 자율적이고 책임감이 있는 존재로 보았다.

② 개인의 삶은 선택에 기초하며, 생의 초기에 습득하지 못한 것은 나중에 그것을 습득하기 위한 선택을 할 수 있고 이러한 과정을 통해 자신의 정체감과 행동방식을 변화시킬 수 있다.

③ 자기결정적인 인간은 정신적 고통이나 행복을 선택할 수도 있고, 긍정적인 방식으로 행동하고 타인을 통제하려는 시도를 포기하는 선택을 할 수도 있다.

④ 인간은 누구나 건강과 성장의 힘을 가지고 있으며 기본적으로 생존, 사랑, 권력, 자유와 같은 심리적 욕구를 가진 존재이며, 이러한 욕구들이 충족될 때 성공적인 정체감을 성취할 수 있다.

3) 현실치료의 인간의 기본 욕구

Glasser에 따르면 인간은 선천적으로 다섯 가지의 기본 욕구를 가지고 태어난다. 인간은 다섯 가지 욕구를 모두 지니고 있지만 그 강도는 다를 수 있으며, 인간의 모든 행동은 기본 욕구를 충족시키기 위한 것으로 매 순간의 행동은 욕구충족을 위한 선택의 결과로 보았다.

〈인간의 기본 욕구〉

- 생존(survival)의 욕구: 의식주를 비롯하여 개인의 생존과 안전을 위한 신체적 욕구를 의미한다.
- 사랑(love)의 욕구: 다른 사람과 연대감을 느끼며 사랑을 주고받고 사람들과 접촉하고 상호작용함으로써 소속되고자 하는 욕구를 의미한다.

- 힘(power)의 욕구: 성취를 통해 자신에 대한 자신감과 가치감을 느끼며 자신의 삶을 제어할 수 있다는 생각을 의미한다. 다만, 이러한 힘의 욕구가 타인에게 영향력을 행사하려는 행동으로 나타날 때 관계를 악화시키기도 한다.
- 자유(freedom)의 욕구: 자율적인 존재로 자유롭게 선택하고 행동하고자 하는 욕구를 의미한다.
- 재미(fun)의 욕구: 즐겁고 재미있는 것을 추구하며 새로운 것을 배우고자 하는 욕구를 의미한다.

4) 현실치료에서 행동변화를 이끄는 WDEP 과정

① 1단계: W(Want) – 소망과 욕구 탐색하기
- 내담자가 가지고자 바라는 것이 무엇인지와 가지지 않았으면 하는 것은 무엇인지, 그리고 바라지 않는 것인데 가지게 된 것이 무엇인지 등에 초점을 맞추어 내담자 자신의 바람을 인식하도록 돕는다.
- 자신이 진정 원하는 바를 생각하고, 가장 원하는 것부터 상대적으로 덜 원하는 것까지 순서를 정해 본다. 또 각각의 소망과 바람이 얼마나 실현가능한지도 생각해 본다.

② 2단계: D(Direction & Doing) – 현재 무엇을 하고 있는지 살펴보기
- 내담자의 행위, 사고, 감정, 생리기능과 같은 전행동을 탐색하는 데 중점을 둔다. 전행동의 목표와 영향에 대해 논의하며, 자신의 전행동의 특별한 면을 표현하도록 도우면서 치료의 완성도를 높인다.
- 현재 자신의 행동을 관찰하고 무엇을 하고 있는지 탐색한다. 자기통제가 가능한 영역과 그렇지 않은 영역에 대해 확인해 볼 수 있는 기회를 제공하고 내담자 자신의 모습을 객관적인 각도에서 바라보게 하며, 내담자가 현재의 행동의 초점을 맞출 수 있도록 도와준다.

③ 3단계: E(Evaluation) – 현재의 행동 평가하기
- 현실치료에서 가장 핵심이 되는 부분으로 내담자의 행동변화를 위해 그들 스스로 자기평가를 하게 하는 단계이다. 두 번째 단계에서 관찰한 행동들이 자신에게 어떤 도움 혹은 해가 되는지를 평가한다.
- 현재의 행동이 자신이 진정으로 원하는 것을 얻는 데 도움이 되는지 평가를 한다.

④ 4단계: P(Plan) – 계획하기
- 내담자가 장기적 계획과 목표를 세울 수 있도록 격려한다. 그러한 장기 계획들은 다시 단기의 현실적 계획들로 세분화할 수 있다.

- 계획은 구체적이어야 하고 현실적으로 실행 가능하여야 하며, 계획에 대한 약속을 하는 것이 필요하다. 계획은 자기평가가 더 발전된 것이며 바람과 전행동에 대한 변화의 욕구가 반영된 것이어야 한다.

02 실력 다지기: 요점정리

- 정신분석치료에서는 인간의 정신을 의식, 전의식, 무의식으로 구분하여 지형학적 모형을 제시하였다.
- 정신분석치료의 성격의 삼원구조는 원초아(id), 자아(ego), 초자아(super ego)이다.
- 원초아(id)는 쾌락의 지배를 받아 현실에 의해서 구속받지 않고 즉각적 만족을 추구한다(쾌락원리).
- 자아(ego)는 원초아와 초자아와의 균형을 유지하고 둘 간의 갈등을 중재하는 역할을 한다(현실원리).
- 초자아(super ego)는 현실적인 것뿐만 아니라 이상적인 것도 고려하도록 이끌고 행위를 판단하게 하는 도덕적 규범과 같다(도덕원리).
- 정신분석의 심리성적 발달단계는 구강기, 항문기, 남근기, 잠재기, 성기기 단계를 포함한다.
- 심리성적 갈등이 성공적으로 해결되지 못하거나, 심하게 박탈되거나, 과도하게 몰두하게 되면 어떤 한 단계에 고착(fixation)이 된다.
- 정신분석치료의 절차는 초기 단계, 전이 단계, 통찰 단계, 훈습 단계로 구성된다. 통찰과 훈습을 통해서 저항이 극복되고 치료자에 대한 전이가 해소되면 치료자는 종결을 고려한다.
- 행동치료의 주된 목표는 부적응적인 문제행동을 제거하고, 긍정적인 행동을 학습함으로써 내담자의 적응을 돕는 것이다.
- 고전적 조건형성은 조건 자극과 무조건적 자극 간의 반복적 연합의 결과로 조건 자극의 무조건 반응을 일으키는 것을 말한다.
- 조작적 조건형성은 강화와 처벌의 원리를 적용하여 새로운 행동을 학습하게 되는 원리와 과정을 설명하였다.
- 강화(reinforcement)란 특정 자극을 제공하여 어떤 행동을 습득하게 하고 그 빈도를 증가시키는 것을 말한다.
- 처벌(punishment)은 특정 행동을 제거하거나 빈도를 감소시킬 경우에 사용된다.
- 소거(extinction)란 학습된 행동에 대해 강화가 제공되지 않음으로써 행동 수행이 중지되는 현상을 말한다.
- 처벌(punishment)은 특정 행동을 제거하거나 빈도를 감소시킬 경우에 사용된다.
- 변별(discrimination)은 어떤 자극의 의미나 특징을 구분하여 인식하는 것을 말한다.
- 일반화(generalization)는 특정 장면에서 강화를 통해 학습된 행동이 다른 상황이나 장면에서도 나

- 타나는 것을 말한다.
- 사회적 학습이란 사회적 상황에서 다른 사람의 행동에 대한 관찰 및 모방을 통해 새로운 행동을 학습하는 것을 말한다.
- 관찰학습의 인지과정은 주의 과정, 저장 과정, 운동재생 과정, 동기화 과정으로 이루어진다.
- 인지치료의 기본적인 원리는 정신병리를 유발하는 왜곡된 인지를 수정하여 재구성하는 것이다.
- Beck의 인지치료(cognitive therapy)에서 내담자의 문제는 개인이 지닌 부정적인 자동적 사고와 인지적 왜곡에서 비롯되었다고 본다.
- 우울증의 인지 삼제(cognitive triad)는 자신, 세상, 미래에 대한 부정적 생각을 포함한다.
- 인지적 오류(cognitive errors)는 잘못된 사고나 정보에 근거한 추론으로부터 오는 부적절한 가정 혹은 개념을 의미한다.
- ABC 이론은 인간의 정서적, 행동적 결과에 영향을 미치는 원인으로 사건보다는 신념체계의 중요성을 강조하는 이론적 모델이다.
- 소크라테스식 대화는 내담자의 인지적 변화를 촉진하기 위해서 상담자가 주로 질문을 통해 대화하는 방식을 의미한다.
- 소크라테스식 대화의 질문 유형에는 논리적 논박, 경험적 논박, 실용적 논박, 철학적 논박, 대안적 논박이 있다.
- Ellis의 합리적 정서행동치료(Rational-Emotive-Behavior Therapy: REBT)는 내담자의 문제는 개인이 갖고 있는 비합리적인 신념에서 비롯되었다고 보았다. 비합리적 신념은 당위적 사고로 인해 나타난다.
- 당위적 사고의 유형에는 자신에 대한 당위성, 타인에 대한 당위성, 세상에 대한 당위성이 있다.
- REBT는 내담자의 비합리적 신념을 확인한 후 논박을 통해 합리적 신념으로 수정하여 적절한 정서와 행동의 변화를 돕는다.
- 인간중심치료는 인간을 지속적으로 변화하고 성장하려는 동기를 가진 존재로 보고, 유기체에게는 자신의 문제를 이해하고 해결할 수 있는 잠재 능력이 있다고 가정하였다.
- 인간중심치료는 개인의 자발성과 자기성장을 목표로 하며, 기법의 적용보다는 내담자의 살아가는 방식과 태도에 초점을 두고 내담자가 성장하도록 돕는 데 있다.
- 인간중심치료에서 치료자가 갖추어야 할 태도는 진솔성, 무조건적 긍정적 존중, 공감적 이해이다.
- 실존치료에서는 심리치료 동안 내담자에게 기저하는 두려움에 대한 불안을 감소시키고, 불안이 객관화되어 정상적 불안에 직면하도록 돕는다.
- 실존치료에서는 죽음, 자유와 책임, 고독, 무의미성을 인간의 실존적 조건으로 보았다.
- 실존치료에서는 죽음을 부정적인 것으로 보지 않으며 삶의 의미를 부여하는 실존적 기본조건으로 보았다.
- 실존치료에서는 자유와 책임을 강조하며 자신의 삶을 이끌어야 할 책임을 스스로 받아들이고 자신의 의지로 선택한 것에 대한 책임 있는 삶을 살 수 있도록 돕는다.
- 실존치료에서는 인간은 타자와 분리된 개체로서 근본적으로 고독한 존재이며, 인간의 근원적인 고독

- 으로서 대인관계 고립을 넘어서는 것이 중요하다고 보았다.
- 실존치료에서는 무의미한 세계에서 의미를 발견하는 것이 중요함을 강조하며 내담자가 삶의 의미를 발견할 수 있도록 돕는다.
- 게슈탈트 치료에서는 접촉 경계에 혼란이 발생하면 알아차림이 어렵고 게슈탈트 형성이 실패하게 된다고 보았다.
- 게슈탈트 치료에서의 접촉은 알아차림과 함께 서로 보완적으로 작용하며 게슈탈트 형성과 해소의 순환 과정을 도와 유기체의 성장을 촉진한다.
- 게슈탈트가 생성되고 해소되는 반복적인 과정을 '알아차림-접촉 주기'라고 한다.
- 게슈탈트 치료에서는 알아차림과 접촉이 반복되면서 유기체는 성장하며, 주기가 단절되어 미해결과제로 남게 되면 심리적 장애가 발생한다고 보았다.
- 현실치료는 인간이 외부의 힘에 의해 결정된다는 결정론적 입장에 반대하며 궁극적으로 자기결정적이라고 보았다.
- 현실치료에서는 인간은 무의식적인 힘이나 본능에 의해 추동되기보다는 의식 수준에 의해 작동하는 자율적이고 책임감이 있는 존재로 보았다.
- 현실치료에서는 인간은 누구나 건강과 성장의 힘을 가지고 있으며 생존, 사랑, 권력, 자유의 기본적인 욕구가 있다고 보았다.
- 현실치료에서 행동변화를 이끄는 4단계(WDEP)를 통해 자신의 정체감과 행동방식을 변화시킬 수 있다고 보았다.

참고문헌

권석만(2012). 현대심리치료와 상담이론. 서울: 학지사.
권석만(2013). 현대이상심리학. 서울: 학지사.
권준수 외(2015). 정신질환의 진단 및 통계 편람. 서울: 학지사.
김도연 외(2020). 사례를 통한 로르샤흐 해석. 서울: 학지사.
김영혜 외(2014). 상담 및 심리치료의 이론. 서울: 시그마프레스.
김재환 외(2014). 임상심리검사의 이해. 서울: 학지사.
노성덕 외(2014). 상담심리학. 서울: 학지사.
마음사랑연구소(2015). MMPI 2 해석 상담, 어떻게 할 것인가. 긍정심리학적 접근. 서울: 마음사랑.
박상규(2006). 정신재활의 이론과 실제. 서울: 학지사.
박영숙 외(2019). 현대 심리평가의 이해와 활용. 서울: 학지사.
손정락(2012). 현대임상심리학. 서울: 시그마프레스.
신민섭 외(2019). 최신 임상심리학. 서울: 사회평론아카데미.
신성만 외(2014). 정신재활. 서울: 학지사.
신성만 외(2016). 동기강화상담. 서울: 시그마프레스.
오상우 외(2018). PAI 평가의 핵심. 서울: 학지사.
유성진 외(2020). MMPI-2 해설서. 서울: 학지사.
유영권 외(2019). 상담 수퍼비전의 이론과 실제. 서울: 학지사.
이우경(2019). DSM-5에 의한 최신 이상심리학. 서울: 학지사.
이우경, 이원혜(2012). 심리평가의 최신 흐름. 서울: 학지사.
이훈진 외(2007). MMPI-2 성격 및 정신병리 평가. 서울: 시그마프레스.
임선아 외(2018). 행동수정. 서울: 학지사.
정문자 외(2019). 아동상담의 이해. 서울: 학지사.
조수철, 신민섭(2006). 소아정신병리의 진단과 평가. 서울: 학지사.
천성문 외(2015). 상담심리학의 이론과 실제. 서울: 학지사.
천성문 외(2019). 집단상담 이론과 실제. 서울: 학지사.
천성문 외(2020). 상담입문자를 위한 상담기법 연습. 서울: 학지사.

편저자 소개

김도연(Kim Doyeon)

전북대학교 임상심리학 석사
전북대학교 임상심리학 박사
전 사단법인 한국청소년자살예방협회 회장
　　한양대학교 이노베이션대학교 겸임교수
　　경희대학교 후마니타스칼리지 겸임교수
　　가톨릭대학교 성모병원 Clinical Psychologist & Supervisor
현 마인드플니스 심리상담연구소 대표
　　한국데이트폭력연구소 소장
　　경희사이버대학교 상담심리학과 겸임교수
　　한국보건산업진흥원 R&D 평가위원
　　서울지방경찰청 범죄피해평가 감수위원

쉽게 풀어 쓴
임상심리사: 2급 필기 개념완성(2023 최신판)

2023년 3월 10일 1판 1쇄 인쇄
2023년 3월 15일 1판 1쇄 발행

엮은이 • 김도연
펴낸이 • 김진환
펴낸곳 • **(주) 학지사**

04031 서울특별시 마포구 양화로 15길 20 마인드월드빌딩
대표전화 • 02)330-5114   팩스 • 02)324-2345
등록번호 • 제313-2006-000265호

홈페이지 • http://www.hakjisa.co.kr
페이스북 • https://www.facebook.com/hakjisabook

ISBN 978-89-997-2823-5 93180

정가 28,000원

엮은이와의 협약으로 인지는 생략합니다.
파본은 구입처에서 교환해 드립니다.

이 책을 무단으로 전재하거나 복제할 경우 저작권법에 따라 처벌을 받게 됩니다.

출판미디어기업 **학지사**
간호보건의학출판 **학지사메디컬** www.hakjisamd.co.kr
심리검사연구소 **인싸이트** www.inpsyt.co.kr
학술논문서비스 **뉴논문** www.newnonmun.com
교육연수원 **카운피아** www.counpia.com